böhlau

Forschungen zum Römischen Recht

Herausgegeben von
Thomas Finkenauer und Sebastian Lohsse

Band 65

Andreas Herrmann

Bereicherungsverbot und Gewalthaberhaftung

Zu den Klagen in id quod pervenit sowie in quantum locupletior factus est

BÖHLAU

Bibliothekskiffer Universität Tübingen: D 21

Bibliografische Information der Deutschen Nationalbibliothek:
Die Deutsche Nationalbibliothek verzeichnet diese Publikation in der
Deutschen Nationalbibliografie; detaillierte bibliografische Daten
sind im Internet über https://dnb.de abrufbar.

Umschlaggestaltung: Michael Haderer, Wien
Korrektorat: Anja Borkam, Langenhagen
Satz: büro mn, Bielefeld
Druck und Bindung: Prime Rate Kft., Budapest

Vandenhoeck & Ruprecht Verlage | www.vandenhoeck-ruprecht-verlage.com

ISBN 978-3-412-53046-4

Vorwort

Die vorliegende Arbeit wurde im Sommersemester 2023 von der Juristischen Fakultät der Universität Tübingen als Dissertation angenommen.

Herzlicher Dank gebührt zuvorderst meinem verehrten Lehrer, Professor Dr. Thomas Finkenauer, ohne den ich meine Freude an der Romanistik nicht entdeckt, geschweige denn eine Dissertation im römischen Recht verfasst hätte. Ohne ihn wäre diese Arbeit nicht entstanden und hätte ohne seine unnachgiebige Begleitung nicht die nun vorliegende Form gefunden. Für die rasche Erstellung des Zweitgutachtens danke ich Professor Dr. Gottfried Schiemann.

Professor Dr. Sebastian Lohsse habe ich nicht allein die Aufnahme in die „Forschungen zum Römischen Recht" zu verdanken, sondern auch zahlreiche wertvolle Anmerkungen.

Mein Dank gilt ferner Professor Dr. Mario Varvaro, der mich im Frühjahr 2019 an der Università degli Studi in Palermo freundschaftlich aufgenommen hat. Einige Abschnitte dieser Arbeit sind, wenigstens gedanklich, im dortigen Seminar entstanden.

Die Johanna und Fritz Buch Gedächtnis-Stiftung, Hamburg, hat die Veröffentlichung mit einem Druckkostenzuschuss gefördert.

Nicht zuletzt habe ich Ilja Gottwald zu danken, der diese Arbeit in weiten Teilen Korrektur gelesen hat.

Inhalt

**Zweiter Teil:
Die Haftung des Gewalthabers auf das Erlangte**

**Dritter Teil:
Klagen auf die Auskehr der Vermehrung eines Sonderguts**

Vierter Teil:
Klagen auf die Auskehr einer Bereicherung des Gewalthabers

Schluss

Abkürzungsverzeichnis

ANRW	Aufstieg und Niedergang der römischen Welt
a. E.	am Ende
A^{us} A^{us}	*Aulus Agerius*
AUPA	Annali del Seminario giuridico dell'Università di Palermo
Bas.	*Basilicorum libri LX*
BGB	Das Bürgerliche Gesetzbuch
BIDR	Bullettino dell'Istituto di diritto romano
C.	*Codex Iustinianus*
Cic.	Cicero
c. s. n. p. a.	*condemnato si non paret absolvito*
CTh.	*Codex Theodosianus*
D.	*Digesta Iustiniani*
DNP	Der Neue Pauly
FIRA	Fontes iuris Romani anteiustiniani
fr.	*fragmentum*
fr. vat.	*fragmenta Vaticana*
FS	Festschrift
Gai.	*Gai institutionum commentarii quattuor*
gl.	*Glossa ordinaria*
h. t.	*hoc titulo*
i. f.	*in fine*
i. i. r.	*in integrum restitutio*
Index	Index. Quaderni camerti di studi romanistici
I.	*Institutiones Iustiniani*
IURA	Rivista internazionale di dirittto romano e antico
KritVjschr.	Kritische Vierteljahresschrift für Gesetzgebung und Rechtswissenschaft
Labeo	Labeo. Rassegna di diritto romano
LV	Lex Visigothorum
Nov.	*Novellae Iustiniani*
N^{us} N^{us}	*Numerius Negidius*
pr.	*principio*
PS	*Pauli sententiae receptae*
RE	Paulys Realencyclopädie der classischen Altertumswissenschaften
Rez.	Rezension

Rn.	Randnummer
SC	*Senatus consultum*
SDHI	Studia et documenta historiae et iuris
s. v.	*sub voce*
SZ	Zeitschrift der Savigny-Stiftung für Rechtsgeschichte, Romanistische Abteilung
ThLL	Thesaurus Linguae Latinae
TR	Tijdschrift voor rechtsgeschiedenis
UE	*Ulpiani epitome*

Anmerkung zur Übersetzung der Digesten und Institutionen

Alle wiedergegebenen Übersetzungen des Textes der Digesten sowie der Institutionen sind der neuen deutschen Übersetzung entnommen, soweit diese erschienen ist, d. h.:

Behrends, Okko/Knütel, Rolf/Kupisch, Berthold/Seiler, Hans Hermann (Hrsgg.), Corpus Iuris Civilis, Text und Übersetzung, Bd. 2: Digesten 1–10, Heidelberg 1995; Bd. 3: Digesten 11–20, Heidelberg 1999; Knütel/Kupisch/Seiler/Behrends, Bd. 4: Digesten 21–27, Heidelberg 2005; Knütel/Kupisch/Seiler/Rüfner, Thomas, Bd. 5: Digesten 28–34, Heidelberg 2012

Knütel, Rolf/Kupisch, Berthold/Lohsse, Sebastian/Rüfner, Thomas, Corpus Iuris Civilis, Die Institutionen, Text und Übersetzung, 4. Aufl., Heidelberg 2013

Abweichungen von diesen Übersetzungen sind kenntlich gemacht.

§ 1. Einleitung

Der Satz, dass sich niemand zum Nachteil eines anderen bereichern dürfe, will als moralisches Gebot sogleich einleuchten. Der Versuch aber, daraus einen Rechtssatz zu formen, verliert sich bald in der Konturenlosigkeit dieses Bereicherungsverbots. Bereits Seneca erkannte die absurden Folgen, wollte man das Verbot als allgemeinen Maßstab ansetzen: *Magnam partem hominum damnabis; cui enim non ex alieno incommodo lucrum?* – Einen Großteil der Menschen würdest du verurteilen; wer nämlich [zieht] nicht Vorteil zum Nachteil anderer?[1]

Dass zusätzliche Kriterien vonnöten sind, den andernfalls allzu weiten Geltungsbereich des Bereicherungsverbots zu verengen, hebt viele Jahre später auch v. Savigny heraus:

> Diese Regel ist [...] so allgemeiner und unbestimmter Natur, daß sie eine unmittelbare Anwendung auf die Beurtheilung praktischer Rechtsfragen gar nicht zuläßt, sondern lediglich auf die Entstehung mancher Rechtsregeln Einfluß gehabt hat, so daß sie höchstens als einzelnes Element in wirklich praktischen Regeln enthalten ist, wo sie nur in Verbindung mit sehr concreten Voraussetzungen Leben und Wirksamkeit erhält.[2]

Die Art, auf die das Bereicherungsverbot von den römischen Juristen in Ansatz gebracht wird, steht mit diesem Befund durchaus im Einklang. Das Verbot allein reicht ihnen nicht hin, Entscheidungen zu fundieren, eine Klage oder Einrede zu begründen. Verlässlich tritt ein konkreter Tatbestand hinzu, dessen Verwirklichung die jeweils in Rede stehende Vermögensverschiebung ungerechtfertigt erscheinen lässt[3].

---

1 De beneficiis 6, 38, 2. Als Beispiele nennt er den Bauern, der von der Teuerung des Getreides profitiere; den Soldaten, der Ruhm im Krieg erringe; den Gerichtsredner, dessen Dienste teurer würden, je mehr Rechtsstreite zugleich stattfänden; den Arzt, der an Krankheiten verdiene; den Luxuswarenhändler, dem Dekadenz zugutekomme; schließlich die Handwerker, die nur für Reparaturen entlohnt werden könnten, wenn zuvor Schäden entstanden seien. Weiter noch als Seneca geht eine Sentenz des Publilius Syrus L, 5: *Lucrum sine damno alterius fieri non potest* – Gewinn [des einen] kann es ohne Schaden eines anderen nicht geben.

2 System des heutigen Römischen Rechts, Bd. 3, 451; ähnlich Witte, Die Bereicherungsklagen des gemeinen Rechts, V f.; Mandry, Das gemeine Familiengüterrecht, Bd. 2, 457; v. Mayr, Die condictio des römischen Privatrechtes, 298: „kaum mehr als ein Moralprincip".

3 Treffend ergänzt Pomponius die Billigkeitsregel daher um das Merkmal *iniuria* – unrechtmäßig, D. 50, 17, 206 (9 *ex var. lectionib.*) *Iure naturae aequum est neminem cum alterius detrimento et iniuria*

Wiederholt handelt es sich dabei um Konstellationen des Dritterwerbs, um welche es im Folgenden gehen soll. Auszugehen ist von folgendem Grundfall: S entzieht G verbotswidrig eine Sache, sei es durch Diebstahl, Zwang, Drohung oder auch mittels eines (gesetzlich oder durch private Erklärung) untersagten Rechtsgeschäfts. Sodann gelangt die Sache (oder ein daraus gezogener Vorteil) an den unbeteiligten D[4]. Nun hat der geschädigte G zwar eine Klage gegen seinen Schädiger S, mit der er vollen Ersatz (oder ein Vielfaches) verlangen könnte. Dennoch wird er unter Umständen gegen D vorgehen wollen, etwa wenn S insolvent, nicht auffindbar oder verstorben ist.

Ist G weiterhin Eigentümer der Sache, steht ihm die Vindikation offen. Hat er aber sein Eigentum verloren – durch Rechtsgeschäft mit S oder weil D die Sache inzwischen gutgläubig verbraucht hat –, so erlischt die Vindikation[5]. Sie ist auch dann wenigstens gegenüber D unbrauchbar, wenn S die Sache veräußert und allein den Erlös dem Vermögen des D zugewendet hat. Insbesondere wenn die Sache sodann untergegangen oder unauffindbar ist, kann G mit der Vindikation sein Recht nicht wahren. Nun stellt sich jeweils die Frage, ob G vom Dritterwerber D mit einer anderen Klage Ersatz fordern kann. In zahlreichen Fällen bejahen dies die römischen Juristen und richten dazu die im Verhältnis zwischen G und S bestehende Klage gegen D. Diesem soll die missbilligte Handlung eines anderen, nämlich des S, nicht nutzen, aber auch nicht schaden[6]. G kann von D daher nicht vollen Ersatz verlangen, sondern nur so viel, wie dieser infolge des Sachentzugs erlangt hatte. Im Ergebnis wird also die gegen den Schädiger begründete Klage auf den Dritterwerber

---

fieri locupletiorem – Es entspricht der naturrechtlichen Billigkeit, dass niemand sich zum Nachteil eines anderen unrechtmäßig bereichern darf.

4 Analog lässt sich der Fall bilden, dass D durch Rechtsgeschäft zwischen S und G etwas anderes als eine Sache, etwa eine Forderung oder die Befreiung von einer Verbindlichkeit erlangt. So etwa, wenn der Hauptschuldner S seinen Gläubiger G zwingt, einen Erlass zu erklären, und so den Bürgen D befreit. Dazu für die *actio quod metus causa* Gai. D. 4, 2, 10 pr. (4 *ad ed. provinc.*).

5 In Fällen der Verbindung ist auch eine *actio in rem utilis* möglich, die an die *rei vindicatio* angelehnt sein dürfte und laut Ulp. D. 6, 1, 5, 3 (16 *ad ed.*) bereits von Alfen und Nerva befürwortet wurde. Ähnliches gilt für die Verarbeitung, Gai. 2, 78; D. 41, 1, 9, 2 (2 *rer. cott.*).

6 So bereits formuliert von Papinian, D. 26, 9, 3 (20 *quaest.*) *Dolus tutorum puero neque nocere neque prodesse debet …* – Arglist von Vormündern darf dem Mündel weder schaden noch nutzen … Weiter ausgeführt findet sich der Gedanke bei Ulp. D. 14, 4, 3, 1 (29 *ad ed.*) *Si servus pupilli vel furiosi sciente tutore vel curatore in merce peculiari negotietur, dolum quidem tutoris vel curatoris nocere pupillo vel furioso non debere puto, nec tamen lucrosum esse debere, et ideo hactenus eum ex dolo tutoris tributoria teneri, si quid ad eum pervenerit …* – Wenn der Sklave eines Mündels oder Geisteskranken mit Wissen des Vormunds oder Pflegers mit den Waren eines Sonderguts Handel treibt, darf meiner Meinung nach Arglist des Vormunds oder des Pflegers dem Mündel oder dem Geisteskranken nicht schaden, ihnen jedoch auch keinen Gewinn bringen. Und daher haftet das Mündel für Arglist des Vormunds insoweit mit der Verteilungsklage, als es etwas erlangt hat.

erstreckt und ihrer Höhe nach auf das Erlangte begrenzt. Da diese Begrenzung regelmäßig damit bezeichnet wird, der Dritte hafte *in id quod pervenit* (auf das, was an ihn gelangt ist) oder *in quantum locupletior factus est* (insoweit er bereichert ist), spricht man gemeinhin von einer *pervenit*- oder *locupletior*-Haftung[7].

In den allermeisten Fällen wird die Klage auf das Erlangte nicht gegen einen beliebigen Drittempfänger zugestanden[8]. Erforderlich ist vielmehr ein gewisses wirtschaftliches Näheverhältnis zwischen diesem und dem Schädiger[9]. Typischerweise werden Klagen erteilt gegen den Erben des Schädigers, gegen das Mündel aus Taten des Vormunds und schließlich gegen den Gewalthaber (*paterfamilias*) aus Handlungen der ihm Unterworfenen (*subiecti*)[10]. Begeht etwa ein Sklave (*servus*) einen Diebstahl, so kann der Bestohlene vom Herrn des Sklaven (*dominus*) insoweit Ersatz für die entzogene Sache verlangen, als sie dessen Vermögen zugeflossen ist[11]. Entsprechendes gilt, wenn eine Haustochter oder ein Haussohn (*filia*- oder *filiusfamilias*) in Erwartung der Scheidung Sachen des Ehegatten entwendet. Der geschädigte Ehegatte kann vom Vater Ersatz fordern, soweit die entwendeten Sachen an diesen gelangt sind[12]. Ebensolche Fälle der *pervenit*-Haftung des Gewalthabers bilden den Hauptgegenstand dieser Arbeit.

Die Klagen *de eo quod pervenit*[13] und *in quantum locupletior factus est* bilden keinen Teilbereich eines abgrenzbaren, in sich geschlossenen Bereicherungsrechts[14]. Sie sind nicht etwa eingegliedert in den Regelungskomplex der *condictiones*, mit welchen sie indes manches gemein haben[15]. Ihrer Konstruktion gemäß begegnet die *pervenit*- bzw. *locupletior*-Haftung bei einer Vielzahl verschiedener Klagen, d. h. der jeweils gegen den primär Verantwortlichen zustehenden, als deren Abwandlung[16]. Es handelt sich bei den Klagen auf das Erlangte also nicht um eigenständige Klagen

---

7 Zu den beiden Wendungen sogleich, 27 ff.

8 Ausnahmen finden sich in den Repetundengesetzen (unten, 41 ff.), bei der *actio quod metus causa* (244 ff.), vielleicht auch bei den *actiones Fabiana* und *Pauliana* (194 ff.).

9 Insofern bestehen Ähnlichkeiten zu den Voraussetzungen, unter welchen heute gemäß § 73b StGB Erträge aus Straftaten bei Tatunbeteiligten eingezogen werden können.

10 Daneben existiert bei einzelnen Klagen eine Haftung des Geschäftsherrn für seinen Geschäftsführer sowie von Gemeinden für ihre Organe, so etwa in beiden Fällen bei der *actio de dolo*, Ulp. D. 4, 3, 15, 1–2 (11 *ad ed.*).

11 Zur *condictio furtiva* unten, 262 ff.

12 Dazu unten, 268 ff.

13 So wohl die ediktale Formulierung, vgl. Ulp. D. 43, 16, 1 (69 *ad ed.*). In den Juristenschriften ist häufiger *in id quod pervenit* anzutreffen.

14 Ähnlich bereits Pfersche, Die Bereicherungs-Klagen, 1.

15 Besondere Aufmerksamkeit verdient daher das Verhältnis beider zueinander. Dazu unten, 94 ff., 262 ff., 339 ff.

16 Dass eine Bereicherung des Gewalthabers aus verwerflichem Handeln der ihm Unterworfenen zu verhüten sei, begegnet als Argumentationstopos nicht allein bei Klagen zum Ausgleich einer bereits

unter einem eigenen Ediktstitel[17]. Auch im justinianischen *Corpus iuris* werden sie nicht an einem Ort zusammengeführt.

Die Haftung auf das Erlangte lässt sich ohnedies nicht als konsolidiertes Institut des römischen Rechts begreifen. Sie scheint in verschiedenen Rechtsschichten auf und wird dabei mal mehr, mal weniger institutionalisiert[18]. Aufgrund gewisser Eigenheiten, die in allen Bereichen hervortreten, nimmt sie dennoch ausreichend klare Züge an, um unterschiedliche ihrer Ausprägungen einer gemeinsamen Betrachtung zu unterziehen. Wenn nicht von einem Rechtsinstitut, so kann man vielleicht von einem Muster der Rechtsfortbildung sprechen: Es werden bereits zuvor vorhandene Klagen zum einen auf vormals nicht erfasste Passivlegitimierte ausgeweitet und zum anderen auf das an diese Gelangte begrenzt.

Die *pervenit*-Haftung des Gewalthabers grenzt sich einerseits als seiner historischen Einbettung verhaftetes Thema von den Gegenständen der Wissenschaft vom geltenden Recht deutlich ab, andererseits eröffnet ihre Untersuchung unter einem abstrakteren Blickwinkel Einsichten in das zeitlose Problem der Haftung für das Verhalten Dritter. Insbesondere aber lassen sich Bezüge zu gegenwärtig fortbestehenden Fragen des Bereicherungsrechts erkennen.

---

eingetretenen Vermögensverschiebung, sondern stützt gelegentlich auch Einreden gegen Klagen, die den Gewalthaber im Erfolgsfall bereichern würden, s. etwa unten, 73 ff.

17 Vgl. Jacobi, Der Rechtsbegriff der Bereicherung mit dem Schaden eines anderen, Jahrbücher für die Dogmatik des heutigen römischen und deutschen Privatrechts 4 (1861), 159–320, 162 f.

18 Im öffentlichen Recht der Republik, bei den Repetundenverfahren, wird sie gesetzlich verankert (unten, 41 ff.), bei den prätorischen Bereicherungsklagen ist sie teils ediktal, in weiteren Fällen gelangt sie durch Rechtsfortbildung, d. h. als Juristenrecht zur Geltung.

§ 2. Zum Stand der Forschung

Die erste Arbeit, die eigens der Haftung auf das Erlangte gewidmet war, verfasste Fritz Schulz, der sich nicht weniger auferlegte, als von den Klagen *in id quod pervenit* sowie *in quantum locupletior factus est* insgesamt zu handeln[1]. Die späteren Untersuchungen widmeten sich einzelnen Anwendungsgebieten: Unter dem Titel „Prätorische Bereicherungsklagen"[2] betrachtete Georg H. Maier die Klagen *post annum* und gegen den Erben[3], außerdem die *actio quod metus causa* gegen den Dritterwerber[4], Hubert Niederländer sodann die Bereicherungshaftung des Mündels und des beschenkten Ehegatten[5]. Weitere Monographien zum Thema sind seither nicht erschienen. Ähnlich wie Niederländer und nur wenig später ging Werner Flume in einem vielbeachteten Aufsatz der Frage nach, ob bereits das klassische Recht eine Haftung auf die noch vorhandene Bereicherung kannte[6].

Obschon Maier in seiner Untersuchung für den damaligen Zeitgeist bemerkenswert textkonservativ argumentiert und vieles als klassisch verteidigt, hält er gerade die wenigen von ihm betrachteten Stellen, die eine Haftung des Gewalthabers berühren, für tribonianisch verfremdet[7]. Auch Niederländer erklärt zahlreiche Texte für unklassisch, die in der Sache indes echt sein dürften. Die Arbeit Niederländers kommt außerdem ganz ohne literarische Quellen aus. Seine Hauptthese, dass nämlich die Bereicherungshaftung (wenigstens des Mündels und des beschenkten Ehegatten) in der *actio de in rem verso* wurzle, ruht damit auf einem lückenhaften Fundament.

Die Untersuchung älterer, auch literarischer Quellen eröffnet Einsichten über die Herkunft nicht allein der *pervenit*-Haftung im Speziellen, sondern auch des allgemeinen Bereicherungsverbots. Gemeinhin führt man dieses heute auf die

---

1 Die actiones in id quod pervenit und in quantum locupletior factus est, Studie zur Entwicklung des Bereicherungsbegriffes.

2 Die Bezeichnung stammt von Levy, Privatstrafe und Schadensersatz, 88 ff.

3 Zu beiden unten, 116 ff.

4 Prätorische Bereicherungsklagen.

5 Die Bereicherungshaftung im klassischen römischen Recht.

6 Der Wegfall der Bereicherung in der Entwicklung vom römischen zum geltenden Recht, in: Festschrift für Hans Niedermeyer, 103–176. Gelegenheit, die Arbeit Niederländers zu verwerten, hatte Flume nicht mehr, s. 103, Fn. 1.

7 S. 134 etwa Ulp. D. 4, 2, 16, 1 (11 *ad ed.*) oder S. 121 aus demselben Werk Ulpians D. 4, 3, 15, 3; S. 23 f. hält Maier Pomp. D. 25, 2, 4 (16 *ad Sab.*) zwar für echt, aber dem ursprünglichen Kontext entrissen.

stoische Philosophie zurück[8]. Diese jüngere These erweist sich jedoch als ebenso ungewiss wie die ältere von Schulz, der Ansätze bereits bei Aristoteles sieht. Neben griechischen Einflüssen ist auch ein genuin römischer Beitrag nicht auszuschließen[9].

Den Nachweis, dass die *pervenit*-Haftung keine nachklassische Erfindung ist, vielmehr auf schon vorklassische Vorläufer zurückbezogen werden kann, hat bereits Maier überzeugend[10] geführt[11]. Während er diese in einigen Gesetzestexten, außerdem in der Stipulation zugunsten des Erbschaftskäufers bzw. Fideikommissars erkannte, meinte er, zwischen den prätorischen *pervenit*-Klagen und dem Repetundenrecht eine „Kluft" ausmachen zu können. Es dürfte diese indes schmaler ausfallen als von ihm angenommen[12]. Abstrahiert man von ihren einzelnen Anwendungsfällen, so wird ersichtlich, dass die römischen Juristen häufig ähnliche Probleme zu bewältigen suchen, wenn sie auf Konstruktionen mit *pervenire* zurückgreifen[13].

Die *pervenit*-Haftung des Gewalthabers lässt sich sodann als spezieller Anwendungsfall eines allgemeinen Bereicherungsverbots begreifen, wie es etwa in den Repetundengesetzen sowie der Haftung des Erben oder Mündels hervortritt[14]. Gleichermaßen kann man die Gewalthaberhaftung auf das Erlangte als Ergänzung der adjektizischen Klagen auffassen, nämlich für die Fälle deliktischer oder wenigstens anfechtbarer Erwerbsakte durch Gewaltunterworfene[15]. In diesem Sinne griff unsere Bereicherungsklagen zuerst Emilio Betti als eigenständiges Thema heraus[16], später nahm sich ihrer wiederum Niederländer an[17]. Beide Aufsätze atmen noch ganz den Geist der Interpolationistik. Ihre Eingriffe in den auf uns gekommenen Text dürfen überprüft, einige ihrer Erwägungen fortgeführt und vertieft werden. Weitere Aufsätze, die unsere Klagen gegen den Gewalthaber zum Hauptgegenstand haben, sind weder in deutscher noch in italienischer Sprache erschienen.

---

8 Im Anschluss an Wollschläger, Das stoische Bereicherungsverbot in der römischen Rechtswissenschaft, in: Behrends/Diesselhorst/Voss (Hrsgg.), Römisches Recht in der europäischen Tradition, Symposion aus Anlaß des 75. Geburtstages von Franz Wieacker, 41–88.

9 Dazu unten, 81 ff.

10 So schon Kaser, Rez. G. H. Maier, Prätorische Bereicherungsklagen. Romanistische Beiträge zur Rechtsgeschichte, hrsgg. von E. Rabel u. E. Levy, Heft 5, Berlin und Leipzig 1932, KritVjschr. 27 (1935), 74–93, 77.

11 Bereicherungsklagen, 6 ff., 85 f.

12 Dazu unten, 41 ff.

13 S. unten, 38 ff.

14 Zu diesem 71 ff.; s. auch 38 ff., 41 ff.

15 S. unten, 105 ff.

16 Responsabilità nossale o peculiare, e responsabilità del pater (dominus) ne' limiti dell'arrichimento in diritto romano classico, Atti della Reale Accad. delle Scienze di Torino 51 (1915–16), 1363–1388.

17 Die außernoxale Haftung des Gewalthabers für Delikte der Gewaltunterworfenen im klassischen Römischen Recht, SZ 69 (1952), 211–233.

Auch eine monographische Bearbeitung fehlt bisher[18]. Mit der Konzentration auf einzelne Teilgebiete sind außerdem vereinende Aspekte der *pervenit*-Haftung in den Hintergrund getreten, die herauszustellen sich lohnt. Auch deshalb wird dem speziellen Teil zur Gewalthaberhaftung hier ein allgemeiner zu möglichen Vorläufern der *pervenit*-Klagen gegen den Dritterwerber vorangestellt.

Die *pervenit*-Haftung des Gewalthabers hat ersichtlich weniger Beachtung gefunden als andere Anwendungsfälle. In Lehr- und Handbüchern italienischer sowie deutscher Sprache führt sie allenfalls ein randständiges Dasein[19]. Die darin zutage tretende Zurückhaltung vor unserem Thema mag mit dem teils widersprüchlich anmutenden Quellenbestand zu erklären sein[20]. Erstaunlich ist immerhin, dass auch Niederländer ihm wenig Aufmerksamkeit zuteilwerden ließ, obschon er in der *actio de in rem verso*, die nur gegen den Gewalthaber erteilt wird, den Ursprung der Bereicherungshaftung des Mündels sowie des beschenkten Ehegatten erkannt zu haben meinte. Auch für die prätorischen Bereicherungsklagen gegen den Erben des Delinquenten vermutete er eine Vorbildfunktion der Versionsklage[21]. Den nächstliegenden Schritt, nämlich zu Fällen der Gewalthaberhaftung auf das Erlangte, die außerhalb der Versionsklage stehen, ging Niederländer hingegen nicht. Verwunderlich ist dies auch insofern, als hier nicht nur dieselben Personen beteiligt sind, sondern auch ähnliches Vokabular gebraucht wird: Das an den Gewalthaber Gelangte wird auch im Kontext der *actio de in rem verso* nicht selten mit *pervenire* oder *locupletior fieri* umschrieben.

Die *actio de in rem verso* sowie die bei ihrer Anwendung hervortretenden Bereicherungserwägungen hat zuletzt Tiziana J. Chiusi untersucht[22]. Ihr Augenmerk gilt dabei nicht den Bereicherungsklagen, die aus anderen als rein rechtsgeschäftlichen Tatbeständen, also solchen mit deliktischem Einschlag erwachsen. Die für unsere Untersuchung zentralen Stellen sind daher für diejenige Chiusis nur am Rande

18 Schulz widmete ihr fünfeinhalb Seiten.

19 Im Standardwerk von Kaser, Das Römische Privatrecht I, 2. Aufl., findet man zwei knapp gefasste und dabei inhaltlich identische Einträge, 600 sowie 606 mit Fn. 6. Danach ergehen *in id quod pervenit* rein sachverfolgende Klagen aus Delikten der Hauskinder und Sklaven als *actiones in factum* gegen den Gewalthaber. Auch im kürzlich erschienenen Handbuch Römisches Privatrecht finden die *pervenit*-Klagen gegen den Gewalthaber nur am Rande Erwähnung.

20 Insbesondere mit Blick auf die Haftung für Diebstähle der Gewaltunterworfenen sah Maier, Bereicherungsklagen, 5, die Überlieferung „im Chaos“ liegen; ähnlich sprach Niederländer, SZ 69 (1952), 211–233, 212, von einem „geradezu chaotischen Quellenzustand“ – den er mithilfe weitreichender Interpolationsannahmen bereinigte.

21 Niederländer, Bereicherungshaftung, 153.

22 Die *actio de in rem verso* im römischen Recht. S. zur Bereicherung des Gewalthabers insbesondere 43 ff.; 174 ff.; sodann erneut Chiusi, Bereicherung und *actio de in rem verso*, Bemerkungen zu einem alten und neuen Problem, in: Altmeppen/Reichard/Schermaier (Hrsgg.), Festschrift für Rolf Knütel zum 70. Geburtstag, 197–211, 203 ff.

relevant. Auch die für uns entscheidenden Wendungen *pervenire* und *locupletior fieri* sind für sie weniger bedeutsam, da der Begriff des *versum*, d. h. der Zuwendung in das Vermögen des Gewalthabers, nicht allein von der Frage nach dessen Bereicherung beherrscht wird. Zugleich richten die römischen Juristen ihre Entscheidungen daran aus, ob der Gewaltunterworfene, der das Vermögen des Gewalthabers vermehrt hat, dabei dessen Geschäft führte. Gibt der Gewaltunterworfene durch sein Verhalten zu einer Deliktsklage Anlass, so sind vergleichbare Gedanken nicht anzutreffen.

ERSTER TEIL:
SPRACHLICHE UND HISTORISCHE GRUNDLAGEN DER *PERVENIT*- UND *LOCUPLETIOR*-KLAUSELN

§ 3. Typische Wendungen: *pervenire* und *locupletior*

Zentral für die beiden gängigen Ausdrucksweisen zur Bezeichnung des Erlangens und des Erlangten sind das Verb *pervenire* (I) sowie das Adjektiv *locupletior* (II). Während sich dieses technische Bedeutung aneignet, findet jenes vielerorts unterschiedliche, auch untechnische Verwendung. So sind Fundstellen für *pervenire* Legion[1]. Das Wort wird in den Digesten rund sechsmal häufiger verwendet als *locupletior*[2] – ein Befund, der bereits andeutet, was auch nach dem lexikalischen Gehalt der beiden Ausdrücke zu erwarten ist: *Locupletior* ist der speziellere Begriff, der wenig anderes bezeichnen kann als eine Bereicherung[3]. *Pervenire* hingegen ist nicht auf den Kontext der Vermögensmehrung beschränkt, sondern eine geradezu ubiquitäre Vokabel. Diese als Rechtsbegriff abgrenzen zu wollen erscheint daher wenig aussichtsreich. Zumindest aber lassen sich aus der Vielzahl der Verwendungen die hier interessierenden Konstruktionen herauslösen.

Eine vorläufige Eingrenzung der Bedeutungen von *pervenire* und *locupletior* ist wenigstens mit Blick auf die umstrittene Unterscheidung zwischen beiden Begriffen nützlich (III), außerdem insofern, als nicht in jeder Quelle eine neuer Wortsinn hervortritt, der ein gänzlich anderes Verständnis verlangen würde. Ein Mindestmaß an Konsistenz darf angenommen werden[4]. Zumindest die justinianischen Kompilatoren hielten es für angebracht, einzelne Auslegungen als allgemeine Definitionen in die Digestentitel 50, 16 und 17 einzustellen[5]. In ihrem Bemühen um Vereinheitlichung entreißen sie diese vermeintlichen Definitionen indes dem palingenetischen Zusammenhang, was die Übertragbarkeit der

1 Allein in den Digesten sind 702 Treffer zu verzeichnen, die sich auf 582 Fragmente verteilen. S. auch die Zusammenstellung bei Brissonius, De Verborum Significatione, s. v. pervenire, 1050 ff.

2 *Locupletior* findet sich in 95 Fragmenten insgesamt 119 Mal. Selbst wenn man alle Formen des Positivs *locuples* sowie des Verbs *locupletari* hinzunimmt, erhält man nicht mehr als 171 Treffer in 137 Fragmenten. Fundstellen bei Brissonius, De Verborum Significatione, s. v. locuples, 746 f.

3 Seltener kann damit außerdem angezeigt werden, dass jemand zahlungsfähig ist, dazu sogleich unten, 32 ff.

4 Etwa im Sinne des heute sog. Begriffskerns.

5 Zu *pervenire* Ulp. D. 50, 16, 71 pr. (79 *ad ed.*) ... *pervenisse proprie illud dicitur, quod est remansurum.* Ähnlich D. 50, 16, 164, 2 (15 *ad Sab.*) *„Habere" sicut pervenire cum effectu accipiendum est.* Pomp. D. 50, 16, 171 (16 *ad Sab.*) *„Pervenisse ad te" recte dicitur, quod per te ad alium pervenerit.* Cels. D. 50, 16, 97 (32 *dig.*) *Cum stipulamur „quanta pecunia ex hereditate Titii ad te pervenerit", res ipsas quae pervenerunt, non pretia earum spectare videmur.* Zu *locupletior* Ulp. D. 50, 17, 126, 1 (15 *ad ed.*) *Locupletior non est factus, qui libertum adquisierit.* Gai. D. 50, 16, 234, 1 (2 *ad l. XII tab.*) *„Locuples" est, qui satis idonee habet pro magnitudine rei, quam actor restituendam esse petit.*

jeweiligen Begriffsbestimmungen fragwürdig erscheinen lässt. Ihre Ansätze sind ohnedies viele Jahrhunderte jünger als der Gebrauch von *pervenire* und *locupletior* in Rechtstexten. Die voraufgehende Begriffsgeschichte kann daher nur aus anderen Quellen herausgearbeitet werden.

I. *Pervenire*

1. Älteste Zeugnisse

Das Verb *pervenire*, zusammengesetzt aus *venire* und der Vorsilbe *per*[6], ist weitaus älter als die Klassik. In seiner Komödie Curculio gebraucht bereits Plautus es in der hier relevanten Bedeutung. Phaedromus und dessen Geliebte Planesium, die das zentrale Requisit des Stücks, einen Siegelring, als einst ihrem Vater gehörend erkannt hat, drängen den Protagonisten Curculio, die Herkunft des Rings aufzuklären. Dieser gibt zur Auskunft:

> Dixi equidem tibi, unde ad me hic pervenerit.
> quotiens dicendum est? elusi militem, inquam, in alea.
>
> Ich sagte dir doch, wie er an mich gelangte.
> Wie oft nochmal? Ich gewann dem Hauptmann ihn beim Würfeln ab.[7]

Schon das Glücksspiel um Wertgegenstände, wiederholt mit Verboten belegt[8], lässt den Erwerb nicht ganz redlich erscheinen. Tatsächlich sind die Umstände des Erlangens gar noch anrüchiger, als Curculio hier eingesteht. Er verschweigt nämlich, dass ihm der Ring nicht überreicht worden war, sondern er ihn dem trunken eingeschlafenen Hauptmann vom Finger gezogen hatte[9]. Selbst wenn das Glücksspiel vollwirksame Forderungen hätte erzeugen können, hätte der siegreiche Curculio so wohl auch

---

6 Nach einer Emendation von Clark, M. Tulli Ciceronis Orationes, Bd. IV, trefflich vorgeführt von Cicero Rab. Post. 13, 37: *quod ex ea pecunia quae ad aliquem reum qui damnatus est venisset, pervenisse ad aliquem in illo primo iudicio planum factum sit.* Zur Plausibilität der Lesart Clarks unten, 50 ff. Vgl. auch Pomp. D. 50, 16, 171 (16 *ad Sab.*) *„Pervenisse ad te" recte dicitur, quod per te ad alium pervenerit.*

7 Plaut. Curc. 607 f. (Akt 5, Szene 2). Übersetzt in Anlehnung an Rau, Plautus, Komödien, Bd. 3, 61.

8 Von einer *lex alearia* berichtet Plautus selbst, Mil. 164–165. Zum Spiel *in alea* unten, 150 ff.

9 Plaut. Curc. 359–361 (Akt 2, Szene 3): *ille ebibit, | caput deponit, condormiscit. ego ei subduco anulum, | deduco pedes de lecto clam, ne miles sentiat.* – er trinkt aus, | Legt den Kopf auf und schläft ein. Da streife ich den Ring ihm ab, | Gleite sacht vom Pfühl, dass der Soldat nichts merke. Übersetzt von Rau, Plautus, 41.

zu Plautus' Zeit ein *furtum* verübt[10]. Damit ist ein prominentes Bezugsobjekt von *pervenire* bereits angesprochen, nämlich der Erwerb durch unerlaubte Handlungen.

Ebenfalls offenbart sich eine sprachliche Eigenheit des Verbs. Plautus' Protagonist nicht unähnlich, verschleiert *pervenire* häufig, wessen Handeln maßgeblich ist. Der Ring (*hic*, scil. *anulus*) ist oberflächliches Subjekt des Satzes, es handelt sich aber um ein zugrunde liegendes Objekt des Vorgangs. Ebenso verhält es sich bei der uns bekannten technischen Wendung *id quod pervenit*. Subjekt der *pervenit*-Klausel ist *id* (im Relativsatz vertreten durch *quod*), also das Gelangende. Es erscheint zwar grammatikalisch als handelnd, kann tatsächlich jedoch das *pervenire* nicht aktiv betreiben. Es ist nicht Agens, sondern Patiens.

Indem das Patiens in die Subjektrolle tritt, wird das eigentliche Subjekt, also derjenige, der als Agens die Macht darüber hat, was an wen gelangt, vollständig verborgen. Ebenso unklar bleiben alle weiteren Umstände. Offenbar soll es auch bei den juristischen *pervenit*-Konstruktionen nicht darauf ankommen, wie etwas von einer in die andere Vermögensmasse gelangt. Völlig offen lassen sie, ob der Erlangende sich den Bereicherungsgegenstand eigenmächtig verschafft oder ob er ihm vom Berechtigten willentlich überlassen wird.

Den Konstruktionen mit *pervenire* eröffnet sich so ein weites Anwendungsfeld[11]. Da sie über eine tatbestandliche Handlung oder eine bestimmte Ursache des Erlangens nichts aussagen, lassen sie sich jedem Tatbestand bzw. jeder Grundklage nach dem Muster einer *taxatio* hinzusetzen. Dementsprechend finden sie gleichermaßen beim deliktischen wie beim rechtmäßigen Erwerb Anwendung. Insbesondere im erbrechtlichen Kontext haftet dem mit *pervenire* bezeichneten Erlangen kein Makel an[12].

2. Ansätze zu einer juristischen Definition

Verbum quidem pervenisse ambiguum est[13] – dieser Spruch Ulpians trifft auch aus heutiger Sicht zu. Unterstrichen wird er durch die zahlreichen Versuche der Juristen,

---

10 Jedenfalls entwendet er heimlich eine fremde Sache. Vgl. für die Klassik Gai. 3, 200: Selbst der Eigentümer, der seine Sache dem gutgläubigen Besitzer wegnimmt, begeht einen Diebstahl.

11 Zu den Fallgruppen ihrer Anwendung sogleich unten, 38 ff.

12 Nur wenige Beispiele seien genannt: Pap. D. 34, 9, 13 (32 *quaest.*) ... *respondi neque tale matrimonium stare neque hereditatis lucrum ad mulierem pertinere, sed quod relictum est ad fiscum pervenire.* – ... Ich [Papinian] habe gutachtlich entschieden, weder sei eine solche Ehe gültig, noch gebühre der Frau der Gewinn aus der Erbschaft; vielmehr gelange der Nachlass [als *bona caduca*] an den Fiskus. Pomp. D. 30, 16, 1 (5 *ad Sab.*) ... *pars eius qui non adisset ad eum qui adisset pervenerit.* – ... der Anteil dessen, der nicht angetreten hat, ist an den gelangt, der angetreten hat. Licin. D. 31, 62 (4 *reg.*) ... *is, ad quem emolumentum hereditatis pervenerit, et fideicommissum praestare compellatur.* – ... der, an den der Vorteil der Erbschaft gelangt ist, wird gezwungen, auch das Fideikommiss zu erfüllen.

13 Aus D. 5, 3, 23 pr. (15 *ad ed.*). Der Ausdruck ‚gelangt sein' ist mehrdeutig.

das mehrdeutige Wort mit einem eindeutigen Sinn zu versehen. Ihre Bemühungen konzentrieren sich auf das Erbrecht[14], von wo sich die Ergebnisse ihrer Auslegung allenfalls mit großer Vorsicht in andere Rechtsgebiete übertragen lassen. Die Fragen, die sich die Juristen vorlegen, erhellen dennoch, welche Deutungen *pervenire* zulässt und wo die Grenzen des Begriffs liegen.

a) Vermögens- oder gegenstandsbezogenes Verständnis?

Maßgeblich ist *pervenire* etwa beim Erbschaftskauf, wo es zum Wortlaut des hergebrachten Stipulationsformulars[15] gehört: Der Erbschaftsverkäufer verspricht dem Erbschaftskäufer, diesem alles herauszugeben, was er aus der Erbschaft erlangt[16]. Die Stipulation fiel wohl außer Gebrauch, die Verkäuferpflichten wurden aber weiterhin an deren Inhalt ausgerichtet. Zweck der Stipulation ist es letztlich, den Erbschaftskäufer wirtschaftlich so zu stellen, als sei er der Erbe. Damit geht einher, dass er nicht nur die Vorteile, sondern auch die Nachteile aus der Erbschaft haben soll. Was also dem Erbschaftsverkäufer aus der Erbmasse zufällt, er aber etwa als Legat einem Dritten zu leisten verpflichtet ist, das betrachten die Juristen nicht als erlangt im Sinne des *pervenire*[17]. Zu- und Abfluss im Vermögen des *pervenit*-Schuldners können hier miteinander verrechnet werden, da sie durch eine gemeinsame Ursache, nämlich die Erbschaft verknüpft sind. *Pervenire* kann dann vermögensbezogen ausgelegt werden.

Entsprechendes gilt für andere erbrechtliche Institute: Im Sinne der *lex Falcidia* hat der Erbe erlangt, was ihm nach Abzug der Legate bleibt: *pervenit autem, quod deductis legatis superest*[18]. Ähnliches erfahren wir vom Universalfideikommiss, das auf *quidquid ad te ex hereditate bonisve meis pervenerit* gestellt ist. Es erlegt dem Erben also auf, er möge dem Fideikommissar alles herausgeben, was aus der Erbschaft oder aus dem Vermögen[19] des Erblassers an ihn gelangt. Als an den Erben ‚gelangt' sehen die Juristen dabei das an, was dieser nach Abzug der Erbschaftslasten in Händen hat[20]. Dieses

14 In Auslegung des *SC Iuventianum* bei der *hereditatis petitio*; bei Erbschaftskauf und Fideikommiss wegen der (wenigstens ursprünglich) mit beiden einhergehenden Stipulationen; endlich wenn sich bei Anwendung der *lex Falcidia* fragt, wieviel an den Erben gelangt ist, das er behalten darf.

15 Zu diesem Manthe, Das senatus consultum Pegasianum, 27 ff.

16 Gai. 2, 252 … *ille vero qui recipiebat hereditatem, invicem stipulabatur, ut si quid ex hereditate ad heredem pervenisset, id sibi restitueretur; ut etiam pateretur eum hereditarias actiones procuratorio aut cognitorio nomine exsequi.*

17 Ulp. D. 18, 4, 2, 3 (49 *ad Sab.*).

18 Paul. D. 35, 2, 22, 1 (17 *quaest.*). Vielleicht ebenfalls auf die *lex Falcidia* bezieht sich Ulp. D. 50, 16, 71 pr. (79 *ad ed.*) … *pervenisse proprie illud dicitur, quod est remansurum.*

19 D. h. im Wege zivilrechtlicher oder prätorischer Erbfolge.

20 Ulp. D. 36, 1, 17, 1 (4 *fideicomm.*) … *pervenire proprie dicatur quod deductis oneribus ad aliquem pervenit.*

Verständnis von *pervenire* lässt sich zusammenfassend auf folgende Formel bringen: Der Beklagte hat erlangt, was er nicht einem Dritten herauszugegeben verpflichtet ist.

Bei den uns interessierenden Klagen hingegen bleiben mit dem Erwerb einhergehende Vermögensnachteile außer Betracht. Zum Vergleich mit den soeben genannten Konstellationen lässt sich der ähnliche Fall der Haftung des Erben aus Delikten des Erblassers anführen. Zwar muss auch hier der Erbe dem Gläubiger herausgeben, was im Wege des Erbgangs (aus dem Delikt) an ihn gelangt ist. Mit der Erbschaft verbundene Vermögensnachteile kann er indes nicht gegenrechnen. *Pervenire* wird hier gegenstandsbezogen ausgelegt. Soweit die Erbschaft mittels eines Vermögensgegenstandes des Geschädigten vermehrt wurde, haftet der Erbe gleich einem Bürgen für die Forderung des Geschädigten gegen den Erblasser.

Die beiden Konstellationen unterscheiden sich nach dem jeweils maßgeblichen Erwerbsgrund. Zwar findet beide Mal ein Vermögensübergang kraft Erbrechts statt. Einmal aber erwirbt der Erbe etwas *ex hereditate* – aus der Erbschaft, einmal *ex delicto defuncti* – aus dem Delikt des Erblassers[21]. Steht deliktischer Erwerb in Rede, so bildet das Delikt des Erblassers den entscheidenden Erwerbsgrund. Vermögensnachteile, die den Erben als solchen treffen (etwa die Pflicht, ein Legat zu erfüllen), stehen mit diesem Delikt nicht in unmittelbarem Zusammenhang. Die Erbschaft gelangt an den Erben um einen Betrag vermehrt, der sich auf das Delikt zurückführen lässt[22]. Durch Vermögensnachteile, die der Erbschaft anhaften, wird dieser Betrag nach römischem Verständnis nicht geschmälert.

b) *Kann das einmal Erlangte schuldbefreiend wegfallen?*

Wiederholt stellen sich die römischen Juristen die Frage, ob die einmal entstandene Verpflichtung, das Erlangte herauszugeben, wieder untergehen kann, wenn etwa das Erlangte untergeht oder verbraucht wird[23]. Daran ist zweierlei bemerkenswert: zum einen, dass *pervenire* eine Haftungsbefreiung durch Wegfall der Bereicherung nicht

---

21 S. etwa Pomp. D. 50, 17, 38 (29 *ad Sab.*) *Sicuti poena ex delicto defuncti heres teneri non debeat, ita nec lucrum facere, si quid ex ea re ad eum pervenisset.*

22 Gai. D. 4, 3, 26 (4 *ad ed. provinc.*) *In heredem eatenus daturum se eam actionem proconsul pollicetur, quatenus ad eum pervenerit, id est quatenus ex ea re locupletior ad eum hereditas venerit.*

23 Im Zusammenhang mit dem *SC Iuventianum* etwa Ulp. D. 5, 3, 23 pr. (15 *ad ed.*) … *et verbum quidem pervenisse ambiguum est, solumne hoc contineret, quod prima ratione fuerit, an vero et id quod durat. et puto sequentem clausulam senatus consulti, etsi haec sit ambigua, ut ita demum competat, si factus sit locupletior.* Unklar ist der ursprüngliche Kontext einer Äußerung Julians, D. 4, 2, 18 (64 *dig.*) *Si ipsa res, quae ad alium pervenit, interiit, non esse locupletiorem dicemus: sin vero in pecuniam aliamve rem conversa sit, nihil amplius quaerendum est, quis exitus sit, sed omnimodo locuples factus videtur, licet postea deperdat …*

sogleich ausschließt, und zum anderen, dass die Juristen bei der Auslegung den Ausdruck *locupletior* heranziehen, um die verbleibende Bereicherung zu bezeichnen. Man hat daraus bisweilen geschlossen, dass allein *locupletior* eine Haftung auf die verbleibende Bereicherung bedeute. Bevor sich diese These bewerten lässt, ist zunächst *locupletior* gesondert in den Blick zu nehmen.

II. *Locupletior*

Der Komparativ *locupletior* lässt sich vor Cicero nicht sicher nachweisen[24]. Wie *pervenire* findet sich wenigstens *locuples*[25], der zugehörige Positiv, bereits bei Plautus[26]. Er lässt sich dort mit ‚reich' übersetzen. Im juristischen Sprachgebrauch hingegen nimmt *locuples* bald die speziellere Bedeutung ‚zahlungsfähig' an[27]. So wird es schon vorklassisch verwendet[28], möglicherweise bereits in den Zwölf Tafeln[29].

Wo sodann bei Cicero der Komparativ anzutreffen ist, tritt seine vergleichende Funktion oft nicht in den Vordergrund, meist kann er mit ‚begütert', ‚wohlhabend' oder ‚vermögend' übertragen werden[30]. Ähnlich ist der deutsche Ausdruck ‚bessergestellt', der wie *locupletior* über die Grundlage des angestellten Vergleichs schweigt. In einem übertragenen Sinne gebraucht Cicero den Ausdruck, wiederholt im Verein

24 Laut Nonius Marcellus, De compendiosa doctrina p. 55, 21 war er auch bei Varro zu lesen: *locupletiorum domus.*

25 Ursprünglich wohl gebildet aus *locus* und der Würzel *ple-* (ebenfalls enthalten etwa in *compleo* und *impleo*, s. Georges, s. v. *pleo*), zu verstehen als *loci plenus*, so Kemper, TLL, vol. VII 2, p. 1569, lin. 15 f. Vgl. Paul. Fest. p. 119 zu *locupletes: locorum multorum domini.* Dem ähnelt das deutsche Adjektiv ‚begütert', mit Grundbesitz ausgestattet, abgeleitet vom obsoleten Verb ‚begütern', das einst auch bereichern heißen konnte, Gehweiler, in: Deutsches Wörterbuch von Jacob Grimm und Wilhelm Grimm, Neubearbeitung, Bd. 4, Sp. 629, s. v. begütern.

26 Epid. 153 *Est Euboicus miles, locuples, multo auro potens* – Ein reicher Soldat aus Euboea ist hier, strotzend vor Gold.

27 S. etwa Heumann/Seckel, 320; außerdem allgemein die Fundstellen bei Brissonius, De Verborum Significatione, s. v. *locuples* u. *locupletari*, 746 f.

28 Die *lex Rubria (de Gallia Cisalpina)*, um 42 v. Chr., fordert (XXI, Z. 23), dass der Beklagte einen *vindex locuples* stelle (hier im Sinne eines zahlungsfähigen Gestellungsbürgen); ebenso LXI (Z. 3) der *lex Ursonensis (Coloniae Genetivae)*, die gleichfalls auf die Zeit kurz nach Caesars Tod zurückgeht.

29 Das lässt die Inskription *libro secundo ad legem duodecim tabularum* vermuten, unter der Gaius schreibt, „*Locuples*" *est, qui satis idonee habet pro magnitudine rei, quam actor restituendam esse petit*, D. 50, 16, 234, 1.

30 Verr. 2, 2, 6 *quod multis locupletioribus civibus utimur*; 2, 4, 46 u. 48: *domus paulo locupletior.* Bellum Alexandrinum 2, 2; Livius 1, 47, 12. Laktanz stellt *locuples* mit dem Bereicherungsverbot zusammen, ohne mit jenem die zu verhütende Vermögensmehrung zu bezeichnen, epitome divinarum institutionum 59, 4: *nec enim iustum est augeri patrimonia locupletium per damna miserorum.*

mit *auctor*, zur Bezeichnung bedeutender Gewährsmänner seiner Ansichten[31]. So kann sich *locupletior*, wie das deutsche Wort ‚vermögend', nicht nur auf materiellen Reichtum, sondern auch auf Kenntnisse und Fertigkeiten beziehen[32]. Erstere Verwendung ist heute wie in den römischen Quellen jedoch die häufigere.

An einigen Stellen verwendet Cicero den Komparativ auch in dessen eigentlicher grammatikalischer Bestimmung, nämlich zum Vergleich[33], im hier interessierenden Sinne, d.h. mit Blick auf eine Bereicherung indes nur einmal[34]. Im Sinne von ‚reicher' wird *locupletior* erst von jüngeren Autoren häufiger gebraucht[35]. Ursprünglich dient der Komparativ offenbar dem Vergleich zweier Personen (‚reicher als ein anderer')[36], nicht zweier Vermögenslagen derselben Person (‚reicher als zuvor'). Erst im Laufe der Zeit eignet er sich die letztere Bedeutung an und kann fortan im Sinne von ‚bereichert' gebraucht werden. Der ältere Wortsinn bleibt dabei erhalten, auch bei den Juristen[37]. Typisch tritt *locupletior* als resultatives Prädikativum mit *facere* (oder *fieri*) zusammen, so auch in der technischen Wendung *in quantum locupletior factus est*[38].

Im Sinne von ‚bereichert' begegnet *locupletior* in uns bezeugten Rechtstexten erstmals vielleicht bei Labeo[39], sodann wohl bei Proculus[40] – darüber geben uns

---

31 So etwa von Plato (de rep. 1, 16) oder Socrates (Att. 8, 2, 4); s. auch de off. 3, 27, 100 sowie 3, 29, 105.

32 S. etwa Cic. de orat. 1, 80: *locupletior in dicendo.*

33 Verr. 2, 3, 170: *nullam enim reperietis aut officiis fideliorem aut copiis locupletiorem aut auctoritate graviorem*; Cat. 2, 18: *quod si maturius facere voluissent neque, id quod stultissimum est, certare cum usuris fructibus praediorum, et locupletioribus his et melioribus civibus uteremur*; de fin. 1, 3, 10: *Latinam linguam non modo non inopem, ut vulgo putarent, sed locupletiorem etiam esse quam Graecam*; de nat. deor. 1, 40, 112: *locupletior igitur hominum natura ad beate vivendum est quam deorum.*

34 De off. 2, 22, 76: *imitatus patrem Africanus nihilo locupletior Karthagine eversa.* Er handelt hier von der Habsucht, die er besonders bei Staatsmännern tadelt, was an die Repetundengesetze denken lässt.

35 Z.B. bei Livius 34, 21, 7; 38, 60, 9.

36 So etwa bei Horaz, Serm. 1, 1, 113: *festinanti semper locupletior obstat* – ein rastloser Raffer wird stets noch auf einen Reicheren treffen. Übersetzung entlehnt von Herrmann, in: Fink (Hrsg.), Q. Horatius Flaccus, Satiren, Briefe, 17.

37 S. etwa Gai. 3, 24: *quod ad locupletiores libertos pertinent* – was die reicheren Freigelassenen betrifft.

38 In 95 Digestenstellen wird *locupletior* insgesamt 119 Mal verwendet, davon 85 Mal mit *facere*, im Übrigen überwiegend mit *esse*, so etwa bei Iul. D. 4, 2, 18 (64 *dig.*); Gai. D. 4, 3, 28; D. 4, 4, 27, 1 (beide 4 *ad ed. provinc.*); Paul. D. 5, 3, 22; 30 (20 *ad ed.*); D. 14, 3, 17, 4 (30 *ad ed.*); Ulp. D. 24, 1, 5, 8; 16 (32 *ad Sab.*); Iav. D. 24, 1, 50 pr.–1 (13 *epist.*); Marcian. D. 46, 3, 47, 1 (4 *reg.*).

39 Paul. D. 39, 4, 4 pr. (52 *ad ed.*) *Si publicanus, qui vi ademit, decesserit, Labeo ait in heredem eius, quo locupletior factus sit, dandam actionem.* Javolen überliefert für Labeo auch das Verb *locupletari*, D. 24, 3, 66, 7 (6 *ex post. Labeonis.*) … *ad mulierem pertinere ait Labeo, quia nec melius aequius esset, quod exigere vir ab uxore non potuisset, ob id ex detrimento viri mulierem locupletari* …

40 Paul. D. 25, 2, 3, 4 (7 *ad Sab.*) a. E.: *sed mortua filia in patrem rerum amotarum actionem dari non oportere Proculus ait, nisi quatenus ex ea re pater locupletior sit.*

aber erst die Spätklassiker Auskunft, die umformuliert haben mögen. Anders als *pervenire* ist *locupletior* zur Bezeichnung einer Bereicherung für die Vorklassik daher nicht gewiss, gesichert ist die Verbreitung des Ausdrucks erst für die Kaiserzeit. In klassischen Juristentexten ist *locupletior* alsdann fast immer[41] mit ‚bereichert' zu übersetzen[42].

III. Das Verhältnis zwischen Wendungen mit *pervenire* und *locupletior*

Ob die römischen Juristen mit der Wahl der einen oder der anderen Formulierung eine Differenzierung in der Sache bezweckten, lässt sich kaum allgemein feststellen[43]. Zwar beleuchten die beiden Wendungen eine Vermögensverschiebung unter unterschiedlichen Aspekten. Während der Blick bei *locupletior* auf das Vermögen des Schuldners (und dessen Veränderung) gerichtet ist, folgt *pervenire* einem Vermögensgegenstand des Gläubigers auf dem Weg aus dessen Vermögen in ein anderes[44]. Daraus sollte man jedoch nicht schließen, dass *locupletior* stets eine vermögensbezogene Betrachtung im heutigen Sinne mit sich bringt. Auch im Umfeld dieser Vokabel blicken die Juristen auf den erlangten Gegenstand oder dessen Surrogate[45].

Bereits Schulz will insofern differenzieren, dass *id quod pervenit* das einmal Erlangte meine, während *quanto locupletior factus est* sich auf die bei Prozess-

41 Eine Ausnahme findet sich bei Cels. D. 12, 1, 42, 1 (6 *dig.*) *Labeo ait, cum decem dari curari stipulatus sis, ideo non posse te decem dare oportere intendere, quia etiam reum locupletiorem dando promissor liberari possit …* Für die Aussage Labeos ist eine Steigerung nicht nötig, der Kreditgeber muss weder bereichert sein, noch reichte es zur Befreiung aus, dass er gegenüber dem Stipulationsschuldner reicher wäre, aber dennoch keine 10 hingeben könnte. Entscheidend ist, dass er die versprochene Summe leisten kann. Der modifizierende Komparativ (‚hinreichend zahlungsfähig') trifft den Sinn am besten, so BKKS, Bd. 3, 68, ähnlich Schipani, Bd. 3, 22: „abbastanza facoltoso". Wohlgemerkt überliefert Ulpian dieselbe Entscheidung Labeos unter Verwendung des Positivs, D. 45, 1, 67, 1 (2 *ad ed.*) *Eum, qui „decem dari sibi curari" stipulatus sit, non posse decem petere, quoniam possit promissor reum locupletem dando liberari, Labeo ait …*

42 Auch außerhalb der Digesten, wo der Ausdruck indes selten ist: Gai. 2, 84 (*exceptio doli* gegen bereichertes Mündel) sowie 2, 155 (Haftung des als Erbe eingesetzten eigenen Sklaven); PS 1, 4, 2a zur Haftung des Mündels aus Geschäften ohne *auctoritas tutoris*; 1, 9, 4a zum Kredit eines *minor* an einen ebenfalls minderjährigen Haussohn; 2, 23, 2 zur Schenkung eines Sklaven *manumittendi causa*, die vom Schenkungsverbot unter Ehegatten ausgenommen ist.

43 Das mag erklären, weshalb die gemeinrechtliche Literatur zwischen den beiden Begriffen nicht unterschied.

44 Im Titel D. 24, 1, der den verbotenen Ehegattenschenkungen gilt, beschreibt *pervenire* dementsprechend ganz überwiegend den Erwerbsvorgang, *locupletior* hingegen den Bereicherungserfolg und dessen Umfang.

45 Vgl. Flume, Wegfall, 128 f., 135.

begründung (*litis contestatio*) noch vorhandene Bereicherung beziehe[46]. Dabei stützt er sein Verständnis von *locupletior* auf Ulpians Auslegung des *SC Iuventianum*[47]. Für dieses ist die These gewiss korrekt. Man wird aber nicht erwarten dürfen, dass die römischen Juristen das Adjektiv stets technisch und in diesem Sinne verwenden. Insbesondere für die zahlreichen Rechtsinstitute, die älter sind als das hochklassische *SC Iuventianum*, lassen sich daraus keine verlässlichen Schlüsse ziehen.

Auch andere Autoren meinen, eine Haftung in den Grenzen der Bereicherung, die dem modernen Verständnis dieses Konzepts entspreche, bestehe nur bei den *locupletior*-Klauseln, nicht bei Klagen *in id quod pervenit*[48]. Ein Wegfall der Bereicherung sei nur bei jenen, nicht aber bei diesen möglich[49]. Trennscharf findet sich diese Unterscheidung in den Quellen indes nicht wieder[50]. Mehrfach werden beide Formulierungen nahezu gleichbedeutend gebraucht[51]. Manchmal dient eine dazu, die Bedeutung der anderen auszufüllen und zu erläutern[52].

---

46 Schulz, Die actiones, 13. Er stützt sich dabei einerseits auf Paul. D. 50, 17, 127 (20 *ad ed.*) *Cum praetor in heredem dat actionem, quatenus ad eum pervenit, sufficit, si vel momento ad eum pervenit ex dolo defuncti*, andererseits auf Ulp. D. 5, 3, 23 pr. (15 *ad ed.*) *Utrum autem omne pretium restituere debebit bonae fidei possessor an vero ita demum, si factus sit locupletior, videndum: finge pretium acceptum vel perdidisse vel consumpsisse vel donasse. et verbum quidem pervenisse ambiguum est, solumne hoc contineret, quod prima ratione fuerit, an vero et id quod durat. et puto sequentem clausulam senatus consulti, etsi haec sit ambigua, ut ita demum competat, si factus sit locupletior.*

47 Ulp. D. 5, 3, 23 pr. (15 *ad ed.*), oben, Fn. 23.

48 So im Anschluss an Niederländer, Bereicherungshaftung, 7, auch M. Talamanca, In tema di azioni di arrichimento, AG 146 (1954), 33–74, 33 Fn. 2.

49 In diesem Sinne bereits Schulz, Die actiones, 13 ff.; sodann Niederländer, Bereicherungshaftung, 7 unter Verweis auf Levy, Privatstrafe, 89 ff. und Maier, der die behauptete Unterscheidung aufgrund der Quellenlage nicht für überprüfbar hält, Bereicherungsklagen, 3.

50 So auch Knütel, Dolo tutoris pupillo non nocet, in: Benöhr/Hackl/Knütel/Wacke (Hrsgg.), Iuris professio, Festgabe für Max Kaser zum 80. Geburtstag, 101–131, 106.

51 Beispielsweise in Ulp. D. 47, 8, 2, 27 (56 *ad ed.*) … *an tamen in id, quod locupletiores facti sunt, dari debeat, videamus. et ego puto ideo praetorem non esse pollicitum in heredes in id quod ad eos pervenit, quia putavit sufficere condictionem.*

52 Siehe etwa Ulp. D. 5, 3, 23 pr. (15 *ad ed.*) … *et verbum quidem pervenisse ambiguum est, solumne hoc contineret, quod prima ratione fuerit, an vero et id quod durat. et puto sequentem clausulam senatus consulti, etsi haec sit ambigua, ut ita demum competat, si factus sit locupletior*; Ulp. D. 15, 1, 3, 12 (29 *ad ed.*) … *in quantum locupletior dominus factus esset ex furto facto, actionem de peculio dandam: idem Labeo probat, quia iniquissimum est ex furto servi dominum locupletari impune. nam et circa rerum amotarum actionem filiae familias nomine in id quod ad patrem pervenit competit actio de peculio*; Ulp. D. 15, 3, 5, 3 (29 *ad ed.*) *Placet non solum eam pecuniam in rem verti, quae statim a creditore ad dominum pervenerit, sed et quae prius fuerit in peculio. hoc autem totiens verum est, quotiens servus rem domini gerens locupletiorem eum facit* … Ferner die Katenen Gai.-Paul. D. 4, 3, 26–27 sowie Paul.-Pomp. D. 25, 2, 3, 4–4.

Quod pervenit meint freilich nach dem Wortsinn das (einmal) Erlangte, für die *locupletatio* gilt das nicht in gleichem Maße. Gleichwohl steht auch hier meist der ursprüngliche Bereicherungsvorgang in Rede, was die übliche Formulierung im Perfekt anzeigt: *in quantum locupletior factus est* – auf so viel, wie er reicher geworden ist[53]. Im Präsens (*locupletior est* oder *sit*) dagegen formulieren die Juristen gelegentlich dort, wo der Beklagte nur auf die bei Prozessbeginn noch verbliebene Bereicherung haftet, also beim Mündel[54], beim gutgläubigen Erbschaftsbesitzer[55] sowie beim beschenkten Ehepartner[56].

Kennzeichnend für das Verhältnis von *pervenire* und *locupletior* dürfte sein, dass sie in unterschiedlichen Rechtsschichten beheimatet sind. Dem prätorischen Album scheinen nur Formulierungen mit *pervenire* eigen gewesen zu sein[57]. Dasselbe gilt für die auf uns gekommenen Gesetze der Republik[58]. Wendungen mit *locupletior* gehören dagegen dem Sprachgebrauch der kaiserzeitlichen Gesetzgebung an[59]. Die klassischen Juristen verwenden beide Ausdrücke, doch scheint sich *locupletior* allmählich durchzusetzen. Gaius etwa gebraucht *pervenire* in seinen Institutionen nirgendwo mit Blick auf eine Bereicherung. Mit *locupletior factus* beschreibt er an einer Stelle die Bereicherung des Mündels[60], an einer weiteren die durch den Freigelassenen vermittelte Bereicherung des Patrons[61].

Alles deutet darauf hin, dass *locupletior* der jüngere Ausdruck ist, selbst wenn wir der spätklassischen Überlieferung glauben dürfen, die ihn bereits Labeo in den Mund legt[62]. Zu Labeos Zeit wurde nach Schulz noch nicht zwischen dem einmal Erlangten und dem bei Litiskontestation noch Vorhandenen unterschieden. Mit *locupletior* und *pervenire* sei derselbe Bereicherungsbegriff verbunden gewesen[63]. Während sich diese durchaus plausible These nicht abschließend überprüfen

53 An den 119 Fundstellen für *locupletior* in den Digesten tritt dieses 80 Mal mit dem Partizip Perfekt zusammen.

54 Gai. D. 4, 4, 27, 1 (4 *ad ed. provinc.*); D. 14, 3, 10 (9 *ad ed. provinc.*); Marcian. D. 46, 3, 47, 1 (4 *reg.*). S. auch I. 2, 8, 2.

55 Paul. D. 5, 3, 22 u. 30 (20 *ad ed.*).

56 Iav. D. 24, 1, 50 pr.–1 (13 *epist.*).

57 S. etwa Ulp. D. 43, 16, 1 pr. (69 *ad ed.*). So für die Erbenhaftung bereits Levy, Privatstrafe, 93 Fn. 5.

58 Zu diesen sogleich unten, 41 ff.

59 Es gehört zum Wortlaut des *SC Iuventianum* (129 n. Chr.), Ulp. D. 5, 3, 20, 6c (15 *ad ed.*). Entsprechendes dürfte für das nicht näher datierte Reskript des Divus Pius (138–161 n. Chr.) zur Mündelhaftung gelten, Ulp. D. 3, 5, 3, 4 (10 *ad ed.*); D. 13, 6, 3 pr. (28 *ad ed.*); D. 26, 8, 1 pr. (1 *ad Sab.*); D. 26, 8, 5 pr. (40 *ad Sab.*).

60 Gai. 2, 84.

61 Gai. 2, 155.

62 Etwa Paul. D. 39, 4, 4 pr. (52 *ad ed.*).

63 Schulz, Die actiones, 17 f.

lässt[64], darf doch festgehalten werden, dass erst die Klassiker eine gewisse Vorliebe für den Ausdruck *locupletior* entwickeln. Dabei mögen sie das als zu *ambiguum* empfundene Verb *pervenire* durch eine präzisere Wendung ersetzt haben.

64 Die geringe begriffliche Schärfe bei der Unterscheidung von *locuples* und *locupletior* in Cels.-Lab. D. 12, 1, 42, 1 (6 *dig.*) lässt vermuten, dass sich *locupletior* als technischer Begriff zu Labeos Lebzeiten noch kaum ausgebildet hatte. Dass noch Celsus als Namensgeber des *SC Iuventianum* sich insofern unpräzise ausgedrückt haben sollte, erscheint zweifelhaft, aber nicht unmöglich. Immerhin verwendet auch sein Zeitgenosse Julian *locuples factus* anstelle von *locupletior factus*, D. 4, 2, 18 (64 *dig.*); D. 6, 1, 52 (55 *dig.*).

§ 4. Fallgruppen

Obschon *pervenire* wie *locupletior* sogleich an eine Beschränkung der Haftung auf das Erlangte denken lassen, erschöpft sich die Funktion entsprechender Klauseln häufig darin nicht. Wie Levy bemerkt, greift die hier interessierende Haftung auf das Erlangte „nur da [ein], wo es ohne sie nach allgemeinen Grundsätzen an einer Haftung fehlen würde“[1]. Demgemäß kann von einer Vergünstigung für den Haftenden, der „nur“ in den Grenzen des Erlangten belangt werde, oft keine Rede sein. Vielmehr werden an sich kürzer greifende Klagen in Haftungslücken erstreckt, die man als ausfüllungsbedürftig empfindet. Dass dabei zugleich eine Begrenzung stattfindet, trifft zu, beschreibt aber nur eine von zwei Dimensionen der Haftungsmodifikation. Unsere Quellen sind daher bald unter dem Aspekt der Haftungsbegrenzung, bald unter dem der Haftungserstreckung zu lesen.

I. In zwei Fallgruppen kommen beide Aspekte zum Vorschein. Hier lässt sich der Gedanke Levys fortführen und dabei abstrahieren: Die Römer gehen mit *pervenit*- und *locupletior*-Konstruktionen dort zu Werke, wo das *ius civile* den Bedürfnissen des Rechtslebens nicht gerecht wird. Wiederholt dienen sie dazu, die wirtschaftlichen Folgen nicht übertragbarer Rechtspositionen auf andere als deren Inhaber umzuleiten. Das kann sowohl die Person des Berechtigten (1) als die des Verpflichteten (2) betreffen.

1. Zu nennen sind zunächst Erbschaftskauf und Fideikommiss. Für beide ist ursprünglich die Stipulation des Erbschaftsverkäufers maßgeblich. Da er seine Erbenstellung nicht auf den Käufer übertragen kann, verspricht er, diesem alles herauszugeben, was aus der Erbschaft an ihn gelangt[2]. Dasselbe Formular legt man sodann dem Verhältnis zwischen Erbe und Fideikommissar zugrunde. Weder Erbschaftskäufer noch Fideikommissar können nach *ius civile* Erbe werden, sollen wirtschaftlich aber weitestmöglich so gestellt werden. Die mithilfe von *pervenire* erreichte Näherungslösung erübrigt sich[3] für den Fideikommissar schließlich mit dem *SC Trebellianum* (56 oder 57 n. Chr.), welches ihn *heredis loco* stellt und dementsprechend ihm sowie gegen ihn Klagen erteilt, ganz so, als sei er Erbe.

---

1 Die Konkurrenz der Aktionen und Personen, Bd. 1, 441; er überträgt dabei Erkenntnisse über die Erbenhaftung auf die des Gewalthabers.

2 Gai. 2, 252 *stipulabatur, ut si quid ex hereditate ad heredem pervenisset, id sibi restitueretur*. Zur Rekonstruktion des Stipulationsformulars Manthe, Das senatus consultum Pegasianum, 28 ff.

3 Infolge des *SC Pegasianum* (zwischen 69 u. 79 n. Chr.) etablierten sich erneut Stipulationen, um Nachteile der pegasianischen Regelung zu umgehen. Soweit ersichtlich, kamen diese jedoch ohne das Verb *pervenire* aus. S. Manthe, Das senatus consultum Pegasianum, 53 ff.

Zu dieser Fallgruppe ist auch die sog. *actio legis Iuliae* zu zählen, die der Ehefrau gegen ihren Mann erteilt wird, wenn dieser einen zur Mitgift gehörenden Sklaven freigelassen hat und somit dessen Patron geworden ist[4]. Wie diejenige des Erben ist auch die Stellung des Patrons nicht übertragbar. Die Frau kann nicht nachträglich Freilasserin werden, soll aber wenigstens wirtschaftlich so gestellt werden. Der Ehemann hat ihr daher all das herauszugeben, was er vermöge seiner Patronatsrechte erlangt.

2. Gleichwie es das *ius civile* in den soeben genannten Fällen nicht zulässt, die Aktivlegitimation (etwa zur *hereditatis petitio*) zu übertragen, so kennt es häufig auch keine Übertragbarkeit der Passivlegitimation. Insbesondere sind im alten Zivilrecht viele Klagen passiv nicht vererblich. Dass der Erbe *ex dolo defuncti* bereichert werde, hält man aber bald für unbillig und erteilt gewisse gegen den Erblasser begründete Klagen auch gegen den Erben, wobei man sie auf das Erlangte begrenzt.

Ähnlich verfährt man verschiedentlich, wenn ein Prinzipal etwas aus (dolosen) Handlungen eines Agenten erlangt, also der Gewalthaber *ex facto* oder *ex dolo servi vel filii*, der Geschäftsherr *ex dolo procuratoris*, schließlich das Mündel *ex dolo tutoris*. Das Mündel trifft eine Bereicherungshaftung auch aus eigenen Geschäften, welche es ohne die Bestätigung seines Vormunds (*auctoritas tutoris*) schließt. Diese erzeugen ursprünglich keine klagbaren Obligationen. Erst einem Reskript des Antoninus Pius zufolge erhält der Geschäftsgegner wider das Mündel eine Klage, soweit dieses bereichert ist[5]. Abermals treffen hier die Aspekte der Erweiterung gegenüber dem *ius civile* und der Beschränkung auf die Bereicherung zusammen.

II. Neben den beiden soeben genannten Fallgruppen existiert eine mit *pervenire* und *locupletior* bezeichnete Bereicherungshaftung, die allein der Privilegierung dient. Ohne sie würde den Haftenden eine weiter reichende Einstandspflicht treffen. Die Reichweite ziviler Klagen wird also verkürzt. Hierher gehört die Privilegierung des beschenkten Ehegatten, der mit der *condictio* nur zur Herausgabe dessen gezwungen wird, was er von der Schenksache im Zeitpunkt der Streitbefestigung noch hat[6]. Dasselbe gilt für die *hereditatis petitio* gegenüber dem gutgläubigen Erbschaftsbesitzer infolge des *SC Iuventianum*[7]. Endlich muss auch der Geschäftsherr dem eigennützigen Geschäftsführer[8] bei der *actio negotiorum gestorum contraria* Aufwendungen nur bis zur Höhe einer etwaigen Bereicherung erstatten.

---

4 Ulp. D. 24, 3, 64 pr. (7 *ad leg. Iul. et Pap.*) *Si vero negotium gerens mulieris non invitae maritus dotalem servum voluntate eius manumiserit, debet uxori restituere quidquid ad eum pervenit.*

5 Ulp. D. 3, 5, 3, 4 (10 *ad ed.*); D. 26, 8, 1 pr. (1 *ad Sab.*); 5 pr.–1 (40 *ad Sab.*). S. auch unten, 128 ff.

6 S. etwa Ulp. D. 24, 1, 5, 18 (32 *ad Sab.*); 7 pr. (31 *ad Sab.*). Näheres bei Misera, Der Bereicherungsgedanke bei der Schenkung unter Ehegatten, 84 ff.

7 Ulp. D. 5, 3, 20, 6c; 23 pr. (15 *ad ed.*); Paul. D. 5, 3, 36, 4 (20 *ad ed.*). Dazu Müller-Ehlen, Hereditatis petitio, 219 ff.

8 Ulp.-Lab. D. 3, 5, 5, 5 (10 *ad ed.*).

Gemein hat diese mit den zunächst genannten Fallgruppen, dass mit *pervenire* und *locupletior* eine Modifikation des *ius civile* erreicht wird, wenngleich es sich hier um eine Einschränkung handelt. Im Folgenden lassen wir die Fälle der reinen Privilegierung aber beiseite und gehen nur denjenigen der Dritthaftung nach, in denen ein zunächst nicht Passivlegitimierter vermittels einer auf *pervenire* oder *locupletior* gestützten Konstruktion haftbar gemacht wird und das Erlangte herausgeben muss.

§ 5. Frühe *pervenit*-Klauseln

Der Gebrauch des Verbs *pervenire* in Rechtstexten ist älter als die juristische Klassik. Die frühesten überlieferten Regelungen, die sich auf dieses Wort stützen, begegnen im Zusammenhang mit der Ausübung öffentlicher Ämter, zum einen bei den Repetundenverfahren (I), zum anderen in Stadtrechten (II). *Locupletior* lässt sich in hier relevanter Bedeutung erst zu klassischer Zeit nachweisen. Dass sowohl die *pervenit*- als auch die *locupletior*-Klauseln klassisch sind, steht außer Zweifel (III).

I. Die Repetundenklausel *quo ea pecunia pervenerit*

1. Der Fall des Rabirius Postumus

Über die *lex Servilia Glaucia repetundarum* (104 oder 101 v. Chr.[1]) berichtet Cicero, dass sie eine Klage nicht allein gegen den ausbeuterischen Provinzverwalter, sondern auch gegen Dritte vorsah, *ad quos ea pecunia quam is ceperit qui damnatus sit pervenerit* – an die das Geld, das der Verurteilte erbeutet hatte[2], gelangt war[3]. Die wenig vorher erlassene *lex Acilia repetundarum* (123/122 v. Chr.[4]) kannte eine derartige Klausel noch nicht[5]. Laut Cicero wurde sie von der *lex Servilia* sodann tralatizisch in die *lex Cornelia repetundarum* (81 v. Chr.) übernommen[6]. Glaubhaft macht diese Angabe eine Bemerkung in seiner Rede *pro Cluentio Habito* (66 v. Chr.),

---

1 Zur Datierung zuletzt Elster, Die Gesetze der späten römischen Republik, 117.

2 Zur Bedeutung von *capere* s. Mommsen, Strafrecht, 714 mit Fn. 1.

3 Rab. Post. 4, 8 f. Zu dieser Neuerung durch die *lex Servilia* Zumpt, Das Criminalrecht der Römischen Republik, Bd. 2, 1. Abth., 201 ff.

4 Elster, Die Gesetze der späten römischen Republik, 117.

5 Man hat sie in Lakunen hineinlesen wollen, doch bieten diese nicht ausreichend Platz, s. Ferrary, Recherches sur la législation de Saturninus et de Glaucia, MEFRA 91 (1979), 85–134, 108; vgl. auch Crawford, Roman Statutes, Bd. 1, 107. Dem Zeugnis Ciceros plausible Erwägungen anfügend Ehrhardt, Litis aestimatio in der Zeit vor den leges Juliae iudiciariae, SZ 55 (1935), 36–98, 82 f. mit Fn. 2.

6 Sollte die *pervenit*-Klausel tatsächlich auf Gaius Servilius Glaucia zurückgehen, der als Verbündeter des Lucius Appuleius Saturninus gegen die Nobilität agitierte, ließe sie sich vielleicht auch als politischer Schachzug gegen den optimatischen Adel verstehen. Sie eröffnete in der Theorie die Möglichkeit öffentlichkeitswirksamer Verfahren gegen senatorische Klüngel. Dass die Popularen sie mit Erfolg so einsetzten, ist indes unwahrscheinlich; andernfalls hätte Sulla sie kaum in der *lex Cornelia* belassen.

welche das *pervenit*-Verfahren als dem Publikum geläufig voraussetzt[7]. Nur vermuten kann man, dass im selben Jahr C. Manilius als Dritterwerber belangt wurde[8]. Wiederum von Cicero erfahren wir, dass im Jahr 51 v. Chr.[9], sodann also unter der *lex Iulia repetundarum* (59 v. Chr.), ein weiteres Verfahren nach der Klausel gegen M. Servilius beantragt, aber vom Prätor abgelehnt wurde; ein zweiter Anlauf endete mit einem wohl rechtsfehlerhaften Freispruch[10]. Aufschlussreicher als diese Quellen ist indes Ciceros Verteidigungsrede für den Finanzier C. Rabirius Postumus.

Der aus Ägypten vertriebene König Ptolemaios (XII.) Auletes hatte sich bei Rabirius beträchtliche Summen geliehen, ohne die es Ptolemaios wohl nicht gelungen wäre, sich in der Gunst der römischen Politiker zu erhalten[11]. Dem Statthalter in Syrien, Aulus Gabinius, versprach Ptolemaios schließlich die unmäßige Summe von 10.000 Talenten, wenn Gabinius ihn nach Alexandria zurückführe, was jener, von Rabirius mindestens bestärkt[12], auch unternahm[13]. Als König wiedereingesetzt und allzu tief in Rabirius' Schuld stehend, ernannte Ptolemaios diesen zum Dioiketen[14], eine Position, die Rabirius zu nutzen wusste, das ihm und Gabinius Geschuldete einzutreiben[15]. Im Jahr 54 v. Chr. wurde Gabinius sodann in einem Repetundenverfahren wegen Geldnehmens verurteilt. Als sich die Urteilssumme

7 Um zu betonen, dass die *litis aestimatio* kein Urteil sei, führt Cicero dort (116) als Beispiel an, selbst diejenigen, die man bei der Festsetzung der Streitsumme im Prozess gegen den Täter als Dritterwerber festgestellt habe, würden im anschließenden *pervenit*-Verfahren häufig freigesprochen.

8 So Ramsey, The Prosecution of C. Manilius in 66 B. C. and Cicero's „pro Manilio", Phoenix 39 (1980), 323–336, 329 ff.

9 Alexander, Trials in the Late Roman Republic, 149 BC to 50 BC, 163 f. (Nr. 337).

10 Cic. fam. 8, 8, 2.

11 von der Mühll, Rabirius 6, RE, Bd. I A,1, Sp. 25–28, 26; Fascione, Riflessioni sull'orazione per Rabirio Postumo, Studi Senesi 86 (1974), 335–376, 336, der überdies ausführlich die Vorgeschichte berichtet.

12 Cic. Rab. Post. 7, 19–8, 21.

13 Damit handelte er einem (wohl erfundenen) Passus der sibyllinischen Bücher sowie dem Verbot des Senats entgegen, Ptolemaios mit militärischen Mitteln wiedereinzusetzen; er verstieß gegen die *lex Cornelia maiestatis* und daneben, wegen der versprochenen Entlohnung, gegen die *lex Iulia repetundarum*. Die Schwere der ihm zu machenden Vorwürfe erhellt aus Cic. Pis. 20, 48–21, 50. Sie bot Gabinius' Gegnern Anlass und Gelegenheit, mit besonderer Härte gegen ihn und sodann gegen seine Verbündeten vorzugehen. Als er, nachdem sich Pompeius für ihn verwandt hatte und mutmaßlich Bestechungsgelder geflossen waren, vom Vorwurf verräterischer Kompetenzüberschreitung (*maiestas*) freigesprochen wurde, verurteilte ein anderes Gericht einen seiner Gefolgsleute, Cic. Att. 4, 18, 4: *absoluto Gabinio stomachantes alii iudices hora post Antiochum Gabinium nescio quem e Sopolidis pictoribus libertum, accensum Gabini, lege Papia condemnarunt.* – Eine Stunde nach Gabinius' Freispruch haben andere Richter in ihrem Unmut irgendeinen Antiochus Gabinius aus Sopolis' Malerschule, einen Freigelassenen und Helfershelfer des Gabinius, aufgrund des papischen Gesetzes verurteilt. Übersetzung entlehnt von Kasten, Marcus Tullius Cicero, Atticus-Briefe, 261 f. S. auch Cic. ad Q. fr. 3, 7, 1 u. 3.

14 Διοικετής, Leiter der Finanzverwaltung. Cic. Rab. Post. 10, 28.

15 Cic. Rab. Post. 11, 30 f. So bezog sich denn auch die Anklage gegen Gabinius auf 10.000 Talente.

aus dessen Vermögen nicht beibringen ließ, sollte Rabirius haftbar gemacht werden als jemand, an den erbeutetes Geld gelangt war. Über das Verfahren erläutert Cicero:

> Rab. Post. 4, 8[16]
> Est enim haec causa 'quo ea pecunia pervenerit' quasi quaedam appendicula causae iudicatae atque damnatae. sunt lites aestimatae A. Gabinio, nec praedes dati nec ex bonis populo universae lites solutae[17]. iubet lex Iulia persequi ab iis ad quos ea pecunia quam is ceperit qui damnatus sit pervenerit.
>
> Es ist der Prozess nach der Klausel ‚an wen das Geld gelangt ist' eine Art kleines Anhängsel zu einer rechtskräftig entschiedenen und mit einer Verurteilung beendeten Sache. Es wurde Gabinius dem Wert der Streitgegenstände entsprechend verurteilt, doch wurden weder Bürgen gestellt noch die gesamte Urteilssumme aus seinem Vermögen an die Staatskasse entrichtet. Das Julische Gesetz gebietet, diejenigen heranzuziehen, an die das Geld gelangt ist, das der Verurteilte erbeutet hatte.

Mit *appendicula*[18] bezeichnet Cicero ein Nachverfahren. Zunächst muss der Täter verurteilt und bei ihm die Vollstreckung betrieben werden. Erst danach und nur sofern die Urteilssumme sich bei ihm nicht eintreiben lässt, werden diejenigen herangezogen, an die Geld aus der Tat gelangt ist[19]. Die *pervenit*-Klage kann mit

16 Zitiert nach der Edition von Clark, Orationes IV.

17 Überliefert ist in der Handschrift Poggios: *nec ex bonis populi servari lex aequa est*, Hs. Bibliotheca Vaticana 11458, fol. 2r, https://digi.vatlib.it/view/MSS_Vat.lat.11458 (letzter Abruf 21. 2. 2024). Die Verderbnis dieses letzten Satzglieds hat man auf unterschiedliche Weise zu beheben versucht, beim Entscheidenden seines Sinns (das in 13, 37 wiederkehrt) dabei aber nicht geschwankt: Ein Teil der Urteilssumme steht aus, da diese das Vermögen des Gabinius übersteigt. Vgl. Schütz, M. Tullii Ciceronis Opera, Bd. 7, 339: *nec ex eius bonis, quanta summa litium fuisset, a populo recepta. Lex aequa est. Iubet persequi …*; Kayser, M. Tullii Ciceronis Orationes, Bd. 3, sich einer Konjektur Mommsens anschließend, deren erster Veröffentlichungsort sich nicht auffinden lässt (zitiert wird sie bereits von Halm, Über Cicero's Rede pro C. Rabirio Postumo, Eine kritische Abhandlung, Abhandlungen der K. Bayr. Akad. der Wissenschaften 1. Cl., 7. Bd., 3. Abth., 1855, 621–664, 636): *nec ex bonis populo universa pecunia exacta est.* Olechowska, M. Tulli Ciceronis scripta quae manserunt omnia, Fasc. 25, Orationes, Pro Cn. Plancio, Pro C. Rabirio Postumo: *nec ex bonis potuit servari aequa res.*

18 Diminutiv von *appendix* und Hapaxlegomenon nicht nur im Werk Ciceros, sondern in der gesamten Klassik.

19 Cicero behauptet eine noch engere Abhängigkeit vom Hauptverfahren insoweit, als der nach der *pervenit*-Klausel Belangte bereits bei der *litis aestimatio* namhaft gemacht werden müsse, kann sich dafür aber offenbar nicht auf das Gesetz, sondern nur das Herkommen berufen, Rab. Post. 4, 9: *Ita contendo, neminem umquam 'quo ea pecunia pervenisset' causam dixisse qui in aestimandis litibus appellatus non esset.*

Voigt insofern als „subsidiäre Adhäsionsklage“[20] zum primären Repetundenverfahren bezeichnet werden.

Nicht an die Geschädigten, sondern an die Staatskasse ist Gabinius zu zahlen verpflichtet. Es soll daher nicht unbeachtet bleiben, dass die Klagebegehren der einzelnen Geschädigten vom römischen Staat gebündelt werden (wohl daher: *lites*) und dieser im Falle der Verurteilung auch die Vollstreckung betreibt[21]. Ein schiefer Eindruck entsteht aber, wenn man allein den römischen Staat als Gläubiger ansieht und so die Funktion des Ausgleichs im Verhältnis zwischen Geschädigtem und Dritterwerber verdeckt[22]. Alle prozessualen Besonderheiten[23] ändern nichts daran, dass die Repetundengesetze mit der *pervenit*-Klausel dem Ersatzinteresse der Geschädigten Genüge tun sollen[24]. Insbesondere wird im Verfahren *quo ea pecunia pervenerit* kein Strafanspruch des Gemeinwesens durchgesetzt. Erbeutetes Geld als an der Tat Unbeteiligter zu erlangen ist nicht strafbar[25]. Das erhellt zuvorderst daraus, dass ein Appendixverfahren nicht stattfindet, wenn der verurteilte Magistrat oder dessen Bürgen die volle Urteilssumme begleichen[26]. Der römische Staat streckt auch nicht für den Magistrat die Bußzahlung an die Geschädigten vor, sodass er in der Folge ein Regressinteresse hätte. Eine Auszahlung findet erst statt, wenn Gelder vom Verurteilten, dessen Bürgen und nötigenfalls den Dritterwerbern beigetrieben wurden[27]. In der Sache gewährt unsere Klausel also eine Handhabe des Geschädigten gegen den Dritterwerber.

Allem Anschein nach haftet der Dritterwerber dabei schlicht auf das (einmal) Erlangte, ohne dass bei dessen Bemessung Begleitnachteile des Erwerbs berücksichtigt würden. Jedenfalls kommen bei Cicero Vermögensverluste, die mit dem Erhalt von Geldern vom Provinzverwalter einhergingen, nicht in Gestalt eines juristischen Arguments, sondern nur als Mitleidstopos zur Sprache[28]. Ob die Dritterwerber für das erhaltene Geld eine Gegenleistung erbracht haben und so, bei

---

20 Voigt, Römische Rechtsgeschichte, Bd. 1, 699.

21 Mommsen, Strafrecht, 723, 726. Ähnlich läuft in Deutschland heute die Einziehung von Erträgen aus Straftaten nach den §§ 73 ff. StGB ab, die auch gegenüber tatunbeteiligten Dritterwerbern stattfinden kann, § 73b StGB. Erst im Vollstreckungsverfahren werden die eingezogenen Erträge gemäß § 459h StPO an die Geschädigten ausgekehrt.

22 So aber Blum, De la procédure „quo ea pecunia pervenerit“, RHD 5 (1926), 280–301, 287 f.

23 Ausführlich zu diesen Blum, RHD 5 (1926), 280–301, 286 ff.

24 Ebenso Ferrary, MEFRA 91 (1979), 85–134, 118.

25 Ähnlich bereits Zumpt, Der Criminalprocess der Römischen Republik, 544.

26 Cic. Rab. Post. 13, 37. Wäre die *pervenit*-Klage eine Strafklage, müsste sie mit derjenigen gegen den (Haupt-)Täter unbeschränkt kumulierbar sein.

27 So zumindest das Verfahren nach der *lex Acilia repetundarum* (123/122 v. Chr.), Z. 59 ff.; dazu Crawford, Roman Statutes, 107 f. Andernfalls – d. h. wenn die volle Summe aus dem *aerarium* vorgestreckt würde – bräuchte es das Verteilungsverfahren Z. 61 ff. nicht.

28 Dazu sogleich bei Fn. 43.

einer vermögensbezogenen Betrachtung, letztlich nicht bereichert sind, war bei der Anwendung der *leges* offenbar ohne Belang. Ein einziges Mal klingen Aufwendungen an, wenn man einen korrumpierten Passus entsprechend rekonstruieren will:

> Rab. Post. 14, 40
> At permutata aliquando pecunia est, delatae naves Postumi Puteolos sunt, auditae visaeque merces. fallaces quidem et fucosae, chartis et linteis et vitro delatis; quibus cum multae naves refertae fuissent, una non potuerit parua arcata. plus ille Puteolanus ...[29]

Der Sinn der letzten Wörter des zweiten Satzes, wie sie die Handschrift hat[30], bleibt dunkel. Bereits Turnèbe zog überzeugend *cata* zum folgenden Satz[31]: *cataplus ille Puteolanus* – die Landung in Puteoli fügt sich sogleich in den Sinnzusammenhang. Den im ersten Satz verbleibenden Rest *una non potuerit parua ar* emendierte Mommsen zu *summa non potuit parari*[32]; Clark setzte *naulum non potuit parari*[33]. *Una* aber durch *summa* oder *naulum* zu ersetzen, bedeutete eine weitreichende (auch klangliche[34]) Verfremdung eines kurzen, ohne weiteres lesbaren Wortes in ein deutlich längeres. Fasst man hingegen das zweideutige *u* in *parua* als *v* auf[35], lässt sich *una ... parva* als Kehrbild zu *multae naves* im vorigen Satzteil lesen[36]: *Una* kann dabei ‚ein einzelnes [Schiff]'[37] meinen oder im Sinne von ‚alle zusammen/vereint'[38] verstanden

29 Mit der Emendation *naulum non potuit parari* übersetzt Fuhrmann, Marcus Tullius Cicero, Die Prozessreden, Bd. 2, 639: „Doch schließlich wurden Umsätze erzielt, kamen Schiffe des Postumus nach Puteoli, hat man von Waren gehört und Waren gesehen. Ein trügerischer Schein, da nur Papier, Leinen und Glas eintrafen; viele Schiffe waren voll davon, und so deckte der Erlös nicht einmal die Transportkosten."

30 Hs. Bibliotheca Vaticana 11458 (Fn. 17), fol. 7r. Die Handschrift unterscheidet nicht zwischen *u* und *v*. Daher wird hier nur dort ein *v* gesetzt, wo die Lesung unzweifelhaft ist. Statt *parua* kann ebenso gut *parva* zu lesen sein.

31 Turnèbe, Adversaria, Bd. 1, 409, mit dem Verweis auf Mart. epigr. 12, 74: *Dum tibi Niliacus portat crystalla cataplus, | accipe de circo pocula Flaminio.*

32 Übernommen, „sans trop y croire", von Boulanger, Cicéron, Discours, Bd. 17, Pour C. Rabirius Postumus, Pour T. Annius Milon, 40 Fn. 1.

33 Orationes IV; in der Sache ebenso (*naulon* statt *naulum*) Giardina, M. Tulli Ciceronis Pro Rabirio Postumo Oratio, 39.

34 Dass der Schreiber seinem Gehör folgte, zeigt *refer sed* anstelle von *refersit* vier Zeilen unter unserer Stelle.

35 S. soeben Fn. 30.

36 Klodt, Ciceros Rede Pro Rabirio Postumo, 165. Der Gegensatz hallt am Ende des folgenden Satzes wider, erneut mit *refercire*: *aestate una, non pluribus, auris refersit istis sermonibus.*

37 So, gegen Clark und Giardina, Michel, Rez. Cicerón, Pro Rabirio Postumo oratio, Ioanus Carolus Giardina recognouit: Rome, A. Mondadori 1967, Revue des Études Latines 46 (1968), 466.

38 So Siani-Davies, Cicero's Speech Pro Rabirio Postumo, Oxford 2001, 204, die jedoch nicht die Konsequenz zieht, das folgende Verb in den Plural zu setzen, was der Sprachgebrauch auch Ciceros

werden. Schwierigkeiten bereitet die Verneinung (*non*), so sie sich auf *parva* bezieht, muss Cicero doch die Erwartung, die vielen Schiffe hätten einen reichen Ertrag eingebracht, hier mit dem gegenteiligen Ergebnis zerstreuen.

Gelingen kann ihm dies, indem er den Gewinn mit der ausstehenden Darlehenssumme (so wohl Mommsen) bzw. den aufgewendeten Transportkosten (so Clark) ins Verhältnis setzt oder aber indem er den Wert der angelandeten Fracht herunterrechnet auf die eines einzelnen kleinen Schiffes (*una parva*) oder wenigstens im Vergleich zu den Reichtümern, die man bei Postumus vermutete[39]. Vorstellbar wäre dann, dass *arcata* irrig aus *arca* (‚Geldkasten'[40], in übertragenem Sinn: ‚Vermögen'[41], ‚Reichtum') und *cataplus* zusammengefügt wurde. Sinngemäß wäre zu lesen: Obschon viele Schiffe mit den genannten Waren beladen waren, konnten sie gemeinsam kein Vermögen einbringen[42].

Wenngleich keine der Rekonstruktionen überzeugt, ist unwahrscheinlich, dass Aufwendungen in Anschlag gebracht werden konnten. Andernfalls hätte zum einen das Darlehen von Rabirius an Ptolemaios berücksichtigt werden müssen und zum anderen Cicero mehr Gewicht auf entstandene Kosten legen können. Zwar versucht er, das Darlehen gegenzurechnen, kleidet seine Argumentation dabei aber in einen Mitleidsappell. Aufwendungen in die Berechnung des Erlangten einzustellen scheint daher nach Gesetz oder Gepflogenheit nicht vorgesehen.

Vielmehr herrschte offenbar eine gegenstandsbezogene Betrachtung des Erlangten vor, die auch dem Wortlaut von *pervenire* entspricht. An den Beklagten ist ein bestimmter Gegenstand gelangt; dass er dafür etwas hergeben musste, ändert daran nichts. Man könnte auch Parallelen zu dinglichen Klagen ziehen: Gelangt eine Sache an einen zu ihrem Besitz nicht Berechtigten, ist für die Verurteilungssumme nach der *rei vindicatio* ebenfalls unerheblich, ob er etwa einem dritten nichtberechtigten Verkäufer dafür einen Kaufpreis gezahlt hat. Wer die Sache dergestalt durch Eviktion verliert, muss sich an den Verkäufer halten. Entsprechendes dürfte für unsere *pervenit*-Klausel gelten. Der belangte Dritterwerber kann allenfalls gegen den Verurteilten des Hauptverfahrens vorgehen. Eine einschlägige Klage auszumachen, fällt indes schwer. Zudem ist der Verurteilte ausnahmslos insolvent; eine Härte, die man bereit ist, dem Dritterwerber zuzumuten.

---

erwarten ließe, s. etwa de rep. 1, 18: *eos qui una venerant* oder Att. 7, 10, 7: *erimus una*.

39 Rab. Post. 17, 45: „*occultat pecuniam Postumus, latent regiae divitiae*" – „Postumus hält Geld verborgen; die königlichen Reichtümer sind irgendwo versteckt".

40 Außerdem können *arcae* Senkkästen bezeichnen, wie sie bei der Errichtung der Mole im Hafen von Puteoli zum Einsatz kamen, vgl. Vitruv de architectura 5, 12, 3 mit Granger, Vitruvius, On Architecture, Books I–V, 313 Fn. 4.

41 Cic. Att. 1, 9, 2: *arcae nostrae confidito*.

42 Ungefähr: *una non potuerint parere arcam*. Vgl. Madvig, Adversaria critica ad scriptores Graecos et Latinos, Bd. III, 151: *una opus fuerit parva arca*.

Er unterliegt in der Abwägung zwischen seinem Interesse an der erhaltenen Sache und dem Ersatzinteresse des Geschädigten.

Sofern der Dritterwerber die Sache (meist Geld) vom Schädiger als Zahlung auf eine deliktische Forderung erhalten hat, liegt das Ergebnis der Interessenabwägung weniger klar auf der Hand. Es lässt sich indes abermals mit einer dinglichen Erwägung rechtfertigen: dass nämlich der Dritterwerber mit dem Geld des Geschädigten bezahlt worden sei. Zum gleichen Ergebnis führt eine Art hypothetische Betrachtung: Ohne die schädigende Handlung (Erpressung) hätte der Schädiger den Dritterwerber nicht bezahlt, wenigstens nicht mit gerade diesem Geld.

Auf ein solches Verständnis deutet ein weiterer Passus bei Cicero hin:

> Rab. Post. 17, 46
> Quod, iudices, ne faciatis oro obtestorque vos, atque eo magis si adventicia pecunia petitur ab eo cui sua non redditur. nam in eum, cui misericordia opitulari debebat, invidia quaesita est.
>
> Doch tut das [verurteilt] nicht, ihr Richter, ich bitte euch inständig, und zwar umso mehr, als man Geld Fremder bei jemandem einklagt, dem man das seinige nicht zurückzahlt. Denn man hat ja nur gegen jemanden, dem Mitleid hätte helfen müssen, Feindseligkeit zu erregen gesucht.[43]

Cicero plädiert hier mehr nach rhetorischer denn juristischer Manier, knüpft jedenfalls nicht wie in voraufgehenden Abschnitten beim Gesetzesinhalt an, sondern möchte seinen Mandanten als erbarmungswürdig erscheinen lassen. Begleitnachteile der Bereicherung anzurechnen scheint die *pervenit*-Klausel nicht vorgeschrieben zu haben.

Entscheidend ist der Ausdruck *adventicia pecunia*[44]. Das Adjektiv *adventicia* (‚von außen kommend', ‚zugefallen'; ‚fremd') steht hier offenbar im Gegensatz zu *sua*[45], meint also fremdes Geld; könnte aber zugleich die Bedeutung eines zufälligen

43 Angelehnt an die Übersetzung von Fuhrmann, Prozessreden, 645.

44 Anders als hier übersetzt von Watts, Cicero, Bd. XIV, Pro Milone u. a., 411: „money with which he has nothing to do".

45 So auch Klodt, Pro Rabirio Postumo, 180. Im juristischen Sprachgebrauch hat es den Gegenbegriff *profecticia*, insbesondere bei der *dos* (Mitgift). Gemeint sind dort fremde, nicht aus dem unmittelbaren, familiären Vermögen stammende Vermögenswerte. Für die Mitgift einer ihm unterworfenen Frau, einer *sua*, kommt dann nicht der *paterfamilias*, sondern ein Außenstehender, ein *extraneus* auf. Ähnlich wird beim Erwerb durch Gewaltunterworfene unterschieden zwischen dem Erwerb *ex peculio* oder *ex re* des Gewalthabers einerseits und *ex adventicio*, d. h. mit Mitteln eines Außenstehenden, andererseits.

Erwerbs transportieren[46]. Würde Cicero jedoch einräumen, dass Rabirius Geld zugefallen sei, so widerspräche er seinem übrigen Vorbringen, dass an diesen nichts gelangt war. Wahrscheinlicher ist, dass er Geld Fremder bezeichnen will[47], das Rabirius nicht habe.

Darin wird die Vorstellung augenscheinlich, dass erpresstes oder zur Bestechung hingegebenes Geld weiterhin dem Erpressten bzw. Geber gehört, was wohl schon für den Eigentumsübergang nach *ius civile* nicht zutrifft[48], spätestens nach Surrogation des Erhaltenen aber gegenstandslos würde. Offenbar führt aber auch Surrogation nicht zu einer Haftungsbefreiung, wenn Rabirius' Ankläger vorbringen konnten, er habe das empfangene Geld zu Austauschgeschäften verwendet[49].

Fraglich bleibt gleichwohl, wie sich erweisen lässt, dass gerade das den Geschädigten entzogene Geld (*ea pecunia*) an die Dritterwerber gelangt ist. Bei Geld ist der Beweis kaum zu führen, wenn sich nicht etwa Münzen weiterhin in dem Behältnis befinden, in dem sie übergeben wurden. Im Rahmen der *vindicatio nummorum* ließ man zur Identifikation die Benennung der Summe genügen[50]. Der Situation unseres Repetundenverfahrens steht diejenige des Insolvenzverfahrens näher, wo *pecunia* und *pervenire* wahrscheinlich ediktal sind[51]. Jedenfalls bemüht sich Ulpian um eine Begriffsbestimmung und nennt als Kriterium einen zeitlichen Zusammenhang[52]. Auch wenn das Geld des einen Gläubigers zunächst Eigentum des Schuldners geworden und erst sodann an einen zweiten Gläubiger gezahlt worden sei, könne man annehmen, das Geld des ersten sei an den zweiten Gläubiger gelangt – es sei denn, inzwischen wäre einige Zeit vergangen (*si modo non post aliquod intervallum*

46 Vgl. die Gegenüberstellung *ex meo – ex adventicio* bei Plinius ep. 5, 7, 3: aus meinem Vermögen – aus mir [als Testamentserben] zugefallenen Geldern. Vgl. auch Cic. de inventione 2, 21, 63.

47 An der einzigen anderen Stelle, an der Cicero von *adventicia pecunia* spricht, Att. 1, 19, 4, meint er wohl aus dem Ausland zufließende Gelder, vgl. Kasten, Atticus-Briefe, 71. Auch dort ließe sich vom Geld Fremder sprechen.

48 Vgl. gerade für den Falls des Zwangs Paul. D. 4, 2, 21, 5 (11 *ad ed.*): *tamen coactus volui* – obgleich gezwungen habe ich es dennoch gewollt.

49 *At permutata aliquando pecunia est*, Cic. Rab. Post. 13, 39.

50 Ausführlich nachgewiesen von Gamauf, Vindicatio nummorum, 27 ff.

51 Lenel, EP, 429; ihm zustimmend Impallomeni, La surroga del sovventore nel privilegio, Seminarios Complutenses de Derecho Romano 8 (1996), 35–54, 38.

52 D. 42, 5, 24, 3 (63 *ad ed.*) *Eorum ratio prior est creditorum, quorum pecunia ad creditores privilegiarios pervenit. pervenisse autem quemadmodum accipimus, utrum si statim profecta est ab inferioribus ad privilegiarios an vero et si per debitoris personam, hoc est si ante ei numerata sit et sic debitoris facta creditori privilegiario numerata est? quod quidem potest benigne dici, si modo non post aliquod intervallum id factum sit.* Zu ähnlichen Wendungen für Zeiträume, die einen rechtserheblichen Zusammenhang unterbrechen können, s. Klingenberg, Das modicum-Kriterium, SZ 126 (2009), 187–283, 253 ff. (*aliquod spatium*), 269 ff. (*modicum intervallum*), 274 ff. (*aliquod momentum*).

id factum sit)[53]. Der Nachweis, dass individuell bezeichnete körperliche Gegenstände an den Beklagten gelangt sind, wird also nicht gefordert. Die Kondemnation wird auf einen Zurechnungszusammenhang gestützt, der sich auf einen rein rechnerischen Geldbetrag bezieht.

Die Herkunft aus einem Repetundenvergehen haftet dem erlangten Geld offenbar als Makel an[54]. Es handelt sich gleichsam um eine dingliche Berechtigung an einer Summe Geldes, die sich an beliebigen Geldstücken im Besitz des Schuldners fortsetzen kann. Diese gewährt dem Geschädigten gegenüber dem Dritterwerber aber nur unter der (aufschiebenden) Rechtsbedingung die Rückforderung, dass der Schädiger keinen Ersatz leistet. Der Geschädigte kann insofern gerade kein Recht an der Sache geltend machen; mit der Sache lassen die Römer aber eine Ausfallhaftung auf den Dritterwerber übergehen. Soweit der Wert der Sache reicht, übernimmt er das Insolvenzrisiko des Schädigers. In dieser Höhe wird er, ohne diese Verpflichtung bewusst auf sich zu nehmen, Ausfallbürge für Repetundenforderungen gegen den Schädiger. Dazu passt die von Cicero zitierte Voraussetzung der *lex Iulia* (sowie ihrer beiden Vorläufer), dass keine Bürgen gestellt wurden, bei denen die Verurteilungssumme beigetrieben werden könnte[55]: Der Dritterwerber wird anstelle eines Bürgen belangt[56].

Die *lex Acilia* sah vor, zunächst den Verurteilten und auf den Ausfallbetrag sodann die von ihm gestellten Bürgen heranzuziehen[57]. Mit der *lex Servilia* wird eine weitere Ebene der Personalsicherheiten eingezogen. Kann weder vom Verurteilten noch von dessen Bürgen die gesamte Urteilssumme eingezogen werden, müssen für den ausstehenden Betrag die Dritterwerber einstehen, soweit sie etwas erlangt hatten.

Das Wissen darum dürfte bei Geschäften mit Provinzverwaltern zu besonderer Vorsicht gemahnt haben. Wirtschaftlichen Austausch mit jemandem zu betreiben, über dessen tadellose Amtsführung oder wenigstens verlässliche Zahlungsfähigkeit

---

53 Diese Einschränkung verteidigt zu Recht als klassisch Impallomeni, Seminarios Complutenses de Derecho Romano 8 (1996), 35–54, 38.

54 Aus solchen Taten herrührende Sachen können daher auch in späterer Zeit nicht ersessen werden, Paul D. 48, 11, 8 pr. (54 *ad ed.*).

55 Rab. Post. 4, 8 und 13, 37.

56 Mit Blick auf die Gewalthaberhaftung lässt sich dieses Ergebnis damit unterstreichen, dass ein *paterfamilias*, mit dessen Willen der *filiusfamilias* das Dekurionenamt übernommen hat, für Obligationen im Zusammenhang mit der Amtsführung durch den Haussohn *quasi fideiussor obstrictus est*, Ulp. D. 50, 1, 2 pr. (1 *disp.*); ursprünglich vielleicht *quasi praes*. S. ferner Sev./Ant. C. 4, 26, 1 (a. 196); Ulp. D. 50, 1, 5 (1 *disp.*); D. 15, 1, 3, 13 (29 *ad ed.*).

57 38 (Z. 67): *quod eius is reus non solverit, ab eis pr*[*aedibus primo quo*]*que die pequnia exigatur* – was immer [von der Urteilssumme] der Verurteilte nicht gezahlt haben wird, dieses Geld soll von den [Bürgen am frühestmöglichen] Tag eingezogen werden. Lateinischer Text zitiert nach Crawford, Roman Statutes (Fn. 5), Bd. 1, 72.

man nicht sicher sein konnte, war damit riskant. Zur Leistungsgefahr trat das Risiko hinzu, die Leistung im Zuge eines Repetundenverfahrens wieder zu verlieren[58].

2. Die Haftungsbeschränkung auf das Erlangte

Unmittelbar weist die von Cicero überlieferte Klausel nur den Passivlegitimierten aus. Maier behauptet daher, apodiktisch, eine „quantitative Beschränkung, wie sie dem prätorischen *dumtaxat de eo quod pervenit* charakteristisch ist, fehl[e] hier gänzlich"[59]. Danach müssten diejenigen, an die erbeutetes Geld gelangt war, nicht allein dieses herausgeben, sondern für den gesamten Fehlbetrag einstehen, den der Verurteilte und dessen Bürgen schuldig blieben[60]. Eine solche Härte gegenüber Dritterwerbern, denen kein eigenes rechtswidriges Verhalten vorgeworfen wird, wäre indes erstaunlich[61].

---

58 Diese Verantwortlichkeit für Fehlverhalten von Geschäftspartnern lässt an heutige Lieferkettengesetze denken. Das in Deutschland seit Januar 2023 gültige Lieferkettensorgfaltspflichtengesetz sieht zur Durchsetzung Zwangs- und Bußgelder vor (§ 24). Der Vorschlag für eine EU-Richtlinie vom 23. 2. 2022, COM(2022) 71 final geht darüber hinaus, indem er vorsieht, dass Unternehmen auch zivilrechtlich für Schäden haften sollen, die in ihrer Wertschöpfungskette entstanden sind, sofern sie keine geeigneten Maßnahmen zu deren Verhinderung getroffen hatten.

59 Maier, Bereicherungsklagen, 157, außerdem bereits 14 f.; als glaubhaft wiedergegeben von seinem Rezensenten Kaser, KritVjschr. 27 (1935), 74–93, 88.

60 So Lintott, The leges repetundis and Associate Measures Under the Republic, SZ 98 (1981), 163–212, 190, obschon seine (aus Ermangelung an Quellen nicht überprüfbare) Rekonstruktion der *lex Servilia*, ebd. Fn. 108, insofern nicht eindeutig ist: *Si eius causa, qui ex hac lege damnatus erit, neque praedes satis dati erunt, a quibus summa litium redigatur, neque ex eius bonis possessis ac venditis tanta pecunia in aerario posita erit, quanta summa litium fuerit, tum praetor, cuius ex hac lege quaestio erit, eam pecuniam persequito ab eo, quo ea pecunia pervenerit, quam is, qui ex hac lege damnatus erit, ceperit abstulerit coegerit conciliaverit.* Es kann sich *eam pecuniam* ebenso auf den Fehlbetrag wie auf die erlangte Summe beziehen.

61 Zumal falls sich die Verurteilungssumme auf ein Vielfaches der abgepressten belaufen haben sollte. Die gracchische *lex Acilia* 31, Z. 59, setzte das *duplum* fest, Sulla mag aber zum einfachen Ersatz zurückgekehrt sein, worin ihm die hier maßgebliche *lex Iulia* wohl folgte, so Mommsen, Strafrecht, 728; zustimmend Strachan-Davidson, Problems of the Roman Criminal Law, Bd. 2, 7 Fn. 2; Gaulhofer, Metus, Der prätorische Rechtsschutz bei Furcht, Zwang und Gewalt, 70 Fn. 160; für den doppelten Satz unter der *lex Iulia* Kunkel, Quaestio, 33–110, 61 = RE 24, Sp. 720–786, 744; Lintott, SZ 98 (1981), 163–212, 207; für das Zweieinhalbfache Zumpt, De legibus iudiciisque repetundarum in republica Romana commentationes duae, 41, der sich auf das Verhältnis der Beträge in Ciceros Anklage gegen Verres beruft, einerseits: *sestertium miliens* [100.000.000] *ex lege repeto* (div. in Caec. 5, 19), andererseits *quadringentiens sestertium* [40.000.000] *contra leges abstulisse* (Verr. 1, 18, 56). Dem folgen Sherwin-White, Poena Legis Repetundarum, Papers of the British School at Rome 17 (1949), 5–25, 8 f. sowie Pontenay de Fontette, Leges repetundarum, 103 f. Übersehen wird dabei, dass Cicero die erstere Forderung nicht selbst als Ankläger vorbringt, sondern den geschädigten Sizilianern in den Mund legt. *Miliens* wird daher in übertragener Bedeutung eine hohe, nicht näher

Ciceros Vorbringen lässt sich durchaus eine Haftungsbeschränkung entnehmen:

Rab. Post. 13, 37
ut intellegi facile possit, quod ex ea pecunia, quae ad quem eorum qui damnatus est pervenisse ad aliquem in illo primo iudicio planum factum sit, id hoc genere iudicii redigi soleret[62].

Der Text ist uns nicht unversehrt erhalten. Vielleicht indes ist die Verderbnis weniger gravierend, als man einmütig annimmt[63]. Kaum ausschließen lässt sich nämlich, dass Cicero annähernd wörtlich aus dem einschlägigen Gesetz, d. h. aus der *lex Iulia* zitiert[64], um seine voraufgegangenen Ausführungen[65] zu unterlegen (*ut intellegi facile possit* – wie sich sogleich [am Wortlaut des Gesetzes] ersehen lässt). Nicht auszuschließen ist auch, dass er den Stil eines Gesetzestextes imitiert, so als sei die angeführte Gepflogenheit verbindlich[66].

Gestoßen hat man sich zunächst an *quem eorum*[67]. Formen des Relativpronomens *qui* gefolgt von *eorum* sind in Ciceros Sprachgebrauch selten, für die Gesetze der späten Republik hingegen geradezu typisch (wie überhaupt die Häufung von Pronomen[68], deren Bezugswörter nicht immer leicht auszumachen sind[69]); an einer aufschlussreichen Fundstelle für *qui eorum* zitiert Cicero denn auch ein Gesetz im

bestimmte Summe meinen: viele Millionen Sesterzen; ähnlich schon Zumpt, Criminalprocess, 361 sowie Fuhrmann, Die Reden gegen Verres, 497; im Ergebnis ebenso bereits Serrao, Il frammento leidense di Paolo, Problemi di diritto criminale romano, 119 Fn. 277, der die erstgenannte Summe auf die „tattica forense" zurückführt, mit einer Maximalforderung zu beginnen; gebilligt von Santalucia, La repressione penale e le garanzie del cittadino [in età repubblicana], 35–61, 54 Fn. 35. Wie überdies Klodt, Pro Rabirio Postumo, 55 Fn. 18 betont, lässt Rab. Post. 11, 30 das *simplum* annehmen: *at non modo abs te decem milia obiecta sunt, sed etiam ab his aestimata.*

62 So die Handschrift (Fn. 17), fol. 6v.

63 Siani-Davies, Cicero's Speech, 198 hält *quae ad quem eorum* gar für „meaningless".

64 Auch Klodt, Pro Rabirio Postumo, 161 meint, dass sich der Passus an einen Gesetzestext anlehne, befürwortet aber dennoch weitreichende Korrekturen.

65 Gegen Dritterwerber werde kein eigenes Verfahren mit erneuter Beweiserhebung eingesetzt. Sie müssten bereits im Hauptverfahren als Profiteure festgestellt werden.

66 Vgl. Verr. 2, 2, 31, wo er die Formel der *rei vindicatio* für rhetorische Zwecke abwandelt.

67 Bereits Cujaz, Opera Omnia, Bd. 1, Sp. 875 emendierte: *quod ex ea pecunia, quam ceperit is, qui damnatus est pervenisse ad aliquem*; im Ergebnis ebenso (*quam ceperat, qui* statt *quam ceperit is, qui*) Giardina, M. Tulli Ciceronis Pro Rabirio Postumo Oratio, 37. Clark, Orationes IV liest: *quod ex ea pecunia, quae ad aliquem reum qui damnatus est venisset, pervenisse ad aliquem.* Wegen der stilistisch unschönen Wiederholung von *ad aliquem* dagegen Klodt, Pro Rabirio Postumo, 161.

68 S. etwa *lex Acilia* 2 (Z. 1): *quive filius eorum cuius erit.*

69 Vgl. Crawford, Roman Statutes, Bd. 1, 19: „abrupt changes of subject". Auch ist mit dem Normtypus entsprechender Redundanz zu rechnen. Der römische Gesetzgeber übt sich in Formulierungen, die durch Wiederholungen Bestimmtheit herstellen sollen.

Wortlaut und schließt rhetorisch fragend an: „*qui eorum*“? *quorum? videlicet qui supra scripti sunt* – „Wer von diesen“? Von welchen? Selbstverständlich von den oben Genannten. Gemeint sind diejenigen, die als taugliche Täter (dort wie hier bestimmte Amtsträger) eine Strafe auf sich ziehen konnten[70]. Beispiele finden sich auch andernorts, wobei mit *eorum* stets auf die Normadressaten Bezug genommen wird[71], so auch in der *lex Acilia repetundarum*[72]. Ebendort begegnet die Wendung *qui eorum eo iudicio condemnatus erit*[73], wie hier mit *iudicio*. Die bei Cicero fehlende Vorsilbe *con-* muss deswegen nicht gegen ein Zitat sprechen, auch etwa die *lex Rubria* hat *damnatus*[74].

Dafür, dass Cicero Gesetzeswortlaut entlehnt, spricht auch *redigi*, das für unsere Klausel gewiss technisch ist; ein die Klage abweisendes Urteil des Prätors lautete: *non redigam*[75] – ich ziehe [erlangtes Geld vom Beklagten] nicht ein. Auch die *lex Acilia* verwendet das Verb, in Bezug auf Geld, das vom Verurteilten oder seinen Bürgen einzuziehen ist[76]. Endlich ist auch *planum factum* in den republikanischen Gesetzen bezeugt[77].

Danach ist der überlieferte Wortlaut als Anleihe aus dem Gesetzestext zu erhalten. Es stellt sich indessen die Frage nach einem Ausfall, denn es scheint in dem mit *quae* eingeleiteten Relativsatz ein Verb zu fehlen. Inhaltlich erwartet man: ‚von dem Geld, das der Verurteilte erbeutet hat‘[78]. Für das Erbeuten ist *capere* üblich, in der *lex Acilia* zweimal eingestellt in den Katalog *ablatum captum coactum conciliatum aversumve*, im Gegensatz zu den anderen Verben aber auch einzeln und stellvertretend für die übrigen verwendet[79], so ebenfalls bei

70 Pro A. Cluentio Habito 54, 148. Cicero zitiert aus der *lex Cornelia de sicariis et veneficiis* eine Bestimmung über rechtswidrige Absprachen, die auf jemandes öffentliche Verurteilung gerichtet waren: *Qui eorum coiit, coierit, convenit, convenerit quo quis iudicio publico condemnaretur* … Zum ganzen Gesetz Elster, Die Gesetze der späten römischen Republik, 454 ff. und die Lit. dort.

71 *Qui eorum*: *lex Ursonensis* CII; CXXV; *lex Malacitana* LXIV. *Quem eorum*: *lex Tarentina* VIIII 2; *lex Ursonenis* CXXVIII; CXXIX; *lex Malacitana* LX; *lex agraria* 26.

72 4 (Z. 7); 6 (Z. 9–10); 8 (Z. 12); 10 (Z. 16); 13 (Z. 25); 14 (Z. 27); 22 (Z. 45); 43 (Z. 74); 45 (Z. 76); 46 (Z. 78).

73 4 (Z. 7); ähnlich dürfte zu rekonstruieren sein 43 (Z. 74 mit der Wiederholung Z. 81): *qui eorum eo [iudicio condem]natus*, so Crawford, Roman Statutes, Bd. I, 73.

74 XXI (Z. 14): *iure lege damnatus esset fuisset*. Paulus überliefert das Partizip auch für die *lex Falcidia* von 41 v. Chr., D. 35, 2, 1 pr. (*l. s. ad l. Falcid.*) … *isque heres, qui eam pecuniam dare iussus damnatus erit, eam pecuniam debeto dare, quam damnatus est*. Laut Ulpian fand es sich im prätorischen Edikt, D. 3, 2, 4, 5 (6 *ad ed.*). Für *condemnatus* aber Crawford, Roman Statutes, Bd. II, 772.

75 Cic. fam. 8, 8, 3.

76 32 (Z. 62); 38 f. (Z. 67 f.).

77 *Lex Ursonensis* CXXIII; *lex agraria* 29; außerdem *planum fiat*, ebd. 33.

78 Vgl. Rab. Post. 4, 8: *iubet lex Iulia persequi ab iis ad quos ea pecunia quam is ceperit qui damnatus sit pervenerit*.

79 14 (Z. 28): *qui pecuniam ex h. l. capiet, eum ob eam rem, quod pecuniam ex h. l. ceperit*.

Cicero[80]. Keines der genannten Verben fügt sich ohne weiteres in die überlieferte Formulierung mit *ad* und Akkusativ. Für *pervenire* hingegen ist diese Konstruktion ganz üblich[81], was möglicherweise die Textstörung erklärt. *Pervenisse* könnte sich ebenso auf *ad quem eorum* im Relativsatz wie auf *ad aliquem* im folgenden Teilsatz beziehen. Liest man *pervenisse* gleichsam doppelt, so gewinnt man eine verständliche Wendung:

> quod ex ea pecunia, quae ad quem eorum qui damnatus est pervenerit, pervenisse ad aliquem in illo primo iudicio planum factum sit.

> Hat sich im ersten Verfahren erwiesen, dass von den Beträgen, die der Verurteilte erlangt hatte, etwas an einen Dritten gelangt ist, pflegt dieses durch ein Verfahren wie das unsere eingezogen zu werden.[82]

Stilistisch wäre der Satz ungelenk, wenn man als Quelle aber einen Gesetzestext zugrunde legt, vielleicht nicht ausgeschlossen. Eine der beiden fast identischen Verbformen könnte dann als vermeintliche Dittographie von einem Abschreiber getilgt worden sein.

Mit den möglichen Bedeutungen von *pervenire* ließe sich die Dopplung wohl vereinbaren. Der römische Gesetzgeber bezieht das Verb nicht nur auf dasjenige, was an den Dritterwerber, sondern auch auf das, was an den Täter gelangt[83]. Cicero benutzt es außerdem im Sinne von ‚auf das Konto des Täters gehen'[84]. Dafür müssen keine Vermögenswerte tatsächlich an diesen gelangen. Es genügt, dass er für die Vermögensverschiebung verantwortlich, dass sie ihm zurechenbar ist[85]. Anders gewendet: Auch derjenige, der lediglich den Erwerb ermöglicht und sein Vermögen nicht gemehrt hat, kann als derjenige bezeichnet werden, an den etwas

---

80 Cluent. 54, 148: *clames te lege pecuniarum repetundarum non teneri; neque haec tua recusatio confessio sit captae pecuniae*. Verr. 2, 1, 10: *his ego iudicibus non probabo C. Verrem contra leges pecuniam cepisse?*; ähnlich Verr. 2, 2, 26.

81 In den Digesten steht *ad quem* in insgesamt 90 Stellen, in 56 davon mit *pertinere*, in 20 mit *pervenire*.

82 Übersetzt mit einzelnen Anleihen bei Fuhrmann, Prozessreden, 637.

83 *Lex Ursonensis* XCIII: *neve facito, quo quid ex ea re at se suorumve quem perveniat*, dazu unten, 62 ff. *Pervenire* ist dort Auffangtatbestand und lässt sich vielleicht auch andernorts in ähnlicher Weise als Gemeinbegriff für Aneignungstatbestände verwenden.

84 So die Übersetzung von Fuhrmann, Prozessreden, 631 zu Rab. Post. 11, 30. Von Rabirius war behauptet worden, er habe, als er den Gabinius geschuldeten Betrag von 10.000 Talenten einzog, 10 Prozent selbst eingenommen. Wenn dies zuträfe, so Cicero, gingen (je nach Berechnung) 11.000 Talente auf das Konto des Gabinius: *undecim milia talentum ad Gabinium pervenerunt*. Offenbar konnte Cicero *pervenire* verwenden, obschon die zusätzlichen 1000 Talente gewiss nicht an Gabinius gelangten.

85 Vgl. Verr. 2, 2, 26.

gelangt[86]. Es lassen sich so Fälle der Drittzueignung[87] sowie des Handelns durch Dritte[88] erfassen. Selbst nichts (unmittelbar) erlangt zu haben, soll dem Hintermann keine Entlastungsmöglichkeit bieten[89].

Als Einwand gegen den überlieferten Text kann auch der Anschluss von *qui* im Singular an die Pluralform *eorum* nicht bestehen[90]. Das Gesetz hat eine Vielzahl an Adressaten, aus denen hier nur der oder die Verurteilten angesprochen sind[91]. Es muss deswegen auch nicht ein einzelner Verurteilter (hier Gabinius) gemeint sein. Zu erwägen ist auch die Möglichkeit, dass mit *quem eorum qui damnatus est* verurteilte Mittäter erfasst sind. Von einem Verfahren gegen mehrere Angeklagte, in dessen Zuge auch Gelder von Drittempfängern eingezogen wurden, berichtet Plinius[92].

Unwahrscheinlich ist hingegen, dass sich das *pervenit*-Verfahren (nur) gegen die Mittäter des erpresserischen Magistraten richtete[93]. Denkbar wäre dies zwar dadurch veranlasst, dass diese oft nicht dem Senatorenstand angehörten, an den allein sich die Repetundengesetze wandten[94]. So plausibel aber eine solche rechtspolitische Zielsetzung erscheint, es gibt dafür keine Anzeichen. Cicero verteidigt Rabirius Postumus nicht etwa gegen den Vorwurf, an der Erpressung teilgenommen zu

86 Vgl. auch Pomp. D. 50, 16, 171 (16 *ad Sab.*) „*Pervenisse ad te*" *recte dicitur, quod per te ad alium pervenerit* … – Zutreffend sagt man von dem, was durch dich an einen anderen gelangt ist, es sei an dich gelangt …

87 Vgl. zum *furtum* Ulp.-Sab. D. 9, 2, 27, 21 (18 *ad ed.*).

88 Cicero bezeichnet Verr. 2, 2, 27 die Gefolgsleute des Verres bildhaft als dessen Hände, in die gezahlt worden sei.

89 Erstaunlicherweise noch für das Jahr 70 v. Chr. lässt Cicero den Verteidiger des Verres, Hortenius, vorbringen, dass an diesen bestimmte Zahlungen nicht gelangt seien, Verr. 2, 2, 26: *At enim ad Verrem pecunia ista non pervenit.* Vielleicht handelt es sich um einen Kunstgriff des Schriftstellers Cicero, der dieses Vorbringen sogleich *ad absurdum* führt. Dass er dafür aber ein längst gelöstes juristisches Problem gewählt haben sollte, ist nicht wahrscheinlich.

90 Zur häufig anzutreffenden Vermengung von Singular und Plural Löfstedt Syntactica, Studien und Beiträge zur historischen Syntax des Lateins, Teil 1, 2. Aufl., 5 ff., der S. 8 resümiert: „In diesem Stil … kommt es also vor allem auf Sachlichkeit, nicht auf künstlich geregelte formale Konzinnität an".

91 Hervorzuheben ist aus der *lex Acilia* 34 (Z. 64) *Quod eorum nomine, qui non aderit, tributus factus erit.* Ferner lässt sich einreihen 42 (Z. 73): *uti ea omnia, quod ex hace lege factum non erit, faciant.*

92 Ep. 3, 9, 6 *addiderunt Baetici, quod simul socios ministros que Classici detulerunt nominatim que in eos inquisitionem postulaverunt.* – Die Baeticer gingen noch weiter; sie zeigten zugleich die Genossen und Helfer des Classicus an und forderten ausdrücklich eine Untersuchung gegen sie. Übersetzung nach Kasten, Gaius Plinius Caecilius Secundus, Briefe, Epistularum libri decem, 151. Über die Taten Dreier wurde sodann offenbar zugleich verhandelt, ep. 3, 9, 12 *duos statim Classico iunximus*; in einem weiteren Verfahren ebenfalls gegen mehrere vorgegangen: ep. 3, 9, 19 *Actione tertia commodissimum putavimus plures congregare, ne, si longius esset extracta cognitio, satietate et taedio quodam iustitia cognoscentium severitas que languesceret.*

93 Zutreffend bereits Zumpt, Criminalprocess, 544.

94 So die Verteidigung Ciceros für den Ritter Postumus, Rab. Post. 5, 12.

haben, sondern bestreitet einzig, dass dieser Geld erlangt habe[95]. Sollte die Klausel tatsächlich einen Strafzweck verfolgt haben, so wäre es immerhin ungewöhnlich, das Erlangen von Vorteilen in den Tatbestand aufzunehmen. Wenigstens klassisch haften (Mit-)Täter, etwa mit der *actio quod metus causa*[96] oder der *actio furti*[97], unabhängig davon, ob ihnen Beute zugefallen ist.

Nichtsdestoweniger spricht doch die von Cicero betonte Gepflogenheit, die später zu belangenden Drittempfänger bei der *litis aestimatio* des Hauptverfahrens namhaft zu machen, dafür, dass nicht beliebige Erwerber der entzogenen Vermögensgegenstände ein *pervenit*-Verfahren zu fürchten hatten. Wenngleich das Gesetz insofern keine Schranken gesetzt haben mag, wird man *de facto* – weil die Verfolgung erpressten Vermögens desto schwerer wird, je weiter es sich vom Täter entfernt, je mehr Hände es durchläuft – nur dem Täter (wirtschaftlich) nahestehende Personen bzw. solche haftbar gemacht haben, die recht unmittelbar vom Täter etwas erworben hatten. Auch Rabirius Postumus, den man bei der *litis aestimatio* nicht genannt hatte, war gewiss ‚nahe am Geschehen'.

Was Cicero mit seinem Gesetzeszitat belegen möchte, ist: Es gibt diejenigen, die in einem eigenen Verfahren abgeurteilt werden (*qui damnatus est*), nämlich (senatorische) (Mit-)Täter; und es gibt alle übrigen (*aliquem*), die eben nicht wegen eigener Tat in einem eigenen Verfahren verurteilt werden[98]. Die Kontraktion *aliquem* lässt sich wohlgemerkt nicht für Gesetzestexte zu Ciceros Zeit nachweisen, erwarten würde man vielleicht *quem alium*[99]. Auch das an *aliquem* anschließende *in illo primo iudicio planum factum sit* ist zweifellos ciceronische Beigabe und nicht Gesetzestext, andernfalls müsste sich Cicero insofern nicht auf die Gewohnheit berufen[100]. Als denkbarer Wortlaut der *lex Iulia* verbleibt: *quod ex ea pecunia, quae ad quem eorum qui damnatus est perven*[*erit*].

Bereits *quod ex ea pecunia* – insoweit ist der Text nicht zu beanstanden – deutet darauf hin, dass nicht der gesamte Betrag des entzogenen Geldes in Rede steht,

---

95 Auch Quintilian identifiziert nur dieses als Verteidigung in der Sache, inst. 3, 6, 11 *nam et pro Rabirio Postumo Cicero prima parte orationis in hoc intendit, ut actionem competere in equitem Romanum neget, secunda nullam ad eum pecuniam pervenisse confirmat.*

96 Ulp. D. 4, 2, 14, 5 (11 *ad ed.*).

97 Das gilt selbst für den Teilnehmer *ope consilio*, d.h. den Gehilfen oder Anstifter, Gai. 3, 202; Ulp. D. 13, 1, 6 (38 *ad ed.*).

98 S. kurz zuvor, Rab. Post. 13, 37 *quo ea pecunia pervenerit non suis propriis iudiciis in reum facti condemnari solent.* Der Sinn ist trotz der Textstörung klar: Wegen erlangten Geldes wird kein eigenständiges Verfahren gegen Dritterwerber eingesetzt. Nur wenn der Täter verurteilt ist und weder er noch Bürgen die Urteilssumme zahlen, wird Geld von den Dritterwerbern eingezogen.

99 So *lex Ursonensis* XIX. Zu diesem erst in jüngerer Zeit entdeckten Abschnitt (XIII–XX) des Gesetzes Caballos Rufino, El nuevo bronce de Osuna y la politica colonizadora romana. Vgl. auch Tabula Heracleensis 19 (Z. 90): *neve quem alium magistratum petito.*

100 S. oben, Fn. 19.

sondern lediglich ein Teil. Danach ist überwiegend wahrscheinlich, dass nur dasjenige Geld eingefordert werden konnte, das an die Dritterwerber gelangt war. Das Erlangen dürfte also nicht allein die Passivlegitimation vermitteln, sondern zugleich das Maß der Haftung angeben. Nichts anderes ergibt sich, wenn man den gesamten Satz Ciceros ins Auge fasst. *Id* bezieht sich zurück auf den *quod*-Satz, könnte diesem also vorangestellt werden. Gekürzt lässt sich die Aussage Ciceros sodann wie folgt wiedergeben: *Id quod ex ea pecunia pervenit ad aliquem hoc genere iudicii redigi solet*. Kurzum, die Klage ist auf das Erlangte gerichtet, auf *id quod pervenit*.

Das lässt sich unterstreichen mit einem Gesetzesentwurf aus Ciceros Zeit, der unter Verwendung von *pervenire* gerade eine Verantwortlichkeit für das Erlangte statuiert. Im Jahr 63 v. Chr. spricht sich Cicero als Konsul gegen einen Entwurf des Volkstribuns P. Servilius Rufus für ein neue *lex agraria* aus und gibt dabei dessen Inhalt wieder:

> De lege agraria 1, 4, 12[101]
> quod ad quemque pervenit aut pervenerit ex praeda, ex manubiis, ex auro coronario, quod neque consumptum in monumento neque in aerarium relatum sit, id ad decemviros referri iubet!

> Was ein jeder an Beute, an Kriegserträgnissen, an Ehrengold erlangt hat, das soll er, verordnet das Gesetz, bei den Zehnmännern abliefern, wenn er es nicht für ein öffentliches Bauwerk verwendet oder an die Staatskasse abgeführt hat![102]

Schütz erkennt den Satz noch als Zitat aus dem Gesetzesentwurf und setzt alles außer *iubet* entsprechend in Versalien[103]. Aus der Handschrift streicht er, überzeugend, einzig *aut*[104]. Spätere Editionen tilgen allesamt *pervenit aut* und weisen kein Zitat mehr aus[105], dabei ist die so zunichtegemachte Reihung zweier Verbformen, die sich nur im Tempus unterscheiden, ein schwer auszuräumendes Anzeichen für die Gesetzessprache der Zeit[106].

---

101 Zitiert nach Poggios Apograph (Fn. 17), fol. 54r.

102 Übersetzung nach Fuhrmann, Marcus Tullius Cicero, Die politischen Reden, Bd. 1, 217.

103 M. Tullii Ciceronis Opera, Bd. 6, 21.

104 So gibt den Text auch Maier, Bereicherungsklagen, 13, wieder.

105 Clark, Orationes IV; Marek, M. Tulli Ciceronis scripta quae manserunt omnia, Fasc. 16, Orationes de lege agraria, Oratio pro C. Rabirio perdvellionis reo; Henderson, Cicero, Bd. VI, Pro Publio Quinctio u. a., 352.

106 Auch die Zusammenstellung von Präsens und Futur ist ganz üblich, s. nur die zahllosen Wiederholungen von *est erit* in den republikanischen Gesetzen – häufig freilich mit vorangestelltem Partizip, auch dann aber mit dem Anliegen, die Geltung einer Regel über unterschiedliche Zeiträume zu erstrecken.

Uns begegnet hier die soeben herausgestellte Satzstruktur wieder, einzig die Reihenfolge ist etwas anders. Um indes auszuscheiden, was in den beiden Reden von Cicero verfremdet wurde, lässt sich ein Normtext ähnlichen Alters[107] hinzusetzen:

> *lex Tarentina* VIIII 2 (Z. 16–19)
> … ab eis qui petent praedes quod satis sit accipito, quae pecunia publica sacra religiosa eius municipi ad quemque eorum in eo magistratu pervenerit, eam pecuniam municipio Tarentino salvam recte esse futuram …
>
> … von denjenigen, die sich um ein Amt bewerben, soll [der zuständige Magistrat] ausreichend Bürgen dafür annehmen, dass jedwedes öffentliches oder geweihtes Geld der Gemeinde, das im Amt an einen von ihnen [den Kandidaten] gelangen wird, dass dieses Geld der Gemeinde Tarentum sicher erhalten bleiben werde …

Ebenso wie die von Cicero behandelten Vorschriften will auch diese verhindern, dass Magistrate ihre Stellung missbrauchen, um sich zu bereichern. Es zeichnet sich ein recht konsistenter Sprachgebrauch ab: An beliebige oder einem begrenzten Adressatenkreis angehörige Empfänger (*ad quem eorum/ad aliquem*; *ad quemque*; *ad quemque eorum*) gelangen bestimmte Vermögenswerte (*quod ex ea pecunia*; *quod ex praeda*; *quae pecunia*), deren Rückgabe das Gesetz erreichen soll (*redigere*; *referre*; *praedes accipere*). Wie die Repetundengesetze sieht die *lex Tarentina* vor, dass Bürgen gestellt werden.

Wenn Cicero die Anordnung der *lex agraria* mit *referri iubet* wiedergibt, werden wir das recht wörtlich verstehen und uns im Gesetzestext einen Imperativ vorstellen dürfen: *referto*[108]. Von der *pervenit*-Klausel können wir annehmen, dass sie dem Prätor das *redigere* aufgab[109], also vermutlich auf *redigito* lautete. Jedenfalls scheint Cicero sich vom Text der Gesetze nicht weit entfernt zu haben.

In keiner seiner beiden Reden ist eine über das Erlangte hinausgehende Haftung auszumachen[110]. Nichts anderes ist auch von Plinius im Fall des Caecilius Classicus[111]

---

107 Zwischen 89 und 45 v. Chr., Johnson/Coleman-Norton/Bourne, Ancient Roman Statutes, 64.

108 Die Wortform ist häufig anzutreffen, in unseren Zusammenhang passt *lex Malacitana* LXVII *Ad quem pecunia communis municipum eius municipi pervenerit … in publicum municipum eius municipi eam referto.*

109 Cic. fam. 8, 8, 3.

110 In unserem Ausgangsfall beläuft sich die Forderung wohl nur auf die von Rabirius laut Anklage erlangten 1000 Talente. An anderer Stelle, Verr. 2, 1, 150, schließt Cicero an die Formulierung *quo ista pecunia pervenerit* sogleich mit konkreten Summen an. Wäre er mit seiner zweiten Rede gegen Verres tatsächlich vor ein Gericht getreten, hätte er so ein Nachverfahren gegen D. Brutus vorbereiten können – in den Grenzen der von ihm genannten Summen.

111 Wegen seiner ausbeuterischen Verwaltung der Provinz Baetica kurz vor Ende des ersten nachchristlichen Jahrhunderts wurde ihm der Prozess gemacht, obwohl er sich der Anklage durch den Freitod entzogen hatte.

zu vernehmen: *pecuniae quas creditoribus solverat revocarentur*[112]. Es werden die gezahlten Beträge zurückgefordert, von einer weiter reichenden Haftung ist keine Rede. Sogar eine weitere Beschränkung scheint nicht ausgeschlossen, wenn man Zweck und Voraussetzungen der Klage bedenkt, wie sie Cicero mitteilt:

> Rab. Post. 13, 37
> si aut praedes dedisset Gabinius aut tantum ex eius bonis quanta summa litium fuisset populus recepisset, quamvis magna ad Postumum ab eo pecunia pervenisset, non redigeretur.
>
> Wenn Gabinius Bürgen gestellt oder die Staatskasse aus seinem Vermögen die volle Urteilssumme erzielt hätte, dann könnte ein noch so hoher Betrag von ihm an Postumus gelangt sein: man würde ihn nicht zurückfordern.

Daraus erhellt abermals, dass derjenige, der etwas erlangt hat, nur dann haftet, wenn der Täter als primär Verpflichteter ausfällt und keine Bürgen gestellt hat. Der im Nachverfahren Beklagte fungiert als Ausfallbürge des Täters. Er haftet allem Anschein nach nur auf den Fehlbetrag – selbst dann, wenn er vom Täter eine größere Summe erhalten hatte. Denn weiter reicht schon die Forderung der Geschädigten nicht, deren Höhe nach der *litis aestimatio* des Hauptverfahrens feststeht. Anders als Maier annahm, fehlt der *pervenit*-Haftung des Repetundenverfahrens also eine quantitative Beschränkung nicht. Sie ist vielmehr zweifach begrenzt: Der Beklagte hat höchstens das Erlangte herauszugeben, und auch dieses nur, soweit die Forderung der Geschädigten noch nicht erfüllt ist. Die *pervenit*-Klage bezweckt also nicht, dem Dritterwerber eine ungerechtfertigte Bereicherung zu entziehen. Sie wendet den Schadensersatzanspruch der Geschädigten, soweit der Täter (oder dessen Bürge) ihn nicht erfüllt, gegen Dritte, soweit diese aus der Tat etwas erlangt haben. Ebenso wie alsdann im klassischen Privatrecht nimmt unsere *pervenit*-Haftung ihren Ausgang von deliktischen Schadensersatzforderungen. Anders als die privatrechtlichen Klagen auf das Erlangte ist sie jedoch gegenüber der Haftung des Täters subsidiär.

3. Herkunft der prätorischen *pervenit*-Haftung

Die Frage, ob die klassischen *pervenit*-Klagen historisch auf die Repetundengesetze zurückzuführen sind, wird man kaum beantworten können. Zumindest aber lassen sich zwischen beiden mehr Gemeinsamkeiten feststellen, als bisweilen behauptet wurde. Das Argument, die Klausel *quo ea pecunia pervenerit* könne nicht die Vorlage für prätorische Klagen *in id quod pervenit* gewesen sein, da sie einzig der

112 Ep. 3, 9, 17.

Identifikation des Passivlegitimierten diene[113], findet in den Quellen keine Grundlage. Die Repetundenklausel begrenzt die Haftung des Dritterwerbers der Höhe nach. Sie teilt außerdem mit den prätorischen *pervenit*-Klagen ein weiteres bezeichnendes Merkmal, indem sie nämlich die Reichweite einer bestehenden Klage auf zuvor nicht erfasste Passivlegitimierte erstreckt. Die Kombination aus Haftungsüberleitung und -begrenzung zeichnet die *pervenit*-Klagen auch im Privatrecht gerade aus.

Gelegentlich hat man daher den Ursprung der *pervenit*-Haftung (wenigstens des Erben[114]) bei den Repetundengesetzen vermutet[115]. Ebenso häufig wollte man die Klagen auf das Erlangte von der *condictio* ableiten[116]. Beide Erklärungen einander gegenüberzustellen erschiene verfehlt[117], wenn man mit Mommsen bereits die Repetundenklage als Sonderform der Kondiktion begreifen wollte[118]. Er geht so weit, die *lex Calpurnia de legis actione*, die laut Gaius die *condictio certae rei* einführte[119], mit der *lex Calpurnia repetundarum* zu identifizieren. Selbst wenn aber beide Gesetze von demselben L. Calpurnius Piso rogiert worden sein sollten (was gemeinhin bestritten wird[120]), spricht die vorgesehene Verfahrensart entschieden gegen eine enge Beziehung zwischen beiden Gesetzen. Nach der *lex Calpurnia repetundarum* wird gerade nicht *per condictionem*, sondern *sacramento* geklagt[121].

Grundlegend ähneln sich die *pervenit*-Klagen (des Repetundenverfahrens wie des klassischen Privatrechts) und die in ähnlich gelagerten Fällen eingesetzten Kondiktionen in ihrer Funktion als Rückforderungsklagen[122]. Beide wollen dem Kläger

---

113 Maier, Bereicherungsklagen, 157.

114 Der Streit ist vornehmlich für die Erbenhaftung geführt worden, doch sind die für den Gewalthaber (und ferner das Mündel) anzustellenden Erwägungen dieselben.

115 Mitteis, Römisches Privatrecht bis auf die Zeit Diokletians, 109 mit Fn. 35; Schulz, Die actiones, 1 f.

116 Pernice, Labeo, Bd. 3, 235 f.; Levy, Privatstrafe, 97 ff.

117 Bereits Levy, Privatstrafe, 92 Fn. 4 erkannte einen Scheinstreit, da einige Autoren die Position von Pernice (Zur Lehre von den Sachbeschädigungen nach römischem Rechte, 127; Labeo II 2, 201 f; III, 236) missverstanden hatten. Die Debatte gewann indes erneut Relevanz, da später Maier, Bereicherungsklagen, 156 ff. die beiden Herleitungen einander abermals entgegenstellte.

118 Mommsen, Strafrecht, 721 ff.

119 Gai. 4, 19.

120 Die *lex Calpurnia de legis actione* wird meist auf das Ende des dritten Jahrhunderts v. Chr. datiert, das Repetundengesetz hingegen auf 149 v. Chr., s. Elster, Die Gesetze der mittleren römischen Republik, 266 f. und 418 ff. u. die Lit. dort.

121 *Lex Acilia* 12 (Z. 23). Zu der Folgefrage, wie Provinziale als Nichtbürger ein solches Verfahren in Gang setzen konnten, s. Kaser/Hackl, 61.

122 Vgl., für die *actio vi bonorum raptorum*, Ulp. D. 47, 8, 2, 27 (56 *ad ed.*) … *et ego puto ideo praetorem non esse pollicitum in heredes in id quod ad eos pervenit, quia putavit sufficere condictionem* – … und ich glaube, dass sie der Prätor darum nicht gegen die Erben auf das verheißen hat, was an sie gelangt ist, weil er die Kondiktion für hinreichend hielt. – Hinsichtlich der funktionalen Verwandtschaft zutreffend Pernice, Sachbeschädigungen, 127 sowie, ausführlicher, Levy, Privatstrafe, 100 ff. S. auch Voigt, Römische Rechtsgeschichte, Bd. 1, 698.

wiederverschaffen, was ihm unbilligerweise entzogen wurde oder vorenthalten wird. Für die Herausbildung der *condictio* als Klage aus ungerechtfertigter Vorenthaltung – jenseits der Fälle von *datio* oder *furtum* – haben wir zwar vereinzelte Nachweise, die in die Republik zurückreichen[123]. Zu voller Entfaltung gelangt die Kondiktion als Bereicherungsklage aber wohl erst in der Kaiserzeit[124]. Dass aus ihrem Umfeld bereits Ende des zweiten vorchristlichen Jahrhunderts ein so spezielles Gebilde wie die Klausel *quo ea pecunia pervenerit* entsprungen sein sollte, ist wenig plausibel. Verstanden als subsidiäre Eingriffskondiktion (*ex iniusta causa* oder *sine causa*) gegen den Dritterwerber, wäre sie der Entwicklung des Kondiktionenrechts voraus.

Anderes könnte mit Blick auf die *condictio ex causa furtiva* gelten, die wohl bereits die *veteres*, d. h. die republikanischen Juristen, durchgebildet haben[125]. Levy traut gerade ihr eine förderliche Wirkung für die Bereicherungshaftung im Deliktsrecht zu[126]. Dafür lässt sich indes kaum mehr anführen, als dass sie wie unsere *pervenit*-Klagen aus einem Delikt entspringt, aber nicht auf Strafe, sondern auf Ersatz gerichtet ist. Anders als diese lässt sie sich gerade nicht gegen Dritterwerber, sondern nur gegen den Täter oder dessen Erben richten[127]. Zwar kann auch der Erbe als Dritter gelten[128] und mag als solcher Tatvorteile erlangen, doch ist dies für seine Haftung mit der Diebstahlskondiktion unerheblich. Der Erbe haftet nicht als Dritterwerber auf das Erlangte, sondern als Rechtsnachfolger *in solidum*[129], ebenso wie bei den übrigen Kondiktionen. Dass ein der *condictio* innewohnender Leitgedanke die *pervenit*-Haftung des Erben motiviert haben sollte, erscheint daher wenig plausibel. Auch gegen den Gewalthaber kann die *condictio furtiva* erst mithilfe der *pervenit*-Konstruktion gewendet werden[130]. Die Haftungsüberleitung folgt also nicht ohne weiteres aus dem Recht der Kondiktion. Endlich lässt die Diebstahlskondiktion, im Gegensatz zur *metus*-Klage gegen den Dritterwerber[131], auch keine Befreiung durch Untergang der Sache oder (unvorsätzlichen) Besitzverlust zu[132]. Wir erfahren

---

123 So überzeugend Santoro, Studi sulla *condictio*, AUPA 32 (1971), 179–512, hier 218 ff. (zitiert nach der Paginierung des Werks von Santoro, nicht des Zeitschriftenbandes); zustimmend Liebs, The History of the Roman Condictio up to Justinian, 166.

124 Liebs, History, 167.

125 So Santoro, AUPA 32 (1971), 179–512, 218 ff.

126 Konkurrenz I, 283; Privatstrafe, 89.

127 Paul. D. 13, 1, 5 (9 *ad Sab.*); vgl. auch Pomp. D. 13, 1, 2 (16 *ad Sab.*); Ulp. h. t. 7, 2 (42 *ad Sab.*); D. 47, 1, 1 pr. (41 *ad Sab.*).

128 Manche Quellen bezeichnen ihn als *alius*, etwa Ulp. D. 45, 1, 38, 1 (49 *ad Sab.*). Dazu Finkenauer, Stipulation, 4 f. u. 58.

129 Ulp. D. 13, 1, 9 (30 *ad ed.*).

130 Ulp. D. 13, 1, 4 (41 *ad Sab.*) *Si servus vel filius familias furtum commiserit, condicendum est domino id quod ad eum pervenit.*

131 Iul. D. 4, 2, 18 (64 *dig.*). Für andere Klagen gegen Dritterwerber fehlen uns entsprechende Quellen.

132 Pomp. D. 13, 1, 16 (38 *ad Q. Muc.*); Gai. 2, 79 a. E.

all dies zwar erst aus klassischen Quellen. In Abwesenheit gegenteiliger Zeugnisse für die Vorzeit kann die *condictio furtiva* aber keine Vorbildfunktion für die *pervenit*-Haftung beanspruchen.

Der Auffassung, nach der die *pervenit*-Klagen „eigentlich lauter *condictiones ex iniusta causa*" sind[133], ist zuzugeben, dass einige Regeln für beide Klagearten gleichermaßen gelten. Durch zufälligen Untergang der Sache wird der Schuldner frei, bei Verbrauch oder Verarbeitung hingegen besteht die Klage fort[134]. Außerdem sind sie passiv vererblich[135]. Nicht ohne Fug kann Levy daher zu dem Ergebnis gelangen, dass „sich alles nach reinen Kondiktionsgrundsätzen ab[spiele]", sobald etwas an den Schuldner gelangt sei[136]. Auch für die *condictio ex iniusta causa* ist die Passivlegitimation des Drittempfängers aber nicht charakteristisch. Jedenfalls konzentriert sich der ihr geltende Digestentitel ganz auf Geber und Empfänger.

Der entscheidende und für die *pervenit*-Klagen kennzeichnende Schritt bleibt die Haftungsüberleitung auf den Dritterwerber. Das Erlangen rechtfertigt die Überleitung, die Menge des Erlangten begrenzt die Haftung der Höhe nach. Erst danach greifen die Regeln, wie sie für die strengrechtlichen Obligationen bekannt sind. Ungeachtet seiner dogmatischen Verortung wird der Durchgriff auf den Dritterwerber dem praktischen Bedürfnis gefolgt sein, den Geschädigten gegen die Insolvenz des Täters abzusichern. Dazu dienen in erster Linie die *praedes* – sofern aber auch diese nicht erfolgreich belangt werden können, die Drittempfänger.

Damit wurde der Täter ähnlich behandelt wie andere Zahlungsunfähige. Zwar stellt sich erst im Zuge des Repetundenverfahrens heraus, dass er insolvent ist. Angesichts der gegen ihn bestehenden Repetundenforderungen war er dem aber bereits zuvor zumindest nahe. Auch die Wortwahl bei Plinius (*revocare*) erinnert an die klassische Gläubigeranfechtung[137]. Nach Beginn des Konkursverfahrens findet hier eine Wiedereinsetzung in den vorigen Stand (*restitutio in integrum*) statt, wenn der Vollstreckungsschuldner zur Hintergehung der Gläubiger (*in fraudem creditori*) an jemanden verfügt, der um die Hintergehung weiß[138]. Auf diese Kriterien verzichtet man im Repetundenrecht; an ihre Stelle tritt die Herkunft des Erlangten aus einem (Amts-)Delikt.

---

133 So für die Erbenhaftung Pernice, Sachbeschädigungen (Fn. 117), 127; ähnlich Labeo III 1, 236: „wahrhafte *c. ex iniusta causa*", Pernice räumt aber sogleich ein, dass sie „niemals so genannt, sondern immer die Deliktsklage ‚accommodiert'" werde.

134 Abermals gibt nur eine Quelle im Digestentitel zur *metus*-Klage Auskunft, doch ist der palingenetische Zusammenhang unklar, Iul. D. 4, 2, 18 (64 *dig.*).

135 Paul. D. 4, 2, 17 (1 *quaest.*).

136 Levy, Privatstrafe, 98, spricht dabei von der Erbenhaftung, doch dürfte der Gedanke übertragbar sein.

137 S. etwa Ulp. D. 42, 8, 1, 1 (66 *ad ed.*) *Necessario praetor hoc edictum proposuit, quo edicto consuluit creditoribus revocando ea, quaecumque in fraudem eorum alienata sunt.*

138 Ulp. D. 42, 8, 1 pr. (66 *ad ed.*).

Auf deliktischen oder wenigstens dolosen Handlungen fußt die *pervenit*-Haftung auch im klassischen Privatrecht. Dort ist zwar die Insolvenz des Täters keine explizit benannte Voraussetzung. Jedoch kann auch hier der Täter regelmäßig nicht erfolgreich belangt werden. Das gilt für den Erblasser ebenso wie für den Gewaltunterworfenen, aus dessen *peculium* keine Befriedigung erlangt werden kann. Neben dieser konzeptionellen Ähnlichkeit und der durch *pervenire* vermittelten sprachlichen Nähe spricht für einen entwicklungsgeschichtlichen Zusammenhang, dass der *praetor peregrinus* bei Repetundenverfahren den Vorsitz hatte. Danach wäre es nicht verwunderlich, wenn er den Gedanken der Dritthaftung in den Anwendungsbereich seines Edikts überführt hätte. Sofern sich danach die *actio in id quod pervenit* überhaupt von der *condictio* historisch ableiten lässt, führt der Weg vom einen zum anderen Institut höchstwahrscheinlich über das Repetundenrecht.

II. Stadtgesetze

Auch einige Stadtrechte kennen auf *pervenire* gestellte Regelungen. Sie machen zwar nicht den Dritterwerber haftbar, der Grundtatbestand stimmt in Teilen aber mit der Repetundenklausel überein. Auch hier sollen Amtsdelikte geahndet und Korruption bekämpft werden; einmal geht es auch darum, Akte der Drittzueignung zu erfassen[139]:

1. *Lex Coloniae Genetivae (Ursonensis)* XCIII

Die Erstfassung der *lex Ursonenis* fällt wohl in eine ähnliche Zeit wie die Repetundenverfahren, in denen Cicero auftrat. Sie dürfte zur Zeit Caesars entworfen, aber erst später, unter den Flaviern in die Bronzetafeln graviert worden sein, die auf uns gekommen sind[140]. Sie untersagt den amtierenden Duumvirn und Präfekten, bei Geschäften über öffentliche Grundstücke (Bestechungs-)Geschenke anzunehmen:

---

139 Ein Problem, das unter Vorklassikern ebenfalls beim *furtum* diskutiert wurde, Ulp. D. 9, 2, 27, 21 (18 *ad ed.*) *Si quis de manu mihi nummos excusserit, Sabinus existimat damni iniuriae esse actionem, si ita perierint, ne ad aliquem pervenirent, puta si in flumen vel in mare vel in cloacam ceciderunt: quod si ad aliquem pervenerunt, ope consilio furtum factum agendum, quod et antiquis placuit. idem etiam in factum dari posse actionem ait.* – Hat mir jemand Münzen aus der Hand geschlagen, ist nach Ansicht des Sabinus eine Klage wegen widerrechtlicher Schädigung gegeben, wenn sie derart verloren gegangen sind, dass sie an niemanden gelangten, zum Beispiel wenn sie in einen Fluss, ins Meer oder in eine Kloake gefallen sind. Seien sie aber an jemanden gelangt, könne wegen eines mit Rat und Tat begangenen Diebstahls geklagt werden; diese Meinung vertraten auch die alten Rechtsgelehrten. Sabinus sagt weiter, es könne auch eine auf den Sachverhalt abgestellte Klage erteilt werden.

140 Mit entstellenden inhaltlichen Änderungen ist deswegen nicht zu rechnen, Crawford, Roman Statutes, Bd. I, 395.

Quicumque IIvir post coloniam deductam factus creatusve erit quive praefectus qui ab IIviro e lege huius coloniae relictus erit, is de loco publico neve pro loco publico neve ab redemptore mancipe praedeve donum munus mercedem aliutve quid capito neve accipito neve facito, quo quid ex ea re at se suorumve quem perveniat. Qui adversus ea fecerit, is HS ccicc colonis coloniae Genetivae Iuliae dare damnas esto, eiusque pecuniae cui volet petitio persecutioque esto.

Kein Duumvir, der nach Errichtung der Kolonie ernannt oder eingesetzt wird, und kein Präfekt, dem von einem Duumvirn in Übereinstimmung mit dem Gesetz dieser Kolonie Verantwortung übertragen wird, möge in Betreff öffentlicher Grundstücke oder für öffentliche Grundstücke von einem Staatspächter, Ersteigerer [bei der öffentlichen Verpachtung[141]] oder Bürgen ein Geschenk, eine Gabe, eine Vergütung oder etwas dergleichen an sich bringen oder annehmen oder bewirken, dass etwas daraus an ihn oder einen der Seinigen gelangt. Wer dagegen verstößt, der soll verurteilt werden, 20.000 Sesterzen an die Kolonie Genetiva Julia zu zahlen, und diesen Betrag möge einfordern und eintreiben, wer will[142].

Zentral sind die drei Tatbestandsvarianten *capere*, *accipere* und *facere pervenire*. Die ersten beiden beziehen sich auf den einfachen Grundfall: Der Amtsträger fordert ein Korruptionsgeschenk an sich selbst ein oder nimmt es wenigstens an. Bei *facere pervenire* handelt es sich um eine Erweiterung des Tatbestands auf komplexere Fälle der Vorteilsnahme. Dabei bringt der Amtsträger Vermögen auf Umwegen an sich oder einen der Seinigen, um den Akt der Korruption zu verdecken[143] oder das gesetzliche Verbot zu umgehen. In älterer Zeit, unter Vorläufern dieser

141 Vgl. Festus p. 137; danach kann es sich bei *praes* gleichermaßen um ein Synonym für *manceps* wie um denjenigen handeln, der für diesen eine Bürgschaft übernimmt. Den Begriffen *redemptor*, *manceps* und *praes* lassen sich schwerlich präzise abgegrenzte Bedeutungen zuweisen. Gewiss sollten sie gemeinsam möglichst umfassend alle Personen bezeichnen, die an Grundstücksgeschäften mit der öffentlichen Hand teilhatten.

142 Übersetzt mit Anleihen bei Johnson/Coleman-Norton/Bourne, Ancient Roman Statutes, 97–104, n. 114.

143 Dieses Verständnis von *accipere* und *pervenire* findet sich wieder bei einem Zeitgenossen Ciceros: Cornelius Nepos, De viris illustribus, Epaminondas 4, 4: *hunc Diomedon cum rogaret, ut tuto exiret sua que, quae attulerat, liceret efferre, „istud quidem" inquit „faciam, neque tua causa, sed mea, ne, si tibi sit pecunia adempta, aliquis dicat id ad me ereptum pervenisse, quod delatum accipere noluissem".* – Auf die Bitte des Diomedon, ihm sicheres Geleit zu gewähren sowie ihm den Besitz, den er mitgebracht habe, bei seiner Abreise zu überlassen, antwortete er: „Natürlich werde ich es dir erlauben, und zwar nicht deinet-, sondern meinetwegen. Es soll niemand sagen, falls man dich berauben sollte, dass zu mir auf dem Wege des Diebstahls gelangt sei, was ich, als es mir angeboten wurde, nicht hatte annehmen wollen." So übersetzt von Pfeiffer/Nickel, Cornelius Nepos, Berühmte Männer, De viris illustribus, 193.

Regelung, konnte er sich im Falle des Gelangenlassens an Dritte vielleicht darauf berufen, dass eine Drittzueignung den Tatbestand nicht erfülle. *Pervenire* dient hier dazu, die Begünstigung Dritter tatbestandlich zu erfassen und sie der Zueignung des Täters an sich selbst gleichzustellen.

Crawford meint hier die Repetundenklausel *quo ea pecunia pervenerit* wiederzuerkennen[144]. Anders als unsere Repetundenklausel ermöglicht die hiesige Bestimmung indes nicht die Sachverfolgung, sondern ist auf die Zahlung einer festen Bußsumme an die Kolonie gerichtet. Auch werden nicht etwa bereicherte *sui*, sondern allein der Amtsträger belangt. Gleichwohl ist vorstellbar, dass der Repetundenklausel der hier beschriebene Tatbestand zugrunde lag. Womöglich ließe sich ihre Bezeichnung auch als ursprünglich einer Formulierung mit *facere* angeschlossen erwägen: *si factum erit, quo ea pecunia pervenerit* [*ad aliquem*]. *Quo* wäre dann nicht als Relativpronomen, sondern als konsekutive Konjunktion zu lesen. Dafür ließe sich anführen, dass zumindest das prätorische Edikt eine sprachlich ähnlich strukturierte Vorschrift kannte[145]. Häufiger als in klassischen Texten wird *quo* anstelle von *ut* gerade in republikanischen Gesetzen gebraucht[146].

Von Cicero erfahren wir jedoch nichts darüber, dass es für das Erlangen auf eine Handlung, ein *facere*, des Haupttäters ankomme. An den Platz von *quo* setzt er die eindeutig als Relativpronomen zu erkennende Pluralform *quos*, stellt sie somit nicht wie *quo* in den Ablativ, sondern mit *ad* in den Akkusativ[147]. Das entspricht der üblichen Art, den Empfänger zu bezeichnen, unsere Klausel der *lex Ursonensis* hat gleichfalls: *at se suorumve quem*. Da bei der Repetundenklausel die Bezeichnung Passivlegitimierter, an die etwas gelangt ist, im Vordergrund steht, liegt die Interpretation von *quo* als Pronomen näher.

Der Kreis der Zueignungsempfänger wird mit den *sui* des Täters umschrieben. Damit wird nicht (allein) dessen Familienkreis, wie ihn die *patria potestas* absteckt, gemeint sein, sondern (auch) Mitarbeiter[148]. Dennoch erfährt der Tatbestand so eine Eingrenzung, die zur klassischen Haftung des Gewalthabers, ferner des Erben sowie des Mündels passt. Alle stehen „im Lager" des Täters.

---

144 Roman Statutes, Bd. I, 441. Dass sich Klauseln tralatizisch von einem Gesetz zum anderen forterben, sei der Normalfall.

145 Ulp. D. 29, 2, 71, 3 (61 *ad ed.*) *Praetor ait: „si per eum eamve factum erit, quo quid ex ea hereditate amoveretur"*. – Der Prätor sagt: „Wenn von ihm oder ihr eine Handlung vorgenommen sein wird, durch die etwas aus dieser Erbschaft entwendet wurde". S. auch *h. l.* 5 und sodann 7: *Ait praetor „quo quid ex ea amoveretur"* … Eine Bestimmung nur mit dem *quo*-Satz zu zitieren ist also wenigstens nicht ausgeschlossen; doch kommt es Ulpian hier auf *quid ex ea* an.

146 Crawford, Roman Statutes, Bd. 1, 18.

147 Rab. Post. 4, 8: *persequi ab iis ad quos ea pecunia quam is ceperit qui damnatus sit pervenerit.*

148 Crawford, Roman Statutes, Bd. I, 426 übersetzt entsprechend mit „staff".

2. Weitere Stadtrechte

Auch andere Stadtgesetze verwenden das Verb *pervenire*, doch steht dabei kein Dritterwerb in Rede[149]. Wiederholt soll die Unterschlagung oder Veruntreuung öffentlicher Gelder verhindert werden. So wird festgesetzt, dass, wer öffentliche Gelder erlange, zu deren Rückgabe verpflichtet sei[150]; Magistrate haben dafür zu Beginn ihrer Amtszeit Bürgen zu stellen[151].

Eine Regelung, die das *facere pervenire* sanktioniert, ist uns einzig noch in der *lex Irnitana* überliefert[152]. Auch dort aber ist nicht das Gelangenlassen an Dritte gemeint, sondern das Ansichbringen auf Umwegen. Es sollen Versuche verhindert werden, die Norm zu umgehen[153]. Wie in der *lex Ursonensis* steht die Klausel im Zusammenhang mit Verpachtung bzw. Verkauf von Gemeindeland, erfasst aber auch weitere Geschäfte mit der Gemeinde[154]. Von allen diesen werden bestimmte Amtsträger und deren Angehörige als Vertragsparteien ausgeschlossen. Sollten sie dagegen verstoßen oder arglistig bewirken, dass ein Vorteil aus einem dieser Geschäfte an sie gelangt, droht ihnen eine Popularklage auf das *duplum*. Bemerkenswert ist der Adressatenkreis der Vorschrift, den wir möglicherweise als Anhaltspunkt dafür

149 Dem steht die Nachfolgeklausel der flavischen Stadtrechte, sogleich, Fn. 150, nicht entgegen. Es meint *pervenire* dort nicht (vorrangig) das Gelangen an die Nachfolger, sondern bezeichnet bereits den Grundtatbestand.

150 *Lex Malacitana* (81–84 n. Chr.) LXVII. *Ad quem pecunia communis municipum eius municipi pervenerit, heresve eius isve ad quem ea res pertinebit, in diebus XXX proximis, quibus ea pecunia ad eum pervenerit, in publicum municipum eius municipi eam referto.* Dazu Spitzl, Lex Municipii Malacitani, 110 ff. Nahezu identische Bestimmungen enthalten die *lex Flavia Irnitana* LXVII sowie die *lex Municipii Flavii Villonensis* Col. A, Z. 67.

151 So verlangt etwa die zwischen 89 u. 45 v. Chr. entstandene *lex Tarentina* (Riccobono, FIRA I, 167 f.) VIIII 2, dass ein neuer Amtsträger nicht nur selbst einen Bürgen stelle, sondern dieser seinerseits *praedes praediaque ad IIII viros det quod satis sit, quae pecunia publica sacra religiosa eius municipi ad se in suo magistratu pervenerit, eam pecuniam municipio Tarentino salvam recte esse futuram* – den Viermännern ausreichend Bürgen und Sicherheiten dafür stelle, dass jedwedes öffentliches oder geweihtes Geld der Gemeinde, das im Amt an [den Amtsträger] gelangen wird, dass dieses Geld der Gemeinde Tarentum sicher erhalten bleiben werde.

152 XLVIII. … *ne quis … partem capito neve aliut quit facito sc[iens] d[olo] m[alo] quo quid ex earum qua re ob earumve quam rem eove nomine postea at eum perveniat.* – Jemand [von den zuvor genannten Personen] darf keinen Anteil erwerben noch darf er wissentlich in böser Absicht anderweit bewirken, dass aus einem Geschäft dieser Art oder wegen eines Geschäfts dieser Art oder mit Bezug darauf später etwas an ihn gelangt. Übersetzung angelehnt an Wolf, Die Lex Irnitana, Ein römisches Stadtrecht aus Spanien, 75.

153 d'Ors, La Ley Flavia Municipal, 127.

154 Ausführlich zum Regelungsbereich Lamberti, „Tabulae Irnitanae", 96 ff., die unsere Vorschrift mit weiteren zusammenstellt, die der Transparenz des Finanzwesens in der Gemeinde dienen sollen und nach heutigem Verständnis zum Vergaberecht gehörten.

heranziehen können, wen die *lex Ursonensis* mit den *sui* des Amtsträgers meint: *filius, nepos, pater, avuos, frater, scriba, apparitor* – Sohn, Enkel, Vater, Großvater, Bruder, Schreiber oder Amtsgehilfe; d.h. männliche Verwandte bis zum zweiten Grad und enge Mitarbeiter.

Vielleicht schränkten auch die Repetundengesetze den Kreis der belangbaren Dritterwerber ein. Wenigstens bringt Cicero zur Verteidigung des Rabirius Postumus vor, dieser sei kein *comes* oder *sectator* (Begleiter oder Gefolgsmann) des verurteilten Täters Gabinius gewesen[155]. Für eine auf den Gesetzeswortlaut gestützte Aussage versieht er sie indes nicht mit der danach zu erwartenden Betonung. Die von ihm glaubhaft gemachte Gepflogenheit, nach der *pervenit*-Klausel nur diejenigen zu belangen, die bereits bei der *litis aestimatio* des Verfahrens gegen den Täter benannt worden waren, macht aber wahrscheinlich, dass zwar nicht *ex lege*, aber doch *de facto* gemeinhin nur Personen haftbar gemacht wurden, die zum geahndeten Delikt nicht außer Bezug standen. Andernfalls hätten sie im Hauptverfahren kaum Erwähnung verdient.

III. Klassizität der *pervenit*-Haftung

Wie gesehen, finden sich bereits vorklassisch zahlreiche Rechtstexte, die mithilfe von *pervenire* ausdrücken, dass Vermögenswerte an jemanden gelangen. Nach der Repetundenklausel *quo ea pecunia pervenerit* werden Dritterwerber in den Grenzen des Erlangten haftbar gemacht. In ihren wesentlichen Zügen ist die *pervenit*-Haftung, wie sie uns in klassischen Quellen entgegentritt, darin bereits vorgezeichnet. Es besteht daher kein Anlass, grundsätzlich an deren Echtheit zu zweifeln.

Außer den vorklassischen Quellen lassen sich Texte anführen, die außerhalb der justinianischen Kodifikation auf uns gekommen sind. Gegen den Gewalthaber wird eine Klage *de eo quod pervenit* vom wahrscheinlich spätklassischen Autor des *Fragmentum de formula Fabiana* erwogen[156]. Auch die Syrischen Sentenzen, die ganz überwiegend römisches Recht der Zeit Diokletians rezipieren[157], kennen eine Haftung des Hausvaters auf das Erlangte[158]. Eine Konstitution ebendieses Kaisers, die den Herrn aus dem Raub eines seiner Sklaven auf das Erlangte haften lässt[159], ist uns außer im justinianischen Codex auch im *Edictum Theodorici* überliefert[160].

155 Rab. Post. 8, 21.

156 Dabei mag es sich um Paulus handeln, dazu unten, 203 ff.

157 Selb, Sententiae Syriacae, 189 ff.

158 S. unten, 316 ff.

159 Diocl./Maxim. C. 3, 41, 4 (a. 293).

160 CIX; s. außerdem für den vom Sklaven begangenen Diebstahl XCVIII. Zu beidem unten, 313 ff.

In Anbetracht dieser zahlreichen, unterschiedlichen Quellenzeugnisse kann auch der Befund nicht verunsichern, dass Gaius *pervenire* in seinen Institutionen nirgendwo im Sinne einer *pervenit*-Haftung gebraucht[161]. Nämliches gilt für die Autoren der *Epitome Ulpiani* sowie *Pauli Sententiae*[162]. Demgegenüber verwenden die Institutionen Justinians *pervenire* in deutlich vielfältigerer Bedeutung[163]. Es ist dort in zumindest zwei Passagen anzutreffen, in denen Justinian von der gaianischen Vorlage abweicht und eigenes Recht wiedergibt. So nimmt er von der klassischen Regel Abstand, dass aller Erwerb der Hauskinder (*quidquid ad eos pervenerat*) an den *paterfamilias* fällt. Künftig werde diesem nur der Nießbrauch erworben[164]. Im selben Kontext, wenn nämlich gewaltunterworfene Kinder eine Klage erwerben, solle der Nießbrauch an dem Vorteil bestehen, der mit der Klage erlangt werde (*quod ab actione commodum perveniat*)[165]. Man kann den justinianischen Kompilatoren danach zwar eine gewisse Vorliebe für Formulierungen mit *pervenire* bescheinigen. Diese Wortwahl andernorts als Indiz für eine Verfälschung zu bemühen ginge aber zu weit.

Schwerer wiegt, dass Justinians Institutionen von einer *pervenit*-Haftung des Erben sprechen, die Gaius weder an der entsprechenden Stelle noch andernorts erwähnt[166]:

I. 4, 12, 1	Gai. 4, 112 f.
Non omnes autem actiones, quae in aliquem aut ipso iure competunt aut a praetore dantur, et in heredem aeque competunt aut dari solent.	Non omnes actiones, quae in aliquem aut ipso iure competunt aut a praetore dantur, etiam in heredem aeque conpetunt aut dari solent:

161 Er verwendet das Verb überwiegend von Personen, die etwa *ad civitatem Romanum*, vereinzelt auch *ad aetatem* gelangen; selten auch von der Erbschaft, die an jemanden gelangt, etwa in 1, 192 oder 2, 252.

162 In der UE findet sich *pervenire* nur einmal, vom *statuliber*, der *ad libertatem* gelangt, 2, 4; in den PS dreimal von Personen, die an einen Ort (2, 31, 2) oder in eine personenrechtliche Stellung gelangen (4, 12, 1 u. 2). Einmal schreiben die Digesten eine einschlägige Verwendung von *pervenire* den PS zu, D. 4, 4, 24, 3, doch ist die Inskription unsicher, dazu unten, 219 ff.

163 Ähnlich wie bei Gaius: I. 3, 6, 10: *ad libertatem*; 3, 7, 4: *in civitatem Romanum*; 4, 8, 5 f.: *in potestatem*; außerdem 2, 20, 8: *at legatum*; 2, 20, 18: *ad unam ovem*. Jenseits des gaianischen Wortgebrauchs: 2, 20, 23: *ad quem sors perveniat*; 2, 20, 14: *extinctum esse legatum, quia in eam causam pervenit, a qua incipere non potest*; 3, 2, 1: *ad plures gradus adgnationis pervenire poterimus*; 3, 2, 4: *personae una cum his ad iura avunculi sui perveniant*; 4, 1, 3: *antequam eo perveniret, quo perferre ac deponere rem destinasset*; 4, 1, 16: *dominus sciens rem esse subreptam adversus eum cui res commodata fuit pervenit … ad furti autem pervenire.*

164 I. 2, 9, 1.

165 I. 3, 28 pr. Mit *commodum* und *pervenire* treten hier zwei Wörter zusammen, die bei den Klagen auf das Erlangte regelmäßig begegnen. Dazu unten, 71 ff.

166 Um den Vergleich zu erleichtern, ist nach jedem Satz ein Absatz eingefügt.

est enim certissima iuris regula ex maleficiis poenales actiones in heredem non competere, veluti furti, vi bonorum raptorum, iniuriarum, damni iniuriae.	est enim certissima iuris regula ex maleficiis poenales actiones in heredem nec conpetere nec dari solere, velut furti, vi bonorum raptorum, iniuriarum, damni iniuriae.
sed heredibus huiusmodi actiones competunt nec denegantur, excepta iniuriarum actione et si qua alia similis inveniatur.	sed heredibus actoris huiusmodi actiones conpetunt nec denegantur, excepta iniuriarum actione et si qua alia similis inveniatur actio.
aliquando tamen etiam ex contractu actio contra heredem non competit, cum testator dolose versatus sit et ad heredem eius nihil ex eo dolo pervenerit. […]	113. Aliquando tamen etiam ex contractu actio neque herede neque in heredem conpetit: nam adstipulatoris heres non habet actionem, et sponsoris et fidepromissoris heres non tenetur.
Aber nicht alle Klagen, die gegen jemanden nach Zivilrecht zustehen oder vom Prätor gewährt werden, sind Klagen, die auch gegen den Erben zustehen oder gegen ihn gewährt zu werden pflegen. Es ist nämlich eine ganz unzweifelhafte Rechtsregel, dass die Strafklagen aus Delikt nicht gegen den Erben gehen, wie zum Beispiel die Klage wegen Diebstahls, wegen Raubs, wegen Personenverletzung oder wegen widerrechtlichen Schadens.	Aber nicht alle Klagen, die gegen jemanden nach Zivilrecht zustehen oder vom Prätor gewährt werden, sind Klagen, die auch gegen den Erben zustehen oder gegen ihn gewährt zu werden pflegen. Es ist nämlich eine ganz unzweifelhafte Rechtsregel, dass die Strafklagen aus Delikt gegen den Erben weder zustehen noch gewährt werden, wie zum Beispiel die Klage wegen Diebstahls, wegen Raubs, wegen Personenverletzung oder wegen widerrechtlichen Schadens.
Aber zugunsten des Erben werden Klagen dieser Art erteilt und nicht verweigert, mit Ausnahme der Klage wegen Personenverletzung und jeder anderen, die ihr ähnlich scheint.	Aber zugunsten des Erben werden Klagen dieser Art erteilt und nicht verweigert, mit Ausnahme der Klage wegen Personenverletzung und jeder anderen Klage, die ihr ähnlich scheint.
Zuweilen geht jedoch auch eine Klage aus Vertrag nicht gegen den Erben, wenn nämlich der Erblasser sich arglistig verhalten hat und sein Erbe aus dieser Arglist nichts erlangt hat. […]	113. Zuweilen steht jedoch auch eine Klage aus Vertrag weder dem Erben noch gegen den Erben zu; denn ein Erbe eines Nebenstipulationsgläubigers hat keine Klage, und ein Erbe eines Sponsions- und eines Fidepromissionsbürgen haftet nicht.

Am Ende der im Übrigen weitestgehend wortgleich von Gaius übernommenen Ausführungen weichen Justinians Redaktoren überraschend von der Vorlage ab[167]. Dass sie *adstipulatio, sponsio* und *fidepromissio*, die ihrerzeit allesamt außer Gebrauch gefallen waren[168], beim Abschreiben übergehen, nimmt nicht Wunder. Verwunderlich aber ist, dass sie es dabei nicht bewenden lassen, sondern als Ersatz eine *pervenit*-Haftung des Erben einfügen. Ob dieses Befunds könnte man annehmen, dass der hier interessierende Gebrauch von *pervenire* justinianisch sei. Für die Erbenhaftung auf das Erlangte wurde Nämliches wiederholt behauptet[169], ebenso für die *metus*-Klage gegen den Dritterwerber[170]. Wie gesehen, ist die Klassizität von *pervenit*-Klagen gegen andere Personen als den Täter durch Parallelüberlieferungen aber hinreichend gesichert.

Auch Gaius hätte Gelegenheit gehabt, hier auf die Haftung des Erben in den Grenzen des Erlangten zu sprechen zu kommen, als Ausnahme von der *certissima iuris regula*[171]. Er dürfte deshalb darauf verzichtet haben, weil die *pervenit*-Konstruktionen nicht zum elementaren Grundwissen für Rechtsstudenten zählten. In Anbetracht der vielen Klagen, die nicht allein gegen den Erben *in id quod pervenit* erteilt werden, ist dies durchaus überraschend. Allem

167 In ebenso überraschender Allgemeinheit formulieren sie, dass der Erbe auch mit Vertragsklagen nicht hafte, wenn damit arglistiges Verhalten des Erblassers geltend gemacht werde, es sei denn, der Erbe habe etwas erlangt. Der Erbe hafte also auch im vertraglichen Bereich *ex dolo defuncti* nur auf *id quod pervenit*. Für diese in die Form einer allgemeinen Regel gekleidete Feststellung können sie aus dem uns bekannten klassischen Recht kaum geschöpft haben. Jedenfalls widerspricht ihr eine ganze Reihe anderer Texte in aller Deutlichkeit. Kaum klarer könnte ausgedrückt sein, was die Kompilatoren andernorts unter Ulpians Namen übermitteln, D. 50, 17, 157, 2 (71 *ad ed.*) *In contractibus successores ex dolo eorum, quibus successerunt, non tantum in id quod pervenit, verum etiam in solidum tenentur, hoc est unusquisque pro ea parte qua heres est.* Dazu Rotondi, Storia del contratto, Scritti giuridici, Bd. 2, 127 ff.; ders., *Dolus ex delicto*, Scritti giuridici, Bd. 2, 371 ff.

168 Schmieder, Handbuch § 73 Rn. 21 sowie Rn. 39.

169 De Francisci, Studi sopra le azioni penali e la loro intrasmissibilità passiva, 12 ff., 70 ff.; zustimmend Albertario, Nota sulle azioni penali e sulla loro trasmissibilità passiva nei limiti dell'arrichimento dell'erede, BIDR 26 (1913), 90–132, 94, 119 ff.; gegen diesen, für materielle Echtheit bereits Lenel, EP, 112; De Francisci und insbesondere Albertario ist überzeugend entgegengetreten Maier, Bereicherungsklagen, 6 ff.

170 Einzig gestützt auf sprachliche Auffälligkeiten Beseler, Beiträge, Bd. 1, 74 ff. Schulz, Die Lehre vom erzwungenen Rechtsgeschäft im antiken römischen Recht, SZ 43 (1922), 171–261, 240 ff. bezweifelt nicht die Klassizität einer Haftung desjenigen, an den eine abgepresste Sache gelangt, will diese aber wegen PS 1, 7, 4 der *in integrum restitutio* anstelle der *actio quod metus causa* zuordnen. Dazu bereits Maier, Bereicherungsklagen, 91 ff.; zum aktuellen Stand der Diskussion zuletzt Forgó-Feldner, Handbuch § 103 Rn. 40 ff.

171 Vgl. Ulp. D. 47, 1, 1 pr. (41 *ad Sab.*) *Civilis constitutio est poenalibus actionibus heredes non teneri nec ceteros quidem successores: idcirco nec furti conveniri possunt. sed quamvis furti actione non teneantur, attamen ad exhibendum actione teneri eos oportet, si possideant aut dolo fecerint quo minus possideant: sed enim et vindicatione tenebuntur re exhibita. item condictio adversus eos competit.*

Anschein nach verstanden die römischen Juristen die *pervenit*-Klagen nicht als eigenständiges Institut.

Anders verhielt es sich etwa bei den konstruktiv ähnlichen Rechtsbehelfen der adjektizischen Haftung. Die Klagen *de peculio* und *de in rem verso* werden wie die *pervenit*-Klagen gebildet, indem man der jeweiligen Grundklage eine *taxatio* anhängt[172]. Ihnen widmen die Juristen eigene Abhandlungen[173], auch Gaius einen Abschnitt[174], die Kompilatoren sodann eigene Digestentitel[175]. Die *pervenit*-Haftung dagegen wird nur fragmentarisch, jeweils im Zusammenhang mit der Grundklage erörtert, an die man sie anknüpft[176]. Danach ist *pervenire* in unserem Sinne ein vorklassischer sowie klassischer Ausdruck, der jedoch schon während der Klassik so randständig ist, dass er in Lehrbüchern keinen Platz findet.

---

172 Darauf weist das Adverb *dumtaxat* hin, das sowohl bei der Sondergutsklage – etwa bei Ulp. D. 15, 1, 44 (63 *ad ed.*) – als auch bei den *pervenit*-Klagen anzutreffen ist, so bei demselben Ulpian D. 14, 4, 7, 5 (29 *ad ed.*). S. Grzimek, Studien zur Taxatio, 5 f. mit Fn. 16. Vgl. ferner für die gegen den Erben erteilte Formel der *actio doli* Lenel EP, 115: Auf *quanti ea res erit* folge *quod ad eum pervenit*. Zustimmend Levy, Privatstrafe, 94.

173 S. etwa Ulpians 29. Buch *ad edictum*.

174 Gai. 4, 72a ff.

175 D. 15, 1 bis 15, 3.

176 Die gemeinrechtliche Literatur bleibt dabei; erst im 19. Jahrhundert werden Klagen auf das Erlangte einer gemeinsamen Behandlung zugeführt, so etwa durch Sell, Über den Grundsatz des römischen Rechts, daß Niemand mit oder aus dem Schaden eines Andern sich bereichern dürfe, Versuche im Gebiete des Civilrechts I, Gießen 1833; Witte, Bereicherungsklagen; Jacobi, Jahrbücher für die Dogmatik des heutigen römischen und deutschen Privatrechts 4 (1861), 159–320; später Pfersche, Die Bereicherungs-Klagen.

§ 6. Begründungsmuster

Die Konstellationen, in denen die römischen Juristen eine als ungerechtfertigt wahrgenommene Bereicherung abzuwenden suchen, sind mannigfaltig. Unter den jeweils angeführten Begründungen aber kehren zwei in ähnlicher Gestalt regelmäßig wieder (I). Das trifft jedenfalls dort zu, wo die Bereicherung auf doloses Verhalten eines anderen als des Bereicherten zurückgeführt wird. Jenseits der Haftung des Gewalthabers gilt dies insbesondere bei der Haftung des Mündels für Verhalten des Vormunds sowie bei der Haftung des Erben aus Handlungen des Erblassers[1]. Von herausgehobener Bedeutung unter den Begründungen ist das Bereicherungsverbot. Eine speziell auf den Gewalthaber gemünzte Ausprägung desselben scheint bereits der Vorklassiker Ofilius gekannt zu haben (II). Das allgemeine Bereicherungsverbot findet man wenigstens in Ansätzen noch deutlich früher vor (III). Es soll auf die Philosophie der Stoa zurückgehen und gilt auch für die *condictio* als grundlegend (IV), doch bestehen Bedenken gegen diese Auffassungen.

I. Bereicherungsverbot und Ausschluss der Einstandspflicht für Fremdverschulden

Kennzeichnend für die Argumentation sind zuvorderst zwei Verbotssätze: Der erste und wichtigere wird gemeinhin in die Formel gefasst, dass niemand sich aus fremdem Schaden bereichern dürfe – *iure naturae aequum est neminem cum alterius detrimento et iniuria fieri locupletiorem*[2]. Anderweit wird die Bereicherung auch oft mit *lucrum* oder *lucrari* bezeichnet. Als Ursprung der Bereicherung setzen die Juristen anstelle des Schadens (meist *ex damno*[3]) bald die schadensstiftende, missbilligte

1 Gemeinsamkeiten bestehen auch zu bestimmten, meist pönalen Klagen, die nach Ablauf einer Jahresfrist auf das Erlangte beschränkt werden (sog. postannale Klagen). Sie werden indes gegen den Täter selbst erteilt, es findet also keine eigens zu begründende Haftungsüberleitung statt. Diesen Klagen und denjenigen gegen das Mündel, den Erben oder den Gewalthaber ist aber gemein, dass gegen den Beklagten kein Strafzweck (mehr) verfolgt wird.

2 So die berühmten Worte des Pomponius D. 50, 17, 206 (9 *ex var. lectionib.*); vgl. D. 12, 6, 14 (21 *ad Sab.*), dazu sogleich; außerdem D. 23, 3, 6, 2 (14 *ad Sab.*).

3 Zur Erbenhaftung Ulp. D. 9, 2, 23, 8 (18 *ad ed.*) … *haec actio non dabitur, cum sit poenalis, nisi forte ex damno locupletior heres factus sit*; s. auch Sev./Ant. C. 5, 54, 1 (a. 197) … *ex damno pupilli lucrum captatum* … Zur Haftung des Mündels Paul. D. 27, 9, 13, 1 (*l. s. ad or. Severi.*) … *dicendum est adhuc doli exceptionem obstare, si lucrum captet pupillus ex damno alieno.* Ferner, zur Ehegattenschenkung,

Handlung ein (*ex delicto*[4], *ex furto*[5], *ex fraude*[6], *scelere*[7], *turpiter*[8]), bald reduzieren sie diese auf den Kern ihrer Vorwerfbarkeit, den *dolus*[9]. Mal knüpfen sie also (mit *detrimentum* bzw. *damnum*) am Vermögensnachteil des Geschädigten an, mal mit den zuletzt genannten Formulierungen am Verhalten des primär Verantwortlichen, das die Vermögensverschiebung bewirkt. Die Vermögensverschiebung im Verhältnis zwischen Geschädigtem und Dritterwerber erscheint deshalb korrekturwürdig, weil sie sich auf eine unrechtmäßige Handlung eines anderen als des Dritterwerbers zurückführen lässt.

Gegen den Erben gehen Klagen *ex dolo defuncti*[10], gegen das Mündel *ex dolo tutoris*[11], und auch der Gewalthaber soll sich nicht *ex dolo servi*[12] bereichern. Mit Wendungen dieser Art eröffnen die Juristen den Zugriff auf den Bereicherten, der zu seiner Bereicherung selbst nicht (vorwerfbar) beigetragen hat. Sie rechtfertigen so die Bereicherungshaftung dem Grunde nach und geben ihr zugleich ein grobes Maß vor. Die *pervenit*-Haftung tritt dabei als Haftung für fremdes arglistiges Verhalten hervor.

Der zweite, gegenläufige Satz lautet, dass jemandes (arglistiges) Verhalten einem anderen nicht schaden dürfe[13]. Auf den Gewalthaber bezogen lautet die Regel, er dürfe durch das Verhalten der ihm Unterworfenen keinen Vermögensschaden erleiden[14]. Damit wird die Haftung für fremdes Verschulden begrenzt. Um den

---

Ulp. D. 23, 3, 16 (34 *ad Sab.*) … *nec debeat maritus lucrari ex damno mulieris* … Üblich ist hier das komplementäre Begriffspaar *pauperior – locupletior*, dazu Misera, Bereicherungsgedanke, 6 ff., 80 ff. und passim.

4 Pomp. D. 50, 17, 38 (29 *ad Sab.*) *Sicuti poena ex delicto defuncti heres teneri non debeat, ita nec lucrum facere, si quid ex ea re ad eum pervenisset.*

5 Ulp. D. 15, 1, 3, 12 (29 *ad ed.*) … *iniquissimum est ex furto servi dominum locupletari impune.*

6 Ulp. D. 42, 8, 10, 24 (73 *ad ed.*) … *iniquum enim praetor putavit in lucro morari eum, qui lucrum sensit ex fraude* …

7 Ulp. D. 3, 6, 5 pr. (10 *ad ed.*) *In heredem autem competit in id quod ad eum pervenit. nam est constitutum turpia lucra heredibus quoque extorqueri, licet crimina extinguantur: ut puta ob falsum vel iudici ob gratiosam sententiam datum et heredi extorquebitur et si quid aliud scelere quaesitum.*

8 Ulp. D. 4, 2, 16, 2 (11 *ad ed.*) … *quod turpiter vel scelere quaesitum est, ut est et rescriptum, ad compendium heredis non debet pertinere.*

9 Mit diesem wird das Bereicherungsverbot allgemein am häufigsten vereint, wie auch Wollschläger, Bereicherungsverbot, 68 f. feststellt.

10 S. etwa Ulp. D. 2, 10, 1, 6 (7 *ad ed.*) … *ut ex dolo defuncti heres non lucretur*; Ulp. D. 14, 4, 9, 2; D. 50, 17, 44 (beide 29 *ad ed.*); D. 16, 3, 7, 1 (30 *ad ed.*); Paul. D. 10, 4, 12, 6 (26 *ad ed.*); D. 50, 17, 127 (20 *ad ed.*).

11 So u. a. bei Ulp. D. 4, 3, 15 pr. (11 *ad ed.*); D. 14, 4, 3, 1 (29 *ad ed.*); Pap. D. 26, 9, 3 (20 *quaest.*).

12 Paul. D. 2, 10, 2 (6 *ad ed.*).

13 *Non debet nocere factum alterius*, vgl. Ulp. D. 39, 1, 5, 5 (52 *ad ed.*).

14 Der Verlust eines Gewaltunterworfenen durch *noxae deditio* wird dabei nicht als Schaden betrachtet, Gai. 4, 75 a. E.: *erat enim iniquum nequitiam [filiorum familias servorumque] ultra ipsorum corpora*

durch fremdes Verschulden entstandenen Schaden zu ersetzen, hat man keinen Vermögensnachteil auf sich zu nehmen. Herausgeben muss man nur den erlangten Vermögensvorteil.

Im Ergebnis fungieren Schaden und Bereicherung (*damnum* und *lucrum*[15]) in doppelter Hinsicht als komplementäre Begriffe: Der Schaden des einen darf nicht zur Bereicherung des anderen führen. Umgekehrt darf diesem, der sich nicht dolos oder überhaupt vorwerfbar verhalten hat, kein Schaden daraus erwachsen, dass er jenem Ersatz schuldet[16]. Kurzum: Das den einen schädigende Ereignis soll dem an der Schädigung unbeteiligten anderen weder schaden, noch soll es ihm nutzen. Mit der ersten dieser Forderungen stimmt die für den Gewalthaber geltende Regel überein, dass er seine Position durch Handlungen Gewaltunterworfener nur verbessern, nicht aber verschlechtern kann[17]. Die zweite Forderung wird dadurch eingelöst, dass der Gewalthaber das aus Unrechtstaten seiner Kinder und Sklaven Erlangte herausgeben muss. Ist der Schaden damit nicht ersetzt, so ist er dennoch zu mehr nicht verpflichtet.

II. Exemplarisch: Arglistige Verhinderung der stipulierten Gestellung

Die beiden soeben kennengelernten Verbotssätze werden selten ausformuliert und noch seltener am selben Ort herangezogen. Sie finden sich aber zumindest im Zusammenhang mit dem prozessualen Gestellungsversprechen, der *cautio vadimonium sisti*[18], gemeinsam wieder. Die *cautio vadimonium sisti* besteht darin, dass eine Prozesspartei der anderen durch Stipulation verspricht, sich zu einer festgelegten Zeit vor Gericht einzufinden, und für den Fall, dass sie nicht erscheine, eine Vertragsstrafe (*poena*) auf sich nimmt[19]. Als bestimmte Summe Geldes (*certa*

---

parentibus dominisve damnosam esse. S. auch Ulp. D. 9, 4, 2 pr. (18 *ad ed.*).

15 So das geläufigste Begriffspaar.

16 Dazu Jacobi, Der Rechtsbegriff der Bereicherung, Jahrbücher für die Dogmatik des heutigen römischen und deutschen Privatrechts Bd. 4 (1861), 186: „Es verhält sich also mit der ‚Bereicherung' ganz wie mit einigen andern Rechtsbegriffen, welche in der That Negationen in positivem Gewande sind: … so kommt die Bereicherung nur als Unschädlichkeit in Betracht."

17 Gai. D. 50, 17, 133 (8 *ad ed. provinc.*) *Melior condicio nostra per servos fieri potest, deterior fieri non potest*. Bemerkenswert ist, wie ähnlich Justinian die Position des Mündels beschreiben lässt, I. 1, 21 pr.: *namque placuit meliorem quidem suam condicionem licere eis facere etiam sine tutoris auctoritate, deteriorem vero non aliter quam tutore auctore.*

18 Die Digesten sprechen unklassisch von der *cautio in iudicio sisti*, vgl. Gai. 4, 184 ff.

19 So ihr typischer Inhalt, Finkenauer, Vererblichkeit und Drittwirkungen der Stipulation im klassischen römischen Recht, 250; Platschek, Vadimonium factum Numerio Negidio, Zeitschrift für Papyrologie und Epigraphik 137 (2001) 281–291, 291. Zur Rekonstruktion der Stipulationsfrage zuletzt Rüfner, Handbuch § 75 Rn. 19 f.

pecunia) ließ sich die *poena* mit der *condictio* einklagen. Hatte der Kautionsgläubiger arglistig bewirkt, dass der Kautionsschuldner nicht wie versprochen erschien, so konnte dieser sich gegen die *condictio* des Gläubigers mit einer eigens für diese Situation konzipierten Einrede verteidigen. Zweifelhaft blieb, wie zu entscheiden war, wenn nicht der Gläubiger selbst, sondern einer seiner Sklaven die Gestellung verhindert hatte:

> Paul. 2, 10, 2 (6 *ad ed.*)
> Si actoris servus domino sciente et cum possit non prohibente dolo fecerit, quo minus in iudicio sistam, Ofilius dandam mihi exceptionem adversus dominum ait, ne ex dolo servi dominus lucretur. si vero sine voluntate domini servus hoc fecerit, Sabinus noxale iudicium dandum ait nec factum servi domino obesse debere nisi hactenus, ut ipso careat: quando ipse nihil deliquit.
>
> Wenn ein Sklave des Klägers arglistig bewirkt hat, dass ich nicht vor Gericht erscheine, und dessen Herr [der Kläger] davon wusste und ihn nicht gehindert hat, obwohl er es konnte, dann ist mir, wie Ofilius sagt, gegen den Herrn [der aus dem Gestellungsversprechen klagt] eine Einrede zu gewähren, damit der Herr aus der Arglist seines Sklaven keinen Vorteil zieht. Hat der Sklave die Tat dagegen ohne Willen des Herrn begangen, ist eine Noxalklage zu erteilen, sagt Sabinus, und die Tat des Sklaven dürfe dem Herrn nicht schaden, außer insoweit, als er den Sklaven verlieren könne, denn er hat selbst nichts Unrechtes getan.

Der beklagte *ego* hatte dem Kläger durch eine *cautio vadimonium sisti* versprochen, bei Gericht vorstellig zu werden. Von einem Sklaven des Klägers (und Kautionsgläubigers) wurde *ego* sodann arglistig davon abgehalten, sein Gestellungsversprechen zu erfüllen. Nun stellt sich die Frage, ob der Kläger mit der Klage auf die *poena* durchdringt oder ob sie mit Rücksicht auf das arglistige Verhalten seines Sklaven abzuweisen ist. Unter Berufung auf den Vorklassiker Ofilius sowie den Frühklassiker Sabinus differenziert Paulus danach, ob der Sklave mit oder ohne den Willen seines Herrn, d. h. des Klägers[20], gehandelt hatte.

1. Erster Fall: *domino sciente et cum possit non prohibente*

Im ersten, von Ofilius entschiedenen Fall wusste der Kläger um das Vorhaben seines Sklaven und wäre in der Lage gewesen, ihn zurückzuhalten. Stattdessen duldet der Kläger, dass sein Sklave den Kautionsschuldner *ego* an der Gestellung hindert. Geht er daraufhin aus der *cautio* vor und verlangt die Vertragsstrafe, soll bereits Ofilius

20 Die von Paulus gewählten Bezeichnungen *actor* und *dominus* meinen dieselbe Person.

ego dagegen eine Einrede zugebilligt haben. Bei diesem nicht näher bezeichneten Einwand wird es sich um die speziell für Fälle arglistiger Hinderung durch den Kläger proponierte *exceptio*[21] handeln.

Der Wortlaut der *exceptio* lautete nach Lenels Rekonstruktion[22]: *si non dolo malo A*^{i} *A*^{i} *factum est, quo minus vadimonium sisteret*[23] – wenn nicht durch Arglist des Klägers bewirkt worden ist, dass er [der Beklagte] nicht dem Gestellungsversprechen gemäß erschien. Darunter lässt sich der geschilderte Fall zwar nicht ohne weiteres subsumieren, hat doch der Kläger nicht selbst aktiv gehandelt (*factum*), sondern lediglich unterlassen, das Handeln seines Sklaven zu unterbinden. Dennoch erachten die römischen Juristen den so beteiligten Herrn als Täter, jedenfalls im Anwendungsbereich der *lex Aquilia*[24]. In unserem Paulusfragment wird der klagende *dominus* entsprechend so anzusehen sein, als habe er selbst den Beklagten *ego* arglistig vom Erscheinen abgehalten. Durch sein Unterlassen erfüllt der *dominus* die Voraussetzungen der Einrede in eigener Person.

Das angeführte Argument (*ne ex dolo servi dominus lucretur*) wäre ungeeignet, eine Auslegung zu stützen, die vom Herrn als Täter ausgeht, denn der Arglistvorwurf wird darin weiterhin gegen den Sklaven gerichtet. Man muss darum jedoch nicht meinen, dass die Juristen dem Herrn das arglistige Verhalten seines Sklaven zugerechnet hätten. Gleichwohl ist mitunter angenommen worden, dass mit der von Ofilius gewährten Einrede die allgemeine Arglisteinrede (*exceptio doli*) gemeint sei[25], von der wir wissen, dass sie das dolose Verhalten anderer Personen als der des Klägers aufnehmen kann[26], insbesondere dasjenige seiner Gewaltunterworfenen[27].

---

21 So Knütel, Die Haftung für Hilfspersonen im römischen Recht, SZ 100 (1983), 340–443, 368.

22 EP, 502; zustimmend Knütel, Stipulatio poenae, Studien zur römischen Vertragsstrafe, 198.

23 Lenel stützt sich hauptsächlich auf Ulp. D. 22, 3, 19, 1 (7 *disp.*).

24 Ulp. D. 9, 4, 2 pr. (18 *ad ed.*) *Si servus sciente domino occidit, in solidum dominum obligat, ipse enim videtur dominus occidisse: si autem insciente, noxalis est, nec enim debuit ex maleficio servi in plus teneri, quam ut noxae eum dedat.* – Hat ein Sklave mit Wissen seines Eigentümers getötet, so macht er seinen Eigentümer uneingeschränkt haftbar; denn man sieht den Eigentümer hier als jemanden an, der selbst getötet hat. Hat der Sklave dagegen ohne Wissen des Eigentümers getötet, so ist die Klage noxal; denn der Eigentümer darf wegen eines Delikts seines Sklaven nicht auf mehr haften, als dass er ihn als Schädiger [dem Geschädigten] ausliefern kann. – Zur *scientia* s. Ulp. D. 9, 4, 3 (3 *ad ed.*) *In omnibus noxalibus actionibus, ubicumque scientia exigitur domini, sic accipienda est, si, cum prohibere posset, non prohibuit: aliud est enim auctorem esse servo delinquenti, aliud pati delinquere.* – Im Zusammenhang mit allen Noxalklagen muss die Kenntnis [oder das Wissen] des Eigentümers, wo immer sie verlangt wird, so verstanden werden, dass er die Tat nicht verhindert hat, obwohl er sie hätte verhindern können. Denn es ist etwas anderes, [durch Unterlassen] verantwortlicher Urheber des Sklavendelikts zu sein als das Delikt nur machtlos zuzulassen.

25 So bereits Cujaz, Opera Omnia, Bd. 5, Sp. 99; Albanese, Sulla responsabilità del dominus sciens per i delitti del servo, BIDR 70 (1967), 119–186, 185.

26 Ulp. D. 44, 4, 2, 1 (76 *ad ed.*).

27 Ulp. D. 44, 4, 4, 17 (76 *ad ed.*).

Für die speziell dem Gestellungsversprechen geltende Einrede hingegen, die wohl älter[28] und einer strengeren Auslegung unterworfen war[29], ist Entsprechendes nicht überliefert. Aber auch mit der *exceptio doli* lässt sich nicht jedes arglistige Verhalten eines Sklaven geltend machen. Für die Zurechnung wird verlangt, dass der Sklave gerade beim Abschluss desjenigen Geschäfts dolos handelt, aus dem der Herr klagt. Ein später verübter *dolus* bleibt außer Acht. Wie Ulpian (möglicherweise unter Berufung auf Labeo[30]) zur allgemeinen Arglisteinrede festhält, dürfe Arglist des Sklaven dem Herrn nur insoweit schaden, als dieser von den Diensten des Sklaven Gebrauch mache[31]. Eine allgemeine Einstandspflicht des *paterfamilias* für die seiner Gewalt Unterworfenen besteht also nicht[32]. Gegen eine Einrede aus zugerechnetem *dolus* des Sklaven spricht zudem die von Sabinus getroffene Entscheidung im anschließenden Fall:

2. Zweiter Fall: *sine voluntate domini*

Handelt der Sklave ohne den Willen seines Herrn, bringt Sabinus eine Noxalklage zur Anwendung. Es handelt sich um die noxale Ausgestaltung der Klage, die das Hauptthema des kurzen Titels D. 2, 10 abgibt. Sie sieht das Edikt gegen einen an der *cautio* nicht beteiligten Dritten vor, der arglistig bewirkt hat, dass der Geladene seinem Gestellungsversprechen nicht nachkommt. Der arglistig handelnde Dritte hat dem an der Gestellung Gehinderten die *poena*[33] zu ersetzen, die dieser infolge der Verhinderung dem Kautionsgläubiger leisten muss[34].

Nun hat, wie zuvor, ein Sklave des Kautionsgläubigers die tatbestandliche Handlung vorgenommen. Die im ersten Fall erteilte Einrede versagt hier aber offenbar. Wäre das arglistige Verhalten des Sklaven hinreichend, um dem Herrn die Klage aus der *cautio* zu versperren, so könnte derselbe Einwand wie im ersten Fall auch im zweiten gewährt und auf das Bereicherungsverbot *ex dolo servi* gestützt werden. Der *dominus* bedient sich auch in diesem Fall des Sklaven wenigstens insofern, als er die Vertragsstrafe einklagt, die ohne dessen Zutun nicht verwirkt wäre.

---

28 Knütel, SZ 100 (1983), 340–443, 368 Fn. 111.

29 Vgl. Knütel, Stipulatio poenae, 198 ff.

30 Knütel, SZ 100 (1983), 340–443, 362.

31 Ulp. D. 44, 4, 4, 17 (76 *ad ed.*) … *neque enim esse aequum servi dolum amplius domino nocere, quam in quo opera eius esset usus.*

32 Benöhr, Arglist und Kenntnis der Hilfspersonen beim Abschluß schuldrechtlicher Geschäfte, SZ 87 (1970), 123–196, 129; zustimmend Knütel, SZ 100 (1983), 340–443, 362.

33 Diese Strafsumme beträgt höchstens die Hälfte des Streitwerts im Hauptprozess und darf 100.000 HS nicht übersteigen, Gai. 4, 186.

34 Vgl. Ulp. D. 2, 10, 1, 3 u. 4 (7 *ad ed.*).

Sabinus aber entscheidet anders. Der mit der Klage aus der *cautio* belangte *ego* kann keine Einrede vorschützen, muss also die *poena* leisten und wird zum Ausgleich auf die Noxalklage verwiesen. Der von *ego* mit dieser Noxalklage in Anspruch genommene Herr hat sodann die Wahl: Er kann *ego* den aus der verhinderten Gestellung entstandenen Schaden – d. h. den Betrag der *poena* – erstatten oder aber den Sklaven als Schädiger ausliefern (*noxae dedere*). Anders gewendet: Sabinus macht allein den Sklaven verantwortlich, als sei dieser ein außenstehender Dritter. Die Klage des Herrn aus der *cautio* wird dadurch nicht beeinträchtigt. Auch wenn *ego* glaubhaft vorträgt, von dessen Sklaven dolos am Erscheinen gehindert worden zu sein, kann dem Herrn offenbar keine eigene Arglist vorgeworfen werden, selbst wenn er im Prozess von der Tat seines Sklaven erfährt. Das Verbot, aus dem *dolus* des Sklaven Gewinn zu ziehen, verfängt hier sonach nicht. Eine nachträgliche Bereicherungsabsicht des Herrn ist für ihn unschädlich.

3. Zusammenschau der Fälle und Begründungen

Indem er klagt, obwohl er um das arglistige Einschreiten seines Sklaven weiß, begeht der Herr im zweiten Fall keinen eigenen *dolus*. Ebenso wenig wird ihm im Hinblick auf die Erteilung einer Einrede die Arglist des Sklaven zugerechnet. Für den ersten Fall liegt damit nahe, dass die gegen den Herrn gewährte *exceptio* dort allein auf dessen zurückliegende Mitverantwortlichkeit durch Unterlassen gestützt wird. Ohnedies sind die Worte, die Paulus zur Sachverhaltsschilderung wählt (*domino sciente et cum possit non prohibente*), typisch für Fälle, in denen der Gewalthaber als für ein Delikt selbst verantwortlich in eigenem Namen belangt werden kann[35]. Nach alledem ist davon auszugehen, dass dem Herrn zur Begründung der Einrede im ersten Fall nicht fremder *dolus* des Sklaven zugerechnet wird, sondern eigener zur Last fällt. Ist er selbst als Täter anzusehen, spricht sodann nichts dafür, dass Ofilius statt der spezielleren, auf das Gestellungsversprechen gemünzten Einrede die allgemeine *exceptio doli* im Sinn hatte.

Da der Nachsatz *ne ex dolo servi dominus lucretur* demnach nicht dazu dient, die Subsumtion des Falls unter den Wortlaut der Einrede zu vollziehen, ist er als eigenständiges Argument in Form einer hypothetischen Folgenbetrachtung zu verstehen: Erhielte *ego* keine Einrede, so würde der *dolus* seines Sklaven dem Herrn zugutekommen. Der *ne*-Satz bestätigt die bereits gefundene Lösung, indem er auf die Folgen einer gegenteiligen Entscheidung verweist. Er liefert eine zusätzliche Begründung, die vom Ergebnis her argumentiert und davon ausgeht, dass ein *lucrari ex dolo servi* zu vermeiden ist. Dass dieses Resultat sich verbietet, muss offenbar nicht

---

35 Paul. D. 9, 2, 45 pr. (10 *ad Sab.*), D. 9, 4, 4 pr. (3 *ad ed.*); Ulp. D. 9, 4, 2, 1 (18 *ad ed.*); D. 9, 4, 3 (3 *ad ed.*); D. 47, 6, 1, 1 (38 *ad ed.*). S. auch soeben Fn. 24.

weiter ausgeführt werden. Wenngleich den *dominus* die Folgen seines eigenen Tuns treffen, steht die Stelle nicht minder beispielhaft für das Verbot der Bereicherung *ex dolo servi* als Entscheidungen stützender Erfahrungssatz. Zwar wird mit ihm hier keine Klage *in id quod pervenit* unterlegt, doch wird dem Gewalthaber einredeweise dennoch das Erlangte aus der Hand geschlagen: die Klage auf die Vertragsstrafe[36].

Sollte die gesehene Begründung, die das spezielle, an den Gewalthaber gerichtete Bereicherungsverbot bereits voraussetzt, tatsächlich schon von Ofilius bemüht worden sein, so wäre ein Beleg für das hohe Alter vielleicht auch des allgemeinen Bereicherungsverbots in der juristischen Literatur gefunden. Dazu, dass es sich bis auf Ofilius zurückführen lässt, passt wenigstens dessen Freundschaft zu Cicero, in dessen *de officiis* wir das Verbot als Naturrechtssatz vorfinden[37]. Für diese Datierung spricht außerdem, dass Ofilius' Schüler Labeo wiederholt als Gewährsmann für Bereicherungserwägungen bei Klagen gegen den Gewalthaber[38], den Erben[39], das Mündel[40] und den beschenkten Ehegatten[41] zitiert wird.

Seine Entscheidung für das *noxale iudicium* unterstreicht Sabinus mit dem zweiten der oben genannten Verbotssätze in dessen speziell für den Gewalthaber geltenden Fassung: Dieser darf aus einem *factum servi* keinen Schaden erleiden[42]. Damit begründet er zugleich die Entscheidung, *ego* eine Einrede zu verwehren. Diese würde dem Herrn schaden, dem ihretwegen die Vertragsstrafe entginge. Dass gerade sein Sklave deren Verwirkung herbeigeführt hat, bleibt dabei außer Betracht. Im Sinne der *cautio* ist der Sklave als außenstehender Dritter zu betrachten, und das Risiko, von einem Dritten am Erscheinen gehindert zu werden, trägt der Kautionsschuldner.

4. Weitere Anwendungsfälle des Verbots der Bereicherung aus fremdem *dolus*

Außer der Haftung des Gewalthabers veranschaulicht derselbe Digestentitel[43] auch diejenige des Erben. Ulpian führt dabei eine nahezu gleichlautende Begründung

36 Um eine Klage zu verwehren, wird das Bereicherungsverbot auch in der Katene Paul D. 12, 6, 13, 1 (10 *ad Sab.*), Pomp. h. t. 14 (21 *ad Sab.*) herangezogen, s. unten, vor Fn. 156.

37 Dazu sogleich unten, 81 ff.

38 Ulp. D. 15, 1, 3, 12 (29 *ad ed.*); D. 42, 8, 6, 12 (66 *ad ed.*); ferner zur *actio de in rem verso* Ulp. D. 15, 3, 1, 1; 3, 3; 3, 5; 3, 6; 7, 3 (alle 29 *ad ed.*).

39 Ulp. D. 14, 4, 9, 2 (29 *ad ed.*); D. 39, 1, 20, 8 (71 *ad ed.*); Paul. D. 39, 4, 4 pr. (52 *ad ed.*).

40 Ulp. D. 42, 8, 6, 10 (66 *ad ed.*).

41 Iav. D. 24, 3, 66, 7 (6 *ex post. Labeonis*).

42 Die neue deutsche Übersetzung nimmt dieser Forderung die Schärfe, indem sie die mit *nisi hactenus* angefügte Einschränkung in den Hauptsatz zieht: „… die Tat des Sklaven dürfe dem Eigentümer nur insoweit schaden, als er den Sklaven verlieren kann …", Bd. II, 203.

43 D. 2, 10 *De eo per quem factum erit quominus quis in iudicio sistat.* – Über denjenigen, der bewirkt hat, dass jemand nicht vor Gericht erscheint.

des bekannten Musters an: *ut ex dolo defuncti heres non lucretur* – damit der Erbe aus der Arglist des Erblassers keinen Vorteil zieht[44]. Wenig später im selben Titel soll ein weiteres Mal anderer als eigener *dolus* dem Beklagten schaden:

> Iul. D. 2, 10, 3, 1 (2 *dig.*)
> Plane si is, qui dolo fecerit, quo minus in iudicio sistatur, solvendo non fuerit, aequum erit adversus ipsum reum restitutoriam actionem competere, ne propter dolum alienum reus lucrum faciat et actor damno adficiatur.
>
> Ist allerdings derjenige zahlungsunfähig, der arglistig bewirkt hat, dass der Beklagte nicht vor Gericht erscheint, dann ist es gerecht, dass gegen den Beklagten selbst eine Wiedereinsetzungsklage zusteht, damit nicht der Beklagte durch die Arglist eines anderen einen Vorteil erlangt und der Kläger einen Schaden erleidet.

Wie in unserer obigen Paulusstelle hat jemand, der nicht Partei der Kaution ist, den Beklagten[45] davon abgebracht, wie versprochen zu erscheinen. Anders als oben handelt es sich beim Täter aber um einen Freien. Dieser ist insolvent, der Kläger kann von ihm daher keinen oder jedenfalls keinen vollständigen Ersatz seines Interesses erlangen. In Rede steht dabei, wie der Anfang des Fragments deutlich macht, eine *actio in factum*[46], die den Kläger entschädigen soll, wenn er einen Nachteil dadurch erleidet, dass der Beklagte nicht vorstellig wird. Als mögliche Nachteile nennt Julian im *principium* beispielhaft die Ersitzung einer dem Kläger gehörenden Sache durch den Beklagten oder eine Verfristung der Klage.

Anders als zuletzt besteht zwischen Täter und Haftendem kein besonderes wirtschaftliches Näheverhältnis (etwa in dem Sinne, dass der Herr durch seinen Sklaven, der Erbe vom Erblasser erwirbt[47]). Ist aber der Täter insolvent, kommt es auf eine solche Nähe offenbar nicht an. Der Kläger soll auf seinem Schaden nicht sitzen bleiben und wird daher mit der *actio restitutoria* wiedereingesetzt. Er kann erneut gegen den Beklagten vorgehen, als habe dieser nicht ersessen oder als sei die Klage nicht verfristet.

Andernfalls würde der Beklagte mindestens darum bereichert, das Risiko und die Kosten eines Prozesses nicht auf sich nehmen zu müssen. Höchstens, wenn nämlich das Begehren des Klägers begründet war, beliefe sich seine Bereicherung

---

44 Ulp. D. 2, 10, 1, 6 (7 *ad ed.*).

45 Gegen Knütel, Stipulatio poenae, 201f., der von einer Hinderung des Klägers ausgeht, mit guten Gründen Reichard, Drittschadensersatz, 46ff. Schon der unmittelbare Anschluss an die Konstellation im voraufgehenden *principium* macht wahrscheinlich, dass der Beklagte nicht erschienen ist.

46 Iul. D. 2, 10, 3 pr. (2 *dig.*).

47 Vgl. Ulp.-Cels. D. 39, 3, 6, 7 (53 *ad ed.*), der die Beziehung sowohl des Erblassers als auch des Sklaven zum Beklagtem damit beschreibt, dass sie „zu ihm gehören" (*pertinere*).

auf den Wert der ersessenen Sache bzw. die vermiedene Kondemnationssumme. Diese Bereicherung ist indes *per se*, d.h. ungeachtet der besonderen Insolvenzsituation, nicht ungerechtfertigt. Nur dann, wenn der Kläger vom Täter keinen vollständigen Ersatz erlangen kann, bleibt ein *damnum* zurück, das den Zugriff auf ein *lucrum* beim Beklagten legitimiert. Das Begriffspaar *lucrum – damnum* hat danach mehr als nur rhetorischen Charakter. Zur Begründung einer Klage gegen den Profiteur, dem kein Fehlverhalten vorgeworfen werden kann, sind beide Merkmale erforderlich. Entfällt das *damnum* dadurch, dass der Täter Ersatz leistet, so kann der Kautionsgläubiger sein *lucrum* behalten. Anders gewendet: Das mit dem Bereicherungsverbot gestützte Rechtsmittel ist subsidiär gegenüber der Klage gegen den Täter. Insofern steht es funktional der *pervenit*-Klausel des Repetundenverfahrens gleich[48].

So offenbart sich schließlich doch eine zentrale Gemeinsamkeit dieser Konstellation mit der Gewalthaber- und Erbenhaftung. Hier wie dort lässt sich die Haftung für fremden *dolus* damit begründen, dass gegen den Schädiger nicht (erfolgreich) vorgegangen werden kann. Der Erblasser kann nicht mehr, der Sklave ohnehin nie belangt werden. Auch dass die Insolvenz des Schädigers den Durchgriff gegen den Bereicherten rechtfertigt, findet sich bei Klagen gegen den Gewalthaber wieder, wenn nämlich von einem überschuldeten *peculium* die Rede ist[49].

Zahlungsunfähig (*non solvendo*) ist, wer nicht in voller Höhe (*in solidum*) leisten kann[50], klarer wäre insofern vielleicht ‚erfüllungsunfähig'[51]. Unser Kläger müsste danach auch dann die *restitutoria actio* erhalten, wenn der Täter zu einer Teilleistung imstande wäre bzw. das Insolvenzverfahren über dessen Vermögen zu einer solchen führt. Mit der Wiedereinsetzung entfiele nachträglich der Grund für die Teilzahlung des Täters, der Kläger wäre überentschädigt. Mit dem Fortfall des Interesses des Geschädigten geht bei mehreren Tätern einher, dass die Erfüllung durch einen der Mittäter auch die übrigen befreit[52]. Von dieser Gesamtwirkung abgesehen, trägt die Klage wegen doloser Gestellungsvereitelung aber durchaus pönale Züge[53]: Sie ist

---

48 S. oben, 41 ff.

49 Ulp. D. 3, 5, 5, 8 (10 *ad ed.*) und vgl. D. 15, 3, 1 pr. (29 *ad ed.*) zur Begründung der *actio de in rem verso*.

50 Iav. D. 50, 16, 114 (15 *ex Cass.*) *Solvendo esse nemo intellegitur, nisi qui solidum potest solvere.* – Für zahlungsfähig wird niemand gehalten, der nicht in voller Höhe zahlen kann. S. auch bereits die Liste derer, die als Ehrlose von bestimmten Ämtern ausgeschlossen sind, Tabula Heracleensis 21, Z. 113 f.: *quive sponsoribus creditoribusve suis renuntiavit renuntiaverit, se soldum solvere non posse* – oder wer gegenüber seinen Bürgen oder Gläubigern erklärt hat oder erklärt haben wird, dass er nicht in voller Höhe zahlen könne.

51 Das entspricht der Ableitung von *solvere* und *solutio* im Sinne der Lösung von einer Verbindlichkeit.

52 Ulp. D. 2, 10, 1, 4 (7 *ad ed.*).

53 Zweifelnd Reichard, Drittschadensersatz, 54 Fn. 52, der mit guten Gründen dafür eintritt, unter *poena* in D. 2, 10, 1, 4 die Vadimoniumsbuße und nicht das Ziel unserer Klage zu verstehen. Allerdings

einjährig befristet, geht gegen den Erben auf das Erlangte und wird als Noxalklage erteilt[54]. Dass man sich nicht daran störte, auch dem wiedereingesetzten Kläger die Teilleistung als Bußzahlung zu belassen, ist danach nicht ausgeschlossen, aber ebenso wenig nachzuweisen.

III. Ursprünge und Herkunft des Bereicherungsverbots

Nach Wollschläger lässt sich das Bereicherungsverbot mit den kennzeichnenden Komplementärbegriffen Schaden – Bereicherung auf die Rechtsphilosophie der (mittleren) Stoa zurückführen[55]. Darin wird ihm gemeinhin gefolgt[56], doch lässt sich dieser These nicht rückhaltlos beipflichten: Der gedankliche Anteil anderer griechischer Schulen und auch genuin römische Beiträge sind möglicherweise gewichtiger als angenommen. Für das Bereicherungsverbot, wie es uns erstmals in der Formulierung Ciceros überliefert ist, lässt sich eine stoische Vorlage nicht verlässlich identifizieren (1). Indessen sind Ansätze bei Plautus und Terenz auszumachen (2). Gedankliche Vorboten begegnen außerdem bereits in älteren Schulen als der Stoa (3).

Der Verbotssatz setzt sich zusammen aus zwei Komponenten. Erstens: Es steht dem Schaden des einen der Gewinn des anderen gegenüber; weil der eine weniger hat, hat der andere mehr. Diesem Gedanken verleiht das Begriffspaar aus Schaden und Bereicherung Ausdruck. Zweitens: Die so festgestellte Vermögensverschiebung wird als ungerechtfertigt und daher korrekturwürdig empfunden. Zur Begründung stellen die Juristen auf abstrakte Gerechtigkeitsideale ab. Dass die Römer derer eigene ausbildeten, ist in der jüngeren Vergangenheit wiederholt festgehalten worden. Sie entwickeln die Konzepte der *aequitas*[57] sowie des *bonum et aequum*, noch bevor sie sich selbst mit der aristotelischen ἐπιείκεια auseinandersetzen[58]. Zur Fundierung unseres Bereicherungsverbots waren die Römer insofern nicht auf Anleihen aus der griechischen Philosophie angewiesen.

---

könnte auch *coercere* im voraufgehenden *principium* an einen Strafzweck denken lassen. Reichard bezieht zudem die Noxalität nicht ein.

54 Ulp. D. 2, 10, 1, 5 f. (7 *ad ed.*).

55 So Wollschläger, Bereicherungsverbot, gegen Schulz, Die actiones, 19 ff., der den Gedanken der Nikomachischen Ethik entnehmen will.

56 S. etwa KKL § 59 Rn. 3; Zimmermann, The Law of Obligations, 852 Fn. 852; Schiemann, Condictio, in: DNP, Bd. 3, Sp. 120–122, 120; zuletzt Fargnoli, Handbuch § 77 Rn. 2.

57 Liv. 39, 16, 9 zu einem Senatsbeschluss von 186 v. Chr.

58 Schiemann, Aequitas, in: DNP, Bd. 1, Sp. 188–189, 188; Finkenauer, Die römischen Juristen und die Gerechtigkeit, in: Höffe (Hrsg.), Recht und Gerechtigkeit, 11–46, 15.

1. Das Bereicherungsverbot bei Cicero

Ausgangs- und Angelpunkt der Argumentation Wollschlägers ist ein Passus aus Ciceros Schrift *de officiis*. Im dritten Buch seiner Pflichtenschrift versucht Cicero, den umstrittenen Widerspruch zwischen dem Sittlichen (*honestum*) und dem Nützlichen (*utile*) zu versöhnen. Dabei vertritt er die stoische Auffassung, dass alles Sittliche auch nützlich sei. Da jedoch unter Umständen sittliches Verhalten nicht nützlich oder nützliches Verhalten nicht sittlich erscheine, bedürfe es einer Formel (*formula*), nach welcher sich dieser (nach stoischem Verständnis nur scheinbare) Widerspruch auflösen lasse. Diese Formel, die ohne Fehl das rechte Verhalten weise, fasst Cicero wie folgt:

> de off. 3, 5, 21
> Detrahere igitur alteri aliquid et hominem hominis incommodo suum commodum augere magis est contra naturam quam mors quam paupertas quam dolor quam cetera quae possunt aut corpori accidere aut rebus externis. Nam principio tollit convictum humanum et societatem.

> Den nächsten also um etwas zu kürzen und als Mensch durch des Mitmenschen Nachteil den eigenen Vorteil zu mehren, ist mehr gegen die Natur als der Tod, die Armut, als der Schmerz, als das übrige, was dem Körper oder den äußeren Dingen zustoßen kann. Denn zum ersten hebt es die menschliche Lebensgemeinschaft und Gesellschaft auf.[59]

Das Bereicherungsverbot tritt uns hier bereits in ähnlicher Gestalt gegenüber wie bei den Juristen. Der Vorteil (*commodum*) des einen geht mit einem Nachteil (*incommodum*) für den anderen einher. Indem Cicero sodann nicht etwa die *aequitas*, sondern die *natura* als Maßstab anlegt und tugendloses Verhalten gegenüber körperlichen und materiellen Gebrechen als schwerwiegender einstuft, bringt er zwar durchaus stoische Ansichten zur Geltung[60]. Auch die Begriffe *commodum* und *incommodum* mag Cicero wie andernorts als Entsprechung für stoische gebraucht haben[61]. Dieser Befund reicht jedoch nicht hin, mit Wollschläger auszuschließen, dass Cicero selbst der Autor der Formel ist.

---

59 Büchner, Marcus Tullius Cicero, Vom rechten Handeln, 4. Aufl., 235.

60 Dyck, Commentary on Cicero, 520 f. und die Nachweise dort.

61 De fin. 3, 21, 69: *incommoda autem et commoda – ita enim* εὐχρηστήματα *et* δυσχρηστήματα *appello*. Die griechischen Begriffe sind in den SVF nur für Cicero bezeugt, ihr Ursprung daher nicht aufzuklären. Cicero rechnet sie zu den *praeposita* und *reiecta*, d. h. zu den προηγμένα und ἀποπροηγμένα. Dazu Kilb, Ethische Grundbegriffe der alten Stoa und ihre Übertragung durch Cicero, 85 ff. Er sieht (S. 72) Ansätze zum Begriff der προηγμένα bereits bei Aristoteles, eth. Nic. X.10 1180a 5 ff.

Selbst wenn Cicero die Autorschaft abzusprechen sein sollte, wäre sie nicht notwendig einem Stoiker zuzusprechen. Panaitios ist schon deshalb kaum der Urheber, weil er mit seinem Werk nur die Vorlage für Ciceros erstes und zweites Buch *de officiis* geliefert hatte[62]. Im dritten Buch geht Cicero eigenständiger, *suo Marte*[63], vor[64]. Dabei zieht er nach eigener Aussage eine Schrift des Poseidonios zurate[65], auch dieser aber habe das Thema des dritten Buches nur kurz behandelt[66]. Dass Cicero dennoch bemüht ist, die Gedanken des Panaitios nach dessen Grundlegung fortzuführen[67], steht damit nicht in Abrede.

Hekaton wird von Cicero zwar erwähnt[68], ist als Urheber des Bereicherungsverbots jedoch unwahrscheinlich, da er im Gefolge von Diogenes eher dem Nutzen sowie dem Interesse des Einzelnen denn der *humanitas* Antipaters den Vortritt gewährt[69]. Cicero aber nimmt Partei für Antipater und die *humanitas*[70]. Als Vorlage könnte zwar Athenodors Hypomnema gedient haben, das Cicero eigens bei ihm erbeten hatte. Darin befand sich wahrscheinlich aber nur „Rohmaterial"[71], dessen Anteil an Ciceros Endfassung sich nicht bestimmen lässt.

Gegen eine enge Anlehnung an die Schrift eines Philosophen könnte sprechen, dass Ciceros Beweisführung im betreffenden Passus logisch nicht stichhaltig ist[72]. Er tritt an zu beweisen, dass die Bereicherung zum Schaden eines anderen für den Handelnden nur scheinbar nützlich sei. Er will mit den Stoikern an der Äquivalenz des Sittlichen mit dem Nützlichen festhalten. Wäre aber die Bereicherung tatsächlich nützlich, so müsste sie auch sittlich sein. Das Gegenteil jedoch will Cicero darlegen. Dazu verweist er auf die Folgen für die menschliche Gemeinschaft. Wer zum Nachteil eines anderen sich zu bereichern suche, hebe die *societas hominum*

---

62 De off. 3, 2, 7; Att. 16, 11, 4. Nach Gärtner, Cicero und Panaitios, Sitzungsberichte der Heidelberger Akademie der Wissenschaften, Philosophisch-historische Klasse, Bd. 58, 5. Abhandlung, 64 verbietet sich aus stoischer Sicht die Erörterung im dritten Buch nachgerade.

63 Auf eigene Faust, vgl. de off. 3, 7, 34.

64 Zu Ciceros Eigenleistung bei der Verarbeitung griechischer Stoffe allgemein Harder, Die Einbürgerung der Philosophie in Rom, Kleine Schriften (hrsg. v. Marg), 330–353, 344 ff.

65 Att. 16, 11, 4.

66 De off. 3, 2, 8. Das betont auch Pohlenz, Cicero de officiis III, Kleinere Schriften, Bd. 1, 253–291, 253 f., der wegen der ungenauen Zitierweise (de off. 3, 2, 8 u. 10) zweifelt, ob Cicero bei Poseidonios überhaupt nachgelesen habe.

67 Vgl. Pohlenz, Antikes Führertum, Cicero De officiis und das Lebensideal des Panaitios, 93: „im Geiste des Panatios gehalten"; ders., De officiis III, 264: „Anlehnung an Panaitios gesucht".

68 De off. 3, 15, 63; 23, 89.

69 Pohlenz, De officiis III, 263; de off. 3, 23, 89: *In utramque partem disputat, sed tamen ad extremum utilitate, ut putat, officium dirigit magis quam humanitate.*

70 Pohlenz, De officiis III, 263; de off. 3, 23, 91.

71 Pohlenz, De officiis III, 265.

72 So Lefèvre, Pflichtenlehre, 145 f.

auf. Wie indes Ilting richtig feststellt, zerstört ein einzelner Verstoß gegen das Bereicherungsverbot „nicht die tatsächlichen Existenzbedingungen der menschlichen Gemeinschaft, wohl aber setzt der ungerecht Handelnde die normativen Grundlagen der menschlichen Gemeinschaft, soweit es an ihm liegt, außer kraft“[73].

Was für den Handelnden nützlich (*utile*) ist, kann also zugleich unsittlich (*turpe*) sein. Insofern misslingt Cicero der Beweis[74] – ein Makel, den man einem auf die Logik bedachten Stoiker nicht recht unterstellen will[75]. Man darf sich außerdem fragen, ob nach der *formula* nicht allein das *utile* (verstanden als Nutzen für die Gemeinschaft) Maßstab allen Handelns ist. Für ein eigenständiges, vom *utile* unabhängiges *honestum*, das Cicero mancherorts zu erweisen sucht[76], scheint kein Raum mehr zu sein[77].

Bereits wiederholt ist ein stoischer Ursprung der *formula* bezweifelt oder ganz ausgeschlossen worden[78], auch weil man ein passendes *praeceptum* in den doxographischen Traktaten vergeblich sucht[79]. Gleichzeitig bleibt die *formula* mit ihrer negativen Fassung (Meiden schädlicher Handlungen) hinter der bei stoischen Autoren zu erwartenden positiven Ausrichtung auf tugendhaftes Handeln zurück[80].

Stoische Vorbilder finden sich zwar mit Blick auf den Sachentzug, den Cicero mit *detrahere* bezeichnet, doch dürfte dessen Ablehnung zu den Grundfesten wohl jeder zivilisierten Gesellschaftsordnung zu zählen und nicht erst den Stoikern zu danken sein[81]. Das *furtum* kennen bereits die Zwölftafeln. Konzeptionell sind die uns bekannten stoischen Auffassungen einer Zweipersonenkonstellation aus

---

73 Ilting, Antike und moderne Ethik, Gymnasium 1984 (1977), 149–183, 155.

74 Ausführlich Ilting, Gymnasium 1984 (1977), 151 ff.

75 Lefèvre, Pflichtenlehre, 145.

76 De fin. 2, 18, 58 ff.; de off. 3, 11, 49 sowie 17, 72 ff.

77 Görler, Das Problem der Ableitung ethischer Normen bei Cicero, Altsprachlicher Unterricht 21/2 (1978), 5–19, 10 f.

78 Lefèvre, Pflichtenlehre, 142 ff. m. w. N.

79 Das räumt auch Wollschläger ein.

80 Pohlenz, De officiis III, 262 f.

81 S. etwa das Diebstahlsverbot des Dekalogs. Eine unserem Bereicherungsverbot verwandte Aussage findet sich im Buch der Weisheit Salomos, das nach katholischen Verständnis zur Bibel rechnet, nach protestantischem apokryph ist, 15.12 ἀλλ᾽ ἐλογίσαντο παίγνιον εἶναι τὴν ζωὴν ἡμῶν καὶ τὸν βίον πανηγυρισμὸν ἐπικερδῆ· δεῖν γάρ φησιν ὅθεν δή, κἂν ἐκ κακοῦ, πορίζειν. – Aber sie rechneten sich aus, ein Spiel sei unser Dasein und das Leben eine gewinnbringende Festveranstaltung; man müsse ja, sagt er, von irgendwoher, und sei es aus Schlechtem, Einkünfte ziehen. Insbesondere ἐκ κακοῦ πορίζειν erinnert an *ex dolo lucrari*, wobei an die Stelle der juristischen Kategorie der Treuwidrigkeit die moralisch-religiöse des Schlechten tritt. Von der Weisheitsschrift ist bekannt, dass ihr hellenistisch geprägter jüdischer Autor Topoi der griechischen Schulen, aber auch römische übernahm. Dazu Niebuhr, Die Sapientia Salomonis im Kontext hellenistisch-römischer Philosophie, in: ders. (Hrsg.), Sapientia Salomonis (Weisheit Salomos), 219–256.

Schädiger und Geschädigtem verhaftet[82]. Verurteilt wird darin ausdrücklich nur die Wegnahme[83]. Der erlangte Vorteil bleibt außer Betracht. Erst aber indem das Erlangte in den Blick rückt, wird das Diebstahlsverbot zum Bereicherungsverbot. Erst dann kann auch der Vorteil bei einem Drittbegünstigten, der also am Diebstahl nicht beteiligt war, erkannt und für erstattungswürdig erachtet werden.

Bei näherem Hinsehen gibt auch Cicero seine *formula* nicht als stoische aus:

> de off. 3, 4, 20
> Erit autem haec formula Stoicorum rationi disciplinaeque maxime consentanea; quam quidem his libris propterea sequimur, quod, quamquam et a veteribus Academicis et a Peripateticis vestris, qui quondam idem erant, qui Academici, quae honesta sunt, anteponuntur iis, quae videntur utilia, tamen splendidius haec ab eis disseruntur, quibus, quicquid honestum est, idem utile videtur nec utile quicquam, quod non honestum, quam ab iis, quibus et honestum aliquid non utile et utile non honestum. Nobis autem nostra Academia magnam licentiam dat, ut, quodcumque maxime probabile occurrat, id nostro iure liceat defendere.
>
> Es wird aber diese Formel dem Gedanken und der Lehre der Stoiker am nächsten stehen. Ihr folgen wir in diesen Büchern aus folgendem Grunde: mag auch von den alten Akademikern und von eueren Peripatetikern, die einst dieselben waren wie die Akademiker, was sittlich ist, dem, was nützlich scheint, vorangestellt werden, werden diese Dinge doch von denen glänzender dargestellt werden, denen, was sittlich ist, zugleich nützlich scheint, und nichts nützlich, was nicht sittlich ist. Uns aber gibt unsere Akademie große Freiheit, alles, was uns als am billigenswertesten entgegentritt, verteidigen zu dürfen.[84]

Cicero sagt lediglich, dass die *formula* mit der stoischen Lehre (d. h. der Einheit von *honestum* und *utile*[85]) weitreichend übereinstimmen werde. Da er sogleich Akademie und Peripatos als weniger beifallswürdig kennzeichnet, entsteht der Eindruck, dass sein Bereicherungsverbot nicht von den Stoikern stammt, sondern

82 Quellen bei Wollschläger, Bereicherungsverbot, 49.

83 Cicero findet dafür zahlreiche Formulierungen: *detrahere* (§§ 21, 23, 30), *spoliare* (§§ 21, 29, 32), *rapere* (§ 22), *auferre* (§ 29). Wollschläger, Bereicherungsverbot, 49 meint daher, dass „die Eigentumsentziehung für Cicero den sinntragenden Kern des Bereicherungsverbots" bilde. Das mag ebenso zutreffen, wie dass er sich dabei auf stoische *praecepta* stützen konnte. In diesen Wendungen gelangt indes nicht mehr als die Schädigung des Opfers zum Ausdruck. Die Vorstellung einer Bereicherung tritt daraus nicht hervor.

84 Übersetzung angelehnt an Büchner, Marcus Tullius Cicero, Vom rechten Handeln, 4. Aufl., 235.

85 Eine Vorstellung, die wohl auch Epikur nicht fremd ist, s. etwa Diogenes Laertius 10, 140 (5. Hauptlehrsatz).

lediglich mit deren Ansichten die größten Gemeinsamkeiten hat. *Maxime probabile* am Ende von 3, 4, 20 dürfte ‚am billigenswertesten' heißen, *maxime consentanea* dementsprechend ‚am nächsten'/‚am ähnlichsten'[86]. *Maxime* umschreibt den Superlativ – im Vergleich zu den übrigen Optionen im höchsten Grade. Cicero setzt also seine *formula* nicht mit der stoischen Lehre gleich, er behauptet lediglich eine relativ weitreichende Übereinstimmung. Dabei betont er, nicht an die Lehren einer Schule gebunden zu sein. Vielmehr erlaube „seine" Akademie es ihm, aus beliebigen Traditionen das Überzeugendste für sich herauszuziehen. Auch Wollschlägers übrige Beweisführung erbringt nicht mehr, als dass sich zwischen Ciceros *formula* und der stoischen Lehre Gemeinsamkeiten feststellen lassen. Daraus aber auf eine stoische Urheberschaft zu schließen, lassen die Quellen nicht zu.

In eine andere Richtung weist, dass Ciceros Darlegungen wenigstens äußerlich durchaus römisch anmuten. Er bedient sich juristischer Metaphorik[87], will eine *formula* aufstellen (*constituere*), um danach zu urteilen (*diiudicare*)[88]. Wenig später setzt er das *ius gentium* mit dem gesetzten und zwischen *cives* geltenden Recht, d. h. dem *ius civile*, ins Verhältnis[89]. Mit der Anspielung auf das Formularverfahren sowie mit dem Nebeneinander von Völkergemeinrecht und Zivilrecht erhalten Ciceros Gedanken eine entschieden römische Einkleidung[90]. Auch für das Begriffspaar aus Vor- und Nachteil konnte Cicero auf römisches Gedankengut zurückgreifen:

2. Die komplementären Begriffe *lucrum* und *damnum* bei den römischen Dichtern

In der Gegenüberstellung von Vor- und Nachteil meint Wollschläger „das formale Denken in komplementären Begriffen zusammen mit einem fast kaufmännischen Blick auf ethische Probleme" als Ausweis stoischen Gedankenguts zu erkennen[91]. Das Begriffspaar *lucrum – damnum* begegnet in römischen Quellen aber bereits, bevor mit der Rezeption mittelstoischen Gedankenguts gerechnet werden kann. Es findet sich mehrfach bei Plautus[92], wobei vor allem der Wunsch einer Kupplerin interessiert, die an der eigenen Tochter ihren Broterwerb hat: *multis que damno*

86 Vgl. die Übersetzung von Büchner, 235: „besonders harmonieren".

87 Das stellt auch fest Dyck, A Commentary on Cicero, De Officiis, 521 f.

88 De off. 3, 4, 19.

89 De off. 3, 5, 23. Dazu Lefèvre, Pflichtenlehre, 146 f.

90 De off. 3, 4, 19. Ähnlich bereits Lefèvre, Pflichtenlehre, 147 f. Daran ändert sich nichts, wenn man *formula* als Entsprechung von griech. κανών liest, so Pohlenz, De officiis III, 260.

91 Wollschläger, Bereicherungsverbot, 51.

92 Capt. 326: *Est etiam ubi profecto damnum praestet facere quam lucrum;* Poen. 749–50: *Malum damnum que maxumum portendier: | Is explicaui meam rem postilla lucro.*

et mihi lucro sine meo saepe eris sumptu – zu vieler Schaden wirst du zu meinem Gewinne stets gereichen, ohne mein Zutun[93].

Hier liegen tragende Elemente dessen vor uns, was wir später als Bereicherungsverbot kennenlernen. Es stehen *lucrum* und *damnum* nicht lediglich als Gegenbegriffe beieinander[94]. Dem Schaden des einen (des Freiers) tritt der Gewinn der anderen (der Kupplerin) gegenüber[95]. Zwar erhält der Freier eine Gegenleistung, doch hat er Geld verprasst. Sein Vermögensverlust entspricht dem Vermögensgewinn der Kupplerin. Außerdem findet der Erwerb unter Umständen statt, die wenigstens seit Labeo sittlich fragwürdig waren und an eine Rückforderung denken ließen[96]. Auch wenn für die Zeit des Plautus kein ablehnendes Sittenurteil überliefert ist, weist doch manches darauf hin, dass die Tätigkeit als Prostituierte auch seinerzeit nicht gänzlich unanstößig war: Sie wird vor allem von Sklavinnen und Freigelassenen ausgeübt (so auch in unserer Plautuskomödie[97]), und für sie gebräuchliche Ausdrücke sind häufig pejorativ (so wenigstens in den Plautus zugeschriebenen Fragmenten[98]). Mit Blick auf die Gewalthaberhaftung ist bemerkenswert auch, dass von einer Vermögensmehrung mithilfe der Abkömmlinge die Rede ist. Abstrakter gewendet: Der Bereicherte hat zu seiner Bereicherung selbst nicht beigetragen.

---

93 Cist. 50.

94 So bei Terenz, Heaut. 747: *ne ille hauscit, hoc paulum lucri quantum ei damni adportet.*

95 Vgl., thematisch verwandt, Ovid Amores 1, 10, 35–36: *Cur mihi sit damno, tibi sit lucrosa voluptas, | Quam socio motu femina vir que ferunt.*

96 Darüber, dass die Betätigung als *meretrix* sittenwidrig war, herrschte unter den Klassikern Einigkeit, kondizierbar ist der ihr gezahlte Lohn indes nicht, Ulp.-Lab.-Marcell. D. 12, 5, 4, 3 (26 *ad ed.*). Nicht hierher gehört ein anderes Zeugnis aus der Zeit Ciceros, Alf. D. 11, 3, 16 (2 *dig.*), wo für die Entscheidung unerheblich ist, ob unter der *muliercula* eine Prostituierte zu verstehen ist (bejahend Venturini, Der dominus, der servus und die muliercula – Anmerkungen zu D. 11, 3, 16, in: Finkenauer [Hrsg.], Sklaverei und Freilassung im römischen Recht. Symposium für Hans Josef Wieling zum 70. Geburtstag, 243–250, 243 f.; Pennitz, „Korruption" im häuslichen Bereich – Juristenentscheidungen zum servus corruptus, in: Bachhiesl/Handy/Mauritsch [Hrsgg.], Gier, Korruption und Machtmissbrauch in der Antike, 281–320, 306; verneinend Gamauf, „Dispensator": Sozialprofil eines Sklavenberufes in den Satyrica und den römischen Juristentexten, Index 49 (2021), 112–142, 128). Die *muliercula* verwirklicht den Tatbestand der *actio servi corrupti*, indem sie den unfreien *dispensator* zur Veruntreuung von Geldern seines Herrn verführt oder darin bestärkt. Diese Untreue zugunsten der *muliercula* erfüllt zugleich den Tatbestand des *furtum*; sie haftet wegen Anstiftung, wenigstens psychischer Beihilfe (*consilium*) daher mit der *actio furti*. Beides erfasst das *persuasisse* der *actio servi corrupti*, Ulp. D. 11, 3, 1, 4 (23 *ad ed.*) mit D. 47, 2, 50, 3 (37 *ad ed.*).

97 Cist. 38.

98 Fragmenta fabularum praeter Varronianas in aliis scriptis servata 100 *Scrattae scrupedae strittiuillae sordidae* – Ausgetrocknete [laut Varro 7, 65 von ‚Auswurf' abgeleitet], Humpelnde, sich die Haare Ausreißende, Schmutzige/Verächtliche.

Deutlicher noch als bei Plautus tritt uns die von Cicero als *formula* bezeichnete Wendung bei Terenz entgegen[99]:

> Charinus:
> Hoccinest credibile aut memorabile,
> tanta vecordia innata quoiquam ut siet,
> ut malis gaudeant atque ex incommodes
> alterius sua ut comparent commoda?
>
> Kann man es glauben, und ist es zu sagen,
> Dass ein Mensch von Natur solche Bosheit besitzt,
> Sich an Not zu erfreuen und aus Nachteil und Leid[100]
> Eines andern dazu seinen Vorteil zu ziehn[101]?[102]

Wie später bei Cicero stehen sich *incommodum* und *commodum* (wenngleich hier im Plural) gegenüber; auch wird der Benachteiligte mit *alter* bezeichnet, während *sua* (bei Cicero *suum*) auf den Bereicherten verweist. Hinzu tritt ein moralisches Unwerturteil, die Figur des Charinus äußert ihren Unglauben über die Selbstsucht des Pamphilus[103]. Seine Empörung setzt die Existenz des Bereicherungsverbots als moralisches Gebot bereits voraus.

Die Vertreter der mittleren Stoa, denen Ciceros Vorlage nach Wollschläger möglicherweise zuzuschreiben ist, können Terenz nicht inspiriert haben. Als die Andria 166 v. Chr. aufgeführt wird, ist Panaitios wahrscheinlich keine zwanzig Jahre alt und reist erst Jahre später nach Rom[104]; Poseidonios und Hekaton sind noch nicht am Leben. Bekanntlich arbeitete Terenz freilich auf der Vorlage griechischer Komödien[105]. Sollte er den Satz aber dem gleichnamigen Werk von Menander entnommen haben, dessen etwa zehn Jahre jüngerer Zeitgenosse Zenon von Kition war, so

99 Andr. 625.

100 Der Plural, mit dem Charinus sein Unglück betont, wird hier durch zwei Substantive im Singular ausgedrückt.

101 Das Verb *comparare* kann sowohl im Sinne von ‚erwerben'/‚beschaffen' als auch von ‚vergleichen'/‚ermessen' gelesen werden. Dieses führte zu dem Vorwurf, Pamphilus sehe sich nur dann im Vorteil, wenn ein anderer Schaden nehme. Im Verein mit *ex* ist jene Bedeutung indes wahrscheinlicher, dazu Cioffi, L'Andria di Terenzio, Commento filologico-letterario, 670 f. Vgl. auch Barsby, Terence, The Women of Andros, The Self-Tormentor, The Eunuch, 121: „seek his own gain from anothers loss".

102 Übersetzung mit geringfügigen Änderungen übernommen von Rau, Terenz, Komödien, Bd. I, 69.

103 Dass der Vorwurf gegenüber Pamphilus nicht zutrifft, ist für den vorgebrachten Gedanken und seine spezifische Fassung ohne Belang.

104 Vgl. v. Albrecht, Geschichte der römischen Literatur, 2. Aufl., Bd. 1, 176.

105 Lefèvre, HLL 1 (2002), § 129, S. 235.

wäre ein Urheber aus dem Kreis der Stoiker insgesamt unwahrscheinlich. Vielmehr stand Menander gedanklich wohl dem Peripatos nahe[106].

Ob der Satz überhaupt bei Menander zu finden war, ist indes deshalb fraglich, weil die Rolle des Charinus bei ihm nicht existierte[107]. In der philologischen Literatur herrscht Streit darüber, ob sie eine originelle Schöpfung des Terenz oder aber aus Menanders Perinthia entlehnt ist[108]. Überwiegend ist man aber zu dem Ergebnis gelangt, dass wenigstens unsere Passage von Terenz in die menandrische Vorlage eingefügt wurde[109]. Dabei nahm er möglicherweise Anleihen bei Plautus, wofür insbesondere das kretische Versmaß spricht, das bei Plautus häufig, bei Terenz nur hier begegnet[110]. Die Metrik und die Fassung als Canticum[111] werden einhellig als stilistische Mittel verstanden, das Klagen des Charinus als abgedroschene und müßige Lamentation vorzustellen[112]. Wenn aber bereits Terenz sicher sein durfte, dass sein römisches Publikum im Jahr 166 v. Chr.[113] die moralisierenden Vorwürfe gegen Pamphilus als Gemeinplatz wiederzuerkennen imstande war, müsste ein Vorläufer des Bereicherungsverbots spätestens in der ersten Hälfte des zweiten Jahrhunderts in Rom Fuß gefasst haben. Nur knapp zwei Jahre nach der Schlacht von Pydna und etwa ein Jahr nachdem die Bibliothek der makedonischen Könige nach Rom gebracht worden war, kann jedenfalls die Kenntnis stoischer Gedanken bei römischen Zuschauern kaum vorausgesetzt werden[114].

---

106 S. etwa Wehrli, Menander und die Philosophie, Entretiens sur l'Antiquité classique 16 (1970), 147–155, 152 sowie 147 für weitere Literatur; Gaiser, Nachwort zu O. Rieth, Die Kunst Menanders in den Adelphen des Terenz, 133–154, 145 ff.

107 So Donatus, Commentum Terentii, Andria, zu Akt 2, Vers 301: *has personas Terentius addidit fabulae, nam non sunt apud Menandrum.* Zitiert nach der von Cioffi herausgebenen Ausgabe, Aeli Donati quod fertur Commentum ad Andriam Terenti.

108 Lit. bei Lefèvre, HLL 1 (2002), § 129, S. 240.

109 Lefèvre, Terenz und Menanders Andria, 115 ff. mit zahlreichen Nachweisen. Von Menander als Urheber geht hingegen aus Cioffi, L'Andria, 667 f.

110 Lefèvre, Terenz, 116. Im weiteren Verlauf von Charinus' Canticum scheint inhaltlich Epid. 166–167 widerzuhallen. Auch dieses Werk geht in weiten Teilen wohl auf einen griechischen Vorläufer zurück, der sich indes nicht individualisieren lässt. Gegenüber einem griechischen Original darf auch Plautus' Eigenständigkeit nicht unterschätzt werden. S. etwa Baier, Griechisches und Römisches im Epidicus, in: Auhagen (Hrsg.), Studien zu Plautus' Epidicus, 15–56, 45 ff.

111 Es gibt nur zwei weitere gesungene Partien im terenzischen Corpus, Andr. 481–486; Adelph. 610–617.

112 Marouzeau, Térence, texte établi et traduit, Bd. I, 5. Aufl., 171 Fn. 2: „considérations générales, qui peuvent paraître oiseuses, sur la moralité du siècle"; Shipp, P. Terenti Afri Adria, 3. Aufl., 171: „trite moralizing ... typical of earlier comedy as we know it in Plautus; ähnlich Barsby, Terence, 121 Fn. 38: „the ideas expressed are both trite and muddled".

113 Lefèvre, HLL 1 (2002), § 129, S. 236.

114 Vgl. della Corte, Stoiker und Epikureer in Plautus' Komödien, in: Reinhardt/Sallmann (Hrsgg.), Musa iocosa, Festschrift für Andreas Thierfelder, 80–94, 86; außerdem Garbarino, Roma e la filosofia greca dalle origine alla fine del II secólo a.C, Bd. II, 563 f.

Epikureer waren, wie ihre Ausweisung belegt, schon zuvor öffentlich in Rom aufgetreten. Womöglich lässt sich unser Bereicherungsverbot wenigstens auch unter einem epikureischen Aspekt lesen: Bei Terenz (auch in der Andria) begegnet ein Abwägen von Vor- und Nachteilen, das Epikurs Bilanzieren von Lust und Unlust ähnelt[115]. Den Vorteil bezeichnet Terenz mit *lucrum*, *commoditas* oder *commodum*. Dem stellt er gegenüber: *damnum*[116], *incommoditas*[117] und, auch außerhalb unserer Stelle, *incommodum*[118]. Meist setzt er nur Vor- und Nachteile für eine einzelne Person ins Verhältnis, was der epikureischen Lehre entspricht, sich aber auch bereits bei Alexis nachweisen lässt[119], der etwa eine Generation älter als Epikur gewesen sein dürfte[120].

Über das egoistische Kalkül geht Terenz indes hinaus, wenn er seine Charaktere im gemeinsamen Interesse zweier Personen abwägen lässt[121] und infolge dieser Abwägung eine der anderen einen Vorteil gewährt[122]. Sie handeln so im Sinne der *humanitas*, die ein wiederkehrendes Motiv in den terenzischen Stücken bildet[123]. In diesem Ideal fließen altrömische Werte mit griechischen Vorstellungen zusammen. Ob die Gemeinwohlorientierung aber dem Peripatos, der Stoa, einer anderen Schule oder aber der römischen Tradition entspringt, wird sich kaum erhellen lassen[124]. Mit Blick auf die *humanitas* aber durfte Terenz voraussetzen, dass das römische Publikum die Äußerungen seiner Figuren verstehen würde[125]. Auch bei Cicero ist

---

115 Garbarino, Filosofia, Bd. II, 572.

116 Heaut. 747: *ne ille hauscit, hoc paullum lucri quantum ei damni adportet.*

117 Kurz vor unserer Stelle, Andr. 567–569: *Nempe incommoditas denique huc omnis redit, | si eueniat, quod di prohibeant, discessio. | at si corrigitur, quot commoditates uide.*

118 Hec. 840: *multa ex quo fuerint commoda, eius incommoda aequomst ferre.*

119 Fr. 297 (295) φεῦγ' ἡδονὴν φέρουσαν ὕστερον βλάβην; zitiert nach Kassel/Austin (Hrsgg.), Poetae Comici Graeci, Bd. II, 185.

120 Belegt ist eine Aufführung im Jahr 347 v. Chr., etwa sechs Jahre vor Epikurs Geburt; zu Alexis' Lebensdaten Nesselrath, Alexis, in: DNP, Bd. 1, Sp. 488; zu Epikur Erler, Epikur, in: DNP, Bd. 3, Sp. 1130–1140.

121 Andr. 546–549: *si in remst utrique ut fiant, arcessi iube; | sed si ex ea re plus malist quam commodi | utrique, id te obsecro in commune ut consulas, | quasi si illa tua sit Pamphili que ego sim pater.*

122 Andr. 572 f.: *Quid istic? si ita istuc animum induxti esse utile, | nolo tibi ullum commodum in me claudier.*

123 Dazu Haffter, Neuere Arbeiten zum Problem der humanitas, Philologus 100 (1956), 287–304; Gagliardi, Il concetto di „humanitas" da Terenzio a Cicerone, Le Parole et le Idee 7 (1965) 1–12; Jocelyn, Homo sum: humani nil a me alienum puto (Ter. Heaut. 77), Antichthon 7 (1973), 14–46; Lefèvre, Ich bin ein Mensch, nichts Menschliches ist mir fremd, in: Herding/Olshausen (Hrsgg.), Wegweisende Antike, Zur Aktualität humanistischer Bildung, Festgabe für G. Wöhrle, Humanistische Bildung, Beiheft 1 (1986), 39–49; Otálora, Universalidad y humanismo en el teatro de Terencio, AFC 13 (1995), 161–170.

124 Vgl. Schadewaldt, Humanitas Romana, ANRW I 4 (1973), 43–62, 46 ff., sodann 62: „ein auf Grund römischer Prädispositionen aus verschiedenen Ingredienzen … geformtes … Amalgam".

125 Weiter noch geht Haffter, Die römische Humanitas, in: Oppermann (Hrsg.) Römische Wertbegriffe, 469–482, 472, der annimmt, dass die terenzischen Bühnenpersonen „in ihrer Redeweise das

die *humanitas* zentral; die *formula* ist ausdrücklich ein Gebot sittlichen Verhaltens unter Mitmenschen (*hominem homini*), was wenig später erneut herausgehoben wird, wenn Cicero von der *societas hominum*[126] spricht und schließlich resümiert: *Ex quo efficitur hominem naturae oboedientem homini nocere non posse*[127]. Nicht zufällig stammt ein berühmtes Zitat zu Beginn seiner Pflichtenschrift aus dem Heautontimorumenos: *Terentianus ille Chremes humani nihil a se alienum putat*[128].

Gewiss sind auch bei Terenz stoische Einflüsse zu verzeichnen. Er stand dem Scipionenkreis nahe, dem Panaitios aber erst angehörte, nachdem unsere *formula* bereits Eingang in die Andria gefunden hatte. Wenigstens ihrer äußeren sprachlichen Gestalt nach dürfte sie in Rom abermals früher bekannt gewesen sein. Anspielungen auf stoische Gedanken werden erst für Terenz' Phormio behauptet[129], können aber auch dort nicht als erwiesen gelten. Glaubhafter als für die Andria sind diese Behauptungen wenigstens insofern, als das Stück fünf Jahre später aufgeführt wird und damit sechs Jahre nach Ankunft der makedonischen Bibliothek in Rom.

Unsere Passage wird von Terenz selbst, Menander oder Plautus stammen. Auch Plautus schöpfte aus dem Fundus der griechischen Komödie, doch verliert sich hier die Fährte, ein konkretes Urstück ist nicht auszumachen. Ein griechischer Ursprung lässt sich danach weder ausschließen noch erweisen. Sollte unsere *formula* ein griechisches Vorbild haben, dürfte dieses vorstoisch, wenigstens aber älter als Panaitios sein.

3. Vorstoische Ansätze

So das Bereicherungsverbot älter ist als die Stoa, gewinnt die Vermutung von Schulz an Plausibilität, dass Aristoteles der Urheber sei[130]. Die nikomachische

---

wiedergeben, was zur selben Zeit im römischen Leben selbstverständliche Ausdrucksform war".

126 Gesellschaft der Menschen, de off. 3, 5, 22.

127 Daraus folgt, dass ein Mensch, so er der Natur gehorcht, seinem Mitmenschen nicht schaden kann, de off. 3, 5, 25.

128 Bei Terenz meint der Chremes, nichts Menschliches sei ihm fremd, de off. 1, 9, 30. Im terenzischen Original lautet der Vers (77): *Homo sum: humani nil a me alienum puto!* – Ich bin ein Mensch; nichts Menschliches halt' ich für mir fremd. Man vergleiche *homo – humani* mit *hominem hominis* in der *formula*.

129 v. Albrecht, Geschichte der römischen Literatur, 176 will Phorm. 239–251 als Spott über die Stoiker deuten, die Praemeditation befürworteten. Die Praemeditation findet sich aber bereits bei Euripides (frg. 964) und lässt sich mit Anaxagoras sowie den Pythagoreern in Verbindung bringen, Rabbow, Seelenführung, Methodik der Exerzitien in der Antike, 160 f. mit Anm. 37, und ist so kein verlässlicher Hinweis auf stoische Gedanken bei Terenz. Überzeugender für Phorm. 403 ff. Garbarino, Filosofia, Bd. II, 564 f.

130 Schulz, Die actiones, 19 ff.; dem folgen (unter Leugnung der Klassizität des Verbots) v. Lübtow, Beiträge zur Lehre von der Condictio, 22 f. und erneut Rez. H. Niederländer, Die Bereicherungshaftung im klassischen römischen Recht, Jura 5 (1954), 262–288, 278 f.; Kaden, Das Schrifttum der

Ethik kennt Gewinn (κέρδος) und Schaden (ζημία) als Komplementärbegriffe und sieht die Aufgabe des Richters darin, zwischen beiden einen Ausgleich zu finden. Dabei handelt Aristoteles vom Ausgleich zwischen einem Täter und seinem Opfer, das er geschlagen oder getötet hat. Er bekundet sogleich sein Unbehagen über die Wortwahl, ‚Gewinn' passe auf den Sachverhalt eigentlich nicht[131]. Ungeachtet des Sinns, den Aristoteles im Blick hat[132], ist unzweifelhaft, dass er Gewinn und Schaden nicht materiell versteht[133]. Dass sein Gedankengang spätere inspiriert hat, die in unser Bereicherungsverbot mündeten, lässt sich jedoch nicht ausschließen[134].

Barta will erste Ansätze zur Vorstellung einer ungerechtfertigten Bereicherung früher noch[135], insbesondere in Platons Nomoi erkennen[136]. Dort aber ist nicht die Rede davon, dass der Täter sich selbst auf Kosten eines anderen bereichert. Vielmehr gibt der Täter etwas aus seinem Vermögen einem anderen hin, vermehrt also dessen Vermögen auf eigene Kosten. Der so geschilderte Vorgang soll illustrieren, dass sich ein Verhalten nicht einzig durch seine wirtschaftlichen Folgen als strafrechtlich sanktionswürdig erweist. Der Athener geht von dem Gedanken aus, dass der Schaden des einen allein es nicht rechtfertige, dessen Zufügung durch einen anderen zu ahnden. Das Recht müsse erst einschreiten, wenn die Gesinnung des Täters dies gebiete. Dass gerade die als „Krankheit in der Seele"[137] bezeichnete subjektive Verirrung des Straftäters Anlass zu rechtlichen Maßnahmen gebe, verdeutlicht er damit, dass auch die Verschaffung eines Vorteils sanktionswürdig sei, sofern darin eine unredliche Gesinnung des Täters zum Ausdruck komme. Im Ergebnis handelt

Jahre 1950–1953 zur römischen Bereicherungslehre, SZ 71 (1954), 555–590, 589. Dass aristotelische Gedanken auf dem Umweg über spätantike und christliche Lehren in das Bereicherungsverbot der Digesten eingingen, meint Coing, Zum Einfluß der Philosophie des Aristoteles auf die Entwicklung des römischen Rechts, SZ 69 (1952), 24–59, 40 f.

131 Ethic. Nicom. V.7 1132a 10–14.

132 Seine weiteren Ausführungen deuten darauf hin, dass dem Geschlagen-Sein des Opfers das Geschlagen-Haben des Täters gegenüberstehen soll. Vgl. Bien, Gerechtigkeit bei Aristoteles (V), in: Höffe (Hrsg.), Aristoteles, Nikomachische Ethik, 106–128, 123 f.; Frede, Aristoteles, Nikomachische Ethik, 608, spricht von einem „Kunstgriff" des Aristoteles, der anders seine Ausrichtung auf ein ‚Mittleres' kaum verständlich machen könnte.

133 Wollschläger, Bereicherungsverbot, 45.

134 So Coing, SZ 69 (1952), 40 f. sowie v. Lübtow, Beiträge, Bd. I, 23, die beide das Verbot aber für byzantinisch halten. Seine Klassizität verteidigt Santoro, AUPA 32 (1971), 179–512, 213 ff.

135 Das Bereicherungsrecht wurzle möglicherweise in der Unterscheidung zwischen austeilender und ausgleichender Gerechtigkeit oder aber in der Missbilligung einer Bereicherung aus Gemeingut (κλέπτειν τὰ δημόσια), Barta, „Graeca non leguntur"? Zu den Ursprüngen des europäischen Rechts im antiken Griechenland, Bd. II/1 – Archaische Grundlagen, 117 mit Fn. 688.

136 Nomoi 862cde, Barta, „Graeca non leguntur"?, 117, 141.

137 Nomoi 862c: οὐσῶν ἐν ψυχῇ νόσων.

der Athener also nicht von einem Verbot der Bereicherung aus fremdem Schaden. Bereicherung und Schädigung verhalten sich nicht komplementär zueinander, sondern finden alternativ statt: Entweder der Täter schadet einem anderen, oder er bereichert diesen. Gefragt wird nicht danach, ob eine Vermögensverschiebung billig oder unbillig ist, sondern ob auf deren Verursacher mit Mitteln des Strafrechts eingewirkt werden sollte.

4. Fazit zur Herkunft des Bereicherungsverbots

Kehren wir zurück zu Cicero, für den gerade Terenz als Vorbild gedient haben könnte. Wie wir wissen, war Cicero terenzischen Ideen und Wendungen zugetan[138], die Andria war möglicherweise gar sein Lieblingsstück[139]. Überhaupt schöpft er häufig aus den Werken der alten Dichter[140], wozu er sich gerade für seine philosophischen Werke ausdrücklich bekennt. Er folge dabei dem Vorbild des Akademikers Philon, den er in Athen gehört hatte[141]. Im ersten Buch *de officiis* zitiert Cicero unter Nennung von Terenz aus dessen Heautontimorumenos[142] sowie Eunuchus[143], Werke des Dichters waren ihm bei der Abfassung seines eigenen offenbar gegenwärtig[144]. Nach alledem spricht einiges dafür, dass Cicero auch beim Konzipieren seiner *formula* Anleihen bei Terenz nahm.

Auch wenn man zu dem Schluss gelangt, dass Ciceros *formula* sich gut in die stoische Lehre fügt, ist nicht unwahrscheinlich, dass der Gedanke älter ist als wenigstens die mittlere Stoa. So mag mit Nörr zu resümieren sein, man dürfe das Bereicherungsverbot „kaum einer bestimmten Schule allein … zuschreiben“[145]. Gesichert ist zumindest, dass es älter ist als das Christentum[146].

---

138 Lefèvre, Terenz, 15 ff.; ders., HLL 1 (2002), § 129, S. 248.

139 Zillinger, Cicero und die altrömischen Dichter, 40.

140 Zillinger, Cicero, 50 gibt für die philosophischen Schriften einen Durchschnitt von 27 Zitaten auf 100 Teubnerseiten an.

141 Tusc. 2, 11, 26: *Philo et proprium nrt* [*sic; noster?*] *et lecta poemata et loco adiungebat. itaque postquam adamavi hanc quasi senilem declamationem, studiose equidem utor nostris poetis.*

142 S. oben bei Fn. 128.

143 De off. 1, 42, 150: *Cetarii, lanii, coqui, fartores, piscatores, ut ait Terentius.*

144 Weitere Zitate anderer Dichter bei Zillinger, Cicero, 177 f.

145 Nörr, Pomponius oder „Zum Geschichtsverständnis der römischen Juristen“, ANRW II 15, 497–604, 591.

146 Anders noch Riccobono, Cristianesimo e diritto privato, Rivista di diritto civile 3 (1911), 38–70, 55 ff.; Pringsheim, Römische aequitas der christlichen Kaiser, Acta Congressus Iuridici Internationalis, Bd. I, 119–152, 147; Coing, SZ 69 (1952), 41 f.

IV. Verhältnis zur Kondiktion

Die in unseren juristischen Quellen hervortretenden Überlegungen scheinen nicht von der Bereicherung (*lucrum*) ihren Ausgang zu nehmen, sondern vom Schaden (*damnum*). Am Anfang steht das Bedürfnis des Geschädigten, seinen Schaden ersetzt zu bekommen. Ohne diesen Schaden bzw. das Ersatzinteresse des Geschädigten scheinen die Römer keinen Grund für einen Herausgabepflicht zu erkennen. Sie stellen nicht, wie insbesondere bei der *condictio*, das grundlose Erlangen oder Behalten in den Vordergrund, sondern den Schaden (oder das schädigende Verhalten), auf den sie die Bereicherung zurückführen.

Vom Ausgleich eines *damnum* (verstanden als ungerechtfertigtes Vermögensdefizit aufseiten des Gläubigers) ließe sich auch dann sprechen, wenn die *condictio* zur Anwendung gelangt. Dort aber argumentieren die Juristen damit gemeinhin nicht[147]. Anderes scheint die zitierte Formel des Pomponius[148] nahezulegen, die in den Digesten nahezu wortgleich ein zweites Mal begegnet, um eine Entscheidung im Bereich der *condictio indebiti* zu unterlegen: *nam hoc natura aequum est neminem cum alterius detrimento fieri locupletiorem* – denn es entspricht der natürlichen Gerechtigkeit, dass niemand sich zum Nachteil eines anderen bereichern darf[149]. Indem Justinians Kompilatoren diesen zur *regula iuris* erhobenen[150] Satz mitten unter die der *condictio* geltenden Digestentitel stellen[151], erwecken sie den Anschein, er habe für dieses Rechtsgebiet herausgehobene Bedeutung[152]. Eine

---

147 Jedenfalls sucht man die Begriffe *damnum*, *incommodum* und *iactura* in den einschlägigen Digestentiteln 12, 4 bis 12, 7 vergeblich. Wenn Ulp. D. 12, 4, 5, 2 (2 *disp.*) ein *damnum* des Mandatars verhüten will, so meint er damit, dass dieser über die Reue des Auftraggebers unterrichtet werden müsse.

148 Oben, 71.

149 D. 12, 6, 14 (21 *ad Sab.*). Dazu Wollschläger, Bereicherungsverbot, 78–83, der die gemeinrechtliche Lehre, die aus Pomponius' Äußerung den Leitsatz des Kondiktionenrechts gemacht hatte, widerlegt, aus der Kombination von Billigkeit und *sine causa* in Pap. D. 12, 6, 66 (8 *quaest.*) aber doch wieder das Bereicherungsverbot herauslesen will.

150 Pomp. D. 50, 17, 206 (9 *ex var. lectionib.*) *Iure naturae aequum est neminem cum alterius detrimento et iniuria fieri locupletiorem.* Die hier unterschiedliche Inskription lässt keine anderen Schlüsse zu, da aus dem Werk nur diese Stelle auf uns gekommen ist. Dass erst die justinianische Kommission den Satz zum allgemeinen Prinzip machte, vermutet Saccoccio, Si certum petetur, dalla condictio dei veteres alle condictiones giustinianee, 435, der mit beachtlichen Gründen annimmt, eine Verknüpfung zwischen Bereicherungsgedanken und *condictio* sei wenigstens Julian noch unbekannt gewesen, ebd. u. 278 ff.

151 Auch Lenel, Pal. II, Sp. 129 stellt ihn unter die Überschrift *De condictione.* Eine Entscheidung, die mit ihm begründet worden sein könnte, setzt Lenel ihm nicht voran.

152 Flume, Wegfall, 103 ff., 129 hält den Satz für die „Signatur des justinianischen Kondiktionenrechts"; ähnlich meint für die Klassik Pernice, Labeo Bd. 3, 1, 218: „aus dem Grundsatze der Billigkeit leiten bekanntlich Pomponius und Papinian überhaupt die Kondiktionen her. Nach dem Zusammenhang

derartige Absicht jedoch kann man ihnen dabei nicht unterstellen, denn wie wir annehmen dürfen, fügen sie den Satz seinem ursprünglichen sachlichen Kontext getreu einer Entscheidung zur Bereicherungshaftung des Mündels an[153]. In diesem Zusammenhang ist der Gedanke ganz üblich[154] und von einer konkreten Klage wie der *condictio* völlig unabhängig[155]. Schwerer wiegt, dass er hier angeführt wird, um eine *condictio* gerade abzulehnen. Das Recht der Kondiktion wird nicht durch ihn untermauert, sondern korrigiert[156].

Vereinzelt wird auch eine *condictio* mit Wendungen motiviert, die sich der Ausdrücke *pervenire* oder *locupletior* bedienen. Es sind dies indes Sonderfälle[157]. Das typische Verbot der Bereicherung aus fremdem Schaden gehört danach nicht zum

---

gilt diese Aufstellung nicht bloss für die *condictio indebiti*, sondern für die sämtlichen Anwendungsfälle". Für diese Aussage tragfähiger ist sein Verweis auf Pap. D. 12, 6, 66 (8 *quaest.*); s. aber unten, Fn. 169. Auch Santoro, AUPA 32 (1971), 179–512, 129 f., bezieht Pomponius' Äußerung auf die *condictio*. Anders schon Erxleben, Die condictiones sine causa, Bd. 1, Die condictio indebiti, 6–11.

153 Paul. D. 12, 6, 13, 1 (10 *ad Sab.*) *Item quod pupillus sine tutoris auctoritate mutuum accepit et locupletior factus est, si pubes factus solvat, non repetit.* – Ebenso kann ein Mündel dann, wenn es ohne förmliche Zustimmung des Vormunds ein Darlehen aufgenommen hat und dadurch bereichert ist, nicht zurückverlangen, wenn es nach erreichter Mündigkeit das Darlehen zurückzahlt. Zum Sinnzusammenhang beider Stellen bereits Erxleben, Condictio indebiti, 5 ff.; Wollschläger, Bereicherungsverbot, 79.

154 So auch v. Lübtow, Beiträge, 51, der die naturrechtliche Einkleidung aber für justinianisch hält.

155 Demgemäß zieht Cujaz die Stelle zwar auch andernorts, aber ausschließlich dann heran, wenn die Verpflichtung eines *pupillus* in Rede steht, Luig, Il divieto d'arrichimento e la volontà dell'arrichito nel *Usus modernus*, in: Vacca (Hrsg.), Arrichimento ingiustificato e ripetizione dell'indebito, 53–71, 55.

156 Das betont bereits Erxleben, Condictio indebiti, 8; ebenso Sanfilippo, Condictio indebiti, I. Fondamento dell'obbligazione da indebito, 61, der sodann aber unser Fragment sowie das vorige (Fn. 153) mit Blick auf den Bereicherungsgedanken für interpoliert erklärt. Streicht man aber im fr. 13, 1 *et locupletior factus est*, entsteht keine Obligation, deren Erfüllung als *causa* für die Rückzahlung herhalten könnte. Behält man die Bereicherung des *pupillus* bei, entsteht eine klagbare Forderung in deren Höhe, die das Mündel aber nicht ohne *auctoritas* seines Vormunds erfüllen kann. Auch *pubes factus*, aber noch unter 25 Jahre alt, war seine Fähigkeit zu (unwiderruflichen) Verfügungen in (spät-)klassischer Zeit fraglich.

157 Anderes könnte man meinen wegen Ulp. D. 12, 7, 1, 3 (43 *ad Sab.*) *Constat id demum posse condici alicui, quod vel non ex iusta causa ad eum pervenit vel redit ad non iustam causam.* – Es steht fest, dass man nur das von jemandem kondizieren kann, das entweder ohne einen rechtmäßigen Grund an ihn gelangt ist oder das auf einen unrechtmäßigen Grund zurückgeht. Entscheidend ist hier jedoch nicht *pervenire*, sondern, wie die Wiederholung verdeutlicht, das Fehlen einer *iusta causa*. Ohne *pervenire* kommt derselbe Ulpian daher aus, wenn er die überkommene Lehre zusammenfasst, D. 12, 5, 6 (18 *ad Sab.*) *Perpetuo Sabinus probavit veterum opinionem existimantium id, quod ex iniusta causa apud aliquem sit, posse condici: in qua sententia etiam Celsus est.* – Sabinus hat immer der Auffassung der alten Juristen zugestimmt, die der Ansicht waren, was sich aus einem rechtswidrigen Grund bei jemandem befinde, könne kondiziert werden. Diese Ansicht teilt auch Celsus. S. auch Marcian. D. 25, 2, 25 (3 *reg.*) a. E.: *possidere non ex iusta causa.*

argumentativen Kernbestand der *condictio*[158]. Es wird auch hier zur Ausdehnung des Rechtsschutzes bemüht, insbesondere dann, wenn die primär zuständige Klage scheitert[159] oder in ihrem Umfang nicht adäquat erscheint[160]. Im Bereich ihrer althergebrachten Haupttatbestände ist die Kondiktion zu klassischer Zeit wohl nicht (mehr) begründungsbedürftig. Um aber die Ausweitung der Kondiktion zu legitimieren, greifen die Juristen auf Bereicherungserwägungen zurück[161]. Wie auch andernorts versichern sie sich so ihrer Ergebnisse, wenn sie abseits der ausgetretenen Pfade zu einer Falllösung gelangt sind[162].

Freilich ziehen die Juristen auch im Umfeld der Kondiktion gelegentlich die *natura*, die *naturalis aequitas* oder das *bonum et aequum* heran. Das ist aber keine Besonderheit des Kondiktionenrechts, sondern Gemeingut, das sich in beliebigen Bereichen des Rechts[163] finden lässt[164]. Es mag sich darin auch das Bemühen um eine Rechtfertigung äußern, die aus dem *ius civile* stammende *condictio* auf Peregrine anzuwenden[165] sowie Naturalobligationen (etwa von Sklaven[166]) zu berücksichtigen[167].

Auf Recht und Billigkeit gründet sich nach Papinian unter den Kondiktionen vielleicht die *indebiti*[168], D. 12, 6, 66 (8 *quaest.*) *Haec condictio ex bono et aequo introducta,*

---

158 v. Koschembahr-Lyskowski, Die Condictio als Bereicherungsklage, Bd. 2, 224 Fn. 1, schlägt zu viele Fälle der *condictio* zu, bei Ulp. D. 5, 3, 31 (15 *ad ed.*) hat die Argumentation mit *locupletior* ihren Ursprung im *SC Iuventianum*, bei Ulp. D. 24, 1, 7, 7 (31 *ad Sab.*) im Recht der Ehegattenschenkung. Auch die bereits von Pernice, Labeo, Bd. 3, 1, 216 Fn. 1, versammelten Stellen erweisen nichts anderes, richtig Wolff, Rez. J. P. Dawson, Unjust Enrichment – A Comparative Analysis, Boston 1951, Jura 3 (1952), 382–386, 383 f., dessen Einwänden man sich anschließen kann, ohne den textkritischen Zusatz („unklassisches, in nachklassiche Ausgaben gelangtes Schulgeschwätz") zu teilen.

159 Die Vindikation fällt aus bei Afr. D. 12, 1, 23 (2 *quaest.*) *Si eum servum, qui tibi legatus sit, quasi mihi legatum possederim et vendiderim, mortuo eo posse te mihi pretium condicere Iulianus ait, quasi ex re tua locupletior factus sim*; bei Cels. D. 12, 1, 32 (5 *dig.*) würde der Anweisende nach den Regeln des von den Parteien angestrebten *mutuum* keine *condictio* gegen den Anweisungsempfänger erwerben. Der zweifelnde Celsus erteilt sie dennoch, *quia pecunia mea ad te pervenit, eam mihi a te reddi bonum et aequum est.*

160 Ulp. D. 15, 1, 3, 12 (29 *ad ed.*); Ulp. D. 2, 15, 8, 22 (5 *de omn. trib.*).

161 Vgl. Guarino, Istituzioni di diritto romano, ragguaglio, 346.

162 S. etwa Celsus (soeben, Fn. 159), der so seinen Zweifel überwindet. Vgl. auch Wolff, Jura 3 (1952), 384: „bestenfalls eine Sekundärerwägung".

163 Nach celsinischer Definition ist bekanntlich die gesamte Rechtswissenschaft als *ars boni et aequi* zu begreifen, Ulp. D. 1, 1, 1 pr. (1 *inst.*).

164 Fragwürdig ist daher die Beweiskraft der von Kupisch, Ungerechtfertigte Bereicherung, Geschichtliche Entwicklungen, 1 mit Fn. 1 angeführten Quellen.

165 So Kaser I, 594 mit Fn. 5.

166 S. etwa Paul. D. 12, 6, 13 pr. (10 *ad Sab.*); Tryph. D. 12, 6, 64 (7 *disp.*).

167 Pomp. D. 12, 2, 42 pr. (18 *epist.*); D. 12, 6, 19 pr. (22 *ad Sab.*); Afr. D. 12, 6, 38 pr.–2 (9 *quaest.*); Ner. D. 12, 6, 41 (6 *membr.*); Pap. D. 12, 6, 59 (2 *def.*); Paul. D. 12, 6, 60 (3 *quaest.*).

168 So die kompilatorische Positionierung im Titel 12, 6, ebenso die palingenetische Zuordnung Lenels, Pal. II, Sp. 827. Vgl. auch Paul. D. 12, 6, 15 pr. (10 *ad Sab.*) *Indebiti soluti condictio naturalis est …*

quod alterius apud alterum sine causa deprehenditur, revocare consuevit – Diese aufgrund von Recht und Billigkeit eingeführte Kondiktion pflegt zurückzuholen, was von dem Vermögen des einen sich ohne Rechtsgrund bei einem anderen findet[169]. Von welcher Kondiktion der Jurist spricht, bleibt ungewiss, denn seine unmittelbar voraufgehenden Ausführungen sind nicht überliefert. Zweifelhaft bleibt auch, worauf die Kompilatoren den Satz Papinians beziehen wollten. Sie ordnen ihn zwar in den Titel zur *condictio indebiti* ein und lassen ihn einer längeren Paulusstelle folgen, an deren Ende von ebendieser Klage die Rede ist. Kurz zuvor jedoch erläutert Paulus, dass *ex bono et aequo* die *condictio ob rem* zustehe[170]. *Haec condictio* könnte anstelle der *indebiti* daher die *ob rem* meinen, vielleicht auch eine nicht zu ermittelnde dritte.

Dass der gegen Ende des zweiten Jahrhunderts schreibende Papinian[171] – der auffallend häufig Billigkeitstopoi anführt[172] – verlässlich Auskunft gibt, woher die gemeinte Kondiktion stammt, darf bezweifelt werden. Gleichermaßen plausibel ist, dass es sich um einen nachträglichen Erklärungsversuch handelt[173]. Sodann will selbst Papinian nicht alle Kondiktionen, sondern nur eine bestimmte (*haec*) auf Recht und Billigkeit zurückführen. Für die übrigen könnte man daher das Gegenteil vermuten. Andere Obligationen, die von Hoch- und Spätklassikern auf das *bonum et aequum* gestützt werden, gehören überwiegend dem Honorarrecht an[174], nicht

---

169 Ebenso wie Saccoccio, Certum, 520–528, verleiht die neue deutsche Übersetzung, BKKS, Bd. 3, 132, dem Satz weitreichende entwicklungsgeschichtliche Bedeutung: „Diese Kondiktion ... ist der übliche Rechtsbehelf geworden, um rückgängig zu machen, was von dem Vermögen des einen sich ohne Rechtsgrund bei einem anderen findet." Das Verb *consuescere* wird in den Digesten jedoch nicht im Sinne von ‚üblich werden' verwendet, sondern gleichbedeutend mit *solere* – pflegen, so auch von Papinian D. 41, 2, 47 (26 *quaest.*); ebenso etwa von Ulp. D. 2, 12, 5 (62 *ad ed.*); D. 37, 9, 1, 20 (41 *ad ed.*); D. 49, 9, 1 (4 *appellat.*); oder Paul. D. 38, 10, 10 pr. (*l. s. de grad. et adfin.*); im Übrigen häufig mit Blick auf letztwillige Verfügungen; vgl. schließlich Heumann/Seckel, 99 f., s. v. *consuescere*, die für die Bedeutung ‚gewohnt werden' keine Fundstelle nennen. Wahrscheinlicher ist danach, dass Papinian sich nicht zu einer historischen Entwicklung äußert, sondern einen Erfahrungssatz über die Entscheidungspraxis seiner Zeit aufstellt.

170 D. 12, 6, 65, 4 (17 *ad Plaut.*). Als Beispiel nennt Paulus den Innominatkontrakt *do ut facias*, bei dem das Hingegebene kondiziert werden könne, wenn die Gegenleistung ausbleibe.

171 Liebs, HLL 4 (1997), § 416, 120.

172 Dazu Babusiaux, Papinians *Quaestiones*, Zur rhetorischen Methode eines spätklassischen Juristen, 226.

173 Vgl. Wollschläger, Bereicherungsverbot, 83.

174 Papinian selbst sagt im selben Buch seiner Quästionen über die *actio de sepulchro violato*, sie sei *in bonum et aequum concepta*, D. 47, 12, 10; Ulpian stellt auf diese Grundlage die *actio de effusis vel deiectis*, D. 2, 11, 2, 8 (74 *ad ed.*), die *actio funeraria*, D. 11, 7, 14, 6 (25 *ad ed.*), sowie die *actio iniuriarum*, D. 47, 10, 11, 1 (57 *ad ed.*): *ex bono et aequo*; Gaius 3, 137 verankert die Leistungspflichten bei Konsensualverträgen in Recht und Billigkeit: *in his contractibus alter alteri obligatur de eo, quod alterum alteri ex bono et aequo praestare oportet*; die *actio rei uxoriae* ist ihm zufolge *in bonum et aequum concepta*, D. 4, 5, 8 (4 *ad ed. provinc.*).

wie die ursprüngliche *condictio* dem *ius civile*. Nicht unwahrscheinlich ist daher, dass Papinian eine prätorische Schöpfung meinte.

Nicht die allenthalben bemühte Billigkeit (gleich welcher Prägung), sondern erst das Verbot, sich zum Schaden eines anderen zu bereichern, hebt die mit diesem Satz unterlegten Rechtsbehelfe als eigene Gruppe hervor. Der Kondiktion hingegen ist die Frage nach der *causa* eigentümlich[175], die bei den hier untersuchten Rechtsbehelfen keine Relevanz entfaltet[176]. Damit soll nicht bestritten werden, dass auch die gegen rechtsgrundlosen Vermögenserwerb gerichteten Kondiktionsarten ursprünglich auf einem ähnlichen Gedanken fußten und einem Gebot der Billigkeit genügen wollen[177]. Im Ergebnis verwirklichen die Juristen auch hier den von Pomponius formulierten Gedanken[178] – ziehen ihn argumentativ aber nicht mit seiner speziellen Gegenüberstellung von Schaden und Bereicherung heran. Die Verwandtschaft, die sich in der Sache zwischen den Kondiktionen und den *pervenit*-Klagen erkennen lässt, stellen jedenfalls die Römer selbst nicht heraus.

Glaubhaft ist, dass die *pervenit*-Haftung zu einer ähnlichen Zeit entsteht wie die Kondiktion zum Ausgleich rechtsgrundlosen Erwerbs. Weniger plausibel ist, dass die *pervenit*-Haftung auf die Kondiktion zurückzuführen ist. Augenscheinlich spaltet sich die *pervenit*-Haftung als eigener Entwicklungszweig ab. Sprachlich und argumentativ von der *condictio* losgelöst, erfasst und modifiziert diese Konstruktion eine Reihe verschiedener Klagen, worunter auch die Kondiktion fällt. Sofern man von einem Institut der *pervenit*-Haftung sprechen kann, liegt dieses quer zur Klagenreihung im prätorischen Album.

Letztlich lassen sich die Entwicklungsstränge von *condictio* und *pervenit*-Haftung nicht trennscharf entflechten. Wie man gleichwohl festhalten darf, verwenden die Juristen das aus den Komplementärbegriffen Schaden und Gewinn gebildete Bereicherungsverbot nur um die *pervenit*-Haftung, nicht aber um die *condictio* zu begründen. Ob dasselbe Prinzip das Kondiktionenrecht in der Sache regiert, ist eine andere Frage, die zu ergründen hier nicht der Ort ist.

---

175 Kondiktionsspezifisch ist auch bei Papinian nicht das *bonum et aequum*, sondern das Fehlen einer *(iusta) causa*. Wolff, Jura 3 (1952), 384 f. hält diese bei den Kondiktionen insgesamt für allein entscheidungsleitend.

176 Bereits im Ansatz unscharf daher v. Koschembahr-Lyskowski, Die Condictio als Bereicherungsklage, Bd. 1, V, der im Text seines Vorworts das Verbot der Bereicherung zum Schaden eines anderen als besonders bedeutend für die *condictio* bezeichnet, in der zugehörigen Fn. 3 sodann indes Ulp. D. 12, 5, 6 (18 *ad Sab.*) wiedergibt – eine Stelle, die nur auf die *causa* abstellt und nach Bereicherung oder Schaden nicht fragt.

177 Zu Recht verteidigt Santoro, AUPA 32 (1971), 179–512, 96 ff., 213 ff., die Berufung auf das *bonum et aequum* als klassisch.

178 Vgl. Flume, Wegfall, 139: „Die klassische Rechtsfigur der condictio entspricht durchaus dem Bereicherungsgedanken, und die Sentenz von D 50,17,206 ist mit ihr wohl vereinbar."

Festhalten lässt sich immerhin, dass die *condictio* in zahlreichen ihrer Anwendungsfälle nicht der Korrektur einer ungerechtfertigten Bereicherung zum Schaden eines anderen dient, sondern insbesondere bei vertraglichen Obligationen ihren Platz hat[179]. Pomponius' Zusatz *iniuria* könnte sodann auch auf einen deliktischen Kontext hindeuten[180]. In den zur Kondiktion gehörigen Digestentiteln findet man das Wort in einer hier interessierenden Bedeutung nur einmal und dort gerade beim Ausdruck der Befürchtung, dass die Erteilung der *condictio* zu einer *iniuria* führen könnte[181].

Bei aller verbleibenden Ungewissheit lässt sich der romanistischen Literatur einstweilen eine merkwürdige Schwerpunktsetzung attestieren. Das Bereicherungsverbot wird nahezu vollständig für die Debatte über die „Grundlage" der *condictio* eingenommen, obschon es quellenmäßig gerade bei dieser nicht beheimatet ist. Der Versuch einer schlüssigen Beweisführung über die *ratio legis* der Kondiktionen stößt daher verlässlich an eine Grenze[182]. Diejenigen Entscheidungen hingegen, die von den Römern ausdrücklich mit dem Bereicherungsverbot gestützt werden, finden selten in einer vereinigenden Betrachtung zusammen. Auch in Abhandlungen über die Kondiktion werden sie üblicherweise kaum beachtet[183].

179 So u. a. Sanfilippo, Condictio indebiti, 56 ff.; v. Mayr, Die condictio, 300; Erxleben, Condictio indebiti, 6 ff.

180 Vgl. Heumann/Seckel, s. v. iniuria, 269.

181 Ulp. D. 12, 4, 5, 2 (2 *disp.*).

182 Flume, Wegfall, 136 f. hielt ihn für „unfruchtbar", „abwegig", außerdem methodisch nicht haltbar.

183 So zitiert etwa die Schrift von Kupisch, Ungerechtfertigte Bereicherung, auf der ersten Seite die berühmte Sentenz des Pomponius; von den folgenden 28 Seiten zum römischen Recht entfallen dann 26 auf die Kondiktionen, endlich je eine auf die prätorischen Bereicherungsklagen sowie die *actio de in rem verso*.

§ 7. Zwischenfazit: Die Grundkonstellation

Aus der Zusammenschau der Repetundenprozesse und der Begründungsmuster in den Digesten lassen sich vorläufig einige Eigenheiten der betrachteten Klagen auf das Erlangte zusammentragen. Regelmäßig spielen sich die Entscheidungen in einem Dreipersonenverhältnis ab. Das gilt jedenfalls für die Repetundenklausel, die Gewalthaber- sowie die Mündelhaftung, außerdem einige Sonderfälle[1]. Auch in den Fällen der Erbenhaftung sind drei Personen involviert, mag auch der primär Verpflichtete nicht mehr am Leben sein. In diesen wie in den übrigen Fällen gibt es die drei Rollen des primären Schuldners (S), des Gläubigers (G) und des Dritterwerbers (D)[2]. Der Schuldner ist regelmäßig zugleich Schädiger, der Gläubiger seinerseits der von diesem Geschädigte.

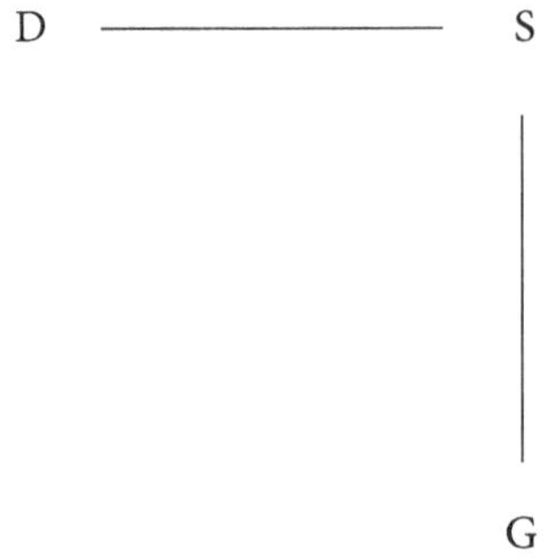

In dieser Konstellation ergeben sich dann Schwierigkeiten, wenn G gegen S nicht mit Erfolg vorgehen kann. Dafür kommen unterschiedliche Gründe in Betracht. S kann verstorben sein, insolvent oder gewaltunterworfen und deshalb eingeschränkt belangbar. Stets fällt er als Schuldner ganz oder teilweise aus. Nicht allein im Repetundenverfahren, sondern auch während der Klassik kann die *pervenit*-Haftung sodann die Funktion haben, einen Ausgleich im Verhältnis zwischen G und D zu schaffen[3].

1 Hierher gehören die Haftung des Geschäftsherrn für den *procurator* sowie die Haftung des *municipium* für diejenigen, die dessen Vermögen verwalten, Ulp. D. 4, 3, 15, 1–2 (11 *ad ed.*).

2 Einem glücklichen Zufall ist es gedankt, dass D in unserem Sinne auch für den *dominus*, S für seinen *subiectus* oder *servus* stehen kann.

3 Abhilfe zu gewähren, wenn das *peculium* zur Befriedigung des Gläubigers nicht hinreicht, hält Ulpian geradezu für die *ratio legis* der *actio de in rem verso*, D. 15, 3, 1, 1 (29 *ad ed.*) *Si hi qui in potestate aliena*

Wird eine Klage auf das Erlangte erteilt, so versuchen die (vor-)klassischen Juristen ganz ähnlich wie die Repetundengesetze, das Insolvenzrisiko umzuverteilen[4]. Eine Klage dieser Art findet nicht in erster Linie deshalb statt, weil der Beklagte zu Unrecht bereichert ist, sondern weil der Kläger beim Primärschuldner keinen Ausgleich erhält. Wiewohl man dort das Bereicherungsverbot zur Begründung bemüht, geht es nicht vorrangig um eine „Korrektur grundloser Vermögensverschiebungen"[5], denn nicht in der Korrektur grundlosen Erlangens besteht das Hauptanliegen, sondern in der Entschädigung für einen erlittenen Verlust.

Ein *lucrum* ist nur dann ungerechtfertigt, wenn ein *damnum* zurückbleibt. Unter dieser Voraussetzung kann unser erster Verbotssatz, das Bereicherungsverbot, eine Haftungserweiterung begründen. Sein Auftreten ist insofern vornehmlich in Fällen zu erwarten, in denen andernfalls mit einem Durchgriff auf den Bereicherten nicht zu rechnen wäre. Denn besonders begründungsbedürftig ist nicht die Beschränkung auf die Bereicherung, sondern die Erstreckung auf einen bei erster Draufsicht Unbeteiligten. Die ausnahmsweise Ausweitung auf diesen Dritten wird sodann mit Geboten der Billigkeit motiviert. Soll hingegen eine Haftungsbeschränkung begründet werden, so wird der zweite Verbotssatz herangezogen, der eine Einstandspflicht für fremdes Verschulden ausschließt.

Wiederholt nehmen die Juristen ein Dreipersonenverhältnis in den Blick und fragen aus dieser Perspektive nicht, *ob* dem Geschädigten eine Klage zusteht, sondern, gegen wen von zwei möglichen Passivlegitimierten er vorgehen kann. Ausgangspunkt dieser Rechtsfindung *per exclusionem* ist offenbar, dass der Geschädigte

---

sunt nihil in peculio habent, vel habeant, non in solidum tamen, tenentur qui eos habent in potestate, si in rem eorum quod acceptum est conversum sit, quasi cum ipsis potius contractum videatur. Indessen gestehen die Juristen dem Gläubiger eines *subiectus*, der wegen Erschöpfung des Sonderguts mit der *actio de peculio* sein Recht nicht wahren kann, nur ausnahmsweise eine Klage zu, die das an den Gewalthaber Gelangte erfasst, Ulp.-Pomp. D. 3, 5, 5, 8 (10 *ad ed.*) … *etsi nihil sit in peculio, quoniam plus patri dominove debetur, et in patrem dandam actionem, in quantum locupletior ex mea administratione factus sit.* Dabei handelt es sich nicht um einen typischen Fall der Gewalthaberhaftung auf das Erlangte, sondern, in den Worten v. Tuhrs, einen „Nothfall", Actio den in rem verso, 250. Der Bereicherungsgedanke lag im Recht der *negotiorum gestio* nahe: Der Geschäftsführer ohne Auftrag, der ein Geschäft des Sonderguts tätigt, nutzt unbeabsichtigt auch dem Hausvater. Ebenso wie derjenige, der ein fremdes Geschäft im eigenen Interesse, d. h. nicht im Hinblick auf den wahren Geschäftsherrn führt, kann er daher vom begünstigten *paterfamilias* Aufwendungsersatz in den Grenzen des Erlangten fordern, vgl. Ulp. D. 3, 5, 5, 5 (10 *ad ed.*). Im Ergebnis ebenso bereits Faber, Rationalia, Bd. 1, 384.

4 Darum geht es auch regelmäßig bei der Mündelhaftung, Ulp. D. 15, 1, 21, 1; D. 14, 4, 3, 1 (beide 29 *ad ed.*).

5 Der Ausdruck ist dem Titel eines Aufsatzes von Jansen entlehnt, Die Korrektur grundloser Vermögensverschiebungen als Restitution?, SZ 120 (2003), 106–162. Für die Kondiktion sowie die von Jansen in den Blick genommenen jüngeren Entwicklungen trifft er zu, die *pervenit*-Klagen erfasst er aber wohl nicht unmittelbar.

keinesfalls schutzlos gestellt werden dürfe. Sodann wird lediglich gefragt, wer von zwei möglichen Personen aus besseren Gründen heranzuziehen ist. Negativ gewendet: Wenn eine Haftung der einen Person abzulehnen ist (oder faktisch scheitert), dann muss der Zugriff auf die andere gestattet werden[6].

Nähert man sich aus diesem Blickwinkel den Konstellationen adjektizischer Haftung, so kann man hier ebenfalls ein (naturales) Dreipersonenverhältnis wahrnehmen, obgleich als Passivlegitimierter für Forderungen gegen zwei der involvierten Personen meist einzig der Gewalthaber in Frage kommt. Auch die Römer scheinen sich im Grunde ein Dreipersonenverhältnis vorgestellt zu haben. Obschon man die Begriffe dabei unrichtig gebrauche, so Ulpian[7], sprechen sie davon, dass ein Sklave Gläubiger sowie Schuldner sein könne[8].

Ist der Primärschuldner Sklave oder Haustochter, so kann die *pervenit*-Haftung etwa dann eintreten, wenn bei deliktischen Handlungen eine Pekuliarhaftung ausscheidet, ebenso vielleicht wenn das Sondergut unzureichend ist. Der Haussohn kann zwar häufig selbst belangt werden. Aber auch sein Sondergut kann sich als unzureichend erweisen. Dies ist immerhin der typische Fall für die *actio de peculio*, andernfalls bleibt ihre *taxatio* ohne Bedeutung. Wo die Sondergutsklage daher den Gläubiger nicht befriedigt, ist im rechtsgeschäftlichen Bereich an die Versionsklage zu denken, bei Delikten liegt eine Klage auf *id quod pervenit* nahe.

Das Fundament für die klassische *pervenit*-Haftung wird, wie wir sahen, bereits in der Republik gelegt. In den Digesten überlieferte Berichte, dass namhafte Vor- und

6 Anschaulich wird diese Gedankenführung bei Ulp. D. 43, 24, 11, 6 (71 *ad ed.*) *Si tutoris iussu aut curatoris factum sit, cum placeat, quod Cassius probat, ex dolo tutoris vel curatoris pupillum vel furiosum non teneri, eveniet, ut in ipsum tutorem curatoremque aut utilis actio competat aut etiam utile interdictum. certe ad patientiam tollendi operis utique tenebuntur pupillus et furiosus et ad noxam.* – Wenn [auf einem Grundstück Arbeiten gewaltsam oder heimlich] auf Befehl des Vormunds oder Pflegers ausgeführt wurden und man Cassius folgend annimmt, das Mündel oder der Geisteskranke hafte nicht für arglistiges Verhalten seines Vormundes oder Pflegers, dann ergibt sich daraus, dass entweder eine analoge Klage gegen den Vormund und Pfleger zusteht oder auch ein analoges Interdikt. Natürlich haften das Mündel und der Geisteskranke aber insoweit, dass sie die Wegnahme dulden und [die Sklaven, die auf Befehl die Arbeiten ausgeführt haben] als Schädiger ausliefern müssen. – Ulpian stellt die Haftung des *tutor* bzw. *curator* geradezu als notwendige Folgerung dar, so man das Mündel von der Haftung freihält. *Weil* der Geschädigte nicht gegen das Mündel vorgehen kann, muss er sich an den Vormund bzw. Pfleger wenden können (*eveniet*).

7 D. 15, 1, 41 (43 *ad Sab.*) *Nec servus quicquam debere potest nec servo potest deberi, sed cum eo verbo abutimur, factum magis demonstramus quam ad ius civile referimus obligationem.* – Weder kann ein Sklave etwas ‚schulden' noch kann einem Sklaven etwas ‚geschuldet' werden; vielmehr bezeichnen wir, wenn wir das Wort hier im uneigentlichen Sinn gebrauchen, mehr ein tatsächliches Verhältnis und meinen nicht eine Verbindlichkeit des bürgerlichen Rechts.

8 Vom *creditor servi* etwa sprechen Ulp. D. 15, 1, 9, 5 (29 *ad ed.*) und Paul. D. 15, 1, 47, 3 (4 *ad Plaut.*).

Frühklassiker wie Ofilius[9], dessen Schüler Labeo[10], später Sabinus[11] und Cassius[12] zur Verbreitung des Bereicherungsgedankens beigetragen haben, dürfen wir danach ernst nehmen. Bekannt war das Konzept einer auf *pervenire* gestellten Haftung des Dritterwerbers spätestens seit dem servilischen Repetundengesetz, also zum Ende des zweiten vorchristlichen Jahrhunderts. Älter noch ist das allgemeine Bereicherungsverbot, das bereits bei Ofilius und Labeo die speziellere Form annimmt, dass sich der Herr nicht aus unerlaubten Handlungen seines Sklaven bereichern dürfe. Die Herausbildung einer Dritthaftung auf das Erlangte als übertragbares Konzept dürfen wir uns, bei aller Ungewissheit, vielleicht in dem Zeitalter vorstellen, mit dem wir unter den Juristen zunächst Q. Mucius Scaevola, sodann Servius Sulpicius Rufus verbinden.

9 Paul. D. 2, 10, 2 (6 *ad ed.*), s. soeben, 73 ff.

10 Ulp. D. 15, 1, 3, 12 (29 *ad ed.*) … *et est verius, in quantum locupletior dominus factus esset ex furto facto, actionem de peculio dandam: idem Labeo probat, quia iniquissimum est ex furto servi dominum locupletari impune*; D. 42, 8, 6, 12 (66 *ad ed.*) … *ait Labeo hactenus eum teneri, ut restituat quod ad se pervenit* …; D. 39, 1, 20, 8 (71 *ad ed.*) *Plane si quaeratur, an in heredem eius, qui opus fecit, interdictum hoc competat, sciendum est Labeonem existimasse in id quod ad eum pervenit dumtaxat dari oportere vel si quid dolo malo ipsius factum sit, quo minus perveniret.*

11 Paul. D. 4, 3, 29 (11 *ad ed.*) *Sabinus putat calculi ratione potius quam maleficii heredem conveniri* …

12 Ven. D. 42, 8, 11 (6 *interd.*) *Cassius actionem introduxit in id quod ad heredem pervenit.*

ZWEITER TEIL: DIE HAFTUNG DES GEWALTHABERS AUF DAS ERLANGTE

§ 8. Die Haftung des Gewalthabers aus Handlungen Gewaltunterworfener

Die *pervenit-* bzw. *locupletior*-Haftung[1] des Gewalthabers lässt sich, wie gesehen, in die Tradition eines allgemeinen Bereicherungsgedankens stellen, der ebenso im Repetundenrecht wie in den Bereicherungsklagen gegen den Erben oder das Mündel Ausdruck findet. Die Klagen auf das Erlangte verwirklichen indes nicht allein diesen Bereicherungsgedanken, sondern schließen zugleich eine Rechtsschutzlücke im Gefüge der Gewalthaberhaftung.

I. Adjektizische und noxale Klagen

Gewaltunterworfene (*subiecti*)[2], ob frei oder unfrei, sind nicht in gleichem Maße wie freie Personen *sui iuris* imstande, klagbare Obligationen zu begründen. Sklaven können Naturalobligationen auf sich ziehen, sind im Übrigen aber verpflichtungsunfähig. Haussöhne können sich nach *ius civile* verpflichten, in zahlreichen Fällen auch selbst verklagt werden, jedoch verfügen sie über kein Vermögen, in das vollstreckt werden könnte[3]. Sklaven wie Hauskinder nehmen nichtsdestoweniger in ähnlichem Umfang am Rechtsleben teil wie Personen *sui iuris*. Erfüllen jene einen Tatbestand, aus dem gegen diese eine klagbare Obligation erwüchse, so wird daraus der Gewalthaber[4] (*paterfamilias*) haftbar gemacht. Dabei wird er nicht in eigenem Namen (*suo nomine*), sondern wegen des Sklaven (*servi nomine*) bzw. wegen des Sohnes oder der Tochter (*filii* oder *filiae nomine*) verpflichtet.

Da die so klagbar gemachten Verpflichtungen sich nicht auf sein eigenes Handeln gründen, ist der Gewalthaber nicht gleichermaßen verantwortlich wie aus

1 Die Quellen verwenden beide Ausdrücke, ohne dass darin in Fällen der Gewalthaberhaftung eine Unterscheidung deutlich würde. Zum Wortgebrauch oben, 27 ff.

2 Das sind Sklaven und Hauskinder, auch Haustöchter und Sklavinnen, Ulp. D. 14, 4, 1, 4; h. t. 5, 2; D. 15, 1, 1, 3 (alle 29 *ad ed.*), außerdem diejenigen, *qui bona fide serviunt*, d. h. die nur vermeintlich Sklaven des jeweiligen *paterfamilias* sind, D. 14, 4, 1, 5; D. 15, 1, 1, 6.

3 Zur Möglichkeit der Personalexekution s. Klinck, Die persönliche Haftung des filius familias, SZ 132 (2015), 126–153. Von dieser geht auch bereits Levy aus, Konkurrenz I, 443.

4 In Bezug auf die Hauskinder spricht man vom Hausvater, mit Blick auf die Sklaven besser von deren Herrn denn dem Eigentümer, Wacke, Die *libera administratio peculii*. Zur Verfügungsmacht von Hauskindern und Sklaven über ihr Sondergut, in: Finkenauer (Hrsg.), Sklaverei und Freilassung im römischen Recht, Symposium für Hans Josef Wieling zum 70. Geburtstag, 251–316, 254 f.

eigenen Obligationen. Gegen ihn werden abgewandelte Klagen erteilt. Die Klagen aus rechtsgeschäftlichen Handlungen (*negotia*) der Gewaltunterworfenen werden als adjektizisch bezeichnet. Aus dieser Gruppe interessieren hier die *actio de peculio* (Sondergutsklage[5]) sowie die *actio de in rem verso* (Klage wegen Zuwendung in das Vermögen)[6].

1. Die Sondergutsklage (*actio de peculio*)

Die Sondergutsklage[7] setzt voraus, dass der *paterfamilias* seinem *subiectus* ein Sondergut (*peculium*) bestellt hat. Dabei handelt es sich um ein faktisches Eigenvermögen des Gewaltunterworfenen, der damit selbständig am Rechtsverkehr teilnehmen und wirtschaften kann. Hat er sich einem Geschäftsgegner (natural) verpflichtet, so kann dieser mit der *actio de peculio* gegen den Gewalthaber vorgehen. Sie stellt den Kläger näherungsweise so, als sei der gewaltunterworfene Schuldner gewaltfrei und das Sondergut sein Vermögen. Der Gewalthaber muss dementsprechend nicht mehr leisten als den Wertbetrag des Sonderguts im Zeitpunkt der Verurteilung. Dabei kommt ihm zugute, dass die Beweislast für das Bestehen sowie die Zahlungsfähigkeit des Sonderguts der Kläger zu tragen hat[8].

Bei der Ermittlung des Wertbetrags hat der Gewalthaber das Vorrecht, seine eigenen Forderungen gegen den gewaltunterworfenen Sondergutsinhaber in Abzug zu bringen[9] (*privilegium deductionis*[10]). Umgekehrt sind naturale Forderungen des Sondergutinhabers gegen den Gewalthaber dem *peculium* hinzuzurechnen[11]. Die Verbindlichkeiten zwischen dem Stammvermögen des Gewalthabers (*patrimonium*) und dem *peculium* werden also saldiert. Ebenso ist dem Sondergut hinzuzurechnen, was der Gewalthaber daraus arglistig entnimmt, um die Gläubiger zu hintergehen[12]. Bleibt seine Arglist unentdeckt, kann er so den Umfang seiner Haftung verringern. Andernfalls betrachtet der Richter das dem Sondergut Entnommene weiterhin als zum Sondergut gehörig.

---

5 Den Einwendungen Wackes, Die *libera administratio peculii*, 257 mit Fn. 24, gegen die Übersetzung ‚Klage wegen des Sonderguts' ist in den Worten Fabers beizupflichten: „*Notissimum enim est actionem de peculio sic appellatam, non quia detur ob peculium, sed quia non datur nisi quatenus est in peculio*", Rationalia, Bd. 1, 383, zu D. 3, 5, 5, 6 (8).

6 Zu beiden Klagen Gamauf, Handbuch § 102.

7 Ihr ist der Digestentitel 15, 1 gewidmet.

8 Gai. 4, 74.

9 Gai. 4, 73; Einzelheiten der Berechnung finden sich etwa bei Ulp. D. 15, 1, 9, 2 ff. (29 *ad ed.*).

10 So bezeichnet von Ulp. D. 14, 4, 5, 7 (29 *ad ed.*).

11 Ulp. D. 15, 1, 7, 6 (29 *ad ed.*).

12 Ulp. D. 15, 1, 21 pr. (29 *ad ed.*).

Im Formularverfahren wird das Streitprogramm für die Sondergutsklage so konzipiert, dass die *intentio* als Verpflichteten den Gewaltunterworfenen nennt[13]. Inhalt der Klage ist also all das, was der *subiectus* seinem (naturalen) Gläubiger schuldet, der als Kläger auftritt. Da ein Haussohn verpflichtungsfähig ist, kann eine von ihm eingegangene Verbindlichkeit ohne weiteres die Grundlage für eine Klage abgeben. Ein Sklave hingegen kann sich nur natural verpflichten, weshalb seine Verbindlichkeiten zunächst unwirksam sind. Für die Zwecke der Sondergutsklage wird daher die Freiheit des Sklaven und damit seine Verpflichtungsfähigkeit fingiert. Der Klage wird also diejenige Verpflichtung zugrunde gelegt, die den Sklaven träfe, so er frei wäre (*si liber esset*)[14].

Durch die Verurteilungsermächtigung der Formel (*condemnatio*), die den Gewalthaber nennt, wird dieser der Verurteilung unterworfen. Dabei wird die Höhe der Verurteilung durch die *taxatio* auf den Wertbetrag des Sonderguts begrenzt. So erhält man für die Sondergutsklage aus einem Kaufvertrag über eine Toga, den ein Sklave namens Stichus als Käufer abgeschlossen hat, folgende Formel:

> Quod A^{us} A^{us} Sticho, qui in potestate N^{i} N^{i} est, togam vendidit, qua de re agitur, quidquid ob eam rem Stichum, si liber esset ex iure Quiritium, A^{o} A^{o} dare facere oporteret ex fide bona, eius iudex N^{um} N^{um} A^{o} A^{o} dumtaxat de peculio et si quid dolo malo N^{i} N^{i} factum est, quo minus peculii esset, condemnato, si non paret, absolvito

> Was das betrifft, dass der Kläger dem Stichus, der in der Hausgewalt des Beklagten steht, die Toga verkauft hat, um die es hier geht, verurteile, Richter, den Beklagten dem Kläger in all das, was Stichus, so er nach dem Recht der Quiriten frei wäre, dem Kläger deswegen nach Treu und Glauben zu leisten verpflichtet wäre, in höchstens den Wert des Sonderguts und, wenn es infolge von Arglist des Beklagten geschehen ist, dass etwas nicht zum Sondergut gehört [auch bis zur Höhe von dessen Wert]; wenn es sich nicht erweist, sprich frei![15]

2. Die Klage wegen Zuwendung in das Vermögen (*actio de in rem verso*)

Mit der *actio de in rem verso*[16] dringt der Geschäftsgegner des Gewaltunterworfenen dann durch, wenn das von diesem geführte Geschäft entweder aufgrund seiner Zweckrichtung oder deshalb als Geschäft des Gewalthabers betrachtet werden kann,

---

13 Zur Formelrekonstruktion Lenel, EP, 275 ff.

14 Dazu Lenel, EP, 261 ff.

15 Formel und Übersetzung nach KKL § 60 Rn. 5 u. 11.

16 Sie wird im Digestentitel 15, 3 behandelt.

weil ein Vorteil daraus an ihn gelangt ist[17]. Der *paterfamilias* kann sodann aus dem Geschäft des *subiectus* insoweit verurteilt werden, als dieser dem Vermögen des beklagten Gewalthabers etwas zugewendet hat. Die Beweislast für die Zuwendung in das Vermögen (*versum*) trägt der Kläger[18].

Ein *versum* liegt nicht vor, wenn der *subiectus* mit der Zuwendung eine bestehende Schuld gegenüber dem Gewalthaber erfüllt hat; dann nämlich ist der *paterfamilias* nicht bereichert. Ebenso kann er die Zuwendung nachträglich nivellieren, indem er dem Gewaltunterworfenen einen der Zuwendung entsprechenden Geldbetrag bezahlt. Der Gewalthaber haftet sozusagen als unentgeltlicher Dritterwerber. Bestanden Schulden des *subiectus* oder zahlt der Gewalthaber einen Ausgleich, dann ist der Erwerb entgeltlich, das *versum* damit abgegolten bzw. erloschen.

In der Formel wird die der *actio de in rem verso* eigene *taxatio* regelmäßig derjenigen der *actio de peculio* angehängt, sodass beide gemeinsam eine Doppelklausel bilden:

> ... iudex N^{um} N^{um} A^{o} A^{o} dumtaxat de peculio et si quid dolo malo N^{i} N^{i} factum est, quo minus peculii esset, vel si quid in rem N^{i} N^{i} inde versum est, condemnato, si non paret, absolvito

> ... verurteile, Richter, den Beklagten dem Kläger in höchstens den Wert des Sonderguts und, wenn es infolge von Arglist des Beklagten geschehen ist, dass etwas nicht zum Sondergut gehört, oder wenn etwas dem Vermögen des Beklagten zugewendet worden ist [auch bis zur Höhe von dessen Wert]; wenn es sich nicht erweist, sprich frei![19]

3. Noxalklagen

Aus Delikten erwachsende (Straf-)Klagen[20] werden als sog. Noxalklagen[21] gegen den Gewalthaber gerichtet. Er ist durch sie gehalten, entweder die Kondemnation

---

17 Darüber, ob die Versionsklage vorrangig einem Geschäftsführungs- oder einem Bereicherungsgedanken folgt, hat man lange und ausführlich gestritten. Unsere Quellen lassen sich weder allein unter dem einen noch unter dem anderen Aspekt verstehen. Beide vereint bereits Ulpian im Ansatz zu einer Definition, Ulp. D. 15, 3, 3, 2 (29 *ad ed.*). Zuletzt sind daher mit Recht vermittelnde Auffassungen vorgetragen worden, s. Klausberger, Versum autem sic accipimus, ut duret versum? Bemerkungen zur actio de in rem verso zwischen Geschäftsführung und Bereicherung, RIDA 56 (2009), 75–90.

18 Gai. 4, 74.

19 Formel und Übersetzung nach KKL § 60 Rn. 5.

20 Zur Frage, ob auch die *condictio ex causa furtiva*, die nicht auf Buße gerichtet, sondern sachverfolgend ist, also Wertersatz verschafft, als *actio noxalis* erteilt wurde, unten, 307 ff.

21 Ihnen ist der Digestentitel 9, 4 gewidmet.

in derselben Höhe auf sich zu nehmen wie ein Täter[22] oder aber, schuldbefreiend, den gewaltunterworfenen Täter als Schädiger dem Kläger auszuliefern, d. h. zu übereignen (*noxae deditio*).

Hat der Sklave Stichus dem Kläger beispielsweise eine goldene Schale gestohlen, ohne dabei auf frischer Tat ergriffen zu werden, so geht der Kläger mit der Klage wegen nicht offenkundigen Diebstahls vor (*actio furti nec manifesti*). Würde ein freier Täter im Rahmen dieser Klage überführt, hätte er dem Kläger den doppelten Wert der gestohlenen Sache zu leisten. Ist der Täter, wie in unserem Beispiel, ein Gewaltunterworfener, so hat dessen Gewalthaber vermöge der einzusetzenden Noxalklausel (*aut noxae dedere*) die Wahl, entweder den doppelten Wert zu bezahlen oder sich von dieser Verpflichtung zu befreien, indem er den Dieb als Schädiger ausliefert. Die Formel lautet:

> Si paret A^{o} A^{o} a Sticho servo N^{i} N^{i} furtum factum esse paterae aureae, quam ob rem N^{um} N^{um} aut pro fure damnum decidere aut Stichum noxae dedere oporteret, quanti ea res fuit, cum furtum factum est, tantae pecuniae duplum dare aut Stichum noxae dedere iudex N^{um} N^{um} A^{o} A^{o} condemnato, si non paret, absolvito

> Wenn es sich erweist, dass dem Kläger von Stichus, dem Sklaven des Beklagten, eine goldene Schale gestohlen wurde, und der Beklagte deshalb entweder als Dieb Sühne zu leisten oder Stichus als Schädiger auszuliefern verpflichtet ist, verurteile Richter, den Beklagten dem Kläger in den doppelten Geldbetrag des Wertes, den die Sache hatte, als der Diebstahl begangen wurde, oder darauf, Stichus als Schädiger auszuliefern; wenn es sich nicht erweist, sprich frei![23]

4. Nachhaftung des Gewalthabers

Nach Beendigung des Gewaltverhältnisses folgen die drei genannten Klagearten einem jeweils eigenen Schicksal. Das Gewaltverhältnis endet beim Sklaven durch dessen Freilassung, Veräußerung oder Tod, bei Hauskindern durch deren Emanzipation oder Tod. Scheidet der gewaltunterworfene Täter aus der Gewalt (*potestas*) seines Gewalthabers aus, so erlischt dessen Haftung mit den Noxalklagen. Tritt der Täter in die Gewalt eines anderen ein, haftet fortan dieser. Wird der Täter freigelassen oder emanzipiert, so kann er alsdann selbst belangt werden. Dass die Passivlegitimation zu den Noxalklagen an den Täter bzw. die Gewalt über diesen

---

22 Zahlt er die Buße, kann er deren Betrag bei einer später gegen ihn erhobenen *actio de peculio* vom Sondergut abziehen, Ulp. D. 15, 1, 11 pr. (29 *ad ed.*).

23 Formel und Übersetzung nach KKL § 61 Rn. 12.

gebunden ist, beschreiben die römischen Juristen mit dem Satz *noxa caput sequitur* – die [Haftung] aus Schadenstat folgt dem Täter[24].

Die *actio de peculio* wird nach Beendigung des Gewaltverhältnisses noch innerhalb eines Jahres gewährt und dann als *actio de peculio annalis* bezeichnet[25]. Damit kann der Gewalthaber indes nur aus Verbindlichkeiten belangt werden, die der *subiectus* begründete, als er noch unter dessen Gewalt stand. Die *actio de in rem verso* schließlich besteht auch nach Ende des Gewaltverhältnisses unbefristet fort. Auch sie kann aber nur auf solche Verbindlichkeiten gestützt werden, die aus der Zeit vor dem Ende des Gewaltverhältnisses stammen.

II. Das Bedürfnis für die Gewalthaberhaftung auf das Erlangte

1. Schließung einer Rechtsschutzlücke

Im Regelungsgefüge der drei genannten Klagearten existiert dort eine Lücke, wo der Gewaltunterworfene auf rechtlich missbilligte Weise einen Vermögensvorteil erwirbt. Hierher gehören als Paradebeispiel die Sachentzugsdelikte (darunter zuvorderst das *furtum*), aber auch zahlreiche Tatbestände, die zugleich durch deliktische wie durch rechtsgeschäftliche Merkmale gekennzeichnet sind (etwa erzwungene oder fraudatorische Verfügungen durch den Berechtigten). Für die Korrektur dergestalt bewirkter Vermögensverschiebungen hält das prätorische Edikt eine den adjektizischen entsprechende Klage nicht bereit. Wenn der Gewaltunterworfene ein Delikt begeht oder einen Tatbestand verwirklicht, der sich nicht eindeutig als Rechtsgeschäft charakterisieren lässt, sind weder die *actio de peculio* noch die *actio de in rem verso* (unmittelbar) einschlägig. Die Noxalklagen wiederum dienen regelmäßig der Buße und nicht dem Ersatz eines erlittenen Vermögensnachteils, insbesondere kann dieser größer sein als der Wert des ausgelieferten Täters.

Den Geschädigten seinen Vermögensnachteil tragen zu lassen, während dem Gewalthaber eine Bereicherung verbleibt, erscheint indes unbillig. Hier ist der Anwendungsbereich der *pervenit*-Klagen eröffnet. Sie gewähren dem Geschädigten für seinen Vermögensnachteil insoweit einen Ausgleich, als der Gewalthaber einen Vermögensvorteil erlangt hat. Insofern stellen sich die *pervenit*-Klagen als Parallele zur *actio de in rem verso* im Bereich der Delikte sowie der Rechtsgeschäfte mit deliktischem Makel dar[26].

Allen genannten Klagen gegen den *paterfamilias* ist der Gedanke gemein, dass sein Stammvermögen (*patrimonium*) durch die Haftung für Handlungen der ihm

---

24 Übersetzt nach KKL § 61 Rn. 13.

25 Ihr gilt der Digestentitel 15, 2.

26 Ähnlich bereits Betti, ATor. 51 (1915–16), 1363–1388, 1363 u. 1366 f.

Unterworfenen nicht verringert werden dürfe. Das *peculium* ist bereits durch seine Verleihung an den Gewaltunterworfenen aus dem *patrimonium* ausgeschieden. Das Risiko, seinen Wert einzubüßen, hat der Gewalthaber insofern bewusst auf sich genommen. Bei der *actio de in rem verso* wie bei den *pervenit*-Klagen wird lediglich ein (wenn auch nur vorübergehend erlangter) Vorteil abgeschöpft. Die Regel, nach der das Vermögen des *paterfamilias* keinen Schaden leiden dürfe, sehen die römischen Juristen endlich auch dann als gewahrt an, wenn der Gewalthaber einen ihm Unterworfenen als Schädiger hingibt. Präziser gefasst lautet die Regel damit, dass der aus einer Klage folgende wirtschaftliche Nachteil den Wert des Gewaltunterworfenen nicht übersteigen darf[27].

2. Sachverfolgung

Die Klagen auf das Erlangte treten insbesondere dort auf den Plan, wo Sachverfolgung in Rede steht. Die reinen Strafklagen lassen dafür keinen Raum. Für die Haftung mit der *actio furti* etwa ist unerheblich, ob die gestohlene Sache sich je beim Beklagten befunden hat. Dem entspricht, dass die Diebstahlsklage gegen den Gewalthaber nicht auf das Erlangte erteilt wird, mag er auch aus dem Diebesgut bereichert sein. Bei den sog. gemischten Klagen, die pönale und sachverfolgende Funktionen in sich vereinen, trifft den *paterfamilias* hingegen verschiedentlich sowohl eine Noxal- wie eine *pervenit*-Haftung.

Durch *noxae deditio* des gewaltunterworfenen Schädigers kann sich der Gewalthaber zwar von seiner Verpflichtung entledigen, wie ein Täter für das Delikt seines *subiectus* einstehen zu müssen. Von der *pervenit*-Haftung wird er durch die Noxalgabe indes nicht befreit. Was er aus der Tat des Gewaltunterworfenen erlangt hat, muss er nichtsdestoweniger herausgeben. Das ist Ausdruck der sachverfolgenden Funktion dieser Rechtsbehelfe[28].

---

27 Gai. 4, 75 a. E.: *erat enim iniquum nequitiam [filiorum familias servorumque] ultra ipsorum corpora parentibus dominisve damnosam esse.*

28 Vgl. die von Paulus zitierten Ausführungen des Cassius zur Erbenhaftung auf das Erlangte, D. 44, 7, 35 pr. (1 *ad ed.*) *In honorariis actionibus sic esse definiendum Cassius ait, ut quae rei persecutionem habeant, hae etiam post annum darentur, ceterae intra annum. honorariae autem, quae post annum non dantur, nec in heredem dandae sunt, ut tamen lucrum ei extorqueatur, sicut fit in actione doli mali et interdicto unde vi et similibus. illae autem rei persecutionem continent, quibus persequimur quod ex patrimonio nobis abest, ut cum agimus cum bonorum possessore debitoris nostri, item Publiciana, quae ad exemplum vindicationis datur.* – Bei amtsrechtlichen Klagen, sagt Cassius, sei so zu unterscheiden, dass diejenigen, welche die Sachverfolgung einschließen, auch nach Jahresfrist erteilt werden, die übrigen nur binnen eines Jahres. Diejenigen amtsrechtlichen Klagen, welche nach einem Jahre nicht mehr erteilt werden, dürfen auch nicht wider den Erben erteilt werden; doch wird ihm allerdings der Gewinn entrissen, [den er erlangt hat], wie etwa bei der Klage wegen Arglist, dem Interdikt *unde vi* und ähnlichen. Die Sachverfolgung schließen diejenigen ein, mittels deren wir etwas rechtlich in Anspruch nehmen, was

Sachverfolgend sind auch dingliche Klagen, etwa die *rei vindicatio* oder die *hereditatis petitio*. Die Passivlegitimation zu diesen Klagen kann indessen nicht durch die (naturale) Obligation eines Gewaltunterworfenen vermittelt werden[29]. Sie gründet sich auf den Besitz an der streitbefangenen Sache. Hat ein *subiectus* die Sache in Händen, besitzt er für den Gewalthaber, weshalb dieser in eigenem Namen passivlegitimiert ist, so als besitze er unmittelbar selbst[30]. Die *pervenit*-Haftung findet hier daher keine Anwendung[31]. Sie hat ihren Platz regelmäßig bei sachverfolgenden schuldrechtlichen Klagen, die aus Delikten oder gewissen makelhaften Rechtsgeschäften erwachsen.

Ihren Ausgang nimmt die *persecutio rei* vom Abfluss eines Gegenstands aus dem Vermögen des späteren Klägers[32]. Zuvorderst soll dieser Vermögensverlust ausgeglichen werden. Das entspräche der Verurteilung auf den Wert des verlorenen Gegenstands, wie sie etwa bei den pönalen Restitutionsklagen stattfindet. Wenn nur ein Teil dessen, was dem Kläger fehlt, dem Beklagten zugeflossen ist, muss jener aber den Verlust in Höhe der Differenz hinnehmen. Müsste der Beklagte hingegen den gesamten Sachwert ersetzen, ließe sich auch eine insofern auf das *simplum* gerichtete Klage als pönal betrachten, da der Beklagte mehr leisten muss, als an ihn gelangt ist.

Den Gewalthaber, der selbst nicht vorwerfbar gehandelt hat, soll ein solcher Nachteil jedoch nicht treffen. Er muss allein das erstatten, was ihm zugefallen ist. Auch das ist *persecutio rei*: Man verfolgt die Sache des Klägers, bis sie ins Vermögen des Beklagten gelangt. *Id quod pervenit* ist sodann recht wörtlich aufzufassen. So wird auch verständlich, warum ein Wegfall der Bereicherung gemeinhin wohl nicht berücksichtigt wird[33]. Im Vordergrund stehen der Vorgang und der Zeitpunkt des Erlangens. Was danach passiert, ist schon nach dem Wortlaut der *pervenit*-Formulierung nicht unmittelbar relevant.

Leichter zu vereinbaren ist ein Wegfall der Bereicherung mit den *locupletior*-Klauseln. Die Privilegierung, nur die verbleibende Bereicherung herausgeben zu

---

uns von unserem Vermögen fehlt, etwa wenn wir gegen den *bonorum possessor* unseres Schuldners Klage erheben, sowie die *Publiciana*, die nach dem Vorbild der Eigentumsklage erteilt wird.

29 So der Grundsatz; Ausnahmen bestehen bei der *hereditatis petitio*, wenn der Gewaltunterworfene Schuldner des Erblassers oder der Erbschaft war, Paul. D. 5, 3, 36 pr. (20 *ad ed.*) a. E. mit Ulp. D. 5, 3, 13, 15; 16 pr.–3 (15 *ad ed.*); Paul. h. t. 14 (20 *ad ed.*); Gai. h. t. 15 (6 *ad ed. provinc.*).

30 Zur *hereditatis petitio* Paul. D. 5, 3, 34, 1; 36 (20 *ad ed.*).

31 Die *locupletior*-Haftung infolge des *SC Iuventianum* kann auch dem Gewalthaber zugutekommen, nicht aber weil er als Gewalthaber, sondern weil er als gutgläubiger Erbschaftsbesitzer haftet.

32 S. Paulus soeben in Fn. 28: *illae autem rei persecutionem continent, quibus persequimur quod ex patrimonio nobis abest.*

33 S. etwa Paul. D. 50, 17, 127 (20 *ad ed.*) *Cum praetor in heredem dat actionem, quatenus ad eum pervenit, sufficit, si vel momento ad eum pervenit ex dolo defuncti.*

müssen, wird gemeinhin jedoch nur bei Tatbeständen zugestanden, die kein missbilligenswertes Verhalten in sich tragen[34]. Unsere Fälle der Gewalthaberhaftung spielen sich zumeist im deliktischen Bereich ab. Obschon die römischen Juristen sie mal unter Verwendung von *pervenire*, mal von *locupletior* bescheiden, ist daher mit Milderungen nicht zu rechnen.

Den Aspekt der Sachverfolgung teilen die *pervenit*- und *locupletior*-Klauseln mit der *actio de in rem verso*. Alle drei setzen voraus, dass gerade infolge des streitgegenständlichen Sachverhalts ein Vermögensvorteil ins Vermögen des Gewalthabers gelangt ist, zumeist eine Sache des nunmehrigen Klägers oder ein Surrogat derselben. Die *taxatio* der Sondergutsklage hingegen hat keinen Bezug zum speziellen Sachverhalt des Verfahrens. Für eine Verurteilung *de peculio* bedarf es der Existenz eines nicht wertlosen Sonderguts. Ob sich die streitgegenständliche Sache oder ein Surrogat im Sondergut befindet oder je befunden hat, ist im Grundsatz ohne Belang. Die Ausnahme bildet eine Handvoll Klagen, die auf die Bereicherung des Sonderguts begrenzt sind[35].

34 So beispielsweise beim gutgläubigen Erbschaftsbesitz oder bei Schenkungen unter Ehegatten.

35 Ulp. D. 15, 1, 1, 4 (29 *ad ed.*), dazu unten, 128 ff.; Paul. D. 14, 3, 17, 4 (30 *ad ed.*), 138 ff.; ders. D. 11, 5, 4, 1 (19 *ad ed.*), 150 ff.; ferner Afr. D. 19, 1, 30 (8 *quaest.*), 291 ff.

§ 9. Verhältnis der Gewalthaberhaftung auf das Erlangte zu den Klagen nach Jahresfrist sowie gegen den Erben

Auf *id quod pervenit* werden außer gegen den Gewalthaber auch bestimmte Klagen gegen den Täter selbst sowie gegen dessen Erben erteilt. Gegen den Täter richten sich die sog. postannalen Klagen, die ihre Bezeichnung daher erhalten, dass der Prätor sie nach Ablauf der einjährigen Frist (*post annum*) gewährt, durch die zahlreiche Strafklagen begrenzt werden. Während die Pönalklagen des *ius civile* ebenso unbefristet sind wie ihre honorarrechtlichen Abwandlungen, können alle weiteren amtsrechtlichen Pönalklagen nur innerhalb eines Jahres geltend gemacht werden[1]. Sind sie binnen Jahresfrist auf ein Vielfaches gerichtet, so kann der Kläger *post annum* nur noch einfachen Ersatz verlangen[2]. Gehen sie bereits anfangs nur auf das *simplum*, so verbleibt nach Ablauf der Jahresfrist eine Klage auf das Erlangte[3].

Eng verwandt mit diesen postannalen Klagen sind diejenigen gegen den Erben[4], die gleichermaßen an die Stelle einer Strafklage treten, wenn diese gegen den (verstorbenen) Täter nicht mehr möglich ist. Nach Jahresfrist bzw. mit dem Tod des Täters entfällt der Bußzweck und mit ihm die Zahlungspflicht über das *simplum* bzw. das Erlangte hinaus. Insofern eine Klage aber (auch) der Sachverfolgung dient, kann sie *post annum* ebenso wie gegen den Erben fortbestehen. Dementsprechend fragen bereits die römischen Juristen nach den postannalen Klagen und den Klagen

1 Kaser I, 613.

2 Das gilt etwa für die Klage wegen schikanösen Prozessierens (*calumnia*), Ulp. D. 3, 6, 1 pr. (10 *ad ed.*), für die *actio quod metus causa* nach einer Voruntersuchung (*causa cognita*), Ulp. D. 4, 2, 14, 1–2 (11 *ad ed.*), für die Raubklage (*actio vi bonorum raptorum*), Gai. 3, 209, schließlich für die Klagen wegen Schadenszufügung bei einem Volksaufstand (*turba*), Ulp. D. 47, 8, 4 pr. (56 *ad ed.*), sowie Schädigung oder Raub während bestimmter Notsituationen (*actio de incendio ruina naufragio rate nave expugnata*), Ulp. D. 47, 9, 1 pr. (56 *ad ed.*).

3 Zu dieser Gruppe zählt unter den Klagen nachweislich nur die *actio de dolo*, Gai. D. 4, 3, 28 (4 *ad ed. provinc.*), das *interdictum fraudatorium*, Ulp. D. 42, 8, 10, 24 (73 *ad ed.*), das *interdictum unde vi*, Ulp. D. 43, 16, 1 pr. (69 *ad ed.*), laut Paul.-Sab. D. 43, 1, 4 (67 *ad ed.*) die einjährig befristeten Interdikte überhaupt, von welchen wir außer den soeben genannten nur noch das *quod vi aut clam* kennen. Dazu Maier, Bereicherungsklagen, 81.

4 Darauf weist schon Maier hin, Bereicherungsklagen, 32.

gegen den Erben häufig im selben Atemzug[5]. Wenn der Täter *post annum* haftet, dann gemeinhin auch sein Erbe[6].

Gegenüber beiden Beklagten, dem Täter *post annum* sowie dem Erben des Täters, bringen die Juristen das Gebot in Ansatz, dass sie aus der Tat keinen Vorteil zurückbehalten sollen[7]. Unausgesprochen bleibt der korrespondierende Satz, dass nicht mehr herauszugeben ist als das Erlangte, der Beklagte also, indem er Ersatz leistet, keinen Vermögensnachteil auf sich nehmen muss[8]. Mittelbar bringen unsere Quellen dies darin zum Ausdruck, dass eine Strafe nur den Täter und auch diesen nur binnen Jahresfrist treffen soll. Soweit sie strafende Funktion hat, erlischt eine annale Klage mit Ablauf der Jahresfrist oder mit dem Tod des Täters[9].

Ebenso wie gegenüber dem Gewalthaber dient das Bereicherungsverbot dazu, die Reichweite bestehender Klagen zu erweitern, sei es über deren zeitliche Grenze von einem Jahr hinweg, sei es auf den Erben als weiteren Passivlegitimierten. In der Erweiterung des Kreises der Passivlegitimierten bei gleichzeitiger Haftungsbegrenzung auf das Erlangte besteht die enge konstruktive Verwandtschaft zwischen den

---

5 S. etwa Ulp. D. 2, 3, 1, 4 (1 *ad ed.*); D. 2, 7, 5, 4 (5 *ad ed.*); D. 2, 13, 13 (4 *ad ed.*); D. 14, 1, 4, 4 (29 *ad ed.*); D. 27, 6, 9, 1 (12 *ad ed.*); D. 39, 1, 20, 16 (71 *ad ed.*); D. 43, 4, 1, 8 (72 *ad ed.*); D. 43, 5, 3, 16 (68 *ad ed.*). Verallgemeinernd bereits Cassius bei Paul. D. 44, 7, 35 pr. (1 *ad ed.*), s. oben, 113 Fn. 28.

6 Wie Maier, Bereicherungsklagen, 33, zutreffend feststellt, war den Römern dieser Zusammenhang durchaus bewusst, s. Gai. D. 4, 3, 28 (4 *ad ed. provinc.*) … *sed utique in heredem perpetuo dabitur, quia non debet lucrari ex alieno damno. cui conveniens est, ut et in ipso, qui dolo commiserit, in id quod locupletior esset perpetuo danda sit in factum actio.* – … Diese Klage aber wird gegen den Erben in jedem Fall unbefristet erteilt, weil er aus dem Schaden eines anderen keinen Vorteil ziehen darf. Dem entspricht es, dass auch gegen den Täter selbst, der sich arglistig verhalten hat, eine auf den Sachverhalt zugeschnittene, unbefristete Klage in dem Umfang gegeben werden muss, in dem er bereichert ist.

7 Gai. D. 4, 3, 28 (4 *ad ed. provinc.*), s. soeben Fn. 6; Ulp. D. 42, 8, 10, 24 (73 *ad ed.*) und vgl. Ulp. D. 3, 6, 5 pr. (10 *ad ed.*) … *nam est constitutum turpia lucra heredibus quoque extorqueri, licet crimina extinguantur.* – … Denn es ist durch kaiserliche Konstitutionen bestimmt worden, dass sittenwidrige Vorteile auch den Erben entzogen werden, obwohl [ihnen gegenüber] eine Strafverfolgung erlischt. Ähnlich Ulp. D. 4, 2, 16, 2 (11 *ad ed.*).

8 Vgl. aber Ulp. D. 42, 8, 6, 11 (66 *ad ed.*) … *nec videtur iniuria adfici is qui ignoravit, cum lucrum extorqueatur, non damnum infligatur* – … Demjenigen, der [von der Tat, hier dem Gläubigerbetrug] nichts wusste [d. h. keine Schuld trägt], erscheint kein Unrecht zu erleiden, so ihm ein Gewinn entzogen, aber kein Schaden zugefügt wird.

9 S. etwa Ulp. D. 2, 3, 1, 4 (1 *ad ed.*) … *cum meram poenam contineat, neque post annum neque in heredem datur.* – … weil sie eine reine Strafe enthält, wird sie weder nach Jahresfrist noch gegen den Erben gewährt; sodann die Katene Ulp.-Paul. D. 42, 5, 9, 8 (62 *ad ed.*) … *actio in eum ex dolo datur, quae neque post annum neque in heredes ceterosque successores dabitur, cum ex delicto oriatur poenaeque nomine concipiatur*, Paul. fr. 10 (59 *ad ed.*) *nisi quatenus ad eum pervenit.* – … gegen ihn wird die auf Arglist gestützte Klage gegeben, die weder nach Jahresfrist noch gegen die Erben oder andere Rechtsnachfolger erteilt wird, da sie aus einem Delikt erwächst und auf Strafe gerichtet ist, fr. 10 außer sofern etwas an ihn gelangt ist.

Klagen gegen den Erben und unseren Klagen gegen den Gewalthaber. Einer solchen Erweiterung bedarf es freilich dort nicht, wo Rechtsschutz bereits anderweitig gewährleistet ist. Die *actio legis Aquiliae* etwa wird seit alters gegen den Gewalthaber als Noxalklage gegeben, für eine Klage auf das Erlangte scheint daneben kein Bedürfnis zu bestehen. Als Strafklage ist die *actio legis Aquiliae* jedoch passiv unvererblich[10]. Darin sah man offenbar eine zu schließende Rechtsschutzlücke und erstreckte die Klage daher dem Bereicherungsverbot gemäß auf den Erben. Der Geschädigte kann seinen Schaden vom Erben des Täters insoweit ersetzt verlangen, als der Erbe durch die schädigende Tat des Erblassers bereichert ist.

Umgekehrt verhält es sich bei der Diebstahlskondiktion (*condictio furtiva*). Sie ist passiv voll vererblich, d. h. der Bestohlene kann vom Erben des Täters in gleichem Maße Ersatz für die gestohlene Sache fordern wie vom Täter selbst (nämlich den einfachen Sachwert)[11]. Auch geraubte Sachen unterliegen der Kondiktion. Entsprechend sah man keine Notwendigkeit, die Raubklage (*actio vi bonorum raptorum*) als Bereicherungsklage gegen den Erben des Täters zu gewähren – es genüge die Kondiktion[12]. Anders als der Erbe des Täters war aber dessen Gewalthaber zur Kondiktion nicht ohne weiteres[13] passivlegitimiert. Alsdann ließen die römischen Juristen demjenigen, der von einem Sklaven[14] bestohlen worden war, dadurch Rechtsschutz zuteilwerden, dass sie die *condictio furtiva* als Klage auf Auskehr des Erlangten auf den Herrn erstreckten[15].

Wenn wir bei einigen Klagen zwar eine *pervenit*-Haftung des Erben, aber keine des Gewalthabers vorfinden (oder umgekehrt), liegt die Ursache nicht darin, dass gegenüber dem Erben andere Wertungen zum Tragen kämen als gegenüber dem Gewalthaber. Der Haftungserstreckung, wie sie für die *pervenit*-Konstruktionen typisch ist, bedurfte es schlicht dort nicht, wo der Erbe oder der Gewalthaber ohnedies haftete.

---

10 Ulp. D. 9, 2, 23, 8 (18 *ad ed.*) … *in heredem vel ceteros haec actio non dabitur, cum sit poenalis, nisi forte ex damno locupletior heres factus sit.* – … gegen den Erben oder andere Rechtsnachfolger wird diese Klage aber nicht erteilt, weil sie eine Strafklage ist, es sei denn, der Erbe ist durch den Schaden bereichert worden.

11 S. etwa Ulp. D. 13, 1, 9 (30 *ad ed.*).

12 So Ulpian D. 47, 8, 2, 27 (56 *ad ed.*) … *et ego puto ideo praetorem non esse pollicitum in heredes in id quod ad eos pervenit, quia putavit sufficere condictionem* – … und ich meine, der Prätor hat [die Raubklage] deswegen nicht insoweit gegen die Erben verheißen, als etwas an diese gelangt ist, weil der die Kondiktion für ausreichend hielt.

13 Zur Möglichkeit einer noxalen Ausgestaltung unten, 307 ff.

14 Ein Haussohn kann mit der Diebstahlskondiktion selbst belangt werden, Ulp. D. 15, 1, 3, 12 (29 *ad ed.*); D. 13, 1, 4 (41 *ad Sab.*).

15 Ulp. D. 15, 1, 3, 12 (29 *ad ed.*). Entsprechendes gilt für die *actio rerum amotarum*, wenn die Haustochter einen Ehegattendiebstahl begeht, Paul. D. 25, 2, 3, 4 (7 *ad Sab.*) bis Pap. D. 25, 2, 5 (11 *quaest.*). Zu beidem unten, 266 ff.

Ein augenfälliger Unterschied zwischen der Bereicherungshaftung des Erben und derjenigen des Gewalthabers besteht indes darin, dass die Erbenhaftung zumindest für einige Klagen ediktal war[16] und für weitere auf kaiserliche Konstitutionen gestützt werden konnte[17]. Auch postannale Klagen fanden sich im Edikt wieder[18]. Für die Gewalthaberhaftung hingegen lässt sich weder im Edikt noch in der Kaisergesetzgebung eine Grundlage ausmachen. Sie scheint aus der Rechtsfortbildung durch die Juristen hervorgegangen zu sein.

---

16 Gai. D. 4, 2, 19; D. 4, 3, 26 (beide 4 *ad ed. provinc.*); dazu sowie zu möglichen weiteren Verheißungen Maier, Bereicherungsklagen, 84 ff.: Er vermutet ein Erbenedikt allein noch für das Interdikt *unde vi*, doch lassen sich weitere nicht ausschließen angesichts Paul. D. 50, 17, 127 (20 *ad ed.*) *Cum praetor in heredem dat actionem, quatenus ad eum pervenit, sufficit, si vel momento ad eum pervenit ex dolo defuncti.* – Wenn der Prätor gegen den Erben eine Klage insoweit erteilt, als etwas an diesen gelangt ist, genügt es, wenn auch nur für einen Augenblick etwas aufgrund arglistigen Verhaltens des Erblassers an ihn gelangt ist. Zwar könnte Paulus die *actio de dolo* meinen, doch ist diese gerade nicht Gegenstand seines 20. Buchs zum Edikt, vgl. Lenel, Pal. I, 1001 ff.

17 Ulp. D. 3, 6, 5 pr. (10 *ad ed.*); D. 4, 2, 16, 2 (11 *ad ed.*).

18 S. etwa Ulp. D. 42, 8, 10, 24 (73 *ad ed.*) zum *interdictum fraudatorium*; D. 43, 16, 1 pr. (69 *ad ed.*) zum *interdictum unde vi.*

DRITTER TEIL:
KLAGEN AUF DIE AUSKEHR DER VERMEHRUNG EINES SONDERGUTS

§ 10. Die Bereicherung des Gewalthabers durch Vermehrung eines Sonderguts

Bevor wir uns im vierten Teil denjenigen Klagen zuwenden, die auf die Abschöpfung einer Bereicherung des Gewalthabers, d. h. seines Gesamtvermögens, gerichtet sind, haben wir vorweg diejenigen abzuschichten, welche ausdrücklich die Vermehrung eines Sonderguts erfassen. Mit ihnen ist sogleich die Frage aufgeworfen, ob nicht die Bereicherung des *peculium* stets auch eine Bereicherung des Gewalthabers bedeutet.

Das *peculium* ist formal dem Gewalthaber, faktisch dem gewaltunterworfenen Inhaber zugewiesen. Wegen dieser zweifachen Zuordnung scheint eine Vermehrung des Sonderguts nicht allein dessen Inhaber, sondern auch dem Gewalthaber zugutezukommen. Was ins *peculium* gelangt, gelangt zugleich, wenigstens formal, auch an den Gewalthaber. Steigt das Sondervermögen im Wert, so auch das Gesamtvermögen des *paterfamilias*.

Der Normalfall für unsere *pervenit*-Klagen besteht darin, dass ein Gewaltunterworfener eine Sache an sich bringt oder entgegennimmt. Sind die allgemeinen Voraussetzungen des Eigentumserwerbs erfüllt, so wird der Gewalthaber als formaler Inhaber des *peculium* Eigentümer auch aller Sachen, die der Gewaltunterworfene *peculiariter* erwirbt. Das Gesamtvermögen des *paterfamilias* wird also um diese Sachwerte vermehrt. Die rechnerisch augenscheinliche Vermögensmehrung erweist sich indes nicht als unmittelbare (persönliche) Bereicherung des Gewalthabers, soweit das *peculium* als Zweckvermögen faktisch dem Gewaltunterworfenen gehört. Ob der *paterfamilias* dennoch als bereichert gelten kann, hängt davon ab, inwieweit er in der Lage ist, ungehindert auf Pekuliargegenstände zuzugreifen.

1. Rechtlich steht es dem *paterfamilias* frei, das Sondergut jederzeit einzuziehen[1]. Häufig ist man indes davon ausgegangen, dass die Einziehung (*ademptio peculii*[2]) sittlich missbilligt werde, sofern sie ohne rechtfertigenden Anlass stattfinde[3]. Folgt man dieser Ansicht[4], so könnte der Gewalthaber das erlangte Eigentum daher nicht

---

1 Das betont schon Mandry, Das gemeine Familiengüterrecht, Bd. II, 170; zustimmend Wacke, Die Notbedarfseinrede des enterbten Haussohns, SDHI 60 (1994), 469–497, 471 f.

2 Zu dieser Wacke, Peculium non ademptum videtur tacite donatum, IURA 42 (1991), 43–95, 55 f.

3 So, ohne Quellenbeleg, bereits v. Jhering, Geist des römischen Rechts, Teil 2, Bd. 1, 215 Fn. 324; in seinem Gefolge Kaser, Der Inhalt der patria potestas, SZ 58 (1938), 62–87, 85 f.; Wacke, *libera administratio* (Fn. 4), 252 Fn. 5.

4 Es ist dies die selten bestrittene Lehrmeinung, s. KKL § 71 Rn. 16: „Obschon der Hausvater das *peculium* jederzeit ganz oder teilweise einziehen kann, hat doch die Sitte die grundlose Einziehung missbilligt." Der Satz ist seit der Erstausgabe von 1960 unverändert geblieben. Ähnliches war bereits 1955

zu seinem unmittelbaren Vorteil einsetzen, solange nicht der Pekulieninhaber einen Anlass zur Einziehung gibt. Bereichert wäre faktisch allein der Gewaltunterworfene, als dessen Vermögen das *peculium* gilt[5].

Diese Annahme sittlicher Bindungen kann sich auf Indizien stützen[6], doch sind in Abwesenheit eindeutiger Quellenzeugnisse[7] Zweifel angebracht. Das *Corpus iuris* überliefert keine Anzeichen, dass der Gewalthaber in welcher Weise auch immer an der *ademptio* gehindert gewesen wäre[8]. Umso bemerkenswerter ist dieser Befund, da Justinian es bekanntlich für unbillig erachtete, dass aller Erwerb der Hauskinder stets dem *paterfamilias* zufallen und dessen willkürlichen Verfügungen unterliegen sollte[9]. Gerade von Justinians Kompilatoren wäre daher zu erwarten gewesen, dass sie Quellen bewahren würden, aus denen sich eine Bindung des Gewalthabers ergab.

---

in der ersten Auflage von Kasers Handbuch zu lesen, dort S. 296. In dessen Zweitauflage von 1971 hatte Kaser selbst aber offenbar Anlass gesehen, an dieser Gewissheit zu zweifeln, S. 344: „Da aber die grundlose Einziehung *vermutlich* [Hervorhebung hinzugefügt] von der Sitte mißbilligt wurde, galt das *peculium* im gesellschaftlichen Bewusstsein als Eigengut des Kindes.“ Allein auf Kaser beruft sich Lamberti, Handbuch § 34, Rn. 36. Gamauf hingegen weist zu Recht auf den Mangel an Quellen hin, Handbuch § 102, Rn. 28. Italienischen Hand- und Lehrbüchern ist, soweit ersichtlich, nicht zu entnehmen, dass der Gewalthaber bei der Entziehung des Sonderguts durch die Sitte gehindert worden wäre.

5 Ulp. D. 15, 1, 19, 1 (29 *ad ed.*): *velut patrimonium*; Paul. D. 15, 1, 47, 6 (4 *ad Plaut.*): *quasi patrimonium.*

6 Mit Kaser, SZ 58 (1938), 86 etwa darauf, dass man ein *peculium*, das bei der Freilassung eines Sklaven nicht eingezogen wurde, als dem Sklaven geschenkt ansah, fr. vat. 261. Marquardt, Privatleben, Teil 1, 165 f., meint, im Falle der Freilassung werde über die bestehenden Forderungen des Herrn gegen das Sondergut des Sklaven abgerechnet; auf das danach verbleibende Sondergut verzichte der Herr. Als Beleg nennt Marquardt indes allein eine Äußerung des Kirchenvaters Augustinus von Hippo (serm. 21, 6), deren Inhalt weder klar im Sinne Marquardts zu verstehen noch für die Klassik aussagekräftig ist. Die übrigen von ihm angeführten Quellen (ebd. mit Fn. 7–10) belegen zwar, dass ein Herr seinem Sklaven bei der Freilassung das *peculium* nicht selten wenigstens teilweise beließ. Eine entsprechende sittliche Verpflichtung ist ihnen jedoch nicht zu entnehmen.

7 Das gesteht auch Kaser, SZ 58 (1938), 85 ein. Zu Recht kritisch daher Brinkhof, *peculium*, 164 ff.

8 Paul. D. 15, 1, 8 (4 *ad Sab.*) scheint vielmehr in die entgegengesetzte Richtung zu weisen. So auch Fleckner, The Peculium: A Legal Device for Donations, in: Carlà/Gori (Hrsgg.), Gift Giving and the ‚Embedded‘ Economy in the Ancient World, 213–239, 225. Selbst wenn der Hausvater durch Zwang (*metus*) gegenüber dem Haussohn eine Verringerung des Sonderguts herbeiführt, verwehrt man dem Sohn Rechtsschutz, Ulp. D. 44, 4, 4, 34 (76 *ad ed.*); zur Stelle Wacke, IURA 42 (1991), 43–95, 62 f.; SDHI 60 (1994), 468–497, 471 ff.

9 I. 2, 9, 1 *Igitur liberi vestri utriusque sexus, quos in potestate habetis, olim quidem, quidquid ad eos pervenerat (exceptis videlicet castrensibus peculiis), hoc parentibus suis adquirebant sine ulla distinctione: et hoc ita parentum fiebat, ut esset eis licentia, quod per unum vel unam eorum adquisitum est, alii vel extraneo donare vel vendere vel quocumque modo voluerant applicare. quod nobis inhumanum visum est et generali constitutione emissa et liberis pepercimus et patribus debitum reservavimus …* – Hauskinder beiderlei Geschlechts, die in eurer Hausgewalt stehen, erwarben früher alles, was sie erlangten, ohne irgendeinen Unterschied für ihre Hausväter (mit Ausnahme natürlich des militärischen Sonderguts). Und die Hausväter erwarben alles in der Art, dass es ihnen freistand, das durch

Besondere Rechtsfolgen zeitigt allein die dolose Einziehung. Darunter hat man sich eine *ademptio* vorzustellen, die der Gewalthaber in Kenntnis bestehender Pekuliarschulden und in der Absicht vornimmt, den aus der *actio de peculio* geschuldeten Betrag zu verringern; denn mit dem Umfang des *peculium* verringert sich gleichermaßen die maximal zu erlangende Urteilssumme. Um einem sodann missbräuchlichen Vorschützen der wertmäßigen Höchstgrenze zu begegnen, rechnen die Klassiker den Wert des arglistig Eingezogenen dem des Sonderguts hinzu[10]. Dabei schützen sie indessen nicht den Gewaltunterworfenen vor der Entziehung, sondern allein dessen Gläubiger[11]. Ist der Gewalthaber bei der *ademptio* frei von Arglist, so entzieht er rechtlich ungehindert die an sich genommenen Pekuliargegenstände nicht nur dem *subiectus*, sondern auch deren Wert dem Zugriff der Gläubiger[12].

Dass sich ein *paterfamilias* trotz alledem sozial gehalten sah, seinem Sohn das einmal gewährte Sondergut und damit die Grundlage seines wirtschaftlichen und gesellschaftlichen Fortkommens nicht ohne Grund wieder zu entreißen, ist keineswegs unwahrscheinlich. Auch die Annahme einer im historischen Verlauf schwindenden Zugriffsmöglichkeit des *paterfamilias* erscheint plausibel, wenn man die Sicht auf lange Entwicklungslinien erweitert, die sich beiderseits über die Klassik hinaus erstrecken. Dabei zeigt sich mit einer gewissen Kontinuität die erstarkende Vermögensfähigkeit der Gewaltunterworfenen[13]. Für die Klassik deshalb ein Zwischenstadium anzunehmen ist nicht abwegig, aber ebenso wenig als zutreffend erwiesen.

---

eines der Hauskinder Erworbene einem anderen oder einem Hausfremden zu schenken, zu verkaufen oder damit auf beliebige Weise zu verfahren. Dies erschien uns wenig menschlich, und wir haben durch Erlass einer allgemeinen Konstitution sowohl auf Hauskinder Rücksicht genommen als auch den Vätern das ihnen Gebührende bewahrt ... Die erwähnte Konstitution, C. 6, 61, 6 (a. 529), gewährt dem Hausvater den Nießbrauch.

10 Ulp. D. 15, 1, 21 pr. (29 *ad ed.*) *Summa cum ratione etiam hoc peculio praetor imputavit, quod dolo malo domini factum est, quo minus in peculio esset ...* – Mit vollem Recht hat der Prätor auch das zum Sondergut gerechnet, was sich aufgrund von Arglist des Eigentümers nicht mehr im Sondergut befindet ... Zur Formel oben, 108.

11 Vgl. Mela-Ulp. D. 15, 1, 21 pr. (29 *ad ed.*): *in necem creditorum.*

12 Die *actio de peculio* versagt, Ulp. D. 15, 3, 1, 1 (29 *ad ed.*) *Nec videtur frustra de in rem verso actio promissa, quasi sufficeret de peculio: rectissime enim Labeo dicit fieri posse, ut et in rem versum sit et cesset de peculio actio. quid enim si dominus peculium ademit sine dolo malo?* – Die Klage wegen Zuwendung in das Vermögen ist auch ersichtlich nicht überflüssigerweise verheißen worden, etwa weil die Klage wegen des Sonderguts ausreiche. Denn mit vollem Recht sagt Labeo, es könne vorkommen, dass etwas zwar einem Vermögen zugewendet worden ist und doch die Klage wegen des Sonderguts keine Anwendung findet. Was nämlich, wenn der Eigentümer [des Sklaven] das Sondergut ohne Arglist eingezogen hat?

13 Kaser II, 214 f.

Handelt es sich beim Pekulieninhaber nicht um einen Haussohn, sondern einen Sklaven, so wird der Gewalthaber gewiss nur schwächeren Zwängen unterlegen haben. Dass grundlose Grausamkeiten gegenüber Sklaven in der Republik durch den Zensor und später kaiserrechtlich sanktioniert werden konnten, ist bekannt[14]. Der Entzug eines Sonderguts bleibt hinter den so geahndeten Verhaltensweisen aber weit zurück.

Auch die mit Blick auf den Haussohn vorgebrachten Argumente verfangen überwiegend nur dann, wenn diesem das gesamte Sondergut entzogen würde. Der Entzug einer einzelnen Sache – also einer solchen, um die sein *peculium* gerade vermehrt ist – wird den Sohn regelmäßig nicht in wirtschaftliche oder soziale Bedrängnis gebracht haben.

Wenn die römischen Juristen in Fällen einer Vermehrung des Sonderguts dennoch keine Klage wegen einer Bereicherung des Gewalthabers erteilen, so sind die Gründe dafür womöglich nicht unter gesellschaftlichen Gepflogenheiten, sondern in rechtlichen Erwägungen zu suchen. In Betracht kommt insbesondere, dass die Juristen die *actio de peculio* für vorrangig erachten, solange sich ein Vermögenswert im Sondergut befand. Solange das Sondergut besteht und der Gewalthaber nicht darin eingreift, bleibt die *actio de peculio* zuständig. Insofern der Gewaltunterworfene etwas erlangt, ist zuvorderst er selbst Schuldner. Die Haftung des Gewalthabers für Schulden des *subiectus* soll nicht ausufern.

Der entscheidende Unterschied zwischen einer direkten Bereicherungsklage gegen den Gewalthaber und einer Sondergutsklage auf Auskehr einer Bereicherung des *peculium* besteht in der Person des Schuldners. Die *actio de peculio* zeichnet aus, dass eine den *subiectus* treffende Obligation zugrunde liegt und der Klage das Maß des (natural) Geschuldeten vorgibt. Erst im nächsten Schritt wird vermöge der *taxatio* der Wert dieses Leistungsgegenstands auf den Wertbetrag des Sonderguts bzw. den Betrag von dessen Vermehrung gekürzt. Das lässt sich am Beispiel der *actio de peculio* veranschaulichen, die aus Geschäften unmündiger Gewaltunterworfener erteilt wird und die – im Gegensatz zu ihren anderen Anwendungsfällen – bei Unmündigkeit auf die Vermehrung des Sonderguts begrenzt ist[15]. Man setze etwa den Fall, dass ein unmündiger Haussohn eine Toga im Wert von 100 zum Preis von 150 kauft und vom Verkäufer übergeben bekommt. Erhebt nun der Verkäufer die Verkäuferklage auf den Kaufpreis als *actio de peculio*, wird in deren *intentio* der unmündige Haussohn als Verpflichteter eingesetzt, wobei man dessen Verpflichtungsfähigkeit fingiert. Inhalt der *intentio* ist folglich der gesamte Kaufpreis von 150, wie ihn der Haussohn schulden würde, wenn er den Kaufvertrag als bereits Mündiger geschlossen hätte. Die *condemnatio* unterwirft sodann den

14 Kaser I, 285.

15 Dazu sogleich, 128 ff.

Hausvater der Verurteilung, indes nicht in Höhe des gesamten Kaufpreises, sondern vermittels *taxatio* beschränkt auf die Vermehrung des Sonderguts. Der klagende Verkäufer erhält vom Kaufpreis daher nur 100, den Wert der Toga, um welchen das Sondergut bereichert ist.

Eine direkte Bereicherungsklage gegen den Gewalthaber würde sogleich in der *intentio* diesen sowie seine Verpflichtung nennen, das Erlangte dem Kläger herauszugeben. Auf den Gewaltunterworfenen als Schuldner kann in der Formel verzichtet werden, wenn man den Gewalthaber selbst als verpflichtet ansieht, dem Verkäufer in unserem Beispielsfall dasjenige zu erstatten, was von diesem in das Vermögen des Gewalthabers gelangt ist. Nämliches ist etwa für die *condictio* vorstellbar. Sie ließe sich direkt gegen den Gewalthaber richten. Dem *dare oportere* der *intentio* unterfiele dabei nur dasjenige, was der Gewalthaber erlangt hat, d. h. die Toga. Die *condemnatio* beliefe sich auf deren Wert. Eine *condictio indebiti* dieser Gestalt würde etwa dann erteilt, wenn der Kaufvertrag aus einem anderen Grund als der Unmündigkeit des Haussohns unwirksam war, der Verkäufer also eine nicht geschuldete Toga geleistet hätte[16].

16 Vgl. etwa die *condictio* bei Afr. D. 19, 1, 30 pr. (8 *quaest.*), dazu unten, 291 ff.

§ 11. Einzelne Klagen auf die Auskehr der Vermehrung eines Sonderguts

I. Geschäfte unmündiger Pekulieninhaber

Der Gedanke einer eigenständigen Bereicherung des Sonderguts tritt selten hervor. Maßgeblich wird er für die adjektizische Haftung aber etwa dann, wenn es sich bei dem Gewaltunterworfenen, dessen Geschäftsgegner eine Sondergutsklage gegen den Gewalthaber anstellen will, um einen Unmündigen handelt. Unmündig (*impubes*) ist, wer noch nicht die Geschlechtsreife (*pubertas*) erreicht hat. Knaben gelten bis zur Vollendung des vierzehnten Lebensjahres[1], Mädchen bis zur Vollendung des zwölften Lebensjahres als *impuberes*. Kinder, die das siebte Lebensjahr noch nicht vollendet haben (*infantes*), sind im Rechtssinne handlungsunfähig und können weder deliktische noch rechtsgeschäftliche Obligationen begründen.

Dem Kindesalter entwachsene Unmündige (*impuberes infantia maiores*), die gewaltfrei (*sui iuris*) sind, können sich mit Zustimmung ihres Vormunds (*auctoritas tutoris*) wirksam verpflichten[2]. Fehlt es hingegen an der *auctoritas*, kann der Vertragspartner des Unmündigen nach älterem Recht nicht gegen diesen vorgehen[3]. Erst Kaiser Antoninus Pius (138–161) erteilt in einem Reskript dem Kontrahenten eine Klage, mit der er den Unmündigen[4] insoweit belangen kann, als dieser aus dem Geschäft bereichert ist[5]. Die kaiserliche Bestimmung verhilft der Geschäftsschuld des *impubes* dabei nicht zu ziviler Wirksamkeit. Vielmehr trifft den Unmündigen eine naturale Verpflichtung, für die eingegangene Schuld einzustehen, soweit seine Bereicherung hinreicht[6]. Diese Verpflichtung ist es, die vermöge des kaiserlichen Reskripts klagbar gemacht wird.

---

1 Dabei setzte sich die prokulianische Auffassung durch. Die Sabinianer kannten bei Knaben keine starre Altersgrenze, sondern beurteilten die Geschlechtsreife fallweise, Gai. 1, 196.

2 Geschäfte, die für den Unmündigen rechtlich vorteilhaft sind, kann er auch ohne das Vollwort des Tutors abschließen.

3 Es handelt sich um ein unklassisch so bezeichnetes *negotium claudicans*, ein hinkendes Geschäft, aus dem nur der Unmündige, nicht aber dessen Kontrahent berechtigt wird.

4 *Impuberes* können mit *auctoritas tutoris* selbst verklagt werden, Kaser/Hackl, 206 mit Fn. 20, unter Berufung auf UE 11, 24 u. 27.

5 Ulp. D. 26, 8, 5 pr.–1 (40 *ad Sab.*); D. 13, 6, 3 pr. (28 *ad ed.*); D. 3, 5, 3, 4 (10 *ad ed.*).

6 Ulp. D. 26, 8, 1 pr. (1 *ad Sab.*) … *divus Pius Antoninus rescripsit iure pupillam non teneri, sed in quantum locupletior facta est, dandam actionem* – … der vergöttlichte Kaiser Antoninus Pius hat

Insofern ähnelt die Geschäftsschuld des Unmündigen derjenigen des Sklaven. Auch dieser kann sich nicht nach *ius civile* verpflichten, sondern allein naturale Verpflichtungen auf sich ziehen[7]. Für die Zwecke der Sondergutsklage wird daher die Freiheit des Sklaven fingiert[8]. Der Klage wird diejenige Verpflichtung zugrunde gelegt, die den Sklaven träfe, wenn er ein Freier wäre (*si liber esset*)[9]. Diese fiktive Verpflichtung ist es, die der (naturale) Gläubiger des Sklaven mit der *actio de peculio* gegen dessen Herrn durchsetzt. Im Ergebnis wird also eine naturale Obligation klagbar gemacht, soweit das Sondergut des Sklaven reicht. Analog macht das Reskript des Antoninus Pius eine Naturalobligation des Unmündigen klagbar, soweit dessen Bereicherung reicht. Auch dabei ist mit einer Fiktion zu rechnen. Als Grundlage für eine Verurteilung taugt die zunächst unwirksame Verpflichtung des Unmündigen nur dann, wenn man deren Wirksamkeit unterstellt. Beim Sklaven fingierte man das Wirksamkeitshindernis seiner Unfreiheit hinfort. Vom Unmündigen ließ sich entsprechend fingieren, dass dieser bereits mündig sei (*si pubes esset*)[10].

Überschneidungen zwischen der Bereicherungsklage des Antoninus Pius und der Sondergutsklage ergeben sich, wenn ein Unmündiger Verträge schließt, der gewaltunterworfen ist. Vor diesem Hintergrund ist der folgende Satz Ulpians zu lesen[11]:

> D. 15, 1, 1, 4 (29 *ad ed.*)
>
> Si cum impubere filio familias vel servo contractum sit, ita dabitur in dominum vel patrem de peculio, si locupletius eorum peculium factum est.

---

auf Anfrage entschieden, die Unmündige hafte von Rechts wegen nicht, aber es sei eine Klage zu gewähren, soweit sie bereichert sei; D. 26, 8, 5 pr. (40 *ad Sab.*) … *non erit obligatus tutori: naturaliter tamen obligabitur in quantum locupletior factus est* – … wird [das Mündel] dem Vormund gegenüber nicht verpflichtet. Doch entsteht eine natürliche Verbindlichkeit, soweit das Mündel bereichert worden ist.

7 S. etwa Paul. D. 12, 6, 13 pr. (10 *ad Sab.*) *Naturaliter etiam servus obligatur* … – Natural wird auch ein Sklave verpflichtet … Nichtsdestoweniger sprechen die Juristen davon, dass der Sklave etwas schulde, Ulp. D. 15, 1, 41 (43 *ad Sab.*) *Nec servus quicquam debere potest nec servo potest deberi, sed cum eo verbo abutimur, factum magis demonstramus quam ad ius civile referimus obligationem.* – Weder kann ein Sklave etwas ‚schulden' noch kann einem Sklaven etwas ‚geschuldet' werden; vielmehr bezeichnen wir, wenn wir das Wort ‚schulden' hier im uneigentlichen Sinn gebrauchen, mehr ein tatsächliches Verhältnis und meinen nicht eine Verbindlichkeit des bürgerlichen Rechts.

8 Dazu bereits oben, 108.

9 Vgl. Lenel, EP, 261 f. mit Fn. 3 und die Nachweise dort.

10 Weiteres zur Formelgestaltung unten, 135 f.

11 Den Zusammenhang zum genannten *rescriptum divi Pii* stellt schon Faber her, Rationalia, Bd. 4 (3.2), 121; ebenso Brinkhof, Een studie over het peculium in het klassieke Romeinse recht, 186.

> Ist mit einem unmündigen Haussohn oder Sklaven[12] ein Vertrag geschlossen, so wird gegen den Eigentümer oder Hausvater die Sondergutsklage nur erteilt, wenn [und soweit[13]] ihr Sondergut bereichert ist.

Im Fragment D. 15, 1, 1 wendet sich Ulpian dem Ediktstitel zu, unter welchem die *actio de peculio*, die *actio de in rem verso* sowie die *actio quod iussu* versammelt sind. Den Regelungsbereich dieses Titels gibt der Prätor mit den einleitenden Worten vor, deren Auslegung Ulpian hier nachgeht: *Quod cum eo, qui in alterius potestate esset, negotium gestum erit*[14] – Wenn mit demjenigen, der in der Gewalt eines anderen steht, ein Geschäft abgeschlossen wird. Der Jurist erläutert zunächst, welche Personen von dem Wort *eo* erfasst sind[15], welche Gewaltunterworfenen also unter die prätorische Verheißung fallen.

In unserer Quelle beantwortet Ulpian alsdann die Frage, ob jemandem die Sondergutsklage zu gewähren ist, der mit einem gewaltunterworfenen *impubes* einen Vertrag abgeschlossen hat. Dem Vertragspartner des unmündigen Haussohns oder Sklaven werde gegen den Vater oder Herrn eine Klage auf den Betrag erteilt, um den das Sondergut bereichert worden sei[16]. Wer mit einem unmündigen Gewaltunterworfenen kontrahiert, kann aus der naturalen Geschäftsschuld des *subiectus*

---

12 Die neue deutsche Übersetzung hat: „mit einem unmündigen Haussohn oder einem Sklaven", bezieht also *impubere* allein auf den Haussohn. Versteht man den Text so, würde die *actio de peculio* aus Geschäften eines Sklaven niemals das gesamte Sondergut, sondern stets allein dessen Bereicherung erfassen. Dafür bieten unsere übrigen Quellen keinen Anhalt, s. etwa Gai. 4, 72 ff., der Haussohn und Sklave gleich behandelt. Vielmehr ist davon auszugehen, dass Ulpian von einem unmündigen Sklaven spricht. Eine Wiederholung von *impubere* ist dabei nicht zu erwarten.

13 Vgl. Diocletianus/Maximianus C. 4, 26, 11 (a. 294). *Cum ancilla contrahenti, quam iure non obligari constat, adversus dominum in quantum locupletius eius peculium factum est ea superstite ac post mortem intra utilem annum dandam actionem non ambigitur.* – Jemandem, der mit einer [unmündigen] Sklavin einen Vertrag schließt, die sich rechtlich bekanntlich nicht verpflichten kann, wird zweifellos gegen den Herrn eine Klage insoweit gegeben, als ihr Sondergut bereichert ist, solange sie lebt und nach ihrem Tod innerhalb des [zur Rechtsverfolgung] dienlichen Jahres.

14 So wiedergegeben von Ulpian im selben Fragment, § 2.

15 Dazu zählen, ungeachtet des maskulinen Geschlechts dieses Pronomens, auch die weiblichen Gewaltunterworfenen, wie der unmittelbar voraufgehende § 3 besagt: *De eo loquitur, non de ea: sed tamen et ob eam quae est feminini sexus dabitur ex hoc edicto actio.*

16 Verdächtigt hat diese Begrenzung, wie überall, Albertario, Responsabilità fino al limite dell'arricchimento nell'actio tributoria e nell'actio de peculio, Studi IV, Mailand 1946, 289–320, 297 = RIL 46 (1913), 340 ff., 346. Rein sprachlichen Anstoß nimmt er hier am Gebrauch von *ita*, dabei ist die Konstruktion *ita …, si* für Ulpian nicht außergewöhnlich. In Verbindung mit *locupletior* begegnet sie zweimal allein im unverdächtigen Fragment Ulp. D. 5, 3, 23 pr. (15 *ad ed.*). Auch die von Albertario beanstandete Auslassung von *actio* vor *de peculio* kann keine inhaltliche Änderung erweisen. Für Echtheit daher zu Recht bereits Levy, Konkurrenz I, 450 Fn. 7; Micolier, Pécule et Capacité Patrimoniale, Lyon 1932, 662 Fn. 23.

also dann vorgehen, wenn dieser über ein *peculium* verfügt, und zwar insoweit, als dieses Sondergut infolge des Geschäfts vermehrt ist.

Die knappe Äußerung Ulpians wirft mehrere Fragen auf: Zunächst überrascht, dass ein Unmündiger mit einem Sondergut ausgestattet sein kann (1). Sodann fragt sich, weshalb die Überlassung eines *peculium* nicht hinreicht, eine reguläre Sondergutsklage zu rechtfertigen, die auf den Gesamtwert des Sonderguts und nicht allein auf dessen Bereicherung beschränkt wäre (2). Schließlich ist erklärungsbedürftig, wie sich das Streitprogramm für die von Ulpian bezeichnete Klage im Formularverfahren konzipieren ließ (3).

1. Unmündige Sondergutsinhaber

Obschon *eorum* sich sprachlich auch auf *dominus* und *pater* beziehen könnte, ist unzweifelhaft das *peculium* des Gewaltunterworfenen gemeint, denn ein *paterfamilias* ist niemals Inhaber eines Sonderguts[17]. Dass auch Unmündige mit einem Sondergut bedacht werden können, war jedenfalls seit dem ersten Jahrhundert anerkannt[18]. Weshalb aber sollte ein Gewalthaber von dieser Möglichkeit Gebrauch machen? Meist wird das *peculium* als Vermögensmasse betrachtet, die einen *subiectus* befähigt, am Geschäftsverkehr teilzunehmen. Warum ein *paterfamilias* diese Befugnis einem Unmündigen einräumen sollte, erschließt sich insofern nicht ohne weiteres.

Wir werden uns der Frage unter einem anderen Blickwinkel nähern müssen: Zuvorderst findet die Verleihung eines Sonderguts im Innenverhältnis zwischen Gewalthaber und *subiectus* statt[19]. Dass man daran auch im Außenverhältnis Rechtsfolgen knüpft, steht dem nicht entgegen. Die Rechtsmacht des *subiectus*, seinen Gewalthaber in den Grenzen der adjektizischen Klagen zu verpflichten, ergibt sich gleichsam als Reflex aus der Gewährung eines Sonderguts. Dem *subiectus* diese Rechtsmacht zu verleihen muss dabei jedoch nicht das (vorrangige) Anliegen des Gewalthabers sein.

Denkbar ist vielmehr, dass ein erzieherischer Zweck im Vordergrund steht. Der etymologischen Ableitung von *pecus* (Vieh)[20] gemäß wird man sich unter dem *peculium* zunächst einen kleinen Viehbestand vorstellen dürfen. Dessen Bewirtschaftung

---

17 So derselbe Ulpian, D. 50, 16, 182 (27 *ad ed.*) *Pater familias liber „peculium" non potest habere, quemadmodum nec servus „bona".*

18 Ulp. D. 15, 1, 7, 3 (29 *ad ed.*) beruft sich auf Pedius.

19 Das betont zu Recht Guarino, Diritto privato romano, 544. Vgl. Ulp. D. 15, 1, 5, 4 (29 *ad ed.*) *Peculium autem Tubero quidem sic definit, ut Celsus libro sexto digestorum refert, quod servus domini permissu separatum a rationibus dominicis habet …*

20 Varro de re rustica 1, 2, 17; 1, 17, 5 u. 7; Kaser I, 64 Fn. 38 weist außerdem auf Plaut. Asin. 540 f. hin: *Etiam opilio qui pascit, mater, alienas ouis, | Aliquam habet peculiarem, qui spem soletur suam.* –

soll der Gewaltunterworfene erlernen, einst mutmaßlich nach dem Vorbild des Hausvaters. Das bedeutet zunächst, dass er für die Tiere insofern Verantwortung übernimmt, dass er sie am Leben erhält, sie aus den Beständen des *paterfamilias* oder aus dem Gemeingut (Flüssen und Weiden) ernährt. Als Ansporn stellt ihm der *paterfamilias* in Aussicht, dass er Gewinne, die sich mithilfe des Viehs erwirtschaften lassen, behalten dürfe. Dafür muss der *subiectus* nicht unmittelbar in rechtsgeschäftlichen Austausch mit Dritten eintreten. Die Veräußerung von Tieren oder Tierprodukten kann der Gewalthaber besorgen und allein den Erlös für den *subiectus* zur Seite legen. Ein Kind – ob frei oder unfrei – kann so nach und nach an das eigenständige Wirtschaften herangeführt werden. Was für die Viehwirtschaft gilt, lässt sich entsprechend auch von Ackerbau und Handwerk sagen.

2. Geschäftsschulden des unmündigen Sondergutsinhabers

Wiewohl so einsichtig wird, welche Motive einen *paterfamilias* bewogen haben mögen, einem Unmündigen ein Sondergut zu bestellen, bleibt unklar, weshalb die Wirkungen im Außenverhältnis nicht die gewöhnlichen sind. Anders als bei einer regulären Sondergutsklage wird dem Geschäftsgegner eines unmündigen *subiectus* nicht der Zugriff auf den Gesamtwert des Sonderguts gestattet. Er kann nur verlangen, dass ihm die Bereicherung des *peculium* herausgegeben werde. Dem Mechanismus der *actio de peculio* entsprechend wird diese Äußerung Ulpians erst verständlich, wenn man danach fragt, inwiefern der unmündige Haussohn, so er denn gewaltfrei wäre, oder der unmündige Sklave, so er *liber* und gewaltfrei wäre, sich selbst verpflichten könnte. Allgemein gilt: Nur soweit eine gewaltfreie Person Obligationen auf sich ziehen könnte, lässt sich mit der Sondergutsklage eine entsprechende Haftung des Gewalthabers herleiten. Entscheidend ist hier also, inwieweit sich unmündige Personen *sui iuris* verpflichten können[21].

Als Vorbild für die von Ulpian benannte Sondergutsklage kommt nur die Bereicherungsklage des Antoninus Pius in Betracht. Diese Regelung gilt für Geschäfte, die ein Unmündiger ohne *auctoritas* seines Tutors abschließt. Von einem Tutor kann hier freilich keine Rede sein. An dessen Stelle tritt wahrscheinlich der *paterfamilias*[22], der mit seiner Einwilligung über die mangelnde Verpflichtungsfähigkeit des unmündigen Gewaltunterworfenen hinweghelfen kann[23]. Erteilt er seine

---

Auch der Schäfer, Mutter, der die fremden Schafe weidet, hat ein ganz eigenes, auf das er Trost und Hoffen setzen kann. Übersetzung nach Rau, Plautus, Komodien, Bd. I, 153.

21 Ähnlich schon Faber, Rationalia, Bd. 4 (3.2), 121.

22 Vgl. Mod. D. 4, 4, 29 pr. (2 *resp.*): *patre eodemque tutore.* Der Vater ist hier zugleich Vormund.

23 So schon Rudorff, Das Recht der Vormundschaft, Bd. I, 172 f. Das vermutet auch Garbarino, „*Senatores in annis minoribus constituit*" e „*usurae*". Contributo all'esegesi di CTh. 2, 33, 3, BIDR 91 (1988), 337–359, 352 Fn. 55. Nicht die Zustimmung zu einem einzelnen Geschäft, sondern die Einräumung

Einwilligung zu dem Geschäft des *subiectus* nicht, so kann dessen Kontrahent die *actio de peculio* zwar dennoch anstrengen. Die höchstmögliche Urteilssumme wird indes nicht wie üblich durch den (gesamten) Wertbetrag des Sonderguts bestimmt, sondern durch den Betrag, um den das *peculium* aus dem Geschäft bereichert worden ist. Die von Antoninus Pius geschaffene Klage richtet sich so nun als adjektizische gegen den Gewalthaber des unmündigen Pekulieninhabers. Beim gewaltfreien Unmündigen erfasst sie die Vermehrung seines Vermögens, für den unmündigen *subiectus* wird sie folgerichtig auf das Sondergut als dessen Quasivermögen[24] bezogen.

Niederländer verdächtigt die Haftungsbeschränkung in unserem Text als unklassisch. Er will in der Einräumung eines Sonderguts (*concessio peculii*) die allgemeine Erklärung des Gewalthabers erblicken, dass er für alle Geschäftsschulden des *subiectus* bis zum Gesamtwert des Sonderguts einstehen werde[25]. Da es dem Gewalthaber freistehe, dem *subiectus* kein Sondergut zu verleihen und sich damit vor adjektizischer Inanspruchnahme zu bewahren, bedürfe er keines Schutzes. Eine Begrenzung der Pekuliarhaftung sei für die Klassik daher „höchst unwahrscheinlich"[26]. Zwar kann man der *concessio peculii* mit Niederländer durchaus die Wirkung einer generellen Haftungsübernahme verleihen: Der Gewalthaber nimmt es auf sich, für *wirksam begründete* Geschäftsschulden des *subiectus* in den Grenzen des Sonderguts zu haften. Doch ginge es zu weit, auch die zur wirksamen Begründung dieser Obligationen erforderliche *auctoritas* für jedwedes künftige Geschäft darin enthalten zu sehen. Anders gewendet: Mit der *concessio peculii* verleiht der Gewalthaber seinem unmündigen *subiectus* die (faktische) Vermögensfähigkeit, nicht aber die unbeschränkte Geschäftsfähigkeit.

Selbst einem mündigen *subiectus* räumt der *paterfamilias* keine uneingeschränkte Rechtsmacht ein. Für onerose Verfügungen bedarf der Pekulieninhaber, dem nicht die *libera administratio* eigens konzediert worden ist, weiterhin der Zustimmung des

---

eines Sonderguts meint Ulp. D. 15, 1, 7, 3 (29 *ad ed.*) *Pupillum autem tam filium quam servum peculium habere posse Pedius libro quinto decimo scribit, cum in hoc, inquit, totum ex domini constitutione pendeat …* – Dass aber ein Unmündiger, sei er Haussohn oder Sklave, ein Sondergut haben könne, schreibt Pedius im 15. Buch [zum Edikt]; denn hierbei, sagt er, hänge alles von der Entscheidung des Eigentümers ab …

24 Vgl. Ulp. D. 15, 1, 19, 1 (29 *ad ed.*): *velut patrimonium*; Paul. D. 15, 1, 47, 6 (4 *ad Plaut.*) … *quasi patrimonium liberi hominis peculium servi intellegitur.* Mandry, Familiengüterrecht, Bd. 2, 6 Fn. 1 und passim, betont den Charakter des *peculium* als „Quasi-patrimonium" des Gewaltunterworfenen; so auch Buti, Studi sulla capacità patrimoniale dei ‚servi', 11 ff.

25 Ähnlich Wieling, Die Unsterblichkeit der Versionsklage und die heutige Rechtsanwendung, in: Hadding (Hrsg.), Festgabe Zivilrechtslehrer 1934/1935, 683–710, 686: „generelle Einwilligung in alle Geschäfte, die das peculium betrafen".

26 Niederländer, Bereicherungshaftung, 108 f. Fn. 69.

Gewalthabers[27]. Die *concessio peculii* schließt also nicht aus, dass gewisse Geschäfte einen weiteren Willensakt des Gewalthabers erfordern. Nämliches dürfte für solche Geschäfte gelten, die der unmündige *subiectus* auch als Gewaltfreier nicht ohne *auctoritas* des Vormunds vornehmen könnte.

Dass ein gewaltunterworfener Unmündiger nicht bereits durch Bestellung eines Sonderguts uneingeschränkt geschäftsfähig wird, verdeutlicht ein Blick auf die Gruppe der Mündigen unter 25 Jahren (*minores viginti quique annis*). Diese haben die *pubertas* (mit vierzehn bzw. zwölf Jahren) erreicht und können eigenständig Verpflichtungen eingehen. Ist ein *minor* gewaltfrei, haftet er selbst und in voller Höhe. Ist er gewaltunterworfen, wird dem Geschäftsgegner gegen den Gewalthaber die *actio de peculio* erteilt, ohne Beschränkung auf die Bereicherung des Sonderguts. Hat der *minor* indessen aus Unerfahrenheit oder weil er von seinem Geschäftsgegner übervorteilt wurde, ein nachteiliges Geschäft abgeschlossen, so gewährt ihm der Prätor die Wiedereinsetzung in den vorigen Stand (*in integrum restitutio*). Dieser Schutz wird sowohl dem gewaltfreien *minor* als auch dem gewaltunterworfenen mit *peculium* zuteil[28]. Die Verleihung eines Sonderguts führt also selbst beim *minor*, d. h. einem mündigen *subiectus*, nicht dazu, dass seine Handlungsfähigkeit weiter reichte als die seines gewaltfreien Altersgenossen. Erst eine Einzelermächtigung oder die generelle *libera administratio* schließt die Wiedereinsetzung aus[29]. Wäre dem anders, so käme die *concessio peculii* in ihren Folgen einer Verleihung uneingeschränkter Handlungsfähigkeit gleich. Für die Zeit vor der erwähnten Konstitution des Antoninus Pius gelangte man zu der wenig plausiblen Rechtslage, dass ein gewaltfreier Unmündiger ohne *auctoritas tutoris* rechtsgeschäftlich keinerlei Verpflichtung auf sich ziehen könnte, während ein gewaltunterworfener mit *peculium* in der Lage wäre, sich beliebig und *in solidum* zu obligieren[30].

---

27 Dazu Wacke, Die *libera administratio peculii* (Fn. 4), 259–269 unter Verweis auf Flor. D. 46, 2, 16 (8 *inst.*) u. weitere. Dem lässt sich hinzusetzen Paul. D. 13, 7, 18, 4 (29 *ad ed.*) *Servus rem peculiarem si pignori dederit, tuendum est, si liberam peculii administrationem habuit: nam et alienare eas res potest.* – Wenn ein Sklave eine Sache des Sonderguts verpfändet hat, so ist dieses Geschäft anzuerkennen, sofern der Sklave das Sondergut zu freier Verwaltung hatte; denn dann kann er die Sachen des Sonderguts sogar veräußern.

28 Jedenfalls dann, wenn er ein eigenes Interesse an der Wiedereinsetzung hat, Ulp. D. 4, 4, 3, 4 (11 *ad ed.*). Strittig war dies offenbar allein deshalb, weil die *restitutio* als Reflex auch dem *paterfamilias* zugutekomme, und nicht etwa, weil man annahm, der minderjährige Sondergutsinhaber sei geschäftsfähig.

29 Ulp. D. 4, 4, 3, 11 (11 *ad ed.*). *Rem committere* meint hier die Anweisung durch den *dominus*, der Sklave solle Geschäfte des Herrn übernehmen, vgl. *committere sua negotia* sowie die beigefügte Begründung bei Paul h. t. 23 (11 *ad ed.*).

30 Nichts anderes ergibt sich aus Stellen zur *actio institoria*, die dem Geschäftsherrn verwehren, sich auf die Unmündigkeit des *institor* zu berufen: Ulp. D. 14, 3, 7, 2 (*ad ed.*) *Pupillus autem institor*

Ausgehend von der vorherigen Rechtslage wird auch ersichtlich, dass die mit dem genannten Reskript geschaffene Klage nicht dem Schutz Unmündiger diente, sondern diese im Gegenteil erstmals überhaupt aus ihren Geschäften haften ließ. Die Auffassung Niederländers, dem Herrn werde Schutz zuteil, dessen er nicht bedürfe, sieht über diese Entwicklung hinweg. Der Herr erhält keine Vergünstigung, sondern es wird die nunmehr strengere Mündelhaftung auch auf das Handeln der ihm Unterworfenen erstreckt. Abgesehen von der Person des Beklagten sowie der beschränkten Verurteilungsermächtigung, entspricht auch für den Fall unmündiger Sondergutsinhaber die adjektizische der gegen Vermögensfähige zu erteilenden Klage. Die von Ulpian genannte Klage entspricht derjenigen aus dem Reskript des Antoninus Pius. Die Sondergutsklage *in quantum locupletius peculium factum est* ergibt sich insofern aus einer konsequenten Anwendung der für die *actio de peculio* geltenden Regeln und darf auch daher als klassisch erachtet werden[31].

3. Zur Formelkonzeption

Wie wir sahen, folgt die Sondergutsklage in unserem Ulpianfragment der Bereicherungsklage aus dem Reskript des Antoninus Pius. Ein Versuch, die Formel für jene zu rekonstruieren, muss also von der Konzeption ausgehen, wie sie bei dieser stattfand. Gegen den Unmündigen *sui iuris*[32] wurde wohl eine *actio utilis* auf Grundlage der jeweils einschlägigen Vertragsklage erteilt[33]. Von einem Unmündigen ohne Vollwort des Gewalthabers geschlossen, wäre ein Vertrag indes unwirksam und der Beklagte sogleich freizusprechen. Daher wird die Verpflichtungsfähigkeit des Unmündigen fingiert worden sein. Denkbar wäre die Fiktion der Mündigkeit (*si pubes esset*[34]) oder

---

obligat eum, qui eum praeposuit, institoria actione, quoniam sibi imputare debet, qui eum praeposuit. – Ist ein Mündel Geschäftsleiter, so verpflichtet es den, der es bestellt hat, aufgrund der Geschäftsleiterklage, weil, wer ein Mündel bestellt hat, sich dies zurechnen lassen muss. – Mit der *praepositio* erhält der *institor* die Rechtsmacht, den Geschäftsherrn *in solidum* zu verpflichten. Er wird in dessen Interesse als dessen Agent tätig. Eine eigene Verpflichtung des *institor* tritt demgegenüber in den Hintergrund. Er führt gewissermaßen ein „Fremdgeschäft", bei der *actio de peculio* hingegen ein eigenes.

31 Keine Zweifel an der Echtheit äußern auch Wacke, IURA 42 (1991), 43–95, 55 f.; Brinkhof, *peculium*, 186; Chiusi, Die *actio de in rem verso* im römischen Recht, 76 f.

32 Ulp. D. 26, 8, 5 pr. (40 *ad Sab.*) a. E.: *in pupillum non tantum tutori, verum cuivis actionem in quantum locupletior factus est dandam divus Pius rescripsit.*

33 Ulp. D. 13, 6, 3 pr. (28 *ad ed.*) *Sed mihi videtur, si locupletior pupillus factus sit, dandam utilem commodati actionem secundum divi Pii rescriptum.* – Ich halte es aber für richtig, dass, sofern das Mündel bereichert ist, nach dem Reskript des vergöttlichten Kaisers Antoninus Pius eine analoge Klage aus Leihe zu gewähren ist.

34 Niederländer, Bereicherungshaftung, 110 f.

aber der erteilen Zustimmung (*si patre/domino auctore emisset*[35]). Überdies ist die *condemnatio* der so gewonnenen fiktizischen Klage auf die Bereicherung zu begrenzen[36] (*quanto N^{s} N^{s} locupletior factus est*[37]).

Hat etwa der Kläger dem unmündigen Beklagten *sui iuris* eine Toga verkauft, so könnte die von der *actio venditi* abgeleitete Formel näherungsweise wie folgt gelautet haben:

> Quod A^{us} A^{us} N^{o} N^{o}, qui in tutela est, togam vendidit, qua de re agitur, quidquid ob eam rem N^{um} N^{um}, si pubes esset, A^{o} A^{o} dare facere oporteret ex fide bona, quanto N^{s} N^{s} locupletior factus est eius iudex N^{um} N^{um} A^{o} A^{o} c. s. n. p. a.
>
> Was das betrifft, dass der Kläger dem Beklagten, der unter Vormundschaft steht, die Toga verkauft hat, um die es hier geht, verurteile, Richter, den Beklagten dem Kläger in all das, was der Beklagte, so er mündig wäre, dem Kläger deswegen nach Treu und Glauben zu leisten verpflichtet wäre, soweit der Beklagte bereichert ist; wenn es sich nicht erweist, sprich frei![38]

Diese Klage lässt sich nun unter Umstellung der Subjekte gegen den *paterfamilias* wenden. In der *condemnatio* wird also nicht der vertraglich verpflichtete Sohn oder Sklave, sondern dessen Gewalthaber genannt. Ist der soeben erwähnte Käufer ein unmündiger Haussohn, so wäre folgende Fassung möglich:

> Quod A^{us} A^{us} Gaio, qui impubes et in potestate N^{i} N^{i} est, togam vendidit, qua de re agitur, quidquid ob eam rem Gaium, si pubes esset, A^{o} A^{o} dare facere oporteret ex fide bona, quanto peculium locupletius factum est[39] eius iudex N^{um} N^{um} A^{o} A^{o} c. s. n. p. a.
>
> Was das betrifft, dass der Kläger dem Gaius, der unmündig ist und in der Hausgewalt des Beklagten steht, die Toga verkauft hat, um die es hier geht, verurteile, Richter, den Beklagten dem Kläger in all das, was Gaius, so er mündig wäre, dem Kläger deswegen nach Treu und Glauben zu leisten verpflichtet wäre, soweit das Sonderguts bereichert ist; wenn es sich nicht erweist, sprich frei![40]

---

35 Vgl. Kaser, Rez. L. Labruna, Rescriptum divi Pii, Gli atti del pupillo sine tutoris auctoritate, SZ 80 (1963), 491–501, 495 Fn. 17. S. auch oben, Fn. 22.

36 Labruna, Rescriptum divi Pii, Gli atti del pupillo sine tutoris auctoritate, 181.

37 Vgl. zur Formelrekonstruktion Niederländer, Bereicherungshaftung, 110 f.

38 Formel und Übersetzung mit Anleihen bei KKL § 60 Rn. 5 u. 11.

39 Ein Zusatz der üblichen Dolusklausel (*et si quid dolo malo N^{i} N^{i} factum est quo minus in peculio esset*) erscheint überflüssig, da die einmal eingetretene Bereicherung des *peculium* von einer späteren Entnahme unabhängig ist.

40 Formel und Übersetzung in Anlehnung an KKL § 60 Rn. 5 u. 11.

Beim unmündigen Sklaven tritt als weitere Fiktion die seiner Freiheit hinzu:

> Quod A^{us} A^{us} Sticho, qui impubes et in potestate N^{i} N^{i} est, togam vendidit, qua de re agitur, quidquid ob eam rem Stichum, si pubes esset liberque ex iure Quiritium, A^{o} A^{o} dare facere oporteret ex fide bona, quanto peculium locupletius factum est eius iudex N^{um} N^{um} A^{o} A^{o} c. s. n. p. a.

> Was das betrifft, dass der Kläger dem Stichus, der unmündig ist und in der Hausgewalt des Beklagten steht, die Toga verkauft hat, um die es hier geht, verurteile, Richter, den Beklagten dem Kläger in all das, was Stichus, so er mündig sowie nach dem Recht der Quiriten frei wäre, dem Kläger deswegen nach Treu und Glauben zu leisten verpflichtet wäre, soweit das Sondergut bereichert ist; wenn es sich nicht erweist, sprich frei![41]

Bei der Fassung der *taxatio*, die bei der direkten Klage gegen den Unmündigen *sui iuris* auf dessen Bereicherung gestellt war, tritt an die Stelle des Beklagten das Sondergut des *subiectus*. Plausibel erscheint eine solche Umstellung nicht allein wegen der Formulierung Ulpians, sondern auch, weil das Adjektiv *locupletior* in den juristischen Quellen fast ausnahmslos[42] gewaltfreien Personen oder aber einem *peculium*[43] beigefügt wird[44]. Da weder der Haussohn noch der Sklave Rechte am eigenen Sondergut haben, kann nur von einer Bereicherung des ihnen zugeteilten „Kontos" im Gesamtvermögen des Gewalthabers gesprochen werden.

4. Zwischenfazit

Indem er auf eine Bereicherung des Sonderguts abstellt, trifft Ulpian keine Aussage darüber, ob der Gewalthaber selbst bereichert ist oder nicht. Die Formulierung *si locupletius peculium factum est* ist lediglich eine der Sondergutsklage entsprechende Fassung von *si locupletior pupillus factus est*[45]. Die von Antoninus Pius gewährte

41 Angelehnt an KKL § 60 Rn. 5 u. 11.

42 Ein einziges Mal wird in Paul. D. 4, 4, 34 pr. (1 *sent.*) = PS 1, 9, 4a ein *filiusfamilias* als potentiell *locupletior* bezeichnet. Die zitierten Paulussentenzen wurden indes nicht vom namensgebenden Spätklassiker, sondern erst um 295 verfasst und sind für die Klassik nicht aussagekräftig, Liebs, HLL 5 (1989), § 507.1.

43 Ebenso wie anderen Vermögen, etwa einer Erbschaft, siehe u. a. Gai. D. 4, 3, 26 (4 *ad ed. provinc.*); Paul. D. 10, 4, 12, 6 (26 *ad ed.*); Ulp. D. 35, 2, 43 (19 *ad ed.*).

44 So ist es auch zu verstehen, wenn Bartolus sich selbst korrigiert: „*Ex contractu servi vel filiifamilias, minoris pater, vel dominus, non conveniuntur, nisi inquantum locupletiores facti sunt. vel ut verius dicam, nisi inquantum locupletatum est peculium*". Im Folgenden setzt er hingegen die Bereicherung des *peculium* mit der des Herrn gleich, so etwa bei D. 15, 1, 3, 12.

45 Vgl. Ulp. D. 3, 5, 3, 4 (10 *ad ed.*).

Bereicherungsklage wird als adjektizische gegen den Gewalthaber des unmündigen Kontrahenten gerichtet. Im Ergebnis soll der Kläger weitestgehend so gestellt werden, als habe er den Vertrag mit einer unmündigen Person *sui iuris* geschlossen, deren Vermögen um denselben Wert bereichert ist wie das *peculium* seines tatsächlichen Schuldners. Eine Bereicherung des Gewalthabers ist dabei ohne Belang[46].

Dennoch dürfen wir der Stelle entnehmen, dass die Spätklassiker zwischen einer Bereicherung des Gewalthabers und einer solchen des Sonderguts zu unterscheiden wussten. Da Ulpian von etwas Unumstrittenen, geradezu Selbstverständlichen zu sprechen scheint[47], könnte diese Differenzierung auch weiter zurückreichen. Stimmt aber die Annahme über ihr mutmaßliches Vorbild, so ist die hier begegnende Pekuliarhaftung in den Grenzen der Bereicherung nicht älter als die Regierungszeit des Antoninus Pius, also kaum vor der Mitte des zweiten Jahrhunderts anzusetzen.

Mindestens für die Spätklassik belegt die Quelle aber, dass *peculium* und *patrimonium* bei der Frage nach einer Bereicherung getrennt betrachtet werden können. Für die Nachklassik bestätigt dies eine Konstitution der Kaiser Diokletian und Maximian, die den Parallelfall einer unmündigen Sklavin entscheidet[48].

II. Bereicherung um ein *peculium*?

Nicht von einer Bereicherung *des* Sonderguts, sondern der Bereicherung *um* ein Sondergut scheint zu handeln

> Paul. D. 14, 3, 17, 4–5 (30 *ad ed.*)
> Proculus ait, si denuntiavero tibi, ne servo a me praeposito crederes, exceptionem dandam: „si ille illi non denuntiaverit, ne illi servo crederet". sed si ex eo contractu peculium habeat aut in rem meam versum sit nec velim quo locupletior sim solvere, replicari de dolo malo oportet: nam videri me dolum malum facere, qui ex aliena iactura lucrum quaeram. § 5. Ex hac causa etiam condici posse verum est.

Wenn ich dir, sagt Proculus, untersagt habe, einem von mir angestellten Sklaven Darlehen zu gewähren, muss die Einrede „Wenn er ihm nicht untersagt hat, dem Sklaven Darlehen zu gewähren" erteilt werden. Erlangt der Sklave aber aufgrund dieses Vertrages ein Sondergut oder ist etwas meinem Vermögen zugewendet worden und will ich das nicht

46 Etwas anderes mag gelten, wenn der Unmündige das Erlangte dem Vermögen des *paterfamilias* zuwendet und so den Tatbestand der *actio de in rem verso* erfüllt. Zu dieser Eventualität äußert sich Ulpian hier jedoch nicht.

47 Vgl. Kaser, SZ 80 (1963), 493 f.

48 C. 4, 26, 11 (a. 294), s. oben, Fn. 13.

leisten, um was ich bereichert bin, so ist die Replik der Arglist geboten. Mein Handeln erscheint nämlich arglistig, da ich mir aus dem Schaden eines anderen einen Gewinn zu verschaffen suche. § 5. Richtig ist, dass aus diesem Grund auch kondiziert werden kann.

Ego hat einen seiner Sklaven durch Einsetzung (*praepositio*) zum Geschäftsleiter (*institor*) eines Handels- oder Gewerbebetriebs bestellt. Aus Geschäften, die der Sklave als *institor* im Rahmen der ihm erteilten *praepositio* eingeht, wird daher gegen *ego* als Geschäftsherrn die Geschäftsleiterklage (*actio institoria*) gegeben. Mit ihr kann der jeweilige Kontrahent des Geschäftsleiters die gesamte Schuld einklagen, d.h. der Geschäftsherr haftet *in solidum*[49].

Der Geschäftsherr *ego* hatte hier dem *tu* untersagt, seinem Sklaven Darlehen zu gewähren. Entgegen der Untersagung (*denuntiatio*) hat *tu* sodann dem Sklaven dennoch kreditiert und verlangt nun mit der *actio institoria*[50] die Rückzahlung des Darlehens. Gegen diese Klage gewährt der Frühklassiker Proculus eine Einrede, die auf die Untersagung gestützt wird. Habe aber der Sklave aufgrund des Vertrags ein *peculium* erlangt oder etwas in das Vermögen von *ego* verwendet, so müsse eine Replik der Arglist (*replicatio doli*) erteilt werden. Diese Replik stützt sich darauf, dass der Beklagte *ego* die Herausgabe seiner Bereicherung zum Nachteil des Klägers *tu* verweigert. Außer mit der *actio institoria*, so Paulus schließlich, könne *tu* auch mit der *condictio* vorgehen.

Soweit das geliehene Geld dem Herrenvermögen zugewendet wurde, die Replik also an einer Vermehrung des *patrimonium* anknüpft, leuchtet es sogleich ein, dass *ego* als bereichert bezeichnet wird. Weniger einsichtig ist dies mit Blick auf die erstgenannte Variante, dass nämlich der Sklave infolge des Vertrags ein *peculium* in Händen hält.

1. *Ex contractu peculium habere*

Die Formulierung *ex eo contractu peculium habeat*, die im *Corpus iuris* kein zweites Mal auftaucht, hat besondere Skepsis hervorgerufen. Mommsen zog in Betracht, dass die Bezugnahme auf den Vertrag irrig verschoben worden und richtigerweise dem *in rem versum* zuzuordnen sein könnte: *sed si peculium habeat aut in rem meam versum sit ex eo contractu*[51] ... – hat der Sklave aber ein Sondergut oder ist

49 Kaser I, 608.

50 Das entspricht nicht allein den einschlägigen Begriffen *praeponere* und *denuntiare*, sondern auch dem kompilatorischen sowie palingenetischen Zusammenhang, Lenel, Pal. I, 1024 f. Das gesamte Fragment D. 14, 3, 17 gilt der Geschäftsleiterklage.

51 Ed. maior, 426; ebenso Bremer, Iurisprudentiae antehadrianae quae supersunt, Bd. II 2, 170. Die Umstellung übernimmt v. Tuhr, Actio de in rem verso, Zugleich ein Beitrag zur Lehre von der Geschäftsführung, 247.

etwas aufgrund dieses Vertrages meinem Vermögen zugewendet worden ... Da die Basiliken den überlieferten Wortlaut der Digesten indes bestätigen[52], sah er von einer Emendation ab[53]. Überdies ist die von Mommsen erwogene alternative Formulierung eines *ex contractu vertere in rem* unseren Quellen ebenfalls unbekannt.

Eine Textverderbnis ist damit nicht ausgeschlossen und auch in der Folge mit einiger Regelmäßigkeit behauptet worden. Anstoß hat man insbesondere darum genommen, weil ein Sondergut nicht ohne einen Akt der Einräumung durch den Gewalthaber entstehen könne[54]. Erforderlich sei eine ausdrückliche Verleihung (*concessio*) oder wenigstens das bewusste Absehen von einer Einziehung (*ademptio*)[55]. Auch wenn man darauf verzichte, könne ein *peculium* zumindest nicht das Produkt eines Vertrags sein[56]. Die daran anknüpfenden Rekonstruktionsversuche gehen wahlweise davon aus, dass es sich bei *ex eo contractu* um ein Glossem handle[57], dass die Erwähnung des Sonderguts insgesamt interpoliert sei[58] oder dass die Digesten nur eine verkürzte Form dieses Passus überlieferten[59].

Nun lässt sich bestreiten, dass der Erwerb von Gegenständen, die ein Sklave fortan als Sondergut hat, stets einen darauf gerichteten Willen des Gewalthabers erfordert[60]. Zu denken wäre etwa an Geschenke, die ein Sklave für Gefälligkeiten

---

52 Bas. 18, 1, 17 ... εἰ δὲ πεκούλιον ἔσχεν ἐκ τοῦ συναλλάγματος ...

53 Anders die niederländische Übersetzung von Schuurmans u. Spruit, in: Spruit et al. (Hrsgg.), Corpus Iuris Civilis, Tekst en Vertaling, Bd. III, 214: „Maar indien de slaaf een toegewezen vermogen heeft of indien er als gevolg van dit contract iets aan mijn vermogen ten goede is gekomen ...". Dagegen ter Beek, Dolus, Een semantisch-juridische studie, Bd. II, 830 mit Fn. 4.

54 Solazzi, „Condictio" e azioni adiettizie, Scritti I, 272 Fn. 14.

55 Ohne daraus eine gravierende Korruption des Quellentextes abzuleiten, fordert einen entsprechenden Willen des Herrn auch Wacke, IURA 42 (1991), 43–95, 52 f.

56 „Intollerabile" ist die Formulierung daher für Solazzi, Sul ‚peculium' nell' ‚a. de in rem verso', Scritti di diritto romano, Bd. VI, 1–13, 6 f. Anstelle von *aut* vermutet er *et* und fasst so das vorhandene *peculium* als Voraussetzung der Versionshaftung auf: *si peculium habeat et in rem meam quod creditor dedit versum sit.*

57 Solazzi, Miscellanea, Scritti III, 53–79, 75 nimmt an, dass ein Abschreiber eine zur *versio in rem* gehörige Marginalglosse irrig zum *peculium* gezogen habe.

58 Ohne nähere Begründung will Betti, ATor. 51 (1915–16), 1363–1388, 1367 Fn. 2 *peculium habeat aut* tilgen. Ihm folgen Schulz, Nachklassische Quaestionen in den justinianischen Reformgesetzen des Codex Justinianus, SZ 50 (1930), 212–248, 244 f. sowie Niederländer, Bereicherungshaftung, 50. Ähnlich wie Mommsen vermutet Riccobono, Dal diritto romano classico al diritto moderno, AUPA 3/4 (1917), 165–730, 626 Fn. 2, 692: *sed si <servus> peculium habeat aut <ex ea pecunia> in rem meam versum sit.* Seine Ersetzung des *contractus* durch *pecunia* mag plausibler erscheinen als der Ansatz Mommsens, da *pecunia in rem versa* unter anderem in Ulp. D. 15, 3, 1, 2 (29 *ad ed.*) sowie Pap. D. 46, 3, 95, 7 (28 *quaest.*) begegnet. Erwiesen ist diese Rekonstruktion damit aber nicht.

59 Wacke, IURA 42 (1991), 52 Fn. 19.

60 So etwa Micolier, Pécule, 243, der in Proculus den Vorreiter einer Auffassung sah, die entgegen der frühklassischen keine Erlaubnis des Herrn verlangte. Im Ergebnis zustimmend Kaser, Rez. G. Micolier, Pécule et capacité patrimoniale, Lyon 1932, SZ 54 (1934), 392–402, 396. Obgleich unsere

von Dritten entgegennimmt[61]. Dass derlei Geschenke dem Sklaven verbleiben, dürfte dem Willen des Schenkers entsprechen, und auch der Herr nimmt keinen Schaden, wenn der Sklave sie für sich behielte. Dennoch fragt der Spätklassiker Florentinus auch hier nach dem Willen des Herrn[62]. Das schließt jedoch nicht aus, dass der Frühklassiker Proculus anderer Auffassung war. Man muss daher der ungewöhnlichen Wendung in unserem Fragment die Klassizität nicht absprechen. Möglicherweise lässt sich der Stelle auch eine Deutung entnehmen, der keine Antwort auf die Streitfrage nach der Willensbetätigung des Herrn voranzugehen hat. Ohnehin wäre eine vorweggenommene Antwort dem methodischen Einwand ausgesetzt, dass sie unseren Text als Erkenntnisquelle zu betrachten hätte[63] und daraus nicht zugleich die Rechtfertigung zu einer inhaltlichen Korrektur desselben ableiten könnte.

Zuallererst erscheint es naheliegend, dass der Herr dem Sklaven das dargeliehene Geld willentlich als Sondergut überlassen hat. Nach der Auffassung mancher Autoren könne dann die *denuntiatio* indes im Prozess keine Beachtung mehr finden. Indem der Gewalthaber einerseits die Darlehensgewährung untersage, andererseits dem Sklaven das empfangene Geld als *peculium* belassen wolle, verhalte er sich widersprüchlich. Die Überlassung der Darlehenssumme entkräfte das Verbot der Darlehensgewährung, womit auch der *exceptio* die Grundlage entzogen sei[64]. Der wahrgenommene Widerspruch stellt sich jedoch weniger deutlich dar als behauptet.

Versuchen wir zunächst, die Entscheidung zu rekonstruieren, mit der sich Proculus konfrontiert sah: Die Erteilung der *exceptio* deutet darauf hin, dass ein Richter die Voraussetzungen der *actio institoria* andernfalls als erfüllt erachtet und der

Stelle verdächtigend, ähnlich Buti, Capacitá, 22 ff. Wegen der uneindeutigen Quellenlage lässt die Frage offen Apathy, Rez. J. J. Brinkhof, En studie over het peculium in het klassieke Romeinse recht, Meppel 1978, SZ 96 (1979), 398–407, 400 f.

61 D. 15, 1, 39 (11 *inst.*). Man wird sich, je nach Stellung des Sklaven, eine Art kleines Trinkgeld oder doch größere Gaben vorstellen dürfen, die Bereitschaft des Sklaven zu künftigen Gefälligkeiten aufrechtzuerhalten. Von Geschenken Dritter an einen Sklaven berichtet auch Tryph. D. 15, 1, 57, 2 (8 *disp.*).

62 *Peculium et ex eo consistit, quod parsimonia sua quis paravit vel officio meruerit a quolibet sibi donari idque velut proprium patrimonium servum suum habere quis voluerit.* – Das Sondergut besteht auch aus dem, was ein Sklave durch eigene Sparsamkeit erworben oder was er wegen Gefälligkeiten verdientermaßen von irgend jemandem geschenkt bekommen hat, vorausgesetzt, der Eigentümer will, dass sein Sklave das wie eigenes Vermögen haben soll.

63 Nicht ohne Grund ziehen sie daher Micolier, Pécule, 235 ff., sowie Burdese, Considerazioni in tema di peculio c. d. profettizio, Studi Sanfilippo, Bd. I, 69–111, 80 f. als Beleg dafür heran, dass bereits zu Proculus' Zeit der Erwerb eines Sonderguts von Dritten ohne Zustimmung des Herrn möglich gewesen sei. Zustimmend Chiusi, actio de in rem verso, 176 Fn. 143.

64 Brinkhof, peculium (Fn. 5), 71; ähnlich ter Beek, Dolus, Bd. II, 832; ferner v. Koschembahr-Lyskowski, Bereicherungsklage, 242 Fn. 4.

Klage stattgegeben hätte. Im Einzelnen hieße das erstens, dass der Sklave (trotz *denuntiatio*) weiterhin vom beklagten Herrn als *institor* eingesetzt (*a N° N° praepositus*[65]) war[66], zweitens, dass der Sklave das Darlehensgeschäft im Rahmen der Aufgabe abgeschlossen hatte, für die er bestellt worden war (*eius rei nomine, [cui praepositus fuerit]*), und drittens, dass er die Rückzahlung schuldete. Das Geschäft des Sklaven war für alle Belange der *actio institoria* also wirksam. Wenn aber die Untersagung gegenüber *tu* ohne die erhobene Einrede schon die *praepositio* nicht entkräftete[67], so kann sie erst recht nicht die Entgegennahme der Darlehenssumme zum Sondergut verhindern. So wie es einer Einrede bedurfte, die *denuntiatio* geltend zu machen, hätte es vermutlich einer *replicatio doli* bedurft, um ein widersprüchliches Verhalten des Beklagten in Ansatz zu bringen. Auch die tatsächlich erteilte Arglistreplik hätte denkbar eben damit begründet werden können: Obwohl *ego* dem *tu* Darlehensgeschäfte untersagt hat, versucht er, sich aus einem solchen zu bereichern. Die überlieferte Begründung ist eine andere. Selbst wenn Proculus oder Paulus das Verhalten von *ego* als widersprüchlich angesehen haben sollten, was ungewiss bleibt, kam es ihnen darauf offenbar nicht an[68].

Nach dem soeben Gesagten ist auch folgender Hergang vorstellbar: Der Herr *ego* hat einem seiner Sklaven die Leitung eines kleinen Betriebs übertragen und ihm zugleich zugestanden, sich daraus ein *peculium* zu erwirtschaften. Bei dieser *praepositio* gestattet er dem Sklaven entweder ausdrücklich auch Kreditgeschäfte oder nimmt sie zumindest nicht aus dessen Befugnissen aus, obwohl sie für den betreffenden Markt üblich sind. Allein dem *tu* untersagt er sodann, seinem *institor* Darlehen zu gewähren, ohne aber diesen darüber in Kenntnis zu setzen. Seiner *praepositio* gemäß ist der Sklave also weiterhin zur Aufnahme von Darlehen befugt. Alle potentiellen Geschäftspartner, außer *tu*, können dem Sklaven weiterhin mit Zustimmung von *ego* kreditieren[69]. Wenn nun *tu* entgegen der *denuntiatio* dem unwissenden Sklaven einen Kredit zuträgt, hat dieser keinen Grund abzulehnen. Er hat auch keinen Anlass, sich den in Empfang genommenen Betrag nicht als

---

65 So die Rekonstruktion Lenels, EP, 263.

66 Der Eingesetzte hört nicht auf, *institor* zu sein, wenn kein generelles Kontrahierungsverbot gegenüber jedermann ausgesprochen wird, Ulp. D. 14, 3, 11, 2 u. 6 (28 *ad ed.*). S. aber Fn. 67.

67 Eine *exceptio* lässt unerwähnt Ulp. D. 14, 3, 11, 5 (28 *ad ed.*) … *sed et si denuntiavit cui, ne cum eo contraheret, non debet institoria teneri* … – Aber auch wenn der Geschäftsherr einem Dritten untersagt hat, mit dem Geschäftsleiter Verträge zu schließen, darf er nicht mit der Geschäftsleiterklage haftbar gemacht werden … Die Entbehrlichkeit einer Einrede lässt sich daraus nicht folgern, denn *non teneri* muss insofern nicht technisch aufgefasst werden. Der Geschäftsherr könnte auch erst *ope exceptionis* von der Haftung befreit sein. Denkbar ist aber, dass eine Einrede zur Zeit Ulpians nicht mehr notwendig war.

68 Vgl. Apathy, SZ 96 (1979), 401.

69 Nach modernem Recht könnte man vom teilweisen Widerruf einer Außenvollmacht gegenüber einem von mehreren Geschäftspartnern sprechen.

peculium in seinen Rechnungen gutzuschreiben. Er tut nichts, was ihm nicht von seinem Herrn erlaubt wurde[70]. Dieser muss auch nicht von dem konkreten Darlehensgeschäft wissen, um die empfangene Summe im Sondergut zu dulden. Ein genereller Wille genügt[71]. Ohne dass der Herr bewusst darauf hingewirkt hätte, ist die von *tu* ausgezahlte Summe somit *peculium* geworden. Diese Rekonstruktion des Sachverhalts stützt sich jedoch auf die ungewöhnliche Ausgangssituation, dass der *institor* eingangs über ein ‚leeres', d. h. erst noch zu befüllendes, Sondergut verfügt. Das ist nicht ausgeschlossen, ohne einen quellenmäßigen Anhaltspunkt aber unwahrscheinlich.

Als plausibel könnte sich aber eine alternative Deutung dessen erweisen, was bereits unter dem Aspekt widersprüchlichen Verhaltens betrachtet wurde: Statt als widersprüchlich könnte es sich vielmehr als folgerichtig darstellen, das empfangene Geld als *peculium* zu klassifizieren, denn so gestattet man dem Darlehensgeber, *de peculio* vorzugehen, und trägt zugleich dem geäußerten Willen des Gewalthabers *ego* Rechnung, für Darlehen von *tu* nicht *in solidum* eintreten zu wollen. Hebt man einredeweise die Haftung des Gewalthabers mit der *actio institoria* auf, ist es konsequent, dass nur der Sklave (*naturaliter*) obligiert ist. Mit einer *denuntiatio* schließt der Herr zwar seine Haftung *in solidum* aus der *actio institoria* aus. Ein gegenüber dem *institor* geltendes Verbot, bestimmte Geschäfte mit bestimmten Personen für Rechnung des *peculium* zu führen, geht damit aber nicht einher[72]. Selbst in Kenntnis der *denuntiatio* gegenüber *tu* durfte der Sklave also von diesem ein Darlehen für sein Sondergut aufnehmen. Für die Rückzahlung haftet (rechnerisch) sein

70 Die einmalige Erlaubnis, ein Sondergut zu haben, genügt auch Proculus' Zeitgenossen Sabinus und Cassius für späteren Erwerb ohne Kenntnis des Herrn, Paul. D. 41, 2, 1, 5 (54 *ad ed.*) *Item adquirimus possessionem per servum aut filium, qui in potestate est, et quidem earum rerum, quas peculiariter tenent, etiam ignorantes, sicut Sabino et Cassio et Iuliano placuit, quia nostra voluntate intellegantur possidere, qui eis peculium habere permiserimus.* – Wir erwerben ferner den Besitz durch einen Sklaven oder Sohn, der sich in unserer Gewalt befindet, und zwar an den Gegenständen, die sie als solche des Sonderguts innehaben, auch ohne unser Wissen, wie Sabinus, Cassius und Julian meinen, weil angenommen wird, dass sie mit unserem Willen besitzen, da wir ihnen gestattet haben, ein Sondergut zu haben.

71 Ulp. D. 15, 1, 7, 2 (29 *ad ed.*) *Scire autem non utique singulas res debet, sed* παχυμερέστερον, *et in hanc sententiam Pomponius inclinat.* – Man braucht aber keinesfalls die einzelnen Gegenstände des Sonderguts zu kennen, sondern dieses nur im großen und ganzen im Auge zu haben, und zu dieser Meinung neigt Pomponius.

72 Wie derselbe Paulus mitteilt, D. 15, 1, 47 pr. (*ad Plaut.*) *Quotiens in taberna ita scriptum fuisset „cum Ianuario servo meo geri negotium veto", hoc solum consecutum esse dominum constat, ne institoria teneatur, non etiam de peculio.* – Wird in einem Laden schriftlich folgendes bekanntgemacht: „Ich untersage es, mit meinem Sklaven Januarius Geschäfte abzuschließen", so erreicht der Eigentümer anerkanntermaßen nur, dass die Geschäftsleiterklage entfällt, nicht auch die Klage wegen des Sonderguts.

Sondergut. Verfügt er über keines, so geht der Darlehensgeber nicht nur mit der Geschäftsleiterklage, sondern auch mit der *actio de peculio* leer aus. Verliehe man dann den ausgezahlten Geldstücken nicht die Eigenschaft von Pekuliargegenständen, so hätte der Sklave faktisch Münzen bei sich, auf deren Wert der Darlehensgeber mit keiner der adjektizischen Klagen zugreifen könnte. Denn sie befänden sich nicht im Sondergut, und da der Sklave das Darlehen als Eigengeschäft abgeschlossen hat, versagte auch die *actio de in rem verso*.

Denkbar ist also, dass man allein zum Zweck der Rückforderung das Hingegebene als *peculium* betrachtete. Hier führte dann nicht eine positiv ausgedrückte Überlassung eines Teils des Herrenvermögens zur Bildung des *peculium*, sondern stattdessen die negativ gewendete Weigerung, eine Summe Geld in den Bestand des *patrimonium* aufzunehmen. In beiden Fällen aber wird mit dem Willen des Herrn ein Teil von seinem Vermögen abgesondert – und den Gläubigern als rechnerische Haftungsmasse zu Gebote gestellt.

Die bereits ausgeführten Interpretationen halten allesamt an dem Textsinn fest, den die verfügbaren Übersetzungen in Übereinstimmung mit der oben wiedergegebenen zum Ausdruck bringen. Daneben lässt sich mit sprachlichen Mitteln vielleicht eine andere Deutung gewinnen. Anders als die bekannte Übersetzung es tut, ist *peculium* hier möglicherweise nicht als Konkretum (*ein* Sondervermögen), sondern als Abstraktum (schlicht: Sondervermögen) zu lesen. So verwendet, begegnet *peculium* unter anderem in

> Pomp. D. 15, 1, 49 pr. (4 *ad Q. Muc.*)
> Non solum id peculium est, quod dominus servo concessit, verum id quoque, quod ignorante quidem eo adquisitum sit, tamen, si rescisset, passurus erat esse in peculio.
>
> Nicht allein das ist Sondergut[73], was der Eigentümer dem Sklaven eingeräumt hat, sondern auch das, was ohne sein Wissen erworben worden ist, was er jedoch, wenn er es erfahren hätte, im Sondergut geduldet hätte.

Pomponius erläutert, dass Gegenstände nicht nur dann Sondervermögen werden, wenn der Herr selbst sie dem Sklaven hingibt, sondern auch dann, wenn der Sklave sie anderweitig erwirbt und dem hypothetischen Willen des Herrn entsprechend im Sondergut haben darf. Die Gegenstände, die Pomponius im Anschluss an *peculium est* aufführt, bilden nicht jeweils *ein* Sondergut, sie können aber Bestandteil eines solchen sein. An ein bestimmtes Sondergut ist dabei nicht gedacht, es geht

73 So Dorn, in: OSS, Bd. 2, 202. Ähnlich noch Schuurmans u. Spruit, in: Spruit et al. (Hrsgg.), Corpus Iuris Civilis, Tekst en Vertaling, Bd. III, 270: „Toegewezen vermogen is niet alleen …". Die neue deutsche Übersetzung setzt: „gehört zum Sondergut", BKKS, Bd. 3, 280.

allein darum, welche Objekte mit dem Prädikat zu versehen sind, Pekuliarvermögen zu sein.

Als Abstraktum wird *peculium* gewöhnlich zwar wie hier mit *esse* verwendet[74]. Gewöhnlich ist indes auch die Verknüpfung mit *ex eo contractu* nicht. Liest man *peculium* ähnlich wie soeben bei Pomponius, wird sie verständlich. Zu übersetzen wäre danach:

> Hat der Sklave aber aus diesem Vertrag [herrührendes] Pekuliarvermögen oder ist etwas meinem Vermögen zugewendet worden …

Ein weiterer Interpretationsansatz nimmt davon seinen Ausgang, dass ein Pronomen bewusst ausgelassen worden oder später durch Kürzung oder Versehen ausgefallen sein könnte. Wie häufig, wenn von einer *versio in rem* die Rede ist, wird auch hier der Gegenstand der Zuwendung, der in der Klagformel mit *quid* bezeichnet ist (*si quid in rem versum est*[75]), ausgespart. Ebenso könnte vor *peculium habeat* ein (weiteres) Objekt entfallen sein. In der Formulierung *peculium habere* wäre *peculium* dann als Prädikatsnomen im Akkusativ[76] aufzufassen. Zu übersetzen wäre nicht ‚ein Sondergut haben', sondern ‚[etwas] als Pekuliarvermögen haben'. Ebenso wie bei der Übersetzung von *in rem meam versum est* wäre im Deutschen das Pronomen *etwas* hinzuzudenken. Dem entspricht das lateinische *quid*, das im Nominativ wie im Akkusativ dieselbe Form hat. Ergänzt man es (gedanklich) im Quellentext vor *peculium*, so erhält man daher eine Syllepse: *Quid* hat dann im Verhältnis zu *peculium habere* die Funktion eines Akkusativobjekts und gibt zugleich ein Subjekt im Nominativ für *in rem versum sit* ab:

> sed si ex eo contractu [quid] peculium habeat aut in rem meam versum sit …

Zu übersetzen wäre sodann:

> Hat der Sklave aber aus diesem Vertrag etwas als Pekuliarvermögen oder ist etwas meinem Vermögen zugewendet worden …

74 Iul. D. 14, 4, 12 (12 *dig.*); Ulp. D. 15, 1, 32, 2 (2 *disp.*); Marcian D. 15, 1, 40, 1 (5 *reg.*); analog beim *patrimonium* in Ulp. D. 4, 4, 3, 5 (11 *ad ed.*).

75 Vgl. Lenel, EP, 282.

76 Grammatikalisch ebenso gebraucht in Ulp. D. 33, 8, 8, 8 (25 *ad Sab.*) *Utrum autem id demum peculium accipimus, quod mortis tempore fuit, an vero et quod postea accessit applicamus vel quod decessit detrahimus? …* – Aber sehen wir als Sondergut nur das an, was zur Zeit des Todes vorhanden war? Oder aber rechnen wir auch hinzu, was später dazugekommen ist, oder ziehen wir ab, was weggefallen ist? …

Nach beiden soeben vorgestellten Lesarten ergibt sich, dass die Replik dann vorgebracht werden kann, wenn der Sklave Pekuliarvermögen hat, das aus dem Darlehensvertrag stammt. Ob das *peculium* zuvor bereits existierte[77], lässt der Text offen. Jedenfalls ist der Sklave um Pekuliargegenstände bereichert. Wir haben es also mit einer Klage zu tun, die hinsichtlich des Sonderguts der oben (unter I) gesehenen ähnelt: Der Kläger kann verlangen, dass ihm eine Vermehrung des *peculium* herausgegeben wird. Bestimmend wird für diese Entscheidung nicht die zunächst vermutete Absicht gewesen sein, eine *actio de peculio* zu ermöglichen. Mehr spricht für die zuletzt ausgeführte Deutung, schließlich steht keine *actio de peculio* in Rede, sondern eine Replik, die der *actio institoria* zum Erfolg verhilft. Der Geschäftsherr soll also nicht bis zur Höhe des Sonderguts haften, sondern die Vermehrung des Sonderguts (sowie seines Stammvermögens) auskehren, um einer Haftung *in solidum* zu entgehen.

2. Begründung und Funktionsweise der *replicatio doli*

Die gewährte *replicatio doli* erfordert arglistiges Verhalten des Beklagten. Ihr weiter Anwendungsbereich begreift dabei vielfältige Tatbestände in sich. Einen *dolus* des Herrn hat man folglich unterschiedlich zu begründen gesucht. So könne auch dessen (vermeintlich) widersprüchliches Verhalten[78] eine Arglistreplik veranlassen[79]. Jedoch ist ein Widerspruch weder abstrakt zu erweisen, noch ist er konkret zur Motivation der *replicatio doli* herangezogen worden[80].

Auszugehen ist von der überlieferten Begründung, nämlich einer ungerechtfertigten Bereicherung des *dominus*. Folgt man jedoch den erwähnten Emendationen, die ganz überwiegend *ex eo contractu* umsetzen und nur *si peculium habeat* zurücklassen, so bereitet der Bezug zum *peculium* Schwierigkeiten[81], denn der Umstand allein, dass der Sklave ein *peculium* hat, kann einen *dolus* des Herrn nicht begründen[82]. Dolos verhält er sich aber dann, wenn er eine auf Kosten des Klägers erlangte Vermögensmehrung nicht herausgeben will. Das ist der Fall, wenn der Sklave Vermögenswerte aus dem Geschäft mit dem Kläger besitzt. Ebendies besagt *ex eo contractu*.

77 Das nimmt Wacke IURA 42 (1991), 52 Fn. 19 an; ebenso die Übersetzung von Weir, in: Watson (Hrsg.), The Digest of Justinian, Bd. 1. Dagegen versteht bereits Faber den Sachverhalt so, dass der Sklave durch den Vertrag erstmals ein Sondergut erwerbe, Rationalia, Bd. 4 (3.2), 56: „*ex eo contractu peculium habere incipiat servus, qui antea nullum habebat*".

78 Dazu oben bei Fn. 64.

79 Brinkhof, peculium, 71.

80 Ähnlich Burdese, Considerazioni, 81 f.

81 Buti, Capacitá, 24 Fn. 24. v. Beseler, Beiträge zur Kritik der römischen Rechtsquellen, SZ 66 (1948), 265–393, 316 erklärt die Stelle daher ab *sed* für unklassisch.

82 So auch Burdese, Considerazioni, 81.

Mit dem Bereicherungsgedanken verträgt sich auch nicht die Annahme, der Kläger mache mit seiner Replik die *actio de peculio* (*vel de in rem verso*) geltend[83]. Im Falle einer *denuntiatio* kann ein Kontrahent des *institor* zwar durchaus mit der *actio de peculio* vorgehen[84]. Eine Bereicherung des *dominus* ist dafür indes nicht erforderlich. Das Sondervermögen bildet die rechnerische Haftungsmasse, ganz gleich, ob es aus dem in Rede stehenden Geschäft stammt oder nicht. In unserem Paulusfragment aber gelangt ausweislich des Begriffspaares *iactura* – *lucrum* das bekannte Bereicherungsverbot zur Anwendung. Als Vehikel zu dessen Durchsetzung kommt die Arglistreplik auch anderenorts in Betracht[85].

Entscheidend ist, dass die *replicatio doli* im Rahmen der *actio institoria* gegeben wird. Proculus erteilt gerade keine *actio de peculio vel de in rem verso*[86], sondern eine *actio institoria*. Möglicherweise hatte er vor Augen, die Verurteilung dabei auf die Vermehrung des Gesamtvermögens des Herrn zu begrenzen. Eine *actio institoria* in den Grenzen der Bereicherung ist uns wenigstens für den Fall eines unmündigen Prinzipals überliefert[87]. So wie diesem zur vollen Wirksamkeit des Geschäfts die *auctoritas* des Vormunds fehlt, fehlt hier zur Wirksamkeit des Darlehensgeschäfts mit dem *institor* die Zustimmung des Geschäftsherrn.

Wahrscheinlicher ist aber, dass die drohende *replicatio doli* den Beklagten dazu anhalten sollte, seine Bereicherung an den Kläger auszukehren, noch bevor es zur Verurteilung kam[88]. Regelmäßig führt die Arglisteinrede des Beklagten nicht zur Herabsetzung der Urteilssumme (etwa auf die Bereicherung), sondern zur Abweisung der Klage insgesamt[89]. Erhob sie der Kläger als *replicatio*, so wäre zu erwarten, dass der Klage in voller Höhe stattgegeben wurde. Dem kann der Beklagte entgehen, wenn er der Replik die Grundlage entzieht, indem er dem Kläger herausgibt, um wie viel er bereichert ist. Die Formulierung bei Paulus, der beklagte *ego* verhalte sich arglistig, da er die Bereicherung nicht herausgeben wolle (*nec velim … solvere*), dürfte sich eben darauf beziehen, dass *ego* die Möglichkeit ungenutzt ließ, sich durch rechtzeitige

---

83 So aber Schulz, SZ 50 (1930), 212–248, 245; Seiler, Der Tatbestand der negotiorum gestio im römischen Recht, 90; ähnlich Chiusi, actio de in rem verso, 167 Fn. 143.

84 Der nämliche Paulus D. 15, 1, 47 pr. (4 *ad Plaut.*) sowie Gai. D. 15, 1, 29, 1 (9 *ad ed. provinc.*). Anders als im Ausgangsfall hat in diesen Fällen der Herr nicht nur einem einzelnen Geschäftspartner einen einzelnen Geschäftstyp untersagt, sondern das Kontrahieren mit dem Sklaven schlechthin.

85 Derselbe Paulus hält sie in D. 5, 3, 38 pr. (20 *ad ed.*) indes für entbehrlich, da der Richter den Einwand bereits im Rahmen seines *arbitrium* berücksichtigen könne.

86 Das sieht auch Buti, Capacità, 26 Fn. 24.

87 Gai. D. 14, 3, 10 (9 *ad ed. provinc.*) *Eatenus tamen dabitur in eum actio, quatenus ex ea re locupletior est.* – Jedoch wird eine Klage gegen das Mündel nur insoweit erteilt, als es durch das Geschäft bereichert ist. Gegen die Textkritik Niederländers, Bereicherungshaftung, 93 f., zu Recht Labruna, Rescriptum, 151.

88 Ähnlich Wollschläger, Bereicherungsverbot, 72.

89 Kaser/Hackl, 262.

Zahlung zu befreien. Er wäre gewiss dann freizusprechen gewesen, wenn er bereits vor *litis contestatio* an den Kläger gezahlt hätte[90]. Nach sabinianischer Auffassung war die Klage auch dann noch abzuweisen, wenn der Beklagte nach *litis contestatio*, aber vor der Verurteilung leistete[91]. Im Rahmen der prokulianischen Entscheidung unseres Paulusfragments ist von dieser Vergünstigung nicht auszugehen.

3. Die *condictio* des § 5

Abschließend teilt Paulus mit, *ego* könne nicht allein mit der *actio institoria*, sondern alternativ auch mit der *condictio* vorgehen. Dabei schließt sich der Jurist offenbar der Meinung eines anderen an, dessen Aussage er als wahr bezeichnet (*verum est*). An anderem Ort stellt derselbe Paulus es als Auffassung des Hochklassikers Julian vor, dass derjenige, der mit einen zum *institor* eingesetzten Sklaven kontrahiere, die *condictio* als Vertragsklage gegen dessen Herrn erwerbe[92]. Das sei damit zu begründen, dass ein Vertrag mit dem *institor* auf Geheiß des Herrn geschlossen werde.

Diese Begründung will für unser Fragment nicht auf Anhieb passen: Durch die *denuntiatio* gegenüber *tu* bringt *ego* zum Ausdruck, dass ein Darlehen von *tu* an den Sklaven gerade nicht seinem Willen entspreche, wie er in der Einsetzung des Sklaven zum *institor* enthalten ist, der Julian ein Geheiß entnimmt. Wie wir aber sahen, kann eine *denuntiatio* die Einsetzung zum *institor* nicht entkräften[93]. Augenscheinlich bleibt sie gleichermaßen für die Zwecke der *condictio* als Geheiß im Sinne Julians wirksam. Gleichermaßen wird *ego* aber auch gegenüber der *condictio* die von Proculus zugestandene Einrede erheben können. Der Arglistreplik des *tu* und einer Verurteilung *in solidum* wird er wiederum entgehen können, indem er seine Bereicherung vor *litis contestatio* herausgibt.

Die *condictio* begegnet hier also nicht als Bereicherungsklage, deren *condemnatio* auf das Erlangte beschränkt wäre. Im Zusammenhang mit den adjektizischen Klagen treffen wir sie, nicht allein bei Paulus, wiederholt als Vertragsklage an, gerade auch zur Rückforderung von Darlehen[94]. Auch in unserem Fragment

90 Vgl. etwa Diocl. C. 3, 32, 16 (a. 293).

91 Gai. 4, 114. Gleichgültig war dabei, ob es sich um Klagen nach der *bona fides* oder strengrechtliche handelte.

92 D. 12, 1, 29 (4 *ad Plaut.*) *Si institorem servum dominus habuerit, posse dici Iulianus ait etiam condici ei posse, quasi iussu eius contrahatur, a quo praepositus sit.* – Wenn der Eigentümer einen Sklaven als Geschäftsleiter hat, kann nach Meinung Julians gesagt werden, dass auch von ihm [dem Eigentümer] kondiziert werden kann, weil der Vertrag auf Geheiß dessen geschlossen wird, von dem der Sklave bestellt wurde.

93 Oben bei Fn. 66.

94 D. 15, 4, 5 (4 *ad Plaut.*) *Si dominus vel pater pecuniam mutuam accepturus iusserit servo filiove numerari, nulla quaestio est, quin ipsi condici possit: immo hoc casu de iussu actio non competit.* – Wenn ein

wird sich Paulus zu der wiederkehrenden Frage[95] geäußert haben, ob ein Vertrag mit dem *institor* eine *condictio* gegen dessen (Geschäfts-)Herrn begründe. Gerade deren Grundlage (*ex hac causa*) und nicht eine Beschränkung ihres Umfang hat er im Blick.

4. Zwischenfazit

Drei Lesarten sind möglich, ohne den auf uns gekommenen Text inhaltlich zu entstellen. Entscheidend ist jeweils, dass das fragliche Pekuliarvermögen aus dem Darlehensvertrag herrührt, denn nur in dieses Verständnis fügt sich zwanglos auch die abschließende Begründung der *replicatio doli*. In ihrem Umfang wird die von Proculus erteilte *actio institoria* den gesamten Darlehensbetrag erfasst haben. Der Verurteilung *in solidum* konnte der Herr jedoch entgehen, indem er seine Bereicherung vor der Streitbefestigung an den Kläger herausgab. Eine *replicatio doli* konnte sodann nicht mehr darauf gestützt werden, der Beklagte behalte zum Nachteil des Klägers eine Bereicherung für sich.

Bemerkenswert ist, dass die Vermehrung des Sonderguts als Bereicherung des Herrn behandelt wird. Dafür sind zwei Erklärungen denkbar: Zum einen könnten die Juristen einen Zuwachs des *peculium* stets als unmittelbare Bereicherung des Gewalthabers aufgefasst haben. Zum anderen haben eventuell Proculus wie Paulus dem Konkurrenzverhältnis zwischen den adjektizischen Klagen Rechnung getragen. Für die *actio institoria* und die *actio de peculio* dürfte von *eadem causa* und demnach *eadem res* auszugehen sein[96]. *Causa* ist stets die *obligatio* des Gewaltunterworfenen, die jeweils unterschiedliche *condemnatio* ändert daran nichts[97]. Wäre *ego* also aufgrund der *exceptio* freigesprochen worden, wäre damit auch die Sondergutsklage konsumiert und eine Bereicherung des *peculium* bliebe bestehen. Möglicherweise ließe sich auch im Verlust des Klagerechts die *iactura* erkennen, aus der *ego* sich nicht bereichern können soll.

Eigentümer oder ein Hausvater, der Geld als Darlehen aufnehmen will, dazu ermächtigt, das Geld an den Sklaven oder an den Sohn auszuzahlen, steht außer Frage, dass man von ihm kondizieren kann. Dagegen ist in diesem Fall die Klage wegen Ermächtigung nicht gegeben. S. ferner Ant. C. 4, 26, 4 (a. 216).

95 Paul. D. 12, 1, 29 (4 *ad Plaut.*), s. soeben Fn. 92; I. 4, 7, 8.

96 Belegen lässt sich dies jedenfalls für das Verhältnis zwischen *actio de peculio* und den Klagen *quod iussu* sowie *tributoria*, dazu Levy, Konkurrenz I, 150 ff.

97 Levy, Konkurrenz I, 150 ff.

III. Glücksspiel

Eine ähnliche Begrenzung wie die soeben bei Geschäften Unmündiger vorgefundene treffen wir beim Glücksspiel an:

Paul. D. 11, 5, 2, 1; 4 pr.–2 (19 *ad ed.*)
Senatus consultum vetuit in pecuniam ludere, praeterquam si quis certet hasta vel pilo iaciendo vel currendo saliendo luctando pugnando quod virtutis causa fiat. [...] fr. 4. Quod in convivio vescendi causa ponitur, in eam rem familia ludere permittitur. § 1. (α) Si servus vel filius familias victus fuerit, patri vel domino competit repetitio. (β) item si servus acceperit pecuniam, dabitur in dominum de peculio actio, non noxalis, quia ex negotio gesto agitur: sed non amplius cogendus est praestare, quam id quod ex ea re in peculio sit. § 2. Adversus parentes et patronos repetitio eius quod in alea lusum est utilis ex hoc edicto danda est.

Ein Senatsbeschluss verbietet, mit einem Geldeinsatz zu spielen, außer wenn jemand bei einem Kampfspiel darum streitet, etwa beim Speer- oder Wurfspießwerfen, beim Laufen, Springen, Ringen oder Boxen, was man betreibt, um sein sportliches Können zu beweisen. [...] fr. 4. Was bei einem geselligen Mahl zum Verzehr aufgetischt wird, darum darf die *familia* spielen. § 1 (α) Wenn ein Sklave oder ein Haussohn verloren hat, steht dem Vater oder Herrn die Rückforderung zu. (β) Ebenso wird dann, wenn ein Sklave Geld genommen hat, gegen seinen Herrn die Sondergutsklage gewährt, keine Noxalklage, weil aus einem Geschäft geklagt wird; der Herr kann aber nicht gezwungen werden, mehr zu leisten, als was sich aus dem Spielgewinn im Sondergut befindet. § 2. Gegen *parentes* und *patroni* ist zur Rückforderung dessen, was beim Würfelspiel verspielt worden ist, eine analoge Klage nach diesem Edikt zu gewähren.

Vom klassischen Edikt *de aleatoribus* sind nur wenige Bruchstücke auf uns gekommen. Besonders dürftig sind die Quellen zur Rückforderung des beim Würfeln Verlorenen. Von einer zu diesem Zweck in klassischer Zeit verheißenen Klage erfahren wir nur hier bei Paulus. Da Justinian eigene Regelungen getroffen hatte[98], mag den Kompilatoren eine detaillierte Auseinandersetzung entbehrlich erschienen sein[99], und so überliefern uns die Digesten einzig die zitierten Zeilen. Paulus teilt darin zunächst mit, dass ein Senatsbeschluss das allgemeine Verbot aufstellte, um Geld zu spielen. Davon sah der Beschluss Ausnahmen vor, die sportliche Wettkämpfe betrafen. Die Kompilatoren schließen daran ergänzend eine Äußerung Marcians an,

98 C. 3, 43 *De aleae lusu et aleatoribus*.

99 Kuryłowicz, Das Glücksspiel im römischen Recht, SZ 102 (1985), 185–219, 205; Ziliotto, Disciplina privatistica classica del gioco d'azzardo vietato, TSDP X (2017), 1–31, 5.

die Wetten auf die genannten Wettkämpfe betrifft[100], hier aber nicht wiedergegeben wird, um den Sinnzusammenhang bei Paulus zu erhalten. Dieser nämlich fährt mit einer weiteren Ausnahme vom Spielverbot fort: Bei Tisch dürfe zulässigerweise um Speis und Trank gespielt werden[101]. Sodann behandelt er drei Fälle, in denen ein Sklave oder Haussohn an unerlaubtem Glücksspiel beteiligt war:

Im ersten Fall (α)[102] hat der Gewaltunterworfene das Spiel und damit seinen Einsatz verloren. Diesen kann nun der Gewalthaber vom siegreichen Gegenspieler zurückfordern[103]. Im zweiten Fall (β) ist einem Sklaven mehr Würfelglück beschieden und er streicht das eingesetzte Geld ein. Der unterlegene Gegner kann sich sodann an den Gewalthaber wenden, und zwar nicht mit einer Noxalklage, sondern einer *actio de peculio*. Es werde nämlich aus einem Geschäft[104] geklagt. Offenbar war der Gedanke, dass der *paterfamilias* aus einem Delikt[105] des Gewaltunterworfenen und daher noxal haften könnte, nicht völlig abwegig. Möglicherweise war er durch pönal ausgestaltete Klagen des älteren Rechts veranlasst[106]. Ohne zu zögern weist Paulus die Spielwette jedoch als *negotium* aus[107]. Daraus lässt er den Gewalthaber indessen nicht wie gewöhnlich bis zum Wertbetrag des Sonderguts haften, sondern nur insoweit, als sich vom Spielgewinn etwas im Sondergut befindet. Im dritten Fall wird ehemals Gewaltunterworfenen eine abgewandelte Klage gegen ihre *parentes* bzw. *patroni* erteilt, mit der sie Verluste aus dem Spiel mit diesen zurückzufordern können[108].

Die Überlieferung des *principium* von fr. 4 ist unsicher. Mehrere der von Mommsen herangezogenen Handschriften weisen korrigierende Eingriffe auf und versehen das Wort *familia* dabei mit drei unterschiedlichen Endungen: *familias*

---

100 D. 11, 5, 3 (5 *reg.*) *In quibus rebus ex lege Titia et Publicia et Cornelia etiam sponsionem facere licet: sed ex aliis, ubi pro virtute certamen non fit, non licet.* – Bei diesen Kampfspielen ist es nach der *lex Titia*, der *lex Publicia* und der *lex Cornelia* sogar erlaubt, in Stipulationsform Wetten abzuschließen; in anderen Fällen, in denen der Wettkampf nicht dem sportlichen Können dient, ist das nicht erlaubt.

101 Zum Ablauf eines solchen Spiels unten bei Fn. 157.

102 Unterteilung vom Verfasser.

103 Hinsichtlich des Sklaven folgt die Aktivlegitimation des Herrn bereits daraus, dass er selbst nicht klagen kann, Ulp. D. 15, 1, 41 (43 *ad Sab.*) … *quod servo debetur, ab extraneis dominus recte petet.*

104 Vgl. eingangs des Digestentitels *De peculio* Ulp. D. 15, 1, 1, 2 (29 *ad ed.*) *Verba autem edicti talia sunt: „Quod cum eo, qui in alterius potestate esset, negotium gestum erit".* – Der Wortlaut des Edikts aber ist folgender: „Wenn mit demjenigen, der in der Gewalt eines anderen steht, ein Geschäft abgeschlossen wird".

105 Dass Paulus dies implizit ablehnt, ergänzt die neue deutsche Übersetzung, BKKS, Bd. 3, 23.

106 Lenel, EP, 176 Fn. 6; ausführlich Ziliotto, TSDP X (2017), 1–31, 20 ff.

107 Zweifelhaft erscheint es daher, wenn Levy, Konkurrenz I, 442 Fn. 3, den Schluss (*sed non* …) aus der Zusammenschau mit deliktischen Klagen heraus für interpoliert erklärt.

108 Näheres unten, 177 ff.

(FP^{a}*V*^{a}*)*[109], *familiam (P*^{b}*L*^{a}*)*, *familia (V*^{b}*UT)*[110]. Die Rekonstruktion des Wortlauts ist dementsprechend streitig. Fragt man, der exakten Formulierung zunächst ungeachtet, nach dem Sinn des Satzes, erscheinen vier Deutungen möglich: *Familia* könnte die Adressaten der Erlaubnis bezeichnen (sogleich 1), die Umstände des ausnahmsweise erlaubten Spiels beschreiben (2) oder sich auf den Spieleinsatz beziehen (3). Schließlich besteht die Möglichkeit, dass *familia* irrig eingesetzt wurde[111], eventuell infolge eines Zeilensprungs. Dann stellt sich die Frage nach einem Ausfall, der möglicherweise mit Cujaz unter Ergänzung von *alea* behoben werden könnte[112] (4). Im Ergebnis spricht mehr dafür, *familia* als Schreiberversehen zu tilgen. Dadurch wird der falsche Eindruck beseitigt, Paulus handele in den folgenden §§ 1 und 2 allein von Spielen unter Gewaltunterworfenen. Selbst wenn man *familia* erhält, spricht eine Reihe weiterer Erwägungen für die Existenz einer allgemeinen Rückforderungsklage, nicht allein aus Spielen Gewaltunterworfener, sondern auch Gewaltfreier (5). Gemäß § 2 wird diese Klage als *actio utilis* erteilt, wenn sie von ehemals Gewaltunterworfenen gegen ihre einstigen Gewalthaber erhoben wird (6).

Wenn im Folgenden häufig sprachliche, d. h. formale Aspekte herausgestellt werden, so nicht, um ihnen vor materiellen den Vorrang einzuräumen[113]. Wo aber die Überlieferung offenbar gestört ist, dort können Erkenntnisse über den Sprachgebrauch der klassischen

---

109 Anders für den vatikanischen Codex Mommsen, Ed. maior, 346, der nur *familia* wiedergibt. Über dem abschließenden *a* hat aber der Emendator einen horizontalen Strich gesetzt, hinter dem sich ein das *s* vertretender Haken erahnen lässt (vgl. das *s* bei *filius* sowie *victus* in derselben Zeile). Jedenfalls hat der Strich keinen anderen ersichtlichen Sinn als den, einen hochgestellten Buchstaben zu tilgen. Daran ändert auch die Nähe zu dem sogleich vom selben Emendator eingefügten *ludere* nichts, denn dieser markiert seine Einfügungen nicht durch horizontale Striche, sondern durch einen Keil im Unterband ($_{\wedge}$).

110 Abkürzungen nach Mommsen, Ed. maior, XXXXVIII f. Der Codex Florentinus, Hs. Florenz Bibl. Med. Laur. S. N., ist zitiert nach dem Faksimile von A. Corbino/B. Santalucia, Justiniani Augusti Pandectarum Codex Florentinus, Bd. 1, Florenz 1988, fol. 178v. Die übrigen Codices sind in Form von Digitalisaten im Internet verfügbar: Codex *P*, Hs. Paris Bibliothèque nationale de France Lat. 4450, fol. 116r, https://gallica.bnf.fr/ark:/12148/btv1b90660818 (letzter Abruf 21. 2. 2024); Codex *L*, Hs. Leipzig Universitätsbibliothek 873, fol. 98r, https://digital.ub.uni-leipzig.de/object/viewid/0000009090 (letzter Abruf 21. 2. 2024); Codex *V*, Hs. Bibliotheca Vaticana 1406, fol. 96r, https://digi.vatlib.it/view/MSS_Vat.lat.1406 (letzter Abruf 21. 2. 2024); Codex *U*, Hs. Padova Biblioteca Universitaria, 941, fol. 104v, https://phaidra.cab.unipd.it/imageserver/o:429369 (letzter Abruf 21. 2. 2024); Codex *T*, Hs. Turin Bibl. Naz. Univ. F II 14, fol. 105v, https://catalogue.beic.it/permalink/39BEIC_INST/pa7kna/alma9917551604741 (letzter Abruf 21. 2. 2024).

111 Wohl deswegen lässt Watson *familia* unübersetzt.

112 So die Übersetzung in BKKS, Bd. 3, 23 sowie die niederländische von Schuurmans u. Spruit, in: Spruit et al., Bd. III, 24.

113 Weniger noch ist damit eine Rückkehr zur Textkritik der Interpolationistik bezweckt.

wie justinianischen Juristen in Ansatz gebracht werden. Diese im Grunde stochastischen Mittel können gegenüber der inhaltlichen Betrachtung zwar grundsätzlich nur nachrangig sein. Ist der inhaltliche Befund aber ambivalent, können statistische Erwartungen ein Indiz abgeben. Indem sie sachliche Erwägungen flankieren, ermöglichen sie bestenfalls, im Sinne einer methodischen Triangulation, eine zweifach fundierte Rekonstruktion des Textes. Indem hier als Maßstab der Sprachgebrauch der Digesten angelegt wird, ist eine Unterscheidung zwischen klassischen und justinianischen Formulierungen nicht möglich, aber auch nicht beabsichtigt. Ziel ist zunächst eine Rekonstruktion des Digestentexts in seiner Urfassung. Ob dieser formal dem ursprünglichen Text des klassischen Juristen entspricht, ist eine andere Frage. Einstweilen soll der materielle Gehalt ermittelt werden.

1. Die *familia* als Adressatin der Erlaubnis

Denkbar ist, dass gerade der *familia* das Glücksspiel bei Tisch gestattet war, doch fragt sich sogleich, welcher Personenkreis so bezeichnet werden sollte. Die vielfältigen Bedeutungen des Wortes[114] haben diverse Übersetzungen veranlasst: Sklaven[115] (eines Hauses[116]), Gesinde[117], Familienmitglieder[118], Tischgesellen[119]. Im Hinblick auf den sogleich im folgenden Satz genannten *servus* liegt es zunächst nahe, von der Dienerschaft auszugehen. Im Kontext deliktischer Haftung, wie sie Paulus in § 1 zumindest in Betracht zieht, meint *familia* üblicherweise zuvorderst das Sklavengesinde[120]. In dieser Bedeutung war *familia* in anderen Zusammenhängen offenbar ediktal, wovon Zitate[121] und erläuternde Auslegungen in den Digesten zeugen.

---

114 Mayer-Maly, familia, in: Knothe/Kohler (Hrsgg.), Status Familiae, Festschrift für Andreas Wacke zum 65. Geburtstag, 261–265; Seiler, Familia und Familienrecht, ebenda 437–449.

115 Esclavos, d'Ors, El digesto de Justiniano, Bd. 1, 354.

116 Esclaves d'une maison, Hulot, Bd. II, 148;

117 Sintenis, in: OSS, Bd. 1, 913; domesticité, Gaurier, Bd. I, 445; Wacke, In pecuniam ludere: Die Rechtsfolgen verbotener Glücksspiele nach dem prätorischen Edikt, SZ 135 (2018), 261–333, 292.

118 Componenti della famiglia, Schipani, Bd. II, 362.

119 Commensali, Vignali, Bd. II, 286. Diese Bedeutung lässt sich andernorts, auch außerhalb des *Corpus iuris*, nicht nachweisen. Dass die Spieler zu einer gemeinsamen Mahlzeit um einen Tisch versammelt waren, dürfte zwar zutreffen, jedoch waren mit *familia* wohl nicht beliebige Tischgesellschaften angesprochen.

120 Etwa im Titel D. 47, 6 *Si familia furtum fecisse dicetur* – Wenn ein Gesinde einen Diebstahl begangen haben soll; bei Raub sowie vorsätzlicher gewaltsamer Schädigung Ulp. D. 47, 8, 2, 14 (56 *ad ed.*) … *familiae autem appellatio servos continet, hoc est eos, qui in ministerio sunt, etiamsi liberi esse proponantur vel alieni bona fide nobis servientes.* – Die Bezeichnung ‚Gesinde' erfasst Sklaven, das heißt diejenigen, die im Dienste stehen, auch wenn vorgebracht wird, dass sie Freie seien oder fremde, die uns in gutem Glauben dienen; beim Interdikt *unde vi* Ulp. D. 43, 16, 1, 16 (69 *ad ed.*) *Familiae autem appellatio servos continet*; zusammenfassend Ulp. D. 50, 16, 195, 3 (46 *ad ed.*).

121 So etwa beim Interdikt *unde vi* Ulp. D. 43, 16, 1 pr. (69 *ad ed.*) *Praetor ait: „Unde tu illum vi deiecisti aut familia tua deiecit …"*; außerdem bei der *actio redhibitoria* Ulp. D. 21, 1, 1, 1 (1 *ad ed. aedil.*

Ausgehend vom Begriffskern, den die Sklaven ausmachten[122], weiteten die Juristen die Bedeutung des Wortes und erfassten auch freie Knechte[123] sowie *bona fide servientes*[124]. Dem entspräche die Übertragung mit ‚Gesinde'[125]. Die Auslegung macht an dieser Stelle aber nicht halt, gelegentlich werden auch die Hauskinder mit einbezogen. Mal bedarf es dazu einer Analogie[126], mal begnügen sich die Juristen damit, *filii* direkt unter die *familia* zu subsumieren[127]. Semantisch steht dem nichts im Wege, sobald man *familia* den Sinn beilegt, den es etwa in *filiusfamilias* hat[128]. Von der Tätigkeit als Diener oder Knecht ist dieses Verständnis unabhängig[129], vielmehr folgt es der väterlichen Gewalt, ferner der agnatischen Verwandtschaft[130]. Die Mehrdeutigkeit des Wortes *familia* ermöglicht es, der ursprünglich intendierten Bedeutung eine weitere hinzuzufügen, ohne sich vom Wortlaut zu lösen. Im Deutschen existiert kein vergleichbares Wort, mit dem sich diese Verschiebung

---

curul.) Aiunt aediles: „… si quid autem post venditionem traditionemque deterius emptoris opera familiae procuratorisve eius factum erit …".

122 Die etymologische Herleitung von *famulus* ist nicht unumstritten, eine Verwandtschaft aber überaus wahrscheinlich. Die gemeinsame Wurzel dürfte ein Inbegriff für das bäuerliche Wirtschaftsgut sein.

123 Ulp. D. 50, 16, 40, 2 (56 *ad ed.*) *Familiae appellatione liberi quoque continentur.* – Von der Bezeichnung ‚Gesinde' werden auch Freie eingeschlossen.

124 S. soeben Fn. 120; zudem Ulp. D. 21, 1, 25, 2 (1 *ad ed. aedil. curul.*) *Familiae appellatione omnes qui in servitio sunt continentur, etiam liberi homines, qui ei bona fide serviunt, vel alieni: accipe eos quoque qui in potestate eius sunt.* – Die Bezeichnung ‚Gesinde' umfasst hier alle, die dem Käufer als Sklaven dienen, auch freie Menschen, die ihm ganz wie Sklaven dienen, oder fremde Sklaven. Auch die musst du dazu rechnen, welche in der Hausgewalt des Käufers stehen.

125 So Wacke, SZ 135 (2018), 261–333, 292.

126 Zum Interdikt *unde vi* Ulp. D. 43, 16, 1, 20 (69 *ad ed.*) *Si filius familias vel mercennarius vi deiecerit, utile interdictum competit.* – Wenn ein Haussohn oder ein Tagelöhner [jemanden] mit Gewalt [von einem Grundstück] vertrieben hat, steht [gegen den Hausherrn] ein analoges Interdikt zu.

127 So bei der *actio redhibitoria*, s. soeben Fn. 124; überdies Ulp. D. 21, 1, 31, 15 (1 *ad ed. aedil. curul.*) *Idem Pedius ait familiae appellatione et filios familias demonstrari: facta enim domesticorum redhibitoria agentem praestare voluit.* – Pedius sagt, mit der Bezeichnung ‚Gesinde' seien auch die Haussöhne gemeint. Das Edikt hat nämlich gewollt, dass auch für die Handlungen seiner Hausangehörigen einstehen muss, wer auf Wandlung klagt.

128 Ulp. D. 50, 16, 195, 2 (46 *ad ed.*) … *iure proprio familiam dicimus plures personas, quae sunt sub unius potestate aut natura aut iure subiectae, ut puta patrem familias, matrem familias, filium familias, filiam familias quique deinceps vicem eorum sequuntur, ut puta nepotes et neptes et deinceps* … – Mit Blick auf ihre besondere rechtliche Verbindung nennen wir mehrere Personen *familia*, die in der Gewalt eines einzelnen stehen, der sich durch die Natur oder das Recht unterworfen sind, so etwa *paterfamilias, materfamilias, filiusfamilias, filiafamilias*, und diejenigen, welche sodann auf diese folgen, wie etwa Enkel und Enkelinnen und so fort …

129 Wacke, SZ 135 (2018), 261–333, 293 fasst unter seine Übersetzung mit ‚Gesinde' nur die mitarbeitenden Kinder.

130 Abermals Ulp. D. 50, 16, 195, 2 (46 *ad ed.*) … *communi iure familiam dicimus omnium adgnatorum* … – Hinsichtlich ihrer allgemeinen rechtlichen Verbindung nennen wir alle Agnaten *familia* …

abbilden ließe. Der Genese der genannten Regelungen wird ‚Gesinde' weiterhin gerecht, es lassen sich darunter aber die Hauskinder nicht begreifen. Spricht man von Gewaltunterworfenen, verdeckt man zwar einen Auslegungsvorgang, erfasst aber alle Personen, die infolge dieses Vorgangs gemeint sind.

Unter der Voraussetzung eines inhaltlichen Zusammenhangs zwischen *principium* und § 1[131], der neben dem Sklaven zugleich den Haussohn nennt, dürfte *familia* auch hier die Gewaltunterworfenen, freie wie unfreie, bezeichnen. Zutreffend erscheint dies auch dann, wenn man die möglichen Rechtsfolgen eines Spiels unter Beteiligung von Gewaltunterworfenen in den Blick nimmt, die sich für Haussöhne und Sklaven regelmäßig nicht grundlegend unterscheiden.

Die in § 1 unmittelbar folgenden Ausführungen zur Rückforderung verlorener Spieleinsätze machen wahrscheinlich, dass im Falle eines Spiels bei Tisch eine *repetitio* nicht stattfinden sollte. Nur wenn ein Sklave oder Haussohn unter anderen Umständen einen geldwerten Gewinn vereinnahmt hatte, kam eine Rückforderung in Betracht. Die Erlaubnis zu spielen mag aber auch die Möglichkeit weiterer Klagen ausgeräumt haben, die das Glücksspiel Gewaltunterworfener begründen kann. Zu denken ist insbesondere an die im voraufgehenden Digestentitel 11, 3 enthaltene und von Paulus im selben Buch seines Ediktskommentars behandelte *actio servi corrupti*[132], deren Tatbestand durch das Verleiten zum Glücksspiel verwirklicht werden kann[133]. Diese will der Jurist ebendort als *actio utilis* auch im Falle des Korrumpierens von Hauskindern geben. Zwar zählten Kinder nicht zum Vermögen, doch habe der Vater ein im Wege der Schätzung bezifferbares Interesse daran, dass sie sittlich nicht verdorben würden[134]. Zur Sprache bringt Paulus dabei auch eine

131 Zur gegenteiligen Annahme unten, 163 ff.

132 Schoenhardt, Alea, Über die Bestrafung des Glücksspiels im älteren römischen Recht, 87.

133 Paul. D. 47, 10, 26 (19 *ad ed.*) *Si quis servum meum vel filium ludibrio habeat licet consentientem, tamen ego iniuriam videor accipere: veluti si in popinam duxerit illum, si alea luserit. sed hoc utcumque tunc locum habere potest, quotiens ille qui suadet animum iniuriae faciendae habet. atquin potest malum consilium dare et qui dominum ignoret: et ideo incipit servi corrupti actio necessaria esse.* – Wenn jemand meinen Sklaven oder Sohn zum Gespött macht, obgleich mit dessen Willen, werde doch ich als die Ehrverletzung erleidend angesehen, etwa wenn er ihn in eine Kneipe geführt und hat Würfel spielen lassen. Das kann aber nur dann statthaben, wenn der, der ihn verführt, die Absicht hat, eine Ehrverletzung zu begehen. Auch wer den Herrn nicht kennt, kann einen schlechten Rat geben, und dann wird die Klage wegen Korrumpierens eines Sklaven notwendig.

134 Paul. D. 11, 3, 14, 1 (19 *ad ed.*) *De filio filiave familias corruptis huic edicto locus non est, quia servi corrupti constituta actio est, qui in patrimonio nostro esset, et pauperiorem se factum esse dominus probare potest dignitate et fama domus integra manente: sed utilis competit officio iudicis aestimanda, quoniam interest nostra animum liberorum nostrorum non corrumpi.* – Wegen Korrumpierens eines Haussohnes oder einer Haustochter findet dieses Edikt keine Anwendung, weil die Klage wegen Korrumpierens von Sklaven geschaffen worden ist, die zu unserem Vermögen gehören; in diesem Bereich kann der Eigentümer auch unter Wahrung von Würde und Ansehen seines Hauses beweisen,

soziale Herabwürdigung des Hausvaters. Das für den Gewalthaber ehrenrührige Verführen eines Haussohnes oder Sklaven zum Würfelspiel konnte dementsprechend eine *actio iniuriarum* zeitigen[135]. Dass auch dieser Rechtsbehelf im Falle eines Spiels bei Tisch ausgeschlossen sein sollte, wird man annehmen dürfen.

Gewaltunterworfene konnten jedoch nicht einzig aufseiten des Geschädigten, sondern auch des Schädigers auftreten. Weckten sie bei einem vom *paterfamilias* gekauften Sklaven die Neigung zum Glücksspiel, so hatte der Hausvater im Falle der Wandlung Ausgleich für die moralische Verschlechterung des Sklaven zu leisten[136]. Gleichgültig war dabei, ob andere Sklaven oder aber Hauskinder die Korrumpierung verursacht hatten[137]. Dass diese Ausgleichsforderung im Rahmen der *actio redhibitoria* nicht verfiel, wenn der Sklave lediglich um Nahrungsmittel gespielt hatte, darf als plausibel gelten.

Jedenfalls lässt sich bei allen genannten, mit dem Glücksspiel in Bezug stehenden Rechtsmitteln ein weitgehender Gleichlauf der Behandlung von Sklaven und Hauskindern beobachten. Dass, sofern *familia* echt ist, die ausnahmsweise Erlaubnis des Spiels bei Tisch für beide galt, ist danach überwiegend wahrscheinlich. Es ergibt sich so ein plausibler Sinngehalt für die Lesart mit *familia*: Klagen, die durch das Verleiten Gewaltunterworfener zum Glücksspiel begründet werden konnten, sollten gesperrt sein, wenn nur bei Tisch um Speis und Trank gespielt worden war. Zu klären bleibt, ob sich dieses Verständnis sprachlich mit dem überlieferten Text vereinbaren lässt.

Im Verein mit *ludere* ließe sich die Konstruktion als Nominativ mit Infinitiv (NcI) auffassen. Diesen regiert das Verb *permittere* gerade nicht, jedoch steht es nach seiner Bedeutung einer Gruppe von Verben des Verbietens und Gestattens nahe, mit deren passiven Formen der NcI regelmäßig zusammentritt (etwa *sinere*, *vetare* oder *iubere*). Diese zeichnet aus, dass sie im Aktiv mit einem uneigentlichen AcI[138] stehen. Auch das ist für *permittere* ganz untypisch und nur sehr vereinzelt[139]

er sei ärmer geworden. Aber eine analoge Klage, in welcher der Richter von Amts wegen die Schätzung vornimmt, ist gegeben, weil wir ein Interesse daran haben, dass der Charakter unserer Kinder nicht korrumpiert wird. S. außerdem soeben Fn. 133.

135 S. soeben Fn. 133.

136 Ulp. D. 21, 1, 25, 6 (1 *ad ed. aedil. curul.*) *Hoc autem, quod deterior factus est servus, non solum ad corpus, sed etiam ad animi vitia referendum est, ut puta si imitatione conservorum apud emptorem talis factus est, aleator forte vel vinarius vel erro evasit.* – Die Voraussetzung aber, dass der Sklave verschlechtert worden ist, ist nicht nur auf den Körper, sondern auch auf psychisch-geistige Mängel zu beziehen, zum Beispiel darauf, dass er beim Käufer durch Nachahmen seiner Mitsklaven so geworden ist, etwa sich zum Würfelspieler, zum Trinker oder zum Herumtreiber entwickelt hat.

137 S. soeben Fn. 127.

138 D.h. der Akkusativ des AcI lässt sich als Objekt des regierenden Verbs verstehen, vgl. Kühner, Grammatik, Teil II, Bd. 1, 715 ff.

139 Etwa bei Ulp. D. 47, 10, 13, 7 (57 *ad ed.*) … *si quis re mea uti me non permittat* …

oder aber erst nachklassisch überliefert[140]. Eine allgemeine Tendenz zur Annäherung von *permittere* an die vorgenannte Gruppe lässt sich insofern nicht ausmachen.

Unter Paulus' Namen findet sich *permittere* in den Digesten insgesamt 40 Mal, dabei meist ohne persönlich bezeichnetes Objekt. Nennt er ein Objekt, so steht dieses ganz überwiegend im Dativ (15 Mal)[141]. Ein AcI findet sich einmal[142], ein klar als solcher erkennbarer NcI nur beim Sentenzenverfasser[143]. Einmal werden die Adressaten der Erlaubnis auch bei Paulus durch einen Nominativ repräsentiert, dort aber wohl bedingt durch weitere Satzglieder: D. 3, 3, 45, 1 (9 *ad ed.*) *Qui ita de publico agunt, ut et privatum commodum defendant, causa cognita permittuntur procuratorem dare* ... Hier bezieht sich *permittuntur* zwar zurück auf *qui*, dieses nimmt die Nominativform aber als Subjekt der beiden voraufgehenden Verben an. Der sich aus *qui* und *procuratorem dare* ergebende NcI könnte Ausdruck konzisen Stils oder auch das Resultat kompilatorischer Kürzung sein. Einen belastbaren Nachweis für einen NcI in Paulus' Sprachgebrauch liefert der Satz daher nicht.

Auch bei Paulus' Zeitgenossen Ulpian[144] steht in Infinitivkonstruktionen mit *permittere* im Passiv der Adressat der Erlaubnis verlässlich im Dativ (55 Mal), nach seiner Überlieferung gebraucht diesen auch das Edikt[145]. Ein einziges Mal findet sich bei Ulpian der Nominativ, D. 46, 3, 1 (43 *ad Sab.*) ... *permittitur ergo creditor constituere, in quod velit solutum* ... Anders als beim fraglichen *familia* stimmen die Handschriften hier in der Nominativform *creditor* überein. Gänzlich auszuschließen ist ein NcI für die Spätklassik somit nicht. Überhaupt setzen die Juristen den NcI mancherorts, wo die Schulgrammatik anderes verlangte[146].

Andernorts findet sich ein NcI mit *familia* als Nominativ an herausgehobener Stelle, der Digestentitel 47, 6 ist überschrieben mit *si familia furtum fecisse dicetur*. Regiert von *dicetur*, begegnet der NcI im Edikt häufig, sodass Paulus möglicherweise auch aus einem ungefähr wie folgt lautenden Satz wörtlich zitiert haben könnte: *Si*

140 C. 1, 5, 4, 6 Arcad./Honor. *Sed nec filios heredes existere aut adire permittimus, nisi a paterna pravitate discesserint: delicti enim veniam paenitentibus damus.*

141 S. etwa D. 39, 6, 9 (3 ad Sab.): *Omnibus ... capere permittitur.*

142 Paul. D. 3, 3, 41 (9 *ad ed.*) *Feminas pro parentibus agere interdum permittetur* ...

143 Paul. D. 7, 1, 60, 1 (5 *sent.*) = PS 5, 6, 8b ... *ipse frui permittitur.*

144 Außer der Zeit verbindet beide, dass sie hohe Ämter unter denselben Kaisern bekleideten. Ein gegenseitiger Austausch darf daher vorausgesetzt werden. Es lassen sich sodann auch stilistische Gemeinsamkeiten zwischen beiden Juristen feststellen, W. Kalb, Roms Juristen, nach ihrer Sprache dargestellt, Leipzig 1890, 136.

145 Ulp. D. 43, 20, 1, 38 (70 *ad ed.*) *Ait praetor: „Quo ex castello illi aquam ducere ab eo, cui eius rei ius fuit, permissum est ...“*

146 Kalb, Das Juristenlatein, Neudruck der 2. Auflage von 1888, 81, mit dem hier passenden Beispiel Pomp. D. 30, 26, 2 (5 *ad Sab.*): *partem dare heres conceditur*; ferner Ulp. D. 4, 9, 3, 1 (14 *ad ed.*): *innotesceret praetor curam agere.*

in id, quod in convivio vescendi causa ponitur, familia lusisse dicetur, iudicium non dabo[147]. Darüber lässt sich jedoch nur mutmaßen.

Sollte die Erlaubnis zu spielen an die *familia* als Adressatin gerichtet gewesen sein, wäre der Dativ, also *familiae*, zu erwarten. Diese Endung aber ist allen von Mommsen herangezogenen Handschriften unbekannt. Gleichwohl emendierten so, im Anschluss an Cujaz oder Gothofredus[148], viele Digestenausgaben vor der Mommsen'schen[149]. Der Überlieferung durch die jüngeren Vulgathandschriften folgend, kann man einen NcI annehmen. Dem widerstreben indes die Akkusativformen der ältesten erhaltenen Handschriften, nämlich das *familias* der Florentina, welches der Emendator des Pariser Codex in den Singular setzt: *familiam*. Keine der Korrekturen ist gegenüber den anderen klar vorzuziehen.

2. Die Umstände des erlaubten Spiels

Möglich erscheint auch, dass der Erlaubnissatz keinen näher bestimmten Adressatenkreis nennen sollte. Mit *familia* könnte eine Eingrenzung des gesellschaftlichen Rahmens gemeint sein, in dem das Spiel um Essen und Trinken gestattet war. Gespielt werden dürfte dann, wie Windscheid formuliert, „im häuslichen Kreise"[150]. Was aber sollte Anlass zu dieser Regelung gegeben haben? Sofern lediglich die Angehörigen eines Haushalts untereinander spielten, scheiterte eine *repetitio*, wie sie die §§ 1 und 2 besprechen, gleichfalls die *actio servi corrupti* oder die *actio iniuriarum* daran, dass Hausangehörige untereinander keine klagbaren

147 Wenn vorgetragen wird, dass Gewaltunterworfene um das gespielt haben, was bei einem geselligen Mahl zum Verzehr aufgetischt wird, werde ich keine Klage erteilen.

148 Auf wen die Konjektur *familiae* zurückgeht, lässt sich kaum mehr rekonstruieren, da die Recitationes in Libros IV Priores Codicis des Cujaz nicht datiert sind. Dort korrigiert er mit den Worten: *in eam rem familia ludere permittitur, id est familiae permittitur ludere in eam rem: est Graecus mos loquendi*, Opera, Bd. X, Sp. 948. Verschriftlicht erscheinen die Recitationes postum, doch fällt Cujaz' Befassung mit dem Codex, soweit bekannt, in die Zeit vor Erscheinen der Glossa ordinaria des Gothofredus im Jahr 1583. Die Recitationes solemnes in librum II ad IX Codicis hält er zwischen 1561 und 1578; die Commentarii ad tres postremos libros Codicis Justiniani stammen von 1562. Im Aufbau der fraglichen Vorlesung sehr ähnlich ist der einschlägige Abschnitt der Paratitla in libros IX Codicis Justiniani repetitae von 1579, Opera, Bd. II, Sp. 184ff. Die Recitationes solemnes zu Paulus' Ediktskommentar, in deren Verlauf er zu der Auffassung gelangt, *familia* sei irrig in den Text gelangt, beginnt er im Jahr 1584, also bereits nach der ersten Ausgabe des Gothofredus, und schließt sie im Februar 1585 ab.

149 Noch 1592 hat die in Venedig erschienene Ausgabe der Glosse *familia*. Ohne seine Lesart als Korrektur zu bezeichnen, las Cujaz zuvor *familiæ*, spätere Ausgaben der Glosse ebenfalls, so auch Lyon 1627. Zustimmend Pantoja de Aiala, Commentaria in L. IV, D. De aleatoribus, in: Otto (Hrsg.), Thesaurus iuris Romani, Bd. 4, 995.

150 Lehrbuch des Pandektenrechts, Bd. II, 3. Aufl., 530f. Fn. 6. In späteren Auflagen ist dieser einschränkende Zusatz entfallen.

Obligationen erzeugen können. Die Erlaubnis wäre dann indes sinnvoll, wenn ein strafbewehrtes Verbot existierte, das Glücksspiel also nicht nur privatrechtlich, sondern strafrechtlich relevant war. In literarischen Quellen ist für das ältere Recht zwar durchaus von einem *crimen* die Rede[151], doch berichten uns die Juristen darüber nichts.

Windscheid las *familia* offenbar als Ablativ. Als bloßer Ablativ, ohne Präposition, ist die Form in den juristischen Quellen überaus selten. Mit Präposition findet sie sich in den Digesten 117 Mal (im gesamten *Corpus iuris* 149 Mal), ohne Präposition lediglich 2 Mal (im übrigen *Corpus iuris* weitere 2 Mal). Sie tritt dabei als echter Ablativ in Erscheinung und kennzeichnet eine Entfernung von der *familia*[152]. Sinngemäß trifft das auch für die einzige grammatikalisch einschlägige Äußerung des Paulus zu, welche von der *capitis deminutio minima* handelt: D. 4, 5, 7 pr. (11 *ad ed.*) ... *legitimae tutelae ex duodecim tabulis intervertuntur eadem ratione, qua et hereditates exinde legitimae, quia adgnatis deferuntur, qui desinunt esse familia mutati*[153]. Für eine Änderung des Status ist *mutare* mit bloßem Ablativ auch andernorts belegt[154]. Der Bedeutung nach lässt sich auch hier an die Entfernung von der vorigen *familia* denken, gleichermaßen an eine Verwandtschaft mit dem Ablativ der Herkunft[155], mit dem Familie und Stand angegeben zu werden pflegen. Letztlich dürfte es sich aber um einen Ablativus respectus handeln, der anzeigt, in welcher Hinsicht die Genannten sich verändert haben. Es bezeichnet *familia* so den personenrechtlichen Bereich, in dem sich eine Änderung vollzieht.

---

151 So lässt sich insbesondere das Verfahren gegen Licinius Denticulus bei Cic. phil. 2, 56 verstehen, dazu Schoenhardt, Alea, 45 ff.; Ovid, Tristia 2, 471 f. *sunt aliis scriptae, quibus alea luditur, artes: | hoc erat ad nostros non leve crimen avos.* Ein schwaches Indiz dafür, dass auch das spätklassische Recht eine Kriminalstrafe kannte, findet sich im anonymen frühchristlichen Traktat des Ps. Cyprianus, De aleatoribus, 6, 18–20: *alea est quam lex odit, alea est quam insequitur crimen ignobile, ubi manifesta temptatio et poena occulta.* Die Schrift wurde wahrscheinlich in der zweiten Hälfte des dritten Jahrhunderts verfasst, Nucci, Pseudo Cipriano, Il gioco dei dadi, 21; ähnlich Doignon, HLL 5 (1989), § 591.2, 506 f.; Harnack, Der pseudocyprianische Tractat De aleatoribus, 35 f., will unter der angeführten *lex* das Gesetz Gottes verstehen.

152 Gai. D. 9, 2, 32 pr. (7 *ad ed. provinc.*) ... *tota familia dominus careat*; C. 8, 47, 9 Diocl./Maxim. AA. et CC. Marciano. *Adoptatum, licet ex beneficio nostro, emancipatione sollemni separare familia sua pater adoptivus minime prohibetur*; C. 8, 47, 10 pr. Iust. A. Iohanni pp. ... [*adoptivus*] *per emancipationem eius familia exemptus est* ...

153 Übersetzung: Die gesetzlichen Vormundschaften nach den Zwölftafeln erlöschen aus demselben Grund wie auch das Erbrecht nach diesem Gesetz, weil zu ihnen die im Mannesstamm Verwandten berufen werden, die dies nicht mehr sind, wenn sie ihre Familie gewechselt haben.

154 Vgl. *lex Salpensiana* XXII f.: *civitate mutatus mutata.*

155 Ablativus originis, vgl. etwa Cic. Verr. 2, 5, 180: *consulari familia, nobili genere natus.*

Weder unter dem Aspekt der Trennung noch der Hinsicht lässt sich unsere Stelle verstehen. Ein Ablativ, der inhaltlich passend und sinngemäß mit ‚im Kreise der *familia*' zu übersetzen wäre, lässt sich nicht nachweisen. Insbesondere würde der Ablativus sociativus (‚in Gemeinschaft mit der *familia*'), der besonders beim Wetteifern Verwendung findet, die Präposition *cum* erfordern[156]. Der Ablativ darf daher als unwahrscheinlich gelten. Ihm gegenüber wären AcI und NcI vorzuziehen. Eine Entscheidung zwischen diesen kann bei inhaltlicher Betrachtung unterbleiben, da beide Konstruktionen in der Sache übereinstimmen: Die *familia* darf spielen.

Obschon die Umstände des Spiels nach dieser Lesart nicht aufgehellt werden, kann man Vermutungen anstellen. Wacke entwirft das plausible Bild eines standesgemäß einfachen Mahls unter Bediensteten verschiedener Haushalte, bei dem darum gespielt wird, wer die Zeche übernimmt[157]. Angesichts des sogleich in § 1 genannten *filiusfamilias* lässt sich zweifeln, ob der Regelungsbereich der Erlaubnis sich darin erschöpfte. Ein freundliches Zusammenleben der Herrenfamilie mit ihren Sklaven kann für die Kaiserzeit zumindest nicht als Normalfall unterstellt werden[158], Haussöhne werden nicht allein deswegen auch in anderer Gesellschaft gespielt haben. Damit ist wiederum die Frage nach dem Adressatenkreis des Erlaubnissatzes aufgeworfen. Dass allein die *familia* bei gemeinsamen Mahlzeiten spielen durfte, die bessergestellten Freien *sui iuris* hingegen nicht, erscheint wenig plausibel[159]. Insofern hätte die Aussage klarstellenden Charakter: Um (den Preis für) Speisen dürfen *auch* die Gewaltunterworfenen spielen.

---

156 Kühner, Grammatik, Teil II, Bd. 1, 407 u. 507 f.

157 Wacke, SZ 135 (2018), 261–333, 292 f. In einem ähnlichen Sinne bereits Ziegler, De arte lusoria, in: Richter (Hrsg.), Consiliorum Et Responsorum Juris, Bd. 2, 1396 (Consilium CCCCCIV): „so man guter Freundschaft halber zu einer ehrlichen Zech, oder andere Kurzweil zu haben, spielet".

158 Marquardt, Das Privatleben der Römer, T. 1, 175 ff.; Brockmeyer, Antike Sklaverei, 178 ff.; Kaser I, 283 f.

159 Auch ein Zusammenhang mit den Saturnalien lässt sich nicht völlig ausschließen. *Convivium* könnte sich auf ein *convivium publicum* beziehen, das während dieser Feiertage üblicherweise stattfand. Zudem wurden gerade den Sklaven besondere Freiheiten zuteil, Macrob. 1, 7, 26: *Saturnalibus tota licentia servis permittitur* [!]; Macrob. 1, 10, 22: *Philochorus* [FGrH 328 fr. 97] *Saturno et Opi primum in Attica statuisse aram Cecropem dicit eosque deos pro Iove terraque coluisse instituisseque ut patres familiarum et frugibus et fructibus iam coactis passim cum servis vescerentur* [!], *cum quibus patientiam laboris in colendo rure toleraverant.* Wenn aber für die Saturnalien eine Gleichbehandlung der Sklaven charakteristisch ist, wäre eine Regelung, die allein diesen das Spiel um Speisen gestattet, nur dann vonnöten, wenn dieses Spiel den Freien ohnedies erlaubt war. An den Saturnalien war darüber hinaus selbst das Spiel um Geld erlaubt. Wenn nun den Sklaven diese Ausnahme nicht zugutekäme, widerspräche das dem Grundgedanken ihrer Gleichstellung während der Festivitäten. Anders Wacke, SZ 135 (2018), 261–333, 293.

3. Der Spieleinsatz

Im Zentrum der Aussage des Paulus steht – mit oder ohne das verdächtige Wort *familia* – die Sache, um die gespielt werden darf. Wegen der unterschiedlichen in den Handschriften zu findenden Endungen ist sodann auch nicht schlichtweg ausgeschlossen, dass sich *familia* ursprünglich attributiv auf das vorangehende *rem* bezog, also: *in eam rem familiarem ludere permittitur*[160]. Das ließe sich damit erklären, dass der Schreiber der Florentina (oder deren Vorlage), der soeben erst das Wort *rem* geschrieben hatte, die Endung *-rem* vergaß oder beim Hören des Diktats als nicht niederzuschreibende Wiederholung auffasste. Zu übersetzen wäre sodann: Um diese Vermögensgegenstände, d. h. Speis und Trank, darf gespielt werden. Es wäre dann nicht die Rede von einer Erlaubnis, die sich auf die *familia* als Adressatin oder Gemeinschaft der Mitspieler bezieht, sondern von einer Sonderregelung, die den Einsatz betrifft[161].

Auch so verstanden schließen die beiden Paulusstellen im Titel *de aleatoribus* (D. 11, 5, 2, 1 und 4) gut aneinander an: *Senatus consultum vetuit in pecuniam ludere* und *in eam rem (familiarem) ludere permittitur* bilden dann ein Gegensatzpaar aus Verbot und Ausnahme: Um Geld zu spielen, ist untersagt, um Speisen zu spielen, ist erlaubt. Ausnahmsweise darf eine geldwerte Sache als Spieleinsatz verwendet werden. Dazu passt auch die Betonung, die durch die Satzstellung erzeugt wird. Im Zentrum von D. 11, 5, 4 pr. steht *in eam rem*, die erste Hälfte des Satzes dient allein deren Beschreibung. Einfacher hätte Paulus andernfalls schreiben können: *In id, quod in convivio vescendi causa ponitur, (familia) ludere permittitur*. Mit *in eam rem* wird hervorgehoben, dass man um gerade diese Sache ausnahmsweise spielen darf. Um den (insoweit unstrittigen) Sinn von Paulus' Aussage zu tragen, ist die Formulierung nicht erforderlich, *in id* hätte genügt. Anders verhält es sich, wenn das verdächtige *familia* sich ursprünglich auf die *res* bezog. Nahe läge dann die *res familiaris*[162]. Gemeinhin zur Bezeichnung des (Gesamt-)Vermögens gebraucht, könnten mit dem Ausdruck hier bestimmte (einzelne) Vermögensgegenstände gemeint sein. Paulus' Gedankengang wäre dann dieser: Um geldwertes Vermögen (*pecunia*) zu spielen, ist verboten. Zum Vermögen zählen zwar auch Speisen, um diese aber darf man spielen.

---

160 So, ohne Begründung, Ziegler, De arte lusoria, 1396.

161 Dasjenige, was alsbald verzehrt werden kann, darf auch ein Träger hoher Ämter als Gastgeschenk zulässigerweise annehmen, Ulp. D. 1, 16, 6, 3 (*de off. procons.*); Mod. D. 1, 18, 18 (5 *reg.*). Dass Speisen und Getränken von bestimmten Verboten ausgenommen waren, galt also über Standesgrenzen hinweg.

162 Auch Ps. Cyprianus, Aleat. (s. oben, Fn. 151 a. E.), 6, 15 ff. stellt die *res familiaris* eng mit dem Spiel *in alea* zusammen, das eine Gefahr für jene sei: *O nequam manus in perniciem Domini sui armata, quae sordidissimis aeris totam substantiam perdit et cum tot essent augendae rei familiaris et multarum abundantiae opes, modo inops et pauper est. Alea est quam lex odit …*

Die Ausnahme vom Verbot des Spiels *in pecuniam* klarzustellen war nötig, da *pecunia* denkbar weit verstanden und auf alle, selbst unkörperliche *res* bezogen werden konnte[163]. Wenigstens im Kontext von Opfergaben ließen sich darunter gerade Lebensmittel begreifen[164]. Dass diese näher bestimmten Vermögensgegenstände mit *res familiaris* bezeichnet werden konnten, erscheint jedoch zweifelhaft. Wie die *pecunia*, auf die Paulus möglicherweise Bezug nimmt, ist die *res familiaris* ein Inbegriff für das (private) Vermögen. Anders als *pecunia* wird *res familiaris* aber nirgendwo mit dem adjektivisch gebrauchten Demonstrativpronomen (*ea*) verwendet. Eine bestimmte Summe Geldes wird häufig *ea pecunia* genannt[165]. Hingegen sucht man *ea res familiaris* auch außerhalb der juristischen Quellen vergeblich. Dass Speis und Trank vom Verbot des Spiels um *pecunia* auszunehmen waren, steht fest. Damit der Satz diesen Sinn trägt, ist das Adjektiv *familiaris* indes nicht erforderlich.

Die Formulierung *in eam rem* lässt sich außerdem auch als Ausdruck lesen, der severische Hofjuristen, eventuell gerade Paulus ausweist. Von den sechs Codexstellen, in denen die drei Wörter in dieser Form begegnen, stammt die erste von Septimius Severus, als der junge Caracalla gerade zum Mitregenten erhoben worden war[166], die folgenden drei entfallen auf diesen selbst[167], sodann je eine auf Severus Alexander[168] und Gordian III.[169]. Zur Zeit all jener Konstitutionen, mit Ausnahme

---

163 Hermog. D. 50, 16, 222 (2 *iuris epit.*) *„Pecuniae" nomine non solum numerata pecunia, sed omnes res tam soli quam mobiles et tam corpora quam iura continentur.* – Von der Bezeichnung *pecunia* wird nicht allein bares Geld erfasst, sondern alle Sachen, sowohl unbewegliche wie bewegliche, sowohl körperliche Sachen als auch Rechte. – Die unkörperlichen Sachen schließt aus Ulp. D. 50, 16, 178 (49 *ad Sab.*) *Pecuniae verbum non solum numeratam pecuniam complectitur, verum omnem omnino pecuniam, hoc est omnia corpora: nam corpora quoque pecuniae appellatione contineri nemo est qui ambiget.* – Das Wort *pecunia* umfasst nicht allein bares Geld (*pecunia numerata*), sondern überhaupt jegliches Geld, das heißt alle körperlichen Sachen, denn niemand wird zweifeln, dass auch körperliche Sachen von dem Begriff *pecunia* erfasst werden.

164 Festus stellt darüber hinaus einen Zusammenhang zur *res familiaris* her: *Pecunia sacrificium f<ieri dicitur, cum> --- tumque causa mola pu--- cio, quia omnis res fam<iliaris, quam nunc pecuniam> dicimus ex his rebus con<stat>* (Lindsay, Sexti Pompei Festi De verborum significatu quae supersunt cum Pauli epitome, 286). Mit dem Exzerpt des Paulus Diaconus (ebd., S. 287) darf man sinngemäß lesen: Man sagt, ein Opfer werde aus der *pecunia* dargebracht, wenn Getreide und Obst hingegeben werden, da alles Vermögen (*res familiaris*), das wir jetzt *pecunia* nennen, aus diesen Gegenständen besteht. Siehe ferner eine Anmerkung des Pomponius Porphyrio, dass in einem Vers des Horaz *pecunia* als *res familiaris* zu verstehen sei, Meyer, Pomponii Porphyrionis Commentarii in Q. Horatium Flaccum, 285 (zu Horaz Epist. 1,15,46).

165 Bei Paulus etwa in D. 5, 4, 9 (3 *epit. Alf. dig.*) oder D. 17, 2, 65, 14 (32 *ad ed.*); im Wortlaut einer *exceptio* bei Iul. D. 19, 1, 25 (54 *dig.*).

166 Severus/Antoninus C. 4, 28, 2 (a. 198).

167 C. 4, 25, 1; C. 5, 75, 1 pr.; C. 8, 8, 1 (alle a. 212).

168 C. 9, 1, 3, 1 (a. 222).

169 Gord. C. 5, 62, 14, 1 (a. 239).

der zuletzt genannten, war Paulus wohl am kaiserlichen Hof tätig[170]. Eine besondere Betonung scheint mit *in eam rem* an keiner dieser Stellen beabsichtigt, sodass sie auch für unser Fragment nicht zu unterstellen ist.

4. Emendation *familia*] *alea*

Bereits Cujaz empfand *familia* als unpassend, korrekterweise müsse es *alea* heißen[171]. Bevor die Plausibilität dieser Emendation – die von der neuen deutschen wie niederländischen Übersetzung übernommen wird – in den Blick gerückt werden konnte, war zusammenzutragen, was gegen den überkommenen Wortlaut *familia* spricht. Das lässt sich nach dem oben Gesagten knapp fassen: Der Sinn des Satzes lässt sich nicht restlos aufklären, die inhaltlich plausibelste Deutung ließe den Dativ erwarten, der in keiner der bekannten Handschriften überliefert ist.

Sollte *familias* (so die Florentina) versehentlich in den Text gelangt sein, wäre dies zwar nicht mit Hörfehlern, möglicherweise aber mit einem Zeilensprung zu erklären. Geht man für Vorlagen der Florentina von einer ähnlichen Spaltenbreite[172] aus[173], so steht das zum *filius* gehörige *familias*, je nach Schrift mehr oder minder unmittelbar, aber doch recht verlässlich unter *ludere*, sodass wer diktierte, nachdem er *rem* vorgelesen und vielleicht kurz aufgeschaut hatte, in der nächsten Zeile weitergelesen haben könnte – zur Veranschaulichung der Text ohne *familias*, im Übrigen weitestgehend nach dem Muster der Florentina[174]:

PAULUSLIBRONONODECIMOADEDICTUMQUOD
INCOMBIBIOUESCENDICAUSAPONITURIN
EAMREMLUDEREPERMITTITURSISERUUS
UELFILIUSFAMILIASUICTUSFUERITPATRI
UELDOMINOCOMPETITREPETITIOITEMSI

---

170 Liebs, HLL 4 (1997), § 423, S. 151.

171 Cujaz, Opera Omnia, Bd. 5, Sp. 258: *verbum sane importunum est. Videtur Paulus non familia scripsisse, sed alia vel alea: nam promiscue dicebant, alia, & alea, ut alium, & aleum, quod vulgo alium.*

172 Für die fragliche *lex* zwischen 32 und 34 Zeichen pro Zeile.

173 Jenseits ihrer heuristischen Natur erscheint diese Annahme durch den Befund Lowes gerechtfertigt, dass ältere Vertreter einer Gruppe juristischer Codices, zu denen sich die Florentina zählen lässt, dieser in ihrer Herstellung und Erscheinung erheblich ähneln, Greek Symptoms in a Sixth-Century Manuscript of St. Augustine and in a Group of Latin Legal Manuscripts, Paleographical Papers 1907–1965, edited by L. Bieler, Bd. 2, 466–474, 470.

174 Unter Korrektur der Dittographie ‚*vescendendi*', aber unter Beibehaltung von ‚*combibio*', welches auch der Emendator nicht als Fehler erkannte und daher in der Vorlage gestanden haben mag.

Plausibler noch erscheint ein solcher Fehler bei folgender Anordnung, die ebenfalls die Spaltenbreite der Florentina beibehält:

INEAMREM
LUDEREPERMITTITURSISERUUSUELFILIUS
FAMILIAS

Sein Versehen fiel dem Diktanten sogleich auf, weshalb er korrekterweise mit *ludere* fortfuhr[175]. Wahrscheinlich korrigierte er seinen Fehler mündlich auch, dem Schreiber und Korrektor mag er dennoch entgangen sein. Ähnliche, wenngleich meist vom Schreiber gekennzeichnete oder vom Korrektor erkannte Zeilensprünge finden sich mit einer gewissen Regelmäßigkeit[176]. Zweifel an einer getreuen Überlieferung durch die Florentina schürt das dort unkorrigiert gebliebene *combibium*, ein Wort, das wenigstens das klassische Latein nicht kennt und auch in der späteren Latinität nur selten anzutreffen ist. In der Schreibweise *conbibium* begegnet es in zwei Werken der alten Kirche Spaniens[177], die frühestens ins siebte Jahrhundert datieren. Beide Schreibungen dürften sich aus der lautlichen Annäherung von *v* und *b* im Mittellateinischen erklären[178]. In griechisch geprägtem Gebiet, aus dem die Florentina stammt[179], mag man *combibium*, als von *combibere* abgeleitet, wegen συμπόσιον für inhaltlich korrekt gehalten haben[180]. In jedem Fall aber handelt es sich um eine Verderbnis, die im Scriptorium unbemerkt blieb. Selbiges lässt sich daher auch für *familias* nicht ausschließen.

---

175 Auffällig ist, dass die jeweils erste Hand der Codices *P* und *V* den Infinitiv *ludere* auslässt. Vor der Korrektur liest sich deren Text so, als sei der hier erwogene Zeilensprung nicht aufgefallen: *in eam rem familias permittitur*.

176 S. die Zusammenstellung von Pescani, Studi sul Digestum Vetus, BIDR (1981), 159–250, 181–190.

177 Hymnodia hispanica (CPL 2011), Hymnus 34. Post Dominicam Palmarum, Z. 6, dazu Szövérffy, Iberian Latin Hymnody. Survey and Problems, 27 ff.; Vitas sanctorum patrum Emeretensium (CPL 2069), hrsg. von Maya Sanchez, Buch 1, Z. 38, 69, 73, 75, wahrscheinlich verfasst zwischen 633 und 638, s. ebd., LV.

178 Zum sog. Betazismus s. Stotz, Handbuch zur lateinischen Sprache des Mittelalters, Bd. 3: Lautlehre, 267 ff. mit dem Beispiel *bibere* für *vivere*, 270.

179 Dazu Kaiser, Zur Herkunft des Codex Florentinus, in: Schmidt-Recla/Schumann/Theisen (Hrsgg.), Sachsen im Spiegel des Rechts. Ius Commune Propriumque, 39–57. Der von dems., Schreiber und Korrektoren des Codex Florentinus, SZ 118 (2001), 133–219, 179 ff., als Korrektor des betreffenden Abschnitts identifizierte Korrektor bedient sich regelmäßig des Griechischen.

180 Beides bedeutet dann gemeinsames Trinken, im Unterschied zu *convivium*, von *convivere*, zusammen speisen.

Streicht man *familia* indes, entzieht man der Passage den sachlichen Zusammenhang[181]. Man muss sich dann fragen, warum die Kompilatoren die beiden zweifellos mit Gewaltverhältnissen befassten §§ 1 und 2 an einen Satz angeschlossen haben sollten, der dieses Moments entbehrt. Die Reihung untereinander unabhängiger Einzelfälle ist für die römische Kasuistik zwar keineswegs untypisch, hat aber gegenüber der thematisch kohärenten Fassung mit *familia* keine überwiegende Wahrscheinlichkeit für sich. Indessen lässt sich der Erlaubnissatz auch als Abschluss der von Paulus in D. 11, 5, 2, 1 begonnenen Aufzählung verstehen, die allein durch den als Katene eingeschobenen Zusatz des Marcian unterbrochen worden war. Der Einschub erzeugt eine künstliche Zäsur, ohne die ein thematischer Zusammenhang innerhalb unserer Stelle sich nicht unmittelbar aufdrängte. In palingenetischer Reihung kann man ohne *familia* lesen:

(1) Senatus consultum vetuit in pecuniam ludere, praeterquam si quis certet hasta vel pilo iaciendo vel currendo saliendo luctando pugnando quod virtutis causa fiat.	Ein Senatsbeschluss verbietet, mit einem Geldeinsatz zu spielen, außer wenn jemand bei einem Kampfspiel darum streitet, etwa beim Speer- oder Wurfspießwerfen, beim Laufen, Springen, Ringen oder Boxen, was man betreibt, um sein sportliches Können zu beweisen.
(2) Quod in convivio vescendi causa ponitur, in eam rem ludere permittitur.	Was bei einem geselligen Mahl zum Verzehr aufgetischt wird, darum darf gespielt werden.
(3) Si servus vel filius familias victus fuerit, patri vel domino competit repetitio.	Wenn ein Sklave oder ein Haussohn verloren hat, steht dem Vater oder Herrn die Rückforderung zu.

Dabei wird eine gewisse Symmetrie innerhalb der ersten beiden Sätze augenscheinlich: *Vetuit in pecuniam ludere* am Anfang des ersten findet mit *in eam rem ludere permittitur* am Schluss des zweiten ein Kehrbild, *quod virtutis causa fiat* spiegelt sich in *quod vescendi causa ponitur*. Es zeigen sich so klare inhaltliche Bezüge. Merklich schwerer lässt sich der Übergang vom zweiten zum dritten Satz verstehen, selbst wenn man *familia* beibehält. Der geschilderte Fall, in dem ein Gewaltunterworfener unterliegt, kann keines der unmittelbar zuvor aufgezählten, erlaubten Spiele meinen, da aus diesen gerade keine *repetitio* erwächst. Satz (2) führt den Gedankengang aus (1) fort, (3) beginnt einen neuen.

181 Das kritisiert Wacke, SZ 135 (2018), 261–333, 296, zieht die hiernach erwogene Möglichkeit einer Anknüpfung an D. 11, 5, 2, 1 aber nicht in Betracht.

Mit Mommsen kann man zudem anführen, dass die griechischen Quellen *familia* nicht erwähnen, weder die alten, zum lateinischen Digestentext verfassten[182] Scholien noch der Basilikentext. Im Übrigen findet sich der uns überlieferte Text der Digesten beinahe wortgetreu wieder. Insbesondere gibt ein anonymes Scholion zu Bas. 60, 8, 3[183] den Inhalt der fraglichen Passage wieder, ohne dass dieser im Basilikentext festgehalten wäre. Dass der Scholiast den Text der Digesten vor sich hatte, kann daher kaum in Frage stehen. Das unterstreicht die Synopse[184]:

Bas. 60, 8, 3 Μαρκιανοῦ	Marcian. D. 11, 5, 3 (5 *reg.*)[185]
Ἐπὶ τούτοις	in quibus rebus
γὰρ	ex lege Titia et Publicia et Cornelia etiam
συνθηκίζειν ἔξεστιν.	sponsionem facere licet:
Scholion Nr. 3	
Ἐπὶ δὲ πάσῃ ἄλλῃ αἰτίᾳ,	sed ex aliis,
ἐν ᾗ μὴ περὶ ἀρετῆς φιλονεικοῦσί τινες,	ubi pro virtute certamen non fit,
οὐκ ἐπιτέτραπται συνθήκην τιθέναι,	non licet.
	Paul. D. 11, 5, 4 pr. (19 *ad ed.*)
εἰ μὴ ἄρα εἰς βρώσιμόν τι ποτὲ γίνεται ἡ συνθήκη, ὅταν ἐν συμποσίῳ τινὲς ὄντες ἐπὶ τῷ τὸν ἡττώμενον ἀγαγεῖν αὐτοῖς τινα τῶν βρωσίμων τὴν συνθήκην ἀποτίθενται. Καὶ αὕτη γὰρ ἔρρωται.	Quod in convivio vescendi causa ponitur, in eam rem [familia] ludere permittitur.

Übersetzen lässt sich unser Scholion wie folgt:

> In jedem anderen Fall, in dem man nicht um des sportlichen Könnens willen wetteifert, ist es nicht erlaubt, Wetten abzuschließen, außer wenn etwa um Speise gewettet wird, bei einem geselligen Mahl, wenn so gewettet wird, dass wer verliert, für die anderen Verzehrbares einbringe. Das ist nämlich gültig.

Der Scholiast gibt zunächst annähernd wörtlich den zweiten Satz von Marcian D. 11, 5, 3 (5 *reg.*) wieder, den der Basilikentext nicht überliefert. Einschränkend setzt er

---

182 De Jong, Using the Basilica, SZ 133 (2016), 286–321, 305 ff.

183 Scholion Nr. 3 Scheltema/Holwerda/van der Wal B VIII 3284/27–30 = Nr. 1 Heimbach V, 415.

184 Zur Verdeutlichung der Parallelen wurden Zeilenumbrüche eingefügt.

185 Übersetzung: Bei diesen Kampfspielen ist es nach der *lex Titia*, der *lex Publicia* und der *lex Cornelia* sogar erlaubt, in Stipulationsform Wetten abzuschließen; in anderen Fällen, in denen der Wettkampf nicht dem sportlichen Können dient, ist das nicht erlaubt.

dem hinzu, dass auch beim *convivium* (συμπόσιον) gespielt werden dürfe, welches die Basiliken ebenso wenig kennen. Indem er an die ausnahmsweise erlaubten Spiele *virtutis causa* aus D. 11, 5, 2, 1 anknüpft, stellt auch er den eben aus palingenetischer Sicht erblickten Zusammenhang her. Den Gehalt von D. 11, 5, 4 pr. gibt er dabei erschöpfend wieder. Einzig von der *familia* spricht er nicht.

Auch die Regel von der *lectio difficilior* führt nicht notwendig zur Bewahrung von *familia*[186]. Dem Prinzip zufolge ist unter den uns bekannten Überlieferungen die schwierigste Lesart die älteste – was für unsere Stelle durchaus zutrifft: Am beschwerlichsten ist das *familias* der Florentina zu lesen, die späteren Handschriften und Digestenausgaben glätten den Text, bis man bei der Konjektur *familiae* anlangt. Den Schluss, dass die Stelle mit *familias* dem Urtext entspricht, lässt die Regel nicht zu. Die älteste, den übrigen vorzuziehende Lesart ist vielmehr diejenige, die ein Schreiberversehen am plausibelsten macht.

Gelangt man nach alledem zu dem Ergebnis, dass *familia* zu tilgen ist, so bleibt schließlich die Frage nach einem Textausfall. Insbesondere ist die Vermutung von Cujaz zu überprüfen, dass Paulus *alea* geschrieben habe. Wer erneut die Basiliken heranzieht, stellt fest, dass man in der Parallelstelle nicht nur die *familia*, sondern auch das Würfelspiel vergeblich sucht. Bas. 60, 8, 4 besagt schlicht: Ἐπὶ τοῖς ἐδωδίμοις ἔξεστι παίζειν. – Um Speisen darf man spielen. Der dann folgende Text, der D. 11, 5, 4, 1 entspricht, erwähnt das Würfeln ebenso wenig, erst ein Scholion spricht von würfelnden *subiecti*[187]. Diese spielen indes nicht an einem Esstisch, sondern einem Würfeltisch, τάβλα[188].

Überall, wo im uns überlieferten Digestentext von *alea* die Rede ist (D. 11, 5, 1 pr.; 2; 4 sowie 4, 2), setzen die Basiliken verlässlich κύβος (bzw. davon abgeleitete Wörter: κυβεῦσαι, κυβεύοντες, in der Überschrift und den Scholien auch κόττος und Entsprechendes). Im Basilikentext werden diese Wörter sogar häufiger gebraucht als in den Digesten, in unserem Fragment aber gerade nicht. Wo die Digesten nur *ludere* (ohne *alea*) haben, da es um andere Spiele oder Wettstreite geht, nämlich in der vorangehenden Stelle aus Paulus' 19. Buch zum Edikt, D. 11, 5, 2, 1, setzen die Basiliken παίζειν.

Plutarch berichtet unter dem zugehörigen Substantiv παιδιά von anderen als reinen Glücksspielen beim *convivium*, nämlich ‚Wetten' der Gestalt, dass allen oder einzelnen Tischgesellen eine Aufgabe gestellt werde und diejenigen, die sie

186 Dennoch kann man mit Wacke, SZ 135 (2018), 261–333, 292, unter Berufung auf diese Regel den Vorzug von *familias* vor der Konjektur *alea* begründen.

187 Scholion Nr. 1 Scheltema/Holwerda/van der Wal B VIII 3285/8 = Nr. 2 Heimbach V, 416: ὑπεξούσιος ἢ δοῦλος κοττίσαντες.

188 Liddell/Scott, A Greek-English Lexicon, s. v. τάβλα. Gemeint sein könnte auch ein Spielbrett mit erhöhtem Rand, vgl. Schoenhardt, Alea, 2.

nicht erfüllen könnten, eine ‚Strafe' (ζημία) zu zahlen hätten[189]. Derlei Spiele wären vom Begriff der *alea* nicht ohne weiteres erfasst. Sofern die Strafe aber mit Speisen beglichen wurde, werden auch sie erlaubt gewesen sein. Insbesondere auch im Anschluss an D. 11, 5, 2, 1, wo Paulus gerade nicht vom Glücksspiel spricht, drängt sich die von Cujaz angenommene Beschränkung auf *alea* daher nicht auf.

Eine Verwechslung von *alea* und *familia(s)* im Scriptorium ist überdies nicht leicht vorstellbar; *alea* verbindet mit *familia* kaum mehr als eine ähnliche Endung (*-lea* und *-lia*) – Cujaz erwähnt nicht ohne Anlass die alternative Schreibweise *alia*[190]. Er selbst las im Digestentext zwar *familiae* statt *familia*, was die Ähnlichkeit mit *alea* um das gemeinsame *e* bereichert, das zu ersetzende Wort nach der Anzahl der Buchstaben aber nunmehr doppelt so lang macht wie das eingefügte.

Nach alledem ist die Emendation des Cujaz abzulehnen. Daran, dass es inhaltlich um *alea* im weiteren Sinne geht, nämlich um Spiele, bei denen die Gewinnaussichten meist nicht allein vom Können des Spielers abhängen, ändert das nichts[191]. Außer Frage steht auch, dass das Würfelspiel traditionell eines der häufigsten Spiele beim *convivium* war[192]. Zu eng aber grenzt man den Kreis dieser Spiele ein, wenn man *ludere* mit ‚würfeln' übersetzt[193].

Mit den griechischen Quellen, dem palingenetischen Zusammenhang sowie dem plausiblen Zeilensprung spricht schließlich mehr dafür, *familia(s)* zu tilgen[194].

---

189 Plut. quaest. conv. 1, 4, 3 (Mor. 621 D–622 A) beschreibt zunächst, wie eine Tischgesellschaft, um den Agamestor zu verhöhnen, dessen rechtes Bein verkümmert war, die Aufgabe stellte, jeder solle allein auf dem rechten Fuß stehend seinen Becher leeren. Daran erwartungsgemäß gescheitert, erwiderte Agamestor mit der Aufforderung an alle, mit dem rechten Bein in einem schmalen Tonkrug stehend auszutrinken. Plutarch illustriert mit der Anekdote, dass ein guter Gastgeber für geeignete Aufgaben Sorge zu tragen habe, die bestenfalls die Talente des Aufgeforderten zum Vorschein brächten.

190 S. oben, Fn. 171.

191 Wacke, SZ 135 (2018), 261–333, 296.

192 Das zeigt sich bereits bei Plautus Mil. 160–161; 164–165, der Periplectomenus seine Sklaven anherrschen lässt, jeden, der vom Dach hinab einen Blick in den Innenhof zu erhaschen suche, abzuhalten und dabei nicht zimperlich zu sein: *quemque a milite hoc videritis hominem in nostris tegulis,* | *extra unum Palaestrionem, huc deturbatote in viam.* […] *Atque adeo ut ne legi fraudem faciant aleariae,* | *adcuratote, ut sine talis domi agitent convivium.* – Seht ihr von den Leuten dieses Hauptmanns wen auf unserm Dach – | nur Palaestrio ausgenommen –, werft ihn auf die Straße hinab! […] Und damit sie nicht das Knöchelwürfelspielverbot umgehen, | Sorgt dafür, dass sie daheim beim Gastmahl ohne Knöchel sind! Übersetzung nach Rau, Plautus, Komödien, Bd. IV, 20 f. Viele Jahre später berichtet Sueton, dass Augustus eine Schwäche für das Würfelspiel gehabt und beim *convivium* gespielt habe, wohlgemerkt um Geld, Suet. Aug. 71.

193 Vgl. aber Wacke, SZ 135 (2018), 261–333, 291 mit Fn. 111, der darunter, weiter einschränkend, nur das Auslosen des Zahlungspflichtigen verstehen will.

194 Die Begrenzung des erlaubten Einsatzes auf Verzehrbares gewinnt so an Farbe: Beim Spiel allein im Kreise der *familia* wären für den *paterfamilias* ohnedies keine Vermögensverluste zu befürchten.

An der oben[195] entwickelten Wirkung, dass bestimmte Klagen durch den Erlaubnissatz ausgeschlossen waren, kann festgehalten werden. Hinzu tritt, dass auch Freien *sui iuris* das Spiel bei Tisch gestattet, eine *repetitio* von Spielverlusten auch unter diesen ausgeschlossen war.

5. Die einschlägige Klage

Die Natur der von Paulus behandelten Rückforderungsklage ist strittig. Lenel ging von einer eigens im Edikt *de aleatoribus* verheißenen Klage aus, andere von einer *vindicatio nummorum*[196], ersatzweise einer *condictio*[197]. Der Begriff *repetitio* lässt alle drei Deutungen zu, wenn aber Paulus ihn gebraucht, meint er damit ganz überwiegend die *condictio*[198].

Die Vindikation wäre ausgeschlossen, wenn eingesetztes Geld wirksam übereignet werden konnte. Für den zunächst genannten Fall (α), in dem ein Gewaltunterworfener verliert und (wie man gedanklich ergänzen muss) bezahlt, kommt es dabei auf das Spielverbot nicht notwendig an. Sklaven und Haussöhne können Münzen auch ihres Sonderguts nicht wirksam veräußern (ohne dazu eigens oder allgemein durch Verleihung der *libera administratio* ermächtigt zu sein)[199]. Solange die Münzen noch individualisierbar vorhanden sind, kann der Gewalthaber daher mit der *rei vindicatio* auf sie zugreifen.

Nicht die Ausnahme, sondern die Regel wird es aber gewesen sein, dass sich die Spur der Münzen bald im Geldverkehr verlor, sei es im Verlauf weiterer Spiele des Gewinners oder anderweitig[200]. Wenn die *rei vindicatio* daher an der *commixtio* oder *consumptio nummorum* scheiterte, kam eine Kondiktion in Betracht. Von dieser hat man teilweise angenommen, es handle sich um eine *condictio indebiti*[201]. Hier nun

---

Anderes gilt für das Spiel unter Gewaltfreien. Vgl. die Überlegungen bei Greco, Sul valore della posta in gioco in D. 11.5.4 pr. (Paul. 9 *ad ed.*) e C. 3.43.1.4, in: Fasolino/Palma (Hrsgg.), Il gioco nell'antica Roma. Profili storico-giuridici, 69–80, 73 f.

195 S. 155 f.

196 Zu dieser allgemein Gamauf, Vindicatio nummorum.

197 So bereits ein interlineares Scholion zu Bas. 60, 8, 4, Nr. 15 Scheltema/Holwerda/van der Wal B VIII 3287/8 = Heimbach V, 416, ἀπαίτησιν).

198 Außer hier 19 Mal in den Digesten (ein weiteres Mal aus den PS zitiert, 2 Mal außerdem in der Bedeutung von Wiederholung); darunter ist 15 Mal die *condictio* zu verstehen, 7 dieser Nennungen entfallen auf die Titel D. 12, 5 *De condictione ob turpem vel iniustam causam* und D. 12, 6 *De condictione indebiti*; einmal handelt es sich um das wörtliche Zitat eines Reskripts der Kaiser Septimius Severus und Caracalla, D. 22, 6, 9, 5 (*l. s. de iuris et facti ignor.*), an dessen Abfassung Paulus aber beteiligt gewesen sein könnte (s. oben, vor Fn. 170).

199 Wacke, Die *libera administratio peculii*, 276 ff.

200 Das nehmen auch Kuryłowicz, SZ 102 (1985), 185–219, und Wacke, SZ 135 (2018), 261–333, 298 an.

201 Cujaz, Opera Omnia, Bd. 5, Sp. 258; Wacke, SZ 135 (2018), 261–333, 299.

wird die Frage nach den Rechtsfolgen des von Paulus zitierten Senatsbeschlusses relevant: Wirkte er rechtshindernd, sodass Spiel und Wette *ipso iure* wirkungslos waren, oder lediglich rechtshemmend, sodass der Gewinner keine Klage erhielt oder der Verlierer dauerhaft eine Einrede vorschützen konnte?

Es deutet mehr auf dieses denn auf jenes hin. Die beiden prominentesten *senatusconsulta*, die sich gegen bestimmte rechtsgeschäftliche Handlungen wendeten, nämlich zuvorderst das *SC Macedonianum*[202], sodann das *SC Velleianum*[203], überließen die Verwirklichung ihres Anliegens den Magistraten[204]. Infolge dieser *leges imperfectae* blieben verbotswidrig begründete Obligationen in ihrer Wirksamkeit unberührt[205], der Prätor konnte eine darauf gegründete Klage indes denegieren oder, wenn der Verstoß richterlicher Prüfung bedurfte, eine *exceptio* erteilen. Die Existenz eines entsprechenden Einwands ist auch für Verträge *in alea* überliefert[206]. Sollte das senatorische Spielverbot gleichermaßen imperfekt gewesen sein[207], wäre eine Rückforderung des gezahlten Einsatzes zweifelhaft. Zwar kann ein Gewaltunterworfener auch vollwirksam begründete Pekuliarschulden nicht ohne Zustimmung des *paterfamilias* tilgen. Gleichwohl wird dem Gewalthaber eine Rückforderung des vom *subiectus* Geleisteten abgeschnitten, wenn der Gläubiger das gezahlte Geld verbraucht hat und die getilgte Forderung gegen das *peculium* mit der *exceptio SC*[ti] *Macedoniani* behaftet war[208]. Begründet wird dies damit, dass die Einrede nicht die

202 Der Senatsbeschluss aus der Zeit Vespasians (69–79) untersagte die Gewährung von Darlehen an Haussöhne, dazu Longo, Senatusconsultum Macedonianum.

203 So die quellenmäßige Bezeichnung (korrekt wäre *Vellaeanum*) eines *SC*, wohl von 54 n. Chr., das Frauen die Interzession zugunsten Dritter verbietet.

204 Zum *SC Macedonianum* s. Ulp. D. 14, 6, 1 pr. (29 *ad ed.*); zum *SC Velleianum* Ulp. D. 16, 1, 2 pr. (29 *ad ed.*). Zu beiden sowie *leges imperfectae* überhaupt Chorus, Handelen in strijd met de wet, 35 ff.; Kaser, Über Verbotsgesetze und verbotswidrige Geschäfte im römischen Recht, 30 f.

205 Vgl. Paul. D. 14, 6, 10 (30 *ad ed.*): *quia naturalis obligatio manet.*

206 Ulp. D. 22, 3, 19, 4 (7 *disp.*); Paul. D. 44, 5, 2, 1 (71 *ad ed.*). Auch die von Gai. 4, 121 sowie D. 44, 1, 3 (1 *ad ed. provinc.*) überlieferte generelle Klausel *si quid contra legem senatumve consultum factum est* wäre denkbar, zu dieser Cannata, Profilo istituzionale del processo privato romano, Bd. 2: Il processo formulare, 112.

207 Davon geht auch Wacke, SZ 135 (2018) 261–333, 275 mit Fn. 58, 303 Fn. 155 aus.

208 Ulp. D. 12, 1, 14 (29 *ad ed.*) *Si filius familias contra senatus consultum mutuatus pecuniam solverit, patri nummos vindicanti nulla exceptio obicietur: sed si fuerint consumpti a creditore nummi, Marcellus ait cessare condictionem, quoniam totiens condictio datur, quotiens ex ea causa numerati sunt, ex qua actio esse potuisset, si dominium ad accipientem transisset: in proposito autem non esset. denique per errorem soluti contra senatus consultum crediti magis est cessare repetitionem.* – Hat ein Haussohn entgegen dem Senatusconsultum [Macedonianum] ein Darlehen aufgenommen und das Geld zurückgezahlt, so kann dem Vater, der das Geld vindiziert, eine Einrede nicht entgegengehalten werden. Ist aber das Geld vom Gläubiger verbraucht worden, scheidet, wie Marcellus sagt, die Kondiktion aus, da eine Kondiktion [aufgrund Verbrauchs] immer nur dann gegeben ist, wenn in einem Rechtsverhältnis gezahlt worden ist, aus dem eine Klage [auch dann] entstanden wäre,

Bestimmung habe, den Schuldner zu befreien, sondern den Gläubiger zu strafen bzw. von den missbilligten Rechtsgeschäften abzuschrecken[209]. Jedenfalls das prätorische Edikt *de aleatoribus* hat ebenfalls klar abschreckenden Charakter. Wer Würfelspiele veranstaltet, wird schutzlos gestellt[210], und dies gewiss nicht, um dessen Schädiger vor Inanspruchnahme zu bewahren. Ulpian bezeichnet überdies die Würfelspieler als nicht schutzwürdig[211]. Dass die *condictio indebiti* zugunsten des Gewalthabers eingreifen sollte, war danach jedenfalls nicht trivial. Vielleicht gab auch gerade ein dergestalt begründeter Zweifel Anlass für die Aussage des Paulus. Für das *SC Macedonianum* hatte Julian eine Rückforderung noch zugelassen[212], sein Zeitgenosse

---

wenn sofort Eigentum auf den Empfänger übergegangen wäre; im vorliegenden Fall aber verhielt es sich nicht so. Folglich ist es richtig, dass die Rückforderung entfällt, wenn entgegen dem Senatsbeschluss als Darlehen aufgenommenes Geld irrtümlich zurückgezahlt wird.

209 Marcian. D. 12, 6, 40 pr. (3 *reg.*) *Qui exceptionem perpetuam habet, solutum per errorem repetere potest: sed hoc non est perpetuum. nam si quidem eius causa exceptio datur cum quo agitur, solutum repetere potest, ut accidit in senatus consulto de intercessionibus: ubi vero in odium eius cui debetur exceptio datur, perperam solutum non repetitur, veluti si filius familias contra Macedonianum mutuam pecuniam acceperit et pater familias factus solverit, non repetit.* – Wer eine dauernde Einrede hat, kann das irrtümlich Geleistete zurückverlangen. Doch gilt das nicht ausnahmslos. Wird die Einrede nämlich im Interesse des Beklagten gewährt, kann das Geleistete zurückverlangt werden, wie es bei dem Senatusconsultum über Interzessionen der Fall ist. Wird die Einrede dagegen als Sanktion gegen den Gläubiger gewährt, kann das irrtümlich Geleistete nicht zurückverlangt werden. Wenn zum Beispiel ein Haussohn gegen das Verbot des Senatusconsultum Macedonianum ein Gelddarlehen empfangen und es [trotz Einredemöglichkeit] zurückgezahlt hat, nachdem er Hausvater geworden ist, kann er keine Rückgewähr verlangen. – Dazu Chorus, Handelen in strijd met de wet, 88 f. Vgl. auch Ulp. D. 14, 6, 9, 4 (29 *ad ed.*) … *sed et ipse filius, et tamen non repetit, quia hi demum solutum non repetunt, qui ob poenam creditorum actione liberantur, non quoniam exonerare eos lex voluit.* – … Aber das gilt auch für den Haussohn selbst. Und er kann ungeachtet dessen [dass er Haussohn ist] nicht zurückfordern, weil in der Tat diejenigen das Gezahlte nicht zurückverlangen können, die nur um der Bestrafung ihrer Gläubiger willen von deren Klage verschont werden und nicht deswegen, weil das Gesetz sie [persönlich] von ihrer Verpflichtung hat befreien wollen.

210 Ulp. D. 11, 5, 1 pr. (23 *ad ed.*): *iudicium non dabo.*

211 Ulp. D. 11, 5, 1, 1 (23 *ad ed.*): *indigni videantur.*

212 Ulp. D. 14, 6, 9, 1 (29 *ad ed.*) *Si ab alio donatam sibi pecuniam filius creditori solverit, an pater vindicare vel repetere possit? et ait Iulianus, si quidem hac condicione ei donata sit pecunia, ut creditori solvat, videri a donatore profectam protinus ad creditorem et fieri nummos accipientis: si vero simpliciter ei donavit, alienationem eorum filium non habuisse et ideo, si solverit, condictionem patri ex omni eventu competere.* – Wenn ein Sohn Geld, das ihm ein anderer geschenkt hat, an seinen [Darlehens-]Gläubiger zahlt, stellt sich die Frage, ob der Vater es vindizieren oder zurückfordern kann. Und Julian sagt, falls ihm das Geld mit der Bestimmung geschenkt worden ist, es an den Gläubiger zu zahlen, so werde es so angesehen, als sei es unmittelbar von dem Schenker an den Gläubiger gelangt und die Geldstücke würden Eigentum des Empfängers; ist ihm das Geld aber ohne nähere Bestimmung geschenkt worden, so habe der Sohn die Verfügungsbefugnis über das Geld nicht, und deshalb stehe, wenn er gezahlt hat, dem Vater auf alle Fälle die Kondiktion zu.

Marcellus war offenbar anderer Ansicht. Ulpian stimmt Letzterem zu[213], so in der Sache auch Marcian[214]. In der Spätklassik scheint sich daher die Annahme eines kondiktionsfesten Erwerbs durchzusetzen. Ob der Gewalthaber des Verlierers mit der *condictio indebiti* durchdringen konnte, bleibt danach ungewiss.

Obgleich unsere Quellen dies häufig nicht explizit machen, setzt die *consumptio nummorum*, die den Verbraucher von seiner Herausgabeverpflichtung mit der *rei vindicatio* gegenüber dem Eigentümer befreit, Gutgläubigkeit voraus[215]. Gutgläubig wäre jener etwa dann, wenn er den Gewaltunterworfenen für *sui iuris* oder aber zur Verfügung ermächtigt hielte. Verbraucht er hingegen wissentlich fremdes Geld, so haftet er mit der *condictio furtiva*. Angesichts seiner Begründung der *actio de peculio* im Fall β geht aber Paulus von einem *furtum* als deliktischem Verhalten nicht aus. Dasselbe (*item*) ist für Fall α anzunehmen, wo der Jurist augenscheinlich keine andere Klage meint.

Dass er eine Noxalhaftung für erwägenswert hält, könnte schließlich auf eine *condictio ob turpem vel iniustam causam* hindeuten[216], die aus unerlaubter oder unsittlicher Handlung erwächst. Einen Hinweis in diese Richtung gibt an anderer Stelle Ulpian, der bei der Frage nach den Wirkungen einer Wette danach differenzieren will, ob deren *causa honesta* oder *inhonesta* ist[217]. Diese Unterscheidung bildet in der römischen Ordnung der Kondiktionstatbestände die Gabelung zwischen der Zweckverfehlungskondiktion (*condictio ob rem* oder *ob causam*) und der Kondiktion wegen sitten- oder rechtswidrigen Zwecks (*ob turpem vel iniustam causam*)[218]. Als sittenwidrig werden die *alea* in literarischen Quellen nicht selten beschrieben[219].

---

213 S. oben, Fn. 208.

214 S. soeben, Fn. 209.

215 Gamauf, Vindicatio nummorum, 126 mit Fn. 362.

216 Diese erwägt auch Kuryłowicz, SZ 102 (1985), 185–219, 207; Valiño, Las relaciones básicas de las acciones adyecticias, Anuario de Historia del Derecho Español 38 (1968), 377–480, 431 hält die *condictio ob iniustam causam* für einschlägig. In einer späteren Schrift geht ders. von einer *condictio indebiti* aus, Actiones utiles, 203.

217 Ulp. D. 19, 5, 17, 5 (28 *ad ed.*) *Si quis sponsionis causa anulos acceperit nec reddit victori, praescriptis verbis actio in eum competit: nec enim recipienda est Sabini opinio, qui condici et furti agi ex hac causa putat: quemadmodum enim rei nomine, cuius neque possessionem neque dominium victor habuit, aget furti? plane si inhonesta causa sponsionis fuit, si anuli dumtaxat repetitio erit.* – Wenn jemand wegen einer Wette Ringe entgegengenommen hat und [den Ring des Verlierers] dem Gewinner nicht herausgibt, ist gegen ihn eine Klage mit vorgeschalteten Formelworten gegeben. Die Ansicht des Sabinus ist nämlich nicht zu übernehmen, der meint, in diesem Fall könne kondiziert werden und sei die Diebstahlsklage begründet. Wie sollte denn der Gewinner wegen einer Sache, an der er niemals Besitz oder Eigentum hatte, aus Diebstahl klagen können? Wenn freilich der Grund der Wette unsittlich war, kann nur der Eigentümer seinen Ring zurückfordern.

218 S. etwa D. 12, 4, 1 pr. (26 *ad ed.*); Paul. D. 12, 5, 1 pr.–1 (10 *ad Sab.*).

219 Cic. de off. 1, 39, 104: *ludendi etiam est quidam modus retinendus, ut ne nimis omnia profundamus elati que voluptate in aliquam turpitudinem delabamur*; Verr. 2, 1, 33: *lenonum, aleatorum, perductorum*

Dennoch hat man an der *condictio ob turpem causam* wegen der Regel gezweifelt[220], dass eine Rückforderung ausgeschlossen ist, wenn beiden Parteien sittenwidriges Verhalten zur Last fällt[221]. Zwar ist richtig, dass beide Spieler sich sittenwidrig verhalten. Dem klagenden Gewalthaber kann dieser Vorwurf indes nicht gemacht werden. Die *turpitudo* des *subiectus* wird ihm nicht zugerechnet[222]. Für die Kondiktion wegen rechtswidriger *causa*[223], als welche das untersagte Glücksspiel gegolten haben dürfte, ließe sich Entsprechendes annehmen.

Mit der *condictio ob turpem vel iniustam causam* lässt sich die Passage demnach befriedigend erklären. Zweifelhaft wäre diese Lösung aber dann, wenn auch einem Verlierer *sui iuris* die Rückforderung zustand. Dann nämlich müsste der Einwand der *par turpitudo*, für die *condictio ob iniustam causam* der des *par delictum*[224] verfangen. Der alternativ zu erwägenden *condictio indebiti* stünde entgegen, dass die Spielschuld nach *ius civile* wohl kein *indebitum* war. Vielmehr leistete der Verlierer in Kenntnis einer dauerhaften Einrede, jedenfalls nicht irrtümlich[225]. Wenn also in klassischer Zeit eine allgemeine Rückforderungsklage für Spielverluste existierte, kann es sich dabei nicht um eine der drei erwähnten Kondiktionen gehandelt haben. Es verbliebe dann als Auffangtatbestand die *condictio sine causa*, deren Anwendungsbereich aber nicht ausreichend konturiert ist, um eine genauere Betrachtung zu ermöglichen. Alternativ wäre mit Lenel anzunehmen, dass im Edikt *de aleatoribus* eine spezielle Klage verheißen war.

---

nulla mentio fiat; Catil. 2, 23: *omnes aleatores, omnes adulteri, omnes impuri impudici*; Iuv. 11, 176: *alea turpis, turpe et adulterium mediocribus; haec eadem [illi] omnia cum faciant, hilares nitidique vocantur*; Suet. Claud. 5: *aleae infamiam subiicit*; SHA Ver. 4, 5–6: … *popinam domi instituerit, ad quam post convivium Marci devertebat, ministrantibus sibi omni genere turpium personarum. fertur et nocte perpeti alea lusisse* …

220 Hagiotheodoritos, Scholion Nr. 12* zu Bas. 60, 8, 4 Scheltema/Holwerda/van der Wal B VIII 3288/26–30 = Nr. 9 Heimbach V, 417; Glosse *Adversus*; Kuryłowicz, SZ 102 (1985), 185–219, 207 schließt die *condictio ob turpem causam* daher aus.

221 Paul. D. 12, 5, 3 (10 *ad Sab.*) *Ubi autem et dantis et accipientis turpitudo versatur, non posse repeti dicimus* … – Wo jedoch Sittenwidrigkeit sowohl aufseiten des Gebers als auch des Empfängers vorliegt, kann nach unserer Meinung nicht zurückgefordert werden …

222 Vgl. Iul. D. 12, 5, 5 (3 *ad Urs. Ferocem.*) *Si a servo meo pecuniam quis accepisset, ne furtum ab eo factum indicaret, sive indicasset sive non, repetitionem fore eius pecuniae Proculus respondit.* – Wenn jemand von meinem Sklaven Geld dafür empfangen hat, dass er einen von diesem begangenen Diebstahl nicht verrät, so findet, wie Proculus gutachtlich entschieden hat, die Rückforderung dieses Geldes statt, gleichgültig ob er mir den Diebstahl angezeigt hat oder nicht.

223 Für diese spricht sich bereits ein Basilikenscholion aus, Nr. 2 Scheltema/Holwerda/van der Wal B VIII 3285/15–17 = Nr. 3 Heimbach V, 416; ebenso Valiño, Anuario de Historia del Derecho Español 38 (1968), 377–480, 431.

224 Pap. D. 12, 7, 5 pr. (11 *quaest.*) … *in delicto pari potiorem esse possessorem* …

225 Kuryłowicz, SZ 102 (1985), 185–219, 208 Fn. 101.

Nach der Auffassung, die eine Rückforderung von Spielverlusten während der Klassik nicht für möglich hält, erübrigt sich die Frage. Insbesondere Wacke meint, dass unser Fragment nur Spiele unter Gewaltunterworfenen betreffe, an denen also keine Personen *sui iuris* beteiligt waren. Diese Annahme lässt sich jedoch einzig auf das inkriminierte *familia* stützen. Davon abgesehen treten Gewaltunterworfene zwar als Verlierer wie als Gewinner auf, ob ihre Mitspieler ebenfalls *subiecti* sind, bleibt jedoch offen. Gerade in Fall β ist nicht ersichtlich, dass nur ein Gewalthaber aus dem Spiel der ihm Unterworfenen aktivlegitimiert sein soll. Es könnte auch eine Person *sui iuris* Geld an den Sklaven verloren haben.

Für eine allgemeine Rückforderungsklage, gleich welcher Art, sprechen die Regeln, denen die Haftung mit der *actio de peculio* folgt. Die Gewährung dieser adjektizischen Klage stellt den (naturalen) Gläubiger eines *subiectus* näherungsweise so, als sei dieser ein vermögensfähiger Freier und das *peculium* sein Vermögen. Mit der Sondergutsklage wird dementsprechend kein Klagerecht geschaffen, das nicht ohnedies bestünde, wenn der (naturale) Schuldner vermögensfähig wäre. Das erweist auch das Schema, dem die Konzeption der Klagformeln dabei folgt: Am Anfang steht die Formel, wie sie gegen eine Person *sui iuris* zu erteilen wäre. Sodann wird diese abgewandelt, um nicht daran zu scheitern, dass der Schuldner *subiectus* ist. Beim Sklaven wird dazu dessen Freiheit fingiert. Seine so gewonnene fiktive Verpflichtungsfähigkeit reicht aber nicht weiter als die eines vermögensfähigen Freien. Wenn also gegen einen Freien keine direkte Klage existiert, so kann auch keine Klage *de peculio* gegeben werden.

All das betrifft zuvorderst Klagen mit *formula in ius concepta*, gerade also die häufig angenommene *condictio*. Für Fall β wäre sinngemäß folgendes Streitprogramm aufzustellen:

> Si paret Stichum, qui in potestate N^{i} N^{i} est, si liber esset ex iure Quiritium, A^{o} A^{o} sestertium decem dare oporteret, qua de re agitur, quanto peculium locupletius factum est eius iudex N^{um} N^{um} A^{o} A^{o} c. s. n. p. a.

> Wenn es sich erweist, dass Stichus, der in der Hausgewalt des Beklagten steht, so er nach dem Recht der Quiriten frei wäre, dem Kläger zehn Sesterze zu leisten verpflichtet wäre, um die es hier geht, verurteile, Richter, den Beklagten dem Kläger, soweit das Sondergut bereichert ist; wenn es sich nicht erweist, sprich frei!

Auf *dare oportere* gestellt, verweist die Formel auf das *ius civile*. Damit eine Klage je erfolgreich sein kann, müsste also eine zivile Verpflichtung zur Herausgabe zwischen zwei Personen *sui iuris* bestehen können. Im Sinne unserer Formel sind dies der Kläger sowie der Sklave Stichus, der kraft Fiktion als Freier angesehen wird (*si liber esset*). Nur wenn der Sklave als Freier verpflichtet wäre, den Spielgewinn an den Kläger auszukehren, kann diese (fiktive) Verpflichtung auf den Gewalthaber als Beklagten umgeleitet werden kann. Alternativ könnte ihm gegenüber zwar die *intentio* der direkten Klage Anwendung finden[226]. Dann müsste das *ius civile* eine Bestimmung enthalten, nach der ein Gewalthaber die Gewinne der ihm Unterworfenen dem Verlierer herauszugeben habe. Da so aber der Sklave als Sondergutsinhaber in der Formel ausfiele, wäre die abschließende Haftungsbeschränkung ohne Bezugspunkt. Als Schuldner würde der Gewalthaber genannt – er jedoch hat kein *peculium*, gegebenenfalls jedoch mehrere *subiecti* mit jeweils eigenem Sondergut. Auf welches dieser sich die *taxatio* beziehen sollte, bliebe unklar. Die *condictio* ist demnach unwahrscheinlich[227].

Auch dass überhaupt eine zivile Rückforderungsklage existierte, lässt sich bezweifeln. Für diese Annahme hat man das Verb *competere* angeführt, das auf eine *actio civilis* hinweise, *dare* im Fall β bezeichne hingegen die prätorische Abwandlung[228]. Dann aber würde im Fall α die *repetitio* nicht adjektizisch, sondern blank erteilt, der beklagte Gewinner müsste also *sui iuris* sein. Hält man die Wahl des Verbs für belastbar, muss man somit zugestehen, dass die Stelle nicht ausschließlich Spiele unter Gewaltunterworfenen betrachtet[229]. Ist der Mitspieler auch in Fall β *sui iuris*, so müsste man von einer allgemeinen Rückforderungsklage ausgehen. Die Wortwahl ist indes nicht hinreichend beweiskräftig, Paulus gebraucht *competere* jedenfalls auch für prätorische *actiones in factum*[230], andernorts im 19. Buch seines Ediktskommentars bezieht er *competere* auf die prätorische *actio Publiciana*[231], außerdem auf eine *actio utilis*[232].

---

226 *Si paret N^{um} N^{um} A^{o} A^{o} sestertium decem dare oportere, qua de re agitur.*

227 Allenfalls spekulieren könnte man über eine *praescriptio*, die das Würfelspiel nannte und es dem Richter ermöglichte, die oben, vor Fn. 225 genannten Kondiktionshindernisse außer Acht zu lassen. Passend zum Duktus am Eingang des Titels D. 11, 5 handelte es sich auch hierbei um eine Rechtsschutzversagung, indes einzig aufseiten des Beklagten. Insofern wäre *ex hoc edicto* so zu verstehen, dass das Edikt *de aleatoribus* die Kondiktionssperren ausräumte, also die Verheißung des Prätors enthielt, er werde bestimmte Einreden beim Glücksspiel nicht erteilen. Der Rechtsschutzversagung zu Beginn des Titels D. 11, 5 – sowie durch die *exceptio* wegen Geschäften *in alea*, Paul. D. 44, 5, 2, 1 (71 *ad ed.*) – entspräche dann eine ausnahmsweise Rechtsschutzgewährung an dessen Schluss. Zu einer der *condictio* vorangestellten *praescriptio* Varvaro, Condictio e causa actionis, AUPA 57 (2014), 267–283.

228 Impallomeni, In tema di gioco, in: Sodalitas, Scritti in onore di Antonio Guarino, Bd. 5, 2331–2346, 2338 Fn. 29; Wacke, SZ 135 (2018) 261–333, 298.

229 Anders Wacke, der *competere* für die *condictio* anführt, aber nur vom Spiel unter *subiecti* ausgeht.

230 D. 4, 9, 6, 1 (22 *ad ed.*) … *haec tamen actio, quia in factum est, etiam servi mei nomine adversus te competit* …; D. 39, 2, 18, 13 (48 *ad ed.*) … *placet in eum non iniuste competere hanc in factum actionem.*

231 D. 6, 2, 2.

232 D. 11, 3, 14, 1.

Bei Zugrundelegung einer *formula in factum concepta* treten weniger Schwierigkeiten auf. Die Sachverhaltsschilderung kann ein Verhalten des Sklaven aufnehmen, ohne dessen Verpflichtungsfähigkeit oder eine darauf gestützte (zivile) Obligation voraussetzen zu müssen[233]. Die Formulierung des Paulus deutet indes nicht darauf hin, dass die *repetitio* nur für den Fall des Spiels mit Gewaltunterworfenen proponiert war. Es scheint dies nicht die übliche, sondern die Sonderkonstellation adjektizischer Haftung gewesen zu sein. Nur wenn es eine Grundklage im Verhältnis zweier Personen *sui iuris* gab, kann man sich sinnvollerweise fragen, ob diese wegen eines *subiectus* noxal oder *de peculio* zu geben sei[234].

Für die *repetitio* von Spielverlusten beantwortet Paulus diese Frage, ohne sie zu stellen. Relevant wird sie dann, wenn die Klagformel einen Tatbestand beschreibt oder voraussetzt, der nicht eindeutig *negotium* oder Delikt ist. Darüber, dass der *condictio indebiti* ein *negotium* zugrunde liegt, wird niemand gezweifelt haben[235]. Bei der *condictio ex causa furtiva* wiederum ist die deliktische Grundlage gewiss. Allein bei der *condictio ex turpem vel iniustam causam* kommen Geschäft und Delikt gleichermaßen in Betracht. Noxal wird diese aber weder aus dem einen noch dem anderen Grund erteilt. Die Frage, ob eine Klage *de peculio* oder noxal abzufassen sei, legen sich die Juristen vielmehr allein bei Klagen vor, deren Formel *in factum* konzipiert ist: die *actio de deiectis vel effusis*[236], die *actio de dolo*[237], sodann die

233 Sinngemäß: *Si paret Stichum, qui in potestate* N^i N^i *est, a* A^o A^o *pecuniam accepisse in alea, quanto peculium locupletius factus est eius iudex* N^{um} N^{um} A^o A^o *c. s. n. p. a.* – Wenn es sich erweist, dass Stichus, der in der Hausgewalt des Beklagten steht, vom Kläger beim Würfelspiel Geld genommen hat, verurteile, Richter, den Beklagten dem Kläger, soweit das Sondergut bereichert ist; wenn es sich nicht erweist, sprich frei!

234 Vgl. Gedankengang und Begründung bei Ulp. D. 9, 3, 1, 8 (23 *ad ed.*) *Cum servus habitator est, utrum noxalis actio danda sit, quia non est ex negotio gesto? an de peculio, quia non ex delicto servi venit? neque enim recte servi dicitur noxa, cum servus nihil nocuerit. …* – Ist ein Sklave der Bewohner, muss dann eine Noxalklage erteilt werden, weil sich die Verbindlichkeit nicht aus einem Rechtsgeschäft herleitet? Oder besser die Klage wegen des Sonderguts, weil die Verbindlichkeit nicht aus einem Delikt des Sklaven herrührt? Denn richtigerweise kann von einer Schadenstat des Sklaven nicht gesprochen werden, wenn der Sklave nicht durch seine Handlung geschädigt hat …

235 Vgl. Ulp. D. 12, 6, 2 (6 *ad Sab.*); Iul. D. 12, 6, 33 (39 *dig.*).

236 S. soeben Fn. 234.

237 Ulp. D. 4, 3, 9, 4a (11 *ad ed.*) *Haec de dolo actio noxalis erit: ideo Labeo quoque libro trigensimo praetoris peregrini scribit de dolo actionem servi nomine interdum de peculio, interdum noxalem dari. nam si ea res est, in quam dolus commissus est, ex qua de peculio daretur actio, et nunc in peculio dandam: sin vero ea sit, ex qua noxalis, hoc quoque noxale futurum.* – Diese Klage wegen Arglist kann eine Noxalklage sein. Daher schreibt auch Labeo im 30. Buch zum Edikt des Fremdenprätors, dass die Klage wegen Arglist in Bezug auf einen Sklaven manchmal bis zur Höhe des Sonderguts, manchmal mit der Möglichkeit, den Schädiger auszuliefern, erteilt wird. Wenn nämlich der Fall, in dem Arglist verübt wurde, so beschaffen ist, dass eine Klage wegen des Sonderguts erteilt werden würde, dann muss jetzt auch die Arglistklage bis zur Höhe des Sonderguts erteilt werden; wenn

Klage gegen den *mensor* (Feldmesser), der ein falsches Grundstücksmaß angibt[238]. Manche (dieser) können die eine wie die andere Klausel aufnehmen: so die *actio de dolo* und die *actio adversus nautas caupones stabularios*[239]. Für die erwogenen Kondiktionen (*indebiti* und *ex turpem vel iniustam causam*) ist eine Noxalklausel nicht vorstellbar[240].

Nach alledem spricht mehr dafür, dass eine allgemeine Rückforderungsklage auch zwischen Personen *sui iuris* verheißen war, außerdem, dass es sich dabei um keine *condictio* handelte. Erweisen lässt sich mit dem Text des § 1 aber weder dies noch das Gegenteil. Aufschlussreicher ist der sich anschließende § 2:

6. Die Haftung der *parentes* und *patroni*

Möglich sind zwei Sachverhaltsrekonstruktionen, deren Angelpunkt die Übersetzung von *parentes* bildet. Einerseits lässt sich die Wendung *parentes et patroni* als Bezeichnung für ehemalige Gewalthaber auffassen. Man hat dann *parens*, wenigstens gedanklich, die Apposition *manumissor* nachzustellen, um darunter den vormaligen Hausvater eines Emanzipierten zu verstehen. Andererseits kann *parentes* auch einen weiter gefassten Kreis von Aszendenten meinen. Im Verbund mit *patroni* umschließt man so Personen, denen besondere Ehrerbietung gebührt[241].

Ausgehend von der ersten Deutung scheint die Stelle eine Nachhaftung des einstmaligen Gewalthabers zu statuieren. Habe, wie im vorigen Fall, ein außerhalb des Haushalts Stehender an den ehemals Gewaltunterworfenen Geld verloren, so könne er sich an den *parens manumissor* oder *patronus* wenden. Dass die Klage als *utilis* erteilt wird, würde sich daraus erklären, dass der Beklagte, anders als im direkten Anwendungsbereich der *repetitio*, die Gewalt über den siegreichen Spieler

es aber ein Fall ist, in dem eine Noxalklage erteilt werden würde, wird auch diese [Arglist-] Klage eine Klage mit der Möglichkeit sein, den Schädiger auszuliefern.

238 Ulp. D. 11, 6, 3, 6 (24 *ad ed.*) *Servi autem nomine magis noxale quam de peculio competere ait, quamvis civilis actio de peculio competat.* – Wegen eines Sklaven [der als Feldmesser tätig war], steht nach seiner Ansicht eher die Noxalklage zu als die Klage wegen des Sonderguts, obgleich doch die zivilrechtliche Klage wegen des Sonderguts gegeben ist.

239 Paul. D. 47, 2, 42 pr. (9 *ad Sab.*) *Si servus navem exerceat non voluntate domini, de eo, quod ibi perit, volgaris formula in dominum danda est, ut quod alter admisit „dumtaxat de peculio", quod ipse exercitor, adiciatur „ut noxae dederet"* … – Wenn ein Sklave ohne den Willen seines Herrn ein Schiff [als Reeder] betreibt, so ist wegen dessen, was darauf verloren gegangen ist, gegen den Herrn die gewöhnliche Formel zu erteilen, und zwar, wenn ein anderer [Untersklave] den Tatbestand erfüllt hat, „nur bis zum Wert des Sonderguts", wenn es der Reeder selbst war, wird hinzugefügt „oder an Schadens statt auszuliefern" …

240 Für die *condictio ex causa furtiva* ist eine Noxalklausel behauptet worden. Dass sie während der gesamten Klassik üblich war, lässt sich jedoch anzweifeln, dazu unten, 307 ff.

241 Vgl. D. 37, 15 *De obsequiis parentibus et patronis praestandis.*

nicht mehr ausübe. Übersetzt man *parentes* hingegen mit ‚Aszendenten', dann handelt die Stelle vom Spiel zwischen diesen und ihren Abkömmlingen bzw. zwischen Patron und Freigelassenem. Ihre Spielverluste fordern die Deszendenten oder Freigelassenen dann von Personen zurück, zu denen sie in einem durch die *pietas* oder *reverentia* geprägten Verhältnis stehen. In derlei Beziehungen gewährt der Prätor bestimmte, ehrenrührige Klagen nur eingeschränkt[242]. *Utilis* meint dann, dass das Anstößige des ihm vorgelegten Tatbestands nur andeutungsweise ins Streitprogramm hineingeschrieben wurde[243].

Bereits die byzantinischen Juristen waren uneins, welcher Fall sich geregelt findet. Zwei Scholien zu Bas. 60, 8, 4 verstehen den Fall als Würfelspiel unter Verwandten bzw. zwischen Patron und Freigelassenem[244], ein weiteres will offenbar einem Dritten die Klage geben, der mit dem Freigelassenen gewürfelt hat[245]. Auch die Glossa Ordinaria kennt beide Deutungen[246]. Laut Accursius erhält, wer mit einem Emanzipierten oder Freigelassenen gespielt und verloren hat, eine Klage gegen den *parens manumissor* bzw. Patron[247]. Er hat dabei zwei Fälle vor Augen: In beiden hat ein Sohn oder Sklave Geld gewonnen und wurde sodann aus der Gewalt entlassen,

242 Ulp. D. 2, 4, 4, 1 (5 *ad ed.*) *Praetor ait: „parentem, patronum patronam, liberos parentes patroni patronae in ius sine permissu meo ne quis vocet".* – Der Prätor sagt: „Dass niemand ohne meine Erlaubnis seine Eltern, seinen Freilasser oder seine Freilasserin oder die Kinder oder Eltern seines Freilassers oder seiner Freilasserin vor Gericht lädt". Ulp. D. 2, 4, 10, 12 (5 *ad ed.*) *Praetor ait: „in ius nisi permissu meo ne quis vocet". permissurus enim est, si famosa actio non sit vel pudorem non suggilat, qua patronus convenitur vel parentes …* – Der Prätor sagt: „Dass niemand ohne meine Erlaubnis vor Gericht lädt". Er wird es sicherlich erlauben, wenn die Klage, die gegen den Freilasser oder seine Eltern erhoben wird, keine Ehrlosigkeit nach sich zieht oder das Anstandsgefühl nicht verletzt …

243 In dieser engen Bedeutung ist *utilis* nicht belegt. Von der weiteren Bedeutung des Begriffs *actio utilis* – Klage mit abgewandelter Formel – ist die hiesige Deutung jedoch gedeckt. Von einer *actio in factum* spricht Ulp. D. 4, 3, 11, 1 (11 *ad ed.*) … *in horum persona dicendum est in factum verbis temperandam actionem dandam* … – hinsichtlich solcher Personen ist zu sagen, dass [gegen sie] eine auf den Sachverhalt zugeschnittene Klage erteilt werden muss, deren Formelworte abzumildern sind …

244 Scholion Nr. 1 Scheltema/Holwerda/van der Wal B VIII 3285/12f. = Nr. 2 Heimbach V, 416: εἰ δὲ καὶ πατέρες παῖδας, ἢ πάτρωνες ἀπελευθέρους νικήσουσι; Scholion Nr. 12* Scheltema/Holwerda/van der Wal B VIII 3286/22 = Nr. 9 Heimbach V, 417, erklärt mit der geschuldeten τιμή, dass die *actio* als *utilis* gegeben wird.

245 Anders lässt sich die Begründung, warum gegen Freilasser geklagt werden könne, nicht verstehen, Scholion Nr. 7 Scheltema/Holwerda/van der Wal B VIII 3286/6 = Nr. 8 Heimbach V, 417: Κληρονομήσαντες τῶν ἀπελευθέρον ἢ παρ' ἑαυτοῖς ἔχοντες τοῦτο.

246 Laut der Glosse *Adversus* hat ein Dritter mit dem *subiectus* vor dessen Entlassung aus der Gewalt gespielt. Eine mit Asterisk danebengesetzte (anonyme) Glosse (in der Ausgabe Lyon 1627) bezieht die Stelle auf eine vom Entlassenen angestrengte Klage gegen den ehemaligen Gewalthaber.

247 Gl. *Adversus*; ebenso Valiño, Actiones utiles, 203; Kuryłowicz, SZ 102 (1985), 185–219, 212; Dorn, Historisch-kritischer Kommentar zum BGB, §§ 762–764, 656, 814, 2. Fall. Unvollkommene Verbindlichkeiten, Rn. 24.; Wacke, SZ 135 (2018), 261–333, 302f.

im ersten Fall behält dabei der Gewalthaber den Gewinn zurück, im anderen ist erst nach der Entlassung etwas daraus an den vormaligen Gewalthaber gelangt. Dieser soll entsprechend *in id quod pervenit* haften[248]. Zum Beleg führt Accursius eine vermeintliche Parallelstelle zum *interdictum de vi et vi armata* an[249]. Vom ehemaligen Gewalthaber ist aber dort keine Rede, vielmehr wird ein *interdictum utile* gegen den Hausherrn erteilt, dessen gewaltunterworfener Sohn oder gewaltfreier *mercennarius* (Tagelöhner) den Tatbestand verwirklicht hat. Das Interdikt ist deshalb *utile*, weil beide nicht direkt unter dessen Wortlaut (*familia*) subsumiert werden[250].

Wie den Vertretern einer Nachhaftung zuzugeben ist, liegt es nahe, dass in Fortführung des Falls β aus § 1 derselbe, außenstehende Kläger gegen die zur *actio de peculio* Passivlegitimierten nun mit einer *actio utilis* vorgeht. Zwingend ist diese Abfolge indes nicht, jeder der übrigen Sätze des Fragments beschreibt einen jeweils eigenen Tatbestand[251]. Richtig ist auch, dass *parens* den ehemaligen *paterfamilias* bezeichnen kann[252]. Dann steht jedoch meist das Verhältnis zwischen *parens* und *emancipatus* in Rede[253], nicht die Haftung gegenüber Dritten[254]. Will man die Stelle dennoch auf eine adjektizische Haftung beziehen, dann wäre die hier erteilte *actio utilis* funktional mit der *actio de peculio annalis*[255] vergleichbar. Auch diese wird

---

248 Gl. *Adversus.*

249 Ulp. D. 43, 16, 1, 20 (69 *ad ed.*), s. oben, Fn. 126.

250 Ulp. D. 43, 16, 1 pr. (69 *ad ed.*) *Praetor ait: „Unde tu illum vi deiecisti aut familia tua deiecit, de eo quaeque ille tunc ibi habuit tantummodo intra annum, post annum de eo, quod ad eum qui vi deiecit pervenerit, iudicium dabo“.* – Der Prätor sagt: „Von wo du jemanden mit Gewalt vertrieben hast oder dein Gesinde ihn vertrieben hat, in betreff dessen, was er dort damals hatte, werde ich nur innerhalb eines Jahres eine Klage [in voller Höhe] erteilen, nach Ablauf der Jahresfrist auf das, was an denjenigen gelangt ist, der mit Gewalt vertrieben hat“.

251 Pr.: erlaubtes Spiel; § 1 S. 1: Sohn oder Sklave verliert beim verbotenen Spiel; S. 2: ein Sklave gewinnt dabei.

252 So etwa im Titel D. 37, 12 *Si a parente quis manumissus sit.* – Wenn jemand vom Vater aus der Gewalt entlassen worden ist.

253 Dazu sogleich mehr.

254 Eine Ausnahme findet sich bei Ulp. D. 25, 6, 1, 5 (34 *ad ed.*) *In parentem etiam praetor actionem pollicetur, si modo per eum factum sit, ut in possessionem per calumniam veniret.* – Der Prätor verheißt die Klage auch gegen den Vater, dann nämlich, wenn durch diesen bewirkt worden ist, dass seine Tochter missbräuchlich den Besitz erlangt hat. – Hier steht *parens* indes im Singular und ohne den Freilasser. Zudem haftet der Vater nicht adjektizisch, sondern infolge eigener *calumnia* selbst.

255 Ulp. D. 15, 2, 1 pr. (29 *ad ed.*) *Praetor ait: „Post mortem eius qui in alterius potestate fuerit, posteave quam is emancipatus manumissus alienatusve fuerit, dumtaxat de peculio et si quid dolo malo eius in cuius potestate est factum erit, quo minus peculii esset, in anno, quo primum de ea re experiundi potestas erit, iudicium dabo“.* – Der Prätor sagt: „Nach dem Tode dessen, der in der Gewalt eines anderen stand, oder nach der Entlassung aus der Hausgewalt, nach der Freilassung oder Veräußerung eines Gewaltunterworfenen und [auch] wenn es infolge von Arglist desjenigen, in dessen Gewalt er stand, geschehen ist, dass etwas nicht zum Sondergut gehört, werde ich unter Beschränkung auf

nach Emanzipation oder Freilassung erteilt. Sie müsste indes nicht als *actio utilis* gegeben werden, die Nachhaftung macht ihr direktes Anwendungsfeld gerade aus.

Der Ausdruck *parentes* lässt sich im Verbund mit *patroni* besser in einem anderen Kontext begreifen. Unter Verweis auf Ulp. D. 2, 4, 4, 1 (5 *ad ed.*), wo *parens* und *patronus* ebenfalls gemeinsam genannt sind, nimmt bereits Faber eine Klage zwischen Kind und Aszendenten[256] bzw. Freigelassenem und Patron an[257]. Fabers Lesart lässt sich mit weiteren Befunden unterlegen: *Parens* und *patronus* treten, außer in unserer, in 41 Digestenstellen zusammen auf[258]. In zumindest zwei Drittel dieser Fälle heißt *parens* (auch im Singular[259]) bzw. *parentes* nicht lediglich Vater, sondern Eltern[260]. Schwerer wiegt, dass mit den beiden Wörtern in 40 Stellen[261] allein auf das Verhältnis zwischen Kind und Eltern bzw. *libertus* und Patron abgehoben wird. Die drei Fragmente[262], in denen *parentes* und *patroni* die Präposition *adversus* vorangestellt wird, gelten jeweils der Frage, ob sittliche Pflichten einer Rechtsausübung der *liberi* oder *liberti* entgegenstehen[263]. Als Haftende aus Handlungen der ihnen ehemals

---

das Sondergut innerhalb eines Jahres, in dem zum ersten Mal die Möglichkeit zu klagen besteht, eine Klage erteilen".

256 In diesem Sinne übersetzen Sintenis, in: OSS, Bd. 1, 913: Eltern; Schuurmans u. Spruit, in: Spruit et al., Bd. III, 24: ascendenten; Schipani, Bd. II, 363: ascendenti, Watson, Bd. I: parents.

257 Rationalia, Bd. 2.2, 547. So auch Glück, Bd. XI, 333 mit Fn. 43.

258 Außerdem im Rubrum der Titel D. 37, 15 *De obsequiis parentibus et patronis praestandis* und D. 25, 3 *De agnoscendis et alendis liberis vel parentibus vel patronis vel libertis.*

259 Vgl. die Anmerkung von Treischke zu D. 42, 1, 16, OSS, Bd. 4, 353, Fn. 40: „Parens, im Singular, bezeichnet sowohl den Vater als die Mutter und die Grosseltern".

260 Ferner kann *parens* in einen Gegensatz zu *pater* gesetzt werden, Ulp. D. 26, 7, 3, 1 (35 *ad ed.*): *parens vel pater* – ein [männlicher] Aszendent oder der Vater. Umgekehrt die Übersetzung in BKKS, Bd. 4, 383: „ein Vater oder ein anderer männlicher Vorfahre".

261 Die verbleibende Stelle, Hermog. D. 37, 14, 21, 3 (3 *iuris epit.*), ist weder für die hier vertretene noch die gegenteilige Auffassung aussagekräftig.

262 Vgl. auch Justinian zur *restitutio in intergrum* C. 2, 41, 2 Iohanni pp. (a. 531): *Cum apud veteres dubitabatur, an liberi parentes suos vel liberti patronos in querimoniam deducere possint ... sancimus nullo modo neque adversus parentes utriusque sexus neque adversus patronum vel patronam dari restitutionem.* – Da bei den alten Rechtsgelehrten Zweifel herrschte, ob Kinder gegen ihre Eltern oder Freigelassene gegen ihre Patrone eine Beschwerde erheben können ... verordnen wir, dass in keinem Fall weder gegen Aszendenten beiderlei Geschlechts noch gegen Patron oder Patronin die Wiedereinsetzung gewährt werde.

263 Ulp. D. 4, 3, 11, 1 (11 *ad ed.*) *Et quibusdam personis non dabitur, ut puta liberis vel libertis adversus parentes patronosve, cum sit famosa. ... in horum persona dicendum est in factum verbis temperandam actionem dandam, ut bonae fidei mentio fiat,* [Paul. D. 4, 3, 12 (11 *ad ed.*)] *ne ex dolo suo lucrentur.* – Auch manchen Personen wird sie nicht erteilt, zum Beispiel nicht Kindern oder Freigelassenen gegen ihre Eltern oder Freilasser, da sie [bei Verurteilung] Ehrlosigkeit nach sich zieht ... Hinsichtlich solcher Personen ist zu sagen, dass [gegen sie jedenfalls] eine auf den Sachverhalt zugeschnittene Klage erteilt werden muss – deren Formelworte [gegenüber der Arglistklage] allerdings dahin abzumildern sind, dass in ihnen auf Treu und Glauben abgestellt wird, [Paul. D. 4, 3, 12 (11 *ad ed.*)]

Unterworfenen treten *parentes* und *patroni* in keinem der 41 Texte auf. Will man Paulus so verstehen, dass einem außenstehenden Dritten die Rückforderungsklage erteilt werde, muss man dem Wortpaar demnach eine singuläre Bedeutung beilegen, die sich andernorts in den Digesten nicht nachweisen lässt. Auch bei Gaius findet diese Auffassung keine Stütze; die einzige einschlägige Stelle handelt davon, dass Aszendenten[264] und Patrone sowie die Angehörigen derer Hausgemeinschaft nicht ohne Erlaubnis des Prätors von ihren Kindern, bzw. Freigelassenen, vor Gericht geladen werden dürfen[265]. Gaius nährt so allein die Gegenauffassung.

Handeln die Juristen von einer Nachhaftung des einstmaligen Hausvaters oder Herrn, bedienen sie sich anderer Formulierungen. Meist setzen diese an den möglichen Vorgängen an, durch die der Gewalthaber seine Stellung verliert, also an Entäußerungsakten (*emancipatio*, *manumissio*, Übereignung) oder dem Tod des

---

damit diese Personen aus ihrer Arglist keine Vorteile ziehen.; Ulp. D. 44, 4, 4, 16 (76 *ad ed.*) *Adversus parentes patronosque neque doli exceptio neque alia quidem, quae patroni parentisve opinionem apud bonos mores suggillet, competere potest: in factum tamen erit excipiendum, ut, si forte pecunia non numerata dicatur, obiciatur exceptio pecuniae non numeratae. nihil autem interest, utrum patronus ex suo contractu an vero ex alieno conveniatur: semper enim reverentia ei exhibenda est tam vivo quam defuncto* … – Gegen Aszendenten und Freilasser kann weder die Arglisteinrede noch eine andere zustehen, die dem Ruf des Freilassers oder der Aszendenten im Bereich der guten Sitten schadet. Auf den Sachverhalt kann eine Einrede aber gestützt werden, sodass, wenn etwa etwa vorgetragen wird, Geld sei nicht gezahlt worden, die Einrede des nicht gezahlten Geldes vorgeschützt wird. Es macht keinen Unterschied, ob der Freilasser aus einem selbst geschlossenen Vertrag oder einem fremden belangt wird. Ihm ist nämlich stets Ehrerbietung zu erweisen, bei Lebzeiten wie nach dem Tod. Ulp. D. 43, 16, 1, 43 (69 *ad ed.*) *Interdictum hoc quia atrocitatem facinoris in se habet, quaesitum est, an liberto in patronum vel liberis adversus parentes competit. et verius est nec liberto in patronum nec in parentes liberis dandum esse meliusque erit in factum actionem his competere* … Da dieses Interdikt eine Gewalttat in sich begreift, ist fraglich, ob es dem Freigelassenen gegen den Freilasser oder Kindern gegen Aszendenten zusteht. Und es ist richtiger, es weder dem Freigelassenen gegen den Freilasser noch den Kindern gegen die Aszendenten zu geben. Es wird besser sein, dass ihnen eine auf den Sachverhalt gestellte Klage zustehe …

264 Gai. 4, 183. An der Wiedergabe von Manthe, Gaius, Institutionen, 417, der *parentes* mit „Hausväter" übersetzt, muss man angesichts des in Ulp. D. 2, 4, 4 (5 *ad ed.*) klar auf Aszendenten erweiterten Personenkreises zweifeln. Dass nur *ehemalige* Hausväter in Betracht kommen, dürfte feststehen. Vgl. die Übersetzung von Gordon/Robinson, The Institutes of Gaius, 531: parents; so auch Balzarini, Le Istituzioni di Gaio, 207: genitori. Für unsere Stelle gibt Peters in der neuen deutschen Übersetzung von BKKS *parentes* ebenfalls mit „Hausväter" wieder, was sich mit keiner der vorgestellten Interpretationen verträgt: Der *filiusfamilias* kann den eigenen Hausvater nicht verklagen, und die Klage eines Dritten, der gegen einen Gewaltunterworfenen verloren hat, ist im vorigen § 1 geregelt. Zu eng auch das Verständnis von Greco, L'avversione verso i facilitatori del gioco d'azzardo, in: Fasolino/Palma (Hrsgg.), Il gioco nell'antica Roma, Profili storico-giuridici, 35–51, 40, der dem Kind die *actio utilis* allein gegen den *parens manumissor* geben will.

265 Von den acht weiteren Stellen, die beide Wörter enthalten, betreffen fünf das Vormundschaftsrecht, drei die Erbfolge nach einem Freigelassenen.

subiectus. Paulus, aus dessen 19. *liber ad edictum* unser Fragment stammt, fragt sich im folgenden Buch desselben Kommentars beispielhaft: *Si a domino vel a patre … hereditas petatur, an filio vel servo mortuo vel servo manumisso vel emancipato filio intra annum agi debeat?*[266] Zuvor im 18. Buch geht Paulus dem Schicksal einer Noxalklage nach, wenn der Sklave *alienatus manumissusve* ist[267]. Sodann im 30. Buch spricht er wiederum von der *actio de peculio annalis*, mit der ein ehemaliger Sklaveneigentümer *manumisso quoque vel alienato servo* hafte[268]. Möglicherweise ebenfalls aus Paulus' Ediktskommentar stammt der Inhalt des *Fragmentum de formula Fabiana*[269]. Auch dort ist von Handlungen eines Sklaven die Rede, und es wird die Frage aufgeworfen, ob dessen Herr *p(ost) m(ortem) eius v(el) m(anu)m(issionem) <v(el)> alienationem dominii utrum* [*<intra ann(um)>*] *d(um)t(axat) de pecul(io) teneatur* [*an*] *et post ann(um) de eo q(uod) ad* {*de*}[270] *eum p(er)vẹ*[*nerit*][271]. Bei Paulus' Zeitgenossen Ulpian, der auch den Ediktswortlaut für die annale Sondergutsklage wiedergibt[272], finden sich weitere, ähnliche Wendungen[273].

266 D. 5, 3, 36 pr. Wenn gegen den Eigentümer oder den Vater … die Erbschaftsklage erhoben wird – muss man dann, wenn der Sklave oder der Sohn gestorben ist oder der Sklave freigelassen oder der Sohn aus der Gewalt entlassen wurde, innerhalb eines Jahres Klage erheben?

267 D. 9, 4, 24.

268 D. 15, 1, 26.

269 Dazu unten, 194 ff.

270 Wohl als Schreiberversehen zu tilgen.

271 P. Vindob. L90 verso, Z. 5–6. Der hier wiedergegebene Text (weiteres dazu unten, 199 ff) entspricht der vorläufigen Edition durch S. Ammirati und N. Cornu-Thénard im Rahmen des Projekts REDHIS „Rediscovering the hidden structure. A new appreciation of Juristic texts and Patterns of thought in Late Antiquity" unter der Leitung von Mantovani, http://papyri.info/dclp/62360# (letzter Abruf 21. 2. 2024). Zu Deutsch lautet die zitierte Frage, ob der Herr nach dem Tod, der Freilassung oder der Übereignung des Sklaven innerhalb eines Jahres bis zur Höhe des Sonderguts oder auch nach Ablauf des Jahres auf das Erlangte haftet.

272 D. 15, 2, 1 pr. (29 *ad ed.*) *Praetor ait: „Post mortem eius qui in alterius potestate fuerit, posteave quam is emancipatus manumissus alienatusve fuerit, dumtaxat de peculio et si quid dolo malo eius in cuius potestate est factum erit, quo minus peculii esset, in anno, quo primum de ea re experiundi potestas erit, iudicium dabo"*. – Der Prätor sagt: „Nach dem Tode dessen, der in der Gewalt eines anderen stand, oder nach der Entlassung aus der Hausgewalt, nach der Freilassung oder Veräußerung eines Gewaltunterworfenen und [auch] wenn es infolge von Arglist desjenigen, in dessen Gewalt er stand, geschehen ist, dass etwas nicht zum Sondergut gehört, werde ich unter Beschränkung auf das Sondergut innerhalb eines Jahres, in dem zum ersten Mal die Möglichkeit zu klagen besteht, eine Klage erteilen". – S. auch die darauffolgenden Erläuterungen Ulpians.

273 Nicht abschließend seien genannt D. 9, 4, 5, 1 (3 *ad ed.*) … *sive alienaverit servum qui scit sive manumiserit sive decesserit servus, dominus tenetur* …; D. 9, 4, 2, 1 (18 *ad ed.*) … *si fuerit alienatus servus in totum vel in partem vel manumissus, noxam caput non sequi* …; D. 11, 3, 5, 4 (23 *ad ed.*) … *si decesserit vel alienatus sit vel manumissus, nihilo minus locum habebit actio* …; D. 15, 1, 32 pr. (2 *disp.*) *Si ex duobus vel pluribus heredibus eius, qui manumisso servo vel libero esse iusso vel alienato vel mortuo intra annum conveniri poterat, unus fuerit conventus, omnes heredes liberabuntur* …; D. 16, 3, 1, 30

Unter diesen typischen Formulierungen zeigt sich zwar eine gewisse Varianz (mal wird etwa *decedere* statt *mortus* gesetzt[274]), die Wendung *parentes et patroni* lässt sich indes nicht nachweisen. Jenseits sprachlicher Usancen erhellen die zitierten Passagen, dass die Juristen regelmäßig vier Tatbestände betrachten: Entlassung aus der Gewalt als *emancipatio* oder *manumissio*, Veräußerung (*alienatio*) und Tod. Folgt man der Auffassung, die unserem Fragment eine Nachhaftung entnehmen will, so hätte Paulus aus dieser Vierzahl nur die ersten beiden ausgewählt. Das zu erklären fällt schwer: Sollte der ehemalige Gewalthaber in den beiden übrigen Fällen nicht haften? Oder lag die Haftung in diesen Fällen für einen Römer unmittelbar auf der Hand? Warum aber sollte dann die Entlassung aus der Gewalt besonderer Erwähnung bedurft haben? Von den Regeln der *actio de peculio annalis* war auch diese unproblematisch erfasst[275].

Gemein ist den zwei genannten Fällen, dass die aus der Gewalt Entlassenen daraufhin selbst klagen und verklagt werden können. Von Interesse wäre also gewesen, ob sie aus Spielen vor ihrer Entlassung aus der Hausgewalt (*ex ante gesto*) alsdann selbst belangt werden können. Ob des durch Paulus angedeuteten deliktischen Anscheins des Glücksspiels hätte dies nicht ferngelegen, denn eine Noxalhaftung folgt dem gewaltunterworfenen Täter in die Gewaltfreiheit. Bei der *actio depositi* etwa, deren deliktische Ursprünge unter diesem Aspekt noch durchscheinen, stellen sich die Juristen diese Frage. Dort haftet der *filius emancipatus* selbst[276], der *servus manumissus* wohl nur nach einer älteren Auffassung[277]. Auch diese Ausführungen folgen aber dem oben festgestellten sprachlichen Muster.

Auffällig ist weiterhin, dass Paulus in § 2 keine Begrenzung oder Befristung der Haftung nennt. Dass eine Rückforderung *eius quod in alea lusum est* gegeben werde, lässt bei isolierter Betrachtung des Satzes eine unbefristete Haftung *in solidum* erwarten[278]. Das aber wäre für eine Nachhaftung ohne Beispiel und nachgerade widersinnig, wenn der Gewalthaber, solange der siegreiche Spieler ihm noch unterworfen war, nicht einmal bis zur Wertgrenze des Sonderguts haftete. Geht man im Anschluss an § 1 von einer *actio de peculio* aus, so müsste hier nun die Befristung auf ein Jahr (*intra annum*) hinzutreten. War die Klage hingegen unbefristet, wäre eine Umstellung auf das Erlangte wahrscheinlich (*in id quod pervenit*[279]). Ebendies

(30 *ad ed.*) *Si servus deposuit, sive vivat sive decesserit, utiliter dominus hac actione experietur. ipse autem servus manumissus non poterit agere: sed et si fuerit alienatus, adhuc ei competit actio cuius fuit servus cum deponeret: initium enim contractus spectandum est.*

274 Beispielsweise bei Ulp. D. 9, 4, 5, 1 (3 *ad ed.*) sowie D. 16, 3, 1, 30 (30 *ad ed.*), s. soeben Fn. 273.

275 Ebenso Ziliotto, TSDP X (2017), 1–31, 19.

276 Paul. D. 16, 3, 21 pr. (60 *ad ed.*).

277 Trebatius-Paul. D. 16, 3, 21, 1 (60 *ad ed.*), dagegen Marcell.-Ulp. D. 16, 3, 1, 18 (30 *ad ed.*).

278 Faber, Rationalia, Bd. 2.2, 547.

279 Vgl. etwa *Frag. de form. Fab.*, oben, vor Fn. 271.

unterstellt die Glosse[280], doch lesen wir bei Paulus davon nichts. Eine dem Text entsprechende Klage ohne hinzugesetzte Wert- oder Zeitgrenze verträgt sich besser mit der Gegenansicht. Klagte ein aus der Gewalt Entlassener gegen den ehemaligen Gewalthaber, bedurfte es keiner Einschränkungen nach den Regeln adjektizischer Klagen[281].

Es ist danach überwiegend wahrscheinlich, dass die Klage in § 2 von einem Gewaltfreien gegen einen seiner Aszendenten oder von einem Freigelassenen gegen seinen Patron gerichtet wurde. Die Fassung als *actio utilis* dürfte also darauf zurückzuführen sein, dass die direkte Klage gegenüber *parentes* und *patroni* gegen den Anstand verstoßen hätte. Die Bezichtigung des unsittlichen Glücksspiels muss also der Formel innegewohnt haben. Bei einer in ihrer Ausgangsform abstrakt gefassten *condictio* wäre dies allenfalls mit einer *praescriptio* denkbar[282]. Wahrscheinlicher ist, dass die Formel den Tatbestand des Spiels *in alea* explizit machte und *in factum* konzipiert war[283]. So verhält es sich mit den übrigen Rechtsbehelfen, deren Kondemnationsbedingungen in unanstößige Worte zu kleiden waren[284], wenn sie gegen Aszendenten oder Freilasser erteilt werden sollten: die *actio de dolo*[285] (Entsprechendes gilt für die zugehörige *exceptio doli*[286]), die *actio iniuriarum*[287], die vom

280 Gl. *Adversus*; ähnlich Scholion Nr. 7 Scheltema/Holwerda/van der Wal B VIII 3286/6 = Nr. 8 Heimbach V, 417.

281 Aus Gründen der Ehrerbietung kommt der verklagten Respektsperson aber die Begrenzung auf *id quod facere possit* zugute, Ulp. D. 37, 15, 7, 1 (10 *ad ed.*).

282 Dazu oben, Fn. 227.

283 Im Ergebnis ebenso Karlowa, Römische Rechtsgeschichte, Bd. II, 1348; so auch Kuryłowicz, SZ 102 (1985), 185–219, 208.

284 μετὰ φειδοῦς, Scholion Nr. 12* Scheltema/Holwerda/van der Wal B VIII 3286/23 = Nr. 9 Heimbach V, 417; „*ut verbis temperetur*", Schulting, Thesium Controversarum juxta seriem Digestorum Decades Centum, Decad. 33, Th. 9, 149. Karlowa, Rechtsgeschichte, Bd. II, 1348 zieht einen Vergleich mit der *actio rerum amotarum* heran. Diese wird wegen ihrer weniger kompromittierenden Bezeichnung gegenüber der Diebstahlsklage (*actio furti*) bevorzugt, Paul. D. 25, 2, 3, 4 (7 *ad Sab.*), dazu unten, 268 ff. Cujaz, Opera Omnia, Bd. 5, Sp. 258; Bd. 10, Sp. 949 sowie Pothier, Traité des Contrats Aleatoires, in: Dupin (Hrsg.), Œuvres de Pothier, Bd. 4, 571 Fn. 2 meinen, dass mit der Umformulierung die Folge der Infamie abgewendet worden sei. Doch muss eine Klage nicht infamierend sein, um der sprachlichen Abmilderung zu bedürfen, Ulp. D. 2, 4, 10, 12 (5 *ad ed.*) … *famosa actio non sit vel pudorem non suggilat*. Darauf weist zu Recht hin bereits Lauterbach, Collegium Pandectarum, Lib. 11, tit. 4, cap. 15, Bd. 1, 732.

285 Iul. D. 37, 15, 2 pr. (14 *dig.*); Ulp. D. 4, 3, 11, 1 (11 *ad ed.*). Die infamierende *actio de dolo* wird gegen Eltern und Freilasser nicht auf Grundlage der üblichen Formel erteilt, sondern auf die *bona fides* gestützt.

286 S. auch Ulp. D. 37, 15, 7, 2 (10 *ad ed.*), der außerdem die *exceptio vis metusve causa* nennt; Ulp. D. 44, 4, 4, 16 (76 *ad ed.*): Die *exceptio doli* sowie jedwede andere Einrede, die einer Respektsperson ein Verhalten *contra bonos mores* vorwirft, solle *in factum* gegeben werden – das dürfte meinen, ohne das Wort *dolus* oder ähnlich anrüchige zu gebrauchen.

287 Iul. D. 37, 15, 2 pr. (14 *dig.*).

Vorwurf der *calumnia* getragenen Klagen wegen schikanösen Prozessierens[288] und wegen missbräuchlichen Bewirkens der *missio in possessionem ventris nomine*[289], die *actio servi corrupti*[290], schließlich die Interdikte *unde vi* und *quod vi* [*aut clam*][291]. Allesamt sind dies honorarrechtliche, *in factum* konzipierte[292] Rechtsmittel[293]. Unter diese ließe sich eine Klage aus sittenwidrigem Glücksspiel um Geld gut einreihen[294], zählt doch das Verführen zum nämlichen Spiel zu den Tatbeständen der genannten *actio servi corrupti*.

Eine Klage zur Rückforderung des im Spiel Verlorenen ist uns ausdrücklich nur für die beiden in § 1 und § 2 genannten Konstellationen überliefert, in denen (ehemalige) Gewalthaber aktiv- oder passivlegitimiert sind. Manche Autoren haben daraus ableiten wollen, dass es eine allgemeine Rückforderungsklage nicht gegeben habe. Die Klassiker hätten eine *repetitio* nur gewährt, wenn der Kläger in eigener Person nicht gegen das Spielverbot verstoßen hatte[295]. Handelt § 2 jedoch von einer Klage zwischen *liberi* und *parentes* bzw. *liberti* und *patroni*, so ist dies eine Klage zwischen zwei Parteien *sui iuris*, die beide am Spiel teilgenommen haben. Wenn diese *repetitio* selbst gegen Respektspersonen erteilt wird, ist in Abwesenheit sittlicher Hemmnisse umso mehr mit einer allgemeinen Rückforderungsklage zu rechnen[296].

Bei dem Versuch, die Natur der Rückforderungsklage argumentativ mit der in § 2 beschriebenen Konstellation zu verknüpfen, begibt man sich in die Gefahr einer *petitio principii*. So argumentiert Donellus: Da die Klage den aus der Gewalt Entlassenen gegen ihre *parentes* oder *patroni* allenfalls als *actio utilis* gegeben werde, müsse sie infamierend sein[297]. Umgekehrt geht Wacke vor: Da *vindicatio nummorum* und *condictio indebiti* nicht kompromittierend seien, könne die Stelle nicht

---

288 Ulp. D. 37, 15, 5 (10 *ad ed.*).

289 Ulp. D. 37, 15, 7, 4 (10 *ad ed.*).

290 Paul. D. 37, 15, 6 (11 *ad ed.*).

291 Iul. D. 37, 15, 2, 1 (14 *dig.*); Ulp. D. 37, 15, 7, 2 (10 *ad ed.*). Der Vorwurf, heimlich (*clam*) gehandelt zu haben, scheint nicht anstößig gewesen zu sein. Nach Ulp. D. 43, 16, 1, 43 (69 *ad ed.*) wird anstelle der anstößigen Edikte eine *actio in factum* erteilt, wohl ohne dabei der Gewalt Erwähnung zu tun.

292 Auch aus dem bereits in den Zwölftafeln enthaltenen *iniuria*-Delikt gibt der Prätor in klassischer Zeit eine auf den Sachverhalt gestellte Klage, Kaser I, 623 f.

293 Zu diesen, mit Ausnahme der Interdikte, Kaser I, 625 ff.

294 Dass die Enumeration anstößiger Klagen in D. 37, 15 laut Wacke abschließend ist, lässt sich mit Ulp. D. 37, 15, 5 (10 *ad ed.*) bestreiten. Wie Lenel, EP, 109, zu Recht betont, impliziert *neque si*, dass es außer der genannten noch wenigstens eine weitere Klage gab.

295 Mommsen, Strafrecht, 860 f.; ihm zustimmend Sturm, Gesellschafterausgaben für Weib und Würfel, Iura 30 (1979), 78–83, 82 Fn. 16; Wacke, SZ 135 (2018), 261–333, 304.

296 So i. E. auch Kuryłowicz, SZ 102 (1985), 206; Dorn, Historisch-kritischer Kommentar zum BGB, §§ 762–764, 656, 814, 2. Fall. Unvollkommene Verbindlichkeiten, Rn. 24.

297 Opera omnia, Bd. V, Sp. 106 Fn. 6.

aus der Ehrenrührigkeit einer Klage gegen Respektspersonen erklärt werden[298]. Methodischer Bedenken ungeachtet dürfte der Satz des Donellus dem Sinn der Quelle näherkommen. Mit dem Gedanken einer Nachhaftung lässt sich der Text nicht widerstandslos übereinbringen. Wahrscheinlicher ist eine Klage von Kindern gegen Aszendenten, von Freigelassenen gegen Patrone. Will man *familia* im *principium* erhalten, könnte man es möglicherweise als Sammelbegriff für alle sodann folgenden Personen verstehen: aktuelle sowie ehemalige Mitglieder eines Haushalts, Gewalthaber wie Gewaltunterworfene[299]. Beim *convivium* dürften sie alle um Speis und Trank spielen, ohne danach mit der *repetitio* belangt zu werden.

7. Umfang der Sondergutsklage in Fall β

Ganz gleich, welche Klage in § 1 *de peculio* gegeben wird, fest steht, dass der Kläger nicht auf den Gesamtwert des Sonderguts zugreifen kann[300]. Einer möglichen Haftungsbefreiung („Entreicherung") zunächst ungeachtet, kann er von vornherein nicht mehr einfordern, als aus dem Spielgewinn ins *peculium* gelangt ist[301]. Dass von

---

298 Wacke, SZ 135 (2018), 261–333, 302.

299 Auch das ließe sich mit den bekannten Definitionen Ulpians vielleicht vereinbaren: D. 50, 16, 195, 1–2 (46 *ad ed.*) … *ad personas autem refertur familiae significatio ita, cum de patrono et liberto loquitur lex: „ex ea familia", inquit, „in eam familiam": et hic de singularibus personis legem loqui constat. § 2. … etsi patre familias mortuo singuli singulas familias habent, tamen omnes, qui sub unius potestate fuerunt, recte eiusdem familiae appellabuntur, qui ex eadem domo et gente proditi sunt.* – … Auf Personen wird die Bedeutung von *familia* dann bezogen, wenn das Gesetz von Patron und Freigelassenem spricht: „aus dieser Familie", sagt es, „in diese Familie" und bekanntlich spricht das Gesetz hier von einzelnen Personen. § 2. … denn wenn auch nach dem Tode des Hausvaters jeder einzelne eine eigene Familie hat, so werden doch alle, die unter eines einzelnen Gewalt gewesen sind, richtigerweise als zur selben Familie gehörig bezeichnet. – Allerdings meint § 1 mit *familia* wohl nicht die Bande zwischen *patronus* und *libertus*, sondern das Gesinde des Patrons, aus dem der *libertus* entlassen worden ist, ausführlich Masi Doria, „Libertinitas" e successione gentilizia, Index 27 (1999), 251–300, hier 260–266.

300 Kuryłowicz, SZ 102 (1985), 185–219, 210, will den Herrn indessen „bis zum Wert des Pekuliums im Augenblick der Verurteilung" haften lassen, bleibt angesichts der deutlichen Formulierung des Paulus eine Begründung aber schuldig; gleichermaßen Dorn, Historisch-kritischer Kommentar zum BGB, §§ 762–764, 656, 814, 2. Fall. Unvollkommene Verbindlichkeiten, Rn. 24. Verdächtigt wird die Bereicherungshaftung von Micolier, Pécule, 682 Fn. 56, ebenso von Betti, ATor. 51 (1915–16), 1363–1388, 1377, der sie aber für eine mögliche Beschränkung im Rahmen der *condictio ob iniustam causam* hält.

301 So bereits ein Scholion zu Bas. 60, 8, 4, Nr. 11* Scheltema/Holwerda/van der Wal B VIII 3286/19 f. = Nr. 7 Heimbach V, 417: ἐκ τοῦ ὑποκειμένου συναλλάγματος περιῆλθεν εἰς τὸ πεκούλιον; Glosse *cogendus est*: „*inquantum est locupletatum*"; Cujaz, Opera Omnia, Bd. 5, Sp. 258: „*in dominum est actio de peculio, quatenus pecunia, quam servus vicit alea, versa est in peculium*". Faber, Rationalia, Bd. 2.2, 547, gebraucht eine Formulierung, die an D. 15, 1, 1, 4 erinnert: „*in quantum locupletius ex illo aleae lusu peculium factum est*".

einer Klage auf das Erlangte die Rede ist, macht die zunächst unscheinbare Wendung *ex ea re* deutlich. Sie gebrauchen die römischen Juristen, um Vermögenszuwächse oder -einbußen auf eine rechtlich erhebliche Ursache zurückzuführen. Der Ausdruck begegnet insgesamt 24 Mal in den Digesten, 11 Mal bezieht er sich auf eine Vermögensmehrung (6 Mal mit *locupletior* bzw. *locuples*, 3 Mal mit *pervenire*, je 1 Mal mit *lucrum*, *lucratus* und *commodum*), 4 Nennungen entfallen auf Früchte aus einer Sache und damit letztlich auch auf Vermögensvorteile. Daneben steht *ex ea re* 11 Mal für den Auslöser einer Vermögenseinbuße (davon 10 Mal mit *damnum*). Auch wenn *ex ea re* von den römischen Juristen nicht bewusst als technischer Ausdruck gebraucht worden sein sollte[302], so indiziert sein Vorkommen in den Digesten (und darüber hinaus[303]) doch fast ausnahmslos[304] eine Vermögensmehrung oder -einbuße, sodann auch eine Klage auf den Betrag dieser Vermögensveränderung[305]. Außerhalb des sachenrechtlichen Kontexts der Fruchtziehung erweist sich *ex ea re* damit als Kennzeichen der Haftung für einen Schaden oder auf das Erlangte[306]. Hier kommt nur Letzteres in Frage.

---

302 Kübler, Die Haftung für Verschulden bei kontraktsähnlichen und deliktsähnlichen Schuldverhältnissen, SZ (1918), 172–223, 195, fand *ex ea re* anstelle von *inde* anstößig, zweifelte aber selbst, ob derlei Stilkritik berechtigt sei. Dem lässt sich anfügen, dass *inde* mit den typischen Formulierungen für Bereicherungsvorgänge auch außerhalb der justinianischen Kodifikation nicht quellenmäßig ist.

303 *Lex Rubria* XX, Z. 13: *damni datum factumve ex ea re*; *lex Ursonensis* XCIII: *quid ex ea re at se suorumve quem perveniat*, dazu oben, 62f. Ein einziges Mal findet sich die Wendung bei Gaius 4, 72a und bezieht sich auch dort auf den Ausgangspunkt eines Bereicherungsvorgangs zugunsten des Gewalthabers: … *si quid tamen ex ea re, quae cum illis gesta est, in rem patris dominive versum sit, quatenus in rem eius versum fuerit, eatenus datur actio* … – … wenn aber doch etwas aus dem Geschäft, das mit ihnen vollzogen wurde, dem Vermögen des Vaters oder Herrn zugeflossen ist, wird soweit es dem Vermögen zugeflossen ist, eine Klage erteilt …

304 Einmal tritt die Formulierung im Zusammenhang mit dem Forderungserwerb durch einen gemeinschaftlichen Nießbrauchsklaven auf, Paul. D. 45, 3, 32 (9 *ad Plaut.*). Sie ist dort zufälliges Nebenprodukt der Regeln vom Erwerb *ex re* und kann hier unbeachtet bleiben.

305 Überdies könnte auch *ex ea re* auf eine *formula in factum concepta* hinweisen. Dafür spricht, dass die Wendung in keiner der überlieferten oder rekonstruierten Formelkonzeptionen *in ius* zu finden ist. Ediktal ist *ex ea re* hingegen bei der *in factum* konzipierten *actio de deiectis vel effusis*, wo damit an die Handlung des Herabwerfens bzw. -schüttens angeknüpft wird, Ulp. D. 9, 3, 1 pr. (23 *ad ed.*) *Praetor ait de his, qui deiecerint vel effuderint: „unde in eum locum, quo volgo iter fiet vel in quo consistetur, deiectum vel effusum quid erit, quantum ex ea re damnum datum factumve erit, in eum, qui ibi habitaverit, in duplum iudicium dabo* …".

306 Diese evidente Regelmäßigkeit könnte auch einen Baustein nahelegen, der einst von sorgsamen Kautelarjuristen in die Klagformel eingeschaltet worden war, um den Streitgegenstand zu präzisieren. Das entspräche einerseits dem Interesse des Klägers, der die Konsumtionswirkung einschränken (später also möglicherweise auf anderweitig durch den Beklagten Erlangtes klagen) möchte. Andererseits ist auch dem Beklagten damit gedient, den Obligationsgrund möglichst eng zu fassen, denn andernfalls hätte er womöglich eine Bereicherung herauszugeben, die eine andere Ursache als die streitgegenständliche *res* hatte.

Im Einzelnen kaum zu ermitteln ist, in welchem Umfang der Gewalthaber wegen des Erlangten haftete. Impallomeni zieht einen Vergleich zu Ulp. D. 15, 1, 3, 12 (29 *ad ed.*)[307], wo eine *condictio furtiva de peculio* gegeben wird, *in quantum locupletior dominus factus esset*. Richtig ist, dass hier wie dort die Sondergutsklage mit einer Bereicherungsklausel versehen wird. Dass sich die Ziele der beiden Klagen decken, darf aus sprachlichen ebenso wie inhaltlichen Gründen aber bezweifelt werden:

Zunächst ist auffällig, dass hier weniger noch als zuletzt beim Geschäft des Unmündigen (oben I 1) von einer Bereicherung des Gewalthabers die Rede ist, obschon das *peculium* und somit das Gesamtvermögen des Gewalthabers vermehrt ist. D. 15, 1, 3, 12 stellt hingegen ausdrücklich auf eine Bereicherung des Herrn, nicht lediglich des Sonderguts ab. Dass daher auch eine Vermehrung des *patrimonium* erfasst war, ist anzunehmen[308]. Beim Spiel *in alea* kommt diese Möglichkeit nicht zur Sprache. Da hier die Sondergutsklage aus einem *negotium* gegeben wird, wäre in dieser Hinsicht der Anwendungsbereich der *actio de in rem verso* eröffnet. Doch haben sich die Juristen vermutlich gescheut, das anrüchige Glücksspiel als Geschäftsführung für den *paterfamilias* zu bezeichnen. Damit bliebe das Stammvermögen von der Haftung verschont.

Auch mit Blick auf das Sondervermögen drängen sich Gemeinsamkeiten mit der *condictio furtiva* nicht auf. Diese wird durch ein Delikt begründet, das allein der (naturale) Schuldner begeht. Den Bestohlenen trifft kein Verschulden. In der Folge ist der Schuldner *semper in mora*[309] und wird auch dann nicht frei, wenn die geschuldete Sache ohne sein Verschulden verschlechtert wird oder untergeht. Soweit der Betrag des *peculium* reicht, haftet der Gewalthaber also auf den ungeminderten Sachwert. Beim Spiel *in alea* hingegen wirken zwei Parteien ‚kollusiv' zusammen und schließen ein Geschäft (*negotium*) ab. Sie setzen ihre Mise wissentlich einem Verlustrisiko aus. Wer daraufhin die Rolle des Gläubigers und wer die des Schuldners einnimmt, hängt allein vom Zufall ab. Zum Ergebnis tragen beide gleichermaßen bei. Da der Gewinner danach nicht wie ein *fur* anzusehen ist und sich der Verlierer auf das Risiko des zufälligen Verlustes eingelassen hat, wird eine Haftungsbefreiung durch zufälligen Untergang möglich gewesen sein, und dies wohl auch ohne die hinzugesetzte Beschränkung (*sed non amplius ...*).

Die Betonung bei Paulus deutet auf eine weiter reichende Haftungsmilderung hin. Die Verbform *sit* im Konjunktiv Präsens (*id quod ex ea re in peculio sit*) legt nahe, dass der Zeitpunkt für die Bewertung des im Sondergut Vorhandenen auf die *litis contestatio*[310] oder aber des Urteils fällt[311]. Für die gewöhnliche Sondergutsklage

307 Impallomeni, In tema di gioco, 2338. Zur Stelle unten, 266 ff.

308 Näheres unten, 266 ff.

309 Vgl. Ulp. D. 13, 1, 8, 1 (27 *ad ed.*).

310 So Wacke, SZ 135 (2018), 301.

311 Davon scheint Impallomeni, In tema di gioco, 2337, auszugehen.

ist ohnehin dieser maßgeblich[312], für die Bereicherung mal ebenfalls dieser[313], mal jener[314]. Jedenfalls dürfte der siegreiche Sklave[315] bis zur Streitbefestigung Zeit haben, seinen Gewinn einzubüßen. Welche Tatbestände dabei von der Haftung befreiten, kann nur vermutet werden.

Am leichtesten können sich Personen von der Haftung lösen, denen die Römer besondere Rücksichtnahme zuteilwerden lassen: unmündige gegenüber mündigen Kontrahenten, Eheleute im Verhältnis zueinander, schließlich gutgläubige Erbschaftsbesitzer gegenüber den Erben. Der *aleator*, der sich sitten- und verbotswidrig in den Besitz versetzt, kann ähnliche Milde nicht für sich beanspruchen. Indem man die Klage des Verlierers auf eine rasch schwindende Bereicherung verkürzte, trüge man auch nicht zur Abschreckung bei. Vielmehr erhielte man den Spielvertrag in seinen wirtschaftlichen Folgen *de facto* aufrecht. Wer beim Glücksspiel unterliegt, darf seinen Einsatz ohnedies verloren glauben.

Rechtspolitisch will man beide Parteien vom Spiel abhalten. Sinnvoller erscheint es da, den Anreiz zu beseitigen, mit dem Gewinn nach Belieben verfahren zu können. Plausibel ist daher, dass der siegreiche Spieler den Gewinn nicht behalten, der Verlierer sich aber ebenso wenig in Sicherheit wiegen durfte, das Verspielte wieder zurückzuerhalten. Nicht aus Rücksicht auf den Gewinner, aber im Interesse der Abschreckung wird man die Rückforderung des Verlierers doch weitreichend beschnitten haben. Denkbar ist, dass der Gewinner keinen Ersatz schuldete, soweit er den Gewinn verloren, verschenkt oder anderweitig ohne Gegenleistung verausgabt hatte[316], etwa indem er in einem seiner nächsten Spiele unterlegen war.

---

312 Ulp. D. 15, 1, 30 pr. (29 *ad ed.*).

313 Für die *hereditatis petitio* nach dem *SC Iuventianum* Paul. D. 5, 3, 36, 4 (20 *ad ed.*).

314 Für Geschäfte des Unmündigen Marcian. D. 46, 3, 47 pr. (4 *reg.*); für die Rückforderung von Ehegattenschenkungen Ulp. D. 24, 1, 7 pr. (31 *ad Sab.*).

315 Pampaloni, Studi sopra il delitto di furto, Bd. II.1, 69 ergänzt eine gleichlaufende Haftung des *paterfamilias* aus dem Spiel des Sohnes. Eine kompilatorische Kürzung ist nicht unwahrscheinlich, da die erwogene Noxalhaftung für Hauskinder getilgt und daher selbst dann undenkbar gewesen sein mag, wenn der Text sie schließlich ablehnte. Möglich ist aber gleichermaßen, dass Paulus nur die Haftung des Herrn für den nicht prozessfähigen Sklaven besprach, vgl. Ulpians 29. Buch zum Edikt, in welchem Sohn und Sklave regelmäßig unterschieden werden.

316 Vgl. die Interpretation Ulpians zum *SC Iuventianum*, D. 5, 3, 25, 11 (15 *ad ed.*) *Consuluit senatus bonae fidei possessoribus, ne in totum damno adficiantur, sed in id dumtaxat teneantur, in quo locupletiores facti sunt. quemcumque igitur sumptum fecerint ex hereditate, si quid dilapidaverunt perdiderunt, dum re sua se abuti putant, non praestabunt. nec si donaverint, locupletiores facti videbuntur, quamvis ad remunerandum sibi aliquem naturaliter obligaverunt. plane si ἀντίδωρα acceperunt, dicendum est eatenus locupletiores factos, quatenus acceperunt: velut genus quoddam hoc esset permutationis.* – Der Senat hat für die gutgläubigen Besitzer gesorgt, damit sie insgesamt keinen Schaden erleiden, sondern nur auf das haften, um was sie bereichert sind. Welchen Aufwand sie also auch immer mit Mitteln der Erbschaft getrieben haben, wenn sie etwas verschleudert oder verloren haben – dafür stehen sie nicht ein, solange sie nur glauben, dass sie ihre eigene Sache verbrauchen. Auch

8. Zwischenfazit

Ebenso wie sich das allgemeine Verbot, um Geld zu spielen, an jedermann richtete, galt für Freie ebenso wie Gewaltunterworfene die Ausnahme, dass sie bei Tisch um Speis und Trank zulässigerweise spielen durften. Wurde gegen das Verbot des Spiels um Geld verstoßen, konnte der unterlegene Spieler vom siegreichen mit einer im Edikt eigens verheißenen Bereicherungsklage die Herausgabe dessen verlangen, was der Sieger vom Gewinn noch im Vermögen hatte. Gegen *parentes* und *patroni* als Respektspersonen wurde deren einstigen Gewaltunterworfenen eine abgewandelte Klage erteilt, in deren Formel das Anstößige des Tatbestands abgemildert ausgedrückt wurde.

wenn sie etwas verschenkt haben, hält man sie nicht für bereichert, obgleich sie sich dadurch auf natürliche Weise einen anderen zu einem Gegengeschenk verpflichtet haben. Wenn sie allerdings Gegengeschenke, antidora, angenommen haben, muss man sagen, dass sie insoweit bereichert sind, als sie etwas erhalten habe, so als wäre es eine gewisse Art von Tausch.

VIERTER TEIL: KLAGEN AUF DIE AUSKEHR EINER BEREICHERUNG DES GEWALTHABERS

§ 12. Die einschlägigen Grundtatbestände

Wir wenden uns nun den Klagen zu, die nicht einzig die Vermehrung eines Sonderguts, sondern eine Bereicherung des gewalthaberischen Gesamtvermögens erfassen. Die römischen Juristen unterziehen diese auf *pervenire* oder *locupletior* gestellten Klagen keiner vereinigenden Betrachtung. Auch die Kompilatoren stellen sie nicht in einem eigenen Titel zusammen. Wir treffen die Gewalthaberhaftung auf das Erlangte immer bei der jeweiligen Grundklage an, mit der sie verknüpft wird. Diese Anordnung wird im Folgenden beibehalten. Ob der fragmentarischen Behandlung in den Quellen stößt der Versuch, allgemeine Erkenntnisse zu gewinnen, ohnedies bald an Grenzen.

Vorangestellt werden Tatbestände, bei denen rechtsgeschäftliche Merkmale deutlich hervortreten. Den Abschluss bilden die rein deliktisch begründeten Klagen. Dazwischen lassen sich diverse Rechtsgeschäfte anordnen, die mit deliktischen Makeln behaftet sind. Wie sich im Zusammenhang mit dem Bereicherungsverbot erwiesen hat, sind es diese Makel, die das Erlangen eines Vermögensgegenstands als ungerechtfertigt qualifizieren[1]. Ferner lassen sich die *pervenit*-Klagen mit archetypischen Deliktstatbeständen in Verbindung bringen, die notwendigerweise oder wenigstens häufig mit einem Sachentzug einhergehen: *furtum*, *vis*, *metus*, *fraus*, schließlich allgemein *dolus*[2]. Es sind diese Tatbestände, die nicht allein den Täter zum Ersatz verpflichten, sondern auch den Erwerb des Drittempfängers angreifbar machen. Der Durchgriff auf diesen scheint sich aus der besonderen Verwerflichkeit zu rechtfertigen, die dem jeweiligen Tatbestand und alsdann dem Entzogenen als Makel anhaftet. Nicht zufällig lässt der Katalog der Tatbestände, die eine *pervenit*-Haftung hervorbringen, an die Listen infamierender Delikte denken. Laut dem von Julian überlieferten Edikt wird infam, *qui furti, vi bonorum raptorum, iniuriarum, de dolo malo et fraude suo nomine damnatus pactusve erit*[3] – wer aufgrund eigener Tat wegen Diebstahls, gewaltsam weggenommenen Gutes, wegen Personenverletzung, Arglist und Betrugs verurteilt ist oder darüber einen Vergleich geschlossen hat.

1 S. oben, 71 ff. Als korrekturwürdig empfinden die Römer Vermögensgewinne *ex damno alterius*, *ex delicto*, *ex furto*, *ex fraude*, *ex dolo*.

2 Ähnlich bereits v. Wyss, Die Haftung für fremde Culpa, 51.

3 D. 3, 2, 1 (1 *ad ed.*). Dass aus der *iniuria* keine *pervenit*-Klage erwächst, verwundert nicht, wird eine Ehrkränkung doch allenfalls zufällig und nicht tatbestandlich von einem Sachentzug begleitet.

§ 13. *Fraus* – Fraudatorische Rechtsgeschäfte

Unter dieser Überschrift sind zwei Rechtsbehelfe zusammengefasst, die dazu dienen, Verfügungen rückgängig zu machen, die ein Berechtigter vornimmt, dabei aber die Rechtsposition des pflichtteilsberechtigten Patrons (*actio Fabiana*) oder eines Gläubigers (*actio Pauliana* bzw. *in integrum restitutio*[1]) beeinträchtigt[2].

I. *Actio Fabiana*

Die *actio Fabiana* schützt das Recht des Patrons auf den hälftigen Pflichtteil an der Erbschaft des Freigelassenen, der jenem zusteht, sofern der Freigelassene nicht von eigenen Abkömmlingen beerbt wird[3]. Verfügt der Freigelassene von Todes wegen (*mortis causa*) oder arglistig zur Benachteiligung seines Patrons (*in fraudem patroni*), so erhält der Geschädigte eine arbiträre Klage gegen den Erwerber[4]. Arbiträre Klagen zeichnet aus, dass der Richter in einem Zwischenurteil die Berechtigung des Klägers feststellt und nach seinem Ermessen (*arbitrium*) bestimmt, was der Beklagte (*in natura*) zu restituieren hat. Zugleich erteilt der Richter dem Beklagten den Befehl zur Restitution (*iussum de restituendo*). Kommt der Beklagte dem Befehl nach, wird er freigesprochen. Kommt er ihm nicht nach, wird er in den vom Kläger beeideten Wert der streitgegenständlichen Sache verurteilt[5]. Der Beklagte soll zur Restitution *in natura* dadurch angehalten werden, dass der Schätzwert höher ausfällt als die richterliche Feststellung. In die Formel wird die Möglichkeit der Restitution als negative Kondemnationsbedingung eingesetzt: Der Richter hat den Beklagten zu verurteilen, *neque ea res arbitrio iudicis restituetur* – wenn nicht

---

1 Unter der Bezeichnung *actio Pauliana* führt Justinian zwei in klassischer Zeit separate Rechtbehelfe zusammen, eine *in integrum restitutio* sowie das *interdictum fraudatorium*. Zur historischen Entwicklung der *actio Pauliana* s. Ankum, De geschiedenis der „Actio Pauliana"; Klinck, Die Grundlagen der besonderen Insolvenzanfechtung: Gläubiger und Vertrauensschutz im Übergang vom Prioritäts- zum Gleichbehandlungsgrundsatz, 3 ff.; Willems, Actio Pauliana und fraudulent conveyances, 20 ff.

2 Bereits Paulus stellt beide Klagen in der Sache zusammen, D. 22, 1, 38, 4 (6 *ad Plaut.*), mag auch die Bezeichnung als *Pauliana* erst später in den Text gelangt sein. Dazu Willems, Pauliana, 26–30.

3 Zu ihr Levy, Privatstrafe, 69 ff.; Kupisch, In integrum restitutio und vindicatio utilis bei Eigentumsübertragungen im klassischen römischen Recht, 179 ff.

4 Ulp. D. 38, 5, 1 pr.–1 (44 *ad ed.*).

5 Paul. D. 38, 5, 5, 1 (42 *ad ed.*) *In actione Faviana si res non restituatur, tanti damnabitur reus, quanti actor in litem iuraverit.*

die streitgegenständliche Sache der richterlichen Ermessensentscheidung gemäß restituiert wird[6].

Der mit der *actio Fabiana* beklagte Erwerber braucht von der Schädigungsabsicht, die der Freigelasse mit seiner Verfügung verfolgt, nicht zu wissen[7]. Dem Erwerber wird also kein eigenes Fehlverhalten zur Last gelegt. Vielmehr muss er herausgeben, was er vermöge der missbilligten Verfügung eines anderen, des Freigelassenen, erlangt hat. So wie die *actio Fabiana* im Falle testamentarischer Erbfolge erteilt wird, steht bei Intestaterbfolge die *Calvisiana* zu[8]. Hier interessiert allein Erstere, obschon uns die Digesten eine *pervenit*-Haftung für sie nicht überliefern. Aus dem *Fragmentum de Formula Fabiana* aber erfahren wir, dass dann, wenn ein Sklave als Erwerber aufgetreten war, eine Nachhaftung des Gewalthabers in den Grenzen des Erlangten zumindest in Betracht kam[9].

Auszugehen ist von einer Äußerung Ulpians:

Ulp. D. 38, 5, 1, 22 (44 *ad ed.*)
Si servo meo vel filio familias libertus in fraudem patroni quid dederit, an adversus me iudicium Favianum competat, videamus. et mihi videtur sufficere adversus me patremque arbitrioque iudicis contineri tam id, quod in rem versum est, condemnandi, quam id quod in peculio.

Wenn ein Freigelassener meinem Sklaven oder einem Haussohn etwas zum Schaden des Freilassers gegeben hat, so fragt sich, ob die fabianische Klage gegen mich zusteht. Und wie mir scheint, genügt es, sie gegen mich und den Vater [zu erteilen] und [dabei] im Ermessen des Richters [und seiner Befugnis] zu verurteilen sowohl das zu begreifen, was in [mein oder des Vaters] Vermögen verwendet worden ist, als auch das, was im Sondergut [ist].

In der Absicht, seinen Patron zu schädigen, hat ein Freigelassener eine Sache aus seinem Vermögen an einen Sklaven oder Haussohn übereignet (*dederit*). Daraufhin stellt sich die Frage, ob der Patron vom Herrn bzw. Hausvater mit der *actio Fabiana* Restitution verlangen kann. Problematisch ist dabei, dass die *actio Fabiana* einerseits als direkte Klage erteilt werden könnte, denn das Eigentum oder wenigstens der Besitz an der hingegebenen Sache erwirbt der Gewaltunterworfene sogleich dem Gewalthaber. Andererseits findet der Erwerb in Form eines Rechtsgeschäfts

6 Vgl. Ulp. D. 4, 2, 14, 11 (11 *ad ed.*).

7 Ulp. D. 38, 5, 1, 4 (44 *ad ed.*).

8 Ulp. D. 38, 5, 3, 3 (44 *ad ed.*). Zu beiden Klagen Masi Doria, Bona libertorum, Regimi giuridici e realtà sociali, 179–224; Zoz de Biasio, I rimedi contro gli atti in frode ai legittimari in diritto romano, 11 ff., 12–64; Mentxaka, Quelques observations sur l'emploi de l'*actio Calvisiana* dans le droit romain classique, RIDA 35 (1988), 223–244.

9 Dazu sogleich unten, 199 ff. Zur Nachhaftung des Gewalthabers oben, 111 f.

des Gewaltunterworfenen statt, aus dem regelmäßig die Sonderguts- bzw. Versionsklage gegeben wird. Ulpian befürwortet eine vermittelnde Lösung, indem er dem Patron die direkte Klage zugesteht, diese aber nach dem Vorbild der adjektizischen Klagen anpasst: Vom Ermessen des Richters sei das erfasst, was der Gewaltunterworfene dem Vermögen des Gewalthabers zugewendet habe, sowie das, was sich in seinem Sondergut befinde.

Schwierigkeit bereitet aufgrund seiner Formulierung zunächst die Deutung des zweiten Satzes (1). Sodann bedarf einer Erklärung, wie Ulpians Lösung sich mit dem Mechanismus einer Arbiträrklage vereinbaren ließ (2). Damit verbunden ist die Frage, ob die von ihm erteilte Klage in allen Belangen den Regeln der *actio de peculio vel in rem verso* folgte. Dazu zählt insbesondere die Haftung des Gewalthabers, nachdem der Sklave oder Sohn aus seiner Gewalt ausgeschieden war. Insofern finden sich unterschiedliche Ansätze in den Digesten einerseits und dem *Fragmentum de Formula Fabiana* andererseits (3).

1. Deutung des zweiten Satzes

Die Wortfolge im zweiten Satz erscheint verstellt, die Ausdrucksweise elliptisch. Dem mit *mihi videtur* eingeleiteten Nebensatz fehlt ein Subjekt, vielleicht auch ein Verb zur Ergänzung des Prädikats. Im Anschluss an den ersten Satz wird man sinngemäß ergänzen können: *et mihi videtur sufficere iudicium (competere) adversus me patremque* – und wie mir scheint, genügt es, dass die [fabianische] Klage gegen mich sowie gegen den Vater zustehe. Damit wäre der Nebensatz vollständig, als Antwort auf die im ersten Satz aufgeworfene Frage aber ohne einen zu *sufficere* passenden Abschluss.

Sufficere dürfte sich darauf beziehen, dass der Umfang des Restitutionsbefehls sowie der Verurteilung auf den Wert des *versum* und des *peculium* begrenzt wird. Sprachlich zeigt dies die auffällige zweifache Anknüpfung mit *-que* an. Mit *arbitrioque ...* wird dem Voranstehenden etwas Erläuterndes angefügt[10]. Dabei handelt es sich um eine Einschränkung, wie sie nach *sufficere* zu erwarten ist. Man müsse also nicht die blanke *actio Fabiana* auf den vollen Betrag erteilen. Es genüge, dem Patron eine Restitution zu eröffnen, die der Höhe nach einer *actio de peculio vel de in rem verso* entsprechend beschränkt ist. Der Gewalthaber haftet also nicht als Dritterwerber *suo nomine*. Die Restitutionspflicht wird so behandelt, als sei sie eine (naturale) Obligation des Gewaltunterworfenen.

Dieses Ergebnis wird gestützt durch eine Entscheidung Ulpians an anderer Stelle, die ähnlich formuliert ist. Er geht dort der Frage nach, gegen wen die *actio rei uxoriae* zusteht, wenn die Mitgift einem gewaltunterworfenen Ehemann übergeben worden war. Auch für den Fall, dass der Ehemann vom *paterfamilias* zur Annahme

10 S. Kühner, Grammatik, Teil II, Bd. 2, 13.

nicht ermächtigt gewesen sein sollte, schließt sich Ulpian der Meinung von Sabinus und Cassius an, dass nichtsdestoweniger gegen den Hausvater geklagt werden könne. Einschränkend fügt er hinzu: *sufficit autem ad id damnandum quod est in peculio vel si quid in rem patris versum est* – es genügt aber, den Vater auf das zu verurteilen, was im Sondergut ist, oder, wenn etwas dem Vermögen des Vaters zugewendet wurde, auf dieses[11].

Irrig versetzt wirkt in unserem Ausgangstext *condemnandi*, das Mommsen daher tilgen will[12]. Als Gerundium im Genitiv begegnet es in den juristischen Quellen nur ein weiteres Mal, dort aber in einer auch hier passenden Bedeutung. Gaius erläutert, dass die *condemnatio* der Teil einer Formel sei, *qua iudici condemnandi absolvendive potestas permittitur* – in welchem dem Richter die Macht zur Verurteilung und zur Freisprechung zugestanden wird[13]. Auch Ulpian geht es um die Ermächtigung des Richters, genauer um deren Grenzen. Offenbar soll das *arbitrium* der Restitutionsklausel ebenso verengt werden wie die Kondemnationsbefugnis[14]. Zu *arbitrium condemnandi* lässt sich Ulpians Formulierung wohl nicht sinnvoll zusammenziehen[15]; gemeint sein könnte dennoch, dass die *condemnatio* mittels *taxatio* einzuschränken sei oder eine entsprechende Haftungsermäßigung zur Amtspflicht des Richters gehöre[16]. Wahrscheinlicher ist Letzteres[17]: Der Richter soll dafür sorgen, dass der beklagte Gewalthaber nicht mehr leisten muss, als sich im Sondergut befindet oder dem Vermögen des Gewalthabers zugewendet worden ist.

2. Eine Arbiträrklage in den Grenzen des Sonderguts und der Zuwendung in das Vermögen

Mit dem üblichen Mechanismus der Arbiträrklagen lässt sich der Text scheinbar nicht ohne weiteres übereinbringen. Wenn sowohl das feststellende Zwischenurteil

---

11 D. 24, 3, 22, 12 (33 *ad ed.*) … *quod si filio [dos] data sit non iussu patris, Sabinus et Cassius responderunt nihilo minus cum patre agi oportere: videri enim ad eum pervenisse dotem, penes quem est peculium: sufficit autem ad id damnandum quod est in peculio vel si quid in rem patris versum est.*

12 Editio maior, Bd. 2, 342.

13 Gai. 4, 43.

14 Vgl. die Übersetzung bei Vignali, Bd. 5, 381: „stare nell'arbitrio del giudice il condannare tanto per ciò, che tornò a vantaggio, che per ciò che sta in peculio".

15 Vgl. aber die auf die Festsetzung einer Strafe bezogene Formulierung desselben Ulpian D. 47, 18, 1, 1 (8 *de off. procons.*) … *causa cognita liberum erit arbitrium statuendi ei qui cognoscit.*

16 Auch den Fall, in dem der Beklagte dem *libertus* eine Sache abgekauft hatte, die der Patron nun zurückfordert, löst Ulpian, indem er den Inhalt des *arbitrium* vorgibt: Der Richter habe dem beklagten Käufer die Wahl zu geben, ob er die Kaufsache behalten und einen eventuellen Fehlbetrag zum Marktwert (gemischte Schenkung) ausgleichen oder die Sache gegen Rückerhalt des gezahlten Preises restituieren will, D. 38, 5, 1, 12 (44 *ad ed.*). Dazu Masi Doria, Bona libertorum, 197 ff.

17 Im Ergebnis ebenso bereits Levy, Privatstrafe, 77.

als auch das Endurteil derselben Beschränkung unterlägen, entfiele häufig der Anreiz zur Restitution. Sobald die durch den Richter ermittelte Restitutionspflicht den Wert von *peculium* und *versum* übersteigt, hat der beklagte Gewalthaber vom Endurteil keine höhere Verurteilungssumme zu befürchten[18]. Der Zweck der Arbiträrklagen, Restitution *in natura* anzuregen, würde verfehlt. Zu bedenken ist indes, dass der mittelbare Zwang zur Restitution immer dann versagen muss, wenn bereits der Restitutionsbefehl die Zahlungsfähigkeit des Beklagten übersteigt. Hätte in unserem Fall der *libertus* an einen Freien übereignet, der sodann insolvent wurde, wäre das Ergebnis kein anderes. Der Kläger wird schlicht so gestellt, als sei der *subiectus* ein Freier und das *peculium* sein Vermögen, dem hier das *versum* hinzugerechnet wird. Dass die Funktion einer Arbiträrklausel naturgemäß in einzelnen Fällen versagt, schließt deren Tauglichkeit im Übrigen nicht aus.

Alternativ ist zu erwägen, dass Ulpian nicht die Kondemnationssumme, sondern allein den Restitutionsbefehl im Blick hat. Denn nach den bekannten Formelrekonstruktionen findet das *arbitrium* nur in der Restitutionsklausel Erwähnung[19]. Man könnte daher meinen, das richterliche Ermessen erstrecke sich nur darauf, was dem Beklagten zu leisten auferlegt wird, um einer Verurteilung zu entgehen, nicht aber auf das Maß der Verurteilung, so er das *iussum* nicht erfüllt. Trifft dies zu, so wäre hier bei ausbleibender Restitution in den vom Kläger beeideten Betrag zu verurteilen. Unter *arbitrium condemnandi* wäre zu verstehen, dass es im Ermessen des Richters liegt, ob der Beklagte verurteilt wird, aber nicht in welcher Höhe[20]. Wenigstens bei der Bemessung des Restitutionsbefehls dürfte der Richter dem Beklagten nicht mehr abverlangen, als dieser nach den Regeln der Sonderguts- und Versionsklage schuldete.

Dass Ulpian darüber hinaus auch eine Begrenzung der Urteilssumme vor Augen hatte, erscheint jedoch nicht ausgeschlossen. Unter den Klassikern war umstritten, ob der Richter bei Arbiträrklagen kraft seiner Amtsbefugnis den vom Kläger geschätzten Betrag herabsetzen oder vor der Schätzung einen Höchstbetrag vorgeben konnte[21]. Ulpian hielt den Richter für dazu befugt, Paulus sah ihn bei manchen Klagen gar dazu verpflichtet[22]. Auch für unsere *actio Fabiana* gegen den Gewalthaber ist daher anzunehmen, dass der Richter nach Ulpians Auffassung dem Eid

---

18 Er kann sogar auf eine Verringerung des Sonderguts bis zur *actio iudicati* spekulieren.

19 Etwa für die *rei vindicatio*: *neque ea res arbitrio iudicis A°A° restituetur* – wenn diese Sache nicht gemäß der richterlichen Ermessensentscheidung dem Kläger herausgegeben wird, Lenel, EP, 186; ebenso für die *actio quod metus causa* (EP, 112) und, unter Umständen, die *actio doli* (EP, 115).

20 Faber, De erroribus pragmaticorum, Decad. XCIII, Error VI, 625.

21 Ulp. D. 12, 3, 4, 2–3 (36 *ad ed.*).

22 D. 4, 3, 18 pr. (11 *ad ed.*) a. E.: *officio iudicis debet in utraque actione taxatione iusiurandum refrenari.* Gemeint sind die *actio de dolo* sowie die *actio quod metus causa.* S. ferner Marcian. D. 12, 3, 5, 1 (4 *reg.*).

des Klägers eine Grenze setzen konnte, die der Wertgrenze für die Verurteilung bei der *actio de peculio vel de in rem verso* entsprach.

3. Zu einer möglichen Nachhaftung *de eo quod pervenit*

In der Sache erteilt Ulpian letztlich eine *actio de peculio vel de in rem verso*. Formal dürfte es sich aber um die direkte *actio Fabiana* handeln, die mithilfe einer Haftungsermäßigung kraft richterlichen Ermessens abgewandelt wird[23]. Auch wegen dieser ungewöhnlichen Annäherung an das Regime der Sonderguts- und Versionsklage stellten sich Folgefragen, die wir im *Fragmentum de Formula Fabiana* in ähnlicher Weise behandelt finden wie bei Ulpian – mit dem Unterschied, dass der Autor des *Fragmentum* eine *pervenit*-Haftung erwägt.

Im Anschluss an unsere Stelle (§ 23) hält Ulpian zunächst im Einklang mit allgemeinen Regeln fest, dass der Vater *utique* (das meint im Ergebnis wohl *in solidum*) hafte, wenn er dem Sohn sein Geheiß (*iussum*) zum Erwerbsgeschäft erteilt habe. Anschließend (§ 24) wendet sich Ulpian der Nachhaftung zu. Man könne sich, so Ulpian, fragen, ob nach Freilassung, Tod oder Veräußerung des Sklaven nur binnen Jahresfrist (*intra annum*) geklagt werden könne[24]. Damit ist die Frist der *actio de peculio annalis* angesprochen[25]. Deren Übertragung ist auch auf solche Klagen nicht schlechthin ausgeschlossen, die allenfalls teilweise den Regeln der Sondergutsklage unterstellt werden[26]. Wie Ulpian mitteilt, befürwortete Pomponius, sie bei der *actio Fabiana* anzuwenden. Die Klage des Patrons verfristet also ein Jahr nach der Freilassung des Sklaven.

Ulpian verschweigt, dass zur Klage binnen Jahresfrist eine Alternative denkbar war, die uns das *Fragmentum de Formula Fabiana* überliefert[27]. Dessen spät- oder nachklassischer Autor folgt einem auffallend ähnlichen Gedankengang wie Ulpian:

---

23 Ebenso wohl Burdese, Rez. S. Longo, Filius familias se obligat? Il problema della capacità patrimoniale dei filii familias, Milano 2003, 597–607, 605; klarer Viaro, L'arbitratus de restituendo' nelle formule del processo privato romano, 116 ff. mit Fn. 20. Die Basiliken geben diese Unterscheidung auf und gewähren die adjektizischen Klagen in ihrer regulären Gestalt, Bas. 49, 6, 1. Laut Zoz de Biasio, I rimedi, 58, erteilte bereits Ulpian die *actio Fabiana* als *actio de peculio vel in rem verso*; so auch Masi Doria, Bona libertorum, 199 Fn. 53.

24 Ulp. D. 38, 5, 1, 25 (44 *ad ed.*) *Item quaeri potest, manumisso vel mortuo vel alienato servo an intra annum agendum sit. et ait Pomponius agendum.* – Ebenso kann man sich fragen, ob nach Freilassung, Tod oder Veräußerung des Sklaven innerhalb eines Jahres geklagt werden müsse. Und Pomponius bejaht dies.

25 Zu dieser oben, 111 f.

26 So bei der *hereditatis petitio* Paul. D. 5, 3, 36 pr. (20 *ad ed.*).

27 P. Vindob. L90 verso (Haarseite) Z. 3–6. Ein hochauflösendes Abbild ist verfügbar auf den Seiten der Österreichischen Nationalbibliothek, https://digital.onb.ac.at/RepViewer/viewer.faces?doc=DTL_3915923 (letzter Abruf: 21. 2. 2024).

> *Fragm. de form. Fab.* §§ 4–5[28]
> … <pa>ter suo nom(ine) tenebitur n(on) de p̣[<eculio … [-14–15-] quemadmodum si>] quis iussit alii mancip(ari) ut iam diximus. s(ed) si se[<rvo[29] lib(ertus) mancip(averit)[30]>] q(uaeritur) p(ost) m(ortem) eius v(el) m(anu)m(issionem) <v(el)> alienationem dominii utrum [<intra ann(um)>]
> d(um)t(axat) de pecul(io) teneatur an et post ann(um) de eo q(uod) ad {de}[31] eum p(er) vẹ[<nerit.>]
>
> … haftet der Vater selbst, nicht beschränkt auf das Sondergut … Wenn jemand einen anderen anweist, sich übereignen zu lassen, gilt, was wir bereits sagten. Wenn aber einem Sklaven übereignet worden ist, fragt sich, ob [der Herr] nach dessen Tod oder Freilassung oder Übereignung innerhalb der Jahresfrist beschränkt auf das Sondergut haftet oder auch über ein Jahr hinaus auf das, was an ihn gelangt ist.[32]

Wie Ulpian behandelt der Autor des Fragments einen Fall, in dem der Gewalthaber selbst haftet (vielleicht aufgrund erteilten Geheißes), sodann einen Fall, in dem nicht eindeutig von einem Gewaltverhältnis, aber doch von einem Geheiß die Rede ist. Anschließend wendet er sich der Nachhaftung des ehemaligen Sklaveneigentümers zu[33]. Die Trias aus Tod, Freilassung und Veräußerung (*mors*, *manumissio* und

28 Weitgehend nach der von REDHIS bereitgestellten Fassung, https://papyri.info/dclp/62360 (letzter Abruf: 21. 2. 2024), s. aber die folgenden Fußnoten. In runden Klammern () werden Abkürzungen aufgelöst; eckige Klammern [] markieren Lakunen; spitze Klammern < > enthalten Konjekturen.

29 Die Rekonstruktion von REDHIS hat *servus* im Nominativ. Einfacher und nach dem voraufgehenden Satz näherliegend erscheint es, dass dem Sklaven übereignet wird. Da er nach seinem Tod oder seiner Übereignung nicht selbst haften kann, kommt er auch als Subjekt von *teneatur* nicht in Frage. Der Dativ ist daher vorzuziehen.

30 Eine nicht überprüfbare, aber mögliche und in der Sache wahrscheinliche Konjektur, die von der durch REDHIS ermittelten Breite der Lakune ausgeht und die aus dem Fragment bekannten Abkürzungen zugrunde legt: Für *libertus* steht recto Z. 3 *libe*, Z. 13 *lib*; für *mancip* siehe hier dieselbe Zeile. Bis auf die Wahl des Verbs ebenso bereits Lenel, Pal. II, 1231: *servo libertus alienaverit*. Für den Vorschlag Krügers, Das juristische Fragment der Sammlung des Erzherzog Rainer, SZ 9 (1888), 144–151, 149, *servus inussu patris filio mancipatus fuerit*, reicht der Platz nicht aus. Außerdem ginge das durch *post mortem* … indizierte Moment der Nachhaftung (s. sogleich bei Fn. 37) verloren, wenn nicht der Empfänger, sondern das Objekt der Verfügung verstürbe.

31 Wohl ein Versehen des Schreibers, der kurz zuvor *de eo* geschrieben hatte und hier vielleicht deswegen *de eum* setzte.

32 Übersetzt unter Annahme aller Konjekturen.

33 Die Abfolge der Materien stützt die Annahme, dass unser *Fragmentum* ebenso wie der Ulpiantext aus einem Ediktskommentar stammt. So bereits anlässlich der Erstveröffentlichung des Pergaments Pfaff/Hoffmann, Fragmentum de formula Fabiana, 17 ff., die Paulus als Autor erwogen, Pomponius aber für wahrscheinlicher hielten; Gradenwitz, SZ 9 (1888), 394–403, 399 ff., meinte einen Auszug

alienatio) ist insofern unmissverständlich[34]. Es kann sich die erwähnte Jahresfrist (*post annum*) auch nicht auf eine Befristung der Grundklage beziehen, denn die *Fabiana* wird unbefristet gewährt[35]. Ebenso wenig haftet der Gewalthaber wegen des ehemaligen *subiectus* wie ein Erbe, welcher aus der *Fabiana* ohnedies nicht auf das Erlangte beschränkt, sondern in voller Höhe verpflichtet wird[36].

Die Frage der Nachhaftung stellt sich deshalb, weil, wie wir sahen, die *actio Fabiana* im technischen Sinne nicht als *actio de peculio (vel in rem verso)* erteilt wird, sondern einzig das richterliche Ermessen so auszuüben ist, dass man rechnerisch zum selben Ergebnis gelangt. Der für die reguläre Sondergutsklage gültige Schluss, dass nach dem Ende des Gewaltverhältnisses nur noch für ein Jahr geklagt werden kann, lässt sich daher nicht bedenkenlos ziehen. Wohl deshalb leitet Ulpian mit *quaeri potest*[37] ein, der Verfasser des Fragments mit *quaeritur* – es fragt sich. Dieser stellt als Alternative zur befristeten Sondergutsklage eine unbefristete Klage auf das Erlangte zur Wahl. Im Kontext der *actio de peculio* wird im selben Umfang und ohne Frist regelmäßig die *actio de in rem verso* gewährt. Die *actio de in rem verso* wird indes nicht anstelle der *actio de peculio*, sondern über diese hinaus erteilt. In unserem *Fragmentum* aber soll entweder eine annale Klage oder die Klage auf das Erlangte zustehen (*utrum … an*).

Für welche der Möglichkeiten sich der Autor des Fragments aussprach, ist nicht zu erkennen. Wahrscheinlich jedoch wird er die *pervenit*-Haftung abgelehnt haben[38]. Das legt außer der von Ulpian mitgeteilten Meinung des Pomponius[39] ein Vergleich mit der *hereditatis petitio* nahe, wo die beiden Möglichkeiten in ähnlicher Gestalt begegnen. Paulus behandelt dort einen Fall, in dem ein Gewaltunterworfener Erbschaftssachen veräußert und sodann aus der Gewalt des *paterfamilias* ausscheidet, welchem die Veräußerungserlöse verbleiben. Daraufhin fragt sich der Jurist, *an filio vel servo mortuo vel servo manumisso vel emancipato filio intra annum agi debeat*[40] – ob man dann, wenn der Sklave oder der Sohn gestorben ist oder der Sklave freigelassen oder der Sohn aus der Gewalt entlassen wurde, innerhalb eines Jahres

---

aus den Büchern *ad Plautium* des Paulus vor sich zu haben. Ihm widerspricht mit guten Gründen Ferrini, Osservazioni, 269 ff.

34 S. nur Ulp. D. 15, 2, 1 pr.–1 (29 *ad ed.*).

35 Ulp. D. 38, 5, 1, 12 (44 *ad ed.*): *in perpetuum*.

36 Ulp. D. 38, 5, 1, 26 (44 *ad ed.*) *Haec actio in personam est, non in rem, et in heredem competit et in ceteros successores …*

37 D. 38, 5, 1, 25 (44 *ad ed.*): man kann sich fragen.

38 Wie der Jurist die mit *quaeritur* eingeleitete Frage beantwortet, ist nicht zu erkennen. Angesichts der geringen verbleibenden Fläche auf der rechten Seite des Pergaments kann seine Antwort jedenfalls ausführlich nicht gewesen sein.

39 Ulp. D. 38, 5, 1, 25 (44 *ad ed.*), oben, vor Fn. 27.

40 D. 5, 3, 36 pr. (20 *ad ed.*).

Klage erheben muss. Unausgesprochen bleibt hier zunächst die Alternative, dass nämlich der Gewalthaber unbefristet auf dasjenige haftet, was er erlangt hat – d. h. die Veräußerungserlöse. Paulus entscheidet mit Proculus und Julian sodann für die unbefristete Klage gegen den Gewalthaber, da nicht *de peculio* geklagt, sondern die *hereditatis petitio* angestellt werde. Diese zirkelschlüssig anmutende Begründung dürfte darauf abzielen, dass für die Erbschaftsklage kein Rechtsgeschäft (*negotium*) des Gewaltunterworfenen vorausgesetzt wird, sondern eine dingliche Klage stattfindet, für die der Besitz bzw. die *facultas restituendi* des beklagten Gewalthabers entscheidend ist[41].

Bei der *actio Fabiana* spricht indessen nichts dagegen, dem Gewalthaber die Enthaftung nach Jahresfrist zu gewähren. Die *actio Fabiana* beruht auf einem Rechtsgeschäft und wird von Ulpian in unserem Ausgangstext im Ergebnis an der Pekuliarhaftung ausgerichtet. Dass eine Pekuliarhaftung nach Ausscheiden des sie vermittelnden Gewaltunterworfenen aus der Gewalt auf eine *pervenit*-Haftung umgestellt wird, kennen wir allein von der *actio rerum amotarum*[42]. Anders als dort begeht bei der *actio Fabiana* der Gewaltunterworfene indessen kein Delikt. Dennoch erwächst die *Fabiana* aus einer deliktischen Handlung, der fraudatorischen Veräußerung durch den Freigelassenen[43]. Die *actio rerum amotarum* wiederum setzt faktisch ein deliktisches Verhalten des Gewaltunterworfenen voraus, wird aber dennoch mit der Pekuliarhaftung verbunden. Beide Klagen siedeln die Juristen so in der *terra nullius* zwischen Delikt und Rechtsgeschäft an. Sie unterstellen alsdann beide vorwiegend dem rechtgeschäftlichen Regime, obschon sich ihr Tatbestand ohne deliktischen Beitrag nicht erfüllen lässt. Die sich für den Gewalthaber daraus ergebende Privilegierung, im Falle der Sondergutsklage nach Beendigung des Gewaltverhältnisses nur noch binnen Jahresfrist belangt werden zu können, verwehrt für die *actio rerum amotarum* bereits Proculus[44]. Seine Entscheidung erscheint sachgerecht, da andernfalls dem Gewalthaber eine Bereicherung aus dem faktischen Diebstahl des Hauskindes verbleiben könnte. Bei der *actio Fabiana* hingegen findet der Erwerb seitens des Gewaltunterworfenen rechtsgeschäftlich statt[45].

Arglist bzw. das Wissen um die beabsichtigte Benachteiligung des Patrons sind aufseiten des Empfängers für die *Fabiana* unerheblich. Daher kann auch das bekannte Argumentationsmuster nicht verfangen, der Gewalthaber dürfe sich nicht aus dem Fehlverhalten seiner Gewaltunterworfenen bereichern. Zwar gelangt etwas

41 Paul. D. 5, 3, 34, 1 (20 *ad ed.*).

42 S. unten, 266 ff.

43 *Frag. de form. Fab.* § 1: *form(ula) q(ua)s(i) ex delicto venerit libe(rti).*

44 Paul. D. 25, 2, 3, 4 (7 *ad Sab.*), dazu unten, 268 ff.

45 Faktisch mag der *subiectus* von der Schädigungsabsicht des *libertus* wissen, doch fragt man danach nicht.

ex fraude, d.h. durch die den Patron benachteiligende Verfügung des Freigelassenen an ihn. Für dessen Verhalten aber hat er nicht einzustehen.

4. Zwischenfazit

Der Tatbestand, den die *actio Fabiana* voraussetzt, trägt rechtsgeschäftliche ebenso wie deliktische Züge. Es bedarf einer (rechtsgeschäftlichen) Verfügung durch den Freigelassenen, der dabei in der (deliktischen) Absicht handeln muss, seinen Patron zu benachteiligen, indem er dessen Pflichtteilsrecht verkürzt. Die Absichten des Erwerbers sind für die *Fabiana* unerheblich, sodass das Delikt tatbestandlich allein aufseiten des Freigelassenen stattfindet. Hat der Freigelassene an einen Gewaltunterworfenen verfügt, so fällt diesem kein deliktisches Unrecht zur Last. Entsprechend folgt die Haftung des Gewalthabers den für Rechtsgeschäfte geltenden Regeln. Er haftet kraft richterlichen Ermessens in denselben Grenzen wie bei *actio de peculio vel in rem verso*. Mangels deliktischen Verhaltens des Gewaltunterworfenen lehnten die Juristen eine *pervenit*-Haftung ab.

Zum Vergleich drängt sich die *actio Pauliana* auf, denn sie verlangt vom Erwerber, dass er von der Schädigungsabsicht des Veräußerers weiß (*fraudem non ignoraverit*). Dort handelt es sich bei der Entgegennahme einer Sache seitens des Gewaltunterworfen danach nicht um ein reines Rechtsgeschäft, sondern um die wissentliche Teilnahme am Gläubigerbetrug. Eine Entscheidung zur Nachhaftung ist uns für die *Pauliana* nicht überliefert, doch treffen wir bei ihr die *pervenit*-Haftung bereits an, während das Gewaltverhältnis noch besteht[46].

5. Nachtrag zur Autorschaft des *Fragmentum de Formula Fabiana*

Beim Autor des *Fragmentum* handelt es sich mit einiger Wahrscheinlichkeit um Ulpians Zeitgenossen Paulus[47]. Gesichert ist, dass der Text nicht vor der Hochklassik verfasst wurde; zitiert werden, unter anderem, Marcellus und Julian (§ 8). Für Paulus sprechen sodann sprachliche Indizien: Die Formulierung *hoc et ego verum esse didici* (§ 2) findet sich nahezu wortgleich in seinem Ediktskommentar[48],

---

46 Dazu sogleich, 205ff.

47 So die vorherrschende Meinung, Gradenwitz, Das neuaufgefundene Fragment über die Formula Fabiana, SZ 9 (1888), 394–403, 399ff.; Lenel, Pal. II, 1231 Fn. 1; Girard, Le Fragmentum de Formula Fabiana, Nouvelle revue historique de droit français et étranger 14 (1890), 677–704, 698; Alibrandi, Sopra un frammento di antico giureconsulto relativo alla ‚formula Fabiana', Opere giuridiche e storiche, Bd. 1, 565–579, 567ff.; Ferrini, Osservazioni sul frammento ‚de formula Fabiana', Opere, Bd. 2, 269–276, 275; S. Di Salvo, Lex Laetoria, 171; Masi Doria, Bona Libertorum, 189 Fn. 32.

48 D. 3, 5, 14 (9 *ad ed.*) … *hoc et ego verius esse didici* …

überhaupt verwendet in unseren Quellen fast[49] nur er die Form *didici* mitsamt dem Pronomen *ego*[50]. Häufig ist bei Paulus auch die Formulierung *vid(eamus) ne* (§ 7) anzutreffen[51]. Mit vorangestelltem *sed*[52] ist die Wendung nur für ihn bezeugt. Auf *videamus ne* lässt er häufig, wie hier, kurze Sätze unter Verwendung der Verbform *sit* folgen[53]. Um auszudrücken, dass jemand einen anderen anweist, etwas in Empfang zu nehmen, formuliert wie hier – *iussit alii mancip(ari)* (§ 4) – andernorts nur Paulus und dabei mit Blick auf die Fabiana: *iussit alii dari*[54]. Dort mag *dari* für *mancipari* interpoliert worden sein. Als Gegensatz zur Haftung *in solidum* findet sich die Ausdrucksweise *n(on) de p<eculio>* (§ 4) ebenfalls nur bei Paulus[55].

Schließlich findet sich hier ein Muster der Wortwiederholung, für welches Paulus eine Vorliebe offenbart[56]: *manente q(ui)d(em) m(atri)m(oni)o p(osset) agi cum marito et p(ost) divortium antequam dotem re<d>dat; q(uod) si redderit, cum mul(iere); et si q(uid) retinuerit maritus, cum utroq(ue)*[57]. Der Satz wird durch die Wiederholung gleich oder ähnlich lautender Wörter rhythmisiert. Mit jedem Widerhall geht ein anderer Fall, geht eine andere Entscheidung einher[58]: *cum marito antequam … reddat – quod si redderit, cum muliere – et si quid retinuerit, cum utroque.* Jeder Fall wird mit einem Verb in der dritten Person gesetzt, zweimal mit *reddere*, einmal mit dem ähnlich klingenden *retinere*[59]. Jede Entscheidung wird sodann mit *cum* und Ablativ ausgedrückt.

---

49 Je einmal findet sich die Wendung bei Pomponius, D. 4, 4, 50 (9 *epist. et var. lect.*), sowie Terentius Clemens, D. 7, 7, 5 (18 *ad leg. Iul. et Pap.*).

50 D. 2, 14, 27, 1 (3 *ad ed.*); D. 5, 3, 19, 3 (20 *ad ed.*); D. 35, 2, 1, 8 (*l. s. ad l. Falcid.*); Vat. fr. 50 (1 *manualium*).

51 13 von insgesamt 24 Treffern für *videamus ne* in den Digesten sowie den vatikanischen Fragmenten entfallen auf ihn.

52 So der unserem Fragment zugeordnete P. Berol. P 11753 c, Fleischseite, Z. 3, wo *videamus* ausgeschrieben und nicht erst unter Auflösung einer Abkürzung zu lesen ist.

53 D. 15, 1, 56 (2 *ad Ner.*); D. 23, 2, 60, 1 (*l. s. ad or. Ant. et Comm.*); D. 35, 1, 44, 1 (9 *ad Plaut.*); D. 40, 5, 6 (60 *ad ed.*); D. 45, 1, 4, 1 (12 *ad Sab.*); D. 48, 10, 22, 10 (*l. s. ad sc Libon.*).

54 D. 38, 5, 5 pr. (42 *ad ed.*) *Tenetur Fabiana actione tam is qui accepit ipse, quam qui iussit alii dari id quod ipsi donabatur.*

55 Paul. D. 3, 5, 40 (30 *ad ed.*) … *in solidum mecum, non de peculio aget*; D. 5, 3, 36 pr. (20 *ad ed.*); ferner D. 40, 9, 18, 1 (16 *ad Plaut.*); daneben nur bei Diocl./Maxim. C. 5, 18, 10 (a. 294).

56 Dazu unten, 219 ff.

57 § 2, recto Z. 9–11.

58 Wie unser *Fragmentum* (Z. 8–9: *dissoluto m(atri)mọṇio … manente q(ui)d(em) m(atri)m(oni)o*) unterscheidet Paulus die Rechtslage vor und nach der Ehescheidung in D. 17, 2, 65, 16 (32 *ad ed.*), wiederholt dabei das Verb (*distrahatur*) und leitet den zweiten Fall mit *quod si* ein: *Si unus ex sociis maritus sit et distrahatur societas manente matrimonio, dotem maritus praecipere debet, quia apud eum esse debet qui onera sustinet: quod si iam dissoluto matrimonio societas distrahatur, eadem die recipienda est dos, qua et solvi debet.*

59 Man vergleiche das doppelte *reddere* gefolgt von *redire* in Paul. D. 2, 14, 27, 2 (3 *ad ed.*) … *puta pactam mulierem, ut praesenti die dos redderetur, deinde pacisci, ut tempore ei legibus dato dos reddatur:*

II. *Actio Pauliana* bzw. *in integrum restitutio*

Unter dem Namen *actio Pauliana* fasst Justinian zwei in klassischer Zeit separate Rechtsbehelfe zusammen, die sich beide gegen Verfügungen zur Gläubigerbenachteiligung wendeten[60]: die Wiedereinsetzung in den vorigen Stand (*in integrum restitutio*) sowie ein Interdikt, das *interdictum fraudatorium*. Die *in integrum restitutio*[61] verheißt der Prätor dem Vertreter der Gläubiger (*curator bonorum*) eines Zahlungsunfähigen, der *fraudationis causa*, d. h. um die Gläubiger zu benachteiligen, eine Rechtshandlung zugunsten eines Dritten (oder eines einzelnen Gläubigers[62]) vorgenommen hat[63]. Passivlegitimiert ist der Dritte ebenso wie der Zahlungsunfähige selbst. Die *in integrum restitutio* greift vor Veräußerung des Schuldnervermögens (*venditio bonorum*), das *interdictum fraudatorium*[64] hingegen danach. Beide setzen voraus, dass derjenige, der vom Gemeinschuldner etwas erworben hat, um den fraudatorischen Zweck des Geschäfts wusste. In Ausnahmefällen können indes *actiones in factum* gewährt werden, die von diesem Erfordernis absehen. In diesem Kontext steht

> Ulp. D. 42, 8, 6, 12 (66 *ad ed.*)
> Simili modo quaeritur, si servus ab eo, qui solvendo non sit, ignorante domino ipse sciens rem acceperit, an dominus teneretur. et ait Labeo hactenus eum teneri, ut restituat quod ad se pervenit aut dumtaxat de peculio damnetur vel si quid in rem eius versum est. eadem in filio familias probanda sunt. sed si dominus scit, suo nomine convenietur.

> Desgleichen fragt es sich, ob der Eigentümer haftet, wenn ein Sklave ohne Wissen seines Herrn, selbst aber [vom Gläubigerbetrug] wissend, von einem Zahlungsunfähigen etwas erhalten hat. Und Labeo sagt, er sei insoweit verantwortlich, als er herausgeben müsse, was an ihn gelangt ist, oder dass er nur bis zum Betrag des Sonderguts verurteilt werde, oder insofern etwas in sein Vermögen verwendet worden ist. Dasselbe gilt für den Haussohn. Weiß aber der Herr darum, so wird er im eigenen Namen belangt.

---

incipiet dos redire ad ius suum.

60 Funktional stehen sie insofern dem heutigen deutschen Anfechtungsgesetz nahe.

61 Zur *i. i. r.* generell Benöhr, Handbuch § 110, zur Gläubigerbenachteiligung dort bei Fn. 37; außerdem Willems, Handbuch § 14 Rn. 19. Nach anderer Auffassung handelt es sich um eine *actio*. Die Unterscheidung ist nicht allein für unsere Zwecke, sondern generell von zweifelhaftem Nutzen, vgl. Kupisch, In integrum restitutio, 255 f.

62 Ulp. D. 42, 8, 6, 7 (66 *ad ed.*) a. E.

63 Ulp. D. 42, 8, 1 pr. (66 *ad ed.*).

64 Zu diesem Isola, Handbuch § 66 Rn. 42.

In seinem 66. Buch zum Edikt, in welchem er sich der *restitutio in integrum* wegen Gläubigerbenachteiligung widmet[65], handelt Ulpian hier von der Haftung des Gewalthabers für den Fall, dass ein Sklave oder Haussohn *in fraudem creditorum* vom Zahlungsunfähigen eine Sache erhalten hat. Die Quelle ist im Zusammenhang mit den beiden voraufgehenden Fragmenten zu lesen, die jeweils Klagen gegen Erwerber behandeln, die vom Gläubigerbetrug keine Kenntnis hatten (1). Offen bleibt auch danach die Frage, wie die allein hier zusammentreffenden Haftungsvarianten – *pervenit*-Haftung einerseits, Haftung *de peculio vel in rem verso* andererseits – miteinander zu versöhnen sind (2).

1. Zum Kontext

Sowohl unser Text als auch § 11 schließen mit *simili modo* zu Beginn an den jeweils zuvor betrachteten Sachverhalt an. § 10 gibt wie unser Text eine Entscheidung Labeos wieder: Dort hat der Zahlungsunfähige an ein Mündel verfügt, und es stellt sich die Frage, ob dessen altersbedingt begrenzte Einsichtsfähigkeit das tatbestandlich erforderliche Wissen um den Gläubigerbetrug ausschließen kann. Labeo entscheidet, dass den betrogenen Gläubigern auch gegenüber einem Mündel die *restitutio* zustehe, was zu Ulpians Zeit offenbar der allgemeinen Meinung entsprach (*hoc iure utimur*).

Hervorzuheben ist die Begründung, die Labeo seiner Entscheidung beigibt: *quia pupilli ignorantia, quae per aetatem contingit, non debet esse captiosa creditoribus et ipsi lucrosa* – weil die Unwissenheit des Mündels, die ihm altersbedingt eignet, nicht den Gläubigern nachteilig und ihm selbst vorteilhaft sein darf. Wir haben hier eine Ausprägung des allgemeinen Bereicherungsverbots vor uns. Labeo und in dessen Gefolge Ulpian wollen verhüten, dass sich das Mündel zum Schaden der Gläubiger bereichert. Mit diesem Argument weiten sie den Tatbestand, den

65 Dem *interdictum fraudatorium* wendet er sich im 73. Buch zu, D. 42, 8, 10 pr. Auf dieses beziehen unseren Text Selb, Formulare Analogien in *actiones utiles* und *actiones in factum* vor Julian, St. Sanfilippo V (1984), 729–759, 750 f.; Valiño, Actiones utiles, 384; d'Ors, El interdicto fraudatorio en el derecho romano classico, 164; Beseler, Romanistische Studien, SZ 46 (1926) 83–143, 127 f.; Betti, ATor. 51 (1915–16), 1363–1388, 1384 f.; unter Berufung auf die palingenetische Einordnung dagegen zu Recht Impallomeni, Studi sui mezzi di revoca degli atti fraudolenti nel diritto romano classico, 145; Gröschler, Actiones in factum, 252. Zuletzt hat Grevesmühl, Die Gläubigeranfechtung nach klassischem römischem Recht, 160, im Anschluss an Solazzi, La revoca degli atti fraudolenti nel diritto romano, 1. Aufl., 16 ff., sowie Beseler und d'Ors vorgebracht, die Klagen in D. 42, 8, 6, 10 ff. beruhten auf der interdiktalen Verheißung des Prätors, Ulp. D. 42, 8, 10 pr. (73 *ad ed.*) a. E.: *interdum causa cognita et si scientia non sit, in factum actionem permittam.* Dann aber käme es auf die *scientia*, die für Ulpian hier offenbar problematisch ist, gar nicht an. Auch Solazzi geht in der 3. Aufl., Bd. 2, 60 ff. von der *restitutio in integrum* aus.

die *restitutio* voraussetzt[66]. Zwar mag das Mündel den Gläubigerbetrug, an dem es teilhat, nicht begreifen, doch lässt sich mit dem Bereicherungsverbot die *restitutio* dennoch rechtfertigen.

Ebenso (*simili modo*) verfahre man, so Ulpian im folgenden § 11, wenn der Zahlungsunfähige einen Gutgläubigen beschenke, d. h. an jemanden verfüge, der vom beabsichtigten Gläubigerbetrug nichts wisse[67]. Anders als zuvor im Falle beschränkter Einsichtsfähigkeit kann hier kein Zweifel bestehen, dass der Beklagte die Voraussetzung, um die Gläubigerbenachteiligung zu wissen[68], nicht erfüllt. Darüber hilft nun aber die Unentgeltlichkeit des Erwerbs hinweg: *nec videtur iniuria adfici is qui ignoravit, cum lucrum extorqueatur, non damnum infligatur* – denn auch dem Unwissenden erscheint kein Unrecht zu widerfahren, so ihm ein Gewinn entzogen, nicht aber ein Schaden zugefügt wird. Wie zuvor Labeo bedient sich auch Ulpian eines Begriffspaars aus Vor- und Nachteil. Doch bezieht er sich mit *damnum* nicht auf den Schaden der Gläubiger, sondern des Beschenkten. Indem er ausschließt, dass diesen ein *damnum* treffe, legitimiert er den Zugriff auf den Gutgläubigen und markiert zugleich die Grenze von dessen Haftung. So gelangt er zu dem Ergebnis: *hactenus actio erit danda, quatenus locupletiores facti sunt, ultra non* – es ist nur insoweit eine Klage zu erteilen, als [die Beschenkten] bereichert sind, weiter nicht. Anders gewendet: Die Verfügung des Zahlungsunfähigen soll dem Erwerber weder nutzen noch schaden[69].

Nicht ohne weiteres erschließt sich, weshalb Ulpian die beschränkte Haftung des Beschenkten so nachdrücklich betont (*ultra non*). Schließlich geht die *in integrum restitutio* grundsätzlich nicht auf mehr als das Erlangte. Einen Vermögensnachteil muss freilich der entgeltliche bösgläubige Erwerber auf sich nehmen, denn er kann die hingegebene Gegenleistung nicht zurückverlangen[70]. Das aber kommt beim Beschenkten nicht in Betracht. Ulpian ist kaum anders zu verstehen, als dass hinsichtlich der erlangten Schenksache ein Wegfall der Bereicherung möglich

66 Von extensiver Auslegung durch die Juristen spricht auch bereits Impallomeni, Mezzi di revoca, 146; ihm folgend Ankum, De geschiedenis der „Actio Pauliana", 76.

67 Dazu Klinck, Insolvenzanfechtung, 8 f., und Willems, Pauliana, 35.

68 Ulp. D. 42, 8, 1 pr. (66 *ad ed.*) *Ait praetor: „Quae fraudationis causa gesta erunt cum eo, qui fraudem non ignoraverit …"*. Der Prätor sagt: „Jedwede [Geschäfte,] die zur Benachteiligung [der Gläubiger] mit einem, welchem die Benachteiligung nicht unbekannt war, geschlossen wurden …".

69 Den gegenläufige Satz, dass nämlich der Wiedereinzusetzende weder *damnum* noch *lucrum* haben solle, findet sich bei der *i. i. r.* des Minderjährigen. Sev. C. 2, 47, 1 pr. (undatiert, um 200) *Qui restituitur in integrum, sicut in damno morari non debet, ita nec in lucro: et ideo quidquid ad eum pervenit vel ex emptione vel ex venditione vel ex alio contractu, hoc debet restituere.*

70 So nach Paul. D. 42, 8, 7 (62 *ad ed.*) bereits Proculus. Einschränkend Ven. D. 42, 8, 8 (6 *interd.*): Sofern die geleisteten Münzen noch individualisierbar in der Masse vorhanden seien, befehle der Richter deren Rückgewähr. Die Stelle gilt ungeachtet der Inskription nicht dem *interdictum fraudatorium*, s. Gröschler, Actiones in factum, 253 Fn. 260.

ist[71]. Über die anerkannten Tatbestände eines Wegfalls können wir nur mutmaßen. Wahrscheinlich zählen darunter Verlust und Untergang der Sache[72], möglicherweise deren Verbrauch (ohne Aufwendungen zu ersparen)[73], nicht aber deren Veräußerung[74], es sei denn, der Beschenkte hätte infolge der Veräußerung weniger in Händen als zuvor[75].

2. Das Verhältnis der Haftungsvarianten

Wenden wir uns aber unserem Text zu, dessen Inhalt Ulpian abermals als dem vorigen ähnlich einleitet (*simili modo*). Ähnlich ist zunächst, dass der Gewalthaber ebenso wie der zuvor Beschenkte gutgläubig ist, vom Gläubigerbetrug also keine Kenntnis hat. Sein Sklave oder Sohn aber weiß darum und nimmt vom Zahlungsunfähigen eine Sache entgegen. Die Kenntnis des Gewaltunterworfenen wird dem *paterfamilias* offenbar nicht zugerechnet. Nur wenn er selbst mitwissend ist, haftet er im eigenen Namen (*suo nomine*), andernfalls für den ihm Unterworfenen (*servi vel filii nomine*). Dem entspricht die Kondemnationsbeschränkung *dumtaxat de peculio vel si quid in rem eius versum est*. Die Ausdrucksweise unseres Fragments deckt sich insofern weitgehend mit den bekannten Rekonstruktionen der *taxatio* für die *actio de peculio vel in rem verso*[76].

Weniger klar ist, wie sich diese mit der zuvor genannten Pflicht zur Herausgabe des Erlangten in Einklang bringen lässt[77]. Denkbar sind zwei Deutungen[78]: a) Labeo (oder erst Ulpian[79]) stellt zwei mögliche Ausgestaltungen der *restitutio* zur Wahl – entweder soll sie auf das Erlangte oder aber *de peculio vel in rem verso* begrenzt werden; b) er spricht von einer einzigen Klage, wobei dem beklagten Gewalthaber

71 So bereits Gröschler, Actiones in factum, 254; a. A. Schulz, Die actiones, 18.

72 Vgl. Iul. D. 4, 2, 18 (64 *dig.*).

73 Paul. D. 4, 2, 17 (1 *quaest.*) lässt den Erben des Täters bei der *actio quod metus causa* durch Verbrauch nicht freiwerden; anders für den gutgläubigen Erbschaftsbesitzer unter dem *SC Iuventianum* Ulp. D. 5, 3, 25, 1 (15 *ad ed.*). Die Möglichkeit der Befreiung durch Verbrauch besteht auch bei den Ehegattenschenkungen, Ulp. D. 24, 1, 5, 8 (32 *ad Sab.*).

74 Vgl. Iul. D. 4, 2, 18 (64 *dig.*).

75 Vgl. Ulp. D. 5, 3, 25, 1 (15 *ad ed.*); ferner D. 24, 1, 7, 4 (31 *ad Sab.*).

76 S. oben, 109 f.

77 D'Ors, El interdicto fraudatorio, 169 beseitigt diese Schwierigkeit, indem er *aut – est* für interpoliert erklärt. Eine Pekuliar- und Versionshaftung vertrage sich nicht mit dem *interdictum fraudatorium*, dessen Abwandlung er hier anzutreffen meint. Dazu bereits oben, Fn. 65.

78 Eine dritte vertritt Levy, Privatstrafe, 91 Fn. 1, der meint, *pervenire* werde hier nur zur Bezeichnung des Passivlegitimation gebraucht. Man muss sich dann wohl einen Doppelpunkt hinter *pervenit* denken. Dann aber wäre *aut* überflüssig.

79 Schulz, Die actiones 48 f.; Benöhr, SZ 87 (1970), 123–196, 177 f.; Kroppenberg, Insolvenz, 166 f. meinen, dass allein die Klage auf das Erlangte auf Labeo zurückgehe.

zunächst die Restitution des Erlangten anbefohlen wird. Kommt er dem nicht nach, wird er *de peculio vel in rem verso* verurteilt.

a) Zwei Klagen mit unterschiedlicher Beschränkung

Ausgehend von der Hypothese zweier Klagen ist weiter zu differenzieren: Entweder (aa) die beiden Ausgestaltungen schließen einander aus, sodass dem Kläger stets nur eine der beiden zu gewähren ist, oder (bb) beide Klagen lassen sich insofern häufen, als die *pervenit*-Klage wegen des Erlangten zusteht und der Gewalthaber dessentwegen, was nicht an ihn gelangt ist, mit der *actio de peculio vel in rem verso* haftet.

aa) Fasst man *aut* ausschließend auf, so haben die Juristen zwei alternative Lösungen vorgebracht: Entweder beschränkten sie den Restitutionsbefehl auf das, was an den Gewalthaber gelangt war, oder sie fügten der *condemnatio* die Klausel *de peculio vel in rem verso* an. Dass Ulpian Gegenmeinungen in einer Streitfrage (*quaeritur*[80]) vorträgt, erscheint plausibel, wenngleich deren Zusammenfassung in einem einzigen, von *teneri* abhängigen Nebensatz Labeo als Urheber beider Varianten erscheinen lässt[81]. Vielleicht erwog bereits er unterschiedliche Ausgestaltungen. Es bliebe dabei, dass nur eine dieser zur Anwendung gelangen konnte.

Die beiden Möglichkeiten setzten nicht nur an verschiedenen Stellen des Streitprogramms an (beim Restitutionsbefehl einerseits, bei der Verurteilungsermächtigung andererseits), sie folgen womöglich auch unterschiedlichen Auffassungen vom Charakter der Ausgangsklage. Die Sonderguts- und Versionsklage erwächst aus Rechtsgeschäften[82], die Haftung auf das Erlangte hingegen regelmäßig aus Delikten. Mit seiner Verheißung (*quae fraudationis causa gesta erunt*) bot der Prätor Ansatzpunkte für ein *negotium* ebenso wie ein *delictum*: Das Verbum *gerere* lässt an rechtsgeschäftliche Handlungen denken[83], und nur diese scheint Ulpian darunter zu verstehen[84]. *Fraudationis causa* vorgenommen, erscheinen sie jedoch gleichermaßen deliktisch, was Labeo zur *restitutio* des Erlangten geleitet haben mag.

Eine Parallele findet sich im *metus*-Edikt, mit dem sich der Prätor gegen dasjenige wendet, *quod metus causa gestum erit*[85]. Haben Sklaven den tatbestandlichen Zwang

---

80 Das betont Benöhr, SZ 87 (1970), 123–196, 176.

81 Möglicherweise das Resultat kompilatorischer Kürzung, so Benöhr, SZ 87 (1970), 123–196, 176.

82 Ulp. D. 15, 1, 1, 2 (29 *ad ed.*) *Verba autem edicti talia sunt: „Quod cum eo, qui in alterius potestate esset, negotium gestum erit"*.

83 S. Heumann/Seckel, 229 s. v. *gerere*. Ähnlich wie hier formuliert das Edikt etwa bei der Wiedereinsetzung der minores, Ulp. D. 4, 4, 1, 1 (11 *ad ed.*) *Praetor edicit: „quod cum minore quam viginti quinque annis natu gestum esse dicetur, uti quaeque res erit, animadvertam"*.

84 Ulp. D. 42, 8, 1, 2 (66 *ad ed.*) … *haec verba generalia sunt et continent in se omnem omnino in fraudem factam vel alienationem vel quemcumque contractum.*

85 Ulp. D. 4, 2, 1 (11 *ad ed.*).

verübt, so haftet deren Herr mit einer Noxalklage, im Übrigen wie jeder Dritterwerber auf die erlangte *res*[86]. Ebenso wie aus unserem Edikt wegen Gläubigerbenachteiligung wird mit der *actio quod metus causa* eine judiziale *in integrum restitutio* gewährt. Hier wie dort ist diese arbiträr ausgestaltet sowie einjährig befristet. Verweigert der Beklagte die Restitution, ergeht bei der *actio quod metus causa* indessen eine Verurteilung auf das Vierfache[87]. Der Erwerb *in fraudem creditorum* erscheint insofern weniger verwerflich, aber dennoch rechtlich missbilligt. Auch wenn eine Noxalhaftung anscheinend nicht erwogen wurde[88], lässt er sich als Missetat des Gewaltunterworfenen verstehen, aus welcher dem Gewalthaber kein wirtschaftlicher Nachteil entstehen darf. Unter diesem Blickwinkel wäre es konsequent, den *paterfamilias* nicht mehr erstatten zu lassen, als an ihn gelangt ist[89].

Betont man hingegen den rechtsgeschäftlichen Aspekt, so hat man einer *actio de peculio vel in rem verso* den Vorzug zu geben. Ein *fraudationis causa* vorgenommenes Geschäft hat nicht nur äußerlich den Anschein eines *negotium*, es ist auch vollwirksam[90]. Der *in integrum restitutio* fehlt weiterhin die Eigenschaft einer Deliktsklage, mehr als den einfachen Ersatz zu gewähren. Endlich kennen wir eine Pekuliarhaftung immerhin von der verwandten *actio Fabiana*[91] sowie der Wiedereinsetzung eines übervorteilten *minor*[92].

Ersichtlich wären beide Auffassungen nicht unbegründet. Gerade der Vergleich mit der *restitutio* zugunsten des *minor* lässt aber an eine Häufung der *pervenit*-Haftung mit der Pekuliarhaftung denken. Dort wird dem Gewalthaber aufgegeben auszukehren, was an ihn gelangt ist, und Ersatz auch im Übrigen zu leisten, soweit das Sondergut hinreicht[93].

---

86 Dazu unten, 244 ff.

87 Ulp. D. 4, 2, 14, 1 (11 *ad ed.*).

88 Diese meint für die Klassik rekonstruieren zu können Betti, ATor. 51 (1915–16), 1363–1388, 1384: *ut restituat quod ad se pervenit <, de eo quod non pervenit noxali iudicio servi nomine teneri>*. Mit Blick auf den sogleich dem Sklaven gleichgestellten *filiusfamilias* ist eine Löschung der Noxalhaftung durch die Kompilatoren nicht ganz unwahrscheinlich. Warum sie aber den Sklaven von dieser befreit haben sollten, ist nicht einzusehen.

89 Dementsprechend fasst Mandry, Familiengüterrecht, Bd. 2, 235 f., die Entscheidung auf: Man stelle nur deswegen auf das *peculium* und ein *versum* ab, „weil der den Gläubigern entzogene und dem filiusfamilias zugewiesene Werth kaum anders als entweder durch Vermehrung des Peculium oder durch Versio in patrimonium an den Paterfamilias gekommen sein kann". Eine Begrenzung auf die Vermehrung des Sonderguts lässt sich unserem Text jedoch nicht entnehmen. Ähnlich wie Mandry indessen Willems, Pauliana, 35 Fn. 89: Es hafte „der Hausherr – begrenzt auf die zu ihm durchgelangte Bereicherung – aus der *actio de peculio* oder der *actio de in rem verso*".

90 Vgl. Ulp. D. 9, 4, 36 (37 *ad ed.*), der Eigentumserwerb ist lediglich anfechtbar.

91 Ulp. D. 38, 5, 1, 22 (44 *ad ed.*), dazu oben, 194 ff.

92 Paul. D. 4, 4, 24, 3 (1 *sent.*) <11 *ad ed.*?>, dazu unten, 218 ff.

93 S. soeben Fn. 92.

bb) Die Konjunktion *aut* lässt sodann auch ein Nebeneinander zweier Klagen zu[94]. Gerechtfertigt wäre die Kumulation etwa dann, wenn der Herr des Sklaven aus zweierlei Gründen haftete: zum einen als Gewalthaber des (naturalen) Primärschuldners, zum anderen als gutgläubiger Dritterwerber. Obschon die Römer zu den *res* auch unkörperliche Gegenstände zählen, dürfen wir zur Vereinfachung einstweilen davon ausgehen, dass der Sklave unseres Fragments eine Sache in Empfang genommen hat (*rem acceperit*). Es stellt sich damit die Frage, ob der Gewalthaber, der vermittelt durch den Sklaven sogleich den Besitz (und gegebenenfalls das Eigentum) erwirbt, in eigener Person als Besitzer belangt werden kann.

Als (mittelbarer) Inhaber der Sachherrschaft ist er zur Herausgabe fähig und aufgrund der wissentlichen Beteiligung seines *subiectus* am Gläubigerbetrug erscheint sein Erwerb angreifbar. Das galt in vergleichbarer Weise dann, wenn jemand eine Sache gutgläubig von demjenigen erwarb, der sie bösgläubig vom Zahlungsunfähigen erhalten hatte. Auch hier gelangt die Sache vermittelt durch einen Bösgläubigen letztlich an einen Gutgläubigen, dessen Haftung die römischen Juristen sodann diskutierten[95]. Wenngleich Paulus im Anschluss an Sabinus schließlich entschied, dass nur der bösgläubige Wiederverkäufer verantwortlich zu machen sei, war eine Klage gegen den gutgläubigen Dritterwerber ersichtlich nicht abwegig. Laut Paulus war sie deshalb abzulehnen, weil Arglist (*dolus*) nur demjenigen schaden solle, der sie verübt habe[96]. Darin ist die Regel wiederzuerkennen, nach der fremder *dolus* niemandem schaden dürfe[97]. Modifiziert wird diese Regel durch den Satz, der Gewalthaber dürfe sich nicht aus dolosen Handlungen der ihm Unterworfenen

---

94 Iust. C. 6, 38, 4, 1b (a. 531) *Quemadmodum enim verbi gratia in interdicto quod vi aut clam „aut" coniunctio pro „et" apertissime posita est.* – Wie zum Beispiel beim Interdikt „Was gewaltsam oder heimlich" ganz offenbar das Bindewort „oder" im Sinne von „und" gesetzt ist.

95 Paul. D. 42, 8, 9 (62 *ad ed.*) *Is, qui a debitore, cuius bona possessa sunt, sciens rem emit, iterum alii bona fide ementi vendidit: quaesitum est, an secundus emptor conveniri potest. sed verior est Sabini sententia bona fide emptorem non teneri, quia dolus ei dumtaxat nocere debeat, qui eum admisit, quemadmodum diximus non teneri eum, si ab ipso debitore ignorans emerit: is autem, qui dolo malo emit, bona fide autem ementi vendidit, in solidum pretium rei, quod accepit, tenebitur.* – Jemand hatte von einem Schuldner, dessen Vermögen beschlagnahmt war, um den Gläubigerbetrug wissend etwas gekauft und es einem andern, der gutgläubig [*bona fide*, d. h. vom Gläubigerbetrugs nicht wissend] kaufte, weiterverkauft. Es ist nun gefragt worden, ob der zweite Käufer in Anspruch genommen werden könne. Richtiger ist aber die Meinung des Sabinus, dass der gutgläubige Käufer nicht hafte, weil Arglist nur demjenigen schaden darf, der sie begangen hat, so wie wir auch schon gesagt haben, dass er nicht hafte, wenn er vom Schuldner selbst unwissentlich gekauft hat. Derjenige aber, der unredlicherweise gekauft und an den arglosen Käufer weiterverkauft hat, haftet für den ganzen Preis der Sache, den er erhalten hat.

96 *Quia dolus ei dumtaxat nocere debeat, qui eum admisit.*

97 Ner. D. 44, 4, 11 pr. (4 *membr.*) *Si procurator agit, de dolo eius excipi non debet, quia aliena lis est isque rei extraneus, neque alienus dolus nocere alteri debet*; ferner: *non debet nocere factum alterius*, Ulp. D. 39, 1, 5, 5 (52 *ad ed.*). Zu beidem Knütel, SZ 100 (1983), 340–443, 359 ff.

bereichern[98]. Dass der *paterfamilias* insoweit zur Restitution angehalten werden sollte, als er bereichert ist, lässt sich so plausibel rechtfertigen.

Wie wir aus der zitierten Entscheidung des Paulus[99] erfahren, erfasst die *restitutio in integrum* anstelle der wiederverkauften Sache auch den Verkaufserlös als deren Surrogat. Nämliches ist uns von mehreren auf *pervenire* oder *locupletior* gestellten Klagen bekannt[100]. Insbesondere hat unter dem *SC Iuventianum* der Erbschaftsbesitzer zu erstatten, was er durch Veräußerung von Erbschaftsgegenständen erlöst. In diesem Zusammenhang erörtert abermals Paulus, ob der Gewalthaber, dessen *subiectus* Erbschaftssachen in Händen oder diese bereits veräußert und nun die Erlöse im Sondergut hat, mit der blanken *hereditatis petitio* oder einer *actio de peculio* zu belangen sei[101]. Sofern der Gewalthaber zur Herausgabe der Sache imstande sei, d. h. die *facultas restituendi* habe, hafte er selbst. Befinde sich der Erlös im Sondergut, so könne der Erbe ihn ebenfalls direkt vom Gewalthaber verlangen, da dieser das Sondergut im Rechtssinne besitze (*quasi a iuris possessore*). Anderes gilt hingegen, wenn der Gewaltunterworfene den Erlös verbraucht hat. Es ist dann *in natura* nichts mehr vorhanden, was der Gewalthaber herausgeben könnte. Mit Blick auf den *paterfamilias* ist der erlangte Erlös schuldbefreiend untergegangen, der *subiectus* aber hat ihn zu eigenem Nutzen verwertet und bleibt (in voller Höhe) verpflichtet[102]. Folglich erteilt Maurician nun nicht mehr die direkte *hereditatis petitio*, sondern eine *actio de peculio*[103].

Diese Gedanken lassen sich auf unser Fragment übertragen. Durch ein *iussum de restituendo* wird dem beklagten Gewalthaber aufgegeben, das vom Sklaven Empfangene *in natura* herauszugeben[104]. Der Restitutionsbefehl reicht dabei nur so weit, wie der *paterfamilias* über die *facultas restituendi* verfügt (oder sich ihrer dolos begeben hat)[105]. *Pervenire* ist hier insofern als ein Erlangen aufzufassen, das zur Naturalherausgabe befähigt. Diese Deutung findet sich bestätigt durch die sog. *cautio de restituendo* (bzw. *exhibendo*), die mit einiger Wahrscheinlichkeit unter

98 Paul. D. 2, 10, 2 (6 *ad ed.*); vgl. Ulp. D. 15, 1, 3, 12 (29 *ad ed.*). Im Anwendungsbereich des *metus*-Edikts gilt der Satz für beliebige Dritterwerber, Ulp. D. 4, 2, 14, 5 (11 *ad ed.*) … *nam in alterius praemium verti alienum metum non oportet.*

99 Soeben Fn. 95.

100 S. oben, Fn. 74, 75.

101 D. 5, 3, 34, 1 und sodann h. t. 36 (20 *ad ed.*). Die Verbindung zu unserer Quelle stellt bereits Huschke her, P. Rutilius Rufus oder A. F. P. R. und das interdictum fraudatorium, Zeitschrift für Zivilrecht und Prozess N. F. 14 (1857), 1–130, 73 f. mit Fn. 1; dort auch zum Nachstehenden.

102 Vgl. Iul. D. 4, 2, 18 (64 *dig.*).

103 D. 5, 3, 36 (20 *ad ed.*) a. E.

104 So im Ergebnis auch schon v. Tuhr, Actio de in rem verso, 159.

105 Ulp. D. 6, 1, 68 (51 *ad ed.*) … *si vero nec potest restituere nec dolo fecit quo minus possit, non pluris quam quanti res est, id est quanti adversarii interfuit, condemnandus est. haec sententia generalis est et ad omnia, sive interdicta, sive actiones in rem sive in personam sunt, ex quibus arbitratu iudicis quid restituitur, locum habet.*

Verwendung von *pervenire* formuliert war[106]. Sofern der Beklagte, insbesondere in einem Arbiträrverfahren, ohne seine Schuld nicht zur Naturalherausgabe oder Exhibition fähig ist, verspricht er, diese vorzunehmen, sobald sie ihm möglich wird[107]. Die *cautio* begegnet zweimal auch im Kontext der Gläubigeranfechtung, einmal im Bezug auf den Gewalthaber[108]: Der Insolvente hat, um seine Gläubiger zu hintergehen, als *extraneus* eine *filiafamilias* dotiert. Ihr Gewalthaber ist insofern von seiner Pflicht zur Mitgiftbestellung befreit bzw. hat Aufwendungen erspart und könnte als bereichert gelten[109]. Obschon er vom Gläubigerbetrug wusste, verlangt Venuleius ihm indes nur die *cautio* ab, die Mitgift herauszugeben, *si ad se pervenerit* – wenn sie an ihn gelangt.

Danach wird man davon ausgehen dürfen, dass *pervenire* in unserem Text nicht mehr bedeutet, als dass der Gewalthaber der Sache habhaft wird oder wenigstens zum Zwecke der Restitution auf sie zugreifen kann. Büßt er die Fähigkeit, die Sache oder ein Surrogat herauszugeben, durch ein Verhalten des Gewaltunterworfenen ein, wird er frei. Der Gewaltunterworfene aber ist weiterhin natural obligiert, und zwar in voller Höhe. Den Gläubigern steht deswegen die *actio de peculio vel in rem verso* zu.

So hat auch die Versionsklausel einen guten Sinn. Verbraucht nämlich der Sklave die erworbene Sache zum Nutzen des *patrimonium*, so ist der Gewalthaber zur Restitution *in natura* nicht mehr imstande. Gleichwohl hat der Sklave ein Geschäft seines Herrn geführt, das die *actio de in rem verso* begründet. Entsprechendes mag für Fälle gelten, in denen die in Empfang genommene Sache verloren- oder untergeht, der Gewaltunterworfene aber allein durch deren Erwerb ein Geschäft des Gewalthabers geführt hat. Führt der Sklave hingegen kein Geschäft des Gewalthabers und vermehrt er dessen Vermögen nicht, sondern verbraucht er die Sache für eigene Zwecke, gelangt die Begrenzung *de peculio* zur Anwendung. In diesen Fällen kann der Gewalthaber nichts restituieren. Ihm ist auch kein *versum* zugutegekommen. Zurück bleibt allein die naturale Restitutionsverpflichtung des Sklaven. Für diese haftet der Gewalthaber *de peculio*.

b) Nur eine Klage

Alternativ kommt in Betracht, dass wir nur eine einzige Arbiträrklage vor uns haben. Zumindest die Byzantiner schaffen eine einheitliche, adjektizische Bereicherungsklage, die sich indes nicht als arbiträre zu erkennen gibt. *Quod ad se pervenit* fassten

106 Jedenfalls ist das Verb vielfach überliefert, Iul. D. 19, 1, 23 (13 *dig.*); Ulp. D. 4, 2, 14, 5 (11 *ad ed.*); D. 12, 4, 5, 3 (2 *disp.*); D. 17, 1, 8, 10 (31 *ad ed.*); D. 24, 3, 24, 4 (33 *ad ed.*).

107 S. etwa Ulp. D. 10, 4, 5, 6 (24 *ad ed.*).

108 Ven. D. 42, 8, 25, 1–2 (6 *interd.*).

109 S. dazu etwa Ulp. D. 15, 3, 7, 5 (29 *ad ed.*).

sie offenbar so auf, dass *se* den Sklaven bezeichnete. Vermöge der in den Basiliken vorgesehenen Klage[110] ist die Bereicherung des Sklaven herauszugeben, soweit dessen Sondergut reicht[111] oder etwas in das Vermögen des Herrn verwendet wurde. Dass die Verben *restituere* und *damnare* zufällig gewählt sind, lässt sich indes kaum annehmen. Vielmehr werden wir es mit einem Fall der judizialen Restitution zu tun haben, die durch eine Arbiträrklage bewerkstelligt wird[112]. Um die Alternativität zwischen *restitutio* und *condemnatio* auszudrücken, ist *aut* zwar überaus selten, aber doch vereinzelt anzutreffen[113].

Ob sich die drei genannten Haftungsarten aber mit dem Mechanismus einer Arbiträrklage vereinbaren lassen, erscheint fragwürdig. Den Formeln dieser Art ist in ihrer Ausgangsform eigen, dass sich der Umfang des Restitutionsbefehls und derjenige der Kondemnation im Wert decken. Der zu restituierenden Sache (*res*) entspricht eine *condemnatio* auf den Betrag, den die Sache wert ist (*quanti ea res est*). Zwar kann der Umfang der Kondemnation – etwa infolge eines klägerischen Eids – denjenigen des Restitutionsbefehls übertreffen. Das Gegenteil, dass die *condemnatio* geringer ausfällt als das *iussum de restituendo*, scheint ausgeschlossen. Andernfalls bestünde für den Beklagten kein Anreiz, zur (Natural-)Restitution zu schreiten. Auf unseren Fall bezogen, dürfte der Restitutionsbefehl auf *id quod pervenit* nicht mehr umfassen als eine Verurteilung *de peculio vel in rem verso*.

Da der Restitutionsbefehl dem Ersatzinteresse des Klägers Genüge tun soll, kann er umgekehrt nicht völlig hinter dem Wert der rückzugewährenden *res* zurückbleiben. Das gilt zumal für unsere Klage, als ihr ausweislich der adjektizischen Gestalt ihrer *condemnatio* eine (naturale) Obligation des *subiectus* zugrunde liegt. Das unterstreicht Ulpian mit dem Zusatz, der *paterfamilias* hafte (nur) bei eigener Kenntnis vom Betrug *suo nomine*. Der (naturale) Schuldner ist bösgläubig und schuldet die gesamte empfangene *res*. Diese Verpflichtung allein rechtfertigt eine *actio de peculio vel in rem verso* – ohne Befreiungsmöglichkeit. Es erschiene unstimmig, könnte der Gewalthaber durch Restitution eines geringfügigen Bruchteils der geschuldeten

---

110 Bas. 9, 8, 6 Εἰ δοῦλος εἰδὼς παρὰ ἀπόρου τι λάβῃ, εἰ μὲν ἠγνόει ὁ δεσπότης, δίδωσιν, ὃ ἐκέρδανεν ὁ δοῦλος ἄχρι τοῦ πεκουλίου αὐτοῦ · ἢ εἰς ὅσον ἐστράφη περὶ τὰ πράγματα αὐτοῦ.

111 Gemeint ist nicht: ‚soweit das *peculium* bereichert ist'. In dieser Bedeutung begegnet die Formulierung ἄχρι τοῦ πεκουλίου in den Basiliken samt Scholien nicht. Gerade um eine Haftung, die das gesamte *peculium* umfasst (ἄχρι τοῦ πεκουλίου παντός), von einer solchen zu unterscheiden, die auf die Bereicherung des *peculium* aus dem streitgegenständlichen Rechtsgeschäft beschränkt ist (εἰς μόνον ὅπερ ἐκ τοῦ ὑποκειμένου συναλλάγματος περιῆλθεν εἰς τὸ πεκούλιον), gebraucht sie Hagiotheodoritos, Scholion Nr. 11 zu Bas. 60, 8, 4 (Scheltema/Holwerda/van der Wal B VIII 3286/17–20 = Nr. 7 Heimbach V 417); wohl vom selben Juristen stammt Scholion Nr. 83 zu Bas. 60, 12, 52 (Scheltema/Holwerda/van der Wal B VIII 3401/17–21 = Nr. 17 Heimbach V 498).

112 Gröschler, Actiones in factum, 254.

113 Derselbe Ulpian D. 43, 24, 7, 1 (71 *ad ed.*). In diesem Sinne versteht die Konjunktion auch Chiusi, Actio de in rem verso, 107.

Sache die in Höhe des vollen Sachwerts bestehende Ersatzpflicht des Gewaltunterworfenen zum Erlöschen bringen.

Da die Obligation des Gewaltunterworfenen maßgeblich ist, kann dem Gewalthaber auch nicht gestattet sein, Begleitnachteile des Erwerbs gegenzurechnen. Hat der Sklave in unserem Text die Sache gekauft, so kann dessen Herr also nicht den Kaufpreis zur Anrechnung bringen[114]. Für die *actio de peculio vel in rem verso* wäre dies ganz untypisch. Der gezahlte Preis führt nicht *ex lege*, sondern nur *de facto* zu einem Abzug, soweit er nämlich das *peculium* verringert und damit die Haftungsgrenze gesenkt hat. Schwerer wiegt, dass der Gewalthaber bei Abzug der erbrachten Gegenleistung regelmäßig nur marginale Beträge zu restituieren hätte. Entspräche der Preis dem Wert der erworbenen *res*, wäre der *paterfamilias* von jeglicher Restitutionspflicht frei. Das erscheint umso weniger plausibel, als bei der *actio de in rem verso*, die auf das Erlangte gerichtet ist, ein Abzug der Gegenleistung nicht stattfindet. Wenn also die Verpflichtung des Gewaltunterworfenen der Klage das Maß vorgibt, dann wird bei der Restitution keine Anrechnung gestattet gewesen sein. Dass man dem Gewalthaber die Möglichkeit eröffnet, jegliche weitere Haftung abzuwenden, indem er einzig den wertmäßigen Überschuss der *res* gegenüber der Gegenleistung restituiert, ist wenig wahrscheinlich.

Auch dann aber, wenn man die Restitution des Erlangten ohne Anrechnung der Gegenleistung verlangte, bestünden Zweifel gegen die Annahme einer einheitlichen Arbiträrklage. Deren üblichem Muster würde dann entsprochen, wenn die Versionsklausel alles einschlösse, was auch die Restitutionsklausel auf das Erlangte erfasst. Dann hätte der beklagte Gewalthaber bei unterlassener Restitution eine Verurteilung in größerer Höhe zu erwarten, nämlich soweit das *peculium* reicht.

Die Auffassung, dass die Grenze des durch *versio* Erlangten und dessen *quod pervenit* praktisch übereinfielen[115], ist jedoch nicht unbedenklich[116]. Zunächst ist der Gewalthaber imstande, auch dasjenige zu restituieren, was der *subiectus* in sein Sondergut aufgenommen hat. Er erwirbt insofern die *facultas restituendi*, muss aber keine Verurteilung *de in rem verso* fürchten[117]. Bleibt gleichzeitig das *peculium* hinter dem Wert des Erlangten zurück, hat der *paterfamilias* keinen Anreiz zu restituieren. Ist das Sondergut gar gegenüber dem Gewalthaber überschuldet, könnte dieser die ihm mögliche Restitution verweigern und müsste aufgrund der Kondemnationsbeschränkung *de peculio vel in rem verso* freigesprochen werden.

114 So aber Gröschler, Actiones in factum, 253: Es müsse „sichergestellt sein, daß der Gewalthaber das erbrachte Entgelt wertmäßig in Abzug bringen konnte".

115 Gröschler, Actiones in factum, 254: „grundsätzlich … identisch".

116 Den Unterschied zwischen beiden Regimen betont bereits Schulz, Die actiones, 49, der sodann annimmt, die *pervenit*-Klage sei die ältere, von Labeo befürwortete und sei von der jüngeren auf *de peculio vel de in rem verso* verdrängt worden. Ihm folgt Kroppenberg, Insolvenz, 167.

117 Ulp. D. 15, 3, 5, 3 (29 *ad ed.*) sowie Tryph. D. 15, 3, 6 (1 *disp.*).

Die *actio de in rem verso* erlischt auch dann, wenn der *subiectus* eine bestehende Schuld gegenüber dem Gewalthaber tilgt[118]. Wenn der Sklave in unserem Fall also die *res* vom Zahlungsunfähigen erwarb, um sodann eine Verpflichtung gegenüber seinem Herrn zu erfüllen, so ginge der Kläger zumindest nach der Versionsklausel leer aus. Dasselbe ergibt sich, wenn der Herr dem Sklaven für die ins *patrimonium* gelangte Sache einen gleichwertigen Ausgleich ins *peculium* zahlt[119]. Entsprechendes gilt, wenn das Erlangte aus dem *peculium* ins *patrimonium* überführt wird, ohne dass dabei die Voraussetzungen der Versionsklage erfüllt wären. Das ist etwa dann der Fall, wenn der Gewalthaber das *peculium* oder eine einzelne Sache daraus durch *ademptio* an sich nimmt oder veräußert[120]. In der Folge könnte er die Sache oder aber den erzielten Erlös restituieren, wäre nach den Regeln der *actio de peculio vel in rem verso* jedoch nicht zu verurteilen. Da dieser Verfahrensausgang wenig Wahrscheinlichkeit für sich hat, erscheint letztlich die Annahme einer einzigen Klage mit Restitutionsklausel nicht plausibel.

3. Zwischenfazit

Wahrscheinlicher ist nach alledem, dass es sich um zwei Klagen handelt: eine Klage *in id quod pervenit* samt der Möglichkeit einer Kondemnation in derselben Höhe sowie eine zweite Klage, die (auch) dasjenige erfasst, was nicht an den Gewalthaber gelangt[121], diese in ihrer *condemnatio* beschränkt auf *peculium* und *versum*. Nur so ist der Beklagte gezwungen, alles Erlangte zu restituieren. Gedanklich ergänzend ist die Stelle also wie folgt zu lesen: Wenn der Gewalthaber der beiseite geschafften Sache habhaft geworden ist, schuldet er Restitution. Wenn aber die Sache körperlich nicht an den Gewalthaber gelangt, dann haftet er nur *de peculio vel de in rem verso*.

Fraglich erscheint allein, wie die Versionsklausel je greifen sollte, wenn sie einzig auf Fälle Anwendung findet, in denen gerade nichts an den Gewalthaber gelangt ist. Sie dürfte diejenigen Fälle erfassen, in denen der *subiectus* die erlangte Sache zum Nutzen des *patrimonium* verbraucht, sodass der Gewalthaber zu einer Herausgabe *in natura* nicht fähig ist. Außerdem greift die Versionsklage mitunter ein, obschon der Gewalthaber nicht bereichert wird. Darin kommt der Geschäftsführungsgedanke zum Ausdruck, der die *actio de in rem verso* bald im Verein mit dem

---

118 Ulp. D. 15, 3, 10, 7 ff. (29 *ad ed.*).

119 Ulp. D. 15, 3, 10, 6 (29 *ad ed.*).

120 Ulp. D. 15, 3, 5, 3 (29 *ad ed.*) a. E.

121 Vgl. Paul D. 4, 4, 24, 3 (1 *sent.*) <11 *ad ed.*>: *quod pervenit – quod non pervenerit*; außerdem D. 43, 16, 1, 15 (69 *ad ed.*). Auch dort trennt Ulpian die Sachverhaltsalternativen, dass der Gewalthaber etwas erlangt oder aber nichts erlangt, mit *aut*; dazu unten, 252 ff.

Bereicherungsgedanken, bald indes auch allein regiert. Hat etwa ein Sklave sich Geld geliehen, um Kleider für den Haushalt des Herrn zu kaufen, und gehen daraufhin sowohl das Geld als auch die gekauften Kleider verloren, so haftet der Herr dem Darlehensgeber ebenso wie dem Verkäufer – obschon er nichts erlangt[122]. Auf unseren Fall übertragen: Führt der Sklave, indem er die *res* vom Zahlungsunfähigen entgegennimmt, ein Geschäft seines Herrn und geht die Sache sogleich unter, so erlangt dieser nichts, wäre aber nichtsdestoweniger aus der Versionsklausel haftbar.

Plausibel erscheint die Annahme zweier Klagen auch dann, wenn man einen Vergleich mit der *actio rerum amotarum* bemüht. Zu der oben erwähnten, auf *id quod pervenit* beschränkten Klage tritt zu Lebzeiten der Tochter eine *actio de peculio*[123]. Ähnlich wie in unserem Fragment wohl der Restitutionsbefehl begrenzt wurde, konnte bei der *actio rerum amotarum* die *reddere*-Klausel auf das Erlangte beschränkt werden. Bezüglich des nicht an ihn Gelangten haftete der Vater bis zur Höhe des Sonderguts.

Mit der Annahme zweier Klagen ist die Frage nach deren Konkurrenzverhältnis aufgeworfen. Beiden Klagen liegt derselbe Sachverhalt zugrunde, es handelt sich um denselben Streitgegenstand (*eadem res*)[124]. Der Kläger hat die Wahl, entweder die eine oder die andere Klage zu erheben. Mit Erhebung der einen tritt Konsumtion ein, die jeweils andere ist sodann versperrt. In der Praxis wird die Beweislast den Ausschlag gegeben haben. Bei der *actio de peculio vel in rem verso* muss der Kläger beweisen, dass der Gewaltunterworfene ein hinreichendes Sondergut hat oder etwas dem Vermögen des Gewalthabers zugewendet wurde[125]. Entsprechend wird der Kläger bei der Klage auf das Erlangte beweisen müssen, dass etwas an den Gewalthaber gelangt ist. Je nachdem, für welchen Beweis er sich besser gerüstet sah, wird der Kläger seine Wahl getroffen haben. Das konnte beispielsweise dazu führen, dass der Kläger sich auch dann für die *actio de peculio* entschied, wenn er wusste, dass die streitgegenständliche Sache an den beklagten Gewalthaber gelangt war. Konnte er dies indes nicht nachweisen, dafür aber den Beweis erbringen, dass das Sondergut des betreffenden Sklaven ausreichte, um den Sachwert ganz oder teilweise zu decken, so war die Sondergutsklage aus seiner Sicht die richtige Wahl.

---

122 Ulp. D. 15, 3, 3, 10 (29 *ad ed.*). S. auch die ähnlichen Fälle ebendort §§ 7 u. 8.

123 Dazu unten, 266 ff.

124 Vgl. Levy, Konkurrenz I, 150 f. zum Verhältnis der *actio de peculio* zur *actio quod iussu* anhand von Ulp. D. 14, 5, 4, 5 (29 *ad ed.*). Mit Erhebung der *actio de peculio* erlischt selbst die *actio quod iussu*, die sich auf eine Ermächtigung des Gewalthabers stützt und diesen in voller Höhe verpflichtet.

125 Gai. 4, 74 f.

§ 14. *Dolus* – Dolose Übervorteilung

I. *Circumscriptio minorum*

Hat eine Person unter 25 Jahren (*minor viginti quinque annis*) bei einem Geschäft einen Nachteil erlitten, weil sie vom anderen Teil übervorteilt wurde oder weil sie aus Unterfahrenheit die nachteiligen Folgen des Geschäfts nicht erkannte, so gewährt ihr der Prätor nach seinem Ermessen die Wiedereinsetzung (*in integrum restitutio*)[1]. War der Geschäftsgegner ein Gewaltunterworfener, kamen unterschiedliche Haftungsregime in Betracht:

> Paul. D. 4, 4, 24, 3 (1 *sent.*) <11 *ad ed.*>
> Si servus vel filius familias minorem circumscripserit, pater dominusve quod ad eum pervenerit restituere iubendus est, quod non pervenerit ex peculio eorum praestare: si ex neutro satisfiet et dolus servi intervenerit, aut verberibus castigandus aut noxae dedendus erit. sed et si filius familias hoc fecit, ob dolum suum condemnabitur.

> Wenn ein Sklave oder ein Haussohn einen Minderjährigen übervorteilt hat, muss dem Vater oder dem Herrn aufgegeben werden, das zurückzugewähren, was er erlangt hat, und das, was er nicht erlangt hat, aus ihrem Sondergut zu leisten. Sofern er den Minderjährigen weder auf die eine noch auf die andere Weise befriedigen kann und auf Seiten des Sklaven Arglist vorliegt, ist dieser entweder mit Schlägen zu züchtigen oder als Schädiger auszuliefern. Aber auch wenn ein Haussohn so gehandelt hat, wird er wegen seiner Arglist verurteilt.

Innerhalb eines längeren Passus zur *in integrum restitutio*[2] behandelt Paulus[3] den Fall, dass ein *minor* von einem *subiectus* bei einem Geschäft übervorteilt wurde. Der *paterfamilias* werde sodann angewiesen herauszugeben, was an ihn gelangt sei. Wenn damit die Forderung des *minor* nicht beglichen sei, habe er den Fehlbetrag aus dem Sondergut des Gewaltunterworfenen zu erbringen. Hat der Gewaltunterworfene ohne Arglist gehandelt, so ist damit der Fall entschieden, auch wenn der Minderjährige nicht befriedigt worden ist. Hat der Sklave arglistig gehandelt, so wird er gezüchtigt oder als Schädiger ausgeliefert. Der Haussohn kann wegen arglistiger Übervorteilung selbst verurteilt werden.

---

1 Zu dieser Benöhr, Handbuch § 109, Rn. 3 und die Lit. dort.

2 Wiedergegeben sogleich 225 f.

3 Zur Inskription sogleich.

1. Inskription und Klassizität der Stelle

Die Florentina schreibt das Fragment D. 4, 4, 24 den Paulussentenzen zu. Unter Ausnahme des ersten Satzes des *principium* zweifelte an dieser Herkunft bereits Cujaz und vermutete den Ursprung der übrigen Ausführungen im 11. Buch des Paulus zum Edikt[4], das unmittelbar zuvor und überdies im Titel 4, 4 häufig zitiert wird. Ein Teil des besagten ersten Satzes findet sich in PS 1, 9, 2 wieder[5], der Rest des Fragments hingegen nicht. Der Korrektur durch Cujaz hat man sich seither nahezu einhellig angeschlossen[6]. Kupisch[7] und Di Salvo[8] hingegen halten die überkommene Inskription für richtig[9].

Möglicherweise handelt es sich bei den Fragmenten D. 4, 4, 23 und 24 um einen zusammenhängenden Text desselben, klassischen Paulus, in den lediglich durch ein Versehen die nunmehr das Fragment 24 markierende Inskription eingefügt wurde (a). Dafür, dass Paulus der Autor beider Fragmente ist, sprechen einige sprachliche Indizien, andere wiederum deuten auf eine spätere Überarbeitung hin (b).

a) Ein missverstandener Verweis?

Dass der erste Satz den Paulussentenzen entstamme, wie etwa auch die neue deutsche Übersetzung annimmt[10], dürfte sich der Wahrheit annähern, liefert aber keine befriedigende Erklärung für die Überlieferung im Codex Florentinus.

---

4 Opera Omnia, Bd. 1, Sp. 368 f., Bd. 3, Sp. 43, vergleichend mit einem Fehler bei Hermog. D. 36, 1, 14 (4 [*fideicomm.*] <*iur. epit.*>), wo offenbar irrig ein Teil der Inskription aus denjenigen der umliegenden Stellen übernommen wurde.

5 D. 4, 4, 24 *Quod si minor sua sponte negotiis maioris intervenerit, restituendus erit, ne maiori damnum accidat …* PS 1, 9, 2 *Qui minori mandavit, ut negotia sua agat, ex eius persona in integrum restitui non potest, nisi minor sua sponte negotiis eius intervenerit.*

6 Einen Nachweis bleiben die Befürworter dabei schuldig, Lenel, Pal. I, 985 Fn. 3; Levy, Zur nachklassischen in integrum restitutio, SZ 68 (1951), 361–434, 368 Fn. 42; Kaser, SZ 94 (1977), 101–183, 165 Fn. 243; SZ 101 (1984), 1–114, 44 Fn. 21, Verbotsgesetze, 40 Fn. 8; Liebs, Jurisprudenz in Afrika, 2. Aufl., 58 Fn. 177; Gröschler, Actiones in factum, 255; Luchetti, Paolo e i commentari edittali di epoca severiana: il legame con il passato, in: Luchetti/de Petris/Mattioli/Pontoriero, Iulius Paulus, Ad edictum libri I–III, 37–55, 41 Fn. 11 sowie 45 Fn. 39; zuletzt Gaulhofer, Metus, 298 mit Fn. 799; zweifelnd Mommsen, Editio maior, der in den Basiliken keine Stütze für die These des Cujaz fand. Mommsen suchte wohl nach einer ausgefallenen Inskription, die sich durch ein Absetzen des ersten Satzes äußern würde. Im Digestentext steht vielleicht jedoch nicht eine Inskription zu wenig, sondern eine zu viel, s. sogleich.

7 In integrum restitutio, 99, 113 mit Fn. 251.

8 Lex Laetoria, 182 Fn. 280.

9 Auch Hallebeek, Si ob stuprum datum sit, SZ 112 (1995), 400–410, 406 lässt sie unkorrigiert, hält aber den spätklassischen Paulus dabei für den Autor der Sentenzen.

10 BKKS Bd. 2, 394 Fn. 1.

Möglicherweise gibt indes gerade die Inskription den hilfreichsten Hinweis zur Aufklärung: Wo die Kompilatoren mehrere Texte desselben Juristen aneinanderreihen, bezeichnen sie den Autor ab der zweiten Nennung regelmäßig mit *idem*. Da hier anscheinend auf einen ersten Text des Paulus (aus dem Ediktskommentar) ein zweiter (aus den Sentenzen) folgt, wäre auch hier *idem* zu erwarten. Stattdessen wiederholt die Florentina den Namen Paulus. Warum wichen die Kompilatoren von ihrem üblichen Vorgehen – das sie unmittelbar vor und nach unserem Fragment verlässlich einhalten[11] – hier ab? Die Antwort könnte sein, dass sie versehentlich eine Inskription schufen, indem sie aus der ihnen vorliegenden Ausgabe von Paulus' Ediktskommentar einen Verweis oder doch eine Glosse übernahmen, die ein nachklassischer (und nach dem Sentenzenverfasser schreibender) Bearbeiter dem Text hinzugefügt hatte, da er die Parallelstelle in den Sentenzen für relevant ansah. Die Redaktoren der Florentina (oder einer Vorlage) erhoben das Zitat sodann zur Inskription.

Man könnte einwenden, es handle sich um ein einmaliges Versehen, doch tritt derselbe formale Fehler ein weiteres Mal auf. Auch dort folgt auf ein Fragment aus Paulus' 11. Buch zum Edikt (scheinbar?) eine Stelle aus den Sentenzen[12]. Dort hat man sich an der zweiten Inskription, die den Juristen erneut namentlich nennt, nicht gestört, da der Inhalt der Stelle sich fast wörtlich in den *Pauli Sententiae* wiederfindet[13]. Auch dabei könnte es sich aber um Text handeln, den ein späterer Bearbeiter aus den Sentenzen entnommen und im Ediktskommentar als Glosse ergänzt hatte.

---

11 Die Ulpianfragmente D. 4, 4, 19 bis 22 beginnen mit *idem*, ebenso die Papinianstelle h. t. 31. Freilich gibt es andernorts einige weitere Stellen, an denen die Handschrift anstelle von *idem* erneut den Namen des Juristen setzt. Eine Regel lässt sich dabei indes nicht erkennen, sodass je eigene Erklärungen in Betracht kommen. Insbesondere lässt sich die Wiederholung eines Autorennamens nicht etwa allgemein damit erklären, dass die jeweils aufeinanderfolgenden Texte unterschiedlichen Massen entstammen bzw. deren Bearbeitung durch unterschiedliche Kommissionen vorgenommen wurde, welche nur innerhalb ihrer Zuständigkeit Autoren durch *idem* ersetzten. Zutreffen mag dies vielleicht für den Übergang von Paul. D. 20, 4, 15 (68 *ad ed.*) zu 16 (3 *quaest.*) oder von D. 23, 2, 38 (2 *sent.*) zu 39 (6 *ad Plaut.*). Derselben Masse dürften aber etwa die unter Wiederholung des Juristen zitierten Fragmente Paul. D. 28, 2, 25 (12 *resp.*) und 26 (3 *sent.*) entnommen sein, ebenso die Ulpiantexte D. 26, 1, 6 (38 *ad Sab.*) und 7 (2 *disp.*). Wahrscheinlicher ist, dass die Wiederholung eines Juristennamens der Klarstellung diente, vielleicht weil Inskriptionen auf einer Vorstufe des florentinischen Textes optisch nicht hervorgehoben wurden. Das unserem voraufgehende Fragment D. 4, 4, 23 endet mit einer Berufung auf den Juristen Marcellus. Würde D. 4, 4, 24 sodann mit *idem* einsetzen, könnte der Leser Marcellus für den Autor halten. Nicht zu erklären ist so indes, dass auch in einer Folge vierer Paulusstellen, D. 23, 2, 36–39, die keine anderen Juristen nennen, das letzte fr. 39 nicht mit *idem*, sondern mit Paulus' Namen eingeleitet wird.

12 An D. 4, 2, 21 (11 *ad ed.*) knüpft D. 4, 2, 22 (1 *sent.*) an.

13 PS 1, 7, 10 hat am Ende *nullius est momenti* statt *nullius momenti est*.

Dass Inskriptionen in der Vorlage der Florentina wenigstens für den Digestentitel D. 4, 4 nicht verlässlich als solche erkennbar waren, veranschaulicht der auch durch den Korrektor so belassene Anfang von Ulp. D. 4, 4, 18, 3 (11 *ad ed.*)[14]. Die Stelle beginnt mit den Worten *idem imperator*, was der Schreiber zum Anlass nahm, eine neue Zeile zu beginnen und *idem* so herauszustellen, wie üblicherweise auf den zuletzt genannten Juristen Bezug genommen wird, ganz so, als handle es sich um eine Inskription. Die Redaktoren der Florentina offenbaren hier eine gewisse Unsicherheit oder auch Nachlässigkeit, die gleichermaßen dazu geführt haben könnte, dass aus einem Verweis in D. 4, 4, 23 die Inskription von D. 4, 4, 24, aus einem Verweis in D. 4, 2, 21 die Inskription von D. 4, 2, 22 wurde. So ließe sich erklären, warum beide nicht mit *idem* beginnen. Selbst dann nämlich, wenn im Text einer Stelle derselbe Jurist genannt wird, der die Inskription anführt, wird dessen Name nicht durch *idem* ersetzt, sondern ausgeschrieben – so auch in zahlreichen Fällen bei Paulus[15].

Kehren wir zurück zu unserer Stelle, lässt sich die Hypothese eines falsch aufgefassten Verweises möglicherweise durch eine Synopse stützen. Dabei wird ersichtlich, dass nicht der erste Satz von D. 4, 4, 24 aus PS 1, 9, 2 entnommen ist, sondern der Sentenzentext vielmehr die Kommentierung, wie sie in D. 4, 4, 23 und dem ersten Satz von D. 4, 4, 24 enthalten ist, zusammenfasst:

Paul. D. 4, 4, 23 (11 *ad ed.*)	PS 1, 9, 2
Cum mandatu patris filius familias res administraret, non habet beneficium restitutionis: nam et si alius ei mandasset, non succurreretur, cum eo modo maiori potius consuleretur, cuius damno res sit cessura. […] ergo et si procuratorio nomine minor circumscriptus sit, imputari debet hoc domino, qui tali commisit sua negotia. idque et Marcello placet.	Qui minori mandavit, ut negotia sua agat, ex eius persona in integrum restitui non potest,
Paul. D. 4, 4, 24 <11 *ad ed.*>	
Quod si minor sua sponte negotiis maioris intervenerit, restituendus erit, ne maiori damnum accidat. […]	nisi minor sua sponte negotiis eius intervenerit.

14 Corbino/Santalucia, Iustiniani Augusti Pandectarum Codex Florentinus, Bd. 1, f. 80r.

15 Typisch ist dies für seine Responsen, aber auch die Kommentare zu Plautius und Neraz, s. etwa D. 20, 4, 13 (5 *ad Plaut.*); D. 34, 2, 8 (9 *ad Plaut.*); D. 24, 1, 63, D. 33, 7, 24 (beide 3 *ad Ner.*); ferner D. 28, 5, 18 (1 *ad Vitell.*); D. 45, 3, 20 (15 *quaest.*).

Der klassische Paulus geht vom Minderjährigen aus, der im Auftrag eines Volljährigen tätig wird. Dem folgt, in stark verkürzter Fassung, der Sentenzenverfasser. Aus dem anschließenden Satz des Digestentexts finden wir zwar sieben Wörter sinngleich in den Sentenzen wieder, doch dürften auch sie aus Paulus' Kommentierung dorthin exzerpiert worden sein. Im Ergebnis gehen beide Behandlungen von der Geschäftsführung in jemandes Auftrag zu derjenigen ohne Auftrag über. Dabei lässt der Sentenzenverfasser die zuletzt angefügte, mit *ne* eingeleitete Begründung wegfallen. Dieser Verweis auf die unerwünschte Folge einer gegenteiligen Entscheidung passt zu Paulus aber gut[16].

Den inhaltlichen und teils sprachlichen Gleichklang bemerkend, mag sodann ein Bearbeiter des Ediktskommentars (zwischen dem 4. und 6. Jahrhundert) einen Verweis auf das 1. Buch der Paulussentenzen eingefügt haben[17]. Die Kompilatoren mögen diesen noch richtig verstanden haben, die Kopisten aber schufen daraus irrig eine Inskription.

Ein weiteres, wenn auch schwaches Indiz, dass der ursprüngliche Digestentext hier keine Inskription enthielt, liefert die Pariser Basilikenhandschrift[18], die an der Stelle, die dem Übergang von D. 4, 4, 23 zu 24 entspricht, ersichtlich nicht absetzt[19]. Dort beginnt der letzte Satz von Bas. 10, 4, 23 (= D. 4, 4, 23) mit der großen Initiale Π, die auf das übliche Trennzeichen :- zwischen zwei *leges* folgt. Der erste Satz von Bas. 10, 4, 24 (= D. 4, 4, 24) aber beginnt, ohne Hervorhebung oder Trennzeichen, mit einem kleinen ε[20].

Die alten Scholien lassen nicht klar erkennen, ob es sich bei Bas. 10, 4, 23 und 24 ursprünglich um ein einheitliches Fragment handelte. Zwei Scholien verweisen auf Bas. 10, 4, 24, 3 (= D. 4, 4, 24, 3) mit Bezug auf die Züchtigung des Sklaven durch Schläge und bezeichnen die Stelle dabei mit κεφ. 24 θεμ. ε', d. h. Fragment

---

16 Allein in seinem 11. Buch zum Edikt findet sie sich weitere zweimal, wie hier mit einem Verb im Konjunktiv Präsens: D. 4, 3, 12; h. t. 18.

17 Möglicherweise ursprünglich am Rand, ebendort, wo die Geschäftsführung mit und ohne Auftrag wie im Satz des Sentenzenverfassers zusammenfindet.

18 Bibliothèque nationale de France, ms. grec 1352, fol. 105v; https://gallica.bnf.fr/ark:/12148/btv1b107216967 (letzter Abruf: 21. 2. 2024).

19 Freilich ist die Nummerierung je nach Handschrift unterschiedlich und insofern wenig verlässlich, Scheltema/Holwerda/van der Wal A I, S. XI f. Wenn man indes bedenkt, dass der Basilikentext auf Randsummen zu den Digesten zurückgeht und diese höchstwahrscheinlich jeweils zu einem Digestenfragment abgefasst waren, dürfte die Abteilung der Digestenfragmente im ursprünglichen Basilikentext wenigstens inhaltlich wiederzuerkennen gewesen sein. Diese Annahme findet darin Bestätigung, dass die Unterteilung im Pariser Codex vor und nach unserer Stelle ganz der in den Digesten entspricht.

20 Περιγραφέντος νέου διοικητοῦ ὁ προβαλλόμενος αὐτὸν ζημιοῦται. εἰ δὲ πράγμασιν ἀλλοτρίοις ἀφ' ἑαυτοῦ παρεμβάλλει …

24, Fall bzw. *lex* 5[21]. Ein weiteres Scholion spricht ebenfalls unter Verweis auf θεμ. ε' von einer Noxalklage und kann damit nur dieselbe Stelle meinen[22]. Zur Zahl 5 gelangt man aber nur, wenn man die Zählung bei Fragment 23 beginnt und, dem Pariser Codex entsprechend, die *lex* 2 bei Περιγραφέντος einsetzen lässt. Die *lex* Οὐ πάντα von Bas. 10, 4, 24 (= D. 4, 4, 24, 1) wird zu Bas. 10, 4, 23, 3 und so fort. Unerklärlich ist so jedoch die Angabe des κεφ. 24, denn gäbe es keine Inskription für Bas. 10, 4, 24, müsste es κεφ. 23 θεμ. ε' heißen. Wohlgemerkt erhält aber das mit Περιγραφέντος einsetzende Fragment in der Handschrift die Zahl 16, und es bleibt dabei, dass man anhand von θεμ. ε' nur dann zur gemeinten Stelle gelangt, wenn man beide Fragmente wie die Handschrift zusammenzieht. Wenn nicht mehr, so erweist die Basilikenhandschrift doch, dass die Abteilung der Fragmente nicht klar vorgegeben war. Die These eines missverstandenen Verweises auf die Paulussentenzen lässt sich letztlich nicht erhärten, jedoch auch nicht widerlegen.

b) Sprachliche Indizien für die Autorschaft des klassischen Paulus

Nicht völlig auszuschließen ist, dass es sich beim Fragment D. 4, 4, 24 um einen andernorts nicht überlieferten Passus aus den Sentenzen handelt[23]. In der auf uns gekommenen, im Westen gebräuchlichen Ausgabe ist er nicht zu finden, die Kompilatoren könnten indessen eine andere Version verwendet haben[24]. Doch wäre wenigstens die Berufung auf *Scaevola noster* in § 2 für den Sentenzenverfasser ohne Beispiel, vermeidet er es doch verlässlich, Juristen namentlich zu zitieren[25]. Der Spätklassiker hingegen, unter dessen Namen er schreibt, erwähnt Scaevola in den Digesten 13 Mal, 5 Mal mit dem Adjektiv *noster* versehen[26]. Letztere Benennung findet sich in unseren Quellen nur noch 2 Mal bei Tryphonin[27].

Auch weitere Ähnlichkeiten lassen sich ausmachen. Besondere Beachtung verdient dabei eine stilistische Neigung, die Paulus zu eignen scheint: Er wiederholt dieselben Wörter in identischer oder kaum veränderter Form und betont mit dem

---

21 Scholion Nr. 5 und Nr. 7 zu Bas. 60, 21, 17 (Scheltema/Holwerda/van der Wal B IX 3565/14–15 = Nr. 6 Heimbach V 632). Dieses geht für unsere Stelle offenbar von einer *actio iniuriarum noxalis* aus.

22 Scholion Nr. 7 zu Bas. 60, 5, 1 (Scheltema/Holwerda/van der Wal B VIII 3181/25 und 29 = Nr. 1 und Nr. 2 Heimbach V 335),

23 So Di Salvo, Lex Laetoria, 182 Fn. 280.

24 Vgl. Eisele, Beiträge zur Erkenntnis der Digesteninterpolationen, SZ 18 (1897), 1–43, 15, der diese Annahme jedoch zugunsten einer Beimengung durch die Kompilatoren verwirft.

25 Das gilt sowohl für den Text des westgotischen *Breviarium* als auch die in den Digesten überlieferten Texte.

26 D. 3, 5, 18, 1 (2 *ad Ner.*); D. 23, 3, 56, 3 (6 *ad Plaut.*); D. 28, 6, 38, 3 (*l. s. de secundis tabulis*); D. 37, 11, 10 (8 *ad Plaut.*); D. 42, 5, 6, 2 (58 *ad ed.*).

27 D. 20, 5, 12, 1 (8 *disp.*); D. 49, 17, 19 pr. (18 *disp.*). Ausführlich dazu Stepan, Scaevola noster, Schulgut in den ‚libri disputationum' des Claudius Tryphoninus?

so erzeugten Widerhall häufig Gegensätze. Teils setzt er dazu nicht dieselben, jedoch ähnlich klingende Wörter ein. So lässt er bei annähernd spiegelbildlicher Formulierung manchen Satz auf engem Raum eine prägnante Wendung nehmen[28]. Dabei kehrt sich die Aussage mal fast ins Gegenteil, mal wird sie nur graduell neu ausgerichtet; oder aber Paulus wendet sich damit einem anders gelagerten Fall zu, bei dem beispielsweise ein zuvor als erfüllt angenommenes Tatbestandsmerkmal nicht erfüllt ist.

Dieser gelegentlich und induktiv gewonnene Befund lässt sich anhand von Stichproben aus dem Textcorpus des Paulus überprüfen, das dabei mit dem Ulpians verglichen wird[29]. So sollen intervenierende Einflüsse auf Sprache und Stil möglichst gering gehalten werden. Beide Autoren sind Zeitgenossen, waren in Kanzleien der Severerkaiser (teils gemeinsam) tätig, beide liefern eine umfangreiche Textbasis, und ihre Großwerke (insbesondere die Kommentare zum Edikt und zum Zivilrecht des Sabinus) gehören denselben Literaturgattungen an.

Dabei wird deutlich, dass Ulpian weniger zur Wiederholung neigt als Paulus[30]. Mitunter wiederholt zwar auch Ulpian einen Halbsatz in ähnlicher Form. Regelmäßig aber unterstreicht er so eine zuvor getroffene Aussage mit einer gleichlautenden oder fällt für einen weiteren Fall dieselbe Entscheidung wie zuvor. Die Wiederholung dient insofern der Gleichsetzung[31]. Paulus hingegen kennzeichnet

---

28 Exemplarisch lassen sich Stellen aus dem Digestentitel 50, 17 anführen, wo Paulus, vielleicht wegen einer Tendenz zu parömieartiger Redeweise etwas häufiger vertreten ist als Ulpian. Der Titel setzt mit berühmten Worten des Paulus bereits ein, D. 50, 17, 1 (16 *ad Plaut.*) *Regula est, quae rem quae est breviter enarrat. non ex regula ius sumatur, sed ex iure quod est regula fiat*; s. sodann D. 50, 17, 121 (13 *ad ed.*) *Qui non facit quod facere debet, videtur facere adversus ea, quia non facit: et qui facit quod facere non debet, non videtur facere id quod facere iussus est*; D. 50, 17, 153 (65 *ad ed.*) *Fere quibuscumque modis obligamur, isdem in contrarium actis liberamur, cum quibus modis adquirimus, isdem in contrarium actis amittimus …*; D. 50, 17, 159 (70 *ad ed.*) *Non ut ex pluribus causis deberi nobis idem potest, ita ex pluribus causis idem possit nostrum esse.* Seltener formuliert Ulpian auf ähnliche Weise, D. 50, 17, 30 (36 *ad Sab.*) *Nuptias non concubitus, sed consensus facit*; D. 50, 17, 47, 1 (30 *ad ed.*) *Socii mei socius meus socius non est.*

29 Für eine erschöpfende Untersuchung ist hier kein Raum. Mithilfe sog. regulärer Ausdrücke (regular expressions, regex) wurden Wortwiederholungen in den Digestentexten identifiziert, die uns für Paulus und Ulpian überliefert sind.

30 Beispielhaft seien zwei Entscheidungen der beiden Juristen genannt, die beide eine unwirksame Stipulation einer wirksamen gegenüberstellen: einerseits Paul. D. 39, 2, 38 pr. (10 *ad Sab.*) *Emptor aedium ante traditam sibi possessionem ideo inutiliter stipulatur, quia venditor omnem diligentiam ei praestare debet. tunc certe utiliter stipulatur, cum omnis culpa a venditore aberit …*, andererseits Ulp. D. 45, 1, 82 pr. (78 *ad ed.*) *Nemo rem suam utiliter stipulatur, sed pretium rei suae non inutiliter: sane rem meam mihi restitui recte stipulari videor.* Ulpian scheint nachgerade bemüht, Wiederholung zu vermeiden, wenn er statt *utiliter* einmal *non inutiliter*, einmal *recte* setzt. Paulus hingegen stellt *inutiliter stipulatur* und *utiliter stipulatur* gegenüber.

31 S. etwa D. 2, 11, 2, 5 (74 *ad ed.*) *Idem est et si quis furere coeperit: nam qui furore impeditur, valetudine impeditur.* Ulpian stellt so den Fall geistiger mit dem körperlicher Erkrankung gleich. Von einem

damit häufiger Gegensätze[32]. Der Sentenzenverfasser wiederum glättet die von Paulus übernommenen Ausführungen und lässt Gegensätze in den Hintergrund treten[33].

Blicken wir in diesem Wissen nun auf das in Frage stehende Fragment D. 4, 4, 24:

Quod si minor sua sponte negotiis maioris intervenerit, restituendus erit, ne maiori damnum accidat. quod si hoc facere recusaverit, tunc si conventus fuerit negotiorum gestorum, adversus hanc actionem non restituitur: sed compellendus est sic ei cedere auxilio in integrum restitutionis, ut procuratorem eum in rem suam faciat, ut possit per hunc modum damnum sibi propter minorem contingens resarcire. § 1. Non semper autem ea, quae cum minoribus geruntur, rescindenda sunt, sed ad bonum et aequum redigenda sunt, ne magno incommodo huius aetatis homines adficiantur nemine cum his contrahente et quodammodo commercio eis interdicetur. itaque nisi aut manifesta circumscriptio sit aut tam neglegenter in ea causa versati sunt, praetor interponere se non debet. § 2. Scaevola noster aiebat, si quis iuvenili levitate ductus omiserit vel repudiaverit hereditatem vel bonorum possessionem, si quidem omnia in integro sint, omnimodo audiendus est: si vero iam distracta hereditate et negotiis finitis ad paratam pecuniam laboribus substituti veniat, repellendus est: multoque parcius ex hac causa heredem minoris restituendum esse. § 3. Si servus vel filius familias minorem circumscripserit, pater dominusve quod ad eum pervenerit restituere iubendus est, quod non pervenerit ex peculio eorum praestare: si ex neutro satisfiet et dolus servi intervenerit, aut verberibus castigandus aut noxae dedendus erit. sed et si filius familias hoc fecit, ob dolum suum condemnabitur.

Gleichlauf im Ergebnis handelt er auch etwa in D. 2, 13, 4, 5 (4 *ad ed.*) *Sed ibi quis compellitur edere, ubi argentariam exercuit, et hoc est constitutum. quod si instrumentum argentariae in alia provincia habeat, in alia administraverit, ibi puto cogendum edere, ubi argentariam exercuit …*; D. 50, 17, 150 (68 *ad ed.*) *Parem esse condicionem oportet eius, qui quid possideat vel habeat, atque eius, cuius dolo malo factum sit, quo minus possideret vel haberet*; D. 50, 17, 157, 1 (71 *ad ed.*) *Semper qui dolo fecit, quo minus haberet, pro eo habendus est, ac si haberet*; D. 50, 17, 163 (55 *ad ed.*) *Cui ius est donandi, eidem et vendendi et concedendi ius est.*

32 D. 1, 7, 23 (35 *ad ed.*) *Qui in adoptionem datur, his quibus adgnascitur et cognatus fit, quibus vero non adgnascitur nec cognatus fit: adoptio enim non ius sanguinis, sed ius adgnationis adfert …* Hier stellt Paulus zunächst gegenüber *adgnascitur et cognatus fit – non adgnascitur nec cognatus fit*, sodann *non ius sanguinis – sed ius adgnationis*. S. außerdem D. 2, 8, 4 (4 *ad ed.*): *ante diem exhibitionis decesserit – si autem post diem exhibitionis decesserit*; D. 3, 3, 43 pr. (9 *ad ed.*): *non quidem ad agendum, sed ad administrandum*; D. 3, 4, 6, 3 (9 *ad ed.*) *Actor universitatis si agat, compellitur etiam defendere, non autem compellitur cavere de rato*; D. 12, 1, 2 pr. (28 *ad ed.*): *idem genus – nam si aliud genus.*

33 S. etwa Paul. D. 1, 9, 11 (41 *ad ed.*) *Senatores licet in urbe domicilium habere videantur, tamen et ibi, unde oriundi sunt, habere domicilium intelleguntur, quia dignitas domicilii adiectionem potius dedisse quam permutasse videtur.* Die mit dem Konzessivsatz erzeugte Spannung nimmt der Sentenzenverfasser fort: D. 50, 1, 22, 6 (1 *sent.*) *Senatores, qui liberum commeatum, id est ubi velint morandi arbitrium impetraverunt, domicilium in urbe retinent.*

§ 4. Restitutio autem ita facienda est, ut unusquisque integrum ius suum recipiat. itaque si in vendendo fundo circumscriptus restituetur, iubeat praetor emptorem fundum cum fructibus reddere et pretium recipere, nisi si tunc dederit, cum eum perditurum non ignoraret: sicuti facit in ea pecunia, quae ei consumpturo creditur, sed parcius in venditione, quia aes alienum ei solvitur, quod facere necesse est, credere autem non est necesse. nam et si origo contractus ita constitit, ut infirmanda sit, si tamen necesse fuit pretium solvi, non omnimodo emptor damno adficiendus est. § 5. Ex hoc edicto nulla propria actio vel cautio proficiscitur: totum enim hoc pendet ex praetoris cognitione.

Wenn aber ein Minderjähriger aus eigenem Antrieb sich in Geschäfte eines Volljährigen eingemischt hat, muss er wiedereingesetzt werden, damit dem Volljährigen kein Schaden entsteht. Falls der Minderjährige es jedoch ablehnt, die Wiedereinsetzung zu betreiben, dann wird er, wenn er mit der Geschäftsführungsklage belangt wird, hinsichtlich dieser Klage nicht wiedereingesetzt. Aber er muss gezwungen werden, den Rechtsbehelf der Wiedereinsetzung in den vorigen Stand dem Volljährigen so einzuräumen, dass er diesen zum Prozessvertreter in eigener Sache macht, damit der Volljährige auf diese Weise den ihn durch den Minderjährigen treffenden Schaden ausgleichen kann. § 1. Aber nicht immer sind die Geschäfte, die mit Minderjährigen vorgenommen werden, rückgängig zu machen; vielmehr müssen sie nach einem guten und gerechten Maßstab beurteilt werden, damit den Personen dieses Alters nicht dadurch, dass niemand mit ihnen Geschäfte macht, erhebliche Nachteile entstehen und ihnen der Rechtsverkehr nicht gewissermaßen untersagt ist. Wenn deshalb die Benachteiligung nicht offensichtlich ist oder die Minderjährigen sich in der betreffenden Sache nicht sehr nachlässig verhalten haben, darf der Prätor nicht einschreiten. § 2. Unser Scaevola sagte: Wenn jemand aus jugendlichem Leichtsinn eine Erbschaft [nach Zivilrecht] oder einen Nachlassbesitz [nach prätorischem Recht] nicht angetreten oder ausgeschlagen hat, ist er unter allen Umständen zu hören, wenn alles noch unverändert ist. Wenn er dagegen, nachdem die Erbschaft verkauft ist und die Geschäfte zu Ende geführt sind, auf das durch die Mühen des Ersatzerben zusammengekommene Geld Anspruch erhebt, ist er abzuweisen. Und noch viel weniger dürfe der Erbe eines Minderjährigen aus diesem Grund wiedereingesetzt werden. § 3. Wenn ein Sklave oder ein Haussohn einen Minderjährigen übervorteilt hat, muss dem Vater oder dem Eigentümer aufgegeben werden, das zurückzugewähren, was er [von den Vorteilen] erlangt hat, und das, was er nicht erlangt hat, aus ihrem Sondergut zu leisten. Sofern er den Minderjährigen weder auf die eine noch auf die andere Weise befriedigen kann und auf Seiten des Sklaven Arglist vorliegt, ist dieser entweder mit Schlägen zu züchtigen oder als Schädiger auszuliefern. Aber auch wenn ein Haussohn so gehandelt hat, wird er wegen seiner Arglist verurteilt. § 4. Die Wiedereinsetzung ist aber so vorzunehmen, dass jeder sein früheres Recht vollständig wiedererlangt. Wenn deshalb ein beim Verkauf eines Grundstücks übervorteilter Minderjähriger wiedereingesetzt wird, ordnet der Prätor an, dass der Käufer das Grundstück mit den Früchten zurückgibt und den Kaufpreis zurückerhält, es sei denn, der Käufer zahlte seinerzeit den Kaufpreis, obwohl er wusste, dass der Minderjährige das Geld vergeuden werde. So verhält es sich [gewöhnlich] bei Geld, das einem Minderjährigen geliehen wird, der es ausgeben will. Bei einem Verkauf verhält es sich jedoch seltener so, weil dem Minderjährigen hier geschuldetes Geld gezahlt wird; und das zu tun ist notwendig. Geld zu leihen ist dagegen nicht notwendig. Denn auch wenn ein Vertrag so zustande gekommen ist, dass er entkräftet werden muss, es aber doch notwendig war, den Kaufpreis zu zahlen, darf der Käufer nicht unter allen Umständen mit dem Schaden belastet werden. § 5. Dieses Edikt sieht keine besondere Klage oder Sicherheitsleistung vor. All das hängt nämlich von der Voruntersuchung des Prätors ab.

Mit Blick auf § 1 (*Non semper autem ea, quae cum minoribus geruntur, rescindenda sunt, sed ad bonum et aequum redigenda sunt*) interessieren besonders Wiederholungen desselben oder eines ähnlichen Gerundivums. Auch andernorts bringt Paulus so Unterscheidungen zum Ausdruck[34]. Ulpian hingegen bedient sich dieses Schemas überwiegend, um zu betonen, dass weitere Fälle ebenso zu behandeln seien wie der soeben von ihm entschiedene[35]. Ähnlich wie unser Fragment zu Beginn des § 1 formuliert Paulus schließlich in D. 24, 3, 3 (7 *ad Sab.*), dort mit Gerundium: *Non solum autem in exigenda, sed etiam in solvenda.* Ulpian leitet immerhin 38 Sätze mit den Worten *non solum autem* ein, zwei weitere mit *non semper autem*, fasst den so angekündigten Gegensatz aber kaum einmal so konzise wie Paulus[36].

Wenngleich Paulus das beschriebene Stilmittel, gleich oder ähnlich lautende Wörter zur Betonung von Gegensätzen einzusetzen, nicht für sich allein beanspruchen kann, scheint man ihm doch eine gewisse Vorliebe bescheinigen zu können.

---

34 Etwa in D. 27, 6, 6 (12 *ad ed.*) *Pupilli scientia computanda non est, tutoris eius computanda est …* S. auch D. 47, 8, 1 (22 *ad ed.*) *… sed si ante actum sit vi bonorum raptorum, deneganda est furti: si ante furti actum est, non est illa deneganda …*: außerdem D. 12, 2, 30, 2 (18 *ad ed.*) *Si mulier iuraverit decem dotis sibi deberi, tota ea summa praestanda est: sed si iuravit decem se dedisse in dotem, hoc solum non erit quaerendum, an data sint, sed quasi data sint, quod ex eo reddi oportet praestandum erit.* Außer *praestanda est – praestandum erit* fällt hier der Gegensatz *non … an data sint – sed quasi data sint* ins Auge.

35 So in D. 21, 1, 23, 4 (1 *ad ed. aedil. curul.*) *… dicendum est eorum quoque nomine qui in aliena potestate sunt competere. proinde et si filia familias vel ancilla distraxit, aeque dicendum est actiones aedilicias locum habere.* S. auch D. 27, 4, 1, 2 (36 *ad ed.*); D. 42, 4, 3, 1 (59 *ad ed.*); D. 43, 20, 1, 3 (70 *ad ed.*) a. E.; ferner D. 40, 1, 4, 1 (6 *disp.*). Anders in D. 15, 1, 11 pr. (29 *ad ed.*) *Si noxali iudicio conventus dominus litis aestimationem obtulerit, de peculio deducendum est: quod si noxae dederit, nihil est deducendum.* Unter beiderlei Aspekt lässt sich lesen D. 18, 4, 2, 4 (49 *ad Sab.*) *Non tantum autem quod ad venditorem hereditatis pervenit, sed et quod ad heredem eius ex hereditate pervenit, emptori restituendum est: et non solum quod iam pervenit, sed et quod quandoque pervenerit, restituendum est.*

36 Die Ausnahme bildet, sofern es sich nicht um ein Zitat Labeos handelt, D. 4, 3, 7, 3 (11 *ad ed.*) *Non solum autem si alia actio non sit, sed et si dubitetur an alia sit, putat Labeo de dolo dandam actionem et adfert talem speciem …*

Er leitet damit in der überwiegenden Zahl der Fälle inhaltliche Wendungen ein[37], während Ulpian das gefundene Ergebnis bestätigt. Bei der in unserem Fragment angetroffenen Häufung[38] dürfte die Wahrscheinlichkeit für Paulus sprechen.

Dass der Text wenigstens auf der Grundlage einer Schrift des Paulus entstanden ist, dürfte nach alledem kaum zu bezweifeln sein. In Übereinstimmung mit der hier vertretenen These einer nachklassischen Edition weist die Quelle indes einige sprachliche Eigentümlichkeiten auf. Der Stil hebt sich von Paulus' übrigen Ausführungen im Ediktskommentar merklich ab. Ob er sich als byzantinisch beschreiben lässt, ist eine andere Frage[39]. Über inhaltliche Verfremdungen ist damit ohnedies nichts gesagt[40].

Formal, durch seine Wortwahl, ist das Fragment in Teilen ganz eigenartig: Nur der erste Satz soll aus den Sentenzen stammen, schon im zweiten aber steht *adversus hanc actionem non restituitur*. ‚Gegenüber' einer Klage (*adversus actionem*) findet in den gesamten Digesten keine Wiedereinsetzung statt. Im Titel D. 4, 4 werden Minderjährige ganz überwiegend (11 Mal) gegenüber einer anderen Partei wiedereingesetzt, außerdem 2 Mal gegenüber einem Urteil, 1 Mal gegenüber einem Erbschaftsantritt. So verhält es sich auch mit den Paulusstellen andernorts in den Digesten[41]. Der Sentenzenverfasser hingegen kennt eine *restitutio* auch *adversus obligationem*[42], *adversus distractiones*[43] sowie, wenig präzise, *adversus hoc* [*comprobationem*?][44].

Schwerer wiegt die Formulierung *damnum contingens resarcire* am Ende des *principium*. Bereits das Verb *resarcire* begegnet in den Digesten einzig in einer Sentenzenstelle[45] sowie einmal bei Arcadius[46], der um die Wende vom dritten zum vierten Jahrhundert schreibt. Daneben scheint ein einziges Mal Paulus es verwendet zu haben[47], doch ist gerade dort eine Interpolation ganz überwiegend wahrschein-

---

37 Vgl. auch etwa D. 45, 1, 128 (10 *quaest.*): *alter utiliter – alter inutiliter, ad obligationem – non ad solutionem*.

38 § 1: *rescindenda sunt – redigenda sunt*; § 2: *audiendus est – repellendus est*; § 3: *quod pervenit – quod non pervenit*; § 4: *necesse est – non est necesse*. Vgl. zu Letzerem D. 3, 5, 20, 2 (9 *ad ed.*) … *inchoare necesse mihi non est, vetera explicare ac conservare necessarium est*.

39 Diese bejaht bereits Faber, Rationalia, Bd. 1, 556; für § 2 ebenso Beseler, Beiträge, Bd. 4, 123.

40 Gleichwohl sei bemerkt, dass die geläufige methodische Grundannahme, ein Text sei uns getreu überliefert, solange nicht das Gegenteil erwiesen ist, hier dazu führen müsste, an der Inskription festzuhalten und die Quelle für nachklassisch zu halten. Indem man für die Klassizität des Fragments argumentiert, tritt man hier ausnahmsweise zugleich für eine Verfälschung ein. Das *onus probandi* hat, wie stets, derjenige zu tragen, der den auf uns gekommenen Text berichtigen will.

41 D. 4, 5, 7, 2 u. 3 (11 *ad ed.*); D. 46, 2, 19 (69 *ad ed.*).

42 PS 1, 9, 4b = D. 4, 4, 34, 1.

43 PS 1, 9, 8.

44 PS 1, 9, 3.

45 D. 26, 7, 49 (2 *sent.*) = PS 2, 14, 7.

46 D. 50, 4, 18, 26 (*l. s. de mun. civil.*).

47 D. 19, 1, 42 (2 *quaest.*).

lich[48]. Zu Arcadius' Lebzeiten ergeht eine Konstitution Konstantins, die unserem *principium* ähnlich formuliert: *damnum quod ei contigit … resarciri necesse est*[49].

Das umständliche *per hunc modum* lässt sich in klassischer Zeit nur einmal und nur außerhalb der juristischen Quellen nachweisen und ist dabei ungewiss[50]. Im *Corpus iuris* verwendet es nur Justinian[51] einmal[52]. Das Adverb *parcius* (§§ 2 und 4) begegnet im gesamten *Corpus iuris* nicht wieder. Auch *parata pecunia* (§ 2) ist in dieser Verbindung in der Kompilation einmalig. *Paratus/parata* findet sich zwar nicht selten, aber fast nie als Partizip mit Ablativ im Sinne von ‚erworben durch etwas'[53]. Die Form *laboribus* wird in den Digesten noch ein weiteres Mal gebraucht[54], ist dort jedoch anders besetzt. Mit einer ähnlichen Konnotation wie hier, d.h. um zu betonen, dass Erworbenes dem Erwerber zusteht, ist der Ausdruck insbesondere bei Justinian anzutreffen. Beispielhaft ist I. 2, 9, 1, wo er deutlich von der gaianischen Vorlage[55] und dem klassischen Recht abweicht, indem er am Erwerb des Haussohns dem Hausvater nurmehr den Nießbrauch, dem Sohn aber das Eigentum zubilligt, *ne, quod ei suis laboribus vel prospera fortuna accessit, hoc in alium perveniens luctuosum ei procedat* – damit nicht das, was ihm durch eigene Anstrengung oder durch die Gunst des Schicksals zufällt, auf einen anderen übergeht und ihm dadurch verleidet wird.

Gleichermaßen auffällig ist der Ausdruck *levitas iuvenilis* (§ 2), den man vor Ambrosius anderwärts nicht antrifft[56]. Wie Arcadius und Konstantin lebt auch Ambrosius im vierten Jahrhundert. Auch *negotiis finitis* lässt sich nirgendwo sonst wiederfinden (literarische Quellen eingeschlossen) und bleibt inhaltlich außerdem unklar. Am nächsten kommt der Wendung eine Konstitution Diokletians und

48 Siehe dazu Schmidt-Ott, Pauli Quaestiones, 44f. sowie die Literatur dort; BKKS, Bd. 3, 546, Fn. 2.

49 C. 5, 37, 23 (a. 333).

50 Plin. nat. hist. 2, 20. Manche Handschrift hat hingegen *per hunc motum* (Mayhoff, C. Plinius Secundus, Naturalis historia, Bd. 2, 153), was bezogen auf die von Plinius beschriebenen Himmelskörper und deren Lauf gleichermaßen plausibel erscheint, vgl. Cic. Timaeus 19 *Motum enim dedit caelo eum, qui figurae eius esset aptissumus, qui unus ex septem motibus mentem atque intellegentiam cieret maxime; itaque una conversione atque eadem ipse circum se torquetur et vertitur.*

51 Einmal hat Paulus *per eum modum*, doch nicht in der Bedeutung *eo modo*, D. 3, 3, 43 pr. (9 *ad ed.*) *Mutus et surdus per eum modum qui procedere potest procuratorem dare non prohibentur …*

52 C. 5, 4, 28, 3 (a. 531).

53 Ulp. D. 14, 4, 5, 14 (29 *ad ed.*): *mancipia ex merce parata*; ähnlich Pomp. D. 41, 1, 21 pr. (11 *ad Sab.*): *non ex re tua sit parata*. Als Ablativus absolutus bei Iav. D. 24, 3, 66, 1 (6 *ex post. Labeonis*): *quo* [*vestiario*] *parato*.

54 Ulp. D. 3, 2, 2, 2 (6 *ad ed.*) über die [*missio*] *causaria, quae propter valetudinem laboribus militiae solvit*.

55 Vgl. Gai. 2, 87.

56 De virginitate (CPL 0147) cap. 18, par. 117, linea 5. Freilich mag auch Ambrosius die Wendung bei Paulus entlehnt haben.

Maximians (*negotio finito*) am Ausgang des dritten Jahrhunderts[57]. Gegen Ende des Fragments (§ 4) schließlich wird das Entkräften eines Vertrags mit *infirmare* beschrieben. Das Verb ist dem Titel 4, 4 im Übrigen fremd und auch nirgends sonst im Digestentext wird es auf einen *contractus* bezogen, außer einmal bei Hermogenian[58], der ein Zeitgenosse des Arcadius und unter Maximian Prätorianerpräfekt war. Das Zustandekommen des Vertrags wiederum wird mit *consistere* beschrieben, einem Verb, dass die Digesten nur auf die *obligatio* beziehen[59] (die freilich *ex contractu* entstehen kann[60]). Dass der Schluss eines *contractus* mit *consistere* bezeichnet wird, finden wir nur bei Justinian[61]. Mit Blick auf die Hypothese einer nachklassischen Edition des paulinischen Ediktskommentars ist auch das in der nächsten diesem Werk zugeschriebenen Digestenstelle D. 4, 4, 26 verwendete Verb *medere* auffällig, das Paulus sonst nirgendwo gebraucht. In den Digesten begegnet es nur einmal in einem klassischen Text[62] sowie einmal in den pseudo-ulpianischen *opiniones*[63]. Nachklassisch und insbesondere bei Justinian findet es vielfach Verwendung.

Zweifel an der Autorschaft des klassischen Paulus ergeben sich endlich aus der Vielzahl an Gerundiva im Verein mit Formen von *esse*. Unser Fragment enthält auf engem Raum derer insgesamt 13. In den übrigen 53 Digestenstellen aus Paulus' 11. Buch zum Edikt finden sich nur 5. Nicht wesentlich häufiger begegnen sie indessen beim Sentenzenverfasser, 16 Mal in den 202 Stellen seines hier interessierenden 1. Buchs.

Einzeln betrachtet gestattet es keine der sprachlichen Eigenheiten, einen klassischen Verfasser auszuschließen, doch ist die Anzahl der Auffälligkeiten bemerkenswert. In Summe deuten sie auf eine Bearbeitung im späten dritten oder im vierten Jahrhundert hin, um die Entstehungszeit der Paulussentenzen. Umgekehrt lassen sich nur wenige der verwendeten Formulierungen in klassischen Juristentexten wiederfinden, seien diese in den Digesten oder andernorts überliefert. Gleichwohl dürfte dem Fragment ein Text des klassischen Paulus zugrunde liegen. Der gesamte Befund macht damit eine nachklassische Ausgabe des paulinischen Ediktskommentars als Quelle wahrscheinlich. Ist die Annahme eines irrig zur Inskription erhobenen

---

57 Diocl./Maxim. C. 1, 18, 7 (a. 294) *Error facti necdum negotio finito nemini nocet: nam causa decisa velamento tali non instauratur.* Ähnlich aber Paul. D. 3, 5, 15 (7 *ad Plaut.*), wo *finito eo* sich auf ein *negotium* bezieht.

58 D. 49, 14, 46, 2 (6 *iuris epit.*).

59 Gerade Paulus D. 3, 3, 42, 2 (8 *ad ed.*); D. 17, 1, 1 pr. (32 *ad ed.*); D. 17, 1, 22, 4 (32 *ad ed.*); D. 45, 1, 35 pr. (12 *ad Sab.*); aber auch etwa Ulp. D. 20, 1, 14, 1 (73 *ad ed.*); Pap. D. 44, 7, 27 (27 *quaest.*).

60 Gai. D. 44, 7, 4 (3 *aur.*) … *ex contractu obligationes non tantum re consistant, sed etiam verbis et consensu*; vgl. auch Gai. 3, 91 … *sed haec species obligationis non videtur ex contractu consistere* …

61 Nov. 4, 3, 1 (a. 535); 69, 1, 1 (a. 538).

62 Ner. D. 5, 3, 57 (7 *membr.*).

63 D. 11, 8, 5, 1 (1 *opin.*).

Verweises auf die *Pauli Sententiae* zutreffend, so muss die Ausgabe jünger sein als diese. Bei dieser Datierung kann sodann auch nicht verwundern, dass in § 5 kein *iudex*, sondern der Prätor den Restitutionsbefehl erteilt[64]. Ihm war, nachdem seine Magistratur ihre einstmalige Bedeutung größtenteils eingebüßt hatte, durch eine Konstitution von 359[65] die Durchführung der *in integrum restitutio* bis hin zur abschließenden Entscheidung übertragen worden[66]. Danach lassen sich auch im restlichen Fragment gewisse inhaltliche Abänderungen nicht ausschließen.

2. Die behandelten Klagen

Die Entscheidung zur Übervorteilung durch einen *subiectus* ist ob der zusammentreffenden Rechtsfolgen ohne Beispiel[67]. Neben die *pervenit*-Haftung tritt nicht allein eine Haftung *de peculio*, sondern unter Umständen ebenso eine noxale, diese mit der ungewöhnlichen Alternative körperlicher Züchtigung. Die einschlägigen Klagen macht der Jurist dabei nicht namhaft. In Betracht kommt zunächst die *in integrum restitutio*, welche das Hauptthema nicht allein des Fragments D. 4, 4, 24, sondern des gesamten Titels abgibt. Pönal ist diese nicht ausgestaltet, weshalb wenigstens der *castigatio* bzw. *noxae deditio* eine andere Klage zugrunde liegen muss. Das kann eine *actio legis Laetoriae*[68] oder aber die *actio iniuriarum* sein[69]. Aufgrund des offenbar subsidiären Charakters der Klage – sie wird nur erteilt, *si ex neutro satisfiet* – ist auch an eine *actio de dolo* zu denken, die ebenfalls noxal erteilt werden kann[70]. Diese aber wäre auch gegenüber den beiden zuvor genannten, spezielleren Rechtsmitteln nachrangig. Schließlich ist eine vom Prätor für den Einzelfall geschaffene Klage denkbar[71], für die jedoch zumindest eine Vorbildfunktion der bereits genannten naheläge.

---

64 Das stellt schon Kupisch, In integrum restitutio, 113 fest.

65 CTh. 6, 4, 16.

66 Dazu Levy, Zur nachklassischen in integrum restitutio, SZ 68 (1951), 361–434, 379 f., 385 f.

67 Man hat daraus auf ein Verfahren unter der *cognitio extra ordinem* geschlossen, s. Di Salvo, Lex Laetoria, 183 mit Fn. 282. Nimmt man hinzu, dass im folgenden Fragment nicht der Richter, sondern der Prätor den Restitutionsbefehl spricht, lässt sich unser Text insbesondere gut in ein nachklassisches (Kognitions-)Verfahren einbetten.

68 Auf die *actio legis Laetoriae* beziehen den zweiten Teil der Stelle bereits Alibrandi, Opere I, 576 und Lenel, Textkritische Miszellen, SZ 39 (1918), 119–171, 141.

69 So versteht den Text bereits ein Basilikenscholion, Nr. 5 zu Bas. 60, 21, 17 (Scheltema/Holwerda/van der Wal B IX 3565/14–15 = Nr. 6 Heimbach V 632). Für den Scholiasten wird aber die *actio legis Laetoriae* überhaupt nicht Betracht gekommen sein, da sie bereits aus den Digesten herausgehalten worden war.

70 Ulp.-Lab. D. 4, 3, 9, 4a (11 *ad ed.*). Die Arglistklage nimmt an Musumeci, Protezione pretoria dei minori di 25 anni e ius controversum in età imperiale, 81 Fn. 51.

71 Vgl. Paul. D. 4, 4, 24, 5 <11 *ad ed.*> *Ex hoc edicto nulla propria actio vel cautio proficiscitur: totum enim hoc pendet ex praetoris cognitione.*

Die *restitutio in integrum* wird bei Übervorteilung eines *minor* erteilt, wobei sich für das Übervorteilen kein technischer Begriff ausgeprägt zu haben scheint. Meist ist von *capere* (bzw. *captus*[72] oder auch *captio*[73]) die Rede. Paulus hingegen bevorzugt *circumscribere*, weshalb sich die Wahl dieses Ausdrucks in unserer Stelle nicht klar auf die *actio legis Laetoria* beziehen lässt, für die *circumscriptus* technisch gewesen sein mag[74]. Auch da Justinian sie in die Kompilation nicht aufnehmen ließ, ist über diese Klage ohnedies wenig bekannt[75]. Dass sie als *actio noxalis* gewährt werden konnte, belegt das *Fragmentum de formula Fabiana*[76].

Von der Möglichkeit einer Prügelstrafe als Alternative zur *noxae deditio* erfahren wir hingegen nur bei der *actio iniuriarum*. Dort meint *satisfactio* nicht Befriedigung im Sinne materiellen Ausgleichs, sondern Genugtuung für erlittenes Unrecht[77]. Unter diesem Blickwinkel dürfte auch unsere Stelle zu verstehen sein (*satisfiet*). Zwar scheint die *satisfactio* augenscheinlich zunächst daran gemessen zu werden, ob der übervorteilte *minor* für das ihm Entzogene materiell entschädigt wird, nämlich indem der *dominus* das an ihn Gelangte herausgibt und für das Übrige bis zur Höhe des Sonderguts Ersatz leistet. Besteht danach ein Vermögensnachteil aufseiten des *minor* fort, reicht das Erstattete zur *satisfactio* nicht hin. Nach dieser Lesart verkennt man jedoch, dass die *satisfactio* nicht das Ziel des Restitutionsbefehls im ersten Satz ist. Vielmehr ist die ausgebliebene *satisfactio* Voraussetzung der weiteren Rechtsfolgen des zweiten Satzes. Insofern sind die Fälle der Begehung mit und ohne Arglist streng auseinanderzuhalten. Hat nämlich der *subiectus* ohne Arglist gehandelt, so wird die Frage nach der *satisfactio* erst gar nicht relevant. Der geschädigte *minor* muss sich mit der Leistung des Erlangten bzw. aus dem *peculium* begnügen.

Wurde der *minor* indessen arglistig übervorteilt, kann die ausstehende *satisfactio* durch Prügelung des Schuldigen bewirkt werden. Daran aber kann der

72 Wiederholt etwa bei Ulpian in D. 4, 4, 3 (11 *ad ed.*), einmal bei Mod. D. 4, 4, 29 pr. (2 *resp.*). Wie Afr. D. 4, 4, 4 (7 *quaest.*) hat auch Ulpian gelegentlich *deceptus*, s. etwa D. 4, 4, 19 (13 *ad ed.*).

73 Ulp. D. 4, 4, 1 pr. (11 *ad ed.*).

74 Cic. de off. 3, 15, 61 spricht von der *circumscriptio adulescentium*. Zum Tatbestandmerkmal *circumscriptus* Musumeci, Protezione pretoria, 79 ff.

75 Überliefert ist sie etwa durch die Tabula Heracleensis (*lex Iulia municipalis*) 21, Z. 111 f., wo sie im Zusammenhang mit dem Ausschluss Verurteilter von öffentlichen Ämtern in eine Reihe mit der *actio iniuriarum* und der *actio de dolo* gestellt wird.

76 § 4: *<actiones legis> Laetoriae noxales sunt.*

77 Ulp. D. 47, 10, 17, 4 (57 *ad ed.*) *Cum servus iniuriam facit, maleficium eum admittere palam est: merito igitur sicuti ex ceteris delictis, ita et ex hoc iniuriarum noxalis actio datur. sed in arbitrio domini est, an velit eum verberandum exhibere, ut ita satisfiat ei qui iniuriam passus est: neque erit necesse domino utique eum verberandum praestare, sed dabitur ei facultas praestare ei servum verberandum aut, si de eo verberibus satis non fiat, noxae dedendum vel litis aestimationem sufferendam.*

Übervorteilte kein materielles Interesse haben[78]. Für die alternative Noxalgabe gilt dies nicht in gleichem Maße, doch dürfte das Nebeneinander von *castigatio* und *noxae deditio* erweisen, dass Genugtuung bzw. Buße bezweckt sind[79]. Gleichwohl bleibt es dabei, dass bereits infolge der anbefohlenen Restitution *satisfactio* eintreten kann. Ob dem so ist, wird mutmaßlich davon abhängen, wie schwer das vom *subiectus* begangene Unrecht wiegt. Das zu beurteilen wird im Einzelfall dem Richter überlassen sein.

Dass es sich bei der hier angetroffenen Klage um die *actio legis Laetoriae* handelt, kann schlicht deshalb nicht ausgeschlossen werden, weil wir über sie zu wenig wissen. Sachlich passt sie besser in den Kontext der Übervorteilung Minderjähriger als die *actio iniuriarum*. Sollte sie aber tatsächlich als Popularklage ausgestaltet[80] und auf Bußzahlung gerichtet sein, wäre die Voraussetzung, dass der Geschädigte nicht bereits *satisfactio* erlangt habe, überraschend. Zu erwarten wäre, dass sie als Bußklage mit der *in integrum restitutio*, die dem Sachverfolgungsinteresse des *minor* dient, frei kumulierbar ist. Allerdings mischen sich auch bei anderen Popularklagen das Ersatzinteresse des privaten Geschädigten mit dem Bußinteresse der Allgemeinheit[81]. So wird etwa die *actio de sepulchro violato* vorrangig dem Betroffenen auf so viel erteilt, *quanti ob eam rem aequum videbitur*. Nur wenn sich kein klagewilliger Betroffener findet, können beliebige Dritte eine feste Bußsumme einklagen[82].

Bei der *actio iniuriarum* wegen der von einem Sklaven begangenen *iniuria* befreit die Prügelstrafe den Herrn nicht unbedingt, sie muss zur *satisfactio* vom Kläger akzeptiert (und/oder nach Ermessen des Richters festgesetzt) sein[83]. Ist sie es nicht, hat der Herr die Wahl, den Sklaven als Schädiger auszuliefern oder die *litis aestimatio* zu bezahlen. Obgleich unser Text dies nicht erkennen lässt, ist dasselbe Verfahren hier ebenso vorstellbar, auch wenn der Jurist an die *actio legis Laetoriae* dachte.

3. Das Verhältnis der Klagen zueinander

Jedenfalls haben wir eine Konkurrenzkonstellation vor uns, die nur im Falle doloser Übervorteilung eintritt. Ohne *dolus* schließt der *subiectus* ein missbilligtes und anfechtbares Geschäft, aber eben dennoch ein Geschäft. Bei dessen Rückabwicklung

---

78 Von einer *castigatio* als Ersatz für unzureichende Ersatzleistung in Geld erfahren wir ausnahmsweise im Bereich des Strafrechts bei der Brandstiftung, Gai. D. 47, 9, 9 (4 *ad l. XII tab.*).

79 Im Ergebnis ebenso Kaser, Verbotsgesetze, 41.

80 So die geläufige Lehrmeinung, die indes in Cic. de nat. deor. 3, 30, 74: *iudicium publicum rei privatae* nur eine schwache Stütze findet.

81 Dazu Kaser, SZ 101 (1984), 1–114, 43 ff.; Verbotsgesetze, 41 f.

82 Ulp. D. 47, 12, 3 pr. (25 *ad ed.*).

83 S. soeben Fn. 77.

haftet der Gewalthaber, wie noch zu erläutern ist, in etwa so wie mit der *actio de peculio vel in de in rem verso*, nämlich soweit er etwas erlangt hat bzw. soweit das Sondergut reicht. Handelt der Gewaltunterworfene mit *dolus*, so tritt zum Geschäft ein Delikt hinzu, aus dem eine Pönalklage erwächst. Bei diesem „deliktischen Geschäft“ können daher Pekuliar- und Noxalhaftung zusammentreffen.

Dass der Haussohn für Übervorteilung eines *minor* selbst verurteilt werden könne, scheint sich allein auf die dolose Begehung zu beziehen (*ob dolum condemnabitur*). Das unterstreicht, dass wir es mit einem Bündel aus zwei Forderungen zu tun haben, die nur im Falle der dolosen Begehung durch den Sklaven in der Person des Herrn zusammenfallen. Hat der Haussohn arglistig übervorteilt, so trifft seinen Vater eine Haftung in den Grenzen des Erlangten sowie des Sonderguts. Eine weitere Klage richtet sich gegen den Sohn selbst. Dabei handelt es sich offenkundig um dieselbe Klage, die im Falle des Sklaven Prügelung oder Noxalgabe vorsieht. Wie zuvor kommen also die *actio iniuriarum* sowie die *actio legis Laetoriae* in Betracht. Letztere lässt sich nicht ausschließen, die Kombination aus *satisfactio* und Prügelstrafe im Falle des Sklaven deutet jedoch auf die *actio iniuriarum*.

Die *pervenit*-Haftung will Faber auf das Bereicherungsverbot zurückführen. Der Gewalthaber dürfe aus der Arglist oder einer (Misse-)Tat der ihm Unterworfenen keinen Vorteil ziehen[84]. Diese Begründung erscheint indes insofern verfehlt, als die Pflicht zur Herausgabe des Erlangten nach unserem Text kein doloses Verhalten des *subiectus* voraussetzt. Dass der Gewalthaber das an ihn Gelangte restituieren muss, lässt sich wohl gerade umgekehrt damit rechtfertigen, dass auch denjenigen die Restitutionspflicht trifft, der ohne böse Absicht mit dem *minor* zu dessen Nachteil kontrahiert hat. Soweit der *paterfamilias* etwas aus dem Geschäft erlangt, ist es wie bei der *actio de in rem verso* so anzusehen, als sei er selbst Vertragspartei geworden[85].

Gröschler meint, im Ausgangsfall ohne *dolus* sei eine Arbiträrklage zur Anwendung gelangt, deren *condemnatio* derjenigen der *actio de peculio vel de in rem verso* entsprochen habe[86]. Er sieht sich sodann mit dem Problem konfrontiert, „daß sich die *actio de peculio vel de in rem verso* hier nicht unmittelbar aus dem Geschäft ergab, sondern erst durch die *in integrum restitutio* erzeugt wurde“. Diese Schwierigkeit hatte Paulus aber bereits umgangen, indem er gerade nicht von einer Versions-, sondern einer *pervenit*-Haftung sprach, außerdem von einer Leistung *ex* und nicht *de peculio* (aus dem Sondergut, nicht: soweit das Sondergut hinreicht).

---

84 „*Ne ex dolo aut facto filii vel servi lucretur*[.] *est damno minoris contra naturalem aequitatem*“, Rationalia, Bd. 1, 559.

85 Ulp. D. 15, 3, 1 pr. (29 *ad ed.*) a. E.

86 Gröschler, Actiones in factum, 255 f. mit Fn. 274.

In einem Bereich, wo der Prätor je nach Einzelfall besonders flexibel entscheiden konnte[87], schuf der Jurist so eine Klage, die der *actio de peculio vel de in rem verso* nahekam, ohne deren Voraussetzungen erfüllen zu müssen[88].

Ohnedies nötigt unser Text nicht, von einer Abwandlung der *condemnatio* auszugehen. Paulus handelt nicht von dieser, sondern vom *iussum de restituendo*. Sein Anliegen ist es, dem Richter dabei das rechte Maß zu weisen. Der *iudex* habe dem Beklagten nach pflichtgemäßem Ermessen aufzugeben (*iubendus est*), das Erlangte herauszugeben und das Übrige aus dem *peculium* zu erstatten. Es bezieht sich *iubendus est* nicht einzig auf *restituere*, sondern zugleich auf *praestare ex peculio*. Das heißt, der Gewalthaber erhält nur einen Restitutionsbefehl, der das Erlangte erfasst sowie den Wert der streitgegenständlichen Sache, soweit dieser im Sondergut enthalten ist. Wir haben es folglich nicht etwa mit zwei Klagen zu tun – einer auf das Erlangte sowie einer Sondergutsklage –, sondern mit einer einheitlichen Arbiträrklage.

Vorrangig setzt Paulus bei der Restitutionsklausel[89] an und stellt es in das *arbitrium* des Richters, den Umfang der formelgemäß zu restituierenden *res* einzugrenzen. Danach ist nicht ersichtlich, weshalb für die *condemnatio* ein Eingriff in die Formel nötig sein sollte, konnte (oder musste) der Richter doch den Verurteilungsbetrag, *quanti ea res est*, nach dem Wert der *res* festsetzen, die er dem Beklagten zu restituieren aufgegeben hatte. Selbst wenn der *iudex* diesen Betrag nicht selbst geschätzt, sondern nach einem *iusiurandum* des Klägers bemessen haben sollte – was für die *in integrum restitutio* nicht ersichtlich ist –, konnte er dabei kraft seines richterlichen Ermessens einen Höchstbetrag festsetzen. Gerade Paulus hielt dies bei der *actio de dolo* sowie der *actio quod metus causa* für geboten[90]. Wenn der Richter also befugt und durch seine Amtspflicht gehalten war, Umfang und Wert der formelmäßigen *res* nach den Umständen des Falls einzukürzen, erscheint eine Abwandlung der *condemnatio* entbehrlich. Wie die ähnlich angelegte *actio Fabiana* dürfte auch unsere Restitutionsklage auf das Maß einer *actio de peculio vel de in rem verso* gebracht worden sein, indem man das richterliche Ermessen entsprechend reduzierte[91].

---

87 Vgl. Paulus zum Ende unseres Fragments, D. 4, 4, 24, 5.

88 Man vergleiche die Handhabung der *hereditatis petitio* in Paul. D. 5, 3, 36 pr. (20 *ad ed.*) … *perinde haberi debebit, atque si de peculio ageretur* – … es muss ebenso verfahren werden, wie wenn mit der Sondergutsklage vorgegangen würde. – Wie hier ist im folgenden Satz von einer Leistung nicht *de*, sondern *ex peculio* die Rede.

89 Sie lautet regelmäßig *neque ea res (arbitrio iudicis?) A°A° restituetur*, s. oben, 198 Fn. 19.

90 D. 4, 3, 18 pr. (11 *ad ed.*) a. E.: *officio iudicis debet in utraque actione taxatione iusiurandum refrenari*. S. ferner Ulp. D. 12, 3, 4, 2 (36 *ad ed.*); Marcian. D. 12, 3, 5, 1 (4 *reg.*).

91 Ulp. D. 38, 5, 1, 22 (44 *ad ed.*), dazu oben, 197 ff.

4. Zwischenfazit

In einer wahrscheinlich nachklassisch überarbeiteten Entscheidung wird dem *minor*, der von einem Gewaltunterworfenen übervorteilt worden ist, gegen dessen Gewalthaber eine Kombination aus einst zwei Klagen erteilt, die im Kognitionsverfahren ihr getrenntes Dasein eingebüßt haben mögen. Die klassische Grundlage bilden die *in integrum restitutio* sowie, wahrscheinlich, die *actio iniuriarum*. Mit Ersterer belangt, hat der Gewalthaber das Erlangte auszukehren und das, was zu voller Restitution fehlt, dem Sondergut zu entnehmen, soweit dieses hinreicht. Wurde die Übervorteilung arglistig von einem Sklaven begangen und ist die damit einhergehende Personenverletzung gegenüber dem *minor* durch die Restitutionszahlung nicht gesühnt, kann der Herr den Sklaven entweder als Schädiger oder zur Prügelung ausliefern. Der arglistig handelnde Haussohn kann mit der *actio iniuriarum* selbst belangt werden.

Bemerkenswert ist, dass die *restitutio* einem *minor* auch gegen gutgläubige Besitzer der entzogenen *res* erteilt werden kann, und zwar dann, wenn der primär verpflichtete Geschäftsgegner zahlungsunfähig ist. Anders gewendet: Es besteht gegen Dritterwerber eine subsidiäre Klage auf das Erlangte[92]. Für den Gewalthaber gilt indes offenbar anderes: Seine Haftung auf das Erlangte geht der Pekuliarhaftung, welche einer Eigenhaftung des primär Verantwortlichen am nächsten kommt, noch vor; sie setzt nicht erst ein, wenn das *peculium* erschöpft ist. Das mag damit zu erklären sein, dass er durch das Rechtsgeschäft des ihm Unterworfenen unmittelbar und nicht erst als Dritter erwirbt.

II. Dolose Übertragung des Nachlassbesitzes *ventris nomine*

Die beim Tod ihres Ehemannes schwangere Frau kann sich des ungeborenen Erben wegen in den Nachlassbesitz setzen lassen. Macht sie davon Gebrauch und überträgt den Nachlassbesitz sodann arglistig einem Dritten, so gibt der Prätor demjenigen, der ein berechtigtes Interesse daran hatte, dass der Besitz nicht auf den Dritten übergehe, eine Klage auf Ersatz dieses Interesses[93]. Der kurze dieser Klage

92 Ulp. D. 4, 4, 13, 1 (11 *ad ed.*); Paul.-Pomp. D. 4, 4, 14 (11 *ad ed.*).

93 Sie ist bezeugt auch bei Gai. 4, 177. Ihm zufolge wird, als Abschreckung vor wissentlich grundlosem Prozessieren (*calumniae causa agere*), eine Gegenklage auf ein Fünftel des Streitwerts erteilt. Dazu Giomaro, La scelta del mezzo giudiziale in ipotesi di temerarietà della lite „ex parte actoris", in: Atti del Convegno Processo Civile e Processo Penale nell'Esperienza Giuridica nel Mondo Antico in Memoria di Arnaldo Biscardi, Siena, Certosa di Pontignano, 13–15 dicembre 2001, Mailand 2011, 131–152, hier besonders 141 f.

gewidmete Digestentitel[94] benennt die interessierten Personen nicht, man wird sich typischerweise einen Erben des Ehemanns vorstellen dürfen. Stellt sich heraus, dass die Frau von einem anderen als ihrem Ehemann schwanger war, ist jener Alleinerbe (oder erhält im Falle einer Erbenmehrheit, da der vorgebliche *postumus* als Miterbe wegfällt, einen größeren Erbanteil). In Betracht kommt auch ein Ersatzerbe, den der Ehemann testamentarisch benannt hatte, falls ihm kein Nachkomme geboren werde, außerdem der nächste Intestaterbe[95]. Daneben ist auch an Vermächtnisnehmer und Fideikommissare zu denken[96].

Der *dolus* der Ehefrau muss sich darauf richten, den Zugriff der interessierten Partei auf Nachlassgegenstände zu verkürzen[97], indem sie den Besitz daran nämlich einem Dritten überträgt[98], bei dem der Interessent sein Recht nicht mit gleichem Erfolg durchsetzen kann wie gegen die Ehefrau. Der Umfang der Klage beläuft sich auf den Betrag, den der Kläger wegen der dolosen Übertragung des Nachlassbesitzes vom Dritten nicht erlangen kann. Als Beispiel nennt Ulpian den Fall, dass der Dritte als gutgläubiger Besitzer Früchte zieht, für die er dem Interessenten keinen Ersatz schuldet[99], oder dass er als bösgläubiger Besitzer zwar zu Ersatz verpflichtet wäre, aber insolvent ist[100]. Anders gewendet: Die verheißene Klage hat subsidiäre Funktion gegenüber der Klage gegen den Dritten.

Was der Interessent vom Erbschaftsbesitzer nicht einklagen kann, weil dieser gutgläubig war oder insolvent ist, kann er von der Ehefrau ersetzt verlangen. Ist sie *filiafamilias*, so lässt sich die Klage gegen ihren Gewalthaber richten, *in id quod ad eum pervenit*:

> Ulp. D. 25, 5, 1, 4–5 (34 *ad ed.*)
> Haec actio etiam post annum dabitur, quia rei habet persecutionem. § 5. Et si filia familias sit quae dolo fecit, in patrem dabitur actio, si quid ad eum pervenerit.

---

94 *Si ventris nomine muliere in possessionem missa eadem possessio dolo malo ad alium translata esse dicatur* – Wenn vorgetragen wird, dass eine Frau ihrer Leibesfrucht wegen in den Nachlassbesitz eingewiesen wurde und dieser Besitz arglistig auf einen anderen übertragen worden ist.

95 Vgl. die Beispiele Ulpians für die *possessio ventris nomine calumniae causa*, D. 25, 6, 1, 6 (34 *ad ed.*).

96 Vgl. Ulp. D. 25, 6, 1, 8–10 (34 *ad ed.*); Glück, Pandecten 28, 333 Fn. 52.

97 Levy, Privatstrafe, 69, schließt daraus auf die pönale Natur der Klage.

98 Paul. D. 25, 5, 2 pr. (37 *ad ed.*) *Dolo facit mulier, non quae in possessionem venientem non prohibet, sed quae circumscribendi alicuius causa clam et per quandam machinationem in possessionem introducat.* – Arglistig handelt nicht die Frau, die nicht verhindert, dass jemand sich in den Nachlassbesitz setzt, sondern nur diejenige, die einen Dritten, um jemanden zu übervorteilen, heimlich und durch irgendeine List in den Nachlassbesitz bringt.

99 Vgl. allgemein Paul. D. 41, 1, 48 pr. (7 *ad Plaut.*). Der gutgläubige Erbschaftsbesitzer muss vermöge der *hereditatis petitio* nur diejenigen Früchte herausgeben, um die er bei *litis contestatio* noch bereichert ist, Paul. D. 5, 3, 40, 1 (20 *ad ed.*) mit Ulp. D. 5, 3, 23 pr. und 25, 7 (beide 15 *ad ed.*).

100 Ulp. D. 25, 5, 1, 3 (34 *ad ed.*).

Diese Klage wird aber auch nach Jahresfrist gegeben, weil sie eine Sachverfolgung enthält. § 5. Und wenn es eine Haustochter ist, die arglistig gehandelt hat, wird die Klage gegen ihren Vater gegeben, wenn dieser etwas erlangt hat.

Ulpian hält zunächst fest, dass unsere Klage sachverfolgende Funktion hat und daher auch nach Jahresfrist, d. h. unbefristet erteilt wird. Obschon sie aus arglistigem Verhalten erwächst, handelt es sich also nicht um eine Strafklage, welche mit Ablauf der Jahresfrist entfiele[101]. Mit dem sachverfolgenden Zweck der Klage geht offenbar einher, dass sie bei arglistigem Verhalten der Haustochter gegen ihren Gewalthaber gewährt wird, soweit dieser etwas erlangt hat. Es dürfte sich beim Erlangten typischerweise um Vorteile handeln, die der besitzende Dritte der gewaltunterworfenen Ehefrau oder dem Gewalthaber selbst zukommen lässt, möglicherweise auch als Gegenleistung für die Übertragung des Nachlassbesitzes.

Niederländer sieht einen Widerspruch zu einer Stelle im selben Titel[102], wo Paulus dem Kläger die Wahl gibt, ob er gegen die Tochter oder den Vater klagen wolle, wenn beide sich dolos verhalten haben. Ohnedies könne zu klassischer Zeit nicht gegen die Haustochter vorgegangen werden[103]. Dass eine Gewaltunterworfene selbst passivlegitimiert ist, wird in der Tat auszuschließen sein. Unerhört ist der Gedanke etwa bei der *actio rerum amotarum* zwar nicht. Er wird auch dort indes verworfen[104]. Was wir über den *filiusfamilias* wissen, mag zwar gelegentlich ebenso für die *filia* gelten. Die Juristen weisen wiederholt darauf hin, dass mit *filius* Kinder beiderlei Geschlechts bezeichnet würden[105]. Wenn schließlich Justinian berichtet, dass bereits die Altvorderen aus deliktischen Handlungen – hier haben wir es immerhin mit doloser Benachteiligung zu tun – häufig Klagen

---

101 Dazu oben, 116 ff.

102 D. 25, 5, 2, 1 (37 *ad ed.*) *Si et patris et filiae factum arguetur, in alterum quem actor velit reddenda est actio. quia in id quod agentis interest datur, ideo, si id quod ei abest ab eo qui in potestate est servari possit, praeter sumptus litis causa factos inutilis erit ei haec actio.* – Wird ein solches Verhalten sowohl hinsichtlich des Vaters als auch der Tochter behauptet, so ist die Klage nach Wahl des Klägers gegen einen der beiden zu erteilen. Da aber die Klage auf das Interesse des Klägers gegeben wird, ist sie für ihn dann gegenstandslos, wenn er das, was er eingebüßt hat, von dem verlangen kann, der im Besitz des Nachlasses ist, abgesehen von den Aufwendungen, die er für den Rechtsstreit gehabt hat.

103 Niederländer, SZ 69 (1952), 211–233, 217 Fn. 30.

104 Paul. D. 25, 2, 3, 4 (7 *ad Sab.*) *Si filia familias res amoverit, Mela Fulcinius aiunt de peculio dandam actionem, quia displicuit eam furti obligari: vel in ipsam ob res amotas dari actionem …* Dazu unten, 266 ff.

105 Für das prätorische Edikt insgesamt Ulp. D. 2, 1, 7, 1 (3 *ad ed.*) *Servi quoque et filii familias verbis edicti continentur: sed et utrumque sexum praetor complexus est.* Zu speziellen Fragen des Bürgerrechts, aber in großer Allgemeinheit formuliert etwa Gai. 1, 72 *Quaecumque de filio esse diximus, eadem et de filia dicta intellegemus.*

gegen die *filiifamilias* selbst erteilt hätten, ließe sich *filii* als generischer Plural auch für die Töchter verstehen[106]. Gaius jedoch erklärt die Haustochter für verpflichtungsunfähig[107], und auch unsere übrigen Quellen kennen nur eine ausnahmsweise Aktiv-, aber keine Passivlegitimation der Haustochter[108].

Dass Paulus dem Kläger die Möglichkeit eröffnet, gegen die Tochter vorzugehen, muss trotzdem nicht für eine Textverfremdung gehalten werden. Der von Niederländer wahrgenommene Widerspruch zwischen Ulpian und Paulus lässt sich zwanglos insofern auflösen, als Ulpian von einer gewaltunterworfenen, Paulus aber von einer gewaltfreien Tochter handelt. Der Paulustext spricht nur von *filia*, ohne *familias*. Haben Vater und Tochter gleichermaßen an der dolosen Übertragung des Nachlassbesitzes teilgenommen, so kann der geschädigte Interessent also entweder die gewaltfreie Tochter oder deren Vater belangen. Diesem fällt selbst tatbestandliches Verhalten zur Last. Er haftet mithin nicht als (ehemaliger) Gewalthaber der Tochter, sondern im eigenen Namen.

Die Aussage des Paulus deutet auf Konsumtionskonkurrenz hin. Der Interessierte kann nach seiner Wahl entweder gegen die gewaltfreie Tochter oder gegen den Vater vorgehen. Selbst wenn er Solutionskonkurrenz gemeint haben sollte, sind die Klagen jedenfalls nicht frei kumulierbar. Das unterstreicht, dass wir es nicht mit einer Strafklage zu tun haben, sondern der Ersatz des Interesses, d.h. Sachverfolgung bezweckt ist. Ließen sich die Klage gegen die Tochter und diejenige gegen den Vater frei häufen, so erhielte der Kläger mehr als das ihm zustehende Interesse.

Obschon die Klage ausdrücklich der Sachverfolgung dient, beruht sie doch insoweit auf einem Delikt, als sie *dolus* voraussetzt. Die (gewaltunterworfene) Ehefrau muss den Nachlassbesitz arglistig, zur Benachteiligung des Interessierten übertragen. Wiewohl Ulpian es hier nicht ausspricht, verfängt daher das für den Gewalthaber geltende Bereicherungsverbot. Er darf aus dolosen Handlungen der ihm Unterworfenen keinen Vorteil ziehen.

---

106 I. 4, 8, 7: *apud veteres legum commentatores invenimus saepius dictum ipsos filios familias pro suis delictis posse conveniri.* Glaubhaft ist dieses Zeugnis, da Justinian es an seine Abkehr von der Noxalhaftung der Hauskinder anschließt, an dieser Stelle also den offenen Widerspruch zur Klassik nicht scheut.

107 Gai. 3, 104.

108 Gemeinsam mit ihrem Hausvater kann sie als Klägerin auftreten, um die Rückgabe der Mitgift zu verlangen, Kaser/Hackl, 205. Ist der Vater verhindert, kann sie dennoch klagen, Ulp. D. 24, 3, 22, 4 (33 *ad ed.*). Zur Geltendmachung einer *actio iniuriarum* kann die Haustochter einen Prozessvertreter selbst bestellen, Ulp. D. 3, 3, 8 pr. (8 *ad ed.*).

III. *Actio de dolo*

Die allgemeine Arglistklage ist eine einjährig befristete, infamierende[109] Strafklage, die Kondemnation geht auf das *simplum*. Als Arbiträrklage[110] ist sie vorrangig auf Naturalrestitution gerichtet und nimmt insoweit die Form einer judizialen *in integrum restitutio* an.

Bereits Labeo soll sich dafür ausgesprochen haben, dass die *actio de dolo* wegen Handlungen von Sklaven sowohl *de peculio* als auch noxal erteilt werden könne – je nachdem, welche der beiden Klagearten durch die Umstände des Einzelfalls indiziert ist[111]. Für eine Klage auf das Erlangte gegen den *paterfamilias* war daneben offenbar kein Raum. In ähnlicher Weise wie anderweit der Gewalthaber kann indes der Geschäftsherr für *dolus* seines Vermögensverwalters (*procurator*) belangt werden:

> Ulp. D. 4, 3, 15, 2 (11 *ad ed.*)
> Item si quid ex dolo procuratoris ad dominum pervenit, datur in dominum de dolo actio in quantum ad eum pervenit: nam procurator ex dolo suo procul dubio tenetur.
>
> Ebenso wird, wenn infolge von Arglist eines Verwalters der Geschäftsherr etwas erlangt hat, gegen den Geschäftsherrn die Klage wegen Arglist auf so viel erteilt, wie er erlangt hat. Der Verwalter freilich haftet ohne Zweifel für seine Arglist.

Die Stelle ist unter dem Blickwinkel der Subsidiarität der *actio de dolo* zu lesen. Diese wird nur gegeben, *si alia actio non erit* – wenn keine andere Klage besteht[112]. Bevor die von Ulpian genannte Klage gegen den *dominus* erteilt werden kann, muss eine Voruntersuchung ergeben, dass keine andere Klage vorrangig ist. Dabei kommen nicht allein Klagen im Verhältnis zwischen Geschädigtem und *dominus* in Betracht, sondern auch Klagen des Geschädigten gegen den *procurator*[113].

Wenn der *procurator* selbst und offenbar ohne Haftungsbeschränkung in Anspruch genommen werden kann, läge es aus Sicht des Prätors nahe, der Klage gegen den *procurator* als Tatnäheren im Verhältnis zur Klage gegen den Geschäftsherrn den Vorrang zu geben. Ohnedies dürfte der Geschädigte Anlass haben, den *procurator* zu belangen, um gegenüber diesem als Schädiger Genugtuung zu erreichen. Einen

109 S. etwa Ulp. D. 4, 3, 1, 4 (11 *ad ed.*).

110 Zum Ablauf eines Arbiträrverfahrens oben, 194 f.

111 Ulp. D. 4, 3, 9, 4a (11 *ad ed.*) *Haec de dolo actio noxalis erit: ideo Labeo quoque libro trigensimo praetoris peregrini scribit de dolo actionem servi nomine interdum de peculio, interdum noxalem dari. nam si ea res est, in quam dolus commissus est, ex qua de peculio daretur actio, et nunc in peculio dandam: sin vero ea sit, ex qua noxalis, hoc quoque noxale futurum.*

112 Ulp. D. 4, 3, 1, 4 (11 *ad ed.*).

113 S. die Katene von Ulp. D. 4, 3, 3 (11 *ad ed.*) zu Paul. D. 4, 3, 4 (11 *ad ed.*).

wirtschaftlichen Anreiz wird er darin finden, dass sich bei diesem die Gesamtsumme einklagen lässt und weniger zu beweisen ist, nämlich kein Erlangen. Eine Klage gegen den Geschäftsherrn erscheint auch deshalb weniger erfolgversprechend, weil der vermögende *dominus* regelmäßig zu einer besseren Verteidigung imstande sein wird als sein Vermögensverwalter.

Den erhöhten Aufwand einer Klage gegen den *dominus* auf sich zu nehmen dürfte allenfalls dann vorzugswürdig erscheinen, wenn der *procurator* zahlungsunfähig war. Fälle der Insolvenz erfüllen nach Gaius die Voraussetzung *si alia actio non erit*[114]. Zumindest ein Anwendungsfall der Arglistklage dürfte also derjenige des zahlungsunfähigen Vermögensverwalters sein. Eine erste Klage gegen den Täter würde danach zu der für das Repetundenverfahren festgestellten Funktion der *pervenit*-Haftung passen, den ausstehenden Betrag vom Dritterwerber zu fordern.

Nur mutmaßen kann man darüber, ob eine sittliche Erwartung bestand, zunächst den arglistigen Schädiger als Hauptschuldner zu belangen. Entsprechendes gilt bei vertraglichen Verpflichtungen, namentlich wenn der Bürge vor dem Hauptschuldner belangt wird, obschon dieser zahlungsbereit ist. Nach Gaius liegt darin eine *iniuria*[115]. Wendet man diesen Gedanken auf unsere Fälle an, wiegt die Ehrkränkung womöglich noch schwerer. Mit der Klage gegen den Dritterwerber unterstellt man einer Person, die nicht Prozesspartei ist, ein Delikt begangen zu haben, ohne dieser Gelegenheit zu geben, sich selbst zu verteidigen. Indem man sogleich gegen den Bereicherten vorgeht, bekundet man, dass man den primär zu Belangenden nicht allein für schuldig, sondern überdies für potentiell zahlungsunfähig hält.

Wenn offenbar der *procurator* selbst, d.h. in voller Höhe haftet, dürfte der Geschäftsherr allenfalls für den Fehlbetrag einzustehen haben. Das scheint sich *a maiore ad minus* daraus zu ergeben, dass auch der zahlende Mittäter die übrigen befreit[116]. Der tatunbeteiligte *dominus* dürfte danach nicht auf mehr als diejenige

---

114 Gai D. 4, 3, 6 (4 *ad ed. provinc.*) *Nam is nullam videtur actionem habere, cui propter inopiam adversarii inanis actio est.* S. auch die voraufgehende Stelle Ulp. D. 4, 3, 5 (11 *ad ed.*).

115 Gai. D. 47, 10, 19 (22 *ad ed. provinc.*) *Si creditor meus, cui paratus sum solvere, in iniuriam meam fideiussores meos interpellaverit, iniuriarum tenetur.* Vgl. auch Cic. Att. 16, 15, 2, außerdem Quintilian (oder einer seiner Schüler), declamationes minores 273, 3: *Debitorem appellasti? Cum ipso cui dederas pecuniam egisti? Non enim aliter salvo pudore ad sponsorem venit creditor quam si recipere a debitore non possit.* Das Vokabular will Shackleton Bailey, Cicero's Letters to Atticus, Bd. 6, 313 allein auf außerprozessuale Aufforderung zur Zahlung beziehen. Selbst wenn dies zuträfe: Auf die Zahlung zu klagen wäre danach erst recht anstößig.

116 Ulp. D. 4, 3, 17 pr. (11 *ad ed.*) *Si plures dolo fecerint et unus restituerit, omnes liberantur: quod si unus quanti ea res est praestiterit, puto adhuc ceteros liberari.* – Haben mehrere arglistig gehandelt und leistet einer Ersatz in Natur, so werden alle [von der Verbindlichkeit) befreit. Und wenn einer Geldersatz in Höhe des Wertes des Streitgegenstandes leistet, meine ich, dass auch dann noch die übrigen befreit werden.

Summe haften, die der *procurator* nicht begleicht[117]. Sonach kann der *dominus* das Erlangte behalten, wenn der *procurator* die Urteilssumme zahlt. Geht der Geschädigte also zunächst gegen diesen vor, so fungiert der *dominus* als Ausfallbürge für den dolos handelnden *procurator*. Im Verhältnis zwischen Vermögensverwalter und Geschäftsherr sind also ähnliche Konstellationen wie im Repetundenverfahren *quo ea pecunia pervenerit* zumindest vorstellbar.

Anders als für den Geschäftsherrn ist für den Gewalthaber nicht überliefert, dass er auf das Erlangte verklagt werden kann, was im Ergebnis verwundert: Wird die Arglistklage subsidiär zu einer Deliktsklage erteilt, dann ist sie *actio noxalis*. Der Gewalthaber kann sich durch *noxae deditio* befreien und einen aus der Handlung des dedierten Täters herrührenden Vermögensvorteil anscheinend behalten. Wird die *actio de dolo* hingegen anstelle einer Vertragsklage gegeben, dann als *actio de peculio*[118]. Eine *actio de in rem verso* kommt dabei ebenso wenig zur Sprache wie eine Klage auf das Erlangte neben der noxalen. In beiden Fällen verbliebe dem Gewalthaber also potentiell eine Bereicherung.

Dabei ist die *pervenit*-Haftung, wie wir sahen, der *actio de dolo* nicht fremd, im Gegenteil: Sie geht *post annum* (sodann unbefristet) auch gegen den dolos Handelnden selbst auf das Erlangte[119]; ebenso gegen den Erben wegen *dolus* des Erblassers[120]; aus *dolus tutoris* gegen das Mündel[121], das als *proximus pubertati* in gleichem Maße für eigene Arglist belangt werden kann[122]. Munizipien müssen in Höhe des Erlangten für *dolus* derjenigen einstehen, *qui res eorum administrant*[123]. Die gleiche Pflicht trifft, wie wir gesehen haben, den *dominus* wegen Handlungen seines *procurator*[124]. Es sind uns hier mehr Anwendungsfälle einer *pervenit*-Klausel überliefert als bei jeder anderen Klage, und dennoch soll sie gegen den Gewalthaber nicht zum Zug kommen.

Möglicherweise ist die justinianische Überlieferung insofern nicht vollständig; eine Stelle zu *filius*- oder *filiafamilias* sucht man überhaupt vergeblich. Vielleicht war die Arglistklage auch ihretwegen unter denselben Voraussetzungen noxal oder *de peculio* zu gewähren wie bei Sklaven. Vielleicht liegt die Erklärung aber doch in den Regeln, nach denen doloses Verhalten eines Agenten dem Prinzipal zugerechnet wird. Dabei kann auf Quellen zur *exceptio doli* zurückgegriffen werden: Der Gewalthaber muss sich diese nur entgegenhalten lassen, soweit er sich der ihm

---

117 Paul. D. 4, 2, 15 (11 *ad ed.*) *Aut in id dabitur adversus ceteros actio, quod minus ab illo exactum sit.*

118 Ulp. D. 4, 3, 9, 4a (11 *ad ed.*).

119 Gai. D. 4, 3, 28 (4 *ad ed. provinc.*).

120 Ulp. D. 4, 3, 17, 1 (11 *ad ed.*); Gai. D. 4, 3, 26 (4 *ad ed. provinc.*).

121 Ulp. D. 4, 3, 15 pr. (11 *ad ed.*).

122 Ulp. D. 4, 3, 13, 1 (11 *ad ed.*).

123 Ulp. D. 4, 3, 15, 1 (11 *ad ed.*); ähnlich beim Interdikt *unde vi*, Ulp. D. 43, 16, 4 (10 *ad ed.*).

124 Ulp. D. 4, 3, 15, 2 (11 *ad ed.*).

Unterworfenen bei den betreffenden Geschäften bedient hat[125]. Für den *procurator* wird dies häufiger (beim *procurator omnium rerum* stets) angenommen als für die *subiecti*[126]. Wenn nun aber die weiter reichende Einstandspflicht für doloses Verhalten des *procurator* erforderlich ist, eine Haftung auf das Erlangte zu begründen, dann ist es nicht ungereimt, dass die Gewaltunterworfenen diese Haftung nicht auslösen können. Sofern sie der Gewalthaber für ein bestimmtes Geschäft gesondert einsetzt, dürfte außerdem meist eine der adjektizischen Klagen begründet sein, die der *actio de dolo* gegenüber vorrangig wäre.

Trifft dies zu, dann zeigt sich die *pervenit*-Haftung einmal mehr als Mittel, mit dem Vermögensverschiebungen nicht allein deshalb korrigiert werden, weil es für sie an einem rechtfertigenden Grund fehlt. Vielmehr kommt es darauf an, dass die Verwerflichkeit des Sachentzugs, welcher zu der Vermögensverschiebung geführt hat, dem Dritterwerber zugerechnet werden kann. Bei der *actio de dolo* ist dafür offenbar eine besondere Verpflichtung des Agenten vonnöten, die Vermögensinteressen des Prinzipals wahrzunehmen; das gilt jedenfalls für *tutor*, *procurator* und die Bediensteten eines *municipium* gleichermaßen. Die *subiecti* sind dem Vermögen des *paterfamilias* nicht in vergleichbarem Maße verpflichtet. Da ihretwegen die *actio de dolo* bereits als Sonderguts- bzw. Noxalklage erteilt werden konnte, war überdies das Bedürfnis für eine zusätzliche Haftung des Gewalthabers (in Höhe des Erlangten) gering.

125 Ulp. D. 44, 4, 4, 17 (76 *ad ed.*).

126 Ulp. D. 44, 4, 4, 18 (76 *ad ed.*).

§ 15. *Vis metusve* – Sachentzug durch Zwang

I. *Actio quod metus causa*

Die *actio quod metus causa*[1] trägt Züge einer Strafklage, dient aber in erster Linie dazu, widerrechtlich erzwungene Geschäfte rückgängig zu machen. Einjährig befristet wird sie auf das Vierfache (*quadruplum*) erteilt, nach Jahresfrist (*post annum*) sodann auf den einfachen Betrag. Sie zeichnet aus, dass jeder passivlegitimiert ist, an den ein unter Einfluss von Zwang verlorener Gegenstand gelangt[2]. Die Klage ist arbiträr[3], der Beklagte (ob Täter oder Dritterwerber) kann durch Restitution also seine Verurteilung auf das Vierfache abwenden[4]. Es handelt sich um eine judiziale *in integrum restitutio*, d. h. sie findet vor dem *iudex* statt[5].

Auch der Erbe desjenigen, der Zwang verübt hat, haftet auf das Erlangte (*in id quod pervenit*)[6]. Dass die Haftung des Erben eigens geregelt war[7], verwundert zunächst, schließlich hätte man ihn mit der auf Dritterwerber anwendbaren Formel belangen können, die ebenfalls auf *pervenire* gestellt war. Wie wir aber sehen werden, handelt es sich um zwei unterschiedliche *pervenit*-Klauseln mit je eigener Funktion. Wie dies regelmäßig der Fall ist[8], haftet der Erbe aus dem Delikt des Erblassers. Ihm gegenüber gelangt das Bereicherungsverbot zur Anwendung, dass er *ex dolo defuncti* keinen Gewinn ziehen darf[9]. Ebenso wenig soll er jedoch Schaden nehmen. Er haftet daher nicht auf volle Restitution der vom Erblasser durch Zwang

1 Zu ihr allgemein Forgó-Feldner, Handbuch § 109.

2 Forgó-Feldner, Handbuch § 109 Rn. 35 ff. m. w. N.

3 Zum Ablauf eines Arbiträrverfahrens oben, 194 f.

4 Ulp. D. 4, 2, 14, 1 (11 *ad ed.*).

5 Davon wird gemeinhin die prätorische *i. i. r.* unterschieden, s. dazu aber neuerdings Forgó-Feldner, Handbuch § 109 Rn. 42 f. m. w. N., nach der die Unterscheidung entbehrlich ist.

6 Ulp. D. 4, 2, 16, 2 (11 *ad ed.*) … *in heredem autem et ceteros in id, quod pervenit ad eos, datur non immerito: licet enim poena ad heredem non transeat, attamen quod turpiter vel scelere quaesitum est, ut est et rescriptum, ad compendium heredis non debet pertinere.* – … gegen den Erben aber und die übrigen Gesamtrechtsnachfolger wird sie nicht ohne Grund auf das gegeben, was sie erlangt haben. Obwohl nämlich eine Strafe nicht auf den Erben übergeht, darf doch – wie auch auf Anfrage entschieden worden ist – das, was auf verwerfliche oder verbrecherische Weise erworben wurde, nicht ein Gewinn des Erben werden. S. auch die folgenden Stellen; Forgó-Feldner, Handbuch § 109 Rn. 60.

7 Gai. D. 4, 2, 19 (4 *ad ed. provinc.*) … *in heredem* … *pollicetur actionem proconsul* … – … der Prokonsul verheißt eine Klage … gegen den Erben …

8 S. oben, 116.

9 S. oben, 71 ff. mit Fn. 10.

erlangten Sache, sondern nur soweit ihm ein daraus herrührender Vermögensvorteil zufällt. Die Passivlegitimation folgt aus der Erbenstellung, die *pervenit*-Klausel bedeutet eine Begrenzung der Urteilssumme.

Der Aspekt der Haftungsbeschränkung spielt für die *pervenit*-Haftung des Dritterwerbers bei der *actio quod metus causa* hingegen keine Rolle. Er haftet nicht, *soweit* er die abgepresste Sache erlangt hat, sondern *weil* er sie erlangt hat, und sodann auf volle Restitution. Anders ausgedrückt: Das Erlangen vermittelt nur die Passivlegitimation, an der Verurteilungsermächtigung ändert sich nichts. Der Dritterwerber wird in derselben Höhe verurteilt wie der Täter, der Erbe des Täters hingegen beschränkt auf das Erlangte.

Haben Sklaven die Tat verübt, wird die Klage noxal erteilt. Ist die von den Sklaven erpresste Sache an deren Herrn gelangt, so haftet er wie ein beliebiger Dritterwerber:

> Ulp. D. 4, 2, 16, 1 (11 *ad ed.*)
> Sed si servi metum adhibuerint, noxalis quidem actio ipsorum nomine erit, poterit autem quis dominum ad quem res pervenerit convenire: qui conventus sive rem sive secundum quod iam dictum est quadruplum praestiterit, proderit et servis. si vero noxali conventus maluerit noxae dedere, nihilo minus ipse poterit conveniri, si ad eum res pervenit.

> Wenn aber Sklaven Zwang ausgeübt haben, gibt es zwar ihretwegen eine Noxalklage; man kann aber ihren Eigentümer, an den die Sache gelangt ist, auch [ohne Noxalklausel] verklagen. Leistet dieser als Beklagter entweder die Sache oder gemäß dem, was schon gesagt wurde, das Vierfache, nützt er auch den Sklaven. Wenn er aber, mit einer Noxalklage belangt, es vorgezogen hat, die Sklaven als Schädiger auszuliefern, kann er nichtsdestoweniger auch selbst verklagt werden, wenn die Sache an ihn gelangt ist.

Haben mehrere Sklaven durch Zwang ein Geschäft erwirkt, kann deren Herrn eine zweifache Verbindlichkeit treffen. Zum einen kann der Gezwungene mit einer Noxalklage vorgehen. Sie geht auf volle Restitution, doch kann sich der Herr befreien, indem er die Sklaven als Schädiger ausliefert. Zum anderen kann dem Gezwungenen gegen den Herrn eine Klage zustehen, wenn dieser die entzogene *res* erlangt hat. Anders gewendet gibt es zweierlei Haftungsgründe: einerseits die Gewalt über die Täter, andererseits das Erlangen der abgepressten Sache[10]. Das doppelte *conventus* scheint sodann auch auf zwei gesonderte Klagen hinzudeuten. Das eine Mal ist der Gewalthaber schlicht *conventus*, d.h. im eigenen Namen und ohne Noxalklausel, das andere Mal *noxali conventus*, also der Sklaven wegen und mit Noxalklausel. Im letzten Satz finden diese beiden Varianten nacheinander Anwendung: Zunächst

10 Ähnlich bereits Faber, Rationalia, Bd. 1, 459 f.; Mandry, Familiengüterrecht, Bd. 2, 235; Maier, Bereicherungsklagen, 134; Gaulhofer, Metus, 242.

ist der Gewalthaber *noxali conventus*, und erst nachdem diese erste Klage mit der Noxalgabe endet, wird er ein weiteres Mal belangt, diesmal als Dritterwerber im eigenen Namen. Hätte er restituiert oder das Vierfache geleistet, so wäre eine zweite Klage gegen ihn ausgeschlossen[11]. Es findet also keine Vermengung von Noxal- und *pervenit*-Haftung in einer Klage statt. Mit der ersten wird der Herr *servorum nomine* belangt[12], mit der zweiten sodann *ipse*, also *suo nomine*[13].

1. Die Konkurrenz zwischen der Klage gegen den Drittempfänger und der Noxalklage

Auffällig ist das hier zutage tretende Konkurrenzverhältnis: Nur volle Restitution oder Zahlung des *quadruplum*[14] lassen die Forderung des Gezwungenen insgesamt erlöschen. Liefert indes der Gewalthaber die Sklaven als Schädiger aus, so kann er dennoch als Drittempfänger in Anspruch genommen werden[15]. Dabei scheint es auf den Wert der dedierten Sklaven nicht anzukommen, obschon der Gezwungene durch ihn bereits vollständig entschädigt sein könnte. Typischerweise aber – gerade das dürfte Ulpian vor Augen haben – zieht der Gewalthaber nur dann die Noxalgabe der Restitution vor, wenn diese ihn teurer zu stehen kommt als jene.

Es läge dann nahe, den Wert der Sklaven von der geschuldeten Restitution abzuziehen. Unsere Quelle schweigt darüber, was damit zu erklären sein mag, dass Ulpian verwandte Fragen im Zusammenhang mit passiver Personenkonkurrenz bereits kurz zuvor abgehandelt hat: So befreie ein Mittäter, der restituiere oder das Vierfache zahle, auch alle übrigen[16]. Dasselbe gelte im Verhältnis von Täter und

11 Das ergibt der Gegenschluss aus dem letzten Satz der Quelle; außerdem bringt auch bei mehreren Tätern Restitution oder Zahlung des *quadruplum* durch einen von ihnen die Klagen gegen alle anderen zum Erlöschen, s. sogleich.

12 Dem steht nicht entgegen, dass eine Benennung der Sklaven als Täter in der Klagformel entbehrlich ist, Ulp. D. 4, 3, 15, 3 (11 *ad ed.*).

13 Vgl. *ipse teneatur* beim Interdikt *unde vi*, Ulp. D. 43, 16, 16 (69 *ad ed.*); i. E. ebenso Schulz, Die Lehre vom erzwungenen Rechtsgeschäft im antiken römischen Recht, SZ 43 (1922), 171–261, 246; Calore, Actio quod metus causa, 232.

14 Die Alternative *sive – praestiterit* hält Maier, Bereicherungsklagen, 134 m. w. N. in Fn. 1 für interpoliert. Die Strafzahlung in Höhe des Vierfachen habe Mitschuldner nicht befreit. Da sich die *actio quod metus* jedoch zwanglos als gemischte Strafklage nach dem Beispiel (*velut*) von Gai. 4, 9 verstehen lässt, bei der das sachverfolgende *simplum* im *quadruplum* enthalten ist, so Ulp. D. 4, 2, 14, 10 (11 *ad ed.*), besteht kein Anlass, am Text zu zweifeln.

15 Dass der *dominus* nicht als Gewalthaber, sondern wie jeder Dritterwerber belangt wird, sieht bereits Maier, Bereicherungsklagen, 134.

16 D. 4, 2, 14, 15 (11 *ad ed.*). Nach der plausiblen These von Gaulhofer, Metus, 239 f., wird der Ausschluss einer weiteren Klage vermöge der Restitutionsklausel erreicht. Hat bereits ein Mittäter restituiert oder das Vierfache geleistet – worin das sachverfolgende *simplum* enthalten ist –, müsse der Richter

Drittempfänger[17]. Unter Paulus' Namen wird uns die Ergänzung überliefert, dass ein Fehlbetrag, der sich beim verklagten Mittäter nicht eintreiben ließ, von den übrigen verlangt werden kann. Den Wert der Sklaven, den der *dominus* als Gewalthaber der Täter leistet, auf seine Verpflichtung als Drittempfänger anzurechnen erscheint damit immerhin denkbar.

Bereits Faber will die zweite Klage entsprechend begrenzen[18]. Wie unsere Quellen zur *metus*-Klage betreffen jedoch auch seine Belegstellen nur die Anrechnung von Geldzahlungen. Dass auch der Wert ausgelieferter Sklaven angerechnet werden kann, geht daraus nicht hervor. Ausdrücklich erfahren wir davon einzig bei der Klage wegen Diebstahls durch eine Gruppe Sklaven[19]: Wenigstens die Sabinianer stellten wohl bereits seit der Frühklassik die *noxae deditio* einer Geldzahlung gleich, soweit der Wert der Sklaven reichte[20]. Vom speziellen Edikt *si familia furtum fecisse dicetur* ausgehend, lässt sich nicht bedenkenlos verallgemeinern, doch offenbart die sabinianische Auffassung, dass der Gedanke einer Anrechnung wenn auch nicht unumstritten, so doch nicht fremd war.

Sofern die Sklaven nur eine *res* abgepresst haben und diese an deren Herrn gelangt ist, bestünde für ihn kein Anreiz, die Sklaven auszuliefern, wenn er gleichwohl

---

erkennen, dass die Restitutionsklausel als (negative) Kondemnationsbedingung ausfalle. Diese Drittwirkung könnte die Klausel indes dann leichter vermitteln, wenn darin Kläger und Beklagter nicht genannt wurden, so Lenel EP, 112; *neque ea res arbitrio iudicis restituetur*. Gaulhofer, 171, will hingegen … *a A°A° N°N° restituetur* setzen. Hat ein anderer als der Beklagte restituiert, könnte dieser weiterhin verurteilt werden. Hat der andere das *quadruplum* geleistet, der Beklagte aber die Sache in Händen, lässt sich eine Klageabweisung auch nicht mit fehlender *facultas restituendi* begründen.

17 So die unserer unmittelbar voraufgehende Stelle D. 4, 2, 16 pr. (11 *ad ed.*).

18 Faber, Rationalia, Bd. 1, 460, mit Verweis auf Paul. D. 44, 7, 34 (*l. s. de concurr. actionum*); D. 44, 7, 41, 1; D. 47, 8, 1 (beide 22 *ad ed.*).

19 Ihr gilt der Titel D. 47, 6 *Si familia furtum fecisse dicetur.*

20 Paul. D. 9, 4, 31 (7 *ad Plaut.*) *Quod ait praetor, cum familia furtum faciat, ad eum modum se actionem daturum, ut tantum actor consequatur, quantum si liber fecisset consequeretur, quaeritur, utrum ad pecuniae praestationem respiciat an etiam ad noxae deditionem, ut puta si ex pretiis noxae deditorum duplum colligatur, sequentes actiones inhibeantur. Sabinus et Cassius putant pretium quoque noxae deditorum imputari debere, quod Pomponius probat et est verum: nam et si servus indefensus ductus sit, aestimatio eius imputanda est …* – Was das anbetrifft, dass der Prätor sagt, er werde, wenn ein Sklavengesinde einen Diebstahl begeht, eine Klage in dem Umfang erteilen, dass der Kläger so viel erlangt, wie er erlangen würde, wenn ein freier Mensch [den Diebstahl] begangen hätte, so stellt sich die Frage, ob er dabei nur die [als Buße erbrachte] Geldleistung oder auch die Auslieferung als Schädiger [an den Geschädigten] im Auge hat, so dass zum Beispiel spätere Klagen gehindert werden, wenn aus dem Erlös der Sklaven, die als Schädiger ausgeliefert worden sind, das Doppelte [also die Diebstahlsbuße] zusammengekommen ist. Sabinus und Cassius nehmen an, es sei auch der Verkaufserlös für die als Schädiger ausgelieferten Sklaven anzurechnen; dies heißt Pomponius gut, und es trifft auch zu. Denn auch wenn ein Sklave unverteidigt in das Haus des Klägers abgeführt wurde, muß dessen Schätzwert in Anrechnung gebracht werden.

als Drittempfänger für die ganze *res* einzustehen hätte. Haben die Sklaven dem Gezwungenen mehrere *res* entzogen, von denen nicht alle an den Gewalthaber gelangt sind, so ist seine Entscheidungssituation freilich eine andere. Mit Occams Rasiermesser ist von einer Verkomplizierung des Sachverhalts indes Abstand zu nehmen. Der Standardfall, von dem Juristen bei Erläuterung des *metus*-Edikts ausgehen, handelt nur von einer *res*.

Streng genommen bestehen so viele Klagen, wie Gegenstände zu restituieren sind[21]. Wenn mehr als eine *res* erpresst worden wäre, stellte sich das von Ulpian in unserer Stelle (und zuvor) behandelte Konkurrenzproblem zwar wegen jeder *res* für sich betrachtet. Es stellte sich aber nicht im Verhältnis mehrerer Klagen, die je unterschiedliche *res* zum Gegenstand haben. Wären mehrere *res* erpresst worden und hätte einer von mehreren Passivlegitimierten nur eine dieser restituiert oder deren vierfachen Wert geleistet, so wäre dies für weitere Klagen wegen der übrigen *res* ohne Belang. Wahrscheinlicher ist demnach, dass auch unser Text nur eine *res* betrifft. Dann aber wäre die *noxae deditio* für den Gewalthaber sinnlos, würde der Wert der Sklaven nicht auf seine Restitutionspflicht als Drittempfänger angerechnet. Es gäbe keinen wirtschaftlichen Grund, die *deditio* vorzuziehen[22]. Womöglich ist jedoch die Grundannahme eines rational handelnden und rechtskundigen Beklagten einzuschränken, oder vielleicht war die von Ulpian vorgestellte Entscheidung einst umstritten.

Dass augenscheinlich keine Anrechnung des Wertes der dedierten Sklaven stattfindet, ließe sich auch damit erklären, dass die Noxalgabe hier keine sachverfolgende Funktion erfüllt. Anders als die Restitution der entzogenen Sache oder die Leistung des vierfachen Sachwerts dient sie nicht dem Ersatz[23]. Sie erfüllt einerseits eine pönale Funktion, indem sie es dem Kläger ermöglicht, an den ausgelieferten Sklaven Vergeltung zu üben. Andererseits mildert sie die Haftung des Herrn, der sich durch Auslieferung der Schädiger der Ersatzklage (auf das *quadruplum*) entledigen kann.

---

21 Vgl. Ulp. D. 45, 1, 75, 9 (22 *ad ed.*); D. 45, 1, 86 (79 *ad ed.*): *tot stipulationes, quot res.*

22 Anderes gilt im Falle einer Konstitution Diokletians, die unserer Stelle auffallend ähnlich formuliert ist, C. 3, 41, 4 pr. (a. 293) … *si noxae maluerit servum dedere, nihilo minus cum ipso quantum ad eum pervenit experiri non prohiberis.* Der Kaiser entscheidet hier über den von einem Sklaven begangenen Raub. Liefert der mit der pönalen *actio vi bonorum raptorum* belangte Herr den Täter aus, haftet er nichtsdestoweniger mit der sachverfolgenden *condictio vi re mobilis subrepta* auf das, was er aus der Tat des Sklaven erlangt haben mag. Dasselbe Verhältnis besteht zwischen *actio furti* und *condictio furtiva*. Zwar treffen auch in der *actio quod metus causa* sachverfolgende mit pönalen Elementen zusammen. Ein entscheidender struktureller Unterschied zu den obigen Rechtsmitteln besteht indes darin, dass auch der Täter entweder auf Ersatz der Sache oder eine Bußzahlung haftet. Eine Kumulation findet nicht statt.

23 Das stellt bereits Calore heraus, Actio quod metus causa, 233 f.; zustimmend Gaulhofer, Metus, 242.

2. Das Erlangen der abgepressten Sache als Voraussetzung der Verurteilung

Passivlegitimiert ist laut Ulpian der Herr, *ad quem res pervenerit* – an den die Sache gelangt. Am Ende unserer Quelle heißt es, dass der Herr hafte, *si ad eum res pervenit* – wenn die Sache an ihn gelangt. Daran fällt zweierlei auf: zum einen, dass das Erlangte offenbar gerade die erpresste Sache zu sein hat (a), und zum anderen, dass mit dem Erlangen eine Voraussetzung, aber keine Begrenzung der Haftung zum Ausdruck kommt (b).

a) Bei den meisten anderen Klagen, bei denen von einer *pervenit*-Haftung die Rede ist, besteht das erlangte Etwas nicht (notwendig) in der entzogenen Sache, sondern regelmäßig in einem nicht näher beschriebenen Vermögensvorteil, der sich auf diese zurückführen lässt. Typischerweise werden diese Klagen auf ein unbestimmtes *id quod pervenit* erteilt – auf das, was an den Beklagten gelangt. Die Juristen sprechen auch davon, dass etwas *ex ea re* an jemanden gelangt[24]. Bei der *metus*-Klage hingegen stellen sie auf das Erlangen der konkreten Sache (*res*) ab[25].

Diese Unterscheidung zeigt sich bereits innerhalb des Titels zur *metus*-Klage. Der Erbe des Täters nämlich soll haften *in id quod pervenit*[26]. Er muss also nicht die entzogene Sache selbst erlangen; es genügt, dass der Erblasser die Sache seinem Vermögen einverleibt hatte, das sodann als vermehrte Erbmasse an den Erben gelangt[27]. An die Stelle der Sache tritt dabei deren Wert. Anders als der Erbe scheint der Dritterwerber gerade die durch Zwang entzogene Sache erlangen zu müssen.

Sofern dies zutrifft, wäre damit ein von Maier als solches bezeichnetes Rätsel gelöst: Warum nämlich die Klage gegen den Erben eigens gewährt werden musste, wo man doch die für Dritterwerber geltenden Regeln auch auf den Erben hätte anwenden können – beide sollen für das haften, was an sie gelangt. Maier erklärt die vermeintlich überflüssige *pervenit*-Haftung des Erben damit, dass sie älter sei als die Haftung des Dritterwerbers. Diesen Schluss zu ziehen ist indes nicht nötig, wenn man den beschriebenen Unterschied mit Blick auf den erlangten Gegenstand

---

24 Dazu bereits oben, 169 ff. Auch für die *metus*-Klage spricht Ulpian von einem *lucrum ex ea re*, D. 4, 2, 14, 3 (11 *ad ed.*), dort meint *res* aber keine Sache, sondern die Tat. Wie die dann folgenden Ausführungen erweisen, ist der Tatbestand überdies enger, als die Formulierung Ulpians zunächst suggeriert.

25 Ulp. D. 4, 2, 14, 5; 16 pr.–1 (11 *ad ed.*); Iul. D. 4, 2, 18 (64 *dig.*). Darauf weist auch Calore hin, Actio quod metus causa, 227 Fn. 144.

26 Ulp. D. 4, 2, 16, 2 (11 *ad ed.*), s. oben, Fn. 6; ähnlich Paul. D. 4, 2, 17 (1 *quaest.*) *Videamus ergo, si heres, ad quem aliquid pervenerit, consumpserit id quod pervenit …*

27 Vgl. die Entscheidung von Paulus, D. 4, 2, 17 (1 *quaest.*), dass der Erbe auch hafte, wenn der Erblasser die durch Zwang erlangte Sache verbraucht habe. Dabei gelangt die Erbschaft allenfalls um ersparte Aufwendungen bereichert an den Erben. S. ferner Ulp. D. 4, 2, 20 (11 *ad ed.*), wo der Erbe in Höhe einer Schuld haftet, von welcher der Erblasser mittels Zwang befreit worden war.

gewärtigt. Um passivlegitimiert zu sein, muss der Erbe nicht die konkrete *res* erlangen. Es genügt, dass in der Erbmasse ein *ex ea re* herrührender Vorteil enthalten ist[28]. Die Haftung des Erben als Rechtsnachfolger des Täters reicht somit weiter als diejenige des Dritterwerbers, dessen Beziehung zum Täter keine Rolle spielt. Die Passivlegitimation des Dritterwerbers wird vielmehr dadurch vermittelt, dass die dem Gezwungenen zustehende Sache in seinen Besitz kommt.

Es mag gerade die *metus causa* eingebüßte dingliche Berechtigung des Gezwungenen an der entzogenen *res* sein, die hier fortwirkt. Wie etwa eine reszissorische Vindikation richtet sich die *in rem* formulierte *metus*-Klage gegen denjenigen, der in den Besitz der streitgegenständlichen Sache gelangt ist. Auch mit Blick auf die arbiträre Restitutionsklausel haftet dieser ähnlich einem Beklagten bei der Vindikation oder der *actio Publiciana*. Dementsprechend konkurriert die *metus*-Klage mit diesen, sie kann nicht mit ihnen gehäuft werden[29].

Nichtsdestoweniger lässt sich die *metus*-Klage gegen den Dritterwerber mit ihrer *pervenit*-Klausel als Instrument auffassen, mit dem eine ungerechtfertigte Vermögensverschiebung rückgängig gemacht werden sollte. Ebenfalls im 11. Buch seines Ediktskommentars klingt wenigstens bei Ulpian das uns bekannte Bereicherungsverbot an. Der Drittempfänger solle aus der Missetat eines anderen keinen Vorteil ziehen: *in alterius praemium verti alienum metum non oportet* – denn die von dem einen erregte Furcht darf für den anderen nicht zu einem Gewinn ausschlagen[30]. Zwar bringt Ulpian den Schaden des Gezwungenen nicht zur Sprache[31], doch ist

---

28 Vgl. für die *actio de dolo* Gai. D. 4, 3, 26 (4 *ad ed. provinc.*) *In heredem eatenus daturum se eam actionem proconsul pollicetur, quatenus ad eum pervenerit, id est quatenus ex ea re locupletior ad eum hereditas venerit.*

29 Ulp. D. 4, 2, 9, 6 (11 *ad ed.*) *Licet tamen in rem actionem dandam existimemus, quia res in bonis est eius, qui vim passus est, verum non sine ratione dicetur, si in quadruplum quis egerit, finiri in rem actionem vel contra.* Die *actio in rem* mag dabei eine reszissorische Vindikation oder die *actio Publiciana* sein. Zurückgeführt wird die (zivile) Konsumtion darauf, dass es sich um *eadem res* handle; es stimmten Klagegrund und -ziel überein, Kupisch, In integrum restitutio, 235, sowie Kaser, Zur in integrum restitutio, besonders wegen metus und dolus, SZ 94 (1977), 101–183, 142. Anders Ankum, Eine neue Interpretation von Ulpian Dig. 4.2.9.5–6 über die Abhilfen gegen *metus*, in: Baumgärtel/Becker/Klingmüller/Wacke (Hrsgg.), Festschrift für Heinz Hübner zum 70. Geburtstag, 3–19, 17 f., der prätorische Konsumtion annimmt, da das Klageziel der *metus*-Klage die Bestrafung der Erpressung sei. Zumindest gegenüber dem unbeteiligten Dritterwerber kann jedoch allenfalls die verweigerte Restitution gestraft werden. Die Androhung der Verurteilung in das *quadruplum* ist dann allein Druckmittel zur Restitution *in natura*. Nichts anderes gilt für die Kondemnation in den Schätzwert bei der Vindikation.

30 D. 4, 2, 14, 5. Strittig war offenbar die Passivlegitimation desjenigen, der die abgepresste Sache gutgläubig gekauft oder geschenkt bekommen hatte. Ulpian folgt sodann Vivianus und Pedius, die eine Haftung befürworten. Einmal mehr scheint das Bereicherungsverbot die Erweiterung einer Klage auf weitere Passivlegitimierte zu rechtfertigen.

31 Gleichwohl setzt die *metus*-Klage ein *damnum* voraus, Ulp. D. 4, 2, 12, 2 (11 *ad ed.*) … *hoc edicto non teneri propter naturam metus causa actionis quae damnum exigit.* Gemeint ist der Fall, in

der Gewinn des Drittempfängers nur so lange unbillig, wie der Gezwungene vom Täter keinen Ersatz erlangt[32]. Es ist insofern nicht der Vermögensgewinn des Dritten ungerechtfertigt. Als korrekturwürdig empfinden die Römer vielmehr den Vermögensverlust des Gezwungenen[33]. Insoweit ist auch der Aspekt einer dinglichen Berechtigung einzuschränken, denn der Drittempfänger darf die entzogene Sache endgültig behalten, sobald der Gezwungene entschädigt ist. Nichts anderes war für die *pervenit*-Klausel der Repetundengesetze festzustellen[34].

Ausgehend vom Schaden des Gezwungenen könnte sich der Restitutionsbefehl auch auf mehr erstrecken, als der Beklagte erlangt hat. Darunter fallen etwa Früchte, die der Beklagte nicht gezogen hat, der Kläger aber hätte ziehen können[35]. In der Sache wird der Beklagte aber häufig frei werden, wenn er zur Restitution alles herausgibt, was er erlangt hat, d. h. die Sache und nicht stets die gesamte *causa rei*. In Ausübung seines Ermessens konnte der Richter dem Drittempfänger weniger abverlangen als dem Täter.

b) Anders als beim Erben hat die *pervenit*-Konstruktion mit Blick auf den Drittempfänger nicht die Funktion einer Haftungsbeschränkung. Die den Drittempfänger treffende Obligation erfasst von vornherein nicht mehr als gerade diejenige entzogene Sache, welche an ihn gelangt ist. Es existiert also bereits im Ausgangspunkt keine Verpflichtung größeren Umfangs, die durch das *pervenire* eingeschränkt werden könnte. Damit die Restitutionsklausel (*neque ea res arbitrio iudicis restituetur*[36]) ein Bezugsobjekt hat, muss bereits vor dieser in der Formel die streitgegenständliche *res*, also die erlangte, bezeichnet werden[37]. Das Gelangen zählt damit zum Fundament der Klage. Der Umfang des Geschuldeten muss nicht erst nachträglich, etwa durch das *arbitrium iudicis* der Restitutionsklausel oder eine der *condemnatio* beigegebene *taxatio* verringert werden.

---

dem ein Gläubiger seinen Schuldner zur Erfüllung zwingt. S. ferner Ulp. D. 4, 2, 23, 3 (4 *opin.*). Dazu und zu alternativen Rechtsmitteln für diese Fälle Forgó-Feldner, Handbuch § 109 Rn. 31 f.

32 S. oben bei Fn. 17.

33 So im Anschluss an Pomponius Paul. D. 4, 2, 21, 2 (11 *ad ed.*) … *aestimatur enim quod restitui oportet, id est quod abest.* – … geschätzt wird nämlich, was zurückgewährt werden muss, das heißt, was ihm fehlt. S. auch Ulp. D. 4, 2, 14 pr. (11 *ad ed.*).

34 S. oben, 41 ff.

35 Ulp. D. 4, 2, 12 pr.; D. 4, 2, 14, 7 (beide 11 *ad ed.*).

36 Ulp. D. 4, 2, 14, 11 (11 *ad ed.*).

37 Darin stimmen die Formelrekonstruktionen überein, s. etwa Lenel, EP, 112; Mantovani, Le formule del processo privato romano, 70. Überzeugender als diejenigen, die den Beklagten als Täter oder Erwerber bezeichnen ist eine Fassung, die insofern der *rei vindicatio* ähnelt, so zuletzt Forgó-Feldner, Handbuch § 109 Rn. 47: *Si paret fundum quo de agitur Aum Aum iusto metu mancipio dedisse neque ea res restituetur, quanti ea res erit, tantam pecuniam iudex Num Num Ao Ao condemnato, intra annum tantae pecuniae quadruplum; s. n. p. a.* Umstritten bleibt, ob die Formel das *arbitrium iudicis* enthielt, dazu Hartkamp, Der Zwang im römischen Privatrecht, 199 f. m. w. N. Unzweifelhaft war die *actio quod metus causa* arbiträr ausgestaltet.

Für die Klage gegen den Erben hingegen ist Letzteres zu vermuten. Ausgangspunkt seiner Haftung ist die Schadensersatzpflicht des Erblassers, d. h. des Täters. Dieser hat den Gezwungenen für die Folgen der Zwangshandlung zu entschädigen (auch wenn er selbst nichts erlangt hat). Seine Ersatzpflicht wird sodann auf den Erben übergeleitet und dabei mit der Einschränkung versehen, dass die Kondemnation nicht mehr umfassen dürfe als das an diesen Gelangte.

3. Zwischenfazit

Haben Sklaven Zwang verübt, so wird die *actio quod metus causa* gegen deren Herrn als Noxalklage erteilt. Daneben kann der Herr im eigenen Namen unter denselben Voraussetzungen belangt werden wie jeder Dritterwerber, d. h. wenn die durch Zwang entzogene Sache an ihn gelangt. Es handelt sich insofern nicht um eine speziell auf den Gewalthaber gemünzte *pervenit*-Haftung, für welche neben der Haftung als Dritterwerber offenbar kein Bedürfnis bestand. Über *filius*- und *filiafamilias* schweigen die Quellen, mutmaßlich galt für den Hausvater jedoch dasselbe wie für den Herrn[38].

II. Das Interdikt *unde vi* (sowie *quod vi aut clam*)

Das Interdikt *unde vi* dient dem Schutz des Besitzes an Grundstücken. Wird der Besitzer eines Grundstücks gewaltsam aus dem Besitz vertrieben, erreicht er mithilfe des Interdikts, dass der Prätor dem Gegner die Restitution befiehlt. Dem Gegner wird anbefohlen, den vom Grundstück Vertriebenen so zu stellen, als sei er nicht vertrieben worden. Das Interdikt *unde vi* hat mit der soeben behandelten *actio quod metus causa* Verschiedenes gemein: Das dem Interdikt namensgebende Tatbestandsmerkmal der *vis* (Gewalt) fand sich einst auch im *metus*-Edikt, das auf *vi metusve causa* lautete[39]. Wie die *metus*-Klage ist das Interdikt *unde vi* pönaler Natur: Es ist auf ein Jahr befristet[40] und passiv unvererblich. Nach Jahresfrist sowie gegen den Erben werden *actiones in factum* auf das Erlangte erteilt (*in id quod pervenit*)[41].

---

38 Eine Noxalhaftung hätten die Mitarbeiter Tribonians tilgen müssen; eine Klage auf das Erlangte lässt das *metus*-Edikt auch ohne Gewaltverhältnis zu. Der Hausvater kann wie jeder Dritterwerber belangt werden. Vielleicht hielten die Kompilatoren eine entsprechende Klarstellung für entbehrlich. Unser Text hingegen behandelt ein Konkurrenzproblem (zwischen Noxal- und *pervenit*-Klage), das sich für Hauskinder nach justinianischem Recht nicht stellte.

39 Ulp. D. 4, 2, 1 (11 *ad ed.*).

40 Ulp. D. 43, 16, 1 pr. (69 *ad ed.*).

41 Ulp. D. 43, 16, 1, 48 (69 *ad ed.*).

Mithilfe der *pervenit*-Haftung wird das Interdikt also über seine Befristung hinaus sowie auf den Erben als weiteren Passivlegitimierten ausgeweitet.

Wie bei der *actio quod metus causa* ist auch beim Interdikt *unde vi* der Mechanismus einer Arbiträrklage am Werk[42]: Kommt der Gegner dem prätorischen Befehl nicht nach, so kann der Vertriebene ihn erneut laden und ein arbiträres Streitverfahren einsetzen lassen[43]. In diesem Nachverfahren har der Gegner abermals Gelegenheit zur Restitution. Restituiert er den Vertriebenen nicht, wird er in den Wert der Restitution verurteilt.

Haben Gewaltunterworfene den Grundstücksbesitzer gewaltsam vertrieben, so trifft deren Gewalthaber, ebenso wie bei der *actio quod metus causa*, sowohl eine noxale als auch eine *pervenit*-Haftung[44]. Eine andere Haftung des Gewalthabers lässt zunächst der am Eingang des zugehörigen Digestentitels von Ulpian wiedergegebene Ediktswortlaut erwarten, der die gleiche Rechtsfolge anordnet, egal, ob der Beklagte selbst oder dessen Gesinde (*familia*) den Tatbestand verwirklicht haben[45]. Zwar mag die Überlieferung dieses Wortlauts nicht verlässlich sein[46]. Jedoch geben auch die auf Parallelüberlieferungen[47] gestützten Rekonstruktionen dem Gegner gleichermaßen den Befehl zu restituieren (*restituas*), ganz gleich, ob er selbst oder seine *familia* den Grundstücksbesitzer vertrieben hat:

> Unde in hoc anno tu illum vi deiecisti aut familia tua deiecit cum ille possideret quod nec vi nec clam nec precario a te possideret eo illum quaeque ille tunc ibi habuit restituas![48]

> Von wo innerhalb dieses Jahres du jenen mit Gewalt vertrieben hast oder dein Gesinde [ihn] vertrieben hat, als jener [das Grundstück] besaß, sofern er [dieses] weder gewaltsam noch heimlich noch von dir als Bittleihe besaß, restituiere all das, was jener damals [als er vertrieben wurde] dort hatte!

---

42 Gai. 4, 162 f.

43 Näheres, auch zum Folgenden, bei Isola, Handbuch § 66 Rn. 82 ff.

44 Ulp. D. 43, 16, 1, 15 (69 *ad ed.*), dazu sogleich.

45 Ulp. D. 43, 16, 1 pr. (69 *ad ed.*) *Praetor ait: „Unde tu illum vi deiecisti aut familia tua deiecit, de eo quaeque ille tunc ibi habuit tantummodo intra annum, post annum de eo, quod ad eum qui vi deiecit pervenerit, iudicium dabo"*. – Der Prätor sagt: „Von wo du jenen mit Gewalt vertrieben hast, oder dein Gesinde ihn vertrieben hat, werde ich [auf Restitution von] alledem, was er dort damals hatte, nur innerhalb Jahresfrist eine Klage erteilen, nach einem Jahr [auf Auskehr dessen], was an den gelangt ist, der ihn mit Gewalt vertrieben hat".

46 So Gröschler, Actiones in factum, 190 (s. auch die Rekonstruktion ebd.). Für eine Abwandlung spricht auch der Subjektswechsel von der zweiten Person (*tu*) in die dritte (*eum*).

47 Cic. pro Tull. 19, 44 setzt der *familia* den *procurator* hinzu, äußert sich jedoch nicht zur Rechtsfolge; Gai. 4, 154 erwähnt die *familia* nicht.

48 So zuletzt Isola, Handbuch § 66 Rn. 33, im Anschluss an Lenel, EP, 465 sowie Mantovani, Formule, 87.

Zwar werden auf Tatbestandsseite die beiden Varianten genannt, dass entweder der Gegner selbst den Besitzer vertrieben hat oder sein Gesinde. Die Rechtsfolge, dass der Gegner restituieren möge, ist für beide Varianten indes dieselbe. Danach müsste der Gewalthaber für die Tat der Angehörigen seines Gesindes in gleicher Weise einstehen wie für eine eigene Tat.

Dass der Gewalthaber offenbar dem Interdiktswortlaut zum Trotz nicht gleich einem Täter haften soll, erläutert Ulpian:

> D. 43, 16, 1, 15 (69 *ad ed.*)[49]
>
> Quod igitur additur „aut familia tua deiecit", merito scriptum est in eum casum, in quem familia mea vi deiecit. ceterum si iussit, ipse deiecit, nec gravari debet dominus qui non iussit, si servorum suorum factum praestaret, etsi non iussu eius deiecerunt: nam non gravabitur hoc nomine, quippe cum aut pervenit ad eum aliquid et restitueret, aut non pervenit et ipsos servos maleficii causa noxae dedendo indemnis erit: quod enim noxae dedere compellitur, in damno non debet reputare, cum servus hoc possit domini deteriorem condicionem facere.
>
> Der Zusatz „oder dein Gesinde [ihn] vertrieben hat" ist mit Recht für den Fall gemacht, in dem mein Gesinde [jemanden] mit Gewalt aus dem Besitz vertrieben hat. Hat der Herr Befehl dazu erteilt, so hat er selbst aus dem Besitz vertrieben; hat er hingegen den Befehl nicht erteilt, darf er nicht damit beschwert werden, für die Tat seiner Sklaven einstehen [zu müssen], obwohl sie es ohne seinen Befehl getan haben; für diesen Fall wird er sodann auch nicht beschwert, da er ja, wenn an ihn etwas gelangt ist, dieses herausgibt, wenn er nichts erlangt, durch Auslieferung der Sklaven als Schädiger frei ausgehen wird; denn dass er zur Auslieferung als Schädiger genötigt wird, darf er nicht als Schaden erachten, da ein Sklave dem Herrn insofern einen Nachteil bereiten kann.

Sich auf den Wortlaut des Interdikts beziehend, stellt der Jurist fest, dass die Variante *„aut familia tua deiecit"* ein bestehendes Regelungsbedürfnis erfülle (*merito scriptum*). Dieses Bedürfnis erschließt sich nicht unmittelbar, hatte doch bereits Q. Mucius Scaevola wenigstens das Interdikt *quod vi aut clam* so ausgelegt, dass sich darauf

49 Der Text ist scharf kritisiert worden. Biondi, Le actiones noxales nel diritto romano classico, AUPA 10 (1925), 1–367, 86, hält ihn für vollständig justinianisch; ebenso Lenel, EP, 467: „vom ersten bis zum letzten Worte unecht"; Beseler, Beiträge zur Kritik der römischen Rechtsquellen, Bd. 2, 112, bedachte ihn mit vierzehn Ausrufezeichen, wie bereits Berger, Interdicta noxalia, in: Symbolae Raphaeli Taubenschlag dedicatae, EOS 48 (1956), Fasc. 1, 395–414, 407, notierte, um die Quelle sodann mit gewichtigen Gründen als klassisch zu verteidigen. Hätten die Kompilatoren noxale Interdikte schaffen wollen, wo zuvor keine existierten, erscheint der Weg über eine ausführliche Auseinandersetzung mit der ediktalen (umso mehr einer erfundenen) Formulierung *„aut familia tua deiecit"* (s. die umstehenden Fragmente), mehr als umständlich.

eine Verantwortlichkeit des Gewalthabers gründen ließ[50]. Dessen Wortlaut war indes unpersönlich gefasst (*quod vi aut clam factum erit* – was gewaltsam oder heimlich geschehen ist) und setzte einer weiten Auslegung kaum Grenzen. Das *unde vi* hingegen lautete ursprünglich wohl auf *unde tu vi deiecisti* und adressierte als Passivlegitimierten einzig denjenigen, der in eigener Person den Tatbestand erfüllte. Für eine erweiternde Auslegung blieb dabei kein Raum.

Denkbar allerdings wäre es gewesen, die Regeln der Noxalhaftung anzuwenden. Ausdrücklicher Erwähnung im Edikt bedurfte die Tatbegehung durch Gewaltunterworfene dazu nicht. Eine blank verheißene Formel ließ sich so abwandeln, dass sie den Gewalthaber als aus der Tat Verpflichteten nannte und ihm die Möglichkeit gewährte, sich von der Bußzahlung durch Noxalgabe zu befreien. Nach der Ansicht Julians war dieses Vorgehen wohl allgemein anwendbar, Marcellus und sodann Ulpian schlossen sich ihm an[51]. Unumstritten war die Frage aber offenbar bereits für Klagen nicht. Die anders als diese gearteten Interdikte nach dem Muster der Noxalhaftung abzuwandeln, dürfte besonders zweifelhaft erschienen sein. Zwar fanden die interdiktalen Nachverfahren in Gestalt formularer Klagen vor dem *iudex* statt, doch war der zuvor vom Prätor erteilte Befehl der Umformung nicht gleichermaßen zugänglich. Nach alledem war die Gewalthaberhaftung beim Interdikt *unde vi* aus Sicht des Juristen so unklar, dass Ulpian die ausdrückliche Regelung des Edikts aus gutem Grund begrüßen konnte. Um neben den Sklaven auch Haussöhne und Lohnarbeiter zu erfassen, brauchte es weiterhin ein analoges Interdikt (*interdictum utile*)[52].

Vielleicht ist der erste Satz Ulpians konzessiv zu verstehen: Die Erweiterung des Tatbestands, um auch die Begehung durch Sklaven zu erfassen, sei richtig – dem müsse aber auch auf Rechtsfolgenseite Rechnung getragen werden, indem man die Restitutionspflicht auf das Erlangte beschränke und dem Gewalthaber im Übrigen gestatte, sich durch Noxalgabe zu befreien. Hätte der proponierte Wortlaut diese Einschränkungen bereits enthalten, so wären Ulpians Ausführungen kaum nötig. Bei beiden dürfte es sich vielmehr um Rechtsfortbildung durch die Juristen handeln, die es in die Amtspflicht des Richters legten, den Gewalthaber nur mit diesen Modifikationen zu belangen[53]. Paulus sieht dies beim Interdikt *quod vi aut clam* ebenso

---

50 Ulp. D. 43, 24, 5, 8 (70 *ad ed.*) *Haec verba „quod vi aut clam factum est" ait Mucius ita esse „quod tu aut tuorum quis aut tuo iussu factum est".* – Die Worte „was gewaltsam oder heimlich geschehen ist", sagt Mucius, seien so zu verstehen: „was du [getan hast], oder einer der Deinigen [getan hat], oder auf deinen Befehl geschehen ist". Dazu Fargnoli, Studi sulla legittimazione attiva all'interdetto *quod vi aut clam*, 38 ff.

51 Ulp. D. 9, 4, 2, 1 (18 *ad ed.*) *Iulianus libro octagensimo sexto scribit „si servus furtum faxit noxiamve nocuit" etiam ad posteriores leges pertinere, poterit dici etiam servi nomine cum domino agi posse noxali iudicio …*

52 Ulp. D. 43, 16, 1, 20 (69 *ad ed.*) *Si filius familias vel mercennarius vi deiecerit, utile interdictum competit.*

53 Lenel, EP, 2. Aufl., 450.

veranlasst wie etwa bei der *hereditatis petitio*, wenn ein Sklave des Beklagten eine zur Erbschaft gehörige Sache zerstört oder gestohlen hat[54].

Eine solche Lesart setzt voraus, dass Ulpian vom Nachverfahren handelt, denn nur dieses findet vor dem *iudex* statt, den der Text nennt. Dagegen spricht zuvorderst, dass sein Zitat *familia tua* den Antragsgegner in der zweiten Person anspricht, wie dies nur bei dem vom Prätor erteilten Befehl der Fall ist. Indes lässt Ulpians Kommentierung des *unde vi* nicht verlässlich erkennen, ob er vom Interdikt oder dem Nachverfahren spricht[55]. Zwischen der Verfahrensstufe *in iure* und derjenigen vor dem Richter zu unterscheiden, erübrigt sich indes, wenn man Ulpians Ausführungen als Auslegung des *restituere* begreift[56], das auf beiden Stufen maßgeblich ist. Der Befehl des Magistraten lautet auf *restituas*, die Formel des Nachverfahrens enthält eine Restitutionsklausel der Art *neque arbitrio tuo restituetur*[57], die dem Richter nichts anderes aufgibt als die Prüfung, ob der Beklagte den Befehl erfüllt hat.

Nach dem Wortlaut des Interdikts (*restituas*) dürfte der Gewalthaber tatsächlich zu voller Restitution verpflichtet gewesen sein. Er kann sich nach unserem Ulpiantext von dieser Verpflichtung aber befreien, indem er die Täter ausliefert und das aus der Tat Erlangte herausgibt. Nach Ulpian wird dem Gewalthaber also eine Befreiungsmöglichkeit eingeräumt, die sich unserer Rekonstruktion des Interdikts nicht entnehmen lässt.

Fraglich ist, ob der Gewalthaber sowohl die Sklaven als Schädiger ausliefern als auch das Erlangte auskehren muss oder ob eines von beidem zur Befreiung ausreicht. Zwar sind mit *aut pervenit aliquid … aut non pervenit* zwei mögliche Sachverhalte beschrieben, die einander ausschließen. Die *noxae deditio* verknüpft Ulpian nur mit dem zweiten. Dennoch ist nicht zu folgern, dass der Herr im Falle des ersten frei wird, ohne die Sklaven auszuliefern. Das Erlangte könnte schließlich beliebig klein sein; um weitere Haftung auszuschließen, kann die Herausgabe eines im Vergleich zur vollen Restitution verschwindend geringen Betrags nicht hinreichen. Wahrscheinlicher ist, dass Ulpian nicht alternative Sachverhalte meint[58], sondern zwei denkbare Belastungen des *dominus*, der nicht belastet werden soll

54 D. 5, 3, 40, 3 (20 *ad ed.*) *Ad officium iudicis pertinebunt et noxales actiones, ut, si paratus sit possessor noxae dedere servum qui damnum dederit in re hereditaria vel furtum fecerit, absolvatur, sicut fit in interdicto quod vi aut clam.*

55 Wenn er im selben Digestenfragment zunächst die Jahresfrist, die nur das Interdikt betrifft, und sodann den Umfang der Restitution erläutert, spricht er von einer richterlichen *aestimatio*, die allein im Nachverfahren Platz hat, D. 43, 16, 1, 39–41.

56 Ähnlich bereits Schmidt, Interdiktenverfahren der Römer, 179 f.

57 Vgl. für das Interdikt *quod vi aut clam* Lenel, EP, 449.

58 Ähnlich bereits Betti, ATor. 51 (1915–16), 1363–1388, 1371 f.: „il *presupposto giuridico* del'uno (il pervenisse) e quello che *in pratica* suole essere il presupposto *di fatto* dell'altro (il non pervenisse)".

(*nec gravari debet*). Es sei indes keine Belastung, das Erlangte herausgeben zu müssen, d. h. der Herr habe deswegen nicht weniger als vor der bzw. ohne die Tat. Aber auch wenn der Herr nichts erlange und wegen der Noxalgabe den Wert der Sklaven einbüße, dürfe er das nicht als (unzulässige) Belastung sehen, denn insoweit dürften Sklaven ihrem Herrn einen wirtschaftlichen Nachteil verursachen. So führt Ulpian vor, dass der Gewalthaber in keiner Konstellation unbillige Nachteile erleidet.

Im Ergebnis haftet der Gewalthaber ähnlich wie bei der *actio quod metus causa*: Er kann die Restitution vornehmen und wird damit von jeglicher Verpflichtung frei. Hat der Gewalthaber nichts erlangt, so wird er auch dadurch frei, dass er die Sklaven als Schädiger ausliefert. Hat der Gewalthaber etwas erlangt, muss er auch dieses herausgeben. Anders gewendet: Entweder der Gewalthaber leistet volle Restitution, oder er liefert die Sklaven aus und erstattet, was er erlangt hat.

Dieses Verständnis lässt sich auf die ähnliche Handhabung des einzigen anderen Interdikts stützen, für das eine Noxalhaftung ausdrücklich überliefert ist[59], das *quod vi aut clam*[60]. Das Interdikt *quod vi aut clam* bezieht sich wie das *unde vi* auf Grundstücke. Es findet dann Anwendung, wenn jemand auf fremdem Grundstück oder entgegen einer Dienstbarkeit auf seinem eigenen Grundstück Arbeiten vorgenommen bzw. ein Werk errichtet hat (*opus facere*). Wie das *unde vi* gibt das *quod vi aut clam* dem Täter volle Restitution auf, er hat also die Arbeiten rückgängig zu machen. Dem Inhaber des errichteten Werks wird auferlegt, die Beseitigung zu dulden.

Paulus zieht das Interdikt *quod vi aut clam* heran, um die Funktionsweise noxaler Interdikte zu erläutern:

---

59 Unklar bleibt, ob weitere Noxalinterdikte existierten, vgl. *veluti* in der sogleich folgenden Paulusstelle. Die Noxalinterdikte werden zu Recht als klassisch verteidigt von Berger, Interdicta noxalia, in: Symbolae Raphaeli Taubenschlag dedicatae, EOS 48 (1956), Fasc. 1, 395–414; Peters, Das ‚patientiam praestare' im klassischen römischen Nachbarrecht, SDHI 35 (1969), 135–214, 194 ff.; für echt hält sie auch Riccobono, Interdicta, NNDI VIII, 792–797, 794. Lenel hingegen war sich unter Berufung auf Biondi, AUPA 10 (1925), 1–367, 78 ff., sicher, „es gab überhaupt keine interdicta noxalia", EP, 483; anders zuvor EP, 2. Aufl., 450 (*unde vi*), 465 (*quod vi aut clam*). Auch Kaser zweifelte an einem noxalen Interdikt *unde vi*, Restituere als Prozessgegenstand, 2. Aufl., 24 mit Fn. 5. Es sei deshalb nicht ausgebildet worden, weil die Taten der *familia* bereits durch die Formulierung des Edikts gedeckt gewesen seien. Mit Berger, 413 f., ist dagegen zu betonen, dass dem Gewalthaber mit der *noxae deditio* eine Möglichkeit zur Haftungsbefreiung gewährt wird, die ihm bei Klagen aus Delikten der ihm Unterworfenen ganz regelmäßig zusteht. Das gilt hier zumal, als beim *unde vi*, das bereits kraft ediktaler Verheißung die Taten der *familia* erfasste, eine Gewalthaberhaftung nicht erst durch Anwendung des Noxalgedanken konstruiert werden musste. Sie existierte bereits und wurde gemildert.

60 Zu diesem Isola, Handbuch § 66 Rn. 39.

D. 43, 1, 5 (13 *ad Sab.*)
Interdicta noxalia ea sunt, quae ob delictum eorum, quos in potestate habemus, dantur, veluti cum vi deiecerunt aut vi aut clam opus fecerunt. sed officio iudicis continetur, ut (α)[61] dominum sua inpensa opus restituentem absolvat: (β) patientiam tollendo operi praestantem noxae dedere iubeat et absolvat, (γ) si non dedat, quantum impensae in tollendo opere erogatum sit, tanti condemnet: (δ) si neque patientiam praestet neque ipse tollat, cum possit, in tantum condemnet, in quantum iudex aestimaverit, atque si ipse fecisset.

Noxalinterdikte sind diejenigen, welche wegen Delikten derer erteilt werden, die wir in unserer Gewalt haben, wenn sie etwa [jemanden] gewaltsam vertrieben oder gewaltsam oder heimlich Arbeiten vorgenommen haben. Es gehört aber zur richterlichen Amtspflicht, (α) denjenigen [Gewalthaber] freizusprechen, der die Arbeiten auf seine Kosten rückgängig macht, (β) wenn er hingegen die Beseitigung der Arbeiten duldet, ihm die Auslieferung des Schädigers zu befehlen und dann freizusprechen, (γ) wenn er aber die Auslieferung nicht vornimmt, ihn zum Ersatz der auf die Beseitigung der Arbeiten verwendeten Kosten zu verurteilen, (δ) und wenn er die Beseitigung weder duldet, noch selbst dazu schreitet, obwohl er es könnte, auf den Betrag der richterlichen Schätzung zu verurteilen, als habe er die Tat selbst begangen.

Paulus geht von dem Fall aus, dass Gewaltunterworfene[62] gewaltsam oder heimlich Arbeiten verrichtet haben. Sodann benennt er die Rechtsfolgen für vier verschiedene Verhalten des *paterfamilias*. Beseitigt er das Produkt der Arbeiten selbst und stellt so den alten Zustand wieder her[63] (α), wird er freigesprochen, ebenso wenn er die Beseitigung des in seinem Besitz befindlichen Werkes[64] duldet und den (oder die) Schädiger ausliefert (β). Duldet er zwar die Beseitigung, liefert den *subiectus* aber nicht aus, so wird er in Höhe der Beseitigungskosten verurteilt (γ). Schreitet er weder selbst zur Beseitigung noch duldet sie, wird er so behandelt, als habe er selbst das Werk errichtet, d. h. er haftet auf volle Restitution (δ).

Die Pflicht, die Beseitigung zu dulden, tritt nicht nur dann ein, wenn Gewaltabhängige an der Tat beteiligt sind. Sie trifft nicht allein den Gewalthaber, sondern

61 Einteilung vom Verf.

62 Wohlgemerkt erwähnt Paulus nicht allein Sklaven, obschon der Satz allein auf diese bezogen viel einfacher wäre: *Interdicta noxalia ea sunt, quae ob delictum servorum dantur.* Als Interpolation Justinians, der die Noxalhaftung der Hauskinder beseitigte, wäre die Aussage unnötig weit. Die Noxalinterdikte sind schon deshalb höchstwahrscheinlich klassisch. In unserer Quelle mag statt *dominum* zuvor *patrem dominumve* gestanden haben.

63 Entsprechend übersetzt von Feenstra u. Spruit, in: Spruit et al., Bd. VI, 5.

64 Zur Duldung ist er nur dann verpflichtet, wenn er das hergestellte Werk im Besitz hat, Paul. D. 43, 24, 16, 2 (67 *ad ed.*).

auch etwa den Verpächter des Täters[65]. Offenbar soll auch er als Tatunbeteiligter weder Schaden noch Nutzen haben. Dem entspricht, dass er etwaige Klagen, die ihm aus der Tat seines Pächters gegen diesen erwachsen, dem Geschädigten abzutreten hat[66]. In den Worten Ulpians aus unserem Ausgangstext: Der Verpächter wird nicht belastet, wenn er das Erlangte (hier Klagen) herausgeben muss. Die Haftung des Gewalthabers reicht zwar weiter: Will er die Beseitigung nicht selbst besorgen, sondern bloß dulden, so soll der Richter ihm laut Paulus die *noxae deditio* des Täters anbefehlen/ihn dazu ermächtigen[67]. Wie Ulpian in D. 43, 16, 1, 15 indes erläutert, ist auch dies nicht als Belastung zu erachten, insofern nämlich können Gewaltunterworfene die Vermögenslage ihres *paterfamilias* verschlechtern.

Wir gelangen so für die Interdikte *unde vi* und *quod vi aut clam* zu übereinstimmenden Ergebnissen: Will der Gewalthaber einer Verurteilung entgehen, so müssen zum einen die Folgen der Tat beseitigt werden, soweit sie sein Vermögen betreffen, und zum anderen die Schädiger ausgeliefert werden. Der Duldung der Wegnahme beim Interdikt *quod vi aut clam* entspricht die Herausgabe des Erlangten beim *unde vi*: Es wird aufseiten des beklagten Gewalthabers der Zustand ohne Tat wiederhergestellt. Von jeder weiter reichenden Restitutionspflicht kann sich der Gewalthaber durch *noxae deditio* befreien. Liefert er den Schädiger indes nicht aus, muss er die Restitution bewirken, als sei er selbst der Täter.

In den Fällen α und δ unterscheidet sich die Lage des Gewalthabers nicht von der eines Täters. Er kann, wie ein einsichtiger Täter, die Restitution *in natura* vornehmen (α) oder, wie ein uneinsichtiger Täter, in Höhe der richterlichen Schätzung verurteilt werden (δ). In den beiden übrigen Fällen ist die Haftung des Gewalthabers eine zweiteilige[68]:

65 Ulp.-Iul. D. 43, 24, 13, 7 sowie Ulp. D. 43, 24, 15, 1 (beide 71 *ad ed.*).

66 Ulp. D. 43, 24, 15, 1 (71 *ad ed.*) a. E.

67 *Iubere* ist zweideutig, es transportiert hier einerseits die Ermächtigung, sich durch *noxae deditio* von den Beseitigungskosten freizuhalten, lässt sich andererseits aber auch als Befehl an denjenigen Gewalthaber verstehen, der bereits erklärt hat, die Kosten nicht tragen zu wollen. Für die ermächtigende Bedeutung vgl. das *duci iubere* als prätorische Erlaubnis gegenüber dem Kläger, den nicht defendierten gewaltunterworfenen Täter abzuführen, Paul. D. 2, 9, 2, 1 (6 *ad ed.*); Afr. D. 9, 4, 28 (6 *quaest.*) a. E.

68 So für das Interdikt *unde vi* bereits v. Savigny, Das Recht des Besitzes, 7. Aufl., 430, der in der Haftung auf das durch fremde Gewaltanwendung Erlangte ein allgemeines Prinzip sieht: „so hatte der Herr eine zweifache Verbindlichkeit: Er musste erstens das Interdict selbst, wie jede andere actio ex delicto, als Noxalklage übernehmen, und zweitens herausgeben, was er durch die Gewaltthätigkeit seiner Sklaven hinterher erworben hatte (id quod ad eum pervenerat). Diese zweite Verbindlichkeit gilt sogar noch viel allgemeiner, nämlich in allen Fällen überhaupt, in welchen Wir unmittelbar durch die Gewaltthätigkeit, die ein Anderer in unserem Namen verübt hat, oder auch nur ein solcher, der in Abhängigkeit zu uns steht, Etwas erworben haben".

Noxal im Sinne der Regel *noxa caput sequitur* ist allein die Verpflichtung, die Kosten der Beseitigung zu tragen. Sie erlischt mit dem Tod des Gewaltunterworfenen. Ist der Täter ein Sklave, geht sie bei dessen Veräußerung auf den Erwerber über[69], nach seiner Freilassung haftet er selbst[70]. Die zweite Pflicht, nämlich zur Duldung der Beseitigung, wird davon nicht berührt[71]. Dasselbe gilt für die Pflicht zur Herausgabe des Erlangten beim Interdikt *unde vi*: Weigert sich der *paterfamilias*, den gewaltunterworfenen Täter zu verteidigen, kann er ihn sogleich als Schädiger ausliefern[72]; erscheint der Gewalthaber *in iure* nicht, weist der Prätor die *ductio* an, d.h. dem Kläger wird gestattet, den Gewaltunterworfenen abzuführen[73]. In beiden Fällen verlässt der Täter die *potestas*. In der Folge trifft den Gewalthaber keine volle Restitutionspflicht mehr, er muss jedoch weiterhin herausgeben, *quod ad eum pervenit*[74]. Ulpian bringt das in D. 43, 16, 1, 15 auf die Formel, dass der Gewalthaber wegen des Erlangten selbst hafte (*ipse teneatur*)[75], d.h. nicht *filii vel servi nomine*, sondern im eigenen Namen.

Selbiges dürfte für die Duldungspflicht beim *quod vi aut clam* gelten. Sie gründet sich nicht auf den Besitz am hergestellten Werk[76]. Die Passivlegitimation wird indes auch nicht allein durch das Eigentum an den Sklaven vermittelt, die Arbeiten vorgenommen haben. Wenn nicht auf sein *iussum*, müssen sie im Namen des Antragsgegners verrichtet[77], also diesem zurechenbar sein. Diese Besonderheit ändert aber nichts daran, dass der Gewalthaber hier unter ganz ähnlichen Modalitäten haftet wie beim *unde vi*.

Man kann das Grundstück vom Täter auch kondizieren, in Anlehnung an die *condictio* gewaltsam entzogener Mobilien (*res mobilis vi abrepta/subrepta*)[78], über

69 Ulp. D. 43, 24, 7, 1 (71 *ad ed.*).

70 Iul. D. 43, 24, 14 (68 *dig.*).

71 Iul. D. 43, 24, 14 (68 *dig.*); Ulp. D. 43, 24, 7, 1 (71 *ad ed.*).

72 So wird das *carere* bei Pomp. D. 9, 4, 33 (14 *ad Sab.*) sowie das *relinquere* bei Gai. D. 9, 4, 29 (6 *ad ed. provinc.*) zu verstehen sein, dazu D'Amati, L'inattività del convenuto nel processo formulare: ‚indefensio', ‚absentia' e ‚latitatio', 126 ff.

73 Paul. D. 2, 9, 2, 1 (6 *ad ed.*); Afr. D. 9, 4, 28 (6 *quaest.*) a. E.

74 Ulp. D. 43, 16, 1, 19 (69 *ad ed.*) *Si quis tamen neget se servum vel familiam defendere, cogendus est pati hoc interdictum, ad hoc scilicet, ut quod ad eum pervenit restituat.* – Wenn jemand sich weigert, seinen Sklaven oder sein Gesinde zu verteidigen, so ist er doch gezwungen, das Interdikt insofern zu erdulden, dass er herausgibt, was an ihn gelangt ist. Vielleicht lässt sich *pati* als (untechnische) Parallele zu *patientiam praestare* beim Interdikt *quod vi aut clam* lesen. Hier muss der Herr dulden, dass ihm das Erlangte wieder abgenommen wird.

75 Ulp. D. 43, 16, 16 (29 *ad ed.*) *In interdicto unde vi dicendum est, ut eius causa, quod ad patrem pervenit, ipse teneatur.* Auffällig ist die Inskription, welche das Zitat in den Kontext der adjektizischen Klagen verweist. Lenel schließt die Stelle an D. 15, 1, 3, 12 an, zu dieser unten, 266 ff.

76 Dazu ausführlich Fargnoli, Legittimazione, 37 ff.; ihr folgt Isola, Handbuch § 66 Rn. 39.

77 Ulp. D. 43, 24, 5, 11–12 (70 *ad ed.*).

78 Ulp. D. 13, 3, 2 (18 *ad Sab.*) *Sed et ei, qui vi aliquem de fundo deiecit, posse fundum condici Sabinus scribit, et ita et Celsus, sed ita, si dominus sit qui deiectus condicat: ceterum si non sit, possessionem*

die wir kaum etwas wissen[79], außer dass sie wie die *condictio furtiva* vom Eigentümer erhoben werden kann[80]. Sofern sie dieser auch im Übrigen gleicht, wäre für den Fall der *deiectio vi* auch an eine *condictio in id quod pervenit* zu denken[81].

---

eum condicere Celsus ait; D. 47, 2, 25, 1 (41 *ad Sab.*) *Unde quaeritur, si quis de fundo vi deiectus sit, an condici ei possit qui deiecit. Labeo negat: sed Celsus putat posse condici possessionem, quemadmodum potest re mobili subrepta.*

79 Sie mag mit der *condictio* geraubter Sachen verwandt oder gar identisch sein, die in unseren Quellen nicht mit einer eigenen Bezeichnung versehen wird, Ulp. D. 13, 1, 10, 1 (38 *ad ed.*); D. 47, 8, 2, 26 u. 27 (56 *ad ed.*).

80 Ulp. D. 13, 3, 1, 1 (27 *ad ed.*).

81 Entsprechend den sogleich, 262 ff., besprochenen Stellen.

§ 16. *Furtum* – Diebstahl (*furtum*) und Sachentwendung unter Ehegatten (*amotio rerum*)

Das *furtum* entspricht ungefähr dem heutigen Diebstahl, sein Tatbestand greift jedoch weiter[1]. Die *amotio rerum* bezeichnet die Sachentwendung unter Ehegatten, in deren Verhältnis man aus sittlichen Gründen ein *furtum* für ausgeschlossen hält. Erfasst ist indes nicht jegliche Sachentziehung, sondern die Entwendung von Sachen in Erwartung der Scheidung. Nach der Scheidung erhält der bestohlene Ehepartner zur Rückforderung des Entwendeten die Klage wegen entwendeter Sachen (*actio rerum amotarum*). Sie folgt weitgehend denselben Regeln wie die Diebstahlskondiktion (*condictio furtiva*)[2], mit welcher der bestohlene Eigentümer die ihm entwendete Sache vom Dieb zurückfordern kann. Beide Klagen sind auf Ersatz des einfachen Sachwerts gerichtet, unbefristet und passiv voll vererblich[3].

Für kein anderes Rechtsgebiet zeichnen die Quellen mit Blick auf die Haftung des Gewalthabers ein so uneinheitliches Bild wie für *furtum* und *amotio rerum*. Bei der *condictio furtiva* tritt die Haftung auf das Erlangte bald einzeln auf[4], bald wird sie mit der Pekuliarhaftung[5] (I), bald mit der Noxalhaftung[6] (II) kombiniert. Ulpian, unter dessen Namen beide Kombinationen überliefert sind, führt für eine Sondergutsklage auf das Erlangte (*actio de peculio in quantum locupletior dominus*

1 Es fallen darunter auch Fälle der Unterschlagung, der Hehlerei oder etwa der wissentlichen Annahme einer nicht geschuldeten Leistung.

2 Vgl. Gai. D. 25, 2, 26 (4 *ad ed. provinc.*) *Rerum amotarum actio condictio est.* – Die Klage wegen entwendeter Sachen ist eine Kondiktion.

3 Paul. D. 25, 2, 6, 4 (7 *ad Sab.*) *Item heres mulieris ex hac causa tenebitur, sicut condictionis nomine ex causa furtiva.* – Ferner haftet auch der Erbe der Ehefrau aus diesem Rechtsgrund, ebenso wie aufgrund der Kondiktion wegen Diebstahls.

4 Ulp. D. 18, 1, 29 (43 *ad Sab.*) … *si qua res fuerit peculiaris a servo subrepta, condici potest videlicet quasi furtiva: hoc ita, si res ad emptorem pervenit.*

5 Ulp. D. 15, 1, 3, 12 (29 *ad ed.*) … *in quantum locupletior dominus factus esset ex furto facto, actionem de peculio dandam: idem Labeo probat*; Afr. D. 19, 1, 30 pr. (8 *quaest.*) … *aut omnino condictionem eo nomine de peculio non haberem aut eatenus haberem, quatenus ex re furtiva auctum peculium fuisset* …

6 Ulp. D. 13, 1, 4 (41 *ad Sab.*) *Si servus vel filius familias furtum commiserit, condicendum est domino id quod ad eum pervenit: in residuum noxae servum dominus dedere potest.* S. auch die Parallelstelle zur *actio rerum amotarum*, Sententiae Syriacae § 20.

factus esset) an, dass eine entsprechende *actio rerum amotarum* stattfinde, wenn eine Haustochter ihrem Ehemann etwas entwende (I 1)[7]. Weitere Belege für diese einzigartige Sondergutsklage sucht man vergeblich. Immerhin jedoch kann die *actio rerum amotarum* sowohl die Form einer *actio de peculio*[8] als auch die einer *actio in id quod pervenit*[9] annehmen.

Für den speziellen Fall, in dem ein ohne *peculium* verkaufter Sklave den Verkäufer bestiehlt, spricht Ulpian allein dann von einer Haftung des Käufers, *si res ad emptorem pervenit* (I 2). Afrikan behandelt den Parallelfall eines samt *peculium* verkauften Sklaven und erwägt dabei eine *condictio*, insoweit das Sondergut mittels der gestohlenen Sache vermehrt wurde (I 3). Ein einziges Mal spielt das *peculium* keine Rolle, wenn nämlich Ulpian die *condictio furtiva* auf das Erlangte erteilt und dem beklagten Herrn gestattet, sich von seiner verbleibenden Haftung (*in residuum*) durch Noxalgabe zu entledigen (II).

Wie Maier zu Recht konstatiert, scheint hier „das Verhältnis von Pekuliar-, Noxal- und Bereicherungshaftung des Gewalthabers im Chaos“ zu liegen. Als „zur Zeit“ einer „erschöpfenden Klarstellung“ nicht zugänglich, schloss er die damit einhergehenden Probleme aus dem Aufgabengebiet seiner Arbeit aus[10]. Zwei Jahrzehnte später sprach auch Niederländer von einem „geradezu chaotischen Quellenzustand“[11]. Die wahrgenommenen Widersprüche beseitigte er sodann mithilfe weitreichender Interpolationsannahmen.

Kaum einheitlicher als die Quellen sind die Deutungen, die sie gezeitigt haben: Betti hält einzig eine *condictio furtiva utilis* auf das Erlangte für klassisch, als Noxal- oder Pekuliarklage könne sie nicht erteilt werden[12]. Biondi hingegen meint, es sei gerade eine *condictio de peculio*, die aus dem Diebstahl sowohl eines Haussohnes als auch eines Sklaven erwachse. Damit tritt er Levy entgegen, der zwischen beiden Tätern unterscheiden will: Da der *filiusfamilias* selbst mit der *condictio furtiva* belangt werden könne, habe es nur wegen des Sklaven einer Diebstahlskondiktion auf das Erlangte bedurft[13]. Dem schließt sich Niederländer grundsätzlich

7 Ulp. D. 15, 1, 3, 12 (29 *ad ed.*) ... *nam et circa rerum amotarum actionem filiae familias nomine in id quod ad patrem pervenit competit actio de peculio.*

8 Paul. D. 25, 2, 3, 4 (7 *ad Sab.*) *Si filia familias res amoverit, Mela Fulcinius aiunt de peculio dandam actionem ...*; ferner D. 13, 1, 19 (3 *ad Ner.*) *Iulianus ex persona filiae, quae res amovit, dandam in patrem condictionem in peculium respondit.*

9 Paul. D. 25, 2, 3, 4 (7 *ad Sab.*) ... *mortua filia in patrem rerum amotarum actionem dari non oportere Proculus ait, nisi quatenus ex ea re pater locupletior sit*; Pap. D. 25, 2, 5 (11 *quaest.*) *Viva quoque filia, quod ad patrem ex rebus amotis pervenit, utili iudicio petendum est.*

10 Bereicherungsklagen, 5.

11 SZ 69 (1952), 211–233, 212.

12 ATor. 51 (1915–16), 1363–1388, 1363 ff.

13 Konkurrenz I, 440 ff.

an und erklärt nur diese Klage für echt[14]. Liebs schließlich, der weitere zwanzig Jahre nach Niederländers Aufsatz die Klassizität unserer Texte verteidigt, gelangt zu dem Schluss, dass sie „mitnichten widersprüchlich" seien[15]. Auch er kommt aber nicht umhin, wenigstens einmal eine Versionshaftung zu unterstellen, die Ulpian nicht nennt[16].

Der Versuch, die Quellen zu harmonisieren, scheint ohne Texteingriffe oder -ergänzungen nicht zu gelingen, zu unterschiedlich sind die überlieferten Entscheidungen. Daraus kann man entweder schließen, dass die Kompilatoren sie inkonsistent interpoliert haben, oder aber in Betracht ziehen, dass auch die Klassiker keine einheitliche Lösung kannten. Ihrer dogmatischen Sonderstellung entsprechend ließ sich die *condictio furtiva* keinem der zur Wahl stehenden Regime bedenkenlos unterwerfen. Für die als *iudicium singulare* bezeichnete[17] *actio rerum amotarum* gilt das nicht weniger.

Gegen eine *actio de peculio* spricht zuvorderst, dass die Wegnahme – ob in Form des *furtum* oder der *amotio rerum* – kein *negotium* ist. Das Edikt aber sah die Pekuliarhaftung nur für *negotia* Gewaltunterworfener vor[18]. Das entspricht insbesondere dem Interesse des *paterfamilias*, der seinem Hauskind oder Sklaven ein Sondergut nicht als Haftungsmasse für Delikte[19], sondern zur Bewirtschaftung überlässt. Wenn nun aber die Römer das *peculium* faktisch als Eigenvermögen des *subiectus* verstanden, ist aus der Perspektive des Bestohlenen nicht recht einzusehen, warum er aus diesem keinen Ersatz erhalten sollte. Auch setzt die Formelkonzeption bei der *actio de peculio* kein *negotium* voraus. Mithilfe des Subjektwechsels und der *taxatio* auf *dumtaxat de peculio* ließ sich rein technisch jedwede Obligation gegen den Gewalthaber richten. Neben der *causa furtiva* kannte die *condictio* zahlreiche rechtsgeschäftliche Obligierungsgründe, für die eine Ausgestaltung als Sondergutsklage nicht zweifelhaft gewesen sein dürfte[20].

---

14 SZ 69 (1952), 211–233, 213.

15 Liebs, Die Klagenkonkurrenz im römischen Recht, Zur Geschichte der Scheidung von Schadensersatz und Privatstrafe, 118.

16 Liebs, Klagenkonkurrenz, 117. Dazu sogleich unten bei Fn. 103.

17 Paul. D. 25, 2, 1 (7 *ad Sab.*).

18 Ulp. D. 15, 1, 1, 2 (29 *ad ed.*) *Verba autem edicti talia sunt: „Quod cum eo, qui in alterius potestate esset, negotium gestum erit".*

19 Vgl. Ulp. D. 50, 17, 58 (2 *disp.*) *Ex poenalibus causis non solet in patrem de peculio actio dari.*

20 Iul. D. 39, 6, 19 (80 *dig.*): Rückforderung einer *mortis causa* verschenkten Sache durch den Genesenen; Ulp. D. 15, 1, 3, 8–10 (29 *ad ed.*) zur *poena compromissi*, die mit einer *actio de peculio* wegen des Sohnes, nicht aber des Sklaven geltend gemacht werden kann. Es dürfte sich um eine bestimmte Summe oder einen bestimmten Gegenstand handeln, womit die *condictio* einschlägig wäre – aber auch hier nicht explizit erwähnt wird. Gai. D. 15, 1, 27, 4–7 (9 *ad ed. provinc.*) zur Rückforderung von Darlehen. Hier steht außerdem ein Kaufvertrag im Raum, daraus zu klagen erscheint jedoch

Auch wenn aus dem Ehegattendiebstahl keine Bußklage erteilt wird, erwachsen *actio rerum amotarum* und *condictio furtiva* gleichermaßen aus einem Delikt[21]. Insofern ist die Noxalhaftung indiziert[22], an deren Anwendbarkeit man aber sogleich zweifeln kann, da beide Klagen sachverfolgenden Charakter haben. Zwar sind Sachverfolgung und Noxalität nicht unvereinbar[23], doch eignet Letztere in der weit überwiegenden Zahl unserer Quellen den Pönalklagen. Die *condictio furtiva* wird sodann auch nirgendwo unter die typischen Beispiele für Noxalklagen eingereiht[24]. Unter einzelnen Aspekten stellt sie sich zu den Regeln der Noxalhaftung vielmehr in direkten Widerspruch: *Noxa caput sequitur* gilt für sie jedenfalls insofern nicht, als der nach dem Diebstahl freigelassene Sklave die Kondiktion nicht fürchten muss[25]. Endlich boten auch die übrigen Kondiktionstatbestände für eine noxale Konzeption keinen Anhalt. In Betracht kam sie allenfalls für die *condictio ob turpem vel iniustam causam*, doch ist sie auch für diese nicht überliefert.

Bereits unsere knappe Bestandsaufnahme erweist, dass sich für die beiden Rückforderungsklagen weder das eine noch das andere Regime klar befürworten oder ablehnen lässt. Unterschiedliche Auffassungen unter den Juristen müssen danach nicht verwundern. Auszugehen ist im Folgenden von den Ausführungen Ulpians, der für die *condictio furtiva* und die *actio rerum amotarum* einen Gleichlauf behauptet[26]. Eine Reihe von Faktoren, die potentiell für die Abweichungen unter den überlieferten Entscheidungen bedeutsam sind, lässt sich so vorerst ausschließen.

---

abwegig. S. ferner Diocl./Maxim. C. 4, 26, 7 pr. (a. 293), ebenfalls zur Rückforderung eines Darlehens an einen Sklaven.

21 Paul. D. 25, 2, 21, 5 (37 *ad ed.*) *Haec actio licet ex delicto nascatur, tamen rei persecutionem continet et ideo non anno finitur, sicut et condictio furtiva …*

22 Dazu passt auch die Anordnung der Zwölftafeln, nach der Noxalklagen zustehen, *si servus furtum faxit noxiamve nocuit*; s. zur Erstreckung dieses Satzes auf jüngere Klagen Ulp. D. 9, 4, 2, 1 (18 *ad ed.*).

23 Nicht ohne Grund verweist Liebs, Klagenkonkurrenz, 114 auf Gai. 1, 140: Der Kläger erhalte den Schädiger *pro pecunia* – sowie Pap. Coll. 2, 3 (2 *def.*): Habe der Geschädigte mithilfe des ausgelieferten Täters eine seinem Schaden entsprechende Summe erwirtschaftet, werde er zu dessen *manumissio* gezwungen. Beide Texte betreffen aber die besondere Stellung *freier* Personen in fremder Gewalt. Die von Papinian zitierte Regel dürfte von dem Anliegen motiviert sein, einen freien Täter nicht unbefristet dem Geschädigten zu unterwerfen.

24 S. etwa Gai. 4, 76 *Constitutae sunt autem noxales actiones aut legibus aut edicto praetoris: legibus, velut furti lege XII tabularum, damni iniuriae [velut] lege Aquilia; edicto praetoris, velut iniuriarum et vi bonorum raptorum.*

25 Cels. D. 13, 1, 15 (12 *dig.*) *Quod ab alio servus subripuit, eius nomine liber furti tenetur: condici autem ei non potest, nisi liber contrectavit.*

26 *Condictio furtiva* und *actio rerum amotarum* werden auch anderenorts ausdrücklich gleich behandelt, s. etwa Paul. D. 25, 2, 21, 5 (37 *ad ed.*) *Haec actio licet ex delicto nascatur, tamen rei persecutionem continet et ideo non anno finitur, sicut et condictio furtiva …*; zur Erbenhaftung Paul. D. 25, 2, 6, 4 (7 *ad Sab.*) *Item heres mulieris ex hac causa tenebitur, sicut condictionis nomine ex causa furtiva*; zur

I. Die *condictio ex causa furtiva* und die *actio rerum amotarum* als Sondergutsklagen

1. Die *actio de peculio* auf das Erlangte

Ulp. D. 15, 1, 3, 12 (29 *ad ed.*)
Ex furtiva causa filio quidem familias condici posse constat. an vero in patrem vel in dominum de peculio danda est, quaeritur: et est verius, in quantum locupletior dominus factus esset ex furto facto, actionem de peculio dandam: idem Labeo probat, quia iniquissimum est ex furto servi dominum locupletari impune. nam et circa rerum amotarum actionem filiae familias nomine in id quod ad patrem pervenit competit actio de peculio.

Dass mit der Kondiktion wegen Diebstahls gegen einen Haussohn geklagt werden kann, steht fest. Fraglich ist aber, ob deswegen gegen den Hausvater oder [wenn ein Sklave gestohlen hat] gegen den Herrn die Klage wegen des Sonderguts zu erteilen ist. Und es ist richtiger, dass die Klage wegen des Sonderguts zu erteilen ist, soweit der Herr aus dem begangenen Diebstahl bereichert ist. Dafür spricht sich Labeo aus, weil es höchst unbillig sei, wenn aus einem Diebstahl des Sklaven der Herr ungestraft [d. h. ohne belangt zu werden] bereichert würde[27]. Denn auch im Falle einer Klage wegen entwendeter Sachen gegen die Haustochter steht in Höhe dessen, was an den Hausvater gelangt ist, die Klage wegen des Sonderguts zu.

Wegen der rätselhaften Reihung von Bereicherungs- und Pekuliarhaftung hat man *de peculio* sowohl für die *condictio furtiva* als auch für die *actio rerum amotarum* als unklassische Verfälschung tilgen wollen[28]. Jedoch gilt das gesamte Fragment, wie überhaupt ein Großteil von Ulpians 29. Buch zum Edikt, der *actio de peculio*. Ulpians Gedankengang setzt also nicht bei der Frage an, wie die *condictio furtiva* richtigerweise gegen den Gewalthaber zu wenden ist. Er fragt sich, ob sie *de peculio* gegeben werden könne[29]. Im voraufgehenden Passus bescheidet er diese Frage für eine Vielzahl verschiedener Klagen, wobei er keine umfassende Lösung der jeweils zur Entscheidung gestellten Fälle anstrebt, sondern sich einzig zur Anwendbarkeit der Sondergutsklage äußert. Ist sie abzulehnen, endet damit

---

aestimatio des Sachwerts, Tryph. D. 25, 2, 29 (11 *disp.*). Ferner konkurriert die *actio rerum amotarum* mit der *condictio ex iniusta causa*, Paul. D. 25, 2, 6, 5 (7 *ad Sab.*) sowie Marcian. D. 25, 2, 25 (3 *reg.*) a. E.; außerdem Ulp.-Iul. D. 25, 2, 17, 2 (30 *ad ed.*). Gaius schließlich schreibt: *Rerum amotarum actio condictio est*, D. 25, 2, 26 (4 *ad ed. provinc.*).

27 *Impune* – ungestraft übersetzen freier BKKS, Bd. 3, 252: „wenn aus einem Diebstahl des Sklaven der Herr bereichert würde, ohne haften zu müssen".

28 Niederländer, SZ 69 (1952), 211–233, 212 und weitere im Ind. Itp.

29 D. 15, 1, 3, 5: *an sit de peculio actio*; § 8: *an de peculio actio ex poena compromissi quasi ex negotio gesto danda sit*; § 9: *an de peculio patrem obligat, quaeritur.*

die Falllösung[30]. *Tertium non datur*, eine ganz andere Klage wird nicht zur Wahl gestellt. Eine solche aber wäre die Bereicherungsklage ohne den Zusatz *de peculio*. Auch wenn unser Text überarbeitet worden sein mag[31], ist danach überwiegend wahrscheinlich, dass Ulpian (wie Labeo) eine *actio de peculio* erteilte. Auch dass er diese mit einer Bereicherungsklausel versah, ist angesichts der Begründung nicht zu bezweifeln. Labeo lernen wir auch andernorts als Fürsprecher der Bereicherungshaftung kennen[32], und der Superlativ *iniquissimum* entspricht ganz Ulpians Stil[33]. An die sonderbare Wendung einer *actio de peculio in quantum locupletior dominus factus est* ist also nicht zu rühren.

Auffällig ist, dass die Frage nach der *actio de peculio* zunächst für Vater und Herr aufgeworfen, sodann aber allein für Zweiteren beantwortet wird. Niederländer und Wacke halten *in patrem vel* daher für ein Glossem[34]. Im Anschluss an die Feststellung, dass der Haussohn selbst belangt werden kann, liegt die Frage nach dem Vater aber durchaus nahe, näher noch als diejenige nach dem Herrn. Gerade weil gegen den Haussohn eine Klage gegeben wird, könnte sich eine Klage gegen den Vater erübrigen. Unklar ist auch, welchen (klarstellenden) Nutzen ein Glossem haben sollte, das die Frage verkompliziert, ohne sodann eine Lösung zu bieten.

Umgekehrt dürfte es ebenso verfehlt sein, Ulpians Antwort insgesamt nicht nur auf den Sklaven, sondern auch den Haussohn zu beziehen. Im vorangehenden Abschnitt stellt Ulpian wiederholt die Unterschiede zwischen *filius* und *servus* mit Blick auf deren Verpflichtungsfähigkeit heraus[35]. Da es ihm auf diese Differenzierung gerade ankommt[36], ist nachlässige oder verkürzte Ausdrucksweise nicht zu erwarten. Wenn der Jurist also nur von *dominus* und *servus* handelt, dürfte er auch allein die *condictio* im Falle des Diebstahls durch einen Sklaven meinen. Dann nämlich liegt auch der Vergleich zur Haustochter nahe, die ebenso wie der Sklave nicht selbst verklagt werden kann. Nicht unwahrscheinlich ist sonach, dass Ulpian einen Weg sucht, dem Bestohlenen gerade dann adäquate Klagemöglichkeiten zu verschaffen, wenn er sich nicht direkt an den Dieb wenden kann.

---

30 D. 15, 1, 3, 5: *non obligabitur dominus de peculio*; § 6: *non obligari dominum de peculio*; § 8: *non dandam de peculio actionem*.

31 Wacke, Actio rerum amotarum, 136.

32 S. etwa Iav. D. 24, 3, 66, 7 (6 *ex post. Labeonis.*); Ulp. D. 14, 4, 9, 2 (29 *ad ed.*); D. 39, 1, 20, 8 (71 *ad ed.*); D. 42, 8, 6, 12 (66 *ad ed.*); Paul. D. 11, 7, 32, 1 (27 *ad ed.*); D. 39, 4, 4 pr. (52 *ad ed.*).

33 Liebs, HLL 4 (1997), § 424, S. 178. Auch *impune* ist unverdächtig, vgl. Ner. D. 44, 4, 11, 1 (4 *membr.*): *dolus omnimodo puniatur*.

34 Niederländer, SZ 69 (1952), 211–233, 212; Wacke, Actio rerum amotarum, 136 mit Fn. 38.

35 D. 15, 1, 3, 5–11. Der § 5 beginnt wie unsere Stelle mit einer Frage die Sohn und Sklave gleichermaßen betrifft. Sodann leitet Ulpian, wie hier, mit *et est verius* eine allein dem Sklaven geltende Antwort ein.

36 S. insbesondere § 9: *distare in hoc a servo*.

Da es für den Bestohlenen unerheblich ist, ob er von einem Haussohn oder einem anderen Gewaltunterworfenen bestohlen wird, wäre es nicht unstimmig, ihm für alle dieser Täter wirtschaftlich gleichwertige Rechtsmittel zu gewähren. Erstreitet er gegen den Haussohn eine Verurteilung, so kann er mit der *actio iudicati de peculio* beim *paterfamilias* die Vollstreckung betreiben[37]. Im Ergebnis erhält der Bestohlene so eine *condictio furtiva de peculio*: Die Kondemnationssumme der Klage gegen den Sohn beläuft sich auf den Wert der gestohlenen Sache und, soweit dieser im Sondergut enthalten ist, gewährt ihm die Judikatsklage entsprechenden Ersatz[38]. Namens des Sklaven oder der Haustochter wollen Ulpian und Labeo aber offenbar dennoch keine reguläre Sondergutsklage erteilen[39].

Was nun kann mit der *actio de peculio in quantum locupletior dominus factus est* (bzw. *in id quod ad patrem pervenit*) gemeint sein? Vier Deutungen sind möglich:

a) *Kumulation der Haftungsbeschränkungen*

Als unwahrscheinlich lässt sich zunächst ausscheiden, dass hier zwei Haftungsbeschränkungen gehäuft werden sollen[40]. Die Kondemnationssumme wäre danach zunächst auf die Bereicherung herabzusetzen. In diesen Betrag würde sodann aber nur verurteilt, soweit der Wert des Sonderguts reicht. Ist der Gewalthaber beispielsweise um 50 bereichert, während sich 30 im *peculium* befinden, erhielte der Kläger 30. Dieses Vorgehen verträgt sich nicht mit der Begründung, die Ulpian seinem Gewährsmann Labeo zur Seite stellt: Bestimmt man die Urteilssumme so, erhält man eben jenes Ergebnis, das Ulpian abwenden will, dass nämlich dem Gewalthaber eine Bereicherung verbleibt, hier in Höhe von 20.

b) *Addition von peculium und locupletatio*

Möglicherweise handelt es sich um ein Klage, die den Wert des Sonderguts zuzüglich der Bereicherung des Gewalthabers erfasst[41]. Angenommen, der Sklave (oder

---

37 So die unmittelbar voraufgehende Stelle, Ulp. D. 15, 1, 3, 11 (29 *ad ed.*). Das betont schon Levy, Konkurrenz I, 443.

38 Freilich kann sich der Bestand des Sonderguts zwischen dem Zeitpunkt des Urteils aus der Kondiktion und der Judikatsklage verändern. Geht der Bestohlene zunächst gegen den Sohn vor, ist für die Höhe des zu erlangenden Ersatzes der Wertbetrag des *peculium* zum Zeitpunkt der *actio iudicati* entscheidend. Klagt er sogleich mit der *condictio furtiva de peculio* gegen den Gewalthaber, kommt es auf eine Veränderung des Sonderguts nach der Verurteilung nicht mehr an.

39 Anders für die Tochter Paul.-Iul. D. 13, 1, 19 (3 *ad Ner.*) *Iulianus ex persona filiae, quae res amovit, dandam in patrem condictionem in peculium respondit.*

40 Liebs, Klagenkonkurrenz, 117 spricht von einer „Hypertrophie".

41 So v. Wyss, Fremde Culpa, 51 Fn. 1.

die gewaltunterworfene Ehefrau) stiehlt eine Sache im Wert von 100. Daraus wird der Gewalthaber um 50 bereichert[42], der Wertbetrag des *peculium* beläuft sich auf 30. Der bestohlene Kläger erhält nun 80.

Das entspräche ungefähr der *actio de in rem verso*, wie sie die Sondergutsklage regelmäßig ergänzt[43]. Auch sie ist dann begründet, wenn ein Gewaltunterworfener das Vermögen des *paterfamilias* vermehrt. Dafür sind *pervenire* und *locupletior* gängige Vokabeln[44]. Die *actio de in rem verso* würde jedoch Anstößiges unterstellen, dass nämlich der *subiectus* im Zusammenhang mit seinem Diebstahl ein Geschäft des Gewalthabers geführt habe[45]. Blendet man aber dieses Tatbestandsmerkmal aus, so erhält man, was hier vor uns liegen mag: eine der Sondergutsklage angehängte Bereicherungshaftung.

Hätten wir es tatsächlich mit einer Klage nach dem Muster einer *actio de peculio vel in rem verso* zu tun, dann irritiert daran zunächst, dass sie aus einem Delikt erwachsen sollte. Die ediktale Verheißung der adjektizischen Klagen trug die Überschrift *quod cum eo, qui in alterius potestate esset, negotium gestum erit*[46], und auch sonst wird regelmäßig hervorgehoben, dass die *actio de peculio* ein Rechtsgeschäft voraussetze[47]. Der Gedanke, davon abzusehen, war offenbar aber nicht völlig unerhört, sonst würde Ulpian ihn für unsere Diebstahlskondiktion nicht erwägen. Weiter noch gehen die Stellen zur *actio rerum amotarum*, wo gemäß Ulpians Begründung dieselbe Klageart anzutreffen sein müsste, wie er sie für die *condictio furtiva* fordert:

Paul. D. 25, 2, 3, 4 (7 *ad Sab.*)[48]
(α)[49] Si filia familias res amoverit, Mela Fulcinius aiunt de peculio dandam actionem, quia displicuit eam furti obligari: vel in ipsam ob res amotas dari actionem. (β) sed si

42 Beispielsweise wenn der Sklave die Sache als Diebesgut unter Preis veräußert oder nach Veräußerung zum Marktpreis nur einen Teil des Erlöses dem Vermögen des Gewalthabers zuführt; oder indem er die gestohlene Sache teilweise zum Vorteil des Gewalthabers verbraucht; oder wenn die Sache beschädigt und so im Wert gemindert an den Gewalthaber gelangt.

43 Pflüger, Condictio und kein Ende, in: Festgabe der Bonner Juristenfakultät für Paul Krüger zum Doktorjubiläum, 3–96, 35, will eine *actio de peculio* geben, bei der an die Stelle der üblichen Versionsklausel die Bereicherungsklausel *in quantum locupletior factus est* gesetzt werde. So entspräche die Formel der hier erwogenen Hypothese: *dumtaxat de peculio vel in quantum locupletior factus est.* Pflüger bezweckt jedoch etwas anders, dazu unten, 283 ff.

44 Iav. D. 15, 3, 2 (12 *ex Cass.*); Tryph. D. 15, 3, 6 (1 *disp.*); Ulp. D. 15, 3, 3, 10; 5, 3; 7, 4; 10, 10 (29 *ad ed.*).

45 Vgl. insbesondere Ulp. D. 15, 3, 3, 2 (29 *ad ed.*). Ähnlich Liebs, Klagenkonkurrenz, 117 mit Fn. 185.

46 Ulp. D. 15, 1, 1, 2 (29 *ad ed.*): Wenn mit demjenigen, der in der Gewalt eines anderen steht, ein Geschäft abgeschlossen wird.

47 S. nur etwa die Ulpianstellen D. 3, 5, 13 (10 *ad ed.*); D. 9, 3, 1, 8 (23 *ad ed.*); D. 15, 1, 3, 8 (29 *ad ed.*).

48 Alle drei Texte verteidigt zu Recht als in der Sache klassisch bereits Wacke, Actio rerum amotarum, 130 Fn. 9; 131 mit Fn. 14, 15 u. 16. Für *de dote* wird *rei uxoriae* zu lesen sein.

49 Unterteilung vom Verf.

pater adiuncta filia de dote agat, non aliter ei dandam actionem, quam si filiam rerum amotarum iudicio in solidum et cum satisdatione defendat. (γ) sed mortua filia in patrem rerum amotarum actionem dari non oportere Proculus ait, nisi quatenus ex ea re pater locupletior sit

Pomp. D. 25, 2, 4 (16 *ad Sab.*)
dolove malo fecerit, quo minus ad eum perveniret.

Pap. D. 25, 2, 5 (11 *quaest.*)
(δ) Viva quoque filia, quod ad patrem ex rebus amotis pervenit, utili iudicio petendum est.

(α) Wenn eine Haustochter [ihrem Ehemann] Sachen entwendet, dann ist, wie Mela und Fulcinius sagen, die Klage wegen entwendeter Sachen als Klage wegen des Sonderguts [gegen ihren Hausvater] zu geben, weil man es missbilligt hat, dass eine Haustochter wegen Diebstahls haftet oder gegen sie selbst die Klage wegen entwendeter Sache gegeben wird. (β) Wenn aber ihr Vater mit Zuziehung der Tochter als Streitgenossin [gegen den Ehemann nach Scheidung] auf Rückgewähr der Mitgift klagt, ist ihm die Klage nur zu erteilen, wenn er seine Tochter gegenüber der [vom Ehemann widerklagend erhobenen] Klage wegen entwendeter Sachen verteidigt, und zwar [ohne Beschränkung auf das Sondergut, sondern] auf das Ganze und mit Sicherheitsleistung. (γ) Nach dem Tod der Tochter ist aber, wie Proculus sagt[50], gegen den Vater die Klage wegen entwendeter Sachen nicht zu geben, es sei denn auf das, um was der Vater in dieser Sache bereichert worden ist, fr. 4. oder auf das, hinsichtlich dessen er arglistig bewirkt hat, dass es nicht an ihn gelangt ist. fr. 5. (δ) Auch zu Lebzeiten der Tochter kann das, was von den entwendeten Sachen an ihren Vater gelangt ist, mit der analogen Klage zurückgefordert werden.

Auf Anhieb erkennen wir die von Ulpian in unserem Ausgangsfragment D. 15, 1, 3, 12 befürwortete Sondergutsklage auf das Erlangte nicht wieder. Es ist einerseits von einer Sondergutsklage, andererseits von einer Klage auf das Erlangte die Rede, jedoch nicht von einer Kombination der beiden. Dieser Unterschied zu unserem Ausgangstext könnte damit zu erklären sein, dass wir es mit der Meinung anderer Juristen zu tun haben (aa). Sodann stellt sich die Frage, weshalb Mela und Fulcinius offenbar eine reguläre Sondergutsklage erteilten, obwohl der Sachentzug tatbestandlich als Delikt aufzufassen ist (bb). Weiterhin ist erklärungsbedürftig, warum nach dem Tod der Tochter nicht die annale Sondergutsklage fortbesteht, sondern eine *pervenit*-Haftung an deren Stelle tritt (cc). Diese will Papinian schließlich mithilfe

50 Dass es sich um eine Meinung von Proculus handelt, verschweigt, offenbar irrig, die Übersetzung von BKKS, Bd. 4, 313 f.

einer analogen Klage auch zu Lebzeiten der Tochter gewähren. Folglich können, während die Tochter lebt, sowohl eine Sondergutsklage als auch eine Klage auf das Erlangte erteilt werden. Damit ist die Frage aufgeworfen, ob Ulpian in unserem Ausgangstext von einer Kombination dieser beiden Klagen handelte (dd).

aa) Zwar berichtet hier nicht wie in unserem Ausgangstext Ulpian, aber doch immerhin sein Zeitgenosse Paulus. Auch dieser lässt Frühklassiker für sich sprechen. Mela wird etwa zur selben Zeit gewirkt haben wie der von Ulpian zitierte Labeo[51], und auch für Fulcinius ist dies nicht unwahrscheinlich[52]. Die Sondergutsklagen bei Ulpian und die hiesige wurden also während derselben Epoche für richtig erachtet. Zwar sind wir über die Schulzugehörigkeit von Mela und Fulcinius nicht unterrichtet. Wenn sie gemeinsam mit anderen Juristen erwähnt werden, handelt es sich aber ganz überwiegend um Prokulianer[53]. Auch hier folgt Proculus, Ulpian führte Labeo an. Vielleicht entstammen unsere *actiones de peculio* also auch derselben Schultradition.

bb) Wenngleich danach nicht mit einer anderen Entscheidung zu rechnen ist als bei Ulpian, wird hier nicht die Sondergutsklage auf das Erlangte, sondern zunächst (α) eine gewöhnliche *actio de peculio* befürwortet. Bereits die Frühklassiker schrecken offenbar nicht davor zurück, die *actio rerum amotarum* als Sondergutsklage zu gewähren, obschon sie aus einem Delikt erwächst[54] und von einem *negotium* keine Rede sein kann[55]. Angesichts der mitgeteilten Begründung gelangen sie nicht zur *actio de peculio*, indem sie deren Voraussetzungen prüfen, sondern indem sie andere Möglichkeiten ausschließen[56]. Die *actio de peculio* offenbart sich nicht aus sich heraus als das passende Rechtsmittel, sie bleibt schlicht übrig, nachdem alle

---

51 Kunkel, Herkunft und soziale Stellung der römischen Juristen, 2. Aufl., 116, und bereits Lenel, Pal. I, Sp. 691 Fn. 1: jünger als Servius, Ulp. D. 33, 9, 3, 10 (22 *ad Sab.*), älter als Proculus, Ulp. D. 9, 2, 11 pr. (18 *ad ed.*).

52 Kunkel, Herkunft und soziale Stellung, 137 und in Fn. 168 der Verweis auf Stellen, in denen er gemeinsam mit Labeo und Atilicinus genannt wird, Ulp. D. 25, 1, 1, 3 (36 *ad Sab.*); Paul. D. 31, 49, 2 (5 *ad leg. Iul. et Pap.*); D. 25, 2, 6 pr. (7 *ad Sab.*).

53 Mela: mit Trebatius und Labeo bei Ulp. D. 47, 10, 17, 2 (57 *ad ed.*); neben Labeo bei Ulp. D. 19, 2, 13, 8 (32 *ad ed.*), wiewohl dort beide mit Sabinus übereinstimmen; mit Proculus bei Ulp. D. 9, 2, 11 pr. (18 *ad ed.*); mit Nerva, der indes anderer Meinung ist, bei Ulp. D. 33, 1, 14 (2 *fideicomm.*); außerdem, was keinen Anhalt gibt, je einmal mit Aquilius Gallus, Namusa und Marcellus. Fulcinius tritt nur mit Prokulianern in Erscheinung: mit Trebatius und Labeo bei Paul. D. 31, 49, 2 (5 *ad leg. Iul. et Pap.*), dort indes anderer Ansicht als diese: mit Atilicinus bei Paul. D. 25, 2, 6 (7 *ad Sab.*); mit Neraz in dessen 1 *resp.* D. 39, 6, 43.

54 Paul. D. 25, 2, 21, 5 (37 *ad ed.*).

55 Wacke, Actio rerum amotarum, 132 ff., 139 will dieses nicht ausschließen.

56 Damit, dass man gegen die Ehefrau keine *actio furti* habe erteilen wollen, erklärt Paulus die Schöpfung der *actio rerum amotarum* überhaupt, Paul. D. 25, 2, 1 (7 *ad Sab.*). Hier wird dieser Gedankengang fortgesetzt.

anderen abgelehnt wurden[57]. Diese Art der Rechtsfindung *per exclusionem* finden wir auch andernorts vor[58]. Sie geht augenscheinlich von der Prämisse aus, dass der Kläger nicht ohne Schutz bleiben dürfe, und gesteht ihm von mehreren unpassenden Rechtsbehelfen den am wenigsten unpassenden zu.

Mit dem Votum für eine *actio de peculio* haben wir wohl keine Sondermeinung von Mela und Fulcinius vor uns. Paulus bringt keine Einwände vor und teilt an anderer Stelle mit, dass Julian aus der *amotio rerum* zwar eine *condictio*, aber auch diese *de peculio* gegeben habe[59]. Im Falle des Ehegattendiebstahls traf den *paterfamilias* also eine Pekuliarhaftung, auch wenn kein Diebesgut an ihn gelangt war. Er muss *de peculio* folglich auch für Sachen einstehen, welche die Tochter[60] beiseitegeschafft oder sogleich verprasst hat[61]. Dass auch eine gewaltunterworfene Frau ein *peculium* hatte, scheint nicht ungewöhnlich gewesen zu sein[62]. Möglicherweise wurde dabei der mit der *actio rei uxoriae* vom Ehemann zu erlangende Betrag zum *peculium* gezählt. Entsprechendes galt wenigstens für Gegenansprüche des Ehemanns, wenn dieser gewaltunterworfen war[63].

cc) Stirbt die Tochter (γ), so besteht die *actio rerum amotarum* nicht etwa als annale Sondergutsklage fort, wie es bei einer regulären *actio de peculio* der Fall wäre[64]. Mit

57 Auch der Halbsatz *vel in ipsam ob res amotas dari actionem* hängt von *displicuit* ab, nicht von *aiunt*, wie in Bas. 28, 11, 3. Dazu Wacke, Actio rerum amotarum, 130 Fn. 9. Insbesondere wird das auf *displicuit* Folgende durch den zweifachen AcI, jeweils mit Infinitiv Passiv (*obligari, dari*) zusammengehalten.

58 Ulp. D. 9, 3, 1, 8 (23 *ad ed.*) *Cum servus habitator est, utrum noxalis actio danda sit, quia non est ex negotio gesto? an de peculio, quia non ex delicto servi venit? …*; D. 43, 24, 11, 6 (71 *ad ed.*) *Si tutoris iussu aut curatoris factum sit, cum placeat, quod Cassius probat, ex dolo tutoris vel curatoris pupillum vel furiosum non teneri, eveniet, ut in ipsum tutorem curatoremque aut utilis actio competat aut etiam utile interdictum …*; vgl. auch Paul. D. 19, 5, 5, 1 (5 *quaest.*) *Et si quidem pecuniam dem, ut rem accipiam, emptio et venditio est: sin autem rem do, ut rem accipiam, quia non placet permutationem rerum emptionem esse, dubium non est nasci civilem obligationem …*

59 Paul. D. 13, 1, 19 (3 *ad Ner.*) *Iulianus ex persona filiae, quae res amovit, dandam in patrem condictionem in peculium respondit.* Vermutlich handelt es sich um eine *condictio ob iniustam causam*, vgl. Marcian D. 25, 2, 25 (3 *reg.*). Es bedeutet *in peculium* nichts anderes als *de peculio*, vgl. Gai. 4, 69. Synonym gebraucht Gaius beide Formulierungen auch einmal, wo er ebenfalls Julian zitiert, D. 2, 14, 30, 1 (1 *ad ed. provinc.*).

60 Selbiges dürfen wir für den Sohn annehmen, so derselbe Paulus D. 25, 2, 6, 2 (7 *ad Sab.*). Mit der *actio rerum amotarum* kann der *filius* offenbar nicht selbst belangt werden.

61 Vgl. unmittelbar vor unserer Stelle Paul. D. 25, 2, 3, 3 (7 *ad Sab.*).

62 Gai. D. 15, 1, 27 pr. (9 *ad ed. provinc.*) nennt als Beispiele, dass sie als Flickschneiderin oder Weberin tätig ist. Aus den zugehörigen Geschäften könne die Sondergutsklage erteilt werden.

63 Paul. D. 24, 3, 25 pr. (36 *ad ed.*) *Si filio familias dos data sit iniussu patris, de peculio quidem agetur: sed sive propter impensas a filio familias factas sive propter res donatas a filio vel amotas ab uxore res peculiares hoc ipso, quod habet actionem pater ex persona filii, maius peculium fit, et sic totum est praestandum mulieri quod est in peculio, quia adhuc sit quod uxori debeatur.*

64 Ulp. D. 15, 2, 1 pr. (29 *ad ed.*).

ihrem Tod wird die Klage auf das umgestellt, was der Vater erlangt hat. Man könnte meinen, dass Proculus hier den Gedanken einer begrenzten Erbenhaftung zur Geltung bringe. Es handelt sich um den einzigen überlieferten Passus, in dem die nachgestellte Klausel *dolove malo fecerit, quo minus ad eum perveniret* auf den Gewalthaber angewendet wird[65]. Regelmäßig aber ergänzt sie die Klagen gegen den Erben[66].

Gegen eine Haftung des Gewalthabers als Erbe spricht jedoch sogleich, dass der *paterfamilias* nicht Erbe seiner *subiecti* wird[67]. Vielmehr ‚erlischt' das *peculium*[68], sein Inhaber hat keinen Rechtsnachfolger und ohnedies keine Rechte am Sondergut. Wenn man den Vater gleichwohl als Erben ansehen wollte, müsste er nach den Regeln der *actio rerum amotarum* (sowie der *condictio furtiva*) nicht beschränkt, sondern *in solidum* haften[69]. So man mit der wohl herrschenden römischen Auffassung die *amotio rerum* als faktisches *furtum* erachtet[70], könnte man auch geneigt sein, nach dem Vorbild der *actio furti* zu entscheiden. Diese aber ist passiv unvererblich, den Erben trifft nicht einmal eine begrenzte Haftung[71].

Proculus könnte sich stattdessen an der *actio de in rem verso* orientiert haben. Anders als die *actio de peculio* wird die Versionsklage unbefristet erteilt, auch über den Tod des Gewaltunterworfenen hinaus. Indessen besteht sie regelmäßig bereits zu dessen Lebzeiten. Ausweislich der Stellungnahme Papinians in unserem Fragment 5 (δ) lässt sich hier Entsprechendes erst mithilfe eines *iudicium utile* erreichen. Der pointierte Gegensatz *mortua filia – viva quoque filia* weist sodann in eine andere Richtung. Die Unterscheidung ist aus dem Dotalrecht geläufig[72] und hängt damit zusammen, dass es sich bei der Mitgift um ein Zweckvermögen für den

65 Albertario, Nota sulle azioni penali e sulla loro trasmissibilità passiva nei limiti dell'arrichimento dell'erede, BIDR 26 (1913), 90–132, 118 hält diese, wie überhaupt die Bereicherungshaftung des Gewalthabers für justinianisch. Dagegen überzeugend Maier, Bereicherungsklagen, 17 ff.

66 Außerdem womöglich die Klage, die der Frau gegen den Ehemann erteilt wird, der einen Dotalsklaven freigelassen hat, Ulp. D. 24, 3, 64, 7 (7 *ad leg. Iul. et Pap.*). Mit beachtlichen Gründen hält Maier, Bereicherungsklagen, 23 f., indes dafür, dass die hier unter Pomponius' Namen wiedergegebene Klausel aus diesem Zusammenhang entrissen wurde.

67 Anderes gilt nur, wenn der Sohn über sein *peculium castrense* zugunsten des Vaters testiert hat, Ulp. D. 49, 17, 2 (67 *ad ed.*) *Si filius familias miles decesserit, si quidem intestatus, bona eius non quasi hereditas, sed quasi peculium patri deferuntur: si autem testamento facto, hic pro hereditate habetur castrense peculium.*

68 Vgl. Ulp. D. 15, 2, 1, 3 (29 *ad ed.*): *morte vel alienatione extinguitur peculium.*

69 Paul. D. 25, 2, 6, 4 (7 *ad Sab.*) *Item heres mulieris ex hac causa tenebitur, sicut condictionis nomine ex causa furtiva* mit Ulp. D. 13, 1, 9 (30 *ad ed.*); auf *id quod pervenit* erst bei Diocl./Maxim. C. 5, 21, 3 (a. 290/293).

70 Paul. D. 25, 2, 1 (7 *ad Sab.*).

71 Gai. 4, 112; Alex. C. 3, 41, 1 (a. 223).

72 S. etwa Ulp. D. 24, 3, 22, 1 (33 *ad ed.*) *Si post solutum matrimonium filia familias citra patris voluntatem exactam communem dotem consumat, patri et viva ea et mortua actio superest, ut dos ipsi solvatur …*

Unterhalt der Ehefrau handelt. Selbst als Gewaltunterworfener kommt ihr daher in mancher Hinsicht eine gewisse Berechtigung an der *dos* zu. So kann der Vater bestimmte auf die Mitgift bezogene Rechtshandlungen nur mit ihrer Zustimmung vornehmen. Handelt er eigenmächtig, so wird ihm Rechtsschutz versagt, solange die Tochter am Leben ist[73].

Aus dieser Perspektive ist denn auch unser Fall β zu verstehen. Indem der *paterfamilias* zu Lebzeiten der Tochter auf Rückgabe der *dos* klagt, übt er ein ihr und ihm gemeinsam zustehendes Recht aus[74]. Er kann die *actio rei uxoriae* daher kaum anders erheben als *adiuncta filia*[75], jedenfalls nicht ohne ihren Willen[76]. Insofern der Vater eine Forderung der Tochter geltend macht, muss er ihretwegen auch für die Gegenforderungen *in solidum* einstehen[77]. In derselben Höhe hätte der bestohlene Ehemann schließlich auch ein Retentionsrecht, die *retentio propter res amotas*[78]. Wenn er hier nicht auf dieses verwiesen wird, dann vielleicht deshalb, weil ihm nur die Klage mit ihrer Restitutionsklausel die Aussicht auf Rückgewähr der Sachen *in natura* eröffnet.

Sowohl diese Widerklage des bestohlenen Ehemanns auf Rückgabe der entzogenen Sache *in solidum* als auch die *actio de peculio* setzen offenbar voraus, dass die Tochter lebt. Ihren Tod nimmt Proculus sodann nicht als einen Fall der Gewaltentlassung in den Blick, der die annale Sondergutsklage auf den Plan rufen würde. Das zeigt sich auch darin, dass er die andere Möglichkeit der Gewaltentlassung, die

73 S. etwa Afr. D. 46, 8, 25 pr. (6 *quaest.*) *Pater dotem a se datam absente filia petit et ratam rem habituram eam cavit: ea prius quam ratum haberet, mortua est. negavit committi stipulationem, quia et si verum sit ratum eam non habuisse, nihil tamen mariti intersit dotem restitui, cum patri etiam mortua filia salva esse dos debeat.* – Ein Vater hat die von ihm bestellte Mitgift in Abwesenheit seiner Tochter gefordert und Sicherheit geleistet, dass sie ihre Genehmigung erteilen werde. Bevor sie hätte genehmigen sollen, ist sie verstorben. [Julian] meint, die Stipulation [d.h. die Sicherheitsleistung] verfalle nicht, denn obschon wahr sei, dass sie nicht genehmigt habe, habe doch der Ehemann kein Interesse daran, dass ihm die Mitgift zurückgegeben werde, während sie dem Vater nach dem Tod der Tochter unbenommen bleiben müsse. Ähnlich Pap. D. 24, 3, 40 (28 *quaest.*): Hat sich der Vater ohne Zustimmung der Tochter die Rückgabe der *dos* für den Fall der Scheidung versprechen lassen, kann er aus der Stipulation nicht vorgehen, solange die geschiedene Tochter lebt.

74 Ulp. D. 24, 3, 2, 1 (35 *ad Sab.*) *Quod si in patris potestate est et dos ab eo profecta sit, ipsius et filiae dos est: denique pater non aliter quam ex voluntate filiae petere dotem nec per se nec per procuratorem potest …*

75 UE 6, 6.

76 Ulp. D. 24, 3, 2, 2 (35 *ad Sab.*).

77 Dasselbe gilt, wenn der Gewalthaber Forderungen aus der *societas* eines ihm Unterworfenen geltend macht, Paul. D. 16, 2, 9 pr. (32 *ad ed.*) *Si cum filio familias aut servo contracta sit societas et agat dominus vel pater, solidum per compensationem servamus, quamvis, si ageremus, dumtaxat de peculio praestaretur.* Auch bei der Ehe war an eine *societas* zu denken, Tryph. D. 42, 1, 52 (12 *disp.*).

78 Zu dieser Wacke, Actio rerum amotarum, 5 ff.

Emanzipation, nicht erwähnt. Entscheidend dürfte stattdessen sein, dass die Tochter als Partei des Dotalverhältnisses ausscheidet und die in ihrer Person begründeten Gegenrechte des Ehemanns damit untergehen. Geht der Vater nach dem Tod der Tochter allein vor[79], so muss er sich diese Gegenrechte nurmehr bis zu der Höhe entgegenhalten lassen, in der er etwas erlangt hat. Dem entspricht es, dass der Ehemann, welcher der Tochter die *dos* zurückgewährt hat, sich dem Vater gegenüber darauf nur insoweit berufen kann, als das Geleistete an den Vater gelangt ist[80]. Zwar lebt hier die Tochter noch, doch scheidet sie aus der Betrachtung insofern aus, als ihr Klagerecht auf die *dos* mit deren Entgegennahme erloschen ist. Abermals geht es also allein um das Forderungsrecht des Vaters, und dieses wird nur insoweit eingeschränkt, als er etwas erlangt hat[81].

Man hat die Entscheidung des Proculus (γ) für eine *pervenit*-Klage nach dem Tod der Tochter damit zu erklären gesucht, dass er das (faktische) Delikt betone, welches die *amotio rerum* sei[82]. So lässt sich jedoch nicht erhellen, weshalb zu Lebzeiten der Tochter anderes gelten sollte[83]. Ein Vergleich mit dem *filiusfamilias* hilft insofern nicht weiter: Er kann mit der *condictio furtiva* selbst belangt werden. Unterliegt er, kann der obsiegende Kläger mit der *actio iudicati de peculio* den Hausvater belangen – auch nach dem Tod des Sohnes innerhalb Jahresfrist. Solange der Sohn oder ein Sklave lebt, wird seinetwegen die Diebstahlskondiktion gegen den *paterfamilias* nicht als (reguläre) Sondergutsklage gewährt. Dass wegen *res amotae* hingegen eine Pekuliarklage statthat, wird daran liegen, dass dieser spezielle Fall der Sachentziehung vom rechtsgeschäftlich begründeten Dotalverhältnis erfasst wird. Dabei ist nicht die *amotio rerum* als *negotium* anzusehen, wie Levy[84] und Wacke[85] meinen.

79 Vgl. Ulp. D. 24, 3, 22, 1 (33 *ad ed.*); Afr. D. 46, 8, 25 pr. (6 *quaest.*).

80 Paul. D. 24, 3, 3 (7 *ad Sab.*).

81 Die Entscheidung unterstreicht, dass Gewaltunterworfene bei der Falllösung als Gläubiger oder Schuldner betrachtet werden. Erklärlich ist sie nur, wenn man die Tochter als Forderungsinhaberin und Aufrechnungsgegnerin zugrunde legt. Vgl. Ulp. D. 15, 1, 41 (43 *ad Sab.*).

82 Levy, Konkurrenz I, 450 f.; Wacke, Actio rerum amotarum, 135.

83 Levy, Konkurrenz I, 448 f., 451 meint, die *actio de peculio* vertrete die noxale *actio furti*, die man unter dem Sonderregime der *actio rerum amotarum* nicht zugelassen habe. Wie die Noxalklage entfalle daher auch die an ihrer statt gewährte Sondergutsklage mit dem Tod der Täterin. Das verkennt, dass die *actio furti* im Anwendungsbereich der *actio rerum amotarum* ersatzlos entfällt, Paul. D. 25, 2, 1: *furti non esse actionem constituto iure*; D. 25, 2, 3, 2 (beide 7 *ad Sab.*) *Sed et cum uxore furti agere possibile est, si ei cui heredes simus furtum fecit, vel nobis antequam nuberet: tamen propter reverentiam personarum in utroque casu furtivam tantum condictionem competere, non etiam furti actionem dicimus.* Auch gegenüber der gewaltfreien Ehefrau wird dem Bestohlenen kein „Ersatz“ für die *actio furti* gewährt.

84 Privatstrafe, 130 ff.; Konkurrenz I, 449;

85 Actio rerum amotarum, 133 ff. Umgekehrt hält Niederländer, SZ 69 (1952), 211–233, 228 eine *actio rerum amotarum* deshalb für ausgeschlossen, weil die *amotio rerum* „niemals ein *negotium* darstellen“ könne.

Es verhält sich vielmehr wie mit arglistigen Handlungen innerhalb bestehender Vertragsverhältnisse. Der dolose Akt selbst ist gewiss kein Rechtsgeschäft. Er wird jedoch vom Vertragsregime erfasst und begründet eine entsprechende Klage. Aus derlei vertraglich relevantem *dolus* haftet auch der Erbe des Täters nicht allein auf das Erlangte, sondern *in solidum*[86].

Nach dem Muster der Sondergutsklage konzipiert, dürfen wir uns die *actio rerum amotarum de peculio* ungefähr wie folgt vorstellen:

> Si paret Seia, quae in potestate N^{i} N^{i} est, quae A^{o} A^{o} nupta erat, mensam argenteam qua de agitur A^{o} A^{o} divortii causa amovisse eamque rem A^{o} A^{o} redditam non esse, quanti ea res fuit, tantam pecuniam iudex N^{um} N^{um} A^{o} A^{o} dumtaxat de peculio et si quid dolo malo N^{i} N^{i} factum est, quo minus in peculio esset, c. s. n. p. a.[87]

> Wenn es sich erweist, dass Seia, die in der Gewalt des Beklagten steht, die mit dem Kläger verheiratet war, den silbernen Tisch, um den es hier geht, in Erwartung der Scheidung dem Kläger entwendet hat und diese Sache dem Kläger nicht zurückgegeben wurde, dann verurteile, Richter, den Beklagten dem Kläger in so viel Geld, wie die Sache wert war, höchstens in den Wert des Sonderguts und, wenn es infolge von Arglist des Beklagten geschehen ist, dass etwas nicht zum Sondergut gehört [auch bis zur Höhe von dessen Wert]; wenn es sich nicht erweist, sprich frei!

Nach dem Tod der Tochter ließe sie sich umstellen auf *Seia, quae in potestate N^{i} N^{i} mortua est*; die *condemnatio* könnte lauten: *de eo quod ex ea re ad N^{um} N^{um} pervenit et si quid dolo malo N^{i} N^{i} factum est, quo minus perveniret, c. s. n. p. a.*[88] Um sodann zur Formel des von Papinian erwähnten *iudicium utile* zu gelangen, würde es ausreichen, *mortua* zu tilgen. Im Ergebnis erhält man so eine Formel, die wegen des Subjektwechsels mit der *actio de peculio* außer in der *condemnatio* übereinstimmt. Dennoch dürfte das *iudicium utile* nicht (direkt) von der Sondergutsklage, sondern von der von Proculus befürworteten *pervenit*-Klage abgeleitet sein. Gerade die für diese anzunehmende Kondemnationsbedingung des Todes der Tochter ist es schließlich, zu der Papinian mit *viva quoque filia* einen Gegensatz herstellt. Ausweislich der beteiligten Juristen war die Klage *mortua filia* die

86 Ulp. D. 50, 17, 157, 2 (71 *ad ed.*) *In contractibus successores ex dolo eorum, quibus successerunt, non tantum in id quod pervenit, verum etiam in solidum tenentur …*; D. 50, 17, 152, 3 (69 *ad ed.*) *In contractibus, quibus doli praestatio vel bona fides inest, heres in solidum tenetur.*

87 Von der üblichen Versionsklausel ist nicht auszugehen, andernfalls erübrigte sich die analoge *pervenit*-Klage Papinians.

88 Auf das, was aus dieser Sache an den Beklagten gelangt ist und, wenn etwas infolge von Arglist des Beklagten geschehen ist, dass etwas nicht an ihn gelangt ist [auch insoweit]; wenn es sich nicht erweist, sprich frei!

ältere, in der Spätklassik alsdann die etablierte, zu der Papinian eine Abwandlung entwickelte[89]. Dessen zeitweiliger Assessor Ulpian wird das *iudicium utile* gekannt haben. Es noch zwanzig Jahre später als *utile* zu bezeichnen, erübrigte sich vielleicht[90], und möglicherweise ist es ebendiese Klage, auf die er sich mit der *actio de peculio in id quod ad patrem pervenit* am Ende unseres Ausgangstexts D. 15, 1, 3, 12 bezieht. Für ihn mag die Herleitung gegenüber der resultierenden Konstruktion in den Hintergrund getreten sein.

dd) Möglich bleibt aber weiterhin, dass Ulpian in unserem Ausgangstext eine Kombination der Pekuliar- und der *pervenit*-Klage bezeichnen wollte[91], schließlich existierten ersichtlich beide Ausprägungen der *actio rerum amotarum*. Dass indessen wegen derselben entwendeten Sache zweimal geklagt werden konnte, ist kaum vorstellbar. In Betracht kommt nur eine der Versionsklage ähnliche Doppelklausel *de peculio vel de eo quod pervenit*. In unseren drei Fragmenten deutet jedoch nichts darauf hin, dass die beiden *taxationes* miteinander zu koppeln wären. Bevor das *iudicium utile* entwickelt wurde, konnten beide unmöglich nebeneinander treten. Erst der Tod der Tochter ließ die *pervenit*-Klage entstehen und schloss dabei zugleich die Sondergutsklage aus.

Entschieden für eine Kopplung könnte indes die Betrachtung eines Falles sprechen, in dem die Ehefrau eine Sache entwendet und daraus gezogene Früchte an ihren Vater gelangen lässt. Nun wäre der Ehemann vor die Wahl gestellt, entweder den Betrag der Früchte zu fordern, um den der Vater *ex ea re* bereichert war, oder sich, auf die Hauptsache klagend, mit dem typischerweise unzureichenden Wert des *peculium* zufriedenzugeben. Auf das gleiche Problem stößt man, wenn die Tochter die entzogene Sache veräußert und sodann einen Teil des Erlöses an den Vater gelangen lässt. Da nur eine einzige Sache entwendet wurde, hätte der Ehemann nur eine einzige *actio rerum amotarum*, entweder *de peculio* oder *in id quod pervenit*. Anders gewendet: Die Tochter könnte durch geschickte Verteilung der Tatvorteile die Haftung ihres Vaters verringern. Klagt der Ehemann bei unzureichendem Sondergut *de peculio*, entfiele damit auch die *pervenit*-Klage, mag der Vater auch die gesamte Sache erlangt haben. Das erscheint kaum sachgerecht.

Diese Erwägung kann indes nur verfangen, wenn es für die *pervenit*-Haftung ausreicht, dass beliebige Tatvorteile an den Vater gelangen. Sie ist zu verwerfen,

89 Seine *Quaestionum libri* datieren ins letzte Jahrzehnt des zweiten Jahrhunderts, Liebs, HLL 4 (1997), § 416, S. 120.

90 Sein Ediktskommentar entsteht größtenteils unter Caracalla, also jedenfalls nach 211, Liebs, HLL 4 (1997), § 424, S. 177.

91 So schon Levy, Konkurrenz I, 451; ihm zustimmend Wacke, Actio rerum amotarum, 136: „*de peculio vel* (oder *et*) *de eo quod ad patrem pervenit*".

wenn die entzogenen Sachen selbst an den Vater gelangen müssen. Dann nämlich bestünde wegen jeder dieser Sachen je eine Klage. Erlangte Früchte wären nur dann zu berücksichtigen, wenn bereits die Hauptsache an den Vater gelangt war. Die Formulierung Papinians (δ), *ex rebus*, ist insofern nicht eindeutig. Unter ihrer Verwendung sprechen die Juristen meist von Erlangtem aus den *res*[92], so auch Ulpian[93], aber auch bestimmte aus einer Mehrzahl von *res* können gemeint sein[94]. Dann aber wäre mit dem entsprechenden Pronomen zu rechnen, *quae ex rebus*[95]. Das von Papinian verwendete *quod* hingegen wählt nicht unter den entzogenen bestimmte aus, sondern erfasst all das, was von deren Wert an den Vater gelangt ist[96]. Ebenso weit greift Ulpian mit der Wendung *ex ea re locupletior esse*. Wahrscheinlicher ist daher, dass die *pervenit*-Klage nicht (allein) auf diejenigen der entzogenen Sachen gerichtet ist, die an den Vater gelangt sind, sondern auf jegliche Bereicherung, die er aus den entzogenen Sachen erlangt hat[97]. Es besteht dann das festgestellte Bedürfnis, eine Doppelklausel nach dem Muster der *actio de peculio vel in rem verso* einzusetzen. Nur so lässt sich vermeiden, dass der *de peculio* Klagende weniger als vollen Ersatz erhält, obwohl der Gewalthaber noch bereichert ist. Ebendies scheint Ulpians Ansinnen in unserer Ausgangsstelle.

Fraglich ist jedoch, ob sich dieses Verständnis mit der von Ulpian gewählten Formulierung übereinbringen lässt. Die Versionsklausel wird an die Sondergutsklage mit *vel* angeschlossen, die Doppelklausel lautet: *dumtaxat de peculio et si quid dolo malo N^i N^i factum est, quo minus peculii esset, vel si quid in rem N^i N^i inde versum est c. s. n. p. a.* Dieses *vel* der Formel findet sich regelmäßig auch in den Kommentierungen[98], gelegentlich wird es durch *et* ersetzt[99]. Eine ähnliche, auf Kumulation – wie sie bei der Doppelklausel *de peculio vel in rem verso* stattfindet – hinweisende Konjunktion fehlt in unserer Stelle. Zwar ist denkbar, dass

92 Etwa Tryph. D. 15, 1, 57, 2 (8 *disp.*) … *quae ex rebus peculiaribus ante aditam hereditatem accesserint … veluti partus ancillarum et fetus pecudum* …; Scaev. D. 33, 2, 32, 8 (15 *dig.*) … *pecuniae, quae ex rebus divisis secundum aestimationem effecta est* …

93 D. 33, 8, 8, 8 (25 *ad Sab.*) … *ut incrementa ex rebus peculiaribus ad eum perveniant, ut puta partus ancillarum vel fetus pecorum* …

94 Ulp. D. 23, 3, 39 pr. (33 *ad ed.*).

95 Ulp. D. 23, 3, 39 pr. (33 *ad ed.*).

96 Anders könnte Scaev. D. 33, 4, 12 (3 *resp.*) a. E. zu lesen sein: *quod ex rebus in dotem datis supererat.* Auch er meint aber nicht die unter den Dotalsachen noch vorhandenen, sondern dasjenige, was von den Dotalsachen (nach teilweisem Verbrauch) noch übrig ist.

97 Vgl. den von Ulpian entschiedenen Fall, in dem der Herr eines Sklaven offenbar Eigentum an dem Erlös erzielt, den sein Sklave aus dem Verkauf von Diebesgut an sich bringt, D. 9, 4, 38, 2 (37 *ad ed.*). Vgl. ferner die Äußerungen Julians zur Surrogation von Erlangtem, D. 4, 2, 18 (64 *dig.*).

98 S. allein in Ulpians Ediktskommentar etwa D. 2, 13, 4, 3 (4 *ad ed.*); D. 10, 2, 20, 2 (19 *ad ed.*); D. 24, 3, 22, 12 (33 *ad ed.*); D. 42, 8, 6, 12 (66 *ad ed.*).

99 Ulp. D. 5, 1, 57 (41 *ad Sab.*); D. 15, 1, 36 (2 *disp.*); ferner *tam … quam* in D. 38, 5, 1, 22 (44 *ad ed.*).

ein so kurzes Wort wie *et* durch ein Schreiberversehen einmal ausfällt[100], zwei solcher Versehen in einer Stelle sind aber völlig unwahrscheinlich. Wenn also die beiden von Ulpian in D. 15, 1, 3, 12 genannten Bereicherungsklauseln als *taxationes* zu verstehen sind, dann wären sie ohne Konjunktion an die Klausel *dumtaxat de peculio* anzuschließen oder, wie in unserer Stelle, ihr voranzustellen[101]. Dass die Haftung dergestalt doppelt beschränkt werden sollte, wurde indes bereits ausgeschlossen (oben, a).

c) *Eine Klage ohne Subjektswechsel?*

Als dritte Möglichkeit lässt sich erwägen, dass eine Klage erteilt wurde, die bereits kraft ihrer *intentio* nur diejenigen Sachen erfasste, deren der Gewalthaber habhaft geworden war. Anders als zuvor wäre die *intentio* also nicht auf das vom *subiectus* Entzogene, sondern allein das an den *paterfamilias* Gelangte gerichtet. Wenn sodann ein *dare oportere* mit Blick auf dasjenige, was der Gewalthaber nicht erlangt hatte, abzulehnen war, bedurfte es insofern keiner *taxatio*. Die Verurteilung wäre indes weiterhin auf den Wert des Sonderguts zu beschränken. Andernfalls würde die von Ulpian gewählte Bezeichnung als *actio de peculio* bedeutungslos. Rechnerisch führt dies zum selben Ergebnis wie a)[102], es sei denn, man fügt der Klausel *de peculio* die regelmäßige Ergänzung *de in rem verso* hinzu[103]. Dann nähert sich das Ergebnis der Möglichkeit b). Dass die Versionsklausel unterstellt werden kann, ist indes unwahrscheinlich, da es Ulpian in diesem Abschnitt seines 29. Buchs zum Edikt speziell um die *actio de peculio* geht, auch und gerade in Abgrenzung zur *actio de in rem verso*[104]. Dass er diese stillschweigend voraussetzt, ist hier nicht zu erwarten[105]. Will man sie dennoch in den Text hineinlesen, so hätten die Römer recht umständlich eine Klage geschaffen, die nichts anderes liefert als die reguläre *actio de in rem verso*. Da das Erlangte überwiegend bereits von dieser erfasst wird[106], wäre daneben die Klausel *de peculio* überflüssig.

Überdies fragt sich, wie man die erwogene Verengung auf das Erlangte, wenigstens zu Labeos Zeit, in eine Formel hätte gießen sollen. Konzipiert man unter

100 Man denke sich *et est verius <et> in quantum* … sowie *filiae familias nomine <et> in id* …

101 Oder voranzustellen, am rechnerischen Ergebnis ändert sich dadurch nichts.

102 Denn es findet eine doppelte Beschränkung statt: zunächst in der *intentio* auf die erlangte Sache, sodann durch die *taxatio* der *actio de peculio* auf den Wert des Sonderguts.

103 So Liebs, Klagenkonkurrenz, 117 gegen Wacke, Actio rerum amotarum, 136.

104 So im selben Fragment D. 15, 1, 3, 7 *Cui congruit, quod idem Iulianus scribit, si a filio meo fideiussorem accepero, quidquid a fideiussore accepero, id me non de in rem verso, sed de peculio actione mandati praestaturum* …; ferner D. 15, 1, 30, 1; D. 15, 2, 1, 10; D. 15, 3, 1, 1.

105 Ausdrücklich erwähnt er sie zuvor in D. 15, 1, 3, 1.

106 S. aber oben, 208 ff.

Umstellung der Subjekte, wäre die Obligation des gewaltunterworfenen Diebs maßgeblich, und diese richtet sich auf das gesamte Diebesgut, nicht allein auf das an den *paterfamilias* Gelangte. Eine Einschränkung der *intentio* ist so nicht zu erreichen. Lässt man die *intentio* unverändert und nennt den Gewalthaber als Schuldner, fragt sich sogleich, wie er, der nicht gestohlen hat, *ex causa furtiva* verpflichtet sein sollte. Außerdem wäre völlig unklar, auf wessen *peculium* sich die *taxatio* bezieht, wenn der diebische Gewaltunterworfene zuvor nicht bezeichnet wurde. Denkbar ist allenfalls eine entsprechende *praescriptio*, etwa: *ea res agatur ex causa furtiva Pamphili servi nomine*. Nicht in die *praescriptio*, sondern ins anschließende Prüfprogramm des *iudex* musste die Frage gehören, ob der Sklave unter der *potestas* des Beklagten stand. Dafür ist in der *intentio* der blanken Kondiktion jedoch kein Raum. Näherliegend und plausibler ist danach eine Formel mit Subjektswechsel. Gegenstand der *intentio* konnte also nicht allein eine vom Gewalthaber erlangte, sondern jede vom Gewaltunterworfenen entwendete Sache sein.

Auch die Formulierung *in quantum locupletior factus esset* deutet eher auf eine *taxatio* hin als darauf, dass nur die an den Gewalthaber gelangten Sachen dem *dare oportere* unterlagen. Letzteres würde außerdem eine Haftung des *paterfamilias* im eigenen Namen, *ipso nomine*, bedeuten. Dagegen spricht außer dem Zusatz *de peculio* auch *filiaefamilias nomine* im letzten Satz der Stelle[107].

Wenn die Juristen schreiben, eine Klage werde *in id quod pervenit* oder *in quantum locupletior factus est* gegeben, dann heißt das, an die Stelle der üblichen *condemnatio* trete eine auf das Erlangte beschränkte. So mag es auch hier sein. Man geht für einen Sklaven (wie in unserem Ausgangstext von Ulpian) von einer etwa wie folgt konzipierten Sondergutsklage aus:

> Si paret Pamphilum, qui in potestate N^{i} N^{i} est, si liber esset ex iure Quiritium, A^{o} A^{o} mensam argenteam dare oporteret, quanti ea res est, tantam pecuniam iudex N^{um} N^{um} A^{o} A^{o} dumtaxat de peculio et si quid dolo malo N^{i} N^{i} factum est, quo minus in peculio esset, c. s. n. p. a.

> Wenn es sich erweist, dass Pamphilus, der in der Gewalt des Beklagten steht, wenn er nach dem Recht der Quiriten frei wäre, dem Kläger einen silbernen Tisch zu leisten verpflichtet wäre, dann verurteile, Richter, den Beklagten dem Kläger in so viel Geld, wie die Sache wert ist, höchstens in den Wert des Sonderguts und, wenn es infolge von Arglist des Beklagten geschehen ist, dass etwas nicht zum Sondergut gehört [, auch bis zur Höhe von dessen Wert]; wenn es sich nicht erweist, sprich frei!

---

107 Das unterstreicht Lenel, indem er unserer Stelle palingenetisch D. 43, 16, 16 anfügt: *In interdicto unde vi dicendum est, ut eius causa, quod ad patrem pervenit, ipse teneatur.*

Sodann stellt man die *condemnatio* auf die Bereicherung um:

> Si paret Pamphilum, qui in potestate N^{i} N^{i} est, si liber esset ex iure Quiritium, A^{o} A^{o} mensam argenteam dare oporteret, quanti ea res est, tantam pecuniam iudex N^{um} N^{um} A^{o} A^{o} quanto N^{s} N^{s} inde locupletior factus est c. s. n. p. a.

> Wenn es sich erweist, dass Pamphilus, der in der Gewalt des Beklagten steht, wenn er nach dem Recht der Quiriten frei wäre, dem Kläger einen silbernen Tisch zu leisten verpflichtet wäre, dann verurteile, Richter, den Beklagten dem Kläger in so viel Geld, wie die Sache wert ist, soweit der Beklagte bereichert ist; wenn es sich nicht erweist, sprich frei!

Man erhält so eine Formel mit Subjektswechsel und einer *taxatio* auf das Erlangte – wie es sich bereits für die *actio rerum amotarum* als plausibel erwiesen hat[108]. Ulpians *condictio furtiva de peculio* entspräche dann dem ebenfalls auf das Erlangte gerichteten *iudicium utile* Papinians[109]. Die Bezeichnung *de peculio* würde die Klage einzig noch als adjektizische ausweisen und sich in der Umstellung der Subjekte niederschlagen. Die typische Kondemnationsbeschränkung *dumtaxat de peculio* entfiele.

Das Regime der Sondergutsklage bringt indes nicht nur eine *taxatio*, sondern noch weiteres mit sich, was hier Bedeutung entfalten könnte. Um dieses zum Vorschein zu bringen, gilt es zunächst, die Situation zu rekonstruieren, in der es dem Bestohlenen sinnvoll erscheinen mag, die *condictio furtiva* als Sondergutsklage zu erheben: Wenn die gestohlene Sache an den Gewalthaber gelangt und bei diesem noch vorhanden ist, verschafft ihm die Vindikation die Sache oder Wertersatz. Hat der Gewalthaber dolos den Besitz aufgegeben, so steht ebenfalls die *rei vindicatio* oder aber die *actio ad exhibendum* zu. Hat der Gewalthaber die Sache gutgläubig konsumiert, kann der Bestohlene eine (blanke) Kondiktion geltend machen[110]. Eine *condictio furtiva de peculio*, das heißt *servi nomine*, ist dann von Interesse, wenn der Gewalthaber der gestohlenen Sache nie habhaft wurde, weil der Sklave sie sogleich veräußert hat[111]. Der Erlös wird Eigentum des Gewalthabers

---

108 S. oben S. 245 ff..

109 Die beiden Klagen identifiziert bereits Pflüger, Condictio und kein Ende, in: Festgabe der Bonner Juristischen Fakultät für Paul Krüger, 1–96, 35 mit Fn. 2. Dazu passt Ulpians Formulierung mit *circa*. Es wird also nicht die *actio rerum amotarum de peculio* gegeben, sondern eine an sie angelehnte Klage.

110 Afr. D. 19, 1, 30 pr. (8 *quaest.*) a. E.; ferner Ulp. D. 12, 1, 11, 2 (26 *ad ed.*); Pomp. D. 12, 1, 12 (6 *ex Plaut.*); Zu alledem Gamauf, Vindicatio nummorum, (Fn. 50), 10, 126 ff. und passim.

111 Ein durch den Sklaven vermittelter Erwerb der Sachherrschaft kann für *pervenire* oder *locupletior esse* nicht ausreichen, denn andernfalls wäre Diebesgut stets mit vollendetem Diebstahl an den

und ist insofern auch an ihn gelangt. Er ist dennoch in eigener Person zu keiner der zuvor genannten Klagen passivlegitimiert, mag der Erlös auch in sein *patrimonium* geflossen sein.

Der Bestohlene wird nun die Sondergutsklage erheben wollen mit der Begründung, dass der Sklave wie der Sohn (wenigstens natural) *in solidum* verpflichtet sei[112]. Der gewaltunterworfene Dieb wird nach der Regel *fur semper in mora* von seiner Naturalobligation auch nicht frei[113]. Um aber diese Verpflichtung gegen den Gewalthaber klagbar zu machen, bedarf es einer Formel mit Umstellung der Subjekte. Unter diesen ist für eigenmächtiges Handeln eines *subiectus* das Schema der *actio de peculio* als Prototyp anzusehen. Ihr Aufbau lässt sich auch hier dienstbar machen, doch passt ihre *taxatio* auf *dumtaxat de peculio* nicht, denn das Sondergut soll nicht Haftungsmasse für Delikte seines Inhabers sein. Im Grunde ist die *actio de peculio* daher zu verweigern. Sofern sie dazu dient, dem Gewalthaber das Erlangte wieder zu entziehen, lässt sie sich jedoch erteilen. Das entspricht der häufig anzutreffenden Formulierung, eine Klage sei nicht zu geben, *nisi in id quod pervenit*[114]. Zwar kann *non … nisi* schlicht mit ‚lediglich' übersetzt werden, doch haben die römischen Juristen vielleicht nicht zufällig zu einer Wendung gegriffen, die zunächst eine allgemeine Regel postuliert, um sodann die einzige Ausnahme anzufügen.

Möglicherweise ist es auch gerade die allgemeine Regel, dass Deliktsklagen nicht *de peculio* gewährt werden, über die Labeos Argumentation hinweghelfen soll. Ließe man den beklagten Gewalthaber erfolgreich diese Regel vorschützen, dann könnte er eine Bereicherung zurückbehalten, und zwar *impune*, da, wie gesehen, keine andere Klage zusteht. Das angeführte Bereicherungsverbot dient also einmal mehr dazu, ein rechtliches Hindernis zu überwinden und die Reichweite einer Klage zu vergrößern. Einmal mehr bewirkt die Bereicherungsklausel nicht zuvorderst eine Beschränkung der Haftung, sondern deren Erweiterung. Anstatt die Sondergutsklage rundweg abzulehnen, wird sie in den Grenzen des Erlangten doch erteilt.

Gewalthaber gelangt. Die Bereicherungsklauseln stellten kein zusätzliches Erfordernis auf. Ein Besitzerwerb *ex maleficiis* der Gewaltunterworfenen ist ohnedies zweifelhaft, Iav. D. 41, 2, 24 (14 *epist.*) a. E.

112 Vgl. Afr. D. 19, 1, 30 pr. (8 *quaest.*); Ulp. D. 15, 1, 44 (63 *ad ed.*).

113 Vgl. Afr. D. 19, 1, 30 pr. (8 *quaest.*), unten, 291 ff.

114 S. soeben Paul. D. 25, 2, 3, 4 (7 *ad Sab.*) … *in patrem rerum amotarum actionem dari non oportere Proculus ait, nisi quatenus ex ea re pater locupletior sit*; Ulp. D. 9, 2, 23, 8 (18 *ad ed.*) … *in heredem vel ceteros haec actio non dabitur, cum sit poenalis, nisi forte ex damno locupletior heres factus sit*; D. 15, 1, 21, 2 (29 *ad ed.*) *Emptor autem ex dolo venditoris non tenebitur nec heres vel alius successor, nisi in id quod ad se pervenit*; D. 16, 3, 7, 1 (30 *ad ed.*) … *alias ex dolo defuncti non solemus teneri nisi pro ea parte quae ad nos pervenit …*; D. 43, 4, 1, 8 (72 *ad ed.*) … *nec in heredes similesque personas dabitur, nisi in id quod ad eas pervenit …*

Vielleicht wird die übliche *taxatio* auf *dumtaxat de peculio* dabei getilgt. Sie beizubehalten und dennoch eine Verurteilung auf das Erlangte zu erreichen erscheint jedoch ebenso möglich:

d) Gleichsetzung von peculium und Bereicherung

In Betracht kommt schließlich, dass die von Ulpian in unserem Ausgangstext befürwortete Klage zwar *servi nomine* gegeben wird, sich deren Kondemnation aber stets auf den Betrag der Bereicherung des Herrn (*in quantum locupletior* dominus *factus esset*[115]) beläuft, d. h. derjenigen seines Gesamtvermögens, der Summe aus der Vermehrung des *patrimonium* und derjenigen des *peculium*[116]. Im rechnerischen Ergebnis stimmte unsere Stelle so mit drei weiteren überein, die Kondiktionen auf die Herausgabe der Bereicherung ohne Pekuliarklausel vorsehen[117]. Auch die angeführte Begründung, der Gewalthaber solle sich nicht ungeahndet bereichern dürfen, passt am besten dazu, ihm gerade den Betrag seiner Bereicherung wieder zu entziehen. Bei der *actio de peculio* dürfte dies zu erreichen sein, indem man in die Berechnung dessen eingreift, was als Sondergut anzusetzen ist[118]. Die Sondergutsklage erweist sich in dieser Hinsicht als besonders schmiegsam. Wohlbekannt sind die Abzüge und Zuschläge, die wegen Forderungen zwischen dem *paterfamilias* und dem Pekulieninhaber zu machen sind[119]. Je nach Bedarf gehen die Juristen darüber auch hinaus: Hat etwa ein *subiectus* einen Sklaven verkauft, so zählt dieser

115 Entsprechend ist hinsichtlich der *amotio rerum* durch die Tochter von der Bereicherung des Vaters die Rede.

116 So im (rechnerischen) Ergebnis auch Santoro, AUPA 32 (1971), 179–512, 173 Fn. 56: „La responsabilità dell'avente potestà sarebbe limitata all'arrichimento del peculio o del patrimonio dell'avente potestà". Ähnlich Wacke, Actio rerum amotarum, 133 mit Fn. 23, der eine *condictio in id quod pervenit* auf die Bereicherung des *patrimonium* und eine weitere *condictio* auf die Vermerhung des Sonderguts annimmt, die vielleicht zu einer einheitlichen Klage zusammengefasst war. Er folgt darin Pflüger, Condictio und kein Ende, 35, der eine Sondergutsklage erteilt, bei der die Versionsklausel durch eine Bereicherungsklausel ersetzt werde. Sein Ansatz ist insofern zu präzisieren, als aus der Pekuliarklausel *dumtaxat* gestrichen werden müsste. Andernfalls bliebe das *peculium* die Grenze, auch wenn die Bereicherung weiter reichte. Auch das der Versionsklausel vorangestellte *vel* wäre wegzulassen, denn sonst würde das gesamte Sondergut und nicht allein dessen Bereicherung erfasst. So gelangt man denn auch zur Formulierung Ulpians: *de peculio in quantum* [*N*^us^ *N*^us^] *locupletior factus est* bzw. *de peculio in id quod ad* [*N*^um^ *N*^um^] *pervenit*. Nun aber erscheint *de peculio* bedeutungslos. Dazu sogleich.

117 Ulp. D. 13, 1, 4 (41 *ad Sab.*); D. 18, 1, 29 (43 *ad Sab.*); Pap. D. 25, 2, 5 (11 *quaest.*).

118 Vgl. auch Scholion Nr. 4 zu Bas. 60, 10, 4 (Scheltema/Holwerda/van der Wal B VIII 3301/26–28 = Nr. 3 Heimbach V 428), das bei der *actio iudicati de peculio*, die der Bestohlene, nachdem er gegen den diebischen *filiusfamilias* obsiegt hat, gegen den Vater anstellt, zum Sondergut rechnen (συμψηφίζεται) will, was der Vater erlangt hat.

119 S. etwa Ulp. D. 15, 1, 9 u. 11 (29 *ad ed.*).

im Rahmen einer *actio redhibitoria de peculio* zum Sondergut, auch wenn er sich noch beim Käufer befindet[120].

Außerdem rechnet zum *peculium*, was der Gewalthaber daraus dolos entnommen hat[121]. Selbst dasjenige, worum der Verkäufer eines Sklaven mit *peculium* dieses arglistig verringert hat, ist hinzuzurechnen, wenn der Käufer von einem Dritten mit der Sondergutsklage belangt wird – soweit der Käufer etwas erlangt hat[122]. Hat der Käufer das erworbene Sondergut durch *ademptio* (ohne *dolus*) zu seinem Stammvermögen genommen, aber aus der dolosen Entnahme durch den Verkäufer etwas erlangt, so wird als *peculium* nur das Erlangte angesehen. Gegen den Käufer wird im wirtschaftlichen Ergebnis eine *actio de peculio in id quod pervenit* erteilt.

Das *peculium* im Sinne der *actio de peculio* ist jedenfalls nicht das, was sich tatsächlich in den Händen seines Inhabers befindet, sondern ein davon abstrakter Rechenbetrag, der im Ausgleich der Interessen zwischen Gewalthaber und Pekuliargläubiger bestimmt wird. Bei der *ademptio* wird dies besonders augenscheinlich: Das Sondergut ganz oder teilweise an sich zu nehmen ist das Recht des Gewalthabers als Eigentümer. Entleert er das *peculium* ohne Arglist, so ist dessen Wert bei der *actio de peculio* mit Null anzusetzen. Will er durch die *ademptio* den Pekuliargläubigern schaden, so wird der Wert des Entnommenen weiterhin zum *peculium* gezählt. In beiden Fällen befindet sich im Sondergut faktisch nichts. Je nach Sachverhalt gibt die *taxatio* aber zwei ganz unterschiedliche Beträge vor.

Danach ist es nicht unplausibel, dass Ulpian aus einer Sachentwendung durch Sklaven oder Haustöchter eine *actio de peculio* mit der Maßgabe erteilte, dass allein der Wert des Erlangten als *peculium* anzusehen sei. Damit dürfte auch eine Einschränkung des *privilegium deductionis* einhergehen: Man verwehrt dem Gewalthaber sein Abzugsrecht, soweit er bereichert ist[123]. Er soll nicht vorschützen können, das Sondergut sei unzureichend, um sodann *impune* eine Bereicherung zurückzubehalten.

e) *Fazit zur actio de peculio in quantum locupletior dominus factus est*

Gleichgültig, ob man die *taxatio* der Sondergutsklage durch eine *locupletior*- bzw. *pervenit*-Klausel[124] ersetzt oder den Wertbetrag des *peculium* mit dem des

120 Paul. D. 21, 1, 57, 1 (5 *quaest.*).

121 Ulp. D. 15, 1, 21 pr. (29 *ad ed.*).

122 D. 15, 1, 21, 2 (29 *ad ed.*) *Emptor autem ex dolo venditoris non tenebitur nec heres vel alius successor, nisi in id quod ad se pervenit.*

123 Vgl. D. 3, 5, 5, 8 (10 *ad ed.*) a. E.

124 Ein Unterschied zwischen den beiden Wendungen ist nicht auszumachen, insbesondere scheint Ulpian sie in D. 15, 1, 3, 12 gleichbedeutend zu verwenden, indem er die Erteilung einer *pervenit*-

Erlangten gleichsetzt – mit großer Wahrscheinlichkeit ging die von Ulpian gemeinte Klage ausschließlich auf das, was an den Gewalthaber gelangt war, und erfasste nicht außerdem das gesamte Sondergut. Nach Paulus existierte beim Ehegattendiebstahl hingegen darüber hinaus eine Pekuliarhaftung, die ihren Grund im Dotalrecht haben mag. Dass die Bezeichnung *de peculio* auch bei der *condictio furtiva* beibehalten wurde, dürfte durch den wohl nötigen Subjektswechsel veranlasst gewesen sein. Nur wenn man in der *intentio* auf den gewaltunterworfenen Dieb als Schuldner abstellt, ist auch die Anwendung der Regel *fur semper in mora* veranlasst. Würde man allein den Gewalthaber, der nicht selbst Dieb ist, als Schuldner ansehen, könnte der zufällige Untergang des Diebesguts die Klage erlöschen lassen.

Das Regime der Sondergutsklage brächte nicht allein den Subjektswechsel mit sich. Außerdem wäre der Gewalthaber nach dem Tod des diebischen *subiectus* nur noch für ein Jahr haftbar. Darüber erfahren wir für die Diebstahlskondiktion nichts. Die Entscheidung des Proculus zur *actio rerum amotarum* lehnt die annale Sondergutsklage aber gerade ab zugunsten einer wohl unbefristeten *pervenit*-Klage[125]. Dasselbe wie beim Tod gilt im Falle des Sklaven, wenn dieser übereignet wird, also auch für den Fall der *noxae deditio*. Hat der Bestohlene also mit der *actio furti noxalis* die Noxalgabe erreicht, so dürfte ihm eine unbefristete *condictio furtiva* auf das Erlangte verbleiben. Diese erteilt Ulpian ohne Umweg über die Sondergutsklage an anderer Stelle:

2. Diebstahl durch einen ohne *peculium* verkauften Sklaven

Ulp. D. 18, 1, 29 (43 *ad Sab.*)
Quotiens servus venit, non cum peculio distrahitur: et ideo sive non sit exceptum, sive exceptum sit, ne cum peculio veneat, non cum peculio distractus videtur. unde si qua res fuerit peculiaris a servo subrepta, condici potest videlicet quasi furtiva: hoc ita, si res ad emptorem pervenit.

Wird ein Sklave verkauft, so ist er [grundsätzlich] nicht mit seinem Sondergut verkauft. Und daher ist immer anzunehmen, dass er nicht mit seinem Sondergut verkauft wird, gleich ob nicht ausbedungen oder ausdrücklich ausbedungen ist, dass er nicht mit dem Sondergut verkauft wird. Wenn daher eine zum Sondergut gehörige Sache vom Sklaven beiseitegeschafft worden ist, kann diese kondiziert werden, nämlich als eine gestohlene. Das gilt, wenn die Sache an den Käufer gelangt ist.

Klage wegen des Sklaven mit der Existenz einer *locupletior*-Klage wegen der Tochter begründet.
125 Ähnlich mag das *Frag de form. Fab.* zu verstehen sein, dazu oben, 194 ff.

Der Jurist hält zunächst die Regel fest, dass der Kaufvertrag über einen Sklaven dessen *peculium* nicht einschließe[126]. Da das *peculium* dem Sklaven einst als faktisches Eigenvermögen überlassen worden war, hätte man vielleicht anderes erwarten können[127]. Offenbar ist es ihm indes nicht so beständig zugewiesen, dass es ihm im Normalfall der Veräußerung folgen würde – sei es als sein Quasivermögen[128], sei es als Zubehör des Sklaven als Hauptsache[129]. Insofern macht es nach Ulpian keinen Unterschied, ob das Sondergut explizit ausgenommen werde oder nicht[130]. Nimmt der verkaufte Sklave eine sonach nicht mitverkaufte Pekuliarsache an sich, dann kann der Verkäufer sie beim Käufer als eine gestohlene kondizieren, sofern sie an diesen gelangt. Dem ersten Anschein nach ist der Gedankengang Ulpians schnell nachvollzogen: Da das *peculium* vom Vertrag nicht erfasst wird und dem Sklaven nicht folgt, verbleibt es im Vermögen des Verkäufers, auch nachdem der Sklave an den Käufer übergeben wurde. Nimmt der Sklave eine Sache daraus dennoch zum Käufer mit, so begeht er ein *furtum*[131], aus dem sein nunmehriger Herr mit der *condictio* auf das Erlangte haftet. Bei ihm könne die Sache *quasi furtiva*[132] kondiziert werden.

---

126 Dasselbe gilt, wenn ein Sklave vermacht, Ulp. D. 33, 8, 24 (43 *ad Sab.*), oder verpfändet wird, Pap. D. 20, 1, 1, 1 (11 *resp.*).

127 So die *ratio dubitandi* bei Faber, Rationalia, Bd. 5 (3.3), 233.

128 Vgl. Paul. D. 15, 1, 47, 6 (4 *ad Plaut.*) … *quasi patrimonium liberi hominis peculium servi intellegitur* – das Sondergut eines Sklaven wird wie das Vermögen eines freien Menschen angesehen; ähnlich Flor. D. 15, 1, 39 (11 *inst.*); ferner Ulp. D. 15, 1, 5, 3 (29 *ad ed.*).

129 Ein möglicher Grund findet sich bei Paul. D. 21, 1, 44 pr. (2 *ad ed. aedil. curul.*) … *nam et plerumque plus in peculio est quam in servo, et nonnumquam vicarius qui accedit pluris est quam is servus qui venit.* – … und in der Tat ist das Sondergut meistens wertvoller als der Sklave, und manchmal ist ein Untersklave, der als Zubehör mitverkauft wird, mehr wert als der Sklave, der [als Hauptsache] verkauft wird. – Laut Baldus, Opera, Bd. 2, 129v, folgt das Zubehör hier nicht der Hauptsache, da es *alterius naturae* sei, *non eiusdem.*

130 Wenig anders gewendet findet sich diese Aussage auch bei Paul. D. 21, 2, 3 (10 *ad Sab.*) … *in venditione servi peculium semper exceptum esse intellegitur* … – man nimmt an, dass beim Verkauf eines Sklaven das Sondergut grundsätzlich ausgenommen ist … Anders mag es in älterer Zeit gewesen sein, Varro, de re rust. 2, 10, 5 *in horum [pastorum] emptione solet accedere peculium aut excipi* – Beim Kauf dieser [Hirtensklaven] wird das Sondergut üblicherweise mitverkauft oder aber ausgenommen. Vielleicht gab gerade eine überkommene Gepflogenheit, das *peculium* explizit auszunehmen (*excipere*), Anlass für die Formulierung des Paulus und den klarstellenden zweiten Satz des Ulpian. Möglicherweise war bereits zur Zeit Varros das *excipere* aus juristischer Sich nicht erforderlich, im Geschäftsverkehr aber üblich, da skrupulöse Verkäufer sich abzusichern suchten.

131 Bei Entziehung einer Sache des eigenen Herrn war das nicht selbstverständlich, so konnte eine *insciente domino* vom Sklaven verkaufte Sache durch den Käufer ersessen werden, Alf. D. 41, 3, 34 (1 *dig. a Paulo epit.*); zur Stelle s. Fargnoli, Ricerche in tema di furtum, 47 f., die zu Recht darauf hinweist, dass der ohne Wissen des Herrn handelnde Sklave nicht notwendig ohne dessen Willen verkaufe. S. ferner Ulp. D. 21, 1, 31, 1 (1 *ad ed. aedil. curul.*).

132 Im Verein mit *videlicet* verwendet Ulpian *quasi* nicht abschwächend oder um eine Analogie zu kennzeichnen, sondern vielmehr kausal: die Sache kann kondiziert werden, weil sie nämlich eine

Auffällig ist, dass Ulpian nicht danach unterscheidet, ob der Sklave die Sache vor Abschluss des Kaufvertrags oder danach, vor seiner Übergabe an den Käufer oder danach entwendet[133]. Für Ulpians Entscheidung scheint dies keine Rolle zu spielen. Fraglich ist daher, ob alle diese möglichen Fälle gleich zu entscheiden sind, sodass es im Ergebnis auf den Zeitpunkt des Diebstahls durch den Sklaven nicht ankommt.

Stiehlt der Sklave nach seiner Übergabe an den Käufer, ist der Fall nahezu banal: Der Verkäufer wird von einem fremden Sklaven bestohlen. Das ist der Grundfall, bei dem es auf den Kaufvertrag nicht ankommt. Zweifel erheben sich indessen, wenn der Sklave die Pekuliarsache schon vor Abschluss des Kaufvertrags (a) oder zwar nach Vertragsschluss, aber vor seiner Übergabe entwendet hat (b). In beiden Fällen nämlich könnte man meinen, der Verkäufer werde von seinem eigenen Sklaven bestohlen, und es wäre weit weniger naheliegend, den Käufer deswegen in Anspruch zu nehmen. Weshalb Ulpian dem Verkäufer dennoch die Kondiktion erteilt, gilt es aufzuklären. Dabei erweist sich, dass der Käufer nicht wegen des Sklaven, sondern in eigenem Namen belangt wird (c).

Für alle Konstellationen ist zu bedenken, dass der Sklave ein *furtum* nicht vollendet, solange er die Sache zwar beiseitegeschafft hat, er sich aber mit ihr weiterhin im Besitz des Verkäufers befindet[134]. Erst dann, wenn die Sache dem Verkäufer entzogen wird, etwa indem sie an den Käufer (oder einen Dritten) gelangt, ist der Tatbestand erfüllt. Es fragt sich dennoch, ob Ulpian aufgrund einer (naturalen) Schuld des Sklaven eine (adjektizische) Klage gegen dessen neuen Herrn erteilt oder aber eine Klage gegen diesen Herrn im eigenen Namen.

a) Möglich erscheint zunächst, dass der Verkäufer eine *condictio furtiva* als naturale Forderung gegen den eigenen Sklaven erwirbt, wenn nämlich die beiseitegeschaffte Sache bereits vor Abschluss des Kaufvertrags an den (künftigen) Käufer gelangt. Wem gegen den eigenen Sklaven als naturalen Schuldner eine Klage zusteht, der kann *de peculio* vorgehen, auch nach Verkauf des Sklaven gegen dessen Käufer[135]. Das gilt wenigstens nach sabinianischer Auffassung indes nicht

gestohlene ist. Vgl. Ulp. D. 25, 6, 1, 3 (34 *ad ed.*) *Hanc autem actionem praetor intra annum utilem pollicetur, ultra non, videlicet quasi poenalem*; außerdem D. 18, 6, 1 pr. (28 *ad Sab.*) … *quod si non designavit tempus, eatenus periculum sustinere debet, quoad degustetur vinum, videlicet quasi tunc plenissime veneat, cum fuerit degustatum.* Anders Thomas, Sale actions and other actions, RIDA 26 (1979), 417–435, 429, der meint, es handle sich um eine Art *condictio furtiva*, aber nicht um diese selbst. Dagegen Schwarz, Die Grundlage der condictio im klassischen römischen Recht, 76 Fn. 10, 198 Fn. 16, 200: der Ausdruck bezeichne regelmäßig die einschlägige Kondiktionsfigur.

133 Anders Afrikan D. 19, 1, 30 pr. (8 *quaest.*), dazu sogleich 291 ff.

134 Iul. D. 47, 2, 57, 3 (22 *dig.*) *Cum autem servus rem suam peculiarem furandi consilio amovet, quamdiu eam retinet, condicio eius non mutatur (nihil enim domino abest): sed si alii tradiderit, furtum faciet.*

135 Ulp. D. 15, 1, 11, 8 (29 *ad ed.*); Gai. D. 15, 1, 27, 2 (9 *ad ed. provinc.*); Iul. D. 15, 1, 37, 2 (12 *dig.*); Paul. D. 15, 1, 47, 3 (4 *ad Plaut.*).

für den Verkäufer, der Forderungen geltend machen will, die aus der Zeit vor dem Verkauf stammen[136]. Auch dann aber, wenn der Sklave die Sache in unserem Ulpiantext erst nach Abschluss des Kaufvertrags entwendet haben sollte, könnte der Verkäufer mit einer *actio de peculio* nicht durchdringen, solange der Käufer dem Sklaven kein (neues) *peculium* bestellt. Vielmehr könnte der Verkäufer, der sich das Sondergut zurückbehalten hat, darauf verwiesen werden, zunächst daraus Befriedigung zu suchen[137].

Auch aus den Regeln der kaufrechtlichen Gefahrtragung lässt sich zugunsten des bestohlenen Käufers keine Kondiktion herleiten. Bekanntlich geht mit Perfektion des Kaufvertrags die Gefahr auf den Käufer über. Gemeint ist damit zunächst die Sachgefahr, also die Gefahr des zufälligen Untergangs oder der zufälligen Verschlechterung der Kaufsache. Entwickelt der verkaufte Sklave nach Perfektion einen diebischen Charakterzug, liegt darin zwar ein Sachmangel. Der Käufer kann deswegen aber keine Mängelrechte geltend machen. Er muss erlittene Nachteile tragen, ohne beim Verkäufer Regress nehmen zu können. Nämliches dürfte für das mit der Kaufsache einhergehende Haftungsrisiko gelten[138]. Verwirklicht der verkaufte Sklave nach Perfektion einen Tatbestand, aus dem der Käufer haftet, so kann dieser vom Verkäufer keinen Ersatz verlangen.

Mit dieser Zuordnung des Risikos lässt sich eine (strengrechtliche) Klage jedoch nicht begründen. Der Satz vom *periculum emptoris* besagt nicht, *dass* der Käufer haftet, sondern nur, dass ihn allein die Folgen treffen, *wenn* er haftet. Mit Gefahrübergang wird der verkaufte Sklave im Verhältnis zwischen Verkäufer und Käufer zwar ganz dem Vermögen des Letzteren zugeordnet. Nicht die Perfektion aber, sondern erst die Übergabe lässt die Passivlegitimation zu Klagen aus Handlungen des Sklaven auf den Käufer übergehen. Bei der nach Ulpian hier ebenfalls zuständigen *actio venditi*[139] könnte die Gefahrtragungsregel vielleicht eine Verpflichtung des Käufers *ex fide bona* rechtfertigen. Für die strengrechtliche Kondiktion ist dies hingegen wenig wahrscheinlich.

---

136 Gai. D. 15, 1, 27, 4–5 (9 *ad ed. provinc.*) *Sed ipsi, qui vendiderit servum, non putat Iulianus de eo, quod ante venditionem crediderit, cum emptore de peculio agere permittendum.* § 5. *Sed et si alieno credidero eumque redemero, deinde alienavero, aeque non putat mihi in emptorem dari debere iudicium.* – Aber demjenigen, der den Sklaven verkauft hat, ist nach der Meinung Julians nicht zu gestatten, wegen des Geldes, das er [dem Sklaven] vor dem Verkauf geliehen hat, gegen den Käufer die Klage wegen des Sonderguts zu erheben. § 5. Aber auch wenn ich einem fremden Sklaven ein Darlehen gewährt, ihn dann gekauft und wieder veräußert habe ist er [Julian] gleichfalls nicht der Ansicht, dass mir gegen den Käufer eine Klage erteilt werden dürfe.

137 Afr. D. 15, 1, 38, 3 (8 *quaest.*) *e contrario*; ferner Gai. D. 15, 1, 27, 6 (9 *ad ed. provinc.*).

138 Weiteres dazu unten, 296 f.

139 Von den Kompilatoren unmittelbar an unsere Stelle angeschlossen, D. 18, 1, 30 (32 *ad ed.*) *Sed ad exhibendum agi posse nihilo minus et ex vendito puto.*

b) Ulpian unterscheidet nicht danach, ob der Sklave die Sache vor oder nach seiner Übergabe, d. h. vor oder nach seinem Übergang in die *potestas* des Käufers entwendet hat[140]. Hat er die Sache *vor* dem Übergang nur beiseitegeschafft bzw. an sich genommen, bleibt sie zunächst im Besitz des Verkäufers. Ein *furtum* hätte der Sklave damit nicht vollendet[141]. Führt er die Sache sodann zum Käufer mit[142], so wird mit dem Übergang in dessen Gewalt das *furtum* vollendet, da er nun mangels Gewaltverhältnis für den Verkäufer keinen Besitz an der Sache mehr ausübt. Der Wechsel des Gewalthabers fiele mit dem *furtum* zeitlich überein. Man könnte daher auf den Gedanken kommen, die Tat dem neuen Herrn insoweit zuzurechnen, als es für die Gewährung einer *condictio* gegen ihn erforderlich ist. Der Käufer müsste also für eine naturale Schuld des Sklaven einstehen, da er zu einer darauf gegründeten Klage nunmehr passivlegitimiert ist.

Offenbar reicht aber die erworbene *potestas* über den Täter dafür allein nicht hin. Der Käufer muss zudem der gestohlenen Sache habhaft werden. Auffällig ist die Betonung, dass er gerade die *res* erlangen müsse und nicht etwa einen beliebigen Vorteil aus der Sache[143]. Bekannt ist diese Einschränkung etwa von der *actio quod metus causa*, wo gerade der Besitz an der zwangsweise entzogenen Sache die Passivlegitimation vermittelt. Die Gewalt des Beklagten über den Täter ist dabei ohne Belang, sie kann lediglich eine zusätzliche Haftung begründen[144].

c) Auch für den von Ulpian entschiedenen Fall stellt sich die Frage, ob wir es mit einer *pervenit*-Klage aus dem *furtum* des Sklaven zu tun haben oder aber der Herr *ipso nomine* haftet, da er an dem, was an ihn gelangt, selbst ein *furtum* verübt. Ulpians Begründung lässt beide Deutungen zu. Einerseits begeht der Sklave die Wegnahme (*res a servo subrepta*), andererseits setzt Ulpian argumentativ bei der eingangs wiedergegebenen Regel an, dass das *peculium* nicht mitverkauft ist (*unde*). Es gelangt also eine nicht geschuldete Sache des Verkäufers an den Käufer. Würde sie von jenem an diesen geleistet, wäre die *condictio indebiti* einschlägig.

---

140 Anders Afr. D. 19, 1, 30 pr. (8 *quaest.*), dazu sogleich 291 ff. Dass der Sklave die Sachen möglicherweise bereits vor Perfektion des Kaufs beiseitegeschafft hat, wie Pika, 94 („vor dem Verkauf") zu meinen scheint, ist weder zu belegen noch für die Falllösung entscheidend.

141 S. oben Fn. 134.

142 Vgl. Paul. D. 21, 2, 3 (10 *ad Sab.*) *Cum in venditione servi peculium semper exceptum esse intellegitur, is homo ex peculio summam quandam secum abstulerat …* – Man nimmt an, dass beim Verkauf eines Sklaven das Sondergut grundsätzlich ausgenommen ist. Dennoch hatte ein verkaufter Sklave aus dem Sondergut eine gewisse Summe Geldes mitgenommen …

143 Häufig begegnet etwa die Wendung *ex ea re*, die weiter greift – selbst oder gerade wenn *res* dabei nicht die entzogene Sache, sondern die streitgegenständliche Handlung meint. Ebenso oft ist die ähnlich weite Formulierung anzutreffen, der Beklagte hafte, *quatenus* oder in *quantum* er bereichert sei.

144 Dazu oben, 244 ff.

Nimmt der Käufer sie in dem Wissen an, dass sie nicht geschuldet ist, so begeht er ein *furtum*, es verfällt also die *condictio furtiva*[145].

Zwar findet hier keine Leistung durch den Verkäufer statt, doch stehen sich die Fälle womöglich darin gleich, dass der Käufer eine nicht geschuldete Sache wissentlich entgegennimmt. Darüber, ob der Käufer die Sache irrig für geschuldet hält, äußert sich Ulpian nicht ausdrücklich. Ausweislich der von ihm angeführten Regel kann der Käufer insofern jedoch kaum gutgläubig sein[146]. Entweder weiß er, dass ihm die Pekuliarsache nicht zusteht, oder er glaubt, sie sei mitverkauft. Dann aber befindet er sich im Rechtsirrtum, mit dem er sich nicht verteidigen kann[147]. Auch ein Tatsachenirrtum dergestalt, dass der Käufer die Sache für anderweit und redlich durch den Sklaven erworben hält, ist wenig plausibel, solange er diesen nicht durch Verleihung eines Sonderguts zu selbständigem Wirtschaften befähigt hat. Wird der Käufer der beiseitegeschafften Sache selbst habhaft[148], so erscheint die *condictio furtiva* danach stets begründet[149]. Die Wegnahme durch den Sklaven tritt dabei gegenüber dem Ansichnehmen durch den Käufer in den Hintergrund.

Die Bedingung *si res ad emptorem pervenit* mag indessen auch dann erfüllt sein, wenn der Sklave die Sache dem Vermögen des Käufers ohne dessen Wissen zuwendet[150]. Die *condictio furtiva* könnte dann aber allein auf ein *furtum* durch den Sklaven gestützt werden. Nimmt man hinzu, was die Kompilatoren sogleich ebenfalls unter Ulpians Namen anfügen, dass nämlich der Verkäufer auch mit der *actio ad exhibendum* vorgehen könne, dann muss der Käufer die Sache wenigstens vorübergehend so im Besitz gehabt haben, dass er sie hätte exhibieren können. Dazu passt die Formulierung *res pervenit*, denn gemeinhin beschränken die Juristen das Erlangte nicht auf die Sache selbst[151], Ulpian tut es aber offenbar hier.

---

145 S. etwa Scaev. D. 13, 1, 18 (4 *quaest.*).

146 Ähnlich v. Tuhr, Actio de in rem verso, 166. Den Besitzer eines nicht geschuldeten *peculium* scheint auch Paulus wie einen bösgläubigen zu behandeln, indem er ihn zur Erstattung gezogener Früchte verpflichtet, Pomp. D. 18, 1, 31 (22 *ad Sab.*); die Stelle gehört laut Lenel, Pal. II, Sp. 130, unter die Überschrift *De condictione*.

147 Vgl. Paul. D. 22, 6, 9 pr. (*l. s. de iuris et facti ignor.*).

148 Vgl. die Übersetzung von Spruit u. Verdam, in: Spruit et al., Bd. III, 430: „in handen van de koper gekomen“; sowie Feust, in: OSS, Bd. 2, 347: „in die Hände des Käufers gelangen“.

149 Auch wer von einem Sklaven gegen den Willen von dessen Herrn Geld entgegennimmt und dieses gutgläubig konsumiert, haftet mit der Kondiktion, Ulp. D. 12, 1, 11, 2 (26 *ad ed.*). Dabei dürfte es sich um die *condictio sine causa* handeln, vgl. Afr. D. 19, 1, 30 pr. (8 *quaest.*) a. E.

150 So ist *pervenire* im Kontext der *actio de in rem verso* meist zu verstehen.

151 Die bekannte Ausnahme bildet die *actio quod metus causa*. Auch dort ist die Einschränkung verständlich: würde das Erlangen beliebiger Surrogate durch beliebige Dritterwerber genügen, uferte die Haftung aus.

Dass aber der Gewalthaber unbewusst in den Besitz deliktisch erlangter Sachen kommen kann, ist unwahrscheinlich[152]. Nach alledem ist überwiegend wahrscheinlich, dass Ulpian die *condictio furtiva* vorrangig nicht auf die Wegnahme durch den Sklaven, sondern auf das wissentliche Vereinnahmen einer nicht geschuldeten Sache durch den Käufer gründet. Nur so passt das offenbar so selbstverständliche (*videlicet*) Ergebnis zur Herleitung, dass der Verkäufer eines Sklaven die in dessen *peculium* befindlichen Sachen dem Käufer nicht schuldet. Wir haben es in dieser Entscheidung Ulpians also nicht mit einer *condictio furtiva* zu tun, die auf den Diebstahl durch den Sklaven gestützt wird, sondern auf das Vereinnahmen der nicht geschuldeten Sache durch den Käufer. Dieser haftet im eigenen Namen.

Zum Vergleich lässt sich eine Entscheidung Julians in einem ähnlichen Fall heranziehen. Dort hat ebenfalls ein verkaufter Sklave den Verkäufer bestohlen, doch nimmt der Käufer das Diebesgut gutgläubig an sich. Julian erteilt daraufhin nicht die *condictio furtiva*, sondern eine *condictio sine causa*:

3. Diebstahl durch einen mitsamt *peculium* verkauften Sklaven

Afr. D. 19, 1, 30 pr. (8 *quaest.*)
Servus, quem de me cum peculio emisti, (α_1)[153] priusquam tibi traderetur, furtum mihi fecit. quamvis ea res quam subripuit interierit, nihilo minus retentionem eo nomine ex peculio me habiturum ait, id est ipso iure ob id factum minutum esse peculium, eo scilicet, quod debitor meus ex causa condictionis sit factus. (β_1) nam licet, si iam traditus furtum mihi fecisset, aut omnino condictionem eo nomine de peculio non haberem aut (β_2) eatenus haberem, quatenus ex re furtiva auctum peculium fuisset, (α_1) tamen in proposito et retentionem me habiturum et, (α_2) si omne peculium penes te sit, vel quasi plus debito solverim posse me condicere. (α_3) secundum quae dicendum: si nummos, quos servus iste mihi subripuerat, tu ignorans furtivos esse quasi peculiares ademeris et consumpseris, condictio eo nomine mihi adversus te competet, quasi res mea ad te sine causa pervenerit.

Ein Sklave, den du von mir mit dessen Sondergut gekauft hast, (α_1) hat mich bestohlen, bevor er dir übergeben werden sollte. Auch wenn die Sache, die er gestohlen hat, untergegangen ist, hätte ich, wie er [Julian] bemerkt, gleichwohl deswegen ein Zurückbehaltungsrecht bezüglich des Sonderguts; das heißt, das Sondergut habe wegen dieser Tat ohne weiteres an Wert verloren, nämlich deswegen, weil er aufgrund der Kondiktion [wegen Diebstahls] mein [natürlicher] Schuldner geworden sei. (β_1) Denn auch wenn ich, falls der Sklave den Diebstahl nach seiner Übergabe begangen hätte, entweder deswegen

152 Iav. D. 41, 2, 24 (14 *epis.*) a. E.: *quod vero ex maleficiis adprehenditur, id ad domini possessionem ideo non pertinet, quia nec peculii causam adprehendit.*

153 Einteilung vom Verf.

> überhaupt keine Kondiktion bezüglich des Sonderguts[154] hätte oder (β_2) nur in der Höhe, in der das Sondergut vermittels der gestohlenen Sache an Wert hinzugewonnen hätte, (α_1) würde ich gleichwohl im vorliegenden Fall entweder ein Zurückbehaltungsrecht geltend machen können oder, (α_2) wenn das gesamte Sondergut sich bei dir befindet, von dir kondizieren können, da ich mehr geleistet hätte, als geschuldet war. (α_3) Demgemäß ist folgendes zu sagen: Wenn du die Münzen, die jener Sklave mir gestohlen hatte, ohne zu wissen, dass sie gestohlen sind, als Münzen des Sonderguts an dich nimmst und ausgibst, dann steht mir deswegen gegen dich eine Kondiktion zu, weil etwas, was mir gehört, ohne Rechtsgrund an dich gelangt ist.

Wie oben bei Ulpian[155] hat hier bei Afrikan, der eine Falllösung seines Lehrers Julian[156] mitteilt, ein verkaufter Sklave den Verkäufer (*ego*) bestohlen. Anders als zuvor wurde jener hier mitsamt seinem Sondergut verkauft. Anders als zuvor stiehlt der Sklave keine Pekuliarsache, sondern eine Sache aus dem Stammvermögen des Verkäufers. Julian behandelt sodann mehrere Variationen dieses Sachverhalts. Im Ausgangsfall (α) hat der Sklave, bevor er an den Käufer *tu* übergeben werden sollte, eine Sache des Verkäufers entwendet, der deswegen (α_1) ein Zurückbehaltungsrecht am Sondergut erhält. Hat der Verkäufer (α_2) das gesamte *peculium* bereits geleistet, steht ihm eine *condictio indebiti* zu. Sind (α_3) Münzen, die der Sklave gestohlen hat, zusammen mit dem *peculium* an den Käufer gelangt und hat dieser sie gutgläubig ausgegeben, so wird dem Verkäufer ebenfalls eine *condictio* gewährt. Julians Entscheidung der Fälle α_1 und α_2 illustriert Afrikan mit einem hypothetischen Alternativfall (β), in welchem der Sklave nach seiner *traditio*[157] gestohlen hat. Der Verkäufer *ego* erhalte dann entweder gar keine *condictio de peculio* oder nur insoweit, als das *peculium* mittels der gestohlenen Sache vermehrt wurde.

---

154 Anders BKKS, Bd. 3, 541: „Kondiktion in Höhe des Sonderguts". Zur Übersetzung von *condictio de peculio* sogleich unter c.

155 D. 18, 1, 29 (43 *ad Sab.*), dazu oben, 285 ff.

156 Diesen zitiert Afrikan regelmäßig mit *ait*. So im Anschluss an Cujaz, Opera Omnia, Bd. 1, Sp. 1253, bereits Buhl, Africans Quaestionen und ihr Verhältnis zu Julian, SZ 2 (1881), 180–199, 194; Liebs, HLL 4 (1997), § 415.2, S. 107.

157 Ob unsere Falllösung ursprünglich von einer *mancipatio* ausging, lässt sich nicht restlos aufklären. Einerseits schuldete der Verkäufer keine Übereignung, andererseits verbliebe bei einer *traditio* das Eigentum (bis zur Ersitzung) beim Verkäufer. Dieser würde also in beiden Fällen vom eigenen Sklaven bestohlen. Hätte der Sklave einen Dritten bestohlen, wäre der Verkäufer weiterhin zu daraus erwachsenden Klagen passivlegitimiert. Aus dem Diebstahl an seinen Vermögen hingegen entstünde keine Klage. Knüpft man die Passivlegitimation nicht an das Eigentum, sondern an die tatsächliche Herrengewalt, bleibt unser Text indes verständlich. *Tradere* beschreibt hier also wenigstens die Überführung in die *potestas* des Käufers. Da hier insbesondere auch Verringerungen und Zuwächse des *peculium* als Kaufgegenstand in Rede stehen, dürfte mit *tradere* die Übertragung des Besitzes gemeint sein, vgl. Pap. Vat. fr. 2 (3 *resp.*).

Dass es sich bei Fall β nicht um einen Teil der Falllösung Julians, sondern einen Zusatz Afrikans handelt, zeigt zunächst der Wechsel von Modus und Tempus. Im Ausgangsfall α werden die Fakten im Indikativ Perfekt mitgeteilt (*emisti, fecit, subripuit*), der hypothetische Sachverhalt hingegen wird im Konjunktiv Plusquamperfekt vorgestellt (*fecisset, fuisset*). Anschließend kehrt Afrikan mit *tamen in proposito* und dem wiederkehrenden *habiturum* zum ursprünglichen Fall α zurück[158]. Die Lösung des Falls α ist bis zum Abschluss von α_2 (*posse me condicere*) als AcI abhängig von *ait*, für Fall β hingegen wechselt Afrikan in die direkte Rede. Afrikan wird auch deswegen ein selbständiger Gedanke zuzutrauen sein[159], weil Ulpian, wie wir sehen werden, an anderer Stelle wohl dieselbe Julianentscheidung wiedergibt, den Fall β dabei jedoch nicht erwähnt.

Die Ausführungen Afrikans, insbesondere zum Fall β, bereiten der Interpretation in verschiedener Hinsicht Schwierigkeiten. Zunächst gilt es, den Ausgangsfall α zu erläutern (a). Danach kann der weniger klare Alternativfall β in den Blick genommen werden. Dabei ist zunächst der Sachverhalt für die beiden Varianten β_1 und β_2 zu rekonstruieren und insbesondere die Frage zu beantworten, wo sich das *peculium* im Zeitpunkt des Diebstahls befindet (b). Alsdann fällt die ungewöhnliche Ausdrucksweise Afrikans ins Auge. Eine *condictio de peculio* begegnet anderwärts nicht (c). Dem Verständnis hilft die besagte Parallelstelle Ulpians, die auf derselben Entscheidung Julians aufzubauen scheint wie unser Afrikantext (d). Schließlich ist auf Afrikans Verwendung von *pervenire* einzugehen (e).

Obschon Lenel beides nicht unmittelbar zusammenstellt, lässt sich unsere Stelle inhaltlich mit einem längeren Passus in Bezug setzen, den Afrikan im 8. Buch seiner Quästionen dem *furtum* durch Sklaven widmet[160]. Die dort erörterten Fälle zeichnen sich dadurch aus, dass die allgemein für Diebstähle geltenden Regeln von immer unterschiedlichen Regimen überlagert werden. Mal tritt wie hier das

158 So auch Liebs, History, 171 Fn. 54.

159 Man hat bezweifelt, ob die Quästionen überhaupt originelle Überlegungen Afrikans enthalten oder lediglich diejenigen Julians wiedergeben. Die Abhängigkeit Afrikans von seinem Lehrer betonen etwa Wenger, Quellen, 505 sowie Liebs, HLL 4 (1997), § 415.2, S. 107; mehr Eigenständigkeit trauen Afrikan zu Wacke, Dig. 19, 2, 33: Afrikans Verhältnis zu Julian und die Haftung für höhere Gewalt, ANRW II 15 (1976), 455–496, 462 f.; Finkenauer, Stipulation, 201 f. Selbst diejenigen, die Afrikans Texte für ganz überwiegend unselbständig halten, gestehen dem Juristen indes eigene Varianten und Begründungen zu. Eben damit haben wir es in unserem Fragment zu tun: Afrikan fügt mit Fall β eine Variante hinzu, die zur Begründung bzw. Erhellung der Entscheidung Julians im Fall α dienen soll.

160 Dass Lenel den genannten Passus (Pal. I, Sp. 30 f., *De furtis*) und unsere Stelle (Sp. 27, *De emptione et venditione*) gleichwohl nicht aneinander anschließt, scheint keinen zwingenden Grund zu haben. Da sich in den Ausführungen Afrikans keine verlässliche Ordnung erkennen lasse, war er dazu übergegangen, die Materien so anzuordnen, wie sie der Reihung in seiner Rekonstruktion des Edikts entsprächen, s. Pal. I, Sp. 2 Fn. 1.

Kaufrecht hinzu[161], mal andere Vertragsrechte[162], mal das Recht der Vermächtnisse[163], oder aber es haben zwei Parteien dingliche Rechte am diebischen Sklaven[164]. Vor diesem Hintergrund ist auch unsere Afrikanstelle zu verstehen. Bestimmend sind also kaufrechtliche Erwägungen, die durch den besonderen Fall[165] des Verkaufs eines Sklaven *cum peculio* veranlasst werden. Im Zentrum steht das Schicksal des Sonderguts als Kaufgegenstand. Die entscheidende Funktion der *traditio* weist dabei auf Fragen der Gefahrtragung hin[166], denen Afrikan noch in einem weiteren Fragment aus demselben Werk nachgeht und dabei ähnlich formuliert (*priusquam traderetur*)[167].

a) Der Fall α – Diebstahl vor Übergabe des Sklaven

Vor *traditio* (α) wird der Verkäufer *ego* von seinem eigenen Sklaven bestohlen und erwirbt eine naturale *condictio furtiva* gegen diesen bzw. dessen *peculium*. Selbst wenn nun die geschuldete Sache zufällig untergeht, wird der Sklave als *fur* von der Schuld gegenüber seinem Herrn *ego* nicht befreit[168]. Folglich ist das Sondergut bis zu einem allfälligen Ausgleich um diese Kondiktionsschuld, d. h. den einfachen Sachwert der *res furtiva*[169], vermindert[170].

---

161 D. 3, 5, 48; D. 47, 2, 62, 2 u. 4.

162 D. 13, 6, 21, 1 u. 6 (Leihe); D. 47, 2, 62, 5–7 (Auftrag, Verwahrung); D. 47, 2, 62, 8 (Pacht).

163 D. 30, 110 (Damnationslegat).

164 D. 13, 7, 31; D. 47, 2, 62, 1 u. 3 (Pfandverhältnis); D. 47, 2, 62 pr. (gemeinschaftlicher Sklave).

165 Wird das Sondergut nicht ausdrücklich mitverkauft, ist nur der Sklave Gegenstand des Vertrags, vgl. oben, 285 f.

166 Siehe etwa Paul. D. 18, 6, 13 u. 15 (3 *Alfeni epit.*) *Lectos emptos aedilis, cum in via publica positi essent, concidit: si traditi essent emptori aut per eum stetisset quo minus traderentur, emptoris periculum esse placet* l. 15. *Quod si neque traditi essent neque emptor in mora fuisset quo minus traderentur, venditoris periculum erit.* – Ein Ädil hatte verkaufte Betten zerschlagen lassen, weil sie auf einer öffentlichen Straße abgestellt worden waren. Wenn sie dem Käufer übergeben waren oder es am Käufer lag, dass sie ihm noch nicht übergeben worden waren, ist anerkannt, dass die Gefahr den Käufer trifft l. 15. Wenn aber die Betten noch nicht übergeben worden waren und der Käufer sich auch nicht im Annahmeverzug befand, so dass ihm die Betten nicht übergeben werden konnten, dann trifft die Gefahr den Verkäufer. – Der anschließende § 1 handelt vom Verlust der Kaufsache durch Diebstahl: *Materia empta si furto perisset, postquam tradita esset, emptoris esse periculo respondit, si minus, venditoris …* – Ging verkauftes Bauholz durch Diebstahl verloren, so trifft, wie er gutachtlich entschieden hat, den Käufer die Gefahr, wenn es übergeben worden war; wenn nicht, den Verkäufer …

167 D. 19, 2, 33 (8 *quaest.*) … *nam et si vendideris mihi fundum isque priusquam vacuus traderetur publicatus fuerit, tenearis ex empto* … – … Denn auch wenn du mir ein Landgut verkauft hast und das Landgut, bevor es mir frei von Rechten Dritter übergeben wurde, enteignet worden ist, haftest du mir mit der Klage aus Kauf …

168 So schon Cujaz, Opera Omnia, Bd. 1, Sp. 1473.

169 Vgl. Ulp. D. 15, 1, 9, 6 (29 *ad ed.*).

170 Ulp. D. 15, 1, 5, 4 (29 *ad ed.*) *Peculium autem Tubero quidem sic definit, ut Celsus libro sexto digestorum refert, quod servus domini permissu separatum a rationibus dominicis habet, deducto inde si quid*

Da der Käufer ab Perfektion des Kaufvertrags die Sachgefahr trägt[171], muss *tu* sich mit einer insofern geschmälerten Kaufsache zufriedengeben. Beim Verkauf eines Sklaven mit Sondergut schuldet der Verkäufer keinen bestimmten Zustand des Sonderguts, sondern allein dessen Bestand. Anders gewendet: Er haftet für dessen Verität, nicht aber dessen Bonität[172]. Insofern wird der Verkauf eines Sonderguts dem einer Erbschaft, d. h. eines Vermögens als Ganzes, gleichgestellt[173]. Beim Erbschaftskauf gilt, dass der Verkäufer für Verringerungen der Erbschaft nur einzustehen hat, wenn er diese arglistig herbeiführt[174]. Auf unseren Fall α gewendet bedeutet dies, dass eine Verringerung des verkauften Sonderguts, die der Verkäufer *ego* nicht selbst arglistig bewirkt hat, zulasten des Käufers *tu* ausfällt. *Tu* kann von *ego* das Sondergut nicht in dem Umfang fordern, den es bei Abschluss des Kaufvertrags hatte, sondern nur vermindert um die Kondiktionsschuld des Sklaven, d. h. vermindert um den einfachen Wert der gestohlenen Sache.

In Fall α_1 klagt der Käufer *tu* das Sondergut vom Verkäufer *ego* ein. Gegenüber der Käuferklage (*actio empti*) kann dieser ein Zurückbehaltungsrecht (*retentio*) geltend machen, also einen Teil des Sonderguts zurückbehalten, der dem Wert der gestohlenen Sache entspricht[175]. Der Kaufgegenstand *peculium* ist rechnerisch *ipso*

---

domino debetur. – Tubero definiert jedoch das Sondergut, wie Celsus im 6. Buch seiner Digesten berichtet, als das, was ein Sklave mit Erlaubnis seines Eigentümers getrennt von dem Vermögensverzeichnis des Eigentümers verwaltet, abzüglich dessen, was er dem Eigentümer schuldet. D. 15, 1, 9, 2 *Peculium autem deducto quod domino debetur computandum esse, quia praevenisse dominus et cum servo suo egisse creditur.* – Aber das Sondergut sei nach Abzug dessen, was dem Eigentümer geschuldet werde, zu berechnen, weil man unterstellt, dass der Eigentümer den Gläubigern zuvorgekommen ist und die Schuld von seinem Sklaven eingetrieben hat.

171 Paul. D. 18, 6, 8 pr. (33 *ad ed.*) … *perfecta emptione periculum ad emptorem respiciet* … – … mit dem perfekten Kaufvertrag trifft die Gefahr den Käufer …

172 Ulp. D. 21, 1, 33 pr. (1 *ad ed. aedil. curul.*) … *peculium tale praestare oportere, et quemadmodum certam quantitatem peculii praestare non debet, ita nec hoc* … – … [der Verkäufer] muss nur dafür einstehen, dass das Sondergut als solches besteht. Und so wie er nicht für einen bestimmten Umfang des Sonderguts einzustehen braucht, so auch nicht für eine bestimmte Beschaffenheit …

173 Abermals Ulp. D. 21, 1, 33 pr. (1 *ad ed. aedil. curul.*) … *si hereditas aut peculium servi venierit* … – … wird eine Erbschaft oder das Sondergut eines Sklaven verkauft …

174 Ulp. D. 18, 4, 2, 5 (49 *ad Sab.*) … *deperdita autem et deminuta sine dolo malo venditoris non praestabuntur.* – Für Verluste aber und Wertminderungen, die ohne bewusste Treuwidrigkeiten eingetreten sind, hat der Verkäufer nicht einzustehen; sowie Pomp. D. 18, 4, 3 (27 *ad Sab.*) *Si venditor hereditatis exactam pecuniam sine dolo malo et culpa perdidisset, non placet eum emptori teneri.* – Hat der Verkäufer der Erbschaft von ihm eingezogene Gelder verloren, ohne dass ihm Vorsatz oder Fahrlässigkeit zur Last fallen, so ist anerkannt, dass er dem Käufer nicht haftet.

175 Umstritten ist, ob Afrikan von einer *retentio* oder einer *deductio* handelt. Dazu Nardi, Studi sulla ritenzione in diritto romano, Bd. I: Fonti e casi, 119: „un'indiscutibile deductio". Laut Backhaus, Rez. A. Bürge, Retentio im römischen Sachen- und Obligationenrecht, Zürich 1979, SZ 98 (1981), 500–514, 512 f. handelt es sich um ein Zurückbehaltungsrecht hinsichtlich des gesamten Sonderguts,

iure um diesen Wert verringert[176]. *Ego* hat die *retentio* insofern nicht deshalb, weil *tu* ihm Schadensersatz für die gestohlene Sache schuldet – die deswegen zustehende Kondiktion richtet sich schließlich nicht gegen *tu*, sondern gegen den weiterhin *ego* gehörenden Sklaven als naturalen Schuldner[177] –, sondern weil die Kaufsache, das Sondergut, nun insofern verringert ist (*minutum*); nur das interessiert im Verhältnis zum Käufer.

In Fall α_2 tradiert der Verkäufer *ego* das Sondergut, ohne wegen der gestohlenen Sache einen Abzug zu machen. Er leistet mehr, als er schuldete, somit ein kondizierbares *indebitum* in Höhe des einfachen Sachwerts. Im Fall α_3 gelangt ebenfalls mehr als geschuldet an den Käufer *tu*, doch wird der in Münzen bestehende Mehrbetrag nun nicht an diesen geleistet, weshalb dessentwegen keine *condictio indebiti* verfällt. Vielmehr bringt der Sklave das gestohlene Geld zu *tu* mit, als handelte es sich um Münzen des Sonderguts. Sodann verleibt *tu* die Münzen seinem Vermögen durch gutgläubige *consumptio* ein. *Ego* erhält daher eine *condictio sine causa*.

b) Der Fall β – Diebstahl nach Übergabe des Sklaven

Schwieriger gestaltet sich die Erläuterung des eingeschobenen Falls β, den Afrikan als hypothetischen Vergleichsfall[178] hinzusetzt: Der Sklave wurde zunächst tradiert und hat sodann eine Sache des Verkäufers gestohlen. Der Verkäufer *ego* habe dann entweder überhaupt keine *condictio de peculio* oder nur insoweit, als das *peculium* vermittels der gestohlenen Sache vermehrt sei. Wo sich das *peculium* befindet, verrät

---

wegen Paul. D. 23, 3, 56, 3 (6 *ad Plaut.*) und des „Interesse[s] des Käufers am Zusammenbleiben der Wirtschaftseinheit *peculium*".

176 Dass Afrikan die Verringerung des Sonderguts *ipso iure* und die *retentio ex peculio* zusammengeführt habe, hält für unmöglich Eisele, Beiträge zur Erkenntniss der Digesteninterpolationen, SZ 11 (1890), 1–30, 8.

177 Im Ergebnis zutreffend, aber verkürzt erscheint es daher, wenn Bürge, Retentio im römischen Sachen- und Obligationenrecht, 194, von der „Durchsetzung einer Schadensersatzforderung mittels Retentionsrecht" spricht. *Ego* hat keine Schadensersatzforderung gegen *tu*, wohl aber kann er geltend machen, diesem nur ein *peculium* geringeren Umfangs zu schulden. Auch bei Pennitz, Zwischen Diebstahls- und Noxalrecht: Zur Argumentation bei Cels. (12 dig.) D. 47,2,68,4, in: Vladár (Hrsg.), Perpauca terrena blande honori dedicata pocta Petrovi Blahovi k nedozitým 80. Narodeninám, 359–377, 373, bleibt dies unausgesprochen, wenn er schreibt, „das intern entstandene Schuldverhältnis soll[e] … in Form des Zurückbehaltungsrechts Berücksichtigung finden".

178 Es scheint sich bei dem Einschub nicht um einen eigenständig zu entscheidenden Fall, sondern um ein argumentatives oder rhetorisches Mittel zu handeln, mit dem die Entscheidung des Hauptfalls α akzentuiert werden. Sie wird in Form eines möglichen Einwands eingeführt, der aber nicht verfange: *nam licet …, tamen* – denn wiewohl [man geneigt sein könnte einzuwenden, dass …, bleibt es] dennoch [bei dieser Entscheidung]. So auch an anderer Stelle im selben Werk Afrikans, D. 47, 2, 62, 5.

der Text augenscheinlich nicht. Für den vollzogenen Gedankengang ist das vorerst auch nicht vonnöten, eines wird ohnedies klar: Mit der *traditio* des Sklaven verliert *ego* seine Stellung als dessen *dominus*. Obligationen, die er gegenüber seinem einstmaligen *subiectus* fortan erwirbt, kann er nicht anders durchsetzen als jeder beliebige Gläubiger eines fremden Sklaven. Ganz gleich, ob sich das *peculium* noch bei *ego* befindet – die Forderungen gegen den nunmehr einem anderen gehörenden Sklaven wirken sich auf den Wert des Sonderguts nicht mehr *ipso iure* aus. Als Kaufgegenstand wird es durch das *furtum* bzw. eine darauf gegründete Kondiktion in seinem Umfang nicht geschmälert. *Ego* schuldet *tu* aus Kauf das *peculium* also in dem Umfang, den es ungeachtet des Diebstahls hat. Leistet *ego* es mit diesem Bestand (ohne wegen des *furtum* einen Abzug zu machen), steht ihm folglich auch keine *condictio indebiti* zu.

Der Vergleichsfall β führt zu dem Ergebnis, dass der Käufer schlechter steht, solange der Sklave und das *peculium* seinem Vermögen noch nicht vollständig zugeführt wurden. Das erscheint zunächst kontraintuitiv: Erst ab der Übergabe des Sklaven trifft den Käufer als neuen *dominus* die adjektizische (und noxale) Haftung für Handlungen des nunmehr seiner Gewalt Unterworfenen[179]. Man könnte daher meinen, die Folgen eines von diesem begangenen *furtum* seien für *tu* zuvor weniger einschneidend und träfen vorrangig *ego*, der noch *dominus* des Diebes ist[180]. Das Gegenteil aber erweist sich als wahr: Hinsichtlich des Sonderguts ist die Rechtsposition des Käufers *tu* nach *traditio* des Sklaven stärker als zuvor.

Auch unter dem Blickwinkel des Utilitätsprinzips[181], das andere Entscheidungen im selben Werk Afrikans leitet[182], kann die Entscheidung im Vergleichsfall β verwundern. Im Fall des Diebstahls vor Übergabe trägt der Käufer das Risiko einer zufälligen Verschlechterung oder Verringerung des gekauften Sonderguts, so als sei er bereits *dominus*. Das Vorrecht, eigene Forderungen unmittelbar aus dem Sondergut zu befriedigen, liegt aber weiterhin beim Verkäufer, der noch *dominus* ist. Die Kehrseite dieser Privilegierung ist es, dass der Verkäufer noch bis zur *traditio* des

---

179 Im weitesten Sinne lässt sich dies als Ausdruck der unklassisch so formulierten Regel *casum sentit dominus* verstehen.

180 Außerdem hat er dem Käufer für *custodia* einzustehen, was typischerweise die Haftung für einen Diebstahl an der verkauften Sache einschließt, Gai. 3, 205 f. mit Paul. D. 18, 6, 3 (5 *ad Sab.*); einschränkend Gai. D. 18, 1, 35, 4 (10 *ad ed. provinc.*). Hier wurde jedoch nicht die Kaufsache gestohlen.

181 Dazu, wie hier im Kontext der Gefahrtragung beim Kauf, Paul. D. 18, 6, 7 pr. (5 *ad Sab.*), allgemein D. 50, 17, 10 (5 *ad Sab.*).

182 D. 47, 2, 62, 5–6: Es wird der Mandatar vom auftragsgemäß zu kaufenden Sklaven, in einem weiteren Fall der Entleiher vom geliehenen Sklaven bestohlen. Im Verhältnis zum jeweiligen Vertragspartner soll jener besser stehen als dieser, dessen Vorteil allein die Leihe diene. Der Mandatar aber werde gar nicht zum eigenen Vorteil tätig. Nach Paulus D. 18, 6, 3 (5 *ad Sab.*) ist der Verkäufer bekanntlich dem Entleiher vergleichbar.

Sklaven mit adjektizischen und noxalen Klagen wegen des Sklaven belangt werden kann. Ist das *peculium* mit verkauft und trägt der Käufer somit bereits die Preisgefahr, kann der Verkäufer bei einer von dritter Seite erhobenen *actio de peculio* jedoch keine Vermögenseinbuße erleiden. Ist das verkaufte Sondergut beispielsweise 100 wert, so muss der Verkäufer, mit der Sondergutsklage belangt, höchstens 100 an den Kläger zahlen. Hat der Kläger eine Forderung über 90 und zahlt der Verkäufer 90 aus seinem Stammvermögen, so erwirbt er eine Regressforderung in ebendieser Höhe gegen den Sklaven bzw. das Sondergut. Damit sinkt der Wert des Sonderguts rechnerisch auf 10. In der Folge schuldet der Verkäufer dem Käufer nur ein Sondergut im Wert von 10. Die übrigen 90 kann der Verkäufer im Wege des Regresses für sein Stammvermögen zurückbehalten. Da die maximale Urteilssumme bei einer Sondergutsklage durch den Wert des Sonderguts begrenzt wird, kann sie nie höher sein als der Betrag, den der Verkäufer im Wege des Regresses dem Sondergut entnehmen kann. Für das Stammvermögen des Verkäufers besteht also kein Risiko. Selbst wenn infolge der Sondergutsklage eines Dritten das *peculium* nahezu[183] erschöpft würde, erhielte der Verkäufer vom Käufer den vereinbarten Kaufpreis.

Betrachtet man, wie Afrikan im Gefolge Julians, allein auf das Sondergut gerichtete Klagen, so kann man danach zu dem Schluss gelangen, dass den Käufer bereits alle mit dem *peculium* verbundenen Nachteile treffen und der Verkäufer dennoch den Vorteil des Deduktionsrechts genießt[184]. Ebendiese Überlegung mag den Einschub β veranlasst haben. Wenn man nämlich dem Käufer bereits alle Risiken aufbürdet, die mit der Position als *dominus* einhergehen, müsste man ihn vielleicht konsequenterweise in jeder Hinsicht wie den *dominus* behandeln – so also, als habe die *traditio* des Sklaven bereits stattgefunden.

c) *Die condictio de peculio im Fall β*

Entscheidend für die Deutung des Falls β ist die Frage, wie der Ausdruck *condictio de peculio* aufzufassen ist. Man könnte zunächst meinen, es handle sich um eine als *actio de peculio* ausgestaltete Kondiktion. Afrikans *condictio de peculio* ist jedoch nicht im Sinne einer Sondergutsklage zu verstehen[185]: Gemeint ist eine Kondiktion *bezüglich* des Sonderguts[186], nämlich dieses einen, des kaufgegenständlichen

183 Da er dem Käufer für die Verität des *peculium* haftet, kann er es nicht gänzlich an sich nehmen. Ein einzelner, geringwertiger Pekuliargegenstand dürfte aber genügen, das *peculium* als Kaufgegenstand zu erhalten.

184 Freilich findet sich der Utilitätsgedanke letztlich darin verwirklicht, dass dem Käufer auch alle Zuwächse des *peculium* gebühren.

185 Ähnlich Saccoccio, Certum, 388.

186 Ebenso Spruit et al., Bd. III, 513: „condictie betreffende het toegewezen vermogen". Vgl. zudem die Übersetzung bei Vignali, Bd. III, 61: „diritto a domandare sul peculio". Man könnte auch von einer

Sonderguts. Das entspricht der analog formulierten *retentio ex peculio* im Fall α, dem Zurückbehaltungsrecht bezüglich des verkauften *peculium*. Mit *peculium* bezeichnet der Jurist das Sondergut als Gegenstand der Kondiktion, nicht als Maß für deren Beschränkung (*taxatio*). Die Bezeichnung *condictio de peculio* für eine Sondergutsklage ist unseren Quellen ohnedies fremd. Auch dort, wo man in der Sache von einer Kondiktion auszugehen hat, sprechen die Juristen nicht von einer *condictio*, sondern einer *actio de peculio*[187]. Ein einziges Mal findet sich eine *condictio in peculium*[188].

Weiterhin stellt sich die Frage, um welche *condictio* es sich in Fall β handelt. Es ist dies die *condictio indebiti*, auch wenn zunächst ebenfalls eine *condictio furtiva* in Betracht kommt. Von der Formulierung *ex re furtiva* muss nicht – mit der ganz überwiegenden Meinung[189] – auf eine *condictio furtiva* geschlossen werden. Indem sich Afrikan auf die gestohlene Sache bezieht, stellt er nicht allein einen Zusammenhang zum *furtum*, sondern auch zum Vermögen des Verkäufers her. Frei könnte man vielleicht auch übersetzen, das Sondergut sei ‚durch die aus meinem Vermögen entwendete Sache' vermehrt. In ähnlicher Weise spricht Afrikan an anderer Stelle im selben Buch seiner Quästionen davon, dass ein Gemeinschafter dem anderen, vom gemeinsamen Sklaven bestohlenen hafte, [*si*] *quid ex re furtiva ad socium pervenerit* – wenn etwas aus der gestohlenen Sache an [jenen] Gemeinschafter gelangt[190]. Dabei bezieht sich der Jurist nicht etwa auf eine Diebstahls-

---

Klage *wegen* des Sonderguts sprechen, doch ist dies bei BKKS der technische Begriff für die *actio de peculio*.

187 Ulp. D. 15, 1, 3, 12 (29 *ad ed.*) mit Blick auf die *condictio furtiva*; weitere Beispiele oben, Fn. 20.

188 Paul. D. 13, 1, 19 (3 *ad Ner.*). Dabei handelt es sich wohl nicht um die *condictio furtiva*, sondern eine *condictio ex iniusta causa*, Paul.-Arist. D. 25, 2, 6, 5 (7 *ad Sab.*); Marcian. D. 25, 2, 25 (3 *reg.*).

189 Bereits die Gl. *Peculium* stellt einen Bezug zu Ulp. D. 15, 1, 3, 12 (29 *ad ed.*) her, dazu oben, 266 ff.; Cujaz, Opera Omnia, Bd. 1, 1473 hält die *condictio* auf die Vergrößerung des Sonderguts für eine *condictio furtiva in quantum peculium locupletius factum est*. Es handle sich um eine *media sententia*, denn einerseits entspringe die *condictio furtiva ex maleficio* (und wäre daher nicht *de peculio* zu geben, sondern noxal), andererseits diene sie nicht der Buße, sondern der Sachverfolgung und wäre daher *de peculio* zu erteilen. Als Mittelweg gebe es die Klage auf die Bereicherung des Sonderguts und sofern diese nicht hinreiche, den Kläger zu entschädigen, eine weitere mit *noxae deditio* (arg. D. 13, 1, 4: *in residuum*). Von einer Diebstahlskondiktion auf die Bereicherung des Sonderguts gehen weiter aus Glück, Bd. XIII, 196; Pika, Ex causa furtiva condicere, 96. Anders Burdese, Rez. W. Pika, Ex causa furtiva condicere im klassischen römischen Recht, Berlin 1988, SDHI 55 (1989), 471–479, 479: Er vermutet eine *condictio*, die weder *ex causa furtiva* noch adjektizisch erteilt werde, vielmehr handle es sich um eine direkte, nicht näher bestimmte *condictio* gegen den Gewalthaber auf die Bereicherung des *peculium*, in dessen Besitz er sei. Das ist nicht zu erweisen, aber möglich. Immerhin kennen wir gerade von Julian aus den Quästionen Afrikans eine Anwendung der *condictio*, die dogmatischen Zwängen nicht verhaftet ist und wie hier gegen denjenigen erteilt wird, der *ex re* des Klägers bereichert ist, D. 12, 1, 23 (2 *quaest.*).

190 D. 47, 2, 62 pr.

kondiktion in den Grenzen des Erlangten, sondern auf die Teilungsklage (*actio communi dividundo*) für einen Fall des Erwerbs *ex re*, d. h. aus dem Vermögen des einen Gemeinschafters[191]. Dem entspricht in unserem Fall β der Erwerb aus dem Vermögen des Verkäufers, der eine Erstattungspflicht des Käufers auslöst[192]. Der Schluss von der *res furtiva* auf die *condictio furtiva* ist danach keineswegs notwendig und für unsere Afrikanstelle abzulehnen.

Der Jurist handelt von einer *condictio indebiti*[193]. Gerade in den Kontext der Gefahrtragung fügt sich diese Klage am besten ein. Ausdruck der Gefahrtragung ist es, dass dem Käufer ab Perfektion die Zuwächse des *peculium* gebühren. Doch gilt dies nur, sofern sie nicht aus dem Vermögen des Verkäufers herrühren[194]. Sollte die gestohlene Sache also nicht wie eingangs von Afrikan mitgeteilt untergegangen, sondern zur Vermehrung des *peculium* verwendet worden sein, so dürfte dem Verkäufer auch deswegen ein Retentionsrecht zustehen. Auch in diesem Fall verändert sich der Wert des Sonderguts unmittelbar, sein Umfang ist sodann größer als der geschuldete. Leistet der Verkäufer es dergestalt vermehrt, so hat er die *condictio indebiti*, soweit die Vermehrung reicht, d. h. *quatenus ex re furtiva auctum peculium fuisset*. Das setzt freilich voraus, dass das *peculium* nach *traditio* des Sklaven und bis zur Vermehrung noch beim Verkäufer *ego* verblieben war. Wie wir sehen werden, ist der Sachverhalt in diesem Sinne zu rekonstruieren[195].

---

191 Heßelschwerdt, Servus communis, in Vorbereitung. *Pervenire* ist im Kontext der *actio communi dividundo* ganz üblich, auch wenn das Verb, anders als von Lenel, EP, 211 angenommen, nicht in der Formel gestanden haben mag, so Varvaro, Alcune considerazioni sulla ricostruzione delle formule delle azioni divisorie, in: D'Angelo/De Simone/Varvaro (Hrsgg.), Scritti per il novantesimo compleanno di Matteo Marrone, 287–331, 303–305 im Anschluss an Arangio-Ruiz, Rez. Otto Lenel – Das Edictum perpetuum, Ein Versuch zu seiner Wiederherstellung, Dritte Verbesserte Auflage, Leipzig 1927, BIDR 37 (1929), 81–92, 87 sowie Biondi, Rez. A. Berger, Zur Entwicklungsgeschichte der Teilungsklagen im klassischen römischen Recht, BIDR 25 (1912), 267–272, 269.

192 Ulp. D. 19, 1, 13, 13 (32 *ad ed.*) *Item si quid ex operis servorum vel vecturis iumentorum vel navium quaesitum est, emptori praestabitur, et si quid peculio eorum accessit, non tamen si quid ex re venditoris.* Ebenso muss dem Käufer geleistet werden, wenn der Verkäufer aufgrund der Arbeitsleistungen der [verkauften] Sklaven oder aus den Frachtgeldern der [verkauften] Zugtiere oder Schiffe noch etwas erworben hat; ebenso auch, wenn aus dem [mitverkauften] Sondergut der Sklaven etwas hinzuerworben worden ist, nicht jedoch, wenn der Erwerb aus dem Vermögen des Verkäufers stammt.

193 Die von Pernice, Labeo, Bd. 3, 251 Fn. 2, geäußerte Verwunderung, dass Afrikan mit *ex re furtiva* erst auf die Diebstahlskondiktion hindeute, sodann aber „plötzlich zur *cond. ind.* ab[schwenke]" wäre ohne Anlass, wenn Afrikan durchweg nur letztere im Sinn hatte. Ähnliches gilt für die Verwunderung Wackes, Actio rerum amotarum, 138, der sich fragt, weshalb Julian bei der *amotio rerum* eine *condictio de peculio* zulasse (Paul. D. 13, 1, 19 [3 *ad Ner.*]), während Afrikan, der Julian zitiert, sie in unserem Fall β für das *furtum* aber ablehne.

194 Vgl. soeben Fn. 192.

195 So auch Saccoccio, Certum, 389 mit Fn. 32.

Für Fall β erfahren wir von Afrikan nichts darüber, zu welchem Zeitpunkt das Sondergut übergeben wird. Das Partizip *traditus* im Singular scheint nur den Sklaven zu meinen, wäre jedoch auch bezogen auf *servus cum peculio* korrekt. Vorstellbar wäre auch, dass mit der *traditio* des Sklaven, der die tatsächliche Gewalt über die Pekuliargegenstände ausübt, sogleich die *traditio* des Sonderguts einhergeht, das der Sklave fortan für den Käufer besitzt. Das Sondergut wäre demnach schon in Fall β_1 ebenfalls dem Käufer übergeben worden. Im ersten Satz unseres Afrikanfragments aber ist allein der Sklave Subjekt von *traderetur* und *fecit*. Auch *debitor* im letzten Halbsatz vor Fall α meint nur ihn. Dass die *traditio* des Sklaven ohne weiteres die *traditio* des *peculium* mit sich bringt, wird außerdem durch Quellen in Zweifel gezogen, die eine separate Übergabe des *peculium* kennen[196]. *Traditus* ist danach allein auf den Sklaven zu beziehen.

Trotz der knappen Schilderung Afrikans haben wir von folgendem Ablauf auszugehen: Es wird zunächst nur der Sklave übergeben, der sodann eine Sache des Verkäufers stiehlt, während sich das *peculium* noch bei diesem befindet. Die gestohlene Sache geht daraufhin unter (β_1) oder wird vom Sklaven verwendet, um das *peculium* zu vermehren (β_2), etwa indem er die Sache zum Nutzen des Sonderguts verbraucht oder indem er sie veräußert und den Erlös dem Sondergut zuführt[197]. Sodann übergibt der Verkäufer das Sondergut dem Käufer. Ist die Sache untergegangen (β_1), das *peculium* mithin nicht vermehrt, dann hat der Verkäufer lediglich das geleistet, was er schuldete. Ihm steht hinsichtlich des Sonderguts daher gar keine *condictio indebiti* zu (*omnino non haberem*). Hat der Sklave das Sondergut hingegen vermehrt (β_2), bevor der Verkäufer es an den Käufer übergibt, so leistet der Verkäufer mehr, als er schuldete. Er erhält eine *condictio indebiti*, soweit das Sondergut vermittels der gestohlenen Sache, d. h. aus dem Vermögen des Verkäufers vermehrt worden ist. Die von Afrikan erwogenen Fälle β_1 und β_2 unterscheiden sich also darin, dass die *res furtiva* im ersten der beiden ohne Gewinn für das Sondergut untergegangen ist, im zweiten hingegen zu einer Vermehrung des *peculium* beigetragen hat. Die Fälle α und β verhalten sich also spiegelbildlich zueinander, gerade so erfüllt β die Funktion des Vergleichsfalls: In den Fällen α_1 und β_1 geht die gestohlene Sache unter; in den Fällen α_2 und β_2 leistet der Verkäufer mehr an den Käufer als geschuldet.

196 Ulp. D. 15, 1, 32, 2 (2 *disp.*) *Venditor servi si cum peculio servum vendidit et tradiderit peculium …*; D. 15, 2, 1, 7 (29 *ad ed.*) zum Legat eines Sklaven mit *peculium*.

197 Vgl. Cels. D. 47, 2, 68, 4 (12 *dig.*), dazu Pennitz, Diebstahls- und Noxalrecht, 368 f. Ein vermittels des Diebesguts erlangtes Surrogat ist nicht furtiv und rechnet alsdann zu den regulären Pekuliargegenständen. Vgl. auch Ulp. D. 9, 4, 38, 2 (37 *ad ed.*): Nimmt der Bestohlene dem Sklaven das Surrogat weg, begeht er selbst ein *furtum*.

Auch den Fällen α_2 und α_3 ist gemein, dass *ego* unwissentlich zu viel an den Käufer *tu* gelangen lässt. Im einen Fall war das *peculium* rechnerisch kleiner geworden, und *ego* leistet es dennoch unvermindert, ohne einen Abzug zu machen. In Fall α_3 befinden sich die gestohlenen Münzen offenbar unbemerkt unter den Pekuliargegenständen und erreichen so den Käufer. In den Fällen β ist nichts anderes anzunehmen, als dass auch hier der Verkäufer das *peculium* in Unkenntnis des Diebstahls oder seiner Folgen für den Pekuliarbestand übergibt. Eine Verringerung des Sonderguts (wie in Fall α_1) kann er sodann nicht geltend machen; nur wenn das Sondergut vermittels der gestohlenen Sache vermehrt an den Käufer gelangt, hat er eine *condictio indebiti*, soweit die Vermehrung reicht.

Darauf, dass die *condictio* in Fall β_2 eine *condictio indebiti* meint, deutet als weiteres Indiz das Begriffspaar *minutum* – *auctum* hin[198]; Letzteres wäre zur Bezeichnung einer deliktischen Bereicherungsklage einzigartig. Zwar meint *auctum* gleichermaßen wie etwa *locupletius*, dass etwas zum *peculium* hinzugekommen ist[199]. In Kombination werden die beiden Verben *augere* und *minuere* aber regelmäßig auf Zuwächse und Abflüsse aus einem Vermögen bezogen, die vor dessen Übergang von einem auf einen anderen Inhaber stattfinden. Das betrifft ganz überwiegend zwar letztwillige Zuwendungen, besonders Vermächtnisse[200], damit aber insbesondere auch Fälle, in denen ein *peculium* vermacht ist. An eine Bereicherung im Sinne einer Klage *de eo quod pervenit* ist dabei nicht gedacht. Es geht um die rechnerische[201] (wie bei Afrikan in Fall α_1) oder faktische[202] (Fall β_2) Veränderung des Pekuliarbestands im Hinblick darauf, welcher Umfang dem Bedachten als künftigem Inhaber zusteht. Anders gewendet steht dabei in Rede, was der Erbe dem Vermächtnisnehmer schuldet (*debitum*) und was nicht

198 In der deutschen Übersetzung von BKKS, Bd. 3, 541 tritt der so betonte Gegensatz weniger prägnant hervor: „das Sondergut sei verringert – habe an Wert hinzugewonnen"; deutlicher Sintenis, in: OSS, Bd. 2, 420: „vermindert – vermehrt".

199 Auch etwa dann, wenn dies auf Betreiben des Herrn geschieht, Pomp. D. 15, 1, 4 pr. (7 *ad Sab.*): *servi peculium totum adimere vel augere vel minuere dominus possit*; ferner Marcian. D. 15, 1, 40, 1 (5 *reg.*).

200 So ebenfalls in Afrikans Quästionen, D. 28, 6, 35 (5 *quaest.*) … *quemadmodum portio, quae per bonorum possessionem accesserit, auget legata, ita et hic quae abscesserit minuat.* S. außerdem Paul. D. 32, 46 (2 *ad Vitell.*); D. 35, 2, 22, 3 (17 *quaest.*); Scaev. D. 34, 3, 28, 5 (16 *dig.*).

201 Ulp. D. 33, 8, 6, 4 (25 *ad Sab.*) *Sicut autem aes alienum, hoc est quod debetur domino, minuit legatum peculium, ita per contrarium id quod dominus debet servo augere debet* … – Wie aber Schulden, also das, was [von dem Sklaven] dem Eigentümer geschuldet wird, das vermachte Sondergut vermindern, so muss umgekehrt das, was der Eigentümer dem Sklaven schuldet, das Vermächtnis vergrößern …

202 Pap. D. 31, 65 pr. (16 *quaest.*) *Peculium legatum augeri et minui potest, si res peculii postea esse incipiant aut desinant* – Ein vermachtes Sondergut kann größer oder kleiner werden, wenn Gegenstände später in das Sondergut gelangen oder aus ihm ausscheiden.

(*indebitum*). Von nichts anderem handelt unsere Stelle im Verhältnis zwischen Verkäufer und Käufer.

Vor Übergabe kann der Verkäufer wegen der abzugsfähigen Kondiktionsforderung gegen den Sklaven ein verringertes Sondergut (*peculium minutum*) geltend machen. Nach Übergabe kann er sich nur auf ein ungerechtfertigt vergrößertes Sondergut (*peculium auctum*) berufen, sofern und soweit das nunmehr beim Käufer befindliche Sondergut aus seinem Vermögen vermehrt wurde. Die beiden betrachteten Rechtshandlungen, *retentio* und *condictio*, gelten also demselben Zweck: dasjenige, was den kaufvertraglich geschuldeten Umfang des Sonderguts übersteigen würde, dem Verkäufer zuzuweisen.

Ausschließen lässt sich, dass zugleich sowohl der Sklave als auch das *peculium* tradiert werden, noch bevor der Sklave das *furtum* begeht. Als einschlägige Kondiktion käme dann nur die *condictio furtiva* in Frage. Wir hätten es also mit einer Diebstahlskondiktion zu tun, beschränkt auf die Bereicherung des *peculium*. Diese Beschränkung begegnet bei der *condictio furtiva* andernorts nicht. Wiederholt ist von einer Bereicherung des Gewalthabers, nicht allein des Sonderguts die Rede[203], oder es wird die *actio de peculio* erteilt, ohne diese auf das Erlangte zu beschränken[204]. Nun könnte man, ob der vielfältigen Juristenmeinungen, annehmen, dass Afrikan für eine abweichende, eigenständige Lösung eintritt. Wahrscheinlicher ist aber, dass er mit Blick auf seine vorrangige Frage, welche Rechtsposition der Verkäufer *ego* gegenüber dem *peculium* als Kaufgegenstand hat, nicht an die *condictio furtiva*, sondern an die *condictio indebiti* denkt. Sie ist es auch, die gleich darauf in Fall α_2 ausdrücklich zur Anwendung gelangt. Auch stehen sich die symmetrischen Formulierungen *retentio eo nomine ex peculio* und *condictio eo nomine de peculio* nur bezogen auf die *condictio indebiti* nicht nur sprachlich, sondern auch in der Sache spiegelbildlich gegenüber: Im Fall α_1 kann der Verkäufer das nicht Geschuldete vom *peculium* zurückbehalten, in den folgenden Fällen kann er es zurückfordern[205].

Die Annahme, nach der das Sondergut jeweils vermehrt wird, bevor es an den Käufer übergeben wird, lässt sich schließlich auch auf den Hergang stützen, der

---

203 Insbesondere oben Ulp. D. 18, 1, 29 (43 *ad Sab.*); außerdem Ulp. D. 13, 1, 4 (41 *ad Sab.*) *Si servus vel filius familias furtum commiserit, condicendum est domino id quod ad eum pervenit* …; Ähnlich für die der *condictio furtiva* eng verwandte *actio rerum amotarum*, Ulp. D. 15, 1, 3, 12 (29 *ad ed.*) sowie D. 25, 2, 3, 4 bis h. t. 5, dazu oben, 266 ff.; ferner Diocl./Maxim. C. 3, 41, 4 pr. (a. 293) *quantum ad eum pervenit experiri non prohiberis* …

204 Paul. D. 13, 1, 19, (3 *ad Ner.*) *Iulianus ex persona filiae, quae res amovit, dandam in patrem condictionem in peculium respondit.* Santoro, AUPA 32 (1971), 179–512, 174 ff. hält dafür, dass die Kompilatoren hier eine Klage in den Grenzen des Erlangten gegen seine Sondergutsklage ersetzten.

205 Vgl. Pap. D. 26, 7, 39, 18 (5 *resp.*): *de peculio retinere* – (etwas) vom Sondergut zurückbehalten; Ulp. D. 40, 7, 3, 1 (27 *ad Sab.*): *de peculio offerre* – (etwas) aus dem Sondergut anbieten; Diocl./Maxim. C. 4, 6, 9 (a. 294): *quid de peculio dedere* – etwas vom Sondergut hingeben.

sich für Fall α_3 ergibt: Der Sklave stiehlt vor seiner *traditio*, andernfalls stünde *ego* gegen den neuen Herrn *tu* die *condictio furtiva* auf das Erlangte zu. Es bedürfte dann keiner *consumptio nummorum*, um damit die *condictio sine causa* zu rechtfertigen. Der Sklave entwendet also Münzen und verwahrt sie so, dass der Käufer sie bei der erst noch folgenden *traditio* guten Glaubens für solche des Sonderguts halten kann, wahrscheinlich also mit weiteren Pekuliargegenständen. Auch hier gelangt also ein Mehrbetrag zum *peculium*, bevor dieses übergeben wird.

d) Eine Parallelüberlieferung?

Unterlegen lassen sich die gewonnenen Ergebnisse mit einem Fragment des Ulpian, dem man mit Blick auf unsere Stelle bisher wenig Bedeutung beigemessen hat[206]. Wie Afrikan entlehnt Ulpian dort eine Aussage Julians, die aus demselben Kontext stammen könnte wie die in unserer Stelle übermittelte:

> Ulp. D. 15, 1, 11, 7 (29 *ad ed.*)
> Denique Iulianus scribit venditorem, qui servum cum peculio vendidit, si de peculio conveniatur, non debere deducere quod sibi debetur: potuit enim hoc ex ratione peculii detrahere et nunc condicere quasi indebitum (quoniam non est in peculio quod domino debetur). potest, inquit, etiam ex vendito agere. quod ita erit probandum, si tantum fuit in peculio cum venderet, ut satisfacere debito dominus possit: ceterum si postea quid accessit condicionibus debiti existentibus, quod dominus non distraxerat, contra erit dicendum.
>
> Ferner schreibt Julian: Wenn der Verkäufer, der einen Sklaven mit dem Sondergut verkauft hat, wegen des Sonderguts in Anspruch genommen wird, darf er nicht abziehen, was ihm geschuldet wird. Denn er konnte das nur bei der Berechnung des Sonderguts abziehen und muss es nun wie eine Nichtschuld kondizieren (weil nicht im Sondergut ist, was dem Eigentümer geschuldet wird). Er könne, sagt er, auch aus Verkauf klagen. Das ist aber nur dann zu billigen, wenn das Sondergut beim Verkauf so viel enthielt, dass der Eigentümer sich wegen der Schuld hätte befriedigen können. Wenn im Übrigen infolge des Eintritts von Bedingungen später irgendeine Schuld hinzukommt, die der Eigentümer nicht abgezogen hatte, ist das Gegenteil zu sagen.

Julian geht nach Ulpians Wiedergabe von dem Fall aus, dass ein Verkäufer, der einen Sklaven mitsamt dem Sondergut verkauft hat, von einem Dritten mit der *actio*

---

206 Eine Parallele findet sich für den Fall eines Erbschaftskaufs außerdem bei Iav. D. 12, 6, 45 (2 *ex Plaut.*) *Si is, qui hereditatem vendidit et emptori tradidit, id, quod sibi mortuus debuerat, non retinuit, repetere poterit, quia plus debito solutum per condictionem recte recipietur.*

de peculio annalis belangt wird[207]. Dabei tritt an die Stelle des *peculium*, das sich inzwischen beim Käufer befindet, der dafür empfangene Kaufpreis[208]. Von diesem nunmehr aus dem Kaufpreis bestehenden Sondergut darf der beklagte Verkäufer nicht abziehen, was der verkaufte Sklave ihm schuldet, da er nicht mehr dessen *dominus* ist. Im Wesentlichen deckt sich die angeführte Begründung sodann mit dem Fall α in unserem Afrikantext. Dem *detrahere* entspricht die *retentio*[209] Julians bei Afrikan, die *ipso-iure*-Verminderung des Sonderguts fasst Ulpian in die schlichtere Formulierung, dass dem *dominus* Geschuldetes nicht im *peculium* sei. Die nach *traditio* zuständige Klage schließlich ist wie bei Afrikan die *condictio indebiti*. Wie dem Schluss zu entnehmen ist, gilt dies nicht für solche Forderungen des Verkäufers gegen den Sklaven, die erst nach *traditio* vollwirksam werden, selbst wenn sie bereits zuvor als bedingte angelegt waren. Wegen dieser Forderungen hat der Verkäufer nun die jeweils einschlägige Klage als *actio de peculio* gegen den Käufer, kann aber eben nicht mit der *condictio indebiti* geltend machen, ein größeres als das geschuldete *peculium* geleistet zu haben. Das entspricht unserem Fall β_1.

Unser Fall β_2 findet sich in Ulpians Wiedergabe der Julianentscheidung nicht wieder, der zum einen von Schulden im Allgemeinen, nicht speziell vom *furtum* handelt. Zum anderen lässt er den Vorgang der Übergabe des Sonderguts nicht zeitlich gestreckt oder potentiell unabhängig von der Übergabe des Sklaven erscheinen. Erst dieses Auseinanderfallen gibt Anlass zur Betrachtung eines weiteren Anwendungsfalls (β_2) der *condictio indebiti*, in dem nämlich das *peculium*, das vor dessen *traditio* durch den bereits übergebenen Sklaven auf Kosten des Verkäufers vermehrt worden war, an den Käufer geleistet wird.

Zwar stehen nachträgliche Zuwächse des Sonderguts, wie dem Schluss zu entnehmen ist, dem Käufer zu. Doch gilt dies, ebenfalls nach Ulpian, eben nicht für solche, die mit Mitteln des Verkäufers herbeigeführt wurden. Für diese kann der Verkäufer mit der *actio venditi* einen Ausgleich verlangen[210]. Daneben ließe sich aber gleichermaßen mit der *condictio indebiti* vorgehen, wenn das *peculium* aus dem Vermögen des Verkäufers vermehrt wurde, bevor dieser es an den Käufer leistet (ohne um die Vermehrung zu wissen).

Als erwiesen wird gelten dürfen, dass unser Afrikanfragment das *peculium* gerade als Kaufsache im Blick hat. Andernfalls wäre der Kontrollfall β banal: Der Verkäufer wird von einem ihm nunmehr, nach der *traditio*, fremden Sklaven bestohlen, also erhält er gegen den Käufer eine *condictio furtiva in id quod pervenit*. Unabhängig

---

207 Zu dieser oben, 111 f.

208 Iav. D. 15, 1, 33 (12 *ex Cass.*) mit dem voraufgehenden Ulpiantext D. 15, 1, 32, 2 (2 *disp.*).

209 Diese dürfte daher eher als Abzugsrecht denn als Zurückbehaltungsrecht zu verstehen sein. So bereits Cujaz, Opera Omnia, Bd. 7, 797.

210 S. oben, Fn. 192.

davon, ob sich das *peculium* bereits beim Käufer oder noch beim bestohlenen Verkäufer befindet, müsste diesem gegen jenen nach Ulpian außerdem eine noxale Kondiktion auf den verbleibenden Anteil des Sachwerts zustehen[211]. Dass wir von dieser nichts lesen, ist umso bemerkenswerter, als gerade Afrikan (im Gefolge Julians) den Noxalgedanken wiederholt in das Anwendungsgebiet sachverfolgender Klagen hineinträgt[212]. Wenn er hier keine noxale Kondiktion erwähnt, dürfte dies damit zu erklären sein, dass es ihm im Verhältnis zwischen Verkäufer und Käufer um das vertraglich Geschuldete geht und nicht um die möglichen Ausgestaltungen der *condictio furtiva*[213].

Man hat unsere Afrikanstelle zum Beleg dafür angeführt, dass es eine *condictio furtiva de peculio* in klassischer Zeit nicht gegeben habe[214]. Diese These trägt die Quelle jedoch nicht. Wie gesehen, ist von einer Sondergutsklage keine Rede. Ohnedies fragt sich, warum Afrikan speziell für den bestohlenen Verkäufer eine Klage hätte ausschließen sollen, die es schlichtweg nicht gab. Unser Text handelt, wie wir sahen, nicht von einer *condictio furtiva*, sondern von der *condictio indebiti*.

e) Gebrauch von pervenire

Bemerkenswert ist das zutage tretende Verständnis von *pervenire* am Ende des Fragments D. 19, 1, 30 pr. Afrikan scheint es auf den Zeitpunkt nach der *consumptio nummorum* zu beziehen. Die furtiven Münzen sind also erst dann an den Käufer gelangt, wenn dieser sie ausgegeben hat. Dass Diebesgut *ad te pervenerit*, heißt hier also weder, dass es sich gegenständlich bei *tu* befindet, noch ist ersichtlich, dass ein

211 D. 13, 1, 4 (41 *ad Sab.*). Dazu sogleich 307 ff.

212 Im selben Buch seiner Quästionen D. 30, 110 zur *actio ex testamento*; D. 13, 7, 31 zur *actio pigneraticia contraria*; D. 47, 2, 62 pr.–2 zur *actio communi dividundo*, erneut zur *actio pigneraticia contraria* und schließlich zur *actio redhibitoria*.

213 Nach Pennitz, Diebstahls- und Noxalrecht, 371 ff. ist eine noxale *condictio furtiva* ausgeschlossen, da der Sklave den eigenen Herrn bestohlen hat und im Verhältnis zwischen *dominus* und *subiectus* keine Noxalklagen entstehen können. Man bürdet dem Passus jedoch viel auf, wenn man mit Pennitz annimmt, Afrikan verhalte sich in Fall α implizit auch zu einer möglichen Noxalhaftung. Dies scheint sein Anliegen nicht zu sein, er äußert sich auch in Fall β nicht in dieser Hinsicht, obschon es dort naheläge. Pennitz setzt zudem voraus, der Sklave sei in Fall α nach dem *furtum* noch übergeben worden. Der als einziger Anhalt in Betracht kommende Nebensatz *priusquam tibi traderetur* gibt darüber indes keine verlässliche Auskunft. An weiteren Stellen verwendet Afrikan den Konjunktiv Imperfekt ersichtlich als Irrealis. In D. 23, 3, 50 pr. (ebenfalls 8 *quaest.*) etwa verstirbt die designierte Empfängerin eines Grundstücks *priusquam ei restitueretur*; in D. 19, 2, 33 (ebendort) wird das zu tradierende Grundstück enteignet *priusquam vacuus traderetur*. In beiden Fällen bleibt die Übergabe endgültig aus.

214 Betti, ATor. 51 (1915–16), 1363–1388, 1376; Micolier, Pecule, 703 ff.; Niederländer, SZ 69 (1952), 211–233, 215 mit Fn. 24; Wacke, Actio rerum amotarum, 132.

Surrogat im Vermögen des *tu* vorhanden ist. Er könnte die Münzen auch verschenkt oder verprasst haben. Entscheidend ist allein, dass er die Münzen durch den Akt des Ausgebens seinem Vermögen einverleibt – sie als eigene behandelt – und dem *ego* die Vindikation abschneidet. Der Verlust der *rei vindicatio* scheint ohnedies ein entscheidender Sachverhaltsumstand zu sein, wie der eingangs vorausgesetzte Untergang der Sache belegt.

II. Die *condictio furtiva* als Noxalklage

Wir haben schließlich eine Quelle in den Blick zu nehmen, welche die *condictio furtiva* mit einer Noxalhaftung in Verbindung bringt:

> Ulp. D. 13, 1, 4 (41 *ad Sab.*)
> Si servus vel filius familias furtum commiserit, condicendum est domino id quod ad eum pervenit: in residuum noxae servum dominus dedere potest.

> Wenn ein Sklave oder Haussohn einen Diebstahl begangen hat, kann beim Herrn das kondiziert werden, was an diesen gelangt ist. Hinsichtlich des *residuum*[215] kann der Eigentümer seinen Sklaven als Schädiger ausliefern.

Den Fall des Diebstahls durch einen Gewaltunterworfenen wirft Ulpian, wie bereits in D. 15, 1, 3, 12, gleichermaßen für Sklave und Sohn auf, um ihn sodann nur für den Sklaven ausdrücklich zu lösen. Beim Herrn des Diebes könne man das Erlangte kondizieren. Aus Ulpians Schweigen wird zu entnehmen sein, dass gegen den Vater keine Klage zusteht, da der *filiusfamilias* selbst belangt werden kann[216]. Soweit steht unser Text ganz im Einklang mit D. 15, 1, 3, 12. Der kurze zweite Satz aber ist in den klassischen Quellen ohne Beispiel: Hinsichtlich eines *residuum* treffe den Herrn eine Noxalhaftung. Was Ulpian mit diesem *residuum* meint, ist die entscheidende Frage für das Verständnis des Textes. Einerseits könnte es sich auf den Betrag beziehen, der zur vollständigen Erfüllung der Kondiktionsschuld, d. h. zum Wert des zu ersetzenden Diebesguts noch fehlt, nachdem der Herr das an ihn Gelangte erstattet hat. Andererseits könnte eine Haftung des Herrn im Übrigen gemeint sein, die über die *condictio* hinausreicht und die *actio furti* mit einschließt. Trifft Ersteres

---

215 BKKS, Bd. 3, 137, übersetzen: hinsichtlich des restlichen Diebesgutes. Die Übersetzung scheint den Diebstahl mehrerer Sachen vorauszusetzen, von welchen manche an den Herrn gelangen, andere nicht. Dazu unten bei Fn. 238.

216 Das unmittelbar folgende Fragment Paul. D. 13, 1, 5 (9 *ad Sab.*) bestätigt diese von Ulpian in D. 15, 1, 3, 12 (29 *ad ed.*) getroffene Aussage.

zu, haben wir es mit einer noxalen Kondiktion zu tun, die nirgendwo sonst verlässlich belegt ist. Ist Zweiteres richtig, so haben wir in Ulpians Äußerung lediglich eine konzise Zusammenfassung der Haftungsfolgen vor uns, die den Herrn eines Sklaven treffen, wenn dieser einen Diebstahl begeht: die *condictio furtiva* auf das Erlangte sowie die noxale *actio furti*.

Alt ist der Streit, ob die *condictio furtiva* als Deliktsklage zu gelten hat oder den vertraglich begründeten Kondiktionen nähersteht[217], bei denen eine noxale Ausgestaltung nicht zu erwarten wäre. Inzwischen aber wird nahezu[218] einhellig angenommen, dass es hier die *condictio furtiva* ist, die als Noxalklage gegeben werde[219]. Der Einwand, dass dies gegen die rein sachverfolgende Natur der *condictio* verstoße, kann den Quellenbefund nicht beseitigen[220]. Allerdings mutet die *condictio*, wie sie der Quelle nach angelegt zu sein scheint, in verschiedener Hinsicht eigenartig an.

Zunächst überrascht, dass der *dominus* nicht nur das Erlangte herauszugeben hat, wie nach den übrigen der uns überlieferten klassischen Entscheidungen zu erwarten wäre[221]. Stattdessen schuldet er offenbar den gesamten Sachwert des Diebesguts, so als wäre er selbst Dieb, kann sich aber (teilweise) durch Noxalgabe befreien. Das *dare oportere* müsste sich also auch auf dasjenige erstrecken, was nicht an den Herrn gelangt ist. Für die Bußzahlung bei der *actio furti*, deretwegen man nach einer Vermögenverschiebung nicht fragt, ist die Verpflichtung des Gewalthabers *in solidum* mit Befugnis zur Noxalgabe durchaus typisch. Für die *condictio*

---

217 Bereits die byzantinischen Juristen waren darüber uneins, s. einerseits das Scholion Nr. 1 des Cyrillus zu Bas. 60, 10, 15 (= D. 13, 1, 15): σημείωσαι, ὅτι ὁ φούρτιβος κονδικτίκιος οὐ κατάγεται ἀπὸ ἐγκλήματος; andererseits die vermittelnde Ansicht des neuen Scholion Nr. 5 zu Bas. 60, 10, 1 (Scheltema/Holwerda/van der Wal B VIII 3297/9–10 = Nr. 2 Heimbach V 424): Ὁ φούρτιβος ἔχει σημεῖον κοντράκτου δι᾽ ὧν εἰς τὸ πεκούλιον κινεῖται …, καὶ δελίκτου, δι᾽ ὧν εἰς νόξαν ἐκδίδοται ὁ δοῦλος (unter Verweis auf D. 13, 1, 19 und unsere Stelle); ähnlich auch das Scholion Nr. 1 zu Bas. 60, 10, 4 (Scheltema/Holwerda/van der Wal B VIII 3297/9–10 = Nr. 1 Heimbach V 427). Die gemeinrechtliche Literatur führt den Streit fort, s. die Nachweise bei Glück, Pandecten, Bd. 13, 231 Fn. 35 – gegen die Klassifizierung der *condictio furtiva* als Deliktsklage argumentiert ausführlich v. Savigny, System, Bd. 5, 556 ff. – und auch die Pandektisten legen ihn nicht bei, s. v. Vangerow, Lehrbuch der Pandekten, Bd. 3, 7. Aufl., 573 ff. m. w. N.

218 Allein Voci hält das Konstrukt einer zweigeteilten Klage mit je unterschiedlichen Ausformungen für eine „assurdità, anche per i compilatori", Azioni penali e azioni miste, SDHI 64 (1998), 1–46, 20.

219 Liebs, Klagenkonkurrenz, 116 f.; Gröschler, Actiones in factum, 240; Pennitz, Diebstahls- und Noxalrecht, 370 f.; Handbuch § 105, Rn. 18 Fn. 162.

220 Liebs, Klagenkonkurrenz, 114 ff.; Gröschler, Actiones in factum, 182 mit Fn. 325; a. A. noch Pika, Ex causa furtiva condicere, 89 ff.

221 Afr. D. 19, 1, 30 pr. (8 *quaest.*), dazu oben, 291 ff.; Ulp. D. 15, 1, 3, 12 (29 *ad ed.*), oben, 266 ff.; D. 18, 1, 29 (43 *ad Sab.*), oben, 285 ff.

ist Nämliches anderwärts unbekannt[222]. Für die verwandte *actio rerum amotarum* überliefern allein die Syrischen Sentenzen eine noxale Ausgestaltung[223].

Die *condictio furtiva* tritt für gewöhnlich nicht im Kreise noxaler Klagen auf[224]. Für sie gilt auch die Regel *noxa caput sequitur* nicht[225], die laut Gaius ausdrücklich alle noxalen Klagen erfasst[226]. Im übernächsten Buch seines Sabinuskommentars bringt Ulpian den Inhalt der *condictio* auf die Formel, dass man kondizieren könne, was ohne rechtfertigenden Grund an jemanden gelangt sei[227]. Was dieser gar nicht erst erlangt hat, dürfte danach auch nicht der Kondiktion unterfallen. Der Widerspruch zu allgemeinen Regeln reicht indes nicht hin, eine Interpolation zu erweisen[228], auch wenn man nachklassische Bearbeitungen von Ulpians Werk in Rechnung stellt[229]. Selbst nach formalen Kriterien ist der Text unverdächtig. Seine Fassung ist schon deshalb plausibel, weil Ulpian auch in anderem Kontext das Erlangte einem *residuum* gegenüberstellt[230]. Freilich bezieht er dort nicht beides auf eine einzige Klage, sondern gibt die Klage auf das Erlangte gegen das Mündel,

---

222 Auch Ulpian selbst berichtet in D. 15, 1, 3, 12 (29 *ad ed.*) von der Möglichkeit einer *noxae deditio* nichts, obgleich sich seine Frage nach *filius* und *servus* im zweiten Satz, wie hier, auf den Sklaven verengt. Aus kompilatorischer Sicht hätte also kein Bedürfnis bestanden, die Erwähnung einer Noxalhaftung, die Justinian für Hauskinder tilgen ließ, zu unterdrücken.

223 Sententiae Syriacae § 20, dazu sogleich.

224 Der Titel D. 9, 3 *De noxalibus actionibus* erwähnt sie ein einziges Mal, und dabei nicht als noxale. Ebensowenig begegnet sie in der einschlägigen Passage bei Gaius (4, 75 ff.) oder der darauf gestützten in den Institutionen Justinians (I. 4, 8).

225 Cels. D. 13, 1, 15 (12 *dig.*) *Quod ab alio servus subripuit, eius nomine liber furti tenetur: condici autem ei non potest, nisi liber contrectavit.* Dasselbe gilt für die einstmals deliktische *actio depositi* selbst bei dolosem Verhalten eines Sklaven als Verwahrer, Ulp. D. 16, 3, 1, 18 (30 *ad ed.*). Sie wird einzig *de peculio* gegeben, *licet delictum quoque versetur*, Paul. D. 44, 7, 49 (18 *ad Plaut.*).

226 Gai. 4, 77 *Omnes autem noxales actiones caput sequuntur: nam si filius tuus servusve noxam commiserit, quamdiu in tua potestate est, tecum est actio; si in alterius potestatem pervenerit, cum illo incipit actio esse; si sui iuris coeperit esse directa actio cum ipso est, et noxae deditio extinguitur.*

227 Ulp. D. 12, 7, 1, 3 (43 *ad Sab.*) *Constat id demum posse condici alicui, quod vel non ex iusta causa ad eum pervenit vel redit ad non iustam causam.*

228 So aber Niederländer, SZ 69 (1952), 211–233, 212 ff.; Kaser I, 506 f.

229 Dass in den Text seines Sabinuskommentars Randsummen und Glosseme aufgenommen wurden, bevor die Kompilatoren ihn kürzten sowie Stücke versetzten, darf als gesichert gelten. Das ergeben Parallelüberlieferungen anderer Stellen in den Fragmenta Vaticana und die Scholia Sinaitica, s. Wieacker, Römische Rechtsgeschichte, 2. Abschnitt, 133 f.; Liebs, HLL 4 (1997), § 424.3, S. 179.

230 D. 19, 1, 13, 7 (32 *ad ed.*) … *sed si pupillus auctoribus eis vendidit, in tantum tenetur, in quantum locupletior ex eo factus est, tutoribus in residuum perpetuo condemnandis* … Die Wendung *in residuum* begegnet außer hier nur noch bei Pap. D. 42, 6, 3, 1 (27 *quaest.*); auch in literarischen Quellen ist sie nicht zu finden. Häufiger ist *in reliquum*, s. etwa Cels. D. 39, 5, 21, 1 (28 *dig.*); Scaev. D. 36, 1, 80, 16 (21 *dig.*); Paul. D. 15, 1, 47, 3 (4 *ad Plaut.*); D. 17, 1, 58, 1 (4 *quaest.*); D. 26, 7, 46, 7 (9 *resp.*). Bei Papinian begegnet zweimal ein *residuum pretium*, D. 20, 6, 1, 1 (11 *resp.*) sowie Vat. fr. 3, bei Ulpian eine *residua summa*, D. 40, 7, 3, 5 (27 *ad Sab.*).

die Klage *in residuum* sodann gegen dessen Tutoren. Anders als diese kann ein Sklave indes nicht selbst verklagt werden, wonach die beiden Klagen hier nicht ohne Grund in der Person seines Herrn zusammenfallen dürften. Jedenfalls ist die Entscheidung für eine Bereicherungsklage einerseits und eine Klage *in residuum* andererseits für Ulpian nicht unerhört, man wollte denn auch die Parallelstelle für verfremdet erklären[231].

Nach alledem ist am überlieferten Text festzuhalten. Fraglich bleibt nichtsdestoweniger, ob Ulpian ausdrücken wollte, dass die *condictio furtiva* noxal ausgestaltet war, oder ob er an die *actio furti* dachte. Der Versuch nachzuvollziehen, wie die *condictio* in Form einer Kombination aus Bereicherungs- und subsidiärer Noxalhaftung unter dem klassischen Formularverfahren hätte stattfinden können, stößt auf Hürden (1). Daher stellt sich die Frage, ob die Diebstahlshaftung des Gewalthabers, wie Ulpian sie darstellt, nicht besser in ein spät- und sodann nachklassisches Verfahren passt (2). Erst dann lässt sich eine Aussage darüber treffen, was der Jurist mit der Haftung des Herrn *in residuum* bezeichnete (3). Schließlich gilt es, eine vermeintliche Parallelstelle zu erläutern. Wie Ulpian erteilt dort der Frühklassiker Atilicinus eine Klage, die das Erlangte erfasst und außerdem eine Noxalgabe vorsieht (4).

1. Zur Formelkonzeption

Die Zusammenführung zweier Klageziele unter Erweiterung des einen um die Möglichkeit zur *noxae deditio* bereitet Schwierigkeiten, zumindest wenn es sich um eine einzige Klage, also nur eine Formel handeln sollte[232]. Das Streitprogramm wäre schwierig zu konzipieren[233]. Mit der üblichen Noxalklausel, gestellt auf ein *dare oportere aut noxae dedere*, ließe sich die Aufgabe jedenfalls nicht bewältigen. Man erhielte eine Verpflichtung des Gewalthabers *in solidum*, von der er sich restlos durch *noxae deditio* befreien könnte. Mit Blick auf das Erlangte soll ihm diese Möglichkeit jedoch nicht zustehen. Die Formel müsste, der Anordnung bei Ulpian

231 So Betti, ATor. 51 (1915–16), 1363–1388, 1378.

232 Gröschler, Actiones in factum, 241, meint, wir hätten es mit „einer einheitlichen *condictio* zu tun, bei der die Klausel *de peculio vel de in rem verso* mit der Noxalklausel kombiniert wurde". Wie eine solche Kombination gelingen sollte, die nach den typischen Schemata in einen Teil mit Subjektswechsel und einen ohne gespalten sein müsste, lässt er aber offen. Bezüglich des ersteren wäre der Sklave als Schuldner zu nennen, bezüglich des zweiteren dessen Herr. Die Verpflichtung des Sklaven ginge *in solidum*, die des Herrn *in residuum*. Um aber den Betrag des *residuum* zu kennen, müsste die *taxatio* der adjektizischen Klausel in der Formel vor der auf den Rest gerichteten *intentio* stehen. All das hat wenig Plausibilität für sich.

233 Die Frage nach der möglichen Formelkonzeption stellt bereits Biondi, Actiones noxales, AUPA 10 (1925), 1–367, 108 f., unternimmt es aber nicht, sie zu beantworten.

folgend, in zwei Varianten zerfallen, deren eine dem Erlangten, die andere dem Übrigen gälte. Mit dem Blankett der *condictio certae rei*[234], von dem auch für die Diebstahlskondiktion auszugehen ist[235], lässt sich dies nicht auf Anhieb übereinbringen. Will man, in derselben Reihenfolge wie Ulpian, in der *intentio* mit der Pflicht zur Herausgabe des Erlangten beginnen, so müsste man zunächst das *dare oportere* auf das Erlangte begrenzen und sodann eine weitere Verpflichtung auch bezüglich des nicht Erlangten anfügen, diese mit der Möglichkeit zur *noxae deditio*. Ein solcher Aufbau ist wenig wahrscheinlich[236].

Die Reihenfolge bei Ulpian erscheint indes nicht zwingend, da er offenbar der Frage nachgeht, welche Pflichten der Gewalthaber hat, und dabei beim Unumgänglichen beginnt[237]. Der beklagte *dominus* muss maximal das Erlangte hingeben und den Sklaven ausliefern. Aus Sicht der Gegenpartei formuliert, sollen dem Kläger mindestens das Erlangte und der ausgelieferte Sklave zukommen. Von diesem Ergebnis ausgehend ließe sich annehmen, dass nicht die Pflicht zur Zahlung eines *residuum* mit der Noxalklausel verbunden wurde, sondern vielmehr die Pflicht zur Zahlung *in solidum* mit der Alternative versehen war, stattdessen den Sklaven *und* das Erlangte herauszugeben. So gelangt man etwa zu folgender Fassung:

> Si paret N^{um} N^{um} A^{o} A^{o} pateram auream dare oportere aut Stichum servum noxae dedere quantoque ex ea re ad N^{um} N^{um} pervenerit dare oportere, quanti ea res est, tantam pecuniam dare aut Stichum noxae dedere quantoque ex ea re ad N^{um} N^{um} pervenerit dare iudex N^{um} N^{um} A^{o} A^{o} c. s. n. p. a.

> Wenn es sich erweist, dass der Beklagte dem Kläger eine goldene Schale zu leisten verpflichtet oder den Sklaven Stichus als Schädiger auszuliefern sowie zu leisten verpflichtet ist, was an ihn gelangt ist, verurteile Richter den Beklagten dem Kläger, soviel Geld zu leisten, wie die Sache wert ist, oder Stichus als Schädiger auszuliefern und soviel zu leisten, wieviel an den Beklagten gelangt ist; wenn es sich nicht erweist, sprich frei!

---

234 *Si paret N^{um} N^{um} A^{o} A^{o} pateram auream dare oportere, qua de re agitur, quanti ea res est, tantam pecuniam iudex N^{um} N^{um} A^{o} A^{o} c. s. n. p. a.* – Wenn es sich erweist, dass der Beklagte dem Kläger eine goldene Schale zu leisten verpflichtet ist, verurteile Richter den Beklagten dem Kläger in den Geldbetrag, den der Gegentand wert ist; wenn es sich nicht erweist, sprich frei!

235 Lenel, EP, 240. Die *condictio furtiva incerti* wird, soweit ersichtlich, nur gegeben, wenn der Kläger ausnahmsweise nicht Eigentümer der gestohlenen Sache ist, Ulp. D. 13, 1, 12, 2 (38 *ad ed.*), s. auch Iust. C. 6, 2, 22, 2 (a. 530).

236 S. die Rekonstruktion bei Betti, ATor. 51 (1915–16), 1363–1388, 1379 mit Fn. 1: „un vero monstrum di formula".

237 Vgl. seinen Blickwinkel in D. 43, 16, 1, 15 (69 *ad ed.*) … *nam non gravabitur hoc nomine, quippe cum aut pervenit ad eum aliquid et restitueret, aut non pervenit et ipsos servos maleficii causa noxae dedendo indemnis erit.*

Von der Schilderung Ulpians entfernt sich dieser Rekonstruktionsversuch, er liefert indes ein wesentlich schlichteres und verständlicheres Streitprogramm. Ganz gleich aber, wie man sich der Konzeption zu nähern versucht, das Resultat bliebe ein Unikum unter den Formeln. Nicht auszuschließen ist daher, dass es sich nicht um eine einheitliche, sondern zwei Klagen handelte. Gleichermaßen kommt in Betracht, dass Ulpian vom Kognitionsverfahren spricht, dem die Formelgestaltung keine Hürde ist.

Ein Nebeneinander zweier separater Klagen wäre dann unproblematisch, wenn Ulpian sich einen Diebstahl mehrerer Sachen vorgestellt hätte, wovon manche an den Herrn gelangten, andere nicht. Wegen jeder einzelnen stünde je eine *condictio* zu – wegen der erlangten ohne *noxae deditio*, wegen der übrigen mit dieser Abwendungsbefugnis[238]. Die Annahme, dass der Sklave mehrere Sachen entwendete, ist jedoch zu verwerfen. Dann nämlich hätte Ulpian sich recht unklar ausgedrückt. Weder äußert er sich über die Anzahl der gestohlenen Sachen, noch macht *id quod pervenit* deutlich, dass er unter mehreren gestohlenen diejenigen auswählen möchte, die an den Herrn gelangt sind. Wenn es gerade darauf ankommt, dass bestimmte Sachen in jemandes Vermögen aufgehen, ist der Jurist zu größerer Präzision fähig[239]. Das unbestimmte *id quod pervenit* dient üblicherweise vielmehr dazu, jeglichen aus einer Sache gezogenen Vorteil zu erfassen[240]. Wir haben also von einer Sache auszugehen, die nicht vollständig an den Herrn gelangt.

Für die Annahme einer einheitlichen Klage spricht eine Komplikation, die sich bei zwei separaten Klagen auf Konkurrenzebene ergäbe. Wenn der Bestohlene wegen jeder Sache nur entweder die Klage auf das Erlangte oder die Noxalklage geltend machen könnte, bestünde aus seiner Sicht die Gefahr, mit jener zu unterliegen, weil ihm der Beweis des Erlangens misslingt[241], und dabei zugleich diese durch Konsumtion einzubüßen. Das *residuum*, als dasjenige, von dem nicht festgestellt

238 So Liebs, Klagenkonkurrenz, 115 f. und wohl auch die neue deutsche Übersetzung, s. oben, Fn. 215.

239 S. insbesondere D. 18, 1, 29 (43 *ad Sab.*): *si res ad emptorem pervenit*, dazu oben, 285 ff.; außerdem etwa D. 15, 3, 3, 10 (29 *ad ed.*) … *quia res eius pervenerunt in rem domini*; ferner auch Cels. D. 50, 16, 97 (32 *dig.*) *Cum stipulamur „quanta pecunia ex hereditate Titii ad te pervenerit", res ipsas quae pervenerunt, non pretia earum spectare videmur.*

240 So jedenfalls bei Klagen gegen den Erben, die auch dann verfallen, wenn bereits der Erblasser eine Sache verbraucht hat, Paul. D. 4, 2, 17 (1 *quaest.*); allgemeiner Gai. D. 4, 3, 26 (4 *ad ed. provinc.*) *In heredem eatenus daturum se eam actionem proconsul pollicetur, quatenus ad eum pervenerit, id est quatenus ex ea re locupletior ad eum hereditas venerit.* Ähnliches gilt bei der *actio de in rem verso*, für die es ausreicht, dass der Gewalthaber erlangt, was der *subiectus* mit der vom Gläubiger empfangenen Sache erwirbt, s. etwa Ulp. D. 15, 3, 3, 1 sowie 5, 3 (29 *ad ed.*). Im Ergebnis ebenso bereits Gröschler, Actiones in factum, 240.

241 Vgl. zur Beweislast Gai. 4, 74, der über den Kläger bei der *actio de peculio vel in rem verso* sagt: *in difficultatem se deducat probandi habere peculium eum, cum quo contraxerit, exque eo peculio posse sibi satis fieri, vel id quod persequitur in rem patris dominive versum esse.*

werden kann, dass es an den Herrn gelangt ist, unterfiele so – entgegen der Äußerung Ulpians – gerade nicht der Noxalklage. Wären aber wegen derselben Sache beide Klagen möglich, hätten wir einen Fall der Solutionskonkurrenz vor uns, die erst Justinian zum allgemeinen Prinzip erhebt[242]. Im Ergebnis überzeugt für die Zeit des Formularverfahrens daher weder ein Nebeneinander zweier Klagen noch eine einheitliche Klage mit zwei Varianten.

2. Zum Alter der noxalen Diebstahlskondiktion

Trotz den Schwierigkeiten, sie mit dem Formularverfahren in Einklang zu bringen, muss man unsere Stelle nicht für unklassisch erklären. Gleichwohl fällt auf, dass sie mit nachklassischen Entscheidungen mehr gemein hat als mit früheren aus der Klassik. Blicken wir auf die früh- und hochklassischen Quellen in ihrer zeitlichen Folge, zeigt sich, dass vor Ulpian niemand von einer noxalen *condictio furtiva* oder *actio rerum amotarum* spricht: Der Frühklassiker Labeo will nach Ulpians Auskunft die Diebstahlskondiktion auf das Erlangte *de peculio* erteilen[243]. Laut Paulus sprachen sich zu einer ähnlichen Zeit Mela und Fulcinius für eine *actio rerum amotarum de peculio* aus[244]. Über den Hochklassiker Julian berichtet er, dass dieser aus demselben Tatbestand eine *condictio de peculio* befürwortet habe[245]. Julians Zeitgenosse Celsus stellt fest, dass die Kondiktion dem diebischen Sklaven nicht in die Freiheit folge[246], den Satz *noxa caput sequitur* bringt er also nicht zur Anwendung. Julians Schüler Afrikan diskutiert beim Diebstahl durch einen Sklaven möglicherweise[247] eine *condictio furtiva de peculio*, deren noxale Ausgestaltung aber auch ihm noch unbekannt zu sein scheint[248]. Damit sind unsere Quellen für das zweite Jahrhundert erschöpft[249].

242 Schmieder, Duo rei, Gesamtobligationen im römischen Recht, 94; Finkenauer, Duo rei – Neues von der Gesamtobligation?, SZ 130 (2013), 164–202, 174.

243 D. 15, 1, 3, 12 (29 *ad ed.*).

244 D. 25, 2, 3, 4 (7 *ad Sab.*).

245 D. 13, 1, 19 (3 *ad Ner.*).

246 D. 13, 1, 15 (12 *dig.*).

247 Dazu oben, 298 ff.

248 Seine Entscheidung in D. 19, 1, 30 pr. (8 *quaest.*) wäre sonst eine ganz andere. Wenn dort der verkaufte Sklave nach seiner Übergabe stiehlt, stünde dem Verkäufer die noxale Kondiktion auf den Gesamtwert des Diebesguts zu. Der von Afrikan empfundene Gegensatz zum ebenfalls *in solidum* bestehenden Zurückbehaltungsrecht am Beginn der Stelle ergäbe sich erst gar nicht. Zur Stelle oben, 291 ff. Pennitz, Handbuch § 105, Rn. 18 Fn. 162, führt aus demselben Buch Afrikans D. 3, 5, 48 sowie weitere Texte für eine noxale *condictio furtiva* an. Sie alle erbringen indes allenfalls ein Argument *e silentio*, und auch dieses nur im Verein mit unserer Stelle.

249 Dafür, dass bereits Pomponius eine noxale Kondiktion für selbstverständlich gehalten hätte, liefert auch Ulp. D. 47, 1, 2, 3 (43 *ad Sab.*) a. E. keinen Anhalt. Erstens kann der Zusatz hinsichtlich des Sklaven auch erst von Ulpian stammen. Zweitens ist nicht sicher, ob *ex quacumque actione* auch auf

Erst im zweiten Jahrzehnt des folgenden Jahrhunderts hören wir bei Ulpian von der Noxalklage *in residuum*[250].

So wenig sich frühere Parallelentscheidungen finden lassen, so sehr ist das Muster der ulpianischen beispielhaft für spätere. Das gilt zunächst für die Raubklage (*actio vi bonorum raptorum*), wie sie in zwei nachklassischen Bestimmungen geregelt war: Hat ein Sklave einen Raub begangen, erteilten Diokletian[251] und ebenso später Theoderich[252] eine noxale Raubklage gegen den Herrn des Sklaven. Der Herr hat die Wahl, entweder die Bußsumme in Höhe des vierfachen Werts der geraubten Sache zu bezahlen oder den Sklaven als Schädiger auszuliefern. Entscheidet er sich für die Auslieferung, muss er außerdem herausgeben, was er durch den Raub erlangt hat. Wenn nun unter dieser Regelung der Herr, der das Vierfache nicht bezahlen möchte, sich fragt, wie er für möglichst wenig Geld von der Haftung frei wird, würde die Antwort lauten: Er muss herausgeben, was er erlangt hat; von jeder weiteren Geldzahlung ist er befreit, wenn er den räuberischen Sklaven als Schädiger ausliefert. Wie in unserem Ulpianfragment wird der Herr also dadurch von seiner Haftung frei, dass er das Erlangte und den Sklaven an den Kläger herausgibt.

---

die *condictio* zu beziehen ist. Liest man das gesamte Fragment im Zusammenhang, erscheinen die Sätze zu *condictio furtiva* und *actio legis Aquiliae* als Parenthese. Mit *haec* am Ende des § 3 bezieht sich Ulpian zurück auf die §§ 1 u. 2 sowie die dort genannten Klagen. Außerdem ist die Aussage *ex quacumque actione noxae fuerit deditus, perempta est altera actio* für das Verhältnis der *condictio* zu den genannten Pönalklagen überaus zweifelhaft, denn jene ist mit diesen frei kumulierbar. Dediert der mit einer Pönalklage belangte *dominus* den Sklaven, dann ist die *condictio in id quod pervenit* mit größter Wahrscheinlichkeit gerade nicht *perempta*. Das gilt erst recht für die *condictio de peculio*, die in Fällen der Übereignung, d. h. auch der *noxae deditio*, für ein Jahr fortbesteht.

250 An zwei Stellen verschweigt auch er sie, D. 15, 1, 3, 12 (29 *ad ed.*) sowie D. 18, 1, 29 (43 *ad Sab.*).

251 Diocl./Maxim. C. 3, 41, 4 (a. 293) *Si servus ignorante domino vel sciente et prohibere nequeunte res tuas vi rapuit, dominum eius apud praesidem provinciae, si necdum utilis annus excessit, quadrupli, quod si hoc effluxit tempus, simpli noxali iudicio convenire potes: qui si noxae maluerit servum dedere, nihilo minus cum ipso quantum ad eum pervenit experiri non prohiberis …* – Wenn ein Sklave ohne Wissen seines Herrn oder mit dessen Wissen, aber ohne das dieser es verhindern konnte, deine Sachen gewaltsam geraubt hat, kannst du dessen Herrn, sofern ein zur Rechtsverfolgung taugliches Jahr noch nicht verstrichen ist, beim Provinzstatthalter auf das Vierfache, wenn diese Zeit jedoch abgelaufen ist, auf das Einfache mit einer Noxalklage belangen. Sollte dieser es vorziehen, den Sklaven als Schädiger auszuliefern, so wirst du dennoch nicht gehindert, von diesem soviel einzuklagen, wie an ihn gelangt ist …

252 Edict. Theodor. CIX: *Si servus aut colonus domino nesciente violenter aliqua rapiat, dominus eius intra annum in quadruplum, post annum in simplum convenietur: aut pro noxia certe, si hoc magis elegerit, ipsum servum vel colonum noverit ad poenam iudici contradendum: ita ut, quod ad eum ex ipsa servi violentia pervenisse constiterit, reddat.* – Wenn ein Sklave oder Kolone ohne Wissen seines Herrn etwas mit Gewalt raubt, so muss sein Herr innerhalb Jahresfrist das Vierfache, nach Jahresfrist das Einfache erstatten; oder er soll, wenn er dies vorzieht, wegen der Schadenstat wenigstens jenen Sklaven oder Kolonen dem Richter zur Verhängung einer Strafe überlassen, sofern er das, von dem feststeht, dass es durch die Gewalt jenes Sklaven an ihn gelangt ist, zurückgibt.

Die Ähnlichkeit zwischen der nachklassischen Rechtslage beim Raub und der Äußerung Ulpians zum Diebstahl lässt sich auf zweierlei Art erklären: Eine Erklärung wäre, dass Diokletian und später Theoderich die Raubklage, wie die Frühklassiker, als gemischte Strafklage behandelten[253]. Gemischte Strafklagen zeichnet aus, dass sie zwar auf ein Vielfaches des Schadens gerichtet und insofern pönal sind, dabei jedoch die Sachverfolgung einschließen. Von der Raubklage ließe sich vereinfacht sagen, dass die Verurteilung auf das Vierfache sich zusammensetzt aus einfachem Schadensersatz und einer Bußsumme in Höhe des Dreifachen. Dieser Zusammenfassung von Ersatz und Buße entspricht, dass neben die sachverfolgende *pervenit*-Haftung eine noxale tritt, die das pönale Moment repräsentiert.

Die andere Erklärung wäre, dass man die *actio vi bonorum raptorum*, wie die späteren Klassiker, zwar als reine Strafklage ansah, ihr aber eine sachverfolgende *condictio*[254] zur Seite stellte, mit der sie sodann zu einer Klage verschmolz. Als gemischte Strafklage erscheint die *actio vi bonorum raptorum* bereits bei Gordian, keine zwei Jahrzehnte nach Ulpians Tod[255].

Die soeben für den Raub beschriebene Kombination aus *pervenit-* und Noxalklage verfügt Theoderich sodann auch für den Diebstahl[256]: Hat ein Sklave einen Diebstahl begangen und zieht der deswegen belangte Herr es vor, den Sklaven als Schädiger auszuliefern, so hat er außerdem das Erlangte auszukehren. Hier kommen die gleichen Erklärungen in Betracht wie soeben beim Raub: Entweder hatte man die *actio furti* mit der *condictio furtiva* vereinigt oder man war dazu übergegangen, aus dem Diebstahl eine gemischte Strafklage zu erteilen. Die weitere Überlieferung legt Letzteres näher. Anders als die Klassiker[257] gewährt Diokletian die

253 So bereits Levy, Konkurrenz I, 436 ff.

254 Möglicherweise existierte eine eigene Kondiktionsvariante *re vi mobili subrepta* (oder *abrepta*), Ulp. D. 47, 2, 25, 1 (41 *ad Sab.*); D. 13, 3, 1, 1 (27 *ad ed.*).

255 Gord. C. 9, 33, 1 (a. 242) *Vi bonorum raptorum actionem, quae cum poena sua retrahit ablata …*

256 Edict. Theodor. CXVIII. *Si propter furtum servi dominus conventus furem ipsum magis tradere, quam defendere eum in iudicio voluerit, illa etiam quae ad eum ex ipso furtu pervenisse constiterit, pariter debebit exsolvere.* – Wenn ein Herr, wegen eines von [seinem] Sklaven begangenen Diebstahls belangt, den Dieb lieber ausliefern als ihn vor Gericht verteidigen will, muss er dennoch dasjenige leisten, von dem feststeht, dass es aus dem Diebstahl an ihn gelangt ist.

257 Paul. D. 47, 2, 21, 10 (40 *ad Sab.*) *Quamvis autem earum quoque rerum, quas quis non abstulit, furti teneatur, attamen condici ei non potest, idcirco quia condici ea res, quae ablata est, potest: et ita et Pomponius scribit.* Ferner zum Gehilfen *ope consilio* Ulp. D. 13, 1, 6 (38 *ad ed.*). Dem dürfte auch Paul. D. 50, 16, 53, 2 (59 *ad ed.*) nicht widersprechen, der lediglich klarstellt, dass bei einer Beteiligung *consilio* die Kondiktion gar nicht erst in Betracht kommt. Bei einem *ope* begangenen Diebstahl wird er vor Augen haben, dass der Gehilfe bei der Wegnahme mitwirkt, also selbst zeitweilig oder teilweise Sachherrschaft über das Diebesgut ausübt, etwa einen größeren Gegenstand mit dem Haupttäter wegträgt, welcher ihn dann an sich nimmt, vgl. Paul. D. 47, 2, 21, 9 (40 *ad Sab.*). Gai. 3,

condictio furtiva gegen jeden Mittäter auf den Gesamtbetrag[258]. Anders als jene[259] lässt er auch den Erben mit der *actio rerum amotarum* nicht *in solidum*, sondern nur auf das Erlangte haften[260]. In einem Reskript erklärt er dies zur allgemeinen Regel für alle Delikte, die *certissimi iuris* sei[261]. Theoderich ordnet selbiges speziell auch für das *furtum* an[262]. Zu klassischer Zeit aber ging die *condictio furtiva* gegen den Erben noch *in solidum*[263].

Ein weiteres Anzeichen dieser Wandlung könnte § 20 der *Sententiae Syriacae* zur *actio rerum amotarum* geben[264]: Habe eine gewaltunterworfene Frau Sachen ihres Ehemanns entwendet, so könne vom Vater gefordert werden, was an ihn gelangt sei[265]. Hinsichtlich des Rests[266] könne er die Tochter ausliefern. Seiner ganzen Erscheinung nach weist der Text große Ähnlichkeit mit unserer Ulpianstelle auf. Zwar sind die syrischen Sentenzen weit jünger als die Äußerung Ulpians, doch bilden sie größtenteils die Rechtspraxis der Zeit Diokletians ab[267]. Nicht abwegig

---

202 nennt als Beispiel, dass der Gehilfe jemandem Münzen aus der Hand schlägt, die der Haupttäter sodann ergreift.

258 Diocl./Maxim. C. 4, 8, 1 (a. 294) *Praeses provinciae, sciens furti quidem actione singulos quosque in solidum teneri, condictionis vero nummorum furtim subtractorum electionem esse ac tum demum, si ab uno satisfactum fuerit, ceteros liberari, iure proferre sententiam curabit.* So später auch LV (Ant.) 7, 2, 14. Zur Echtheit der Solutionskonkurrenz bei Diokletian Finkenauer, SZ 130 (2013), 164–202, 174.

259 Paul. D. 25, 2, 6, 4 (7 *ad Sab.*); D. 25, 2, 21, 5 (37 *ad ed.*) mit Ulp. D. 13, 1, 9 (30 *ad ed.*).

260 Diocl./Maxim. C. 5, 21, 3 (a. 290 *vel* 293).

261 Überliefert in der westgothischen Interpretatio zum Codex Hermogenianus, IH 2 *Licet ante litem contestatam defuncto, qui ex proprio delicto conveniri potuit, successores non possint poenali actione conveniri, tamen hos etiam in tantum quantum ad eos pervenit teneri, ne scelere ditentur alieno, certissimi iuris est* … (a. 293).

262 Edict. Theodor. LXXXVIII. *Si abactor, sollicitator ac fur, antequam per auctoritatem iudicis convincatur, mortuus fuerit, haeredes eius pro delicto auctoris sui in nullo teneantur obnoxii, nisi ob earum tantum rerum repetitionem, quas ad eos pervenisse constiterit.*

263 Ulp. D. 13, 1, 9 (30 *ad ed.*).

264 In der Übersetzung von Selb, Sententiae Syriacae, 41: Wenn diejenige, die unter der Gewalt ihres Vaters steht, Güter ihres Ehemanns stiehlt, dann wird ihr Vater wegen des Anteils, der aus dem Diebstahl an ihn gelangt ist, ohne weiteres herangezogen. Wegen jenes anderen Teils aber, hinsichtlich dessen noch nicht bekannt ist, ob er an ihn gelangt ist, gilt: Es wird der Schaden auch im Rest verlangt werden können, oder, dass er seine schadensstiftende […] Tochter ausliefert.

265 Das syrische (ܠܘܬ) ܐܬܐ entspricht dem lateinischen *pervenire (ad)* [*aliquem*], s. Selb, Sententiae Syriacae, 76; A Compendious Syriac Dictionary, founded upon the Thesaurus Syriacus of R. Payne Smith, unveränderter Nachdruck der Auflage 1903, s. v. ܐܬܐ: „to come, arrive", davon abgeleitet „be of advantage", sodann mit ܠܘܬ: „to make come [to someone]".

266 Für *residuum* hat die Quelle das entsprechende ܫܪܟܐ(ܕ), Selb, Sententiae Syriacae, 82; Payne Smith, Syriac Dictionary, s. v. ܫܪܟܐ: „the remnant, remains, the rest".

267 Nach Selb, Sententiae Syriacae, 189 f., lassen sich 31 der insgesamt 102 Sentenzenstellen mit Konstitutionen der Jahre 293 und 294 identifizieren und auch für weitere ()ist dieser Ursprung möglich.

erscheint daher die Vermutung, dieser habe die *actio rerum amotarum* auch insofern zur gemischten Strafklage umgewandelt, dass sie, anders als noch in der Klassik, noxal erteilt wurde.

Fragen muss man sich jedoch, ob nicht die Überlieferung der *Sententiae Syriacae* auf eine Verfälschung unserer Digestentexte zur *actio rerum amotarum* hinweisen könnte[268]. Danach hätten die Kompilatoren, die bekanntlich die Noxalhaftung für Hauskinder systematisch tilgen sollten[269], die noxale *actio rerum amotarum* durch eine Sondergutsklage ersetzt. Dann aber müssten die Texte von Ulpian und Paulus, die von der *actio de peculio* berichten, frei erfunden sein – was bereits Paulus' Zitat des kaum bekannten Fulcinius ganz unwahrscheinlich macht[270]. Fügt man statt *de peculio* aber schlicht *noxalis* ein, verliert der Text seine gedankliche Stringenz:

> Paul. D. 25, 2, 3, 4 (7 *ad Sab.*)
> Si filia familias res amoverit, Mela Fulcinius aiunt <noxalem> [de peculio] dandam actionem, quia displicuit eam furti obligari: vel in ipsam ob res amotas dari actionem. sed si pater adiuncta filia de dote agat, non aliter ei dandam actionem, quam si filiam rerum amotarum iudicio in solidum et cum satisdatione defendat ...
>
> Wenn eine Haustochter [ihrem Ehemann] Sachen entwendet, dann ist, wie Mela und Fulcinius sagen, die Klage wegen entwendeter Sachen als Noxalklage [gegen ihren Hausvater] zu geben, weil man es missbilligt hat, dass eine Haustochter wegen Diebstahls haftet oder gegen sie selbst die Klage wegen entwendeter Sache gegeben wird. Wenn aber ihr Vater mit Zuziehung der Tochter als Streitgenossin [gegen den Ehemann nach Scheidung] auf Rückgewähr der Mitgift klagt, ist ihm die Klage nur zu erteilen, wenn er seine Tochter gegenüber der [vom Ehemann widerklagend erhobenen] Klage wegen entwendeter Sachen verteidigt, und zwar [ohne Beschränkung auf das Sondergut, sondern] auf das Ganze und mit Sicherheitsleistung ...

Der Gedankengang, welchen Paulus den eingangs benannten Juristen unterstellt[271], wäre nicht stringent, da die angeführte Begründung nicht zur Noxalklage passt. Wenn man Bedenken gegen die noxale *actio furti* hat und der Haustochter auch

268 Das nimmt Selb an, Sententiae Syriacae, 112 ff.

269 I. 4, 8, 7.

270 Wacke, Actio rerum amotarum, 131.

271 Glaubhaft ist diese Unterstellung schon deshalb, weil die Ablehnung einer *actio furti* gegen die Ehefrau offenbar das gesamte Institut der *actio rerum amotarum* fundiert, Paul. D. 25, 2, 1 (7 *ad Sab.*) *Rerum amotarum iudicium singulare introductum est adversus eam quae uxor fuit, quia non placuit cum ea furti agere posse ...*

nicht zumuten will, selbst vor Gericht aufzutreten[272], dann erscheint es wenig sinnvoll, sie durch eine noxale *actio rerum amotarum* in die Gefahr der Auslieferung zu bringen. Außerdem ginge der Gegensatz zwischen *de peculio* im ersten zu *in solidum* im zweiten Satz verloren, man müsste denn auch dieses streichen und durch *sine noxae deditione* ersetzen. Weiterhin wäre es als verfälscht zu erachten, wenn sich Paulus wenig später fragt: *si filius familias maritus sit, utrum de peculio an in ipsum actio dari debeat?*[273] Der Gegensatz *de peculio – in ipsum* ist aber stimmig. Klagen sind *in ipsum* zu geben, wenn sie nicht aus einem Vertrag herrühren, andernfalls *de peculio*[274]. Die schlichte Ersetzung von *noxalis* durch *de peculio* ist danach ebenso unplausibel wie die Annahme, dass die Kompilatoren unter dem Namen Fulcinius ihre ganz eigenen Gedanken niederschrieben. An der überlieferten Fassung ist somit festzuhalten.

Auch der Text Ulpians, der eine Pekuliarhaftung für die *condictio furtiva* sowie die *actio rerum amotarum* überliefert[275], würde seine Schlüssigkeit einbüßen. Wir müssten dort lesen:

> D. 15, 1, 3, 12 (29 *ad ed.*)
> Ex furtiva causa filio quidem familias condici posse constat. An vero in patrem vel in dominum de peculio danda est, quaeritur: et est verius, in quantum locupletior dominus factus esset ex furto facto, actionem <noxalem> [de peculio] dandam: idem Labeo probat, quia iniquissimum est ex furto servi dominum locupletari impune. Nam et circa rerum amotarum actionem filiae familias nomine in id quod ad patrem pervenit competit actio <noxalis> [de peculio].
>
> Dass mit der Kondiktion wegen Diebstahls gegen einen Haussohn geklagt werden kann, steht fest. Fraglich ist aber, ob deswegen gegen den Hausvater oder [wenn ein Sklave gestohlen hat] gegen den Herrn die Klage wegen des Sonderguts zu erteilen ist. Und es ist richtiger, dass, soweit der Herr aus dem begangenen Diebstahl bereichert ist, die Noxalklage zu erteilen ist. Dafür spricht sich Labeo aus, weil es höchst unbillig sei, wenn aus einem Diebstahl des Sklaven der Herr ungestraft [d. h. ohne belangt zu werden] bereichert würde. Denn auch im Falle einer Klage wegen entwendeter Sachen gegen die Haustochter steht in Höhe dessen, was an den Hausvater gelangt ist, die Noxalklage zu.

---

272 Was bei Verurteilung möglicherweise die Personalvollstreckung nach sich ziehen konnte, so Levy, Konkurrenz I, 443; zur Personalexekution gegen den Haussohn allgemein Klinck, SZ 132 (2015), 126–153.

273 D. 25, 2, 6, 2 (7 *ad Sab.*).

274 Vgl. Ulp. D. 9, 3, 1, 7 (23 *ad ed.*).

275 Dazu oben, 266 ff.

Unschlüssig wäre der wie hier abgeänderte Text, da der Gewalthaber sich von seiner Pflicht zur Herausgabe des Erlangten durch Noxalgabe befreien könnte. Dann aber würde dem Ziel Labeos, eine Bereicherung des Herrn zu vermeiden, nicht genügt, schließlich kann der Sklave weniger wert sein als das Erlangte. Eine wesentlich unkompliziertere Interpolation wäre es zudem gewesen, eine Noxalhaftung ersatzlos zu tilgen, anstatt das schwer verständliche *de peculio* einzufügen. Wiederum aber steht dieses im Gegensatz zum hier stillschweigend mitgedachten *in ipsum*. Gegen den Sohn kann man selbst klagen[276]. Eine Klage *in ipsum servum* hingegen ist unmöglich, seinetwegen wird daher eine *actio de peculio* gewährt. Entsprechendes gilt, wie wir von Paulus wissen, für die Tochter. Mit Blick auf den Sklaven hatten die Kompilatoren überdies gar keinen Anlass, eine Noxalklage zu unterdrücken. Die Noxalhaftung sollten sie allein für die Hauskinder tilgen[277]. Allenfalls die durch *nam* geforderte Übereinstimmung mit der Aussage zur *filia* könnte dazu angeleitet haben. Einfacher aber wäre es insofern gewesen, den gesamten letzten Satz zu tilgen.

Nach alledem dürfte die klassische Pekuliarhaftung sowohl für die *condictio furtiva* als auch für die *actio rerum amotarum* echt sein. Die noxale Ausgestaltung hingegen erweist sich als die jüngere, anscheinend erst spätklassische Variante[278]. In der Zusammenschau mit den diokletianischen Konstitutionen zeichnet sich demnach eine historische Entwicklung ab, in deren Verlauf sich die *actio rerum amotarum* und, wie wir annehmen dürfen, auch die *condictio furtiva* von einer rein sachverfolgenden Klage zur gemischten Strafklage entwickelt.

Möglicherweise geht diese Wandlung mit der Verdrängung des Formularprozesses durch das Kognitionsverfahren sowie mit dem Erstarken der Strafgerichtsbarkeit einher. Wie Ulpian berichtet, wurde bereits seinerzeit aus einem *furtum*

---

276 Ulpian diese Aussage durch Interpolation unterzuschieben dürfte nicht nötig gewesen sein, vgl. I. 4, 8, 7 a. E.: *apud veteres legum commentatores invenimus saepius dictum ipsos filios familias pro suis delictis posse conveniri.*

277 I. 4, 8, 7.

278 Damit steht nicht in Abrede, dass die Möglichkeit der *noxae deditio* vereinzelt bereits früher auch bei Klagen befürwortet wurde, die (vorrangig) der Sachverfolgung dienen. Dort wurde der Noxalgedanke aber gerade dann eingeführt, wenn Sklaven den Tatbestand eines Delikts erfüllt hatten, eine deliktische Klage aber nicht zustand. Zu Pomp. D. 30, 48 (6 *ad Sab.*) sogleich unten. Bei Afr. D. 30, 110 (8 *quaest.*) ist der Legatar vom bereits übereigneten, also vom eigenen Sklaven bestohlen worden; eine Diebstahlsklage erwächst deshalb nicht. Dennoch fingiert sie Afrikan insofern, als der Sklave *pro noxae dedito* beim Legatar verbleibe und der Erbe, der um die diebische Neigung des Sklaven wusste, einen anderen zu leisten habe. Zur noxalen *actio aquae pluviae arcendae*, wie sie laut Ulp. D. 39, 3, 6, 7 (53 *ad ed.*) bereits Celsus gegeben hat, ist zu sagen, dass auch sie der Sache nach auf einem deliktischen Tatbestand beruht, nämlich einer Schädigung, für die auch ein *animus nocendi* relevant ist, Ulp. D. 39, 3, 1, 12 (53 *ad ed.*); Paul. D. 39, 3, 2, 9 (49 *ad ed.*).

meist *criminaliter* geklagt[279]. Wenn also der Dieb bereits im Kriminalverfahren mit einer Strafe belegt worden war, blieb für die *actio furti* mit ihrem pönalen Zweck weniger Raum[280]. Sie blieb erhalten, doch fasste man die Bußzahlung nunmehr als Schadensersatz auf[281]. Der Bildung einer Gesamtklage, die zwar auf ein Vielfaches gerichtet ist, aber zugleich sachverfolgenden Nutzen hat, stand dann nichts mehr im Weg[282]. Man erhält so die Regelung Diokletians für den Raub[283]: Der Herr kann sich von der Haftung auf das *quadruplum* befreien, indem er den räuberischen Sklaven ausliefert und das Erlangte herausgibt. Zahlt er hingegen das *quadruplum*, kann er das Erlangte behalten[284]. Mit Zahlung der einstmaligen Buße soll also auch das Sachverfolgungsinteresse des Beraubten abgegolten sein[285]. Entsprechendes sieht Theoderich offenbar für den Diebstahl vor: Eine Pflicht zur Herausgabe des Erlangten besteht nur, wenn der Gewalthaber lieber den Dieb hingibt, als den vervielfachten Sachwert zu entrichten.

Ein Anspruch ähnlichen Inhalts entwickelt sich bereits zu klassischer Zeit infolge des Edikts *si familia furtum fecisse dicetur*[286]. Für den Fall, dass eine Gruppe Sklaven gemeinsam stiehlt, sah dieses vor, den Bestohlenen so zu stellen, als sei er von einem einzigen Freien bestohlen worden[287]. Darunter verstanden die Frühklassiker

---

279 Ulp. D. 47, 2, 93 (38 *ad ed.*) *Meminisse oportebit nunc furti plerumque criminaliter agi* … Ferner D. 47, 1, 3 (2 *de off. procons.*). Von der Wahlmöglichkeit zwischen dem ordentlichen Formularverfahren und der außerordentlichen Kognition beim *furtum* handelt auch bereits Julian, D. 47, 2, 57, 1 (22 *dig.*).

280 Vgl. Kaser II, 425 ff.

281 Dazu Levy, Weströmisches Vulgarrecht, das Obligationenrecht, 312 ff.

282 Kaser II, 433: „ein einheitlicher Anspruch des Bestohlenen auf vervielfachte Restitution".

283 Diocl./Maxim. C. 3, 41, 4 (a. 293), oben, Fn. 251.

284 So schon Levy, Konkurrenz I, 436 f. Liebs, Klagenkonkurrenz, 115, hingegen meint, es finde in diesem Fall die klassische Sachverfolgung, also eine *condictio* neben der Raubklage statt. Darüber habe sich der Kaiser nicht geäußert, da Rechtsweisung insofern entbehrlich gewesen sei. Die dabei unterstellte Lakonik lässt das Reskript im Übrigen aber vermissen, wenn es die Rechtslage für alle Eventualitäten darlegt (Begehung mit oder ohne Mitwissen des Herrn; Klage vor oder nach der Jahresfrist). Waren dem Adressaten bereits die entsprechenden Grundsätze unbekannt, konnte sich eine Auskunft über die Häufung zweier Klagen nicht erübrigen. S. auch Nehlsen, Sklavenrecht zwischen Antike und Mittelalter, 136 mit Fn. 68, der zu Recht auf die Parallelregelung Theoderichs nicht nur für den Raub, sondern auch den Diebstahl verweist, Edict. Theodor. CXVIII, s. oben, Fn. 256.

285 Vgl. Ulpian zur *actio quod metus causa*, D. 4, 2, 14, 10 (11 *ad ed.*) *Quatenus autem diximus quadruplo simplum inesse, si hoc disponendum est, ut in condemnatione quadrupli res quidem omnimodo contineatur et eius restitutio fiat, poenae autem usque ad triplum stetur.*

286 Ulp. D. 47, 6, 1 pr. (38 *ad ed.*) und dazu der Titel 47, 6 insgesamt.

287 Das scheint Liebs, Klagenkonkurrenz, 118, zu übersehen, wenn er vom Normalfall, in dem ein einzelner *subiectus* stiehlt, Schlüsse für das Sonderregime ziehen will, das als Maßstab einen freien Dieb ansetzt. Der Fall einer *noxae deditio* kann hier (auch als Vergleichserwägung) keine Rolle spielen.

offenbar nur die Buße aus der *actio furti*. Erst nach einer Entscheidung Julians wird zur *poena* der einfache Sachwert hinzuaddiert, wie er mit der *condictio* geschuldet wird: *poenae nomine duplum et condictionis simplum* – der Strafe wegen das Doppelte sowie der Kondiktion wegen das Einfache[288], in Summe also das Dreifache. Bereits hier beobachten wir, wie die pönale und die sachverfolgende Forderung zu einer einzigen verbunden werden. Die Bildung einer Gesamtsumme war damit spätestens seit der Hochklassik bekannt. Die Zusammenfassung von *condictio furtiva* und *actio furti* in einem Verfahren erscheint auch aus prozessökonomischer Sicht sinnvoll. Der Beweis des *furtum* muss nur einmal erbracht werden, und der Richter kann sodann die Rechtsfolgen beider Klagen aussprechen. Bereits in der Vorklassik wurden häufig mehrere Klagen vor denselben Richter gebracht[289], wie bei Quintilian zu lesen ist: *Privata quoque iudicia saepe unum iudicem habere multis et diversis formulis solent*[290] – Auch privatrechtliche Verfahren haben oft nur einen Richter, der nach vielen verschiedenen Klagformeln zu entscheiden hat[291].

3. Die Bedeutung von *in residuum*

Völlig ausgeschlossen ist nach alledem nicht, dass wir das *residuum* bei Ulpian als den ausstehenden Teil einer Klage verstehen dürfen, die gerade dazu ansetzt, aus *condictio furtiva* und *actio furti* zu einer einheitlichen sich zu verbinden. Dass bereits Ulpian die beiden Klagen vermengt haben sollte, ist zwar ganz unwahrscheinlich, hält er sie doch gerade in den Büchern 41 bis 43 seines Sabinuskommentars scharf auseinander[292]. Der julianische Gedanke einer Diebstahlshaftung, die sich der Höhe nach aus zwei unterschiedlichen Klagen zusammensetzt, wird ihm aber nicht fremd gewesen sein. Im Zusammenhang mit Abzugsposten gegenüber dem Sondergut scheint Ulpian die aus dem Diebstahl erwachsenden Klagen nachgerade zu einer gemischten Strafklage zusammenziehen, wenn er sich fragt, ob nur der Wert der entzogenen Sache abzugsfähig oder ob die Summe *cum furti poenis* anzusetzen sei[293]. Bei Diokletian schließlich stehen die aus dem Diebstahl erwachsenden

288 Iul. D. 47, 6, 2 (23 *dig.*); diese Äußerung Julians dürfte zitieren Paul. D. 9, 4, 31 (7 *ad Plaut.*).

289 Vgl. für die Hochklassik Gai. D. 2, 1, 11 pr. (1 *ad ed. provinc.*).

290 Inst. 3, 10, 1.

291 Übersetzung angelehnt an Rahn (Hrsg. u. Übers.), Marcus Fabius Quintilianus, Ausbildung des Redners, Teil 1, Buch I–VI, 3. Aufl., 389.

292 Siehe nur D. 13, 1, 7 pr.–1 (42 *ad Sab.*).

293 D. 15, 1, 9, 6 (29 *ad ed.*). Die Wendung *cum poena* ist bei den Klassikern in vergleichbarem Kontext selten, begegnet aber in (früh-)nachklassischen Äußerungen über gemischte Strafklagen, Gord. C. 9, 33, 1 (a. 242) *Vi bonorum raptorum actionem, quae cum poena sua retrahit ablata …*; PS 5, 1a, 6 (= D. 39, 4, 9, 5): *vim vero extortum cum poena tripli restituitur*; zum *furtum* sodann Diocl./ Maxim. C. 9, 20, 12 (a. 294): *cum horum nomine furti actione teneatur, haec tibi rector provinciae*

Forderungen auf Ersatz und Buße einträchtig beieinander und werden insgesamt mit der Alternative versehen, den Dieb auszuliefern: *vel noxae dedendae vel damni sarciendi ac poenae praestandae [dominus] habeat facultatem* – der Herr hat die Möglichkeit, entweder den Sklaven als Schädiger auszuliefern oder den Schaden zu ersetzen und die Bußsumme zu leisten[294].

Man kann unser Fragment D. 13, 1, 4 danach sowohl so verstehen, dass Ulpian konzise von *condictio furtiva* und *actio furti* gemeinsam handelt (a), als auch so, dass er an eine zweifach ausgestaltete *condictio furtiva* denkt (b) – auf Herausgabe des Erlangten und darüber hinaus noxal auf Ersatz dessen, was zum einfachen Sachwert noch fehlt.

a) Die Kombination von *condictio furtiva* und *actio furti* kann man sich auf zweierlei Weise vorstellen: Zum einen ist denkbar, dass aa) beide lediglich in einem Prozess zusammen geltend gemacht werden konnten, dabei jedoch mit Blick auf ihren Inhalt getrennt blieben. Der Herr schuldete dem Bestohlenen etwa beim *furtum nec manifestum* aus der *actio furti* den doppelten Sachwert der gestohlenen Sache oder Auslieferung des Täters sowie aus der *condictio furtiva* das aus der Sache Erlangte. Mit Auskehr des Erlangten wäre die Kondiktionsschuld getilgt. Es bliebe indes stets die *actio furti* in Höhe des Doppelten mit der Abwendungsbefugnis durch Noxalgabe zurück. Alternativ wäre vorstellbar, dass bb) beide gemeinsam eine Klage auf den dreifachen Sachwert bildeten, gerade so wie die Klage wegen Diebstahls durch das Gesinde nach Julian. Gibt der Herr sodann das Erlangte heraus, bringt er damit die Klage nur so weit zum Erlöschen, als das Erlangte das Dreifache abdeckt. Nach Abzug des Erlangten vom Dreifachen kann also noch mehr als das aus der *actio furti* geschuldete Doppelte verbleiben. Zur Lösung von diesem verbleibenden Betrag kann der Herr den Sklaven ausliefern.

Hat etwa der Sklave eine Sache im Wert von 100 gestohlen und wurde der Herr daraus um 80 bereichert, dann schuldet er in Variante aa) 200 aus der *actio furti* und 80 aus der *condictio*, in Summe 280. In Variante bb) beliefe sich die Summe auf 300. Nach Herausgabe der Erlangten 80 bliebe ein Rest von 220. Um diesen Rest nicht bezahlen zu müssen, könnte der Herr den Sklaven ausliefern. Bei der *condictio* auf Ersatz des Erlangten mit subsidiärer Noxalhaftung (b) hätte der Herr 80 zu zahlen und könnte sich von der verbleibenden Schuld in Höhe von 20 durch Noxalgabe befreien.

Das *residuum* in D. 13, 1, 4 könnte sich zunächst im Sinne unserer Variante aa) auf die *actio furti* allein beziehen[295]. Die Noxalklage wird schließlich geradezu in einen Gegensatz zur *condictio* gesetzt. Kondiziert wird nur das Erlangte (*condi-*

---

cum solita poena restitui efficiet. Es findet jeweils eine Restitution des Entzogenen *cum poena* statt. Ähnlich formuliert Ulpian: *quod abest … cum furti poenis*.

294 C. 3, 41, 3 (a. 293).

295 So etwa Voci, SDHI 64 (1998), 1–46, 20.

cendum est id quod pervenit), nicht aber das *residuum*[296]. Die *actio furti* wäre indes nach klassischem Recht ungeschmälert um den bereits kondizierten Betrag zu gewähren[297]. Dem ließe sich womöglich Rechnung tragen, indem man *residuum* nicht auf das bezieht, was die Herausgabe des Erlangten vom Wert des Diebesguts unersetzt lässt, sondern auf das, was von der Gewalthaberhaftung aus einem Diebstahl fortbesteht. Unter *residuum noxae* ließe sich, wenn man *noxae* ausnahmsweise als Genitiv zu *noxa* liest, der Rest einer Schadenshaftung verstehen. So jedenfalls stellt Ulpian die beiden Wörter nebeneinander. Die Formulierung *dedere in residuum noxae* wäre zwar einzigartig, aber wohl nicht unmöglich. Dann ließe sich der Text im Sinne der Variante bb) auffassen: Die sich auf das Dreifache belaufende Schadenshaftung zerfällt in die Auskehr des Erlangten sowie die Leistung dessen, was zum Dreifachen fehlt.

Am häufigsten tritt in unseren Quellen der Ausdruck *noxae dedere* auf, viermal begegnet in den Digesten auch *noxam dedere*, jedoch ohne die Präposition *in*. Darf man Ulpian an anderer Stelle[298] indes trauen, so stand für die *actio de pauperie* im Edikt *in noxam dedere*[299]. Sollte der Jurist das Edikt nicht wörtlich zitieren, so belegt die Stelle doch, dass Ulpian mitunter selbst so formulierte, was für unsere Stelle zur *condictio furtiva* nicht weniger bedeutsam ist. Zu übersetzen wäre dann: zur Lösung von der verbleibenden, über die Kondiktion hinausgehenden Deliktshaftung[300]. Dazu muss man *noxa* nur die übertragene Bedeutung beilegen, die es auch im Satz *noxa caput sequitur* erhält – die [Haftung aus] Schadenstat folgt dem Täter[301].

Variante bb) ist letztlich jedoch zu verwerfen, denn es spricht mehr dafür, *noxae* im Verein mit *dedere* in der üblichen Bedeutung von ‚als Schädiger ausliefern' zu lesen, *noxae* also nicht im außergewöhnlichen Kasus des Genitivs auf *residuum* zu beziehen. Dennoch kann man *residuum* so verstehen, dass es nicht den Rest der Kondiktionsschuld in Höhe des verbleibenden Sachwerts, sondern im Sinne der Variante aa) das bezeichnet, was von der Deliktshaftung des Gewalthabers übrigbleibt, nachdem die *condictio* durch Herausgabe des Erlangten erloschen ist: die *actio furti*[302]. Denn Ulpian formuliert aus Sicht des Gewalthabers: Er müsse zwar das Erlangte herausgeben, von jeglicher weiterer Haftung kann er sich jedoch durch Noxalgabe befreien[303].

---

296 Ähnlich bereits Betti, ATor. 51 (1915–16), 1363–1388, 1382 Fn. 2.

297 Dass *actio furti* und *condictio furtiva* frei kumulierbar sind, betont auch gerade Ulpian, D. 13, 1, 7, 1 (42 *ad Sab.*).

298 Ulp. D. 9, 1, 1, 11 (18 *ad ed.*).

299 Lenel, EP, 195 behält die Formulierung bei.

300 Vgl. die Verwendung von *residuum* in Ulp. D. 33, 4, 2, 1 (5 *disp.*) … *residuum vero, quod praeterea illi relictum est* …

301 S. KKL § 61 Rn. 13.

302 So schon v. Savigny, System, Bd. 5, 562; v. Tuhr, Actio de in rem verso, 163 Fn. 32.

303 Vgl. D. 43, 16, 1, 15 (69 *ad ed.*).

Dass Ulpian an die *actio furti* denkt, ist wenigstens insofern plausibel, als ihr das hier in Frage stehende 41. Buch *ad Sabinum* gilt. Die *condictio* erwähnt er nur gelegentlich und ergänzend, in nur 3 von 60 erhaltenen Stellen. Diese bilden auch keine zusammenhängende Passage innerhalb des Buchs. Die *actio furti* wird hingegen 33 Mal ausdrücklich genannt. In zahlreichen Stellen geht es Ulpian um das Verhältnis der Diebstahlsklage, die im Zentrum der Abhandlung steht, zu anderen Klagen[304]. Fällt Ulpian also mit *in residuum* auf das Hauptthema des *liber* zurück, so ist dies die *actio furti*.

b) Als stärkster Anhaltspunkt für die im Ergebnis vorzuziehende Hypothese zweier Ausprägungen der Kondiktion bleibt die einzige andere Stelle, in der Ulpian von einer Klage *in residuum* spricht[305]. Es wird auch dort wohl zweimal dieselbe Klage erteilt, einmal auf das Erlangte, sodann auf das, was zu vollem Schadensersatz noch fehlt[306]. Gegen das bereicherte Mündel wird die *actio empti* auf das Erlangte gegeben, gegen die Vormünder eine weitere Klage *in residuum*. Bei Letzterer handelt es sich ebenfalls um die *actio empti*, wiewohl eine *actio ex stipulatu*[307] sowie die *actio de dolo*[308] zunächst ebenfalls denkbar sind. Gegen die *actio de dolo* spricht, dass diese einjährig befristet ist, während Ulpian die Klage *in residuum* unbefristet erteilt[309]. Die anderen beiden möglichen Klagen sind zwar deshalb unwahrscheinlich, weil die Vormünder nicht Partei des Kaufvertrags oder der Stipulation sind, sondern lediglich das Einverständnis zu einem Geschäft des

304 Zur *actio legis Aquiliae* oder *damni inuriae* in D. 47, 2, 23; 27, 3; 31; D. 19, 5, 14, 2; D. 9, 2, 41 und D. 47, 1, 1, 1 (in beiden außerdem zur *actio iniuriarum*); zur *actio ad exhibendum*, *rei vindicatio* und *condictio furtiva* in D. 47, 1, 1 pr.; zur *actio ad exhibendum* sowie zum *interdictum quorum bonorum* in D. 47, 2, 29; zur *actio tutelae* in D. 47, 2, 33; zu einer *lex Fabia* in D. 47, 2, 39; zur *actio de dolo* in D. 19, 5, 14; D. 47, 2, 43, 3; zur *actio de pastu pecoris*, *de pauperie* und *damni iniuriae* in D. 19, 5, 14, 3; zur *actio iudicati* und adjektizischer Haftung in D. 9, 4, 35 sowie D. 5, 1, 57; schließlich zur *condictio furtiva* in D. 47, 2, 25.

305 D. 19, 1, 13, 7 (32 *ad ed.*) *Sed cum in facto proponeretur tutores hoc idem fecisse, qui rem pupillarem vendebant, quaestionis esse ait, an tutorum dolum pupillus praestare debeat. et si quidem ipsi tutores vendiderunt, ex empto eos teneri nequaquam dubium est: sed si pupillus auctoribus eis vendidit, in tantum tenetur, in quantum locupletior ex eo factus est, tutoribus in residuum perpetuo condemnandis, quia nec transfertur in pupillum post pubertatem hoc, quod dolo tutorum factum est.*

306 Vgl. auch Ulp. D. 11, 6, 5, 1 (24 *ad ed.*), wo der Käufer wegen eines falschen Grundstücksmaßes zunächst gegen den Verkäufer vorgeht und anschließend wegen des noch nicht Eingeklagten, *de residuo*, gegen den Feldmesser klagen kann, der das Maß falsch angegeben hatte.

307 Ankum, La vent d'une part d'un fonds de terre commun dans le droit romain classique, BIDR 83 (1980), 67–107, 70 ff., der von einer *cautio secundum mancipium* ausgeht.

308 Knütel, Dolus tutoris, 101, 106 f. legt überzeugend den Fall des voraufgehenden Fragments zugrunde, in dem die Vormünder den Käufer über die Abgabenlast täuschen, die auf dem Grundstück ruht. Mit *ait* führt Ulpian das Julianzitat fort.

309 Harke, Libri ad edictum – libri ad Sabinum: Zu den sogenannten Kommentaren des Domitius Ulpianus, 183.

Mündels erteilen. Ulpian handelt zuvor jedoch allein von der *actio empti*. Es wird daher diese sein, die Ulpian *in residuum* erteilt, vermutlich indes als *actio utilis*, wie auch *actiones utiles* gegen das Mündel gewährt werden, wenn ein Vormund Geschäfte für dieses schließt[310].

Auch bei der Klage *in residuum* gegen die Vormünder könnte es sich um eine spätklassische Schöpfung handeln. Zwar scheint bereits Sabinus eine Bereicherungsklage gegen das Mündel befürwortet zu haben, doch hören wir davon erst wieder bei Papinian, und von einer Klage auf den Rest ist auch dann keine Rede[311]. In der Zwischenzeit scheint zunächst die Meinung vorgeherrscht zu haben, gegen das Mündel *ex dolo tutoris* eine Klage *in solidum* zu erteilen, sofern der Vormund Sicherheit geleistet hat oder wenigstens solvent ist[312], das Mündel also erfolgreich Regress nehmen kann. Im Laufe der Hochklassik geht man dazu über, widrigenfalls vom Mündel die Abtretung der Klagen zu verlangen, die es gegen die Vormünder hat[313]. Papinian plädiert sodann für eine Bereicherungshaftung nach dem Vorbild bei Sabinus. Dem folgt Ulpian[314] und erteilt schließlich gegen die Vormünder – ohne Abtretung – eine direkte Klage in Höhe des verbleibenden Betrags, das heißt subsidiär. Dass es außer der Bereicherungsklage gegen den Prinzipal eine weitere *in residuum* gegen den Agenten gibt, steht also am Ende einer Entwicklung, die sich während der Klassik vollzieht[315].

So kann es auch bei der Diebstahlskondiktion gewesen sein. Den Frühklassikern stand noch die Alternativität von Pekuliar- und Noxalhaftung im Wege. Eine Klage, die zugleich *noxaliter* als auch *de peculio* gegeben werde, war schwer vorstellbar. Dazu mag beigetragen haben, dass sich eine einheitliche Formel mit beiden Elementen schlecht bilden ließ[316]. Ulpian, für den das Kognitionsverfahren alltäglich ist,

310 Vgl. Scaev. D. 36, 3, 18, 2 (29 *dig.*); Kaser I, 361.

311 D. 26, 9, 3 (20 *quaest.*). Das Erlangte wird dabei wohlgemerkt nicht mit *locupletior* umschrieben; das Mündel haftet, wenn der Vormund durch sein Verhalten *pupilli rationibus favit*. Ulpian zitiert Papinian später mit ähnlichen Worten, wenn er das Mündel haften lässt, *in id demum, quod rationibus eius accepto latum est*, D. 21, 2, 4, 1 (32 *ad ed.*). Anders als bei Geschäften, die das Mündel ohne *auctoritas tutoris* geschlossen hat, steht hier also nicht die verbleibende Bereicherung, sondern das einmal Erlangte in Rede.

312 So Aristo bei Pomp. D. 26, 7, 61 (20 *epist.*). Mit diesen Lösungen setzt sich noch Ulpian auseinander, lehnt sie zumindest für die *exceptio doli* aber ab, D. 44, 4, 4, 23 (76 *ad ed.*). Vgl. auch Cassius bei Ulp. D. 43, 24, 11, 6 (71 *ad ed.*).

313 So Pomponius D. 26, 7, 61 (20 *epist.*); ihn zitiert mit dieser Lösung auch Ulp. D. 14, 4, 3, 1; D. 15, 1, 21, 1 (beide 29 *ad ed.*).

314 D. 21, 2, 4, 1 (32 *ad ed.*), sei der Vormund aber solvent, hafte das Mündel *in solidum*.

315 Vgl. Niederländer, Bereicherungshaftung, 140 ff., der dieselbe Entwicklung nachzeichnet, aber deren letzte Stufe, die von Ulpian vorgestellte Lösung einer *locupletior*-Klage gegen das Mündel und einer weiteren *in residuum* gegen die Vormünder, für interpoliert hält.

316 S. oben, 310 ff.

kann ohne derlei Hemmungen eine Kondiktion befürworten, die nur *in residuum* die Noxalgabe zulässt. Unser Ausgangstext ist also wie folgt zu lesen:

> Wenn ein Sklave oder Haussohn einen Diebstahl begangen hat, kann beim Herrn das kondiziert werden, was an diesen gelangt ist. Hinsichtlich des verbleibenden [Sachwerts, der durch Herausgabe des Erlangten nicht ersetzt ist,] kann der Eigentümer seinen Sklaven als Schädiger ausliefern.

Der Ausdruck *in residuum* meint also nicht die verbleibende Haftung aus der *actio furti*. Gleichwohl trägt Ulpian mit der Noxalhaftung ein Element pönaler Haftung in den Anwendungsbereich der Diebstahlskondiktion hinein. Im Ergebnis gleicht der Jurist die *condictio furtiva* so den gemischten Pönalklagen an[317]. Das Bündeln von *pervenit*- und Noxalhaftung wird sodann beispielhaft für die Nachklassik.

4. Ein Parallelfall zur *actio ex testamento*?

Manche Autoren[318] wollen das Muster der *condictio* Ulpians in D. 13, 1, 4, also eine Kombination aus Bereicherungs- und subsidiärer Noxalhaftung, bereits weit früher erkennen, namentlich in

> Pomp. D. 30, 48 pr. (6 *ad Sab.*)
> Si heredis servus rem legatam ignorante domino subtraxisset et vendidisset, Atilicinus in factum dandam actionem, ut vel noxae servum dederet dominus vel ex peculio praestaret, quod ex venditione eius rei haberet.

> Hatte ein Sklave des Erben die vermachte Sache ohne Wissen seines Eigentümers entwendet und verkauft, so ist [dem Vermächtnisnehmer] nach Atilicinus eine auf den Sachverhalt zugeschnittene Klage darauf zu erteilen, dass der Eigentümer den Sklaven als Schädiger ausliefert sowie [oder?] aus dessen Sondergut das leistet, was er aufgrund des Verkaufs dieser Sache erlangt hat.

Stiehlt ein Sklave des Erben diesem eine vermachte Sache, so hat der Damnationslegatar[319], dem die Sache bisher nur schuldrechtlich, nicht aber dinglich zugewiesen

---

317 Vgl. insbesondere Ulp. D. 4, 2, 16, 1 (11 *ad ed.*); ferner D. 43, 16, 1, 19 (69 *ad ed.*). Das Interdikt *unde vi* richtet sich zwar nicht auf vervielfachten Ersatz, trägt aber pönale Züge, insofern es annal befristet ist und gegen den Erben auf das Erlangte beschränkt wird.

318 Salkowski, Glücks Pandecten, Bd. 49, 192 f.; Gröschler, Actiones in factum, 236 ff.

319 Allein Salkowski, Glücks Pandecten 49, 192 f. geht von einem Vindikationslegat aus; dagegen bereits mit guten Gründen Schulz, Die actiones, 45 Fn. 2, der sich Lenel, Pal. II, 103 Fn. 1 anschließt; sodann

ist, weder die *actio furti* noch die *condictio furtiva*. Offenbar versagt hier auch die *actio ex testamento*[320], andernfalls bedürfte es keiner Klage auf den Verkaufserlös, denn jene würde zum Ersatz des Sachwerts führen. Als *actio certi* ist sie auf *quanti ea res est* gestellt und steht unter Litiskreszenz[321], verschafft dem Legatar also das Doppelte, wenn der Erbe seine Verpflichtung bestreitet. An ihrer Stelle erteilt der Frühklassiker Atilicinus[322] eine *actio in factum*, deren Klageziel umstritten ist.

Entscheidend für das Verständnis der von Atilicinus gewährten Klage ist, wie man die Formulierung *vel … vel* zu verstehen hat: Regelmäßig schließen die so eingefassten Möglichkeiten einander aus (‚entweder … oder')[323], gelegentlich sollen beide zugleich eintreten (‚sowohl … als auch')[324]. Auch Pomponius gebraucht die Wendung in Bezug auf eine Verpflichtung meist exklusiv[325], selten aber auch inklusiv[326]. Zu einer Klage auf den einfachen Sachwert passt weder die eine noch die andere Lesart ohne weiteres. Geht man von einer Wahlschuld des Erben aus, so könnte sich dieser durch Hingabe eines geringwertigen Sklaven befreien und einen beliebig hohen Erlös behalten[327]. Nimmt man hingegen an, der Erbe schulde sowohl die *noxae deditio* als auch die Herausgabe des Erlöses, dann erhielte der Legatar nicht selten mehr als den Marktwert der vermachten Sache. Hält man diesen Ausgang für

---

einhellig für die Annahme eines Damnationslegats Betti, ATor. 51 (1915–16), 1363–1388, 1381; Knütel, SZ 100 (1983), 340–443, 374; Voci, SDHI 64 (1998), 1–46, 21; Gröschler, Actiones in factum, 236.

320 An der überwiegend vertretenen Auffassung, dass dem Erben die Leistung unmöglich werde, zweifelt Gröschler, Actiones in factum, 237.

321 Zuletzt Lohsse, Handbuch § 97 Rn. 2; zuvor bereits Liebs, Damnum, damnare und damnas. Zur Bedeutungsgeschichte einiger lateinischer Rechtswörter, SZ 85 (1968), 173–252, 246 mit Fn. 309; Varvaro, Per la storia del certum, alle radici della categoria delle cose fungibili, 171 f. mit Fn. 596 und weiteren Nachweisen; neuerdings ausführlich Isola, Überlegungen zur Litiskreszenz bei der actio ex testamento, SZ 137 (2020), 70–135, die 123 f. mit Fn. 191 nur für die *actio ex testamento* auf *certa pecunia* und sonstiges *quod pondere numero (mensura) constat* von Litiskreszenz ausgeht. Der Wert einer *certa res* sei möglicherweise schwer zu bestimmen. Unmittelbar stand aber der Wert auch bei den vertretbaren Sachen nicht fest. Bei diesen wie bei der *certa res* wird erst vermöge des *quanti ea res est* eine Bezifferung vorgenommen. Für die von Isola angeführte *solutio per aes et libram* (Gai. 3, 175) war die Bestimmung des Werts in Geld nicht nötig, da die geschuldeten Sachen symbolisch *in natura* zugewogen werden konnten. Im alten Vollstreckungsverfahren hingegen, von dem auch Isola historisch ausgeht (89 ff.), ließ sich die in Geld bestehende Lösungssumme nicht ohne Schätzung oder Bestimmung eines Marktpreises feststellen. S. dazu Kaser/Hackl, 135.

322 Er lebte im ersten Jahrhundert, Proculus war sein Zeitgenosse, Proc. D. 23, 4, 17 (11 *epist.*).

323 So für unseren Text Knütel, SZ 100 (1983), 340–443, 374 f.

324 So liest sie Gröschler, Actiones in factum, 241 mit Fn. 198.

325 S. etwa D. 9, 2, 39, 1 (17 *ad Q. Muc.*) … *vel abigere debet sine damno vel admonere dominum, ut suum recipiat.*

326 So etwa in D. 24, 3, 67 (20 *epist.*) *In partem dotis reddendae erit id, quod mulieri ex periculo servi restitui debebit: et ideo et dolum et culpam in eo peculio vel adquirendo vel conservando maritus praestare debet.*

327 Ebenso schon Gröschler, Actiones in factum, 239.

unerwünscht, kann man zwei *actiones in factum* mit alternativer Konzeption auseinanderhalten[328]. Der Legatar könnte so entweder auf den Sachwert klagen, wobei der Erbe sich durch *noxae deditio* befreien kann, oder ohne Befreiungsmöglichkeit für den Erben den Verkaufserlös fordern.

Alternativ kann man Noxal- und Bereicherungshaftung in dasselbe Verhältnis setzen wie bei der *condictio* in D. 13, 1, 4. Die Klage ginge auf *quanti ea res est*, und der Erbe hätte jedenfalls den Verkaufserlös herauszugeben. Bliebe dieser unter dem Wert der vermachten Sache, könnte er den Rest (d. h. den zum Sachwert fehlenden Betrag) zahlen oder aber dafür den Sklaven ausliefern. Dafür, dass die Herausgabe des Erlöses gegenüber der Noxalgabe vorrangig sein sollte, gibt der Text indes keinen Anhalt. Auffällig ist insbesondere die Reihenfolge, in die Atilicinus die Klageziele stellt. Die *noxae deditio* wird anders als in der üblichen Noxalklausel zuerst genannt, erst dann folgt ein in Geld zu beziffernder Betrag. Das mag an den Hergang und die entsprechende Sachverhaltsschilderung anknüpfen (*subtraxisset et vendidisset*) oder auch ausdrücken, dass der Erbe über die Auslieferung keine Wahl haben solle. Unwahrscheinlich ist jedenfalls, dass die zuerst genannte Noxalhaftung gegenüber der Haftung auf den Erlös, die erst an zweiter Stelle folgt, subsidiär sein sollte[329]. Die *noxae deditio* zum Hauptgegenstand der Klage zu machen wäre zwar ungewöhnlich. In einer ähnlichen Konstellation scheint indes auch Afrikan keine Wahlmöglichkeit des Erben vorzusehen[330]. Dass dabei offenbar nicht interessiert, wie hoch der Schaden ist, sondern vielmehr pauschal die *deditio* geschuldet sein soll, passt besser zu einem Bußgedanken als zur Ersatzfunktion der *condictio*. Wir haben es daher bei der *actio ex testamento* Afrikans und, wie sich zeigen wird, auch bei der von Atilicinus gewährten *actio factum* mit Klagen zu tun, welche die Juristen wenigstens teilweise als Pönalklagen verstehen.

Plausiblerweise denkt auch Atilicinus nur teilweise an Sachverfolgung und im Übrigen an Buße. Schließlich zählt Gaius die *actio certi ex testamento* zu denjenigen Klagen, mit denen man *rem et poenam* verfolge[331], mit anderen Worten: Er

---

328 Knütel, SZ 100 (1983), 340–443, 374.

329 So aber Gröschler, Actiones in factum, 241.

330 D. 30, 110 (8 *quaest.*) *Si heres generaliter servum quem ipse voluerit dare iussus sciens furem dederit isque furtum legatario fecerit, de dolo malo agi posse ait. sed quoniam illud verum est heredem in hoc teneri, ut non pessimum det, ad hoc tenetur, ut et alium hominem praestet et hunc pro noxae dedito relinquat.*

331 Gai. 4, 9 *Rem vero et poenam persequimur velut ex his causis, ex quibus adversus infitiantem in duplum agimus; quod accidit per actionem iudicati, depensi, damni iniuriae legis Aquiliae, aut legatorum nomine, quae per damnationem certa relicta sunt.* – Sache und Buße verfolgt man hingegen zum Beispiel aus denjenigen Gründen, aus welchen man gegen einen abstreitenden Gegner auf das Doppelte klagt; dies kommt vor bei der Klage wegen Urteilsschuld, wegen Bürgenzahlung, wegen widerrechtlicher Schädigung nach dem Aquilischen Gesetz oder wegen schuldrechtlich wirkender

stellt sie den gemischten Strafklagen gleich. Zwar erstreckt sich die Vermächtnisklage erst vermöge der Litiskreszenz auf das Doppelte (*infitiando lis crescit in duplum*), der Erbe müsste seine Verpflichtung also bestritten haben. Hätte er sie aber anerkannt, bräuchte es eine *actio in factum* gar nicht. Vorstellbar ist, dass der Erbe sich mit dem Vorbringen zu verteidigen suchte, dass er die vermachte Sache ohne sein Verschulden nicht mehr in Händen habe. Er soll sich deshalb jedoch nicht ohne weiteres aus der Haftung lösen können. Schließlich hat er zum einen in Form des Verkaufserlöses ein stellvertretendes *commodum* in seinem Vermögen[332]. Zum anderen befindet sich derjenige, der schuldhaft das Unvermögen des Erben herbeigeführt hat, in seiner Gewalt. Wahrscheinlich ist daher, dass Atilicinus die beiden Klageziele kumulativ nebeneinanderstellt. Die *actio in factum* wird wie die gewöhnliche *actio certi ex testamento* auf das *duplum* gerichtet sein. Dabei fügt man der *condemnatio* aber die Alternative an, dass der beklagte Erbe sich durch Herausgabe des Erlöses und Noxalgabe befreien könne.

Man erhielte so eine ähnliche *condemnatio* wie die oben für die *condictio furtiva* vermutete[333] – mit dem entscheidenden Unterschied, dass dort das *simplum*, hier aber das *duplum* geschuldet ist. Das ist auch stimmig: Setzt man den Fall, dass die vermachte Sache dem Erben nicht vom eigenen, sondern von einem fremden Sklaven gestohlen wird, so hätte er gegen dessen Herrn die *condictio* sowie die *actio furti*. Er könnte beide sodann dem Legatar abtreten[334]. Möglicherweise ist es dieses Ergebnis, an das sich Atilicinus mit seiner *actio in factum* anzunähern versucht[335]. Wenn damit die von ihm erteilte *actio in factum* Ähnlichkeiten zu der *condictio furtiva* Ulpians in D. 13, 1, 4 aufweist, heißt dies jedoch nicht, dass Atilicinus die Entwicklung der *condictio furtiva* in Richtung einer gemischten Strafklage vorweggenommen hätte. Anders als die *condictio furtiva* war die *actio ex testamento* schließlich bereits seit alters eine gemischte Strafklage, insofern man mit ihr Ersatz und Buße zugleich verfolgte. Die *condictio furtiva* hingegen ist ursprünglich rein sachverfolgend.

Die Entscheidung des Atilicinus, die von einer Diebstahlskondiktion nicht handelt, kann für deren Verständnis nur eingeschränkt dienstbar gemacht werden. Auch wenn die *actio ex testamento* der *condictio* in vielem gleicht[336], sind beide insofern

---

Vermächtnisse bestimmter Sachen. – Manthe, Gaius, 323 will unter den *certa* nur bestimmte Geldsummen verstehen.

332 Vgl. auch den Fall bei Afr. D. 3, 5, 48 (8 *quaest.*), wo der verkaufte Sklave eine Sache des Verkäufers entwendet und der Käufer diese verkauft. Geht die Sache daraufhin unter, kann der Verkäufer vom Käufer mit der *actio negotiorum gestorum* den Verkaufserlös verlangen.

333 S. oben, 310 ff.

334 Vgl. Pap. D. 47, 2, 81 pr. (12 *quaest.*) a. E. für die ähnliche Konstellation, wenn die verkaufte Sache dem Käufer gestohlen wird.

335 Vgl. Knütel, SZ 100 (1983), 340–443, 375.

336 S. die Gegenüberstellung der Formeln bei Isola, SZ 137 (2020), 70–135, 122.

ganz andersartig, als diese stets nur das *simplum* gewährt, während jene unter Litiskreszenz steht. Im Falle des Bestreitens findet eine Verurteilung nicht auf den einfachen Sachwert, sondern, insoweit pönal, auf den doppelten statt. Das oben für D. 13, 1, 4 gefundene Ergebnis lässt sich damit unterstreichen: Dem beklagten Gewalthaber die Herausgabe des Erlangten und die Auslieferung des Schädigers abzuverlangen entspricht dem Muster, das gemischte Strafklagen ausweist. Die *persecutio rei et poenae* findet in D. 30, 48 pr. Ausdruck in der *actio in factum*, die anstelle der *res* die Herausgabe des Verkaufserlöses verlangt und anstelle der *poena* zur Noxalgabe ermächtigt.

III. Fazit zu *furtum* und *amotio rerum*

Aus der Zusammenschau unserer Quellen dürfte gesichert sein, dass der Gewalthaber eines diebischen Sklaven vermöge der *condictio furtiva* das Erlangte herausgeben muss. Der Bestohlene kann dies zum einen mit der Sondergutsklage erreichen[337]. Der Bezeichnung als *actio de peculio* zum Trotz erfasst die Kondemnation dabei nur das Erlangte und nicht darüber hinaus das übrige Sondergut[338]. Ab der Spätklassik gewährte man dem Bestohlenen zum anderen eine *condictio furtiva* auf das Erlangte mit subsidiärer Noxalhaftung. Reichte die Herausgabe des Erlangten nicht hin, den Wert der gestohlenen Sache zu ersetzen, so konnte der Herr entweder den Restbetrag bezahlen oder den Sklaven als Schädiger ausliefern. Darin zeichnet sich eine Entwicklung der *condictio furtiva* in Richtung einer gemischten Strafklage ab, die sich in der Nachklassik fortsetzt.

Der Haussohn kann mit der *condictio furtiva* selbst belangt werden[339]. Im Falle der Verurteilung erhält der Bestohlene so eine *actio iudicati de peculio*, ist im Ergebnis also ähnlich geschützt, als wenn ihm eine *condictio furtiva de peculio* zustünde[340]. Reicht das Sondergut des Haussohns nicht hin, die gestohlene Sache zu ersetzen, könnte man eine subsidiäre Klage auf das Erlangte gegen den Hausvater erwarten. Darüber lässt sich indes nur spekulieren[341].

Die Haustochter ähnelt dem Sklaven darin, dass bei ihr selbst nicht kondiziert werden kann. Die Quellen äußern sich darüber nicht, doch ist daher auch ihretwegen mit einer *condictio furtiva* auf das Erlangte zu rechnen. Im speziellen Fall

337 Ulp. D. 15, 1, 3, 12 (29 *ad ed.*).

338 Dazu oben, 266 ff.

339 Ulp. D. 15, 1, 3, 12 (29 *ad ed.*); Paul. D. 13, 1, 5 (9 *ad Sab.*).

340 Freilich trägt er das Risiko eines Wertverlustes des Sonderguts zwischen Judikat und der daraus erhobenen Klage.

341 Vgl. aber D. 3, 5, 5, 8 (10 *ad ed.*) a. E.

des Ehegattendiebstahls, bei der *actio rerum amotarum*, geht die Sondergutsklage im Ausschlussverfahren als die zu erteilende hervor[342]. Man will die Ehefrau nicht selbst wegen Diebstahls haften lassen – es scheiden daher die *actio furti (noxalis)* sowie die *condictio furtiva* aus –, außerdem die Haustochter nicht selbst vor Gericht auftreten sehen – es entfällt damit eine *actio rerum amotarum* gegen sie. Der Ehemann soll aber nicht schutzlos stehen, und so bleibt nur die Möglichkeit einer *actio rerum amotarum de peculio*.

Dass weder das *furtum* noch die *amotio rerum* sich als *negotium* begreifen lassen, wie es die Sondergutsklage erforderte, schließt diese offenbar nicht aus. Auch gegen den zur *regula iuris* erhobenen Satz des Ulpian verstoßen die Juristen nicht: *Ex poenalibus causis non solet in patrem de peculio actio dari* – aus Strafklagen begründenden Tatbeständen pflegt die Sondergutsklage gegen den Vater nicht erteilt zu werden[343]. Davon machen unsere Stellen keine Ausnahme, denn weder die *condictio furtiva* noch die *actio rerum amotarum* ist eine Pönalklage. Selbst für Letztere aber schließt Ulpian eine Sondergutsklage nicht rundweg aus (*solet*). Die Ausnahme dürften allgemein Zueignungsdelikte bilden, die naturgemäß auf eine Vermehrung des faktischen Vermögens gerichtet sind und diese regelmäßig auch nach sich ziehen. Die Zielsetzung des Gewaltunterworfenen sowie die regelmäßige wirtschaftliche Folge entspricht damit der eines *negotium* – mittelbar auch für den *paterfamilias*.

342 Paul. D. 25, 2, 3, 4 (7 ad Sab.), dazu oben, 268 ff.

343 D. 50, 17, 58 (2 *disp.*).

SCHLUSS

§ 17. Das Bereicherungsverbot und die Haftung des Gewalthabers

Die Klagen auf Auskehr des Erlangten gegen den Gewalthaber lassen sich als Anwendungsfall eines allgemeinen Bereicherungsverbots begreifen, wie es etwa auch in den Repetundengesetzen[1] sowie bei der Haftung des Erben oder Mündels hervortritt. Gleichermaßen ergänzen sie das Gefüge der adjektizischen Klagen für Fälle deliktischer oder wenigstens anfechtbarer Erwerbsakte durch Gewaltunterworfene[2]. Ebenso wie die *actio de in rem verso* gestatten sie dem (naturalen) Gläubiger eines Gewaltunterworfenen, den Gewalthaber insoweit zu belangen, als dieser etwas erlangt hat.

Bei aller Ungewissheit, die ob der Quellenarmut fortbesteht, scheinen die Römer bereits vor der juristischen Klassik für die *pervenit*-Konstruktionen den Grundstein selbst gelegt zu haben[3]. Ihr Empfinden, dass bestimmte Vermögensgewinne des einen, die einen anderen mit einem Verlust zurückließen, für unbillig zu halten waren, reifte vielleicht im Zuge der Rezeption griechischen Gedankenguts heran. Dass erst die rezipierte Philosophie den entscheidenden Anstoß gab, darf aber bezweifelt werden. Mindestens ebenso wahrscheinlich ist, dass die Römer in ihr lediglich den passenden theoretischen Überbau zu einem durch sie selbst in der Praxis wahrgenommenen Bedürfnis fanden.

Die Klagen auf das Erlangte werden mal mithilfe des Verbs *pervenire*, mal mit *locupletior fieri* formuliert[4]. Ein Unterschied in der Sache lässt sich für die Gewalthaberhaftung nicht ausmachen. *Pervenire* ist der ältere und weniger präzise Ausdruck. *Locupletior* wird insbesondere seit der Kaiserzeit zunehmend bevorzugt. Jenseits der Gewalthaberhaftung findet *locupletior* besonders dort Anwendung, wo mit einer Bereicherung nicht das einmal Erlangte, sondern das zum Zeitpunkt des Prozesses noch Verbliebene gemeint ist. Der Wortgebrauch der römischen Juristen ist insofern jedoch nicht verlässlich.

Obschon der Begriff der Bereicherungshaftung heute sogleich an eine Privilegierung des Haftenden denken lässt, der „nur" in den Grenzen seiner Bereicherung einzustehen hat, erschöpft sich die Funktion der *pervenit*- und *locupletior*-Klauseln

1 Dazu oben, 41 ff.

2 Oben, 112 ff.

3 Oben, 81 ff.

4 Dazu oben, 27 ff.

darin häufig nicht[5]. In den hier untersuchten Fällen wird mit ihrer Hilfe der Kreis der Haftenden überhaupt erst auf denjenigen erweitert, der sodann das an ihn Gelangte auszukehren hat. Der Gläubiger gewinnt weitere Schuldner hinzu, die neben dem primär Verpflichteten passivlegitimiert sind. Haftungserweiterung und -begrenzung gehen dabei Hand in Hand. Die Erweiterung auf zusätzliche Passivlegitimierte ist ebenso kennzeichnend für die *pervenit*-Haftung wie deren höhenmäßige Begrenzung auf das Erlangte.

Bereits seit früher Zeit machen die Römer denjenigen aus einem Schuldverhältnis haftbar, der zwar zu dessen Entstehen nicht durch eigene Handlung oder Willensbetätigung beigetragen hat, aber bei wirtschaftlicher Betrachtung daran teilhat, indem Vorteile aus dem jeweils in Rede stehenden Geschäft oder Delikt an ihn gelangen. Das gilt für die *actio de in rem verso* ebenso wie für die hier untersuchten *pervenit*-Klagen[6]. Die wirtschaftliche Beteiligung an einem Schuldverhältnis zieht die rechtliche Verantwortlichkeit daraus nach sich. Das faktische Erlangen begründet die rechtliche Herausgabeverpflichtung – ein Gedanke, der von der *obligatio re* bekannt ist und hier wenigstens insoweit hervorscheint, als teils ausdrücklich das Erlangen der entzogenen *res* gefordert wird[7].

Vermöge der *pervenit*- und *locupletior*-Klauseln werden andere als der primär Verpflichtete haftbar gemacht. Um diesen Durchgriff zu rechtfertigen, ist regelmäßig eine Art wirtschaftliches Näheverhältnis zwischen den Beteiligten erforderlich[8]. Dabei kann es sich ebenso um das Gewaltverhältnis zwischen Vormund und Mündel oder Gewalthaber und -unterworfenem handeln wie um die gesetzliche oder letztwillige Universalrechtsnachfolge. Auch manche Einzelrechtsnachfolger können auf das Erlangte haften[9].

Den meisten dieser Verhältnisse zwischen Primärschuldner und Dritterwerber ist gemein, dass sie (zumindest auch) darauf angelegt sind, Rechtserwerb zu vermitteln. Der Erbe erwirbt vom Erblasser, der Gewalthaber durch ihm Unterworfene, der Vormund für das Mündel und so fort. Alle Fälle lassen sich kaum enumerieren, sprechen kann man aber doch von einem Katalog typischer Zurechnungstatbestände[10]. Darunter fallen die erbrechtliche oder rechtsgeschäftliche Rechtsnachfolge,

---

5 Oben, 38 ff., 116 ff.

6 Oben, 107 ff.

7 Oben, 244 ff., 285 ff.

8 Vgl. Ulp.-Cels. D. 39, 3, 6, 7 (53 *ad ed.*), der die Beziehung sowohl des Erblassers als auch des Sklaven zum Beklagten damit beschreibt, dass sie „zu ihm gehören" (*pertinere*).

9 Neben dem Erben werden wiederholt *ceteri successores* genannt, Ulp. D. 4, 3, 17, 1 (11 *ad ed.*); D. 43, 16, 1, 48 (69 *ad ed.*); D. 43, 24, 15, 3 (71 *ad ed.*); für die *dolus*-Klausel bei der *actio de peculio* auch der Käufer des Sklaven *cum peculio*, Ulp. D. 15, 1, 21, 2 (29 *ad ed.*).

10 Sie ähneln den Tatbeständen, die heute die Einziehung von Taterträgen bei Tatunbeteiligten nach § 73b StGB rechtfertigen: Handeln des Täters (als Vertreter) für den Dritterwerber (Abs. 1 Nr. 1),

Haushaltszugehörigkeit oder etwa die Verwaltung fremden Vermögens[11] – aller Wahrscheinlichkeit nach, weil in allen diesen Konstellationen häufig mit einer (unentgeltlichen) Bereicherung zu rechnen ist[12]. Jedenfalls handelt es sich bei den Primärschuldnern um Personen, die typischerweise mit Wirkung für das Vermögen eines anderen handeln: die Gewaltunterworfenen für das Vermögen des Gewalthabers, der Vormund für das Mündelvermögen, der Erblasser für die Erbschaft, vereinzelt der *procurator* für das Vermögen des Geschäftsherrn, schließlich Organe für dasjenige des *municipium.*

Häufig begegnet die *pervenit*-Haftung bei Rechtsmitteln, die darauf gerichtet sind, einen vermögensrelevanten Vorgang rückgängig zu machen[13]. In gewisser Hinsicht ist das Vorgehen der römischen Juristen dabei ausgerichtet auf die Herstellung des Zustands ohne den streitgegenständlichen Vorgang, sei es ein Rechtsgeschäft oder ein Delikt. Allem voran sind sie darauf bedacht, den Vermögensverlust des Geschädigten auszugleichen. Wenn dies aus dem Vermögen des primär Verpflichteten gelingt, erübrigt sich etwa im Falle der Repetundenklausel alles weitere[14]. Gelingt es nicht, so erweitert man den Blick auf mittelbare Folgen des Geschäfts oder Delikts, d. h. auf den Dritterwerb, und macht diese rückgängig.

Die Bereicherung des Dritterwerbers empfindet man so lange als legitim, wie der Geschädigte beim primär Verpflichteten Ersatz erlangen kann. Kann er es nicht, so trifft ihn ein *damnum*, eine *iactura*, „aus" der ein Dritter keinen Vorteil, kein *lucrum* behalten dürfen soll. Die Bereicherung ist also erst wegen des Ausfalls des Primärschuldners ungerechtfertigt. Dieser Gedanke lebt auch im klassischen Privatrecht fort, doch verliert sich dort die Subsidiarität der Klage auf das Erlangte. Die *pervenit*-Klage gegen den Dritterwerber steht gleichrangig neben derjenigen gegen den Primärschuldner. Infolge der Konkurrenzregeln bleibt es indes dabei, dass der Dritterwerber das Erlangte behalten darf, wenn der Gläubiger vom Primärschuldner schadlos gestellt wird[15].

Bezüglich des Erben erreicht der Gedanke, dass er aus Missetaten bzw. für (außervertraglichen) *dolus* des Erblassers nur auf das Erlangte haftet, den Status einer *regula iuris*[16], beinahe eines Prinzips[17]. Die *pervenit*-Klagen gegen den

unentgeltliche Weitergabe vom Täter an den Dritterwerber (Abs. 1 Nr. 2 lit. a), Erwerb kraft Erbrechts (Abs. 1 Nr. 3).

11 S. oben, 240 ff.

12 Vgl. Sell, Versuche im Gebiete des Civilrechts, 54.

13 Oben, 194 ff., 218 ff., 244 ff.

14 Oben, 41 ff.

15 Etwa bei der *actio quod metus causa*, dazu 244 ff.

16 Pomp. D. 50, 17, 38 (29 *ad Sab.*); ferner Ulp. D. 50, 17, 44 (29 *ad ed.*); D. 50, 17, 157, 2 (71 *ad ed.*).

17 Als Nachsatz zur *certissima iuris regula*, dass der Erbe nicht mit Pönalklagen belangt werde, I. 4, 12, 1.

Erben sind sodann ebenso ediktal wie die postannalen gegen den Täter[18]. Auch das *metus*-Edikt erhebt die *pervenit*-Haftung gewissermaßen zum Institut. Dort steht *pervenire* indes auf Tatbestandsseite und ist nicht, wie meist, der *condemnatio* zuzuordnen[19]. Im Bereich der Mündelhaftung ist der Bereicherungsgedanke besonders prominent, nicht erst infolge doloser Handlungen des Vormunds. Mit Blick auf den Gewalthaber durchdringt der Gedanke die römische Rechtsordnung nicht mit derselben Konsequenz. Er findet sich in der *actio de in rem verso* verwirklicht, wird dort aber durch den Geschäftsführungsgedanken überlagert. Unsere *pervenit*-Klagen gegen den Gewalthaber schließlich fanden ins prätorische Edikt keinen Eingang. Sie wurden bald als abgewandelte oder auf den Sachverhalt zugeschnittene Klagen erteilt[20], bald stellte man es in die Amtspflicht des Richters, den Gewalthaber in den Grenzen des Erlangten haften zu lassen[21].

Die *pervenit*-Haftung des Gewalthabers tritt am häufigsten im Zusammenhang mit Klagen aus deliktischer Sachentziehung auf. Hinzu treten deliktsähnliche Tatbestände, bei denen die kontraktlichen Eigenschaften jedoch überwiegen. Es sind „unlautere" Geschäfte – dolose, erzwungene oder betrügerische, außerdem gläubigerschädigende –, die man sich wohl scheut, als Geschäfte des Gewalthabers zu bezeichnen. Sie lassen sich mit archetypischen Deliktstatbeständen in Verbindung bringen, die auch jenseits der Gewalthaberhaftung den Erwerb durch Dritte angreifbar machen: *fraus*, *dolus*, *vis metusve*, *furtum*. Wo deliktische Tatbestandselemente in den Hintergrund treten, ist der Anwendungsbereich der *actio de in rem verso* eröffnet. Verkürzt lässt sich insofern sagen, dass die *pervenit*-Haftung bei den Deliktsklagen funktional der Versionshaftung bei Geschäften entspricht.

18 S. oben, 116 ff.

19 S. oben, 244 ff.

20 S. oben, 268 ff.

21 S. oben, 194 ff., 218 ff.

§ 18. Verhältnis der *pervenit*-Haftung zur *condictio*

In manchen ihrer Eigenschaften ähneln die Klagen auf das Erlangte der *condictio*. Die beiden Klagearten folgen jedoch je eigenen Entwicklungspfaden[1]. Insbesondere werden die *condictio* und die *pervenit*-Klagen argumentativ unterschiedlich motiviert. Die Begründungen unserer *pervenit*- und *locupletior*-Haftung transportieren einen Schuldvorwurf und tragen ein moralisierendes Element in die Argumentation hinein: Es widerspreche der natürlichen Billigkeit, sich aus dem Schaden eines andern zu bereichern[2]. Bei fast allen Kondiktionsarten bedienen sich die Römer nüchternerer Formulierungen. Zwar setzen sie gelegentlich bei Billigkeitsidealen (ausgleichender Gerechtigkeit) an, unterstellen sodann jedoch nicht, dass dem Schuldner (bzw. einem seiner Vormänner) ein Fehlverhalten zur Last falle oder dass er sich aus jemandes Missgeschick bereichere.

An ein paar wenigen Stellen führen die römischen Juristen auch die *condictio* auf die Billigkeit zurück, nirgendwo aber auf das Bereicherungsverbot[3]. Bei den *pervenit*-Klagen ist sodann von der *condictio* oder *condicere* keine Rede. Umgekehrt begegnet *pervenire* zwar gelegentlich, um einen kondizierbaren Erwerb zu beschreiben, was jedoch nicht notwendig Ausdruck einer engen Verwandtschaft zwischen den zwei Klagearten, sondern gleichermaßen auf das weite Anwendungsfeld unseres Verbums zurückzuführen sein dürfte. Gemein haben beide Klagearten, dass sie an die Stelle der Vindikation treten, wenn der Kläger ihrer verlustig wird. Bei der *condictio* geschieht dies typischerweise durch *datio*, also bewusste Übereignung. Dasselbe gilt für diverse Anwendungsfälle der *in integrum restitutio*, mit deren Hilfe Verfügungen rückgängig gemacht werden, sei es bei der Wiedereinsetzung eines *minor*[4], den *actiones Fabiana* sowie *Pauliana*[5] oder der *actio quod metus causa*[6]. Alle diese Instrumente kennen *pervenit*-Klauseln.

Auf besondere Art überschneiden sich die Anwendungsbereiche der *condictio* und der *pervenit*-Haftung bei der Diebstahlskondiktion (*condictio furtiva*)[7]. Auch sie ist gerade dann bedeutsam, wenn die Vindikation versagt. Dazu kommt

1 S. oben, 94 ff.

2 Oben, 81 ff., 94 ff.

3 Das droht zu verwischen bei Kupisch, Bereicherung, 1 mit Fn. 1; Fargnoli, Handbuch § 77 Rn. 2 mit Fn. 5.

4 S. oben, 218 ff.

5 194 ff.

6 244 ff.

7 262 ff.

es nicht dadurch, dass der Bestohlene sein Eigentum einbüßte, sondern mutmaßlich dadurch, dass der *fur* das Diebesgut konsumiert, veräußert oder verliert. Wenn gestohlene Sachen auf diese Weise im Vermögen des Diebs aufgehen, beschreiben die Juristen diesen Vorgang mit *pervenire*[8].

Letztlich folgen die *condictio* und die *pervenit*-Klagen lediglich unterschiedlichen Lösungswegen, um dieselbe Rechtsfrage zu beantworten, ob nämlich eine eingetretene Vermögensverschiebung Bestand haben soll. Beide Regime sind insofern Kehrseiten derselben Medaille: Die *condictio* fragt nach einer rechtfertigenden *causa* und gewährt bei deren Fehlen die Rückforderung. Die Klagen auf das Erlangte fragen umgekehrt nach einem Grund, der den Erwerb verwerflich erscheinen lässt, und eröffnen die Rückforderung, wenn ein solcher Grund besteht. Insofern nähern sich die beiden Ansätze dem Problem von entgegengesetzten Seiten. Die *condictio* hat als Negativvoraussetzung die Abwesenheit einer *iusta causa*. Die Klagen auf das Erlangte setzen positiv einen missbilligten Aneignungsvorgang voraus.

Nach heutigem Verständnis stehen unsere *pervenit*-Klagen gegen den Drittempfänger den sog. Durchgriffskondiktionen nahe. Auch die Römer geben zwar in einigen Fällen die *condictio*, häufiger aber gelangen Deliktsklagen zur Anwendung, die man mit einer *pervenit*-Klausel versieht. Bei der Entscheidung, ob ein Durchgriff auf den Dritterwerber zulässig ist, orientiert sich die heute herrschende Lehre an der Wertung der §§ 932 und 935 BGB: Wird eine Sache vom Nichtberechtigten veräußert, erlangt der gutgläubige[9] (Dritt-)Erwerber gemäß § 932 BGB das Eigentum an der Sache – ohne demjenigen, der so sein Eigentum verliert, Ersatz zu schulden. Das Eigentum erlangt der Dritterwerber gemäß § 935 BGB indes dann nicht, wenn die Sache dem Eigentümer gestohlen worden, verloren gegangen oder sonst abhandengekommen war. Diese Ausnahmen werden sodann auch im Bereicherungsrecht geltend gemacht, so etwa wenn der Nichtberechtigte die Sache an den Dritterwerber veräußert und dieser die Sache verarbeitet. Es stellt sich dann die Frage, ob der vormalige Eigentümer, der sein Recht durch Verarbeitung verloren hat, mit der Kondiktion (gemäß § 951 Abs. 1 S. 1 BGB) vom Dritterwerber Vergütung in Geld verlangen kann. Für die Antwort greift man auf die Vorschriften über den gutgläubigen Erwerb zurück: Hätte der Dritterwerber gemäß §§ 932, 935 BGB das Eigentum erwerben können, so muss er für seinen originären Eigentumserwerb auch nicht etwa im Wege der Kondiktion Ersatz leisten.

---

8 S. Afr. D. 19, 1, 30 pr. (8 *quaest.*) a. E., dazu oben, 291 ff.

9 Gutgläubig ist er nicht, wenn ihm bekannt oder infolge grober Fahrlässigkeit unbekannt ist, dass der Veräußerer nicht Eigentümer der Sache ist, § 932 Abs. 2 BGB.

Ist jedoch einer der Tatbestände des § 935 BGB erfüllt, hätte der Dritterwerber das Eigentum also nicht durch gutgläubigen Erwerb erlangen können, so ist er dem Voreigentümer mit der Kondiktion zur Vergütung in Geld verpflichtet. Unter diese Tatbestände unfreiwilligen Verlusts zählt man heute außer dem Diebstahl etwa den Sachentzug mittels Drohung oder die Weggabe durch einen Geschäftsunfähigen. Den Römern, die keinen gutgläubigen Erwerb kennen, sind vergleichbare Regeln fremd. Sie gelangen dennoch zu ähnlichen Ergebnissen, wenn sie mithilfe von Klagen, die auf *pervenire* oder *locupletior* gestellt sind, den Zugriff des vormals Berechtigten auf (qualifizierte) Dritterwerber ermöglichen. Das gilt für die angeführten Tatbestände des Diebstahls (*condictio furtiva*), des zwangsweisen Sachentzugs (*actio quod metus causa*), schließlich die Weggabe durch einen Geschäftsunfähigen (vgl. die *restitutio in integrum* zugunsten des *minor*).

Literaturverzeichnis

I. Quelleneditionen und Übersetzungen

1. Juristische Quellen

Balzarini, Marco, Le Istituzioni di Gaio, Turin 2000

Behrends, Okko/Knütel, Rolf/Kupisch, Berthold/Seiler, Hans Hermann (Hrsgg.), Corpus Iuris Civilis, Text und Übersetzung, Bd. 2: Digesten 1–10, Heidelberg 1995; Bd. 3: Digesten 11–20, Heidelberg 1999; Knütel/Kupisch/Seiler/Behrends, Bd. 4: Digesten 21–27, Heidelberg 2005; Knütel/Kupisch/Seiler/Rüfner, Thomas, Bd. 5: Digesten 28–34, Heidelberg 2012

Bremer, Franz Peter, Iurisprudentiae antehadrianae quae supersunt, Bd. II 2, Leipzig 1901

Crawford, Michael, Roman Statutes, 2 Bde., London 1996

d'Ors, Alvaro, El digesto de Justiniano, Bd. 1, Pamplona 1968

Hulot, Henri/Berthelot, Jean-François, Les cinquante livres du Digeste ou les Pandectes de l'Empereur Justinien, 7 Bde., in: Hulot, Henri/Berthelot, Jean- François/Tissot, Pascal-Alexandre/Bérenger fils, Alphonse, Corps de droit civil romain en latin et en français, Metz/Paris 1803 ff., Neudruck Aalen 1979

Knütel, Rolf/Kupisch, Berthold/Lohsse, Sebastian/Rüfner, Thomas, Corpus Iuris Civilis, Die Institutionen, Text und Übersetzung, 4. Aufl., Heidelberg 2013

Lenel, Otto, Palingenesia iuris civilis, 2 Bde., Leipzig 1889, Neudruck Graz 1960

Manthe, Ulrich, Gaius, Institutionen, Darmstadt 2004

Mommsen, Theodor, Digesta Iustiniani Augusti, 2 Bde., Berlin 1870.

Mommsen, Theodor/Krüger, Paul, Corpus Iuris Civilis, Editio stereotypa quinta decima, Volumen Primum, Institutiones, Digesta, Berlin 1923

Mommsen, Theodor/Krüger, Paul/Watson, Alan, The Digest of Justinian, 4 Bde., Philadelphia 1985

Riccobono, Salvatore, Fontes iuris antejustiniani, Bd. 1, Florenz 1968

Schipani, Sandro, Iustiniani Augusti Digesta, seu Pandectae, testo e traduzione, Mailand, 2005 ff.

Selb, Walter, Sententiae Syriacae, Wien 1990

Spruit, Johannes Emil/Feenstra, Robert/Bongenaar, Karel E. M. (ab Bd. 5 Wubbe, Felix B. J., statt Bongenaar), Corpus Iuris Civilis, Tekst en Vertaling, 12 Bde., Zutphen 1993–2010

Vignali, Giovanni, Corpo del diritto, corredato delle note di Dionisio Gotofredo, e di C. E. Freiesleben, Bd. 2, Digesto, Neapel 1856

2. Literarische Quellen

Barsby, John, Terence, The Women of Andros, The Self-Tormentor, The Eunuch, Cambridge/London 2001
Büchner, Karl, Marcus Tullius Cicero, Vom rechten Handeln, 4. Aufl., Düsseldorf/Zürich 2001
Clark, Albert Curtis, M. Tulli Ciceronis Orationes, Bd. IV, Oxford, 1962
Cioffi, Carmela, Aeli Donati quod fertur Commentum ad Andriam Terenti, hrsg. von Carmela Cioffi, Berlin/New York 2016
Fuhrmann, Manfred, Marcus Tullius Cicero, Die politischen Reden, Bd. 1, Düsseldorf/Zürich 2001
— Marcus Tullius Cicero, Die Prozessreden, 2 Bde., Düsseldorf/Zürich 1997
Giardina, Ioannes Carolus, M. Tulli Ciceronis Pro Rabirio Postumo Oratio, Rom 1967
Henderson, John, Cicero, Bd. VI, Pro Publio Quinctio u. a., unveränderter Nachdruck der Auflage 1930, Cambridge/London 2000
Herrmann, Gerd, in: Fink, Gerhard (Hrsg.), Q. Horatius Flaccus, Satiren, Briefe Düsseldorf/Zürich 2000
Kassel, Rudolf/Austin, Colin (Hrsgg.), Poetae Comici Graeci, Bd. II, Berlin/Boston 2020
Kasten, Helmut, Gaius Plinius Caecilius Secundus, Briefe, Epistularum libri decem, Zürich 1995
— Marcus Tullius Cicero, Atticus-Briefe, Zürich 1998
Kayser, Carl Ludwig, M. Tullii Ciceronis Orationes, Bd. 3, Leipzig 1862
Lindsay, Wallace Martin, Sexti Pompei Festi De verborum significatu quae supersunt cum Pauli epitome, Nachdruck der Aufl. Leipzig 1913, Hildesheim/New York 1978
Marek, Václav, M. Tulli Ciceronis scripta quae manserunt omnia, Fasc. 16, Orationes de lege agraria, Oratio pro C. Rabirio perduellionis reo, Leipzig 1983
Marouzeau, Jules, Térence, texte établi et traduit, Bd. I, 5. Aufl., Paris 1979
Mayhoff, Karl, C. Plinius Secundus, Naturalis historia, Bd. 2, Ed. stereotypa, Stuttgart/Leipzig 1996
Meyer, Wilhelm, Pomponii Porphyrionis Commentarii in Q. Horatium Flaccum, Leipzig 1874
Nucci, Chiara, Pseudo Cipriano, Il gioco dei dadi, Bologna 2006
Olechowska, Elżbieta, M. Tulli Ciceronis scripta quae manserunt omnia, Fasc. 25, Orationes, Pro Cn. Plancio, Pro C. Rabirio Postumo, Leipzig 1981
Pfeiffer, Michaela/Nickel, Rainer (Hrsgg. u. Überss.), Cornelius Nepos, Berühmte Männer, De viris illustribus, Berlin/Boston, 2006
Rahn, Helmut (Hrsg. u. Übers.), Marcus Fabius Quintilianus, Ausbildung des Redners, Teil 1, Buch I–VI, 3. Aufl., Darmstadt 1995
Rau, Peter, Plautus, Komödien, Bd. 1 u. Bd. 3, Darmstadt 2008
— Terenz, Komödien, Bd. 1, Darmstadt 2012
Schütz, Christian Gottfried, M. Tullii Ciceronis Opera, Bd. 7, Turin 1827
Shackleton Bailey, D. R. [David Roy], Cicero's Letters to Atticus, Bd. 6, Cambridge 1967
Shipp, George P., P. Terenti Afri Adria, 3. Aufl., Oxford 1965
Watts, Nevile H., Cicero, Bd. XIV, Pro Milone u. a., unveränderter Nachdruck der Auflage 1953, Cambridge/London 1993

II. Sekundärliteratur

Albanese, Bernardo, Sulla responsabilità del dominus sciens per i delitti del servo, BIDR 70 (1967), 119–186
Albertario, Emilio, Nota sulle azioni penali e sulla loro trasmissibilità passiva nei limiti dell'arrichimento dell'erede, BIDR 26 (1913), 90–132
— Responsabilità fino al limite dell'arricchimento nell'actio tributoria e nell'actio de peculio, Studi IV, Mailand 1946, 289–320
Alexander, Michael C., Trials in the Late Roman Republic, 149 BC to 50 BC, Toronto/Buffalo/London 1990
Alibrandi, Ilario, Sopra un frammento di antico giureconsulto relativo alla ‚formula Fabiana', Opere giuridiche e storiche, Bd. 1, Rom 1896, 565–579
Ankum, Hans, Eine neue Interpretation von Ulpian Dig. 4.2.9.5–6 über die Abhilfen gegen metus, in: Baumgärtel, Gottfried/Becker, Hans-Jürgen/Klingmüller, Ernst/Wacke, Andreas (Hrsgg.), Festschrift für Heinz Hübner zum 70. Geburtstag, 3–19
Ankum, Johan A., De geschiedenis der „Actio Pauliana", Zwolle 1962
Apathy, Peter, Rez. J. J. Brinkhof, En studie over het peculium in het klassieke Romeinse recht, Meppel 1978, SZ 96 (1979), 398–407
Arangio-Ruiz, Vincenzo, Rez. Otto Lenel – Das Edictum perpetuum, Ein Versuch zu seiner Wiederherstellung, Dritte Verbesserte Auflage, Leipzig 1927, BIDR 37 (1929), 81–92
Babusiaux, Ulrike, Papinians *Quaestiones*. Zur rhetorischen Methode eines spätklassischen Juristen, München 2011
Backhaus, Ralph, Rez. A. Bürge, Retentio im römischen Sachen- und Obligationenrecht, Zürich 1979, SZ 98 (1981), 500–514
Baier, Thomas, Griechisches und Römisches im Epidicus, in: Auhagen, Ulrike (Hrsg.), Studien zu Plautus' Epidicus, Tübingen 2001, 15–56
Barta, Heinz, „Graeca non leguntur"? Zu den Ursprüngen des europäischen Rechts im antiken Griechenland, Bd. II/1 – Archaische Grundlagen, Wiesbaden 2011
Benöhr, Hans-Peter, Arglist und Kenntnis der Hilfspersonen beim Abschluß schuldrechtlicher Geschäfte, SZ 87 (1970), 123–196
— § 110 Wiedereinsetzung in den vorigen Stand (*in integrum restitutio*), in: Babusiaux, Ulrike/Baldus, Christian/Ernst, Wolfgang/Meissel, Franz-Stefan/Platschek, Johannes/Rüfner, Thomas (Hrsgg.), Handbuch des Römischen Privatrechts, Tübingen 2023, 2965–2992
Berger, Adolf, Interdicta noxalia, in: Symbolae Raphaeli Taubenschlag dedicatae, EOS 48 (1956), Fasc. 1, 395–414
Beseler, Gerhard, Beiträge zur Kritik der römischen Rechtsquellen, Bd. 1, Tübingen 1910; Bd. 2, Tübingen 1911; Bd. 4, Tübingen 1920
— Romanistische Studien, SZ 46 (1926) 83–143
— Beiträge zur Kritik der römischen Rechtsquellen, SZ 66 (1948), 265–393
Betti, Emilio, Responsabilità nossale o peculiare, e responsabilità del pater (dominus) ne' limiti dell'arrichimento in diritto romano classico, Atti della Reale Accad. delle Scienze di Torino 51 (1915–16), 1363–1388

Bien, Günther, Gerechtigkeit bei Aristoteles (V), in: Höffe, Otfried (Hrsg.), Aristoteles, Nikomachische Ethik, Berlin/Boston 2019, 106–128

Biondi, Biondo, Rez. A. Berger, Zur Entwicklungsgeschichte der Teilungsklagen im klassischen römischen Recht, BIDR 25 (1912), 267–272

Blum, Edgar, De la procédure „quo ea pecunia pervenerit“, RHD 5 (1926), 280–301

Brinkhof, Johannes J., Een studie over het peculium in het klassieke Romeinse recht, Diss. Univ. Nijmegen, Meppel 1978

Brissonius, Barnabas, De Verborum Significatione, Halle (Saale) 1743

Brockmeyer, Norbert, Antike Sklaverei, Darmstadt 1979

Bürge, Alfons, Retentio im römischen Sachen- und Obligationenrecht, Zürich 1979

Buhl, Heinrich, Africans Quaestionen und ihr Verhältnis zu Julian, SZ 2 (1881), 180–199

Burdese, Alberto, Considerazioni in tema di peculio c. d. profettizio, Studi Sanfilippo, Bd. I, Mailand 1982, 69–111

— Rez. S. Longo, Filius familias se obligat? Il problema della capacità patrimoniale dei filii familias, Milano 2003, 597–607

Buti, Ignazio, Studi sulla capacità patrimoniale dei ‚servi‘, Neapel 1976

Caballos Rufino, Antonio, El nuevo bronce de Osuna y la politica colonizadora romana, Sevilla 2006

Calore, Emanuela, Actio quod metus causa, Mailand 2011

Cannata, Carlo Augusto, Profilo istituzionale del processo privato romano, Bd. 2: Il processo formulare, Torino 1982

Chiusi, Tiziana J., Die actio de in rem verso im römischen Recht, München 2001

Chorus, J. M. J. [Jeroen Marie Jozef], Handelen in strijd met de wet, Leiden 1976

Cioffi, Carmela, L'Andria di Terenzio, Commento filologico-letterario, Pisa 2020

Coing, Helmut, Zum Einfluß der Philosophie des Aristoteles auf die Entwicklung des römischen Rechts, SZ 69 (1952), 24–59

Corbino, Alessandro/Santalucia, Bernardo, Justiniani Augusti Pandectarum Codex Florentinus, Bd. 1, Florenz 1988

Cujaz, Opera omnia, 10 Bde., Neapel 1758

D'Amati, Laura, L'inattività del convenuto nel processo formulare: ‚indefensio‘, ‚absentia‘ e ‚latitatio‘, Neapel 2016

d'Ors, Alvaro, La Ley Flavia Municipal, Rom 1986

d'Ors, Xavier, El interdicto fraudatorio en el derecho romano classico, Rom/Madrid 1974

De Francisci, Pietro, Studi sopra le azioni penali e la loro intrasmissibilità passiva, Mailand, 1912

de Jong, Hylkje, Using the Basilica, SZ 133 (2016), 286–321

de Ubaldis, Baldus, Commentaria, 9 Bde., Venedig 1586

della Corte, Francesco, Stoiker und Epikureer in Plautus' Komödien, in: Reinhardt, Udo/Sallmann, Klaus (Hrsgg.), Musa iocosa, Festschrift für Andreas Thierfelder, Hildesheim/New York 1974, 80–94

Doignon, Jean, § 591.2. Pseudo-Cyprianus, De aleatoribus, in: Herzog, Reinhart/Schmidt, Peter Lebrecht (Hrsgg.), Handbuch der Lateinischen Literatur der Antike, Bd. 5, München 1989, 505–508

Donellus, Opera omnia, 12 Bde., Lucca 1762 ff.

Dorn, Franz, §§ 762–764, 656, 814, 2. Fall. Unvollkommene Verbindlichkeiten, in: Schmoeckel, Mathias/Rückert, Joachim/Zimmermann, Reinhard, Historisch-Kritischer Kommentar zum BGB, Bd. 3, Schuldrecht – Besonderer Teil, §§ 433–853, Teilbd. 2, §§ 657 – 853, Tübingen 2013

Dyck, Andrew R., A Commentary on Cicero, De Officiis, Ann Arbor 1996

Ehrhardt, August, Litis aestimatio in der Zeit vor den leges Juliae iudiciariae, SZ 55 (1935), 36–98

Eisele, F. [Fridolin], Beiträge zur Erkenntniss der Digesteninterpolationen, Zweiter Beitrag, SZ 11 (1890), 1–30

— Beiträge zur Erkenntniss der Digesteninterpolationen, Vierter Beitrag, SZ 18 (1897), 1–43

Elster, Marianne, Die Gesetze der mittleren römischen Republik, Darmstadt 2003

— Die Gesetze der späten römischen Republik, von den Gracchen bis Sulla (133–80 v. Chr.), Göttingen 2020

Erler, Michael, Epikur, in: Cancik, Hubert/Schneider, Helmut, Der Neue Pauly, Bd. 3, Stuttgart 1997, Sp. 1130–1140

Erxleben, Albrecht, Die condictiones sine causa, Bd. 1, Die condictio indebiti, Leipzig 1850

Faber, Antonius, De erroribus pragmaticorum, Lyon 1658

— Rationalia in Pandectas, Lyon 1659

— Rationalia in tertiam partem Pandectarum, 3 Bde., Lyon 1663

Fargnoli, Iole, Studi sulla legittimazione attiva all'interdetto quod vi aut clam, Mailand 1998

— Ricerche in tema di furtum, Mailand 2006

— § 77 *Condictio* als Rückforderungsklage, in: Babusiaux, Ulrike/Baldus, Christian/Ernst, Wolfgang/Meissel, Franz-Stefan/Platschek, Johannes/Rüfner, Thomas (Hrsgg.), Handbuch des Römischen Privatrechts, Tübingen 2023, 2008–2016

Fascione, Lorenzo, Riflessioni sull'orazione per Rabirio Postumo, Studi Senesi 86 (1974), 335–376

Fehe, Johannes, Corpus iuris civilis Iustinianei, cum commentariis Accursii, scholiis Contii, et D. Gothofredi lucubrationibus ad Accursium, Neudruck der Ausgabe Lyon 1627, Osnabrück 1965

Ferrary, Jean-Louis, Recherches sur la législation de Saturninus et de Glaucia, MEFRA 91 (1979), 85–134

Ferrini, Contardo, Osservazioni sul frammento ‚de formula Fabiana', Opere, Bd. 2, Mailand 1929, 269 ff.

Finkenauer, Thomas, Vererblichkeit und Drittwirkungen der Stipulation im klassischen römischen Recht, Tübingen 2010

— Der Verzicht auf die exceptio SCti Velleiani im klassischen Recht, TR 81 (2013), 17–49

— Duo rei – Neues von der Gesamtobligation?, SZ 130 (2013), 164–202

— Die römischen Juristen und die Gerechtigkeit, in: Höffe, Otfried (Hrsg.), Recht und Gerechtigkeit, Freiburg i.Br./Berlin 2014, 11–46

Fleckner, Andreas M., The Peculium: A Legal Device for Donations, in: Carlà, Filippo/Gori, Maja (Hrsgg.), Gift Giving and the ‚Embedded' Economy in the Ancient World, Heidelberg 2014, 213–239

Flume, Werner, Der Wegfall der Bereicherung in der Entwicklung vom römischen zum geltenden Recht, in: Festschrift für Hans Niedermeyer, Göttingen 1953, 103–176

Forgó-Feldner, Birgit, § 109 Einrede und Klage wegen widerrechtlicher Zwangsausübung (*exceptio metus* und *actio quod metus causa*), in: Babusiaux, Ulrike/Baldus, Christian/Ernst, Wolfgang/Meissel, Franz-Stefan/Platschek, Johannes/Rüfner, Thomas (Hrsgg.), Handbuch des Römischen Privatrechts, Tübingen 2023, 2930–2964

Forschner, Maximilian, Die Philosophie der Stoa, Darmstadt 2018

Frede, Dorothea, Aristoteles, Nikomachische Ethik, (Aristoteles, Werke in deutscher Übersetzung, Bd. 6) Berlin/Boston 2020

Gagliardi, Donato, Il concetto di „humanitas" da Terenzio a Cicerone, Le Parole et le Idee 7, 1965, 1–12

Gaiser, Konrad, Nachwort zu Rieth, Otto, Die Kunst Menanders in den Adelphen des Terenz, Hildesheim 1964, 133–154

Gamauf, Richard, Vindicatio nummorum, Wien 2001

— „Dispensator": Sozialprofil eines Sklavenberufes in den Satyrica und den römischen Juristentexten, Index 49 (2021), 112–142

— § 102 Klage aufgrund Sonderguts oder unmittelbarer Zuwendung in das Vermögen des Gewalthabers (*actio de peculio vel de in rem verso*), in: Babusiaux, Ulrike/Baldus, Christian/Ernst, Wolfgang/Meissel, Franz-Stefan/Platschek, Johannes/Rüfner, Thomas (Hrsgg.), Handbuch des Römischen Privatrechts, Tübingen 2023, 2789–2326

Garbarino, Giovanna, Roma e la filosofía greca dalle origine alla fine del II secólo a.C, Turin 1972

Garbarino, Paolo, „Senatores in annis minoribus constituit" e „usurae". Contributo all'esegesi di CTh. 2, 33, 3, BIDR 91 (1988), 337–359

Gärtner, Hans Armin, Cicero und Panaitios, Sitzungsberichte der Heidelberger Akademie der Wissenschaften, Philosophisch-historische Klasse, Bd. 58, 5. Abhandlung, Heidelberg 1974

Gaulhofer, Julia, Metus, Der prätorische Rechtsschutz bei Furcht, Zwang und Gewalt, Wien/Köln/Weimar 2019

Gehweiler, Elke, in: Deutsches Wörterbuch von Jacob Grimm und Wilhelm Grimm, Neubearbeitung, Bd. 4, Sp. 629, digitalisierte Fassung im Wörterbuchnetz des Trier Center for Digital Humanities, www.woerterbuchnetz.de

Giomaro, Anna Maria, La scelta del mezzo giudiziale in ipotesi di temerarietà della lite „ex parte actoris", in: Atti del Convegno Processo Civile e Processo Penale nell'Esperienza Giuridica nel Mondo Antico in Memoria di Arnaldo Biscardi, Siena, Certosa di Pontignano, 13 - 15 dicembre 2001, Mailand 2011, 131–152

Girard, Paul Frédéric, Le fragmentum de formula Fabiana, RD 14 (1890), pp. 677–704

Gordon, William M./Robinson, Olivia F., The Institutes of Gaius, London 1988

Görler, Woldemar, Das Problem der Ableitung ethischer Normen bei Cicero, Altsprachlicher Unterricht 21/2 (1978), 5–19
Gradenwitz, Otto, Das neuaufgefundene Fragment über die Formula Fabiana, SZ 9 (1888), 394–403
Granger, Frank, Vitruvius, On Architecture, Books I–V, Cambridge/London 2002
Greco, Giovanbattista, L'avversione verso i facilitatori del gioco d'azzardo, in: Fasolino, Francesco/Palma, Antonio (Hrsgg.), Il gioco nell'antica Roma, Profili storico-giuridici, Turin 2017, 35–51
— Sul valore della posta in gioco in D. 11.5.4 pr. (Paul. 9 ad ed.) e C. 3.43.1.4, in: Fasolino, Francesco/Palma, Antonio (Hrsgg.), Il gioco nell'antica Roma, Profili storico-giuridici, Turin 2017, 69–80
Grevesmühl, Götz, Die Gläubigeranfechtung nach klassischem römischem Recht, Göttingen 2003
Gröschler, Peter, Actiones in factum, Berlin 2002
Grzimek, Philipp, Studien zur Taxatio, München 2001
Guarino, Antonio, Diritto privato romano, Neapel 2001
— Istituzioni di diritto romano, ragguaglio, Neapel 2006
Haffter, Heinz, Neuere Arbeiten zum Problem der humanitas, Philologus 100 (1956), 287–304
— Die römische Humanitas, in: Oppermann, Hans (Hrsg.) Römische Wertbegriffe, Darmstadt 1967, 469–482
Hallebeek, Jan J., Si ob stuprum datum sit, SZ 112 (1995), 400–410
Halm, Karl Felix, Über Cicero's Rede pro C. Rabirio Postumo, Eine kritische Abhandlung, Abhandlungen der K. Bayr. Akad. der Wissenschaften 1. Cl., 7. Bd., 3. Abth., 1855, 621–664
Harder, Richard, Die Einbürgerung der Philosophie in Rom, in: Kleine Schriften, hrsg. v. Walter Marg, München 1960
Harnack, Adolf, Der pseudocyprianische Tractat De aleatoribus, Leipzig 1888
Hartkamp, Arthur Severijn, Der Zwang im römischen Privatrecht, Amsterdam 1971
Heßelschwerdt, Armin, Servus communis, in Vorbereitung
Heumann, Hermann Gottlieb/Seckel, Emil, Heumanns Handlexikon zu den Quellen des römischen Rechts, 9. Aufl, Jena 1926
Huschke, Eduard, P. Rutilius Rufus oder A. F. P. R. und das interdictum fraudatorium, Zeitschrift für Zivilrecht und Prozess N. F. 14 (1857), 1–130
Ilting, Karl-Heinz, Antike und moderne Ethik, Gymnasium 1984 (1977), 149–183
Impallomeni, Giambattista, Studi sui mezzi di revoca degli atti fraudolenti nel diritto romano classico, Padova 1958
— In tema di gioco, in: Sodalitas, Scritti in onore di Antonio Guarino V, Neapel 1984, 2331–2346
— La surroga del sovventore nel privilegio, Seminarios Complutenses de Derecho Romano 8 (1996), 35–54
Isola, Lisa, Überlegungen zur Litiskreszenz bei der actio ex testamento, SZ 137 (2020), 70–135

— § 66 Interdikte, in: Babusiaux, Ulrike/Baldus, Christian/Ernst, Wolfgang/Meissel, Franz-Stefan/Platschek, Johannes/Rüfner, Thomas (Hrsgg.), Handbuch des Römischen Privatrechts, Tübingen 2023, 1807–1867

Jacobi, Leonard, Der Rechtsbegriff der Bereicherung mit dem Schaden eines anderen, Jahrbücher für die Dogmatik des heutigen römischen und deutschen Privatrechts 4 (1861), 159–320

Jansen, Nils, Die Korrektur grundloser Vermögensverschiebungen als Restitution?, SZ 120 (2003), 106–162

Jocelyn, H. D. [Henry David], Homo sum: humani nil a me alienum puto (Ter. Heaut. 77), Antichthon 7 (1973), 14–46

Johnson, Allan Chester/Coleman-Norton, Paul Robinson/Bourne, Frank Card, Ancient Roman Statutes, Austin 1961

Kaden, Erich-Hans, Das Schrifttum der Jahre 1950–1953 zur römischen Bereicherungslehre, SZ 71 (1954), 555–590

Kaiser, Wolfgang, Zur Herkunft des Codes Florentinus, in: A. Schmidt-Recla/E. Schumann/F. Theisen (Hrsgg.), Sachsen im Spiegel des Rechts. Ius Commune Propriumque, Köln 2001, 39–57

— Schreiber und Korrektoren des Codex Florentinus, SZ 118 (2001), 133–219

Kalb, Wilhelm, Das Juristenlatein, Neudruck der 2. Auflage von 1888, Aalen 1961

— Roms Juristen, nach ihrer Sprache dargestellt, Leipzig 1890

Karlowa, Otto, Römische Rechtsgeschichte, Bd. II, Leipzig 1901

Kaser, Max, Rez. Gabriel Micolier, Pécule et capacité patrimoniale, Lyon 1932, SZ 54 (1934), 392–402

— Rez. Georg H. Maier, Prätorische Bereicherungsklagen. Romanistische Beiträge zur Rechtsgeschichte, hrsgg. von E. Rabel u. E. Levy, Heft 5, Berlin und Leipzig 1932, Kritische Vierteljahresschrift für Gesetzgebung und Rechtswissenschaft 27 (1935), 74–93

— Der Inhalt der patria potestas, SZ 58 (1938), 62–87

— Rez. Luigi Labruna, Rescriptum divi Pii, Gli atti del pupillo sine tutoris auctoritate, Neapel 1962, SZ 80 (1963), 491–501

— Restituere als Prozessgegenstand, 2. Aufl., München 1968

— Das Römische Privatrecht, Erster Abschnitt, 2. Aufl., München 1971

— Über Verbotsgesetze und verbotswidrige Geschäfte im römischen Recht, Wien 1977

— Zur in integrum restitutio, besonders wegen metus und dolus, SZ 94 (1977), 101–183

— ‚Ius honorarium' und ‚ius civile', SZ 101 (1984), 1–114

Kaser, Max/Knütel, Rolf/Lohsse, Sebastian, Römisches Privatrecht, 22. Aufl., München 2021

Kemper, Jozef A. R., locuples, Thesaurus linguae Latinae, Bd. VII 2, p. 1569, lin. 15 f.

Kilb, Georg, Ethische Grundbegriffe der alten Stoa und ihre Übertragung durch Cicero, Diss. Freiburg 1939

Klausberger, Philipp, Versum autem sic accipimus, ut duret versum? Bemerkungen zur actio de in rem verso zwischen Geschäftsführung und Bereicherung, Revue Internationale des droits de l'Antiquité 56 (2009), 75–90

Klinck, Fabian, Die Grundlagen der besonderen Insolvenzanfechtung: Gläubiger und Vertrauensschutz im Übergang vom Prioritäts- zum Gleichbehandlungsgrundsatz, Berlin 2011
— Die persönliche Haftung des filius familias, SZ 132 (2015), 126–153
Klingenberg, Georg, Das modicum-Kriterium, SZ 126 (2009), 187–283
Klodt, Claudia, Ciceros Rede Pro Rabirio Postumo, Stuttgart 1992
Knütel, Rolf, Stipulatio poenae, Studien zur römischen Vertragsstrafe, Köln 1976
— Die Haftung für Hilfspersonen im römischen Recht, SZ 100 (1983), 340–443
— Dolo tutoris pupillo non nocet, in: Benöhr, Hans-Peter/Hackl, Karl/Knütel, Rolf/Wacke, Andreas (Hrsgg.), Iuris professio, Festgabe für Max Kaser zum 80. Geburtstag, Wien/Köln/Graz 1986, 101–131
Krüger, Paul Das juristische Fragment der Sammlung des Erzherzog Rainer, SZ 9 (1888), 144–151
Kübler, Bernhard, Die Haftung für Verschulden bei kontraktsähnlichen und deliktsähnlichen Schuldverhältnissen, SZ (1918), 172–223
Kühner, Raphael/Stegmann, Carl, Ausführliche Grammatik der lateinischen Sprache, Darmstadt 1997
Kunkel, Wolfgang, Herkunft und soziale Stellung der römischen Juristen, 2. Aufl., Graz/Köln 1967
— Quaestio, in: Kleine Schriften, hrsg. von Hubert Niederländer, Weimar 1974, 33–110
Kupisch, Berthold, Ungerechtfertigte Bereicherung, Heidelberg 1987
Kuryłowicz, Marek, Das Glücksspiel im römischen Recht, SZ 102 (1985), 185–219
Labruna, Luigi, Rescriptum divi Pii, Gli atti del pupillo sine tutoris auctoritate, Neapel 1962
Lamberti, Francesca, „Tabulae Irnitanae", Neapel 1993
Lauterbach, Wolfgang Adam, Collegium Pandectarum, Lib. 11, tit. 4, cap. 15, Bd. 1, Tübingen 1690
Lefèvre, Eckard, Ich bin ein Mensch, nichts Menschliches ist mir fremd, in: Wegweisende Antike. Zur Aktualität humanistischer Bildung. Festgabe für G. Wöhrle, Humanistische Bildung, Beiheft 1, 1986, 39–49
— Panaitios' und Ciceros Pflichtenlehre, Stuttgart 2001
— § 129. P. Terentius Afer, in: Suerbaum, Werner (Hrsg.), Handbuch der Lateinischen Literatur der Antike, Bd. 1, München 2002, 235–254
— Terenz und Menanders Andria, München 2008
Lenel, Otto, Edictum Perpetuum, 2. Aufl., Leipzig 1907; 3. Aufl., Leipzig 1927
— Palingenesia iuris civilis, 2 Bde., Leipzig 1889
— Textkritische Miszellen, SZ 39 (1918), 119–171
Levy, Ernst, Privatstrafe und Schadensersatz, Berlin 1915
— Die Konkurrenz der Aktionen und Personen, Bd. 1, Berlin 1918
— Zur nachklassischen in integrum restitutio, SZ 68 (1951), 361–434
— Weströmisches Vulgarrecht, das Obligationenrecht, Weimar 1956
Liddell, Henry George/Scott, Robert, A Greek-English Lexicon, Oxford 1968
Liebs, Detlef, Die Klagenkonkurrenz im römischen Recht, Zur Geschichte der Scheidung von Schadensersatz und Privatstrafe, Göttingen 1972

— Jurisprudenz in Afrika, 2. Aufl., Berlin 2005
— § 415.2 Sex. Caecilius Africanus, in: Herzog, Reinhart/Schmidt, Peter Lebrecht, Handbuch der Lateinischen Literatur der Antike, Bd. 4, München 1997, 106–108
— § 416. Aemilius Papinianus, ebd., 117–123
— § 423. Iulius Paulus, ebd., 150–175
— § 424. Domitius Ulpianus, ebd., 175–187
— § 507.1 Sentenzenverfasser (Pseudo-Paulus I), ebd., Bd. 5, München 1989, 65–67
Lintott, Andrew, The leges repetundis and Associate Measures Under the Republic, SZ 98 (1981), 163–212
Löfstedt, Einar, Syntactica, Studien und Beiträge zur historischen Syntax des Lateins, Teil 1, 2. Aufl., Lund 1942
Lohsse, Sebastian, § 97 Klage aus Testament (*actio ex testamento*), in: Babusiaux, Ulrike/ Baldus, Christian/Ernst, Wolfgang/Meissel, Franz-Stefan/Platschek, Johannes/Rüfner, Thomas (Hrsgg.), Handbuch des Römischen Privatrechts, Tübingen 2023, 2661–2690
Longo, Sara, Senatusconsultum Macedonianum, Turin 2012
Lowe, E. A. [Elias Avery], Greek Symptoms in a Sixth-Century Manuscript of St. Augustine and in a Group of Latin Legal Manuscripts, in: Paleographical Papers 1907–1965, hrsg. v. Ludwig Bieler, Bd. 2, Oxford 1972, 466–474
Luchetti, Giovanni, Paolo e i commentari edittali di epoca severiana: il legame con il passato, in: Luchetti, Giovanni/ de Petris, Antonio L./Mattioli, Fabiana/Pontoriero, Ivano (Hrsgg.), Iuilius Paulus, Ad edictum libri I–III, Rom 2018, 37–55
Luig, Klaus, Il divieto d'arrichimento e la volontà dell'arrichito nel Usus modernus, in: Vacca, Letizia (Hrsg.), Arrichimento ingiustificato e ripetizione dell'indebito, Turin 2005, 53–71
Madvig, Johan Nicolai, Adversaria critica ad scriptores Graecos et Latinos, Bd. III, Kopenhagen 1884
Maier, Georg H., Prätorische Bereicherungsklagen, Diss. Berlin, Leipzig 1932.
Manthe, Ulrich, Das senatus consultum Pegasianum, Berlin 1989
Mantovani, Dario, Le formule del processo privato romano, 2. Aufl., Mailand 1999
Marquardt, Joachim, Das Privatleben der Römer, Teil 1, Leipzig 1879
Masi Doria, Carla, Bona libertorum, Regimi giuridici e realtà sociali, Neapel 1996
— „Libertinitas" e successione gentilizia, Index 27 (1999), 251–300
Mayer-Maly, Theo, familia, in: Knothe, Hans-Georg/Kohler, Jürgen (Hrsgg.), Status Familiae, Festschrift für Andreas Wacke zum 65. Geburtstag, München 2001, 261–265
Mentxaka, Rosa, Quelques observations sur l'emploi de l'actio Calvisiana dans le droit romain classique, RIDA 35 (1988) 223–244
Michel, A., Rez. Cicerón, Pro Rabirio Postumo oratio, Ioanus Carolus Giardina recognouit: Rome, A. Mondadori 1967, Revue des Études Latines 46 (1968), 466
Micolier, Gabriel, Pécule et Capacité Patrimoniale, Etude sur le pécule, dit profectice, depuis l'édit „de peculio" jusqu'à la fin de l'époque classique, Lyon 1932
Misera, Karlheinz, Der Bereicherungsgedanke bei der Schenkung unter Ehegatten, Köln 1974
Mitteis, Ludwig, Römisches Privatrecht bis auf die Zeit Diokletians, Leipzig 1908
Mommsen, Theodor, Römisches Strafrecht, Leipzig 1899

Müller-Ehlen, Martina, Hereditatis petitio, Studien zur Leistung auf fremde Schuld und zur Bereicherungshaftung in der römischen Erbschaftsklage, Köln/Weimar/Wien 1998
Musumeci, Francesco, Protezione pretoria dei minori di 25 anni e ius controversum in età imperiale, Turin 2013
Nardi, Enzo, Studi sulla ritenzione in diritto romano, Bd. I: Fonti e casi, Mailand 1947
Niebuhr, Karl-Wilhelm, Die Sapientia Salomonis im Kontext hellenistisch-römischer Philosophie, in: ders. (Hrsg.), Sapientia Salomonis (Weisheit Salomos), Tübingen 2015
Niederländer, Hubert, Die außernoxale Haftung des Gewalthabers für Delikte der Gewaltunterworfenen im klassischen Römischen Recht, SZ 69 (1952), 211–233
— Die Bereicherungshaftung im klassischen römischen Recht, Weimar 1953
Nörr, Dieter, Pomponius oder „Zum Geschichtsverständnis der römischen Juristen", ANRW II 15 (1976), 497–604
Otálora, José Riquelme, Universalidad y humanismo en el teatro de Terencio, Anales de Filología Clásica 13 (1995), 161–170
Pampaloni, Muzio, Studi sopra il delitto di furto, Bd. II.1, Turin 1900
Pantoja de Aiala, Pedro, Commentaria in L. IV. D. De aleatoribus, in: Otto, Everhard (Hrsg.), Thesaurus iuris Romani, Bd. 4, Utrecht 1733
Pennitz, Martin, „Korruption" im häuslichen Bereich – Juristenentscheidungen zum servus corruptus, in: Bachhiesl, Christian/Handy, Markus/Mauritsch, Peter (Hrsgg.), Gier, Korruption und Machtmissbrauch in der Antike, Wien 2019, 281–320
— Zwischen Diebstahls- und Noxalrecht: Zur Argumentation bei Cels. (12 dig.) D. 47,2,68,4, in: Vladár, Vojtech (Hrsg.), Perpauca terrena blande honori dedicata pocta Petrovi Blahovi k nedozitým 80. Narodeninám, Trnave, 2019, 359–377
— § 105 Noxalhaftung, in: Babusiaux, Ulrike/Baldus, Christian/Ernst, Wolfgang/Meissel, Franz-Stefan/Platschek, Johannes/Rüfner, Thomas (Hrsgg.), Handbuch des Römischen Privatrechts, Tübingen 2023, 2845–2873
Pernice, Alfred, Zur Lehre von den Sachbeschädigungen nach römischem Rechte, Weimar 1867
— Labeo, Römisches Privatrecht im ersten Jahrhundert der Kaiserzeit, Alles Erschienene in 5 Teilen, Neudruck der Ausgaben Halle 1873 ff., Aalen 1963
Pescani, Pietro, Studi sul Digestum Vetus, BIDR (1981), 159–250
Peters, Frank, Das ‚patientiam praestare' im klassischen römischen Nachbarrecht, SDHI 35 (1969), 135–214
Pfaff, Leopold/Hoffmann, Franz, Fragmentum de formula Fabiana, Wien 1888 (Sonderabdruck aus den Mittheilungen aus der Sammlung der Papyrus Erzherzog Rainer 4, 1888)
Pfersche, Emil, Die Bereicherungs-Klagen, Wien 1883
Pflüger, Heinrich Hackfeld, Condictio und kein Ende, in: Festgabe der Bonner Juristischen Fakultät für Paul Krüger zum Doktorjubiläum, Berlin 1911, 1–96
Pika, Wolfram, Ex causa furtiva condicere im klassischen römischen Recht, Berlin 1988
Platschek, Johannes, Vadimonium factum Numerio Negidio, Zeitschrift für Papyrologie und Epigraphik 137 (2001) 281–291

Pohlenz, Max, Antikes Führertum, Cicero De officiis und das Lebensideal des Panaitios, Leipzig/Berlin 1934
— Cicero de officiis III, Kleinere Schriften, Bd. 1, Hildesheim 1965, 253–291
Pontenay de Fontette, François, Leges repetundarum, Paris 1954
Pothier, Robert Joseph, Traité des Contrats Aleatoires, in: Dupin, André (Hrsg.), Œuvres de Pothier, Bd. 4, Paris 1824
Pringsheim, Fritz, Römische aequitas der christlichen Kaiser, Acta Congressus Iuridici Internationalis, Bd. I, Rom 1935, 119–152
Rabbow, Paul, Seelenführung, Methodik der Exerzitien in der Antike, München 1954
Ramsey, John T., The Prosecution of C. Manilius in 66 B. C. and Cicero's „pro Manilio", Phoenix 39 (1980), 323–336
Reichard, Ingo, Die Frage des Drittschadensersatzes im klassischen römischen Recht, Köln/Weimar/Wien 1993
Riccobono, Salvatore, Dal diritto romano classico al diritto moderno, AUPA 3/4 (1917), 165–730
Rotondi, Giovanni, Contributi alla storia del contratto di deposito nel diritto romano, Scritti giuridici, Bd. 2, a cura di Emilio Albertario, Mailand 1922, 1–136
— *Dolus ex delicto* e *dolus ex contractu* nelle teorie bizantine sulla trasmissibilità delle azioni, ebd., 371–410
Rudorff, Adolph August Friedrich, Das Recht der Vormundschaft, Bd. I, Berlin 1832
Rüfner, Thomas, § 75 *Vadimonium* und andere Prozessstipulationen, in: Babusiaux, Ulrike/Baldus, Christian/Ernst, Wolfgang/Meissel, Franz-Stefan/Platschek, Johannes/Rüfner, Thomas (Hrsgg.), Handbuch des Römischen Privatrechts, Tübingen 2023, 1972–1987
Saccoccio, Antonio, Si certum petetur, dalla condictio dei veteres alle condictiones giustinianee, Mailand 2002
Sanfilippo, Cesare, Condictio indebiti, I. Fondamento dell'obbligazione da indebito, Mailand 1943
Santalucia, Bernardo, La repressione penale e le garanzie del cittadino [in età repubblicana], in: ders., Altri studi di diritto penale romano, Mailand 2009, 35–61
Santoro, Raimondo, Studi sulla condictio, AUPA 32 (1971), 179–512
Schadewaldt, Wolfgang, Humanitas Romana, ANRW I 4 (1973), 43–62
Schiemann, Gottfried, Aequitas, in: Cancik, Hubert/Schneider, Helmuth, Der Neue Pauly, Bd. I, Stuttgart 1996, Sp. 188–189
Schmidt, Karl Adolf, Interdiktenverfahren der Römer, Leipzig 1853
Schmidt-Ott, Justus, Pauli Quaestiones, Berlin 1993
Schmieder, Philipp, Duo rei, Gesamtobligationen im römischen Recht, Berlin 2007
— § 73 Bürgschaftsstipulationen und Mehrheiten von Stipulationsschuldnern, in: Babusiaux, Ulrike/Baldus, Christian/Ernst, Wolfgang/Meissel, Franz-Stefan/Platschek, Johannes/Rüfner, Thomas (Hrsgg.), Handbuch des Römischen Privatrechts, Tübingen 2023, 1938–1964
Schoenhardt, Carl, Alea, Über die Bestrafung des Glücksspiels im älteren römischen Recht, Stuttgart 1885

Schulting, Antonius, Thesium Controversarum juxta seriem Digestorum Decades Centum, Leiden 1762

Schulz, Fritz, Die actiones in id quod pervenit und in quantum locupletior factus est, Studie zur Entwicklung des Bereicherungsbegriffs, Diss. Breslau, Borna/Leipzig 1905

— Die Lehre vom erzwungenen Rechtsgeschäft im antiken römischen Recht, SZ 43 (1922), 171–261

— Nachklassische Quaestionen in den justinianischen Reformgesetzen des Codex Justinianus, SZ 50 (1930), 212–248

Schwarz, Fritz, Die Grundlage der condictio im klassischen römischen Recht, Münster/Köln 1952

Seiler, Hans Hermann, Der Tatbestand der negotiorum gestio im römischen Recht, Köln/Graz 1968

— Familia und Familienrecht, in: Knothe, Hans-Georg/Kohler, Jürgen (Hrsgg.), Status Familiae, Festschrift für Andreas Wacke zum 65. Geburtstag, München 2001, 437–449

Selb, Walter, Formulare Analogien in actiones utiles und actiones in factum vor Julian, St. Sanfilippo V (1984), 729–759

Sell, Wilhelm, Über den Grundsatz des römischen Rechts, daß Niemand mit oder aus dem Schaden eines Andern sich bereichern dürfe, Versuche im Gebiete des Civilrechts I, Gießen 1833

Serrao, Feliciano, Il frammento leidense di Paolo, Problemi di diritto criminale romano, Mailand 1956

Sherwin-White, Adrian Nicolas, Poena Legis Repetundarum, Papers of the British School at Rome 17 (1949), 5–25

Siani-Davies, Mary, Cicero's Speech Pro Rabirio Postumo, Oxford 2001

Solazzi, Siro, La revoca degli atti fraudolenti nel diritto romano, 1. Aufl., Rom 1902; 3. Aufl., Bd. 2, Neapel 1945

— „Condictio" e azioni adiettizie, in: Scritti di diritto romano, Bd. I, Neapel 1955, 269–275

— Miscellanea, ebd., Bd. III, Neapel 1960, 53–79

— Sul ‚peculium' nell',a. de in rem verso', ebd., Bd. VI, Neapel 1972, 1–13

Spitzl, Thomas, Lex Municipii Malacitani, München 1984

Stepan, Sebastian, Scaevola noster, Schulgut in den ‚libri disputationum' des Claudius Tryphoninus?, Tübingen 2018

Stotz, Peter, Handbuch zur lateinischen Sprache des Mittelalters, Bd. 3: Lautlehre, München 1996

Strachan-Davidson, James L., Problems of the Roman Criminal Law, Bd. 2, Nachdr. d. Ausg. Oxford 1912, Amsterdam 1969

Sturm, Fritz, Gesellschafterausgaben für Weib und Würfel, Iura 30 (1979), 78–83

Szövérffy, Joseph, Iberian Latin Hymnody, Survey and Problems, Turnhout 1998

Talamanca, Mario, In tema di azioni di arrichimento, AG 146 (1954), 33–74

ter Beek, Leon, Dolus, Een semantisch-juridische studie, Bd. II, Nijmegen 1999

Thomas, Joseph Anthony Charles, Sale actions and other actions, RIDA 26 (1979), 417–435

Turnèbe, Adrian, Adversaria, Bd. 1, Paris 1564

Valiño, Emilio, Las relaciones básicas de las acciones adyecticias, Anuario de Historia del Derecho Español 38 (1968), 377–480
— Actiones utiles, Pamplona 1974
Varvaro, Mario, Per la storia del certum, alle radici della categoria delle cose fungibili, Turin 2008
— Condictio e causa actionis, AUPA 57 (2014), 267–283
— Alcune considerazioni sulla ricostruzione delle formule delle azioni divisorie, in: G. D'Angelo/M. De Simone/M. Varvaro (Hrsgg.), Scritti per il novantesimo compleanno di Matteo Marrone, Turin 2019, 287–331
Venturini, Carlo, Der dominus, der servus und die muliercula - Anmerkungen zu D. 11, 3, 16, in: Finkenauer, Thomas (Hrsg.), Sklaverei und Freilassung im römischen Recht. Symposium für Hans Josef Wieling zum 70. Geburtstag, Berlin 2006, 243–250
Viaro, Silvia, L'arbitratus de restituendo nelle formule del processo privato romano, Neapel 2012
Voigt, Moritz, Römische Rechtsgeschichte, Bd. I, Leipzig 1892
von Albrecht, Michael, Geschichte der römischen Literatur, 2. Aufl., München/New Providence/London 1994
von der Mühll, Friedrich, Rabirius 6, Paulys Realencyclopädie der classischen Altertumswissenschaft, Bd. I A,1, Stuttgart 1914, Sp. 25–28
von Glück, Christian Friedrich, Ausführliche Erläuterung der Pandecten nach Hellfeld, 44 Bde., Erlangen 1797 ff.
von Jhering, Rudolf, Geist des römischen Rechts, Teil 2, Bd. 1, Leipzig 1854
von Koschembahr-Lyskowski, Ignacy, Die Condictio als Bereicherungsklage, Bd. 1, Weimar 1903; Bd. 2, Weimar 1907
von Lübtow, Ulrich, Beiträge zur Lehre von der Condictio, Berlin 1952
— Rez. H. Niederländer, Die Bereicherungshaftung im klassischen römischen Recht, Jura 5 (1954), 262–288
von Mayr, Robert, Die condictio des römischen Privatrechtes, Leipzig 1900
von Savigny, Friedrich Carl, System des heutigen Römischen Rechts, Bd. 3, Berlin 1840
— Das Recht des Besitzes, 7. Aufl., Wien 1865
von Tuhr, Andreas, Actio de in rem verso, Zugleich ein Beitrag zur Lehre von der Geschäftsführung, Neudruck der Ausgabe Freiburg i.Br. 1895, Aalen 1970
von Vangerow, Karl Adolph, Lehrbuch der Pandekten, Bd. 3, 7. Aufl., Leipzig 1869
Wacke, Andreas, Actio rerum amotarum, Köln/Graz 1963
— Dig. 19, 2, 33: Afrikans Verhältnis zu Julian und die Haftung für höhere Gewalt, ANRW II 15 (1976), 455–496
— Peculium non ademptum videtur tacite donatum, IURA 42 (1991), 43–95
— Die Notbedarfseinrede des enterbten Haussohns, SDHI 60 (1994), 469–497
— Die libera administratio peculii. Zur Verfügungsmacht von Hauskindern und Sklaven über ihr Sondergut, in: Finkenauer, Thomas (Hrsg.), Sklaverei und Freilassung im römischen Recht. Symposium für Hans Josef Wieling zum 70. Geburtstag, Heidelberg 2006, 251–316

— In pecuniam ludere: Die Rechtsfolgen verbotener Glücksspiele nach dem prätorischen Edikt, SZ 135 (2018), 261–333

Wenger, Leopold, Die Quellen des Römischen Rechts, Wien 1953

Wieacker, Franz, Römische Rechtsgeschichte, 2. Abschnitt, München 2006

Wieling, Hans, Die Unsterblichkeit der Versionsklage und die heutige Rechtsanwendung, in: Hadding, Walther (Hrsg.), Festgabe Zivilrechtslehrer 1934/1935, 683–710

Willems, Constantin, Actio Pauliana und fraudulent conveyances, Zur Rezeption kontinentalen Gläubigeranfechtungsrechts in England, Berlin 2012

— § 14 Formularprozess: Vollstreckung, in: Babusiaux, Ulrike/Baldus, Christian/Ernst, Wolfgang/Meissel, Franz-Stefan/Platschek, Johannes/Rüfner, Thomas (Hrsgg.), Handbuch des Römischen Privatrechts, Tübingen 2023, 476–491

Windscheid, Bernhard, Lehrbuch des Pandektenrechts, Bd. II, 3. Aufl., Düsseldorf 1873

Witte, Hermann, Die Bereicherungsklagen des gemeinen Rechts, Halle 1859

Wolf, Joseph Georg, Die Lex Irnitana, Ein römisches Stadtrecht aus Spanien, Darmstadt 2011

Wolff, Hans-Julius, Rez. J. P. Dawson, Unjust Enrichment - A Comparative Analysis, Boston 1951, Jura 3 (1952), 382–386

Wollschläger, Christian, Das stoische Bereicherungsverbot in der römischen Rechtswissenschaft, in: O. Behrends/M. Diesselhorst/W. E. Voss (Hrsgg.), Römisches Recht in der europäischen Tradition, Symposion aus Anlaß des 75. Geburtstages von Franz Wieacker, Ebelsbach 1985, 41–88

Ziegler, Conrad, De arte lusoria, in: Ch. Ph. Richter, Consiliorum Et Responsorum Juris, Bd. 2, Jena 1668

Ziliotto, Paola, Disciplina privatistica classica del gioco d'azzardo vietato, TSDP X (2017), 1–31

Zillinger, Wilhelm, Cicero und die altrömischen Dichter, Diss. Würzburg 1911

Zimmermann, Reinhard, The Law of Obligations, Capetown/Wetton/Johannesburg 1990

Zoz de Biasio, Maria Gabriella, I rimedi contro gli atti in frode ai legittimari in diritto romano, Mailand 1978

Zumpt, August Wilhelm, Das Criminalrecht der Römischen Republik, Bd. 2, 1. Abth., Berlin 1868

— Der Criminalprocess der Römischen Republik, Leipzig 1871, 544

Zumpt, Carl Timotheus, De legibus iudiciisque repetundarum in republica Romana commentationes duae, Berlin 1845

Stichwortverzeichnis

Hauptfundstellen sind kursiv hervorgehoben.

Quellenverzeichnis

Hauptfundstellen sind kursiv hervorgehoben.

I. Juristische Quellen

1. Vorjustinianische Quellen

2. Corpus Iuris Civilis

Codex

3. Nachjustinianische Quellen

4. Handschriften, Inschriften, Papyri

5. Moderne Gesetze

II. Nichtjuristische Quellen